诉讼实务与案例精解系列

建设工程合同纠纷诉讼实务与案例精解

张广兄——编著

法律出版社 | LAW PRESS

作 者 简 介

张广兄，江苏省淮安市清江浦区人民法院民事速裁庭庭长，一级员额法官，曾先后担任民事审判第一庭副庭长、审判监督庭庭长、速裁庭庭长。因审判业绩和调研工作能力特出，多年多次立功，并曾获评江苏省法院系统调研工作先进个人、民事审判系统调研指导人才、优秀法官等称号，其所著论文与案例曾在《最高人民法院公报》《人民司法》《人民法院报》《法律适用》《人民法院案例选》《全国专家型法官司法意见精粹》《司法研究》《江苏省高级人民法院公报》《判例评论》《典型案例》《参阅案例》等书籍、刊物上多次发表，并在全国、江苏法院系统多次获奖。

联系邮箱： fhlp881968@163.com

参编人员：张剑吟

Preface

前言

当前，随着我国改革开放的深入、经济的发展和城市化建设的推动，全国各地建筑行业均呈现出蓬勃发展之势：建筑工地随处可见，建设活动遍及城乡，吸引了大量的企业或个人投身其中。然从建筑实务情况看，由于缺乏行政手段的有力监管和配套法律、法规的有效规制，目前建筑市场中的不规范行为相当严重：没有资质、超越资质、借用资质承揽工程司空见惯，层层转包、违法分包等现象屡禁不止，使建筑业在拉动国民经济增长和提供大量就业岗位的同时，也产生了大量纠纷：工程质量问题屡屡见诸报端、拖欠工程款行为层出不穷，从而导致诉讼到法院的建设工程合同纠纷案件也越来越多，呈现出与日俱增的诉讼和审判运行态势。

建设工程合同纠纷涉及招标、投标、挂靠、分包、转包等诸多法律规定，并有许多建筑领域的惯例、产业政策和专业技术规范夹杂其中；纠纷规制既有民事法律关系，又有行政管理关系；案件标的大、法律关系复杂、专业要求高、证据材料庞杂、争议内容繁多等，都给此类案件的诉讼和审理带来了相当大的难度；故司法实务中，不少当事人、法律工作者、律师甚至法官，都觉得此类纠纷存在诉讼主体确定难、证据审核认证难、合同效力认定难、合法转分包与非法转分包区分难等诸多诉讼和审判难点。同时，又由于此类纠纷不仅牵扯发包人、承包人，更关联到施工队伍、工程使用者、地方经济发展、农民工工资等政府、群体、个人多方利益，从而使此类案件的诉讼和审理都变得极为敏感，稍有不慎即引起群体上访、缠访、矛盾激化等影响社会稳定问题，因而，法律工作者、律师或法官对此类纠纷的处理水平和能力，也日益成为社会大众关注民生和维护稳定问题的焦点。

由于建设工程合同纠纷呈现上述法律关系错综复杂、审理裁判难度较大、关乎社会和谐稳定等特点，此类纠纷无论是在提起诉讼阶段还是审判阶段，都已成为一个工作的难点和社会关注的焦点。因此，如果对建设工程所涉法律规定、相关专业知识、行业标准、惯例等缺乏了解，就难以做到正确调处矛盾、合法解决纠纷，快办案、办好案，更谈不上案结事了和维护公平正义。

为帮助广大法官、律师、法律工作者、纠纷当事人积极稳妥地处理和解决自己所面对、接手、代理或承办的建设工程合同纠纷或诉讼案件，笔者在总结审判实践经验及借鉴相关法律著述的基础上编著本书，对此类纠纷案件，特别是其中矛盾最为突出的施工合同纠纷案件中常见的各类问题，从法学理论、法律规定、司法惯例及审判实务的角度系统分析、归纳、梳理出解决之道，并运用典型案例加以解析，以期为广大法官、律师、法律工作者、纠纷当事人提供诉讼程序指引及法律实体处理参考。

囿于编者水平，本书如有不妥之处，敬请读者谅解并欢迎斧正为感！

张广兄

2020年2月

Contents

目录

前言／1

上编　诉讼指引

第一章　建设工程合同纠纷的基本知识／3

第一节　建设工程合同纠纷的概念／3
第二节　建设工程合同纠纷的特点／3
一、建设工程合同纠纷的特点／3
二、建设工程合同纠纷案件的成因分析／4
第三节　建设工程合同纠纷的种类／5
一、建设工程勘察合同纠纷／6
二、建设工程设计合同纠纷／6
三、建设工程施工合同纠纷／6
四、建设工程价款优先受偿权纠纷／6
五、建设工程分包合同纠纷／7
六、建设工程监理合同纠纷／7
七、装饰装修合同纠纷／7
八、铁路修建合同纠纷／7
九、农村建房施工合同纠纷／7

第二章 建设工程合同纠纷的诉前准备 / 9
第一节 确定诉讼主体 / 9
第二节 选择诉讼请求 / 11
第三节 撰写诉讼文书 / 12
一、民事起诉状 / 12
二、民事答辩状 / 13
三、民事反诉状 / 15
四、民事上诉状 / 16
五、保全申请书 / 17
六、证据保全申请书 / 18
七、撤诉申请书 / 19
八、其他常用诉讼文书 / 20
第四节 收集涉诉证据 / 25
第五节 提出诉前保全 / 26
第六节 网上预约立案 / 27

第三章 建设工程合同纠纷的立案受理 / 29
第一节 法院立案标准 / 29
一、诉讼材料的形式审查 / 29
二、诉讼管辖的依法确认 / 30
三、诉讼时效的初步判断 / 32
四、诉讼证据的登记接收 / 32
第二节 法院受理程序 / 33
一、诉讼材料的收取 / 33
二、诉讼费用的交纳 / 33
三、排期开庭的确定 / 34
四、应诉材料的送达 / 35

第四章 建设工程合同纠纷案件的审理流程 / 38

第一节 案件审理流程与节点 / 38
一、确定案件承办部门及法官 / 38
二、承办法官的审前工作安排 / 38
三、法官庭审中应当注意的程序问题 / 42
四、法官裁判时应当把握的工作方向 / 53
第二节 法官判后答疑与告知 / 57
一、当事人质疑问题的解答与释明 / 57
二、法律文书生效执行问题的告知与指引 / 58
三、申诉信访问题的疏导与救济 / 58

中编 实务解答

第一章 合同订立问题 / 63

1. 什么是工程、永久工程、临时工程、单位工程、工程设备、施工设备、施工现场、临时设施？建设工程合同与承揽合同有什么联系和区别？建设工程施工合同与农村建房施工合同如何界定？农业大棚建设签订的合同是否属于建设工程施工合同？/ 63
2. 家居装饰装修合同与装饰装修合同如何界定？根据最高人民法院现行民事案由分类，农村建房施工合同纠纷归属建设工程合同纠纷类别，家居装饰装修合同纠纷是否亦应归属于建设工程合同纠纷？/ 67
3. 建设工程施工合同应包括哪些内容？订立合同条款一般应注意哪些问题？/ 69
4. 什么是通用条款？它能否变更？什么是专用条款？什么是 FIDIC 土木工程施工合同条件？什么是施工合同《示范文本》？/ 71
5. 什么是包工包料、包工不包料？施工合同有哪些合同价格形式？什么是施工合同固定价、按实价、可调价、成本加酬金？什么是甲供材、甲指乙购、甲指甲购？什么是暂估价、暂列金额？两者有什么区别？什么是招标、投标、中标？什么是不平衡报价投标法？/ 74

6. 建设工程合同的签订是否必须经过招投标？中标通知发出后一方拒绝签订合同时应如何处理？/ 77
7. 建设工程合同签订后能否进行变更？/ 79
8. 建设工程合同签订后是否需要备案？补充协议是否需要备案？/ 81
9. 建设工程发包人通常可选择的施工发包模式有哪些？法律、法规对签订建设工程施工合同通常有什么要求？/ 82
10. 什么是带资承包和垫资承包？什么是现场统一管理协议？什么是资金来源证明？什么是双向担保？/ 83

第二章　合同主体与转包、分包问题 / 86

11. 什么是发包人、承包人、分包人、转包人、转承包人、实际施工人？什么是建设单位、施工单位、监理单位？什么是施工单位三类人员？/ 86
12. 什么是总承包、单项承包、工程分包、工程转包？什么是肢解发包、肢解分包、非法转包、违法分包？什么是分包实名制管理、分包权益转让？承包人能否以劳务分包的名义转包工程？工程分包是否减轻承包人的责任和义务？/ 88
13. 承包建设工程是否需要相应资质？农村建房合同施工人是否需要相应资质？/ 90
14. 项目经理、工程队、施工作业组、民工队、个人能否签订建设工程合同和作为诉讼主体？包工头是什么意思？其签订的合同效力如何认定？/ 92
15. 村委会能否成为建设工程施工合同主体？/ 94
16. 什么是挂靠、挂靠人、被挂靠人？挂靠关系人之间应承担什么样的法律责任？被挂靠人收取发包人工程款后未转付挂靠人时，挂靠人能否起诉要求被挂靠人支付？/ 95
17. 挂靠承揽建设工程通常有哪些情形？承包人之间存在挂靠关系如何判断？/ 97
18. 实际施工人可否为自然人？/ 99
19. 政府、政府所属部门或单位与开发商合作建设工程项目，但未在合同上署名，是否应列为共同被告？/ 100
20. 勘察单位、设计单位与施工单位能否成为共同被告？/ 101
21. 发包人、承包人、分包人、转包人、实际施工人之间是否可以追偿？/ 102
22. 建设单位内部不具有法人资格的职能部门或者分支机构能否签订建设工程合同和作为诉讼主体？/ 104

23. 筹建处、指挥部等临时性机构能否签订建设工程合同和作为诉讼主体？/ 105
24. 联合承包、合作开发各方诉讼主体关系及资质如何确定？/ 106
25. 招投标程序签订建设工程施工合同后，发包人的主体资格能否转让？/ 107
26. 违法分包与内部承包如何界定？劳务分包与专业工程分包有什么区别？劳务加辅材分包合同属于劳务分包合同吗？/ 108

第三章　合同效力问题 / 112
27. 审理建设工程合同纠纷应坚持哪些处理原则？保护和鼓励建设工程交易的规定有哪些？/ 112
28. 未取得资质或超越资质等级以及借用他人资质签订的建筑工程施工合同效力如何认定？出借资质的一方或者转包人要求按照合同约定支付管理费应当如何处理？/ 115
29. 未依法进行招、投标所订立的建设工程施工合同是否有效？按约定须履行报批手续方能生效的建筑工程施工合同未依约履行报批义务的是否有效？/ 116
30. 违反国家计划的建设工程施工合同是否有效？/ 119
31. 违法分包、转包的建设工程合同效力如何认定？施工合同无效是否影响结算协议的效力？/ 120
32. 未取得建设用地规划许可证、建设工程规划许可证、土地使用权证的“三无”建设工程合同是否有效？发包人怠于办理规划等审批手续而请求确认建设工程施工合同无效时，人民法院是否予以支持？/ 121
33. 未以书面形式订立的建设工程合同如何处理？用项目部章、资料章、财务章、手写项目部（公司）名称加经办人签名方式签订的建设工程合同如何处理？当事人辩称建设工程施工合同上新盖公司印章为假章或与备案公章不一致，要求确认合同无效如何处理？/ 124
34. 什么是黑白合同？黑白合同效力如何处理？黑合同在白合同之前或之后签订法律后果有什么不同？实质性改变的尺度如何掌握？/ 128
35. 非必须招投标工程是否存在黑白合同？/ 132
36. 建设工程合同低于成本价（中标）而签是否有效？/ 133
37. 建设工程施工合同订立后尚未履行前即被确认无效后如何处理？/ 134
38. 建设工程施工合同已经开始履行但尚未履行完毕被确认无效后如何处理？如已经履行完毕后被确认无效后又如何处理？施工合同被确认无效后当事人一方能否请求另一方承担违约责任？/ 136
39. 建设工程施工合同被确认无效后，如果该合同属于损害国家、集体，或者第三人利益的情形的，应如何处理？/ 137

40. 什么是无效合同“有效处理”？它是否放宽了施工资质管理？/ 138
41. 施工时无资质，完工前或诉讼期间取得资质，能否引起合同效力从无效向有效转化？/ 139
42. 无施工许可证的建设工程施工合同属于无效合同吗？/ 141
43. 农村村民自治组织因“房地产开发”所发包的建设工程合同是否有效？小产权房建设工程施工合同是否有效？/ 142
44. 中标合同没有备案，发包人另行发包是否应当承担责任？/ 143
45. 专用条款与通用条款相矛盾是否影响合同效力？组成合同的各个文件有矛盾时应以哪个为准？解释顺序能否协议调整？/ 144
46. 项目经理部签订的分包合同效力如何认定？有资质的项目经理与施工企业未订立劳动合同，承包合同效力是否会受到影响？/ 146
47. 工程签证的效力如何认定？承包人、发包人形成的会议纪要性质是什么？它是否具有约束力？/ 147
48. 发包人将在建工程抵押给承包人以外其他人的行为是否有效？/ 149
49. 已完工并经验收的工程，由于种种原因，施工合同一直没有签订，施工行为效力如何认定？/ 150
50. 对应当招投标而未经过招投标签订的施工合同，在工程完工验收时进行补办招投标手续及合同文件，是否具有法律效力？/ 151
51. 对中标合同备案时，为避税而改变合同实质性内容或另行炮制一份合同，该行为如何定性？两份合同如何处理？/ 153
52. 法定代表人签字是不是施工合同生效的必要条件？/ 154
53. 垫资合同(条款)是否有效？/ 154
54. 什么是代建制？代建的建设工程合同纠纷责任如何承担？/ 156
55. 施工合同让利承诺书效力如何认定？中标人作出的以明显高于市场价格购买承建房产、无偿建设住房配套设施、向建设方捐款等承诺是否有效？能否以“显失公平”为由要求返还让利？合同一方当事人以贿赂损害对方权益的，如何处理？/ 157
56. 农民工队伍包清工合同效力如何认定？/ 159
57. 招标人强行将不属于招标范围的工程订入施工合同的行为是否产生效力？/ 160
58. 施工合同无效损失范围如何确定？/ 161
59. 名为分包实为转包的施工合同效力如何认定？/ 163
60. 基础工程是否可以分包？如果约定基础工程由承包人自己完成，承包人与其他基础专业施工单位签订的分包合同是否有效？总承包人将包含主体工程的部分工程转包自己的子公司是否构成违法分包？/ 164

61. 总承包人将多少比例工程分包他人即构成违法分包？总承包人将一些施工企业作为项目部编入自己公司名下，这种承包施工是分包还是内部承包？/ 165
62. 外省施工单位未取得本省建筑市场准入许可所订立的施工合同效力如何？/ 167

第四章　工程工期问题 / 168

63. 审理建设工程施工合同通常应当查明的工期节点有哪些？/ 168
64. 开工日期、竣工日期、验收日期、交付日期如何确定？当事人对开工日期、实际竣工日期有争议的，如何处理？对2013年版、2017年版《施工合同示范文本》关于"竣工日期"的规定与最高人民法院《施工合同解释(一)》关于"竣工日期"的规定不一致的，如何处理？/ 168
65. 什么是工期？合理工期与定额工期关系如何确定？当事人违反工程建设强制性标准，任意压缩合理工期，降低工程质量标准的约定是否有效？/ 171
66. 施工合同无效工期损失如何承担？/ 173
67. 什么是基准日期？它如何确定？工期延误与工期顺延关系如何？工期延误违约责任如何承担？/ 174
68. 常见的工期顺延情形有哪些？承包人提请顺延工期的期限是如何规定的？当事人约定顺延工期应当履行什么样的手续？如未履行工期顺延手续如何处理？当事人约定承包人未在约定期限内提出工期顺延申请视为工期不顺延的，是否应当一律严格按约定执行？工期延长后继续提供履约担保所增加的费用由谁承担？/ 177
69. 进行工程质量鉴定是否可以顺延工期？/ 179
70. 竣工后建设单位拖延验收时工期如何计算？被责令停工的施工工程工期如何确定？/ 180
71. 不可抗力导致的工期延误、人员伤亡、财产损失、费用增加等具体损失如何承担？/ 182
72. 无开工许可证的在建工程实际开工日期如何确定？/ 183
73. 先交付使用后验收的工程竣工日期如何认定？甩项工程竣工日期如何认定？工程未经验收或验收不合格，发包人擅自使用的，应在何时向承包人颁发工程接收证书？发包人无正当理由逾期不颁发工程接收证书如何处理？/ 184

74. 因监理单位原因导致工程不能如期竣工验收,责任由谁承担? 因监理人指示瑕疵而致承包人损失,责任由谁承担? / 186
75. 停工、窝工损失如何计算和承担? 因承(发)包人提供不合格材料或工程设备,由此造成的损失如何承担? 因发包人未按约提供原材料、设备、场地、资金、技术资料造成的损失如何承担? 发包人不履行告知变更后的施工方案、施工技术交底、完善施工条件等协作义务造成的损失如何承担? / 187
76. 监理合同期满而施工工期因顺延尚未结束时,在此期间工程发生变更或形成签证能否有效? / 188
77. 违约金高、低的认定与调整尺度,法官应如何掌握? / 189
78. 以索赔目标划分,施工合同索赔通常有哪几种类型? 以索赔对象划分,施工合同索赔通常有哪几种类型? 承(发)包人的索赔程序和处理有何规定? 索赔期限有何规定? / 192

第五章　工程款问题 / 194

第一节　工程款结算与支付 / 194
79. 什么是预付款、进度款? 什么是履约保证金、质保金? 质量保证金比例是多少? 什么是总包管理费? 什么是总包配合费? / 194
80. 发包人逾期支付进度款的,违约责任如何承担? 发包人签发进度款支付证书,是否表明发包人已同意接受相应工程? 在什么情况下,发包人逾期付款须承担双倍违约金? / 196
81. 招投标时约定为固定价,签订合同时能否改为可调价? / 196
82. 什么是按××定额结算? 什么是成本价? 投标低于成本价如何判定? 什么是预算价、决算价、结算价、送审价、监理确定价? / 198
83. 什么是基准价格? 合同价格调整因素通常包括哪些内容? / 200
84. 工程款中是否包括税金? 工程款发票由谁负责开具? 工程保险费用由谁承担? / 204
85. 如何确定应付工程款利息的起算点? 没有约定工程款延期支付利息标准,承包人能否主张? 约定滞纳金能否得到法院支持? 当事人约定的逾期支付工程款计息利率过高如何处理? / 206
86. 工程款延期给付利息,能否与违约责任一并主张? / 208
87. 施工合同对地方政府收取的建设工程规费如果没有约定承担者,裁判时应如何处理? / 209

88. 合同双方能否以补充协议变更中标合同价款？补充协议没有备案是否影响其结算效力？/ 210
89. 施工范围超出了中标合同约定，应如何认定工程价款？/ 212
90. 未取得施工审批手续，施工方能否停工并要求结算已完工工程款？/ 213
91. 施工合同中如约定有仲裁解决争议的条款，对补充协议产生的争端是否有溯及力？/ 214
92. 施工合同无效，原合同约定的奖励款支不支持？当事人就同一建设工程订立的数份施工合同均被认定无效，工程价款如何结算？如根据规定以实际履行的合同结算工程价款，而实际履行的合同难以确定时，工程价款又当如何结算？/ 215
93. 承包人未提供工程款收取发票，发包人可否拒付工程款或要求返还已付工程款？承包人不履行配合工程档案备案、开具发票等协作义务如何处理？/ 217
94. 作为合同结算依据的政府文件被撤销，一方当事人可否主张按实结算？/ 218
95. 发包人能否强行代扣施工方应当承担的建设工程相关税负？/ 219
96. 固定价施工合同履行期间，因原材料价格、劳务工资等大幅上涨因素，发生工程建筑材料、人工费价格与订立合同时存在价差、合同约定工程价款明显偏离实际等问题，由此带来的后果由谁来承担？能否主张适用"情势变更"原则？实行固定价的建设工程未完工，已完工程造价如何计算？不平衡报价法导致按固定价结算将对承包人利益明显失衡时如何处理？/ 220
97. "情势变更"与"商业风险"有何不同？金融危机是否属于"不可预见"？审判实践中法官对情势变更如何把握？/ 224
98. 双方当事人为工程造价发生争议，如双方确认的竣工验收报告上填有造价总额，能否据此结算？/ 225
99. 中标合同与实际履行合同均未备案，工程款计算以哪个合同为准？/ 226
100. 备案中标合同不是双方当事人的真实意思表示，工程款如何结算？/ 227
101. 监理签字是否可作为签证的依据？驻工地代表签字是否有效？认证人签字不齐全能否发生签证效力？/ 229
102. 竣工补办工程签证是否有效？发包方如拒绝补签工程签证如何救济？/ 230
103. 工程变更包括哪些方面？有双方的签字确认的工程价款变更事项记录，但没有提交变更专项报告，能否予以认定工程价款已变更？/ 232

104. 发包人未按约定支付工程进度款，承包人可否停工？/ 233
105. 发包人未经承包人同意直接将工程款支付给分承包人、转承包人或其他实际施工人，承包人能否要求重付？发包人主张其有“正当理由”才将工程款支付给分承包人、转承包人或其他实际施工人，并主张抵扣承包人相应的工程款的，如何处理？/ 235
106. 当事人约定发包人收到竣工结算文件逾期不予答复视为认可竣工结算文件，承包人请求按竣工结算文件结算工程价款的，应否支持？承包人仅以 1999 年版《施工合同示范文本》通用条款第 33 条第 3 款或 2013 年版、2017 年版《施工合同示范文本》通用条款第 14 条第 2 款进行上述主张，能否得到法院支持？怎样理解和把握“在约定期限内不予答复”？/ 236
107. 竣工结算资料提交后，因合同没有“在约定期限内不予答复，视为认可竣工结算文件”的约定，发包人不按时进行结算，如何处理？/ 239
108. 发包人在合同约定的审核结算期限届满后，又以承包人提交的竣工结算文件不完整为由拒绝结算，承包人要求从该期限届满之日起计算工程价款利息的，人民法院应否支持？/ 240
109. 备案中标合同约定的工程款结算方式与招投标文件相悖、施工合同约定的条件与招投标文件确定的条件不一致时，该约定是否有效？施工合同与招、投标文件、中标通知书载明内容不一致时，一方当事人请求将招、投标文件、中标通知书作为结算工程价款的依据人民法院应否支持？/ 242
110. 招标前即已签订的合同价款与中标后签订的合同价款不一致，应以哪个为准？/ 243
111. 发包人未经有关部门同意擅自变更工程设计并要求承包人作业，工程价款如何认定？/ 244
112. 招标文件确定的工程量有误，承包人能否申请追加工程价款？/ 245
113. 发包人拒收竣工结算申请及资料，如何处理？/ 247
114. 承包人能否以发包人签认的工程量月报、监理工程师签认的工程量日报累加作为最终结算值？/ 248
115. 约定工程造价明显低于定额如何处理？发包人与承包人约定的“以房抵债”协议效力如何认定？/ 249
116. 因发包人原因致使验收无法通过，工程款利息如何起算？/ 251
117. 竣工结算文件提交后承、发包双方未能达成一致意见，工程款利息如何起算？发包人在工程验收后无正当理由拒不接受工程的，责任如何承担？承包人在工程验收后无正当理由拒不交付工程的，责任又如何承担？/ 252

118. 合同履行过程中被终止，承包人如何主张工程款？未完工工程项目已完工工程量如何确定？发包人恶意驱逐施工方、强制施工方撤场时，已完工工程量举证责任如何分配？/ 253
119. 工程变更致建筑面积减少，承包方可主张哪些损失？/ 254
120. 怎样把握发包人在欠付工程价款范围内对实际施工人承担责任？实际施工人以发包人为被告主张权利的，人民法院是“可以追加”还是“应当追加”转包人或者违法分包人为本案当事人？转包人或者违法分包人怠于向发包人行使到期债权，实际施工人是否可以提起代位权诉讼？如何判决发包人在欠付工程款范围内对实际施工人承担责任？/ 256
121. 建设工程合同纠纷中对防止损失扩大或扩大的损失如何掌握和认定？/ 258
122. 合作开发各方在建设工程合同纠纷中应否承担连带责任？名不副实的合作开发建设工程关系中当事人对工程款的责任如何承担？/ 260
123. 参照结算怎么理解？哪些条款可以参照，哪些条款不可以参照？发包人能否请求参照合同约定结算工程价款？施工合同被确认无效后，如此时工程未完工，当事人一方能否请求参照合同约定继续履行施工？如工程无实用价值，发包人是否可以要求承包人返还工程款？/ 262
124. 承包人与分包人约定支付分包工程款以发包人付款为前提条件，该约定是否有效？实际施工人与承包人就工程价款结算未作约定或约定不明时如何处理？/ 264
125. 最终结清申请单的提交和最终结清证书的颁发有哪些要求？工程竣工结算完毕后，能否再追究违约方违约责任？出具欠条确认欠付工程款后又主张无效的，如何处理？/ 265
126. 履约保证金返还是否受诉讼时效限制？/ 266
第二节　工程造价审核与鉴定 / 266
127. 什么是工程造价审价、审计？审价与审计有什么区别？/ 266
128. 单方委托工程造价审价意见能否作为工程结算依据？双方委托工程造价审价意见能否作为工程结算依据？财政评审中心的审核结论能否作为工程结算依据？国家审计部门的审计结论能否作为工程结算依据？什么是争议评审小组？评审小组的决定能否作为工程结算依据？/ 267
129. 审价机构无资质或超越资质等级，其作出的审价结论能否采用？/ 269

130. 承、发包双方有一方对共同选定的审价机构所作出的审价结论有异议,如何处理？承包人提供证据证明审计机关的审计意见具有不真实、不客观情形,人民法院如何处理？/ 270
131. 审价结论经双方签字认可后发现存在差错如何处理？当事人共同选定的行政审计、财政评审部门长期不出具审价结论时,是否允许当事人申请司法鉴定？/ 271
132. 未经审查批准的施工图纸可否作为审价依据？/ 272
133. 质量保证金的形式有哪些？质量保证金在工程结算时是否应当扣留及扣留比例是多少？扣留质量保证金是否应当进行约定？已经提供履约担保的,是否还要预留质量保证金？/ 273
134. 什么是没收非法所得,审判实践中怎样理解适用？/ 274
135. 违法建筑工程款如何支付？/ 276
136. 什么是工程造价鉴定？审判实践中启动工程造价鉴定程序应注意哪些问题？/ 277
137. 一方当事人要求鉴定,另一方不同意,法官如何处理？负有举证责任的当事人对需要鉴定才能确定的专门性问题不鉴定或拒绝鉴定,人民法院应当如何处理？负有举证责任的当事人一审程序中未申请鉴定,二审程序中又申请鉴定,是否准许？/ 279
138. 建设工程竣工但未经验收,承包人要求发包人支付工程价款,发包人对工程质量提出异议并要求进行鉴定的,人民法院应否支持？如建设工程竣工并经验收合格后,能否再申请对工程质量进行鉴定？/ 281
139. 当事人诉前已经共同选定具有相应资质的鉴定机构对建设工程作出了鉴定意见,诉讼中一方当事人要求重新鉴定的,法院应否准许？当事人在诉前已经对建设工程价款结算达成协议,诉讼中一方当事人申请鉴定的,人民法院应否准许？/ 282
140. 对作为司法鉴定材料的证据效力是由鉴定机构来采信,还是由法官来认定？鉴定机构将当事人有争议且未经质证的材料作为鉴定依据的,人民法院如何处理？/ 283
141. 鉴定意见进行质证、鉴定人接受质询是否需要开庭？鉴定人接受质询时是以什么身份出庭的？鉴定人拒不出庭会有什么后果？支付鉴定费用的当事人可否要求返还鉴定费用？鉴定人出庭费用如何计算、由谁承担、怎样支付？/ 284
142. 因劳务费发生争议是否要进行工程造价鉴定？鉴定意见所涉事项超出了当事人约定范围,能否作为判决依据？/ 286
143. 当事人约定按固定价结算工程价款,一方当事人请求对建设工程造价进行鉴定的,能否支持？当事人对案件事实争议的范围难以明确划分时,如何确定鉴定范围？/ 287

144. 承包人出具的工程签证单等工程施工资料有瑕疵,鉴定机构未予认定,承包人要求按工程签证单等工程施工资料给付相应工程价款的,法院能否支持?/ 288
第三节 工程价款优先受偿/ 289
145. 什么是建设工程价款优先受偿权?它如何行使?它行使期限有无限制?审判实务中对建设工程价款优先受偿权进行裁决时还应当注意什么?/ 289
146. 建设工程价款优先受偿权能否在执行过程中提出?/ 291
147. 建设工程价款优先受偿权可否约定予以限制、放弃或转让?/ 291
148. 建设工程价款优先受偿的项目范围如何确定?利息、违约金、损害赔偿金等项目是否也可以优先受偿?/ 293
149. 装饰装修工程款是否享有优先受偿权?它有什么限制?/ 294
150. 无效施工合同能否成立优先受偿权?/ 295
151. 分包人对建设工程能否行使优先受偿权?实际施工人能否主张优先受偿权?/ 298
152. 建筑工程为商品房的,承包人能否行使优先受偿权?/ 300
153. 对未竣工的建筑工程是否可以主张优先受偿权?对法院已采取执行措施的建设工程能否主张优先受偿权?/ 301
154. 建筑工程价款优先受偿权是否需要提起诉讼确认?/ 301

第六章 工程量问题/ 303

155. 什么是工程量?工程量计算依据有哪些?工程量计算规则有几种?/ 303
156. 当事人对工程量产生争议,应按什么标准确定工程量?/ 303
157. 什么是工程量清单?什么是已标价工程量清单?工程量清单主要计算规则有哪些?/ 304
158. 工程量清单计价与定额计价有什么不同?/ 305
159. 因承包人的原因造成的多做或返工工程量是否纳入工程造价计量?/ 305
160. 招标提供的工程量清单与施工图纸工程量不符,合同价款能否调整?实际工程量超过招标时清单报价工程量的15%以上,能否再使用清单报价进行结算?/ 306

161. 合同终止履行,已完工工程量如何确定?“烂尾楼”工程量如何确定?/ 308
162. 承包方施工日记能否作为工程量的结算依据?/ 309
163. 因设计变更引起工程量的增减如何处理?约定固定价结算的建设工程发生设计变更等原因导致实际工程量存在增减如何处理?/ 310
164. 未经签证但事实上已经完成的工程量是否应当确认?建设方拖延工程量确认时间如何处理?/ 312
165. 工程量的变更及确认规则与工程款的变更及确认规则有何不同?/ 313
166. 工程款已结清情况下对工程量再有争议怎么办?/ 313

第七章　工程质量问题 / 315

167. 什么是工程质量问题?常见工程质量问题有哪些?/ 315
168. 承包人应当承担工程质量责任情形有哪些?发包人应当承担质量责任的情形有哪些?/ 315
169. 什么是工程质量保证金?什么是工程质量保修金?两者有何不同?两者何时返还?司法解释与示范文本对质量保证金返还期限规定不同应如何处理?质量保证金返还时是否应当支付利息?质量保证金返还后工程维修义务是否免除?/ 317
170. 建设工程质量等级如何评定的?工程质量不合格的民事责任如何承担?工程需要试车的,试车中质量不合格的民事责任如何承担?/ 320
171. 建设工程质量保修期有哪些规定?约定质量保修期低于法定最低保修期,该约定是否有效?保修责任的免除情形有哪些?/ 322
172. 甲供材导致的工程质量问题应由谁担责?/ 323
173. 一方起诉索要工程款,另一方以工程质量问题拒付,审判实践中是作为抗辩处理还是作为反诉处理?/ 324
174. 工程监理单位对工程质量问题是否应当承担责任?如何承担责任?隐蔽工程在隐蔽之前承、发包双方有哪些义务?监理人未按时进行检查,后果如何处理?承包人私自覆盖工程隐蔽部位的,后果如何处理?/ 326
175. 工程未经验收合格,发包人擅自使用后,能否再主张由承包人承担工程质量问题?主管部门批准使用能否再主张由承包人承担工程质量问题?/ 328

176.“擅自使用”如何认定与把握？/ 330
177.工程未经验收合格，承、发包双方合意交付使用后，发现工程存在质量问题，责任由谁承担？/ 331
178.工程未经验收合格，发包方擅自出售建筑物，如出现工程质量问题，责任由谁承担？/ 333
179.工程经验收合格并交付使用后，发现工程存在质量问题由谁承担？如是设计缺陷导致质量问题，怎么处理？/ 334
180.发包人指定分包，分包工程发生质量问题，如何处理？/ 335
181.建设工程竣工验收合格通过的前提条件、原则性标准、通过认可工作有哪些？竣工退场有哪些规定？/ 337
182.工程质量保修期与工程质量缺陷责任期有何不同？/ 338
183.法官在委托工程质量鉴定前应注意哪些问题？/ 340
184.施工方虽有擅自更改设计和材料行为，但工程质量符合国家标准，施工方是否仍需承担责任？/ 341
185.未及时履行保修义务导致建筑物毁损或者造成人身、财产损害的，赔偿责任由谁承担？/ 343
186.建设单位在保修期内自行对工程进行维修，维修费用是否可以从质量保修金中扣付？/ 344
187.对修复后的无效合同建设工程进行竣工验收是执行原合同约定标准，还是国家标准？施工合同被确认无效后，承包人是否无须再承担保修责任？/ 345
188.承、发包双方对合同中关于工程质量奖惩的约定发生争议，审判实践中如何处理？/ 346

第八章 合同变更、中止、终止、解除问题 / 348

189.发包人可以请求解除建设工程施工合同的情形有哪些？承包人可以请求解除建设工程施工合同的情形有哪些？因承包人或发包人违约，合同解除后的责任如何处理？《施工合同解释（一）》施行前的建设工程施工合同纠纷如何适用法律？《施工合同解释（二）》施行前的建设工程施工合同纠纷如何适用法律？/ 348
190.因建设单位原因致工程一直无法施工，承包方是否可以解除合同并请求索赔？/ 350

191. 承、发包双方同时签订了两份内容不同的建设工程施工合同，如果发包方不支付其中一份合同工程款，承包方能否中止或解除另一份合同？发包人就同一工程与多个承包人签订了多份建设工程施工合同，应履行哪一份？/ 351
192. 发包方未经承包方允许擅自将承包人承包的工程中部分分项工程包给他人，承包人能否要求解除整个施工合同？/ 353
193. 承、发包双方虽签订了施工合同，但后来未实际履行，对双方为此进行的索赔诉讼如何处理？/ 354
194. 工程开工或竣工逾期，发包人能否解除合同？/ 355
195. 未取得规划和施工审批手续，能否作为承包方解除合同的理由？/ 356
196. 施工单位施工期间资质等级下降，能否成为发包方解除合同的条件？/ 357
197. 承、发包双方在诉讼中均表示要求解除施工合同，是否能认定双方施工合同已经解除？当事人单方通知解除施工合同是否必然产生解除合同的法律效力？施工合同约定的解除条件成就时是否必然支持解除合同的诉讼请求？施工合同双方当事人形成僵局时如何处理？/ 358
198. 建设工程合同中止、终止、解除有何区别？中止、终止或解除合同的责任如何承担？损失范围如何确定？/ 359

下编　附录

一、相关法律、行政法规、部门规章 / 363

1.《中华人民共和国民事诉讼法》(节录)(2017 年 6 月 27 日修正) / 363
2.《中华人民共和国合同法》(节录)(1999 年 10 月 1 日施行) / 363
3.《中华人民共和国建筑法》(节录)(2019 年 4 月 23 日修正) / 367
4.《中华人民共和国招标投标法》(节录)(2017 年 12 月 27 日修正) / 374
5.《中华人民共和国土地管理法》(节录)(2004 年 8 月 28 日修正) / 376
6.《中华人民共和国城乡规划法》(节录)(2019 年 4 月 23 日修正) / 377
7.《建设工程质量管理条例》(节录)(2017 年 10 月 7 日修订) / 378
8.《建设工程安全生产管理条例》(节录)(2004 年 2 月 1 日施行) / 383
9.《建设工程勘察设计管理条例》(节录)(2017 年 10 月 7 日修订) / 383

10.《房屋建筑工程质量保修办法》(节录)(2000年6月30日施行)/ 386
11.《必须招标的工程项目规定》(2018年6月1日施行)/ 387
12.《必须招标的基础设施和公用事业项目范围规定》(2018年6月6日施行)/ 388
13.《建筑工程施工许可管理办法》(节录)(2018年9月28日施行)/ 388
14.《建筑业企业资质管理规定》(节录)(2018年12月22日修订)/ 389
附:《建筑业企业资质等级标准》(节录)(2015年1月1日施行)/ 391
15.《建设工程价款结算暂行办法》(节录)(2004年10月20日施行)/ 392

二、相关司法解释及司法意见 / 397

16. 最高人民法院《关于适用〈中华人民共和国民事诉讼法〉若干问题的解释》(节录)(2015年2月4日施行)/ 397
17. 最高人民法院《关于适用〈中华人民共和国合同法〉若干问题的解释(一)》(节录)(1999年12月29日施行)/ 400
18. 最高人民法院《关于适用〈中华人民共和国合同法〉若干问题的解释(二)》(节录)(2009年5月13日施行)/ 401
19. 最高人民法院《关于审理建设工程施工合同纠纷案件适用法律问题的解释》(2005年1月1日施行)/ 402
20. 最高人民法院《就〈关于审理建设工程施工合同纠纷案件适用法律问题的解释〉答记者问》(节录)/ 405
21. 最高人民法院《关于审理建设工程施工合同纠纷案件适用法律问题的解释(二)》(2019年2月1日施行)/ 411
22. 最高人民法院《就〈关于审理建设工程施工合同纠纷案件适用法律问题的解释(二)〉答记者问》(节录)/ 414
23. 最高人民法院《关于审理商品房买卖合同纠纷案件适用法律若干问题的解释》(节录)(2003年6月1日施行)/ 418
24. 最高人民法院《关于发包人收到承包人竣工结算文件后,在约定期限内不予答复,是否视为认可竣工结算文件的复函》(2006年4月25日发布)/ 418
25. 最高人民法院《关于建设工程价款优先受偿权问题的批复》(2002年6月27日施行)/ 419
26. 最高人民法院《关于装修装饰工程款是否享有合同法第二百八十六条规定的优先受偿权的函复》(2004年12月8日发布)/ 419

27. 最高人民法院《关于当前形势下审理民商事合同纠纷案件若干问题的指导意见》(节录)(2009年7月7日发布) / 420
28. 最高人民法院《关于正确适用〈中华人民共和国合同法〉若干问题的解释(二)服务党和国家工作大局的通知》(2009年4月27日发布) / 423
29. 最高人民法院《关于建设工程承包合同案件中双方当事人已确认的工程决算价款与审计部门审计的工程决算价款不一致时如何适用法律问题的电话答复意见》(2001年4月2日发布) / 424
30. 最高人民法院《关于审理涉及国有土地使用权合同纠纷案件适用法律问题的解释》(节录)(2005年8月1日施行) / 424
31. 最高人民法院《全国民事审判工作会议纪要》(节录)(2011年10月9日发布) / 425
32.《第八次全国法院民事商事审判工作会议(民事部分)纪要》(节录)(2016年11月30日发布) / 426
33. 最高人民法院《关于进一步加强民事送达工作的若干意见》(节录)(2017年7月19日发布) / 427
34. 最高人民法院《民事案件案由规定》(节录)(2011年2月18日修正) / 428
35. 最高人民法院第九次《全国民事审判工作会议纪要》(节录)(2019年11月8日公布) / 429
36. 最高人民法院《关于民事诉讼证据的若干规定》(节录)(2019年10月14日修正) / 435

三、建设工程施工合同国家示范文本 / 444

37. 住房城乡建设部　工商总局《关于印发〈建设工程施工合同(示范文本)〉(GF-2013-0201)的通知》/ 444
38. 住房城乡建设部　工商总局《关于印发〈建设工程施工合同(示范文本)〉(GF-2017-0201)的通知》/ 444

四、建设工程合同纠纷诉讼指引流程图 / 446

上编

诉讼指引

第一章　建设工程合同纠纷的基本知识

第一节　建设工程合同纠纷的概念

建设工程合同是指由承包人进行工程建设，发包人支付价款的合同；而建设工程合同纠纷则是指当事人在签订、履行、变更、中止、终止和解除建设工程合同过程中所发生的有关权利与义务方面的争议。在司法实践中，对因此种纠纷而提起诉讼的案件，统称为建设工程合同纠纷案件。

在传统民法上，建设工程合同属于承揽合同，德国、日本、法国及我国台湾地区民法均在承揽合同篇目中对建设工程合同纠纷作出相关处理规定；但我国在1981年颁布实施《中华人民共和国经济合同法》时，将建设工程合同作为有名合同之一种进行了单独规定；而1999年颁布实施《中华人民共和国合同法》（以下简称《合同法》）时，则进一步将承揽合同与建设工程合同分立，从而在事实上将传统承揽合同的适用范围限定于建设工程之外的动产；但由于《合同法》第287条规定："本章（建设工程合同）没有规定的，适用承揽合同的有关规定。"因此，二者的关联关系并未完全割裂。

第二节　建设工程合同纠纷的特点

一、建设工程合同纠纷的特点

近年来，由于我国改革开放的深入推进、经济的发展和城市化建设的步伐不断加快，建筑业也得到了空前的发展，建筑工地随处可见，建设活动遍布全国。它在拉动国民经济增长和提供大量就业岗位的同时，也产生了大量的纠纷，建筑质量、拖欠工程款等问题层出不穷，从而导致诉讼至法院的建设工程合同纠纷案件也越来越多，呈现与日俱增的审判态势。由于建设工程合同纠纷争议内容和案件事实较为复杂，涉及法律适用的问题较多，因此，当前此类案件的审理存在以下特点：

（一）法律关系错综复杂

由于我国建筑市场不规范和管理机制不健全，建筑活动存在大量的违规、违法施工行为，一旦发生纠纷，这些违规、违法等不规范施工行为让原本简单正常的建设工程承、发包关系变得扑朔迷离，往往一个案件就涵盖了转包、分包、违法分包、实际施工人、挂靠等各种错综复杂的法律关系，这些法律关系又常常因合同约定内容的缺失或模棱两可而显得似是而非，甚至混合在一起。因此，审理此类案件，要厘清各种法律关系着实不易。

（二）专业行业特征明显

建设工程是一项专业性、技术性很强的系统工作，无论从事工程勘察、设计、施工，还是进行监理、验收、检测，抑或评估鉴定、纠纷处理，都涉及多种领域的专业知识，而在审理建设工程合同纠纷案件中，诉讼主体资格的确定、施工资质的认定、合同条款的审查、设计图纸的比对、工程质量的判断、工程款的计算等，无不需要一定的专业知识来支撑；同时，此类纠纷当事人之间订立合同和履行合同过程中，在很多方面还习惯于以建筑行业一些约定俗成惯例或行规来处理问题。如果对建设工程所涉相关专业规定、行业标准、惯例等知识缺乏了解，就难以做到快办案、办好案。因而，审理此类纠纷案件，法官必须掌握一定的建设工程相关专业、行业知识才行。

（三）审理裁判难度较大

建设工程合同纠纷涉及招标、投标、挂靠、分包、转包等诸多法律规定，并有许多建筑领域的惯例、相关产业政策和技术规范夹杂其中，纠纷规制既有民事法律关系，又有行政管理关系，案件标的大、法律关系复杂、专业要求高、证据材料庞杂、争议内容繁多，都给此类案件的审理带来了相当大的难度。司法实务中，不少当事人、法律工作者、律师甚至法官，都觉得此类纠纷存在诉讼主体确定难、证据审核认证难、合同效力认定难、合法转分包与非法转分包区分难等诸多诉讼和审判难点。同时，由于建设工程多涉及鉴定，往往又使案件审理周期拉长，加之此类案件标的动辄数十万，当事人利益争夺比较尖锐，调解结案也不易。因此，它已成为目前民事审判的一个难点。

（四）关乎社会和谐稳定

由于此类纠纷不仅牵扯发包人、承包人，更关联到施工队伍、工程使用者、地方经济发展、农民工工资等政府、群体、个人多方利益，从而使此类案件的诉讼和审理都变得极为敏感，稍有不慎即引起群体上访、缠访、矛盾激化等影响社会稳定问题，因而，法律工作者、律师或法官对此类纠纷的处理水平和能力，也日益成为社会大众关注民生和维护稳定问题的焦点。故在目前建设工程合同纠纷案件数量激增的审判运行态势下，法官审理此类案件，不仅要有法律头脑，更要有政治头脑；既要依法秉公办案，又要灵活掌握国家政策，切实解决好社会稳定和民生问题，从而使案件的审理达到法律效果和社会效果的高度统一。

二、建设工程合同纠纷案件的成因分析

（一）建筑市场监管不力

当前，我国建筑业市场呈蓬勃发展之势，吸引了大量的企业和个人投身其中。然而由于在合同订立和合同施工过程中，一些建设管理部门怠于行使监督管理职

责，给建筑活动中的违法、违规行为打开了方便之门。因此，目前建筑市场中的不规范行为相当严重：没有资质、超越资质、借用资质承揽工程司空见惯，层层转包、违法分包等现象屡禁不止，导致工程质量低劣和其他纠纷不断发生。

（二）工程盲目上马较多

很多建设工程合同纠纷案件均系发包人拖欠工程款所引发，其根源在于建设方投资资金准备不足，盲目开发建设项目。不少建设单位无视自身有无资金、能否筹措到资金，就先将项目开发，然后再想方设法筹集资金。一旦资金链断裂，便产生了拖欠工程款现象。施工单位也往往靠垫资承接工程，在很多情况下盲目承接工程后，便依赖于项目贷款或偷工减料，最终导致此类纠纷案件层出不穷。

（三）当事人法律意识缺失

从司法实践看，当事人欠缺相关法律知识，法律意识淡薄，也是建设工程合同纠纷不断发生的重要原因。当事人订立建设工程合同中，经常出现约定不明、相互矛盾及易产生歧义的条款；在履行合同过程中，更是缺乏证据保存意识，施工资料保管不善现象比比皆是，导致在诉讼中无法举证或举证不充分；同时，当事人法律责任意识淡薄，对于逾期开工、竣工，逾期付款，工程质量问题可能带来的法律后果认识也不足，随意拖延工期、拖延付款、偷工减料，并迷信于私了解决。一旦双方不能达成谅解，进入诉讼程序便在所难免，这也导致了纠纷的大量发生。

第三节　建设工程合同纠纷的种类

建设工程合同根据合同工程所涉内容不同，可分为建设工程勘察合同、建设工程设计合同与建设工程施工合同；根据合同工程所涉承包方式不同，可分为总包合同与分包合同。这在《合同法》中已得到了明确的反映，但对于建设工程合同纠纷的种类划分，审判实务并未完全局限于《合同法》对于建设工程合同种类的概括划分，且在不同时期对于此类纠纷的种类划分也有不同的认识。如 2011 年之前，审判实践中一般将农村建房施工合同纠纷作为承揽合同进行处理，并未纳入建设工程合同纠纷，而如今农村建房施工合同纠纷已明确作为建设工程合同纠纷的一种类型，纳入此类纠纷的案由之中。之所以造成这种动态划分格局，除了建筑活动自身发展使纠纷内容日益丰富、学术理论界对于建设工程合同纠纷的认识不断提高和更新外，更主要的是最高人民法院颁布实施的《民事案件案由规定》对建设工程合同纠纷案由种类的确定与调整。由于最高人民法院《民事案件案由规定》是划分纠纷类别、反映纠纷法律关系，规范和统一各级人民法院民事立案、审判和司法统计工作等方面的重要司法规范性文件，故审判实践中对于建设工程合同纠纷种类的划分必须服从于上述规定。基于此，笔者从审判实务需要角度出发,并根据现行《民事案件案由规定》(2008年2月4日颁发,2011年2月18日修改,修改后的《民事案件案由规定》自2011年4月1日起施行)中关于建设工程合同纠纷案由的规定,将建设工程合同纠纷划分为以下种类:

一、建设工程勘察合同纠纷

建设工程勘察合同是指承包人接受发包人的委托,对建设工程所涉地理、地质等情况进行测绘、勘探、测试以及综合评定,并提供可行性评价及建设所需的勘察成果资料等,发包人支付相应价款的合同。当事人因建设工程勘察合同订立及履行等所产生的纠纷,便是建设工程勘察合同纠纷。

勘察工作是一项专业性很强的工作,因此我国法律对于勘察单位规定了严格的条件:从事勘察工作的勘察单位必须具备工程勘察证书、工程勘察收费资格证书和工商登记手续;没有资质的勘察单位不得从事勘察工作,勘察单位也不得超越资质从事勘察工作。

在司法实践中,此类纠纷案件较为少见,一般由发包人以勘察成果不符合要求为由拒付勘察费而引起。

二、建设工程设计合同纠纷

建设工程设计合同是指承包人接受发包人的委托,运用工程技术理论及技术方法,按国家规定的相关技术标准,对建设工程所涉项目的工艺、施工、土建等方面进行综合性分析论证,从而提供建设工程所需建设文件和图纸,完成建设工程设计工作,发包人支付相应价款的合同。当事人因建设工程设计合同订立及履行等所产生的纠纷,便是建设工程设计合同纠纷。

与勘察工作相同,设计工作也是一项专业性很强的工作,因而我国法律对于设计单位、设计人员也规定了严格的从业资质条件。

在司法实践中,此类纠纷案件较为常见,一般由发包人以设计成果不符合要求为由拒付设计费而引起。在此类案件中,当事人争议主要集中在设计成果是否符合合同要求、设计费标准约定不明等方面。

三、建设工程施工合同纠纷

建设工程施工合同是指承包人接受发包人的委托,完成建设工程施工任务,发包人支付相应价款的合同。当事人因建设工程施工合同订立、变更、履行、终止、中止及解除等所产生的纠纷,便是建设工程施工合同纠纷。在司法实践中,此类纠纷案件最为常见,纠纷内容也最为复杂多变。诉因主要集中于工程款、工程质量、工期违约等方面。本书也主要围绕此类纠纷进行阐述。

四、建设工程价款优先受偿权纠纷

建设工程价款优先受偿权是指负有建设工程价款支付义务的债务人除欠付工程款外,还同时存在其他债务,即同时存在数个债权人时,建设工程价款债权人就该债务人的财产享有优先于其他债权人受偿的权利。《合同法》第286条规定:“发包人未按约定支付价款的,承包人可以催告发包人在合理期限内支付价款,发包人逾期不支付的,除按建设工程的性质不宜折价、拍卖的以外,承包人可以与发包人协议将该工程折价,也可以申请人民法院将该工程依法拍卖 。建设工程的价款就该工程折价或者拍卖的价款优先受偿。”当事人因建设工程价款优先受偿权所产生的纠纷,便是建设工程价款优先受偿权纠纷。

五、建设工程分包合同纠纷

建设工程分包是相对总承包而言的。建设工程分包合同是指工程总承包人承包建设工程后,经发包人同意,将其承包的某一部分工程或若干部分工程,再发包给其他承包人分包所签订的合同。当事人因建设工程分包合同所产生的纠纷,便是建设工程分包合同纠纷。

六、建设工程监理合同纠纷

建设工程监理合同是指具有建筑工程监理资质的监理单位受工程建设单位委托,依据国家批准的工程项目建设文件、工程建设法律法规和工程建设合同及其他有关的建设工程技术标准,对建设工程施工质量、工期、资金使用等进行监督和管理,以保证工程建设项目符合建设合同目的,建设单位为此向监理单位支付报酬的协议。监理合同本质上属于委托合同,因为与建设工程合同密切相关,故归入建设工程合同项下。当事人因建设工程监理合同订立及履行等所产生的纠纷,便是建设工程监理合同纠纷。

建设工程监理也是一项专业技术要求非常高的工作,因此国家对监理单位和监理人员也实施严格的资质管理制度。在司法实践中,此类纠纷案件较为少见。建设工程监理合同一般不是必须通过招、投标的方式订立,建设方可以直接委托监理单位。纠纷争议通常集中于监理人员怠于履行监理义务,导致建设方损失所产生的赔偿责任方面。

七、装饰装修合同纠纷

装饰装修合同是指建筑装饰装修企业与发包方为使建筑物、构筑物内外空间达到一定的环境质量要求,使用装饰装修材料,对建筑物、构筑物外表和内部进行修饰处理工程建筑活动而签订的明确装饰装修过程中双方权利义务的协议。当事人因装饰装修合同所产生的纠纷,便是装饰装修合同纠纷。

八、铁路修建合同纠纷

铁路修建合同,又叫铁路建设工程施工合同,是指承包人与发包人为建设或修整铁路而签订的明确双方权利义务的协议。当事人因铁路修建合同所产生的纠纷,便是铁路修建合同纠纷。

九、农村建房施工合同纠纷

农村建房施工合同是指农村建房户与施工方为建设房屋而签订的明确权利义务的协议。当事人因农村建房施工合同所产生的纠纷,便是农村建房施工合同纠纷。近些年来,此类纠纷频发,法学理论界对它的处理究竟适用何种法律关系进行调整一直存在争议,有人认为应归属于建设工程合同纠纷,有人认为应归属于承揽合同纠纷，审判实践中一度倾向于适用承揽合同的法律规定进行裁判。但2011年2月18日，最高人民法院对2008年颁发的《民事案件案由规定》进行修改后，将农村建房施工合同纠纷单列在建设工程合同纠纷案由项下，这意味着将农村建房施工合同明确界定为建设工程合同，并自2011年4月1日起施行。

第二章　建设工程合同纠纷的诉前准备

第一节　确定诉讼主体

我们通常提到的民事纠纷诉讼主体，是指诉讼当事人，即原告、被告、第三人以及上诉案件中上诉人、被上诉人。合格的当事人直接关系到诉讼的结果，法院和律师在审判和诉讼时均要对当事人主体资格进行审查并作出判断，这就是当事人诉讼资格是否适格的问题。根据2012年8月31日全国人大常委会修改通过的《中华人民共和国民事诉讼法》（以下简称《民事诉讼法》）第119条规定，当事人提起诉讼，原告必须是与本案有直接利害关系的公民、法人和其他组织，而被告则必须是明确的。因此，对建设工程合同纠纷向法院起诉的第一步就必须是确定适格的诉讼主体。原、被告主体是否适格对诉讼的提起影响巨大，如起诉主体不符合法律规定或遗漏的，法院或将不予受理，或将驳回起诉，甚至驳回诉讼请求，从而影响了诉讼责任的承担。

建设工程合同承、发包及施工过程中存在大量的没有资质、超越资质、借用资质承揽工程，以及层层转包、分包等不规范行为，使合同主体和法律关系十分混乱，导致案件中的诉讼主体无论是原告还是被告均呈现出复杂多样、难以确定的情形；而建设工程合同纠纷通常涉案标的大、争议内容繁多，诉讼风险和诉讼成本也居高不下；一旦主体确定出现错误，不仅延误了诉讼时机，也会给当事人自己带来额外的诉讼、差旅、误工等费用支出损失。因此，准确确定诉讼主体是处理好此类纠纷诉讼的关键。这样，既能减少当事人自己的讼累，也能减轻法院的工作负荷，同时也能为律师等代理人赢得当事人的信任而增添法码，可谓一举数得。基于此，笔者为方便当事人诉讼，现将此类纠纷常见的诉讼主体确定情况归纳如下：

（1）如签订的建设工程合同合法规范，没有其他主体参与该合同签订或工程施工的，通常应以合同相对人作为诉讼主体起诉或应诉。

（2）建设单位内部无法人资格的职能部门或下属机构签订建设工程合同的，纠纷发生后，应以该建设单位为诉讼主体进行起诉或应诉。

（3）建筑施工企业的分支机构（分公司、工程处、工区、项目经理部、建筑队等）签订建设工程合同产生纠纷后，一般应以该建筑施工企业作为诉讼主体。如该分支机构具有独立的财产，则可以该分支机构为诉讼主体，并追加建筑施工企业为共同诉讼人。当然，具有独立财产权的分支机构如作为原告，则可不受此限制。

(4)借用营业执照、资质证书及以他人名义签订建设工程合同的,纠纷发生后,应由借用人和出借人为共同诉讼人进行起诉或应诉。

(5)共同承包或联合承包的建筑工程项目,产生纠纷后,应以共同承包人或联合承包人为共同诉讼人进行起诉或应诉;如已组成具有法人资格联营体的,则以该联营体为诉讼主体进行起诉或应诉。

(6)实行总、分包的工程发生纠纷后,按《中华人民共和国建筑法》(以下简称《建筑法》)等有关规定,总包企业可以将主体结构以外的部分工程分包给其他建筑企业,但须对整个建设工程的质量负责。如果分包人与发包人在合同履行过程中发生纠纷,应区别不同情形确定诉讼主体:分包人是总包人的下属企业,或与总包人存在隶属关系的,应以总包人作为诉讼主体进行起诉或应诉;分包人与总包人没有隶属关系的,总承包人和分包人应作为共同诉讼人进行起诉或应诉;发包人、总包人和分包人三方协商,由总包人将自己承包的建设部分项目转让给分包人,发生纠纷的,应以发包人和分包人为诉讼主体。如分包人与总承包人产生纠纷,则应以分包合同主体为诉讼主体,建设单位可列为第三人。

(7)个人或个人合伙建筑队签订的建设工程合同产生纠纷后,一般应以该个人或合伙人为诉讼主体。如该个人或个人合伙建筑队经工商登记的,则以营业执照上登记的经营者为当事人;有字号的,以营业执照上登记的字号为当事人,但应同时注明该字号经营者的基本信息;营业执照上登记的经营者与实际经营者不一致的,以登记的经营者和实际经营者为共同诉讼人。

(8)挂靠人(施工企业、建筑队或个人)以自己的名义或以被挂靠单位的名义签订建设工程合同的,一般应以挂靠人和被挂靠单位为共同诉讼人进行起诉或应诉。如被挂靠单位不愿起诉的,挂靠人可作为原告起诉而无须将被挂靠单位强行列为共同原告。如被挂靠单位不愿应诉的,原告及挂靠人可申请追加被挂靠单位为共同被告,并要求其承担连带责任。

(9)因转包产生的建设工程合同纠纷,如发包人起诉,应列转包人和转承包人为共同被告;如因转包合同产生纠纷,以转包人和转承包人为诉讼主体进行起诉和应诉,可将发包人列为第三人;多层次转包的,除诉讼当事人外,可将其他各方列为第三人。

(10)以筹建处或临时机构的名义发包工程发生纠纷后,如果该筹建处或临时机构已经合法批准成立并已具有法人资格,应由其作为诉讼主体起诉或应诉;如仍是临时性机构,尚未办理正式审批手续或被撤销的,由成立或开办该单位的组织作为诉讼主体进行起诉或应诉。

(11)实行内部承包经营的施工企业因建设工程合同产生纠纷后,如果该企业是法人组织,则由该企业为诉讼主体进行起诉或应诉;如果该企业不是法人组织,则列该企业和承包企业人为共同当事人参加诉讼。

(12)合作建设工程并对合作建设工程享有共同权益的,其中合作一方与建设工程合同相对方发生纠纷的，其他合作人应列为共同原告或被告。

(13)因工程质量引起的纠纷，发包人可以总承包人、分包人和实际施工人为共同被告提起诉讼。发包人只起诉承包人，如存在转包事实的，应追加实际施工人为共同被告，并要求其与承包人对工程质量承担连带责任。

(14)建设工程合同发包人并非工程项目所有人，其以自己名义实际履行建设工程合同的，工程项目所有人可与发包人为共同诉讼主体进行起诉或应诉。

(15)代建工程受托人以自己名义与承包人签订并履行建设工程合同的，一般应将委托人与受托人列为共同诉讼主体进行起诉或应诉。施工单位为原告时，要区分签订施工合同时知道或不知道委托人存在的情况：如知道，施工单位可以代建方和项目业主为共同被告；如不知道，施工单位在代建方向其披露委托人后，只能对代建方和项目业主择其一主张权利，要求被择定的人承担相应的合同责任。如建设工程施工合同明确约定合同义务由受托人或委托人一人承担的，则应当以受托人或委托人一人为诉讼主体进行起诉或应诉。

(16)因拖欠工程款引起的纠纷，实际施工人可以以转包人、违法分包人为被告提起诉讼；转包人、违法分包人提出将发包人列为第三人，并对其主张权利而发包人对转包人、违法分包人又负有义务的，可将发包人列为第三人；如转包经发包人同意，即属合同转让，应直接列发包人为被告。如实际施工人以发包人为被告主张权利的，应当追加转包人或者违法分包人为第三人，发包人只在欠付工程价款范围内对实际施工人承担责任。

另外，诉讼实践中需要注意的是，如果原告、被告或第三人为单位的，诉讼时须按下列规定在诉讼主体名称下列明其法定代表人：

(1)法人的法定代表人以依法登记的为准，但法律另有规定的除外。依法不需要办理登记的法人，以其正职负责人为法定代表人；没有正职负责人的，以其主持工作的副职负责人为法定代表人。

(2)其他组织，以其主要负责人为代表人。

(3)在诉讼中，法人的法定代表人变更，由新的法定代表人继续进行诉讼时的，应向人民法院提交新的法定代表人身份证明书。

第二节　选择诉讼请求

诉讼请求是原告向法院提出和向被告主张的、要求法院通过裁判予以确认的法律上利益。建设工程合同纠纷的诉讼请求主要依据双方当事人之间争议内容和建设工程合同来确定。建设工程合同纠纷，诉讼请求应当明确、具体、完整、适当、合法、可证，不能笼统地要求“赔偿原告的一切损失”，但也不要随意扩大诉讼请求范围或信口开河，因为无事实根据或无法律依据的诉讼请求，除得不到法院支持外，当事人还要承担败诉责任和负担相应的诉讼费用，从而无谓地增加自己的诉讼成本。比较切合实际的请求数额,不仅可以减少诉讼成本,降低诉讼风险,而且有利于法院的调解和双方当事人的和解,减少讼累。当然,遗漏自己的诉讼请求也是不行的,因为法院审理案件奉行“不告不理”的被动处理原则,如未提出诉讼请求,即使是能够得到法律保护的合法利益,法院也不会主动去介入。

一般来说,在建设工程合同纠纷诉讼实践中,当事人提起诉讼选择和确定自己的诉讼请求时,主要应注意以下问题:是否需要解除合同,是否主张合同无效,是否主张工程质量、工程款的数额及利息,是否主张违约责任、停窝工损失,是否主张工程价款优先受偿权、工期提前或延误奖惩、预期利益赔偿以及诉讼费、鉴定费用承担等。在确定诉讼标的额时还应参考如下因素:法律、法规规定的具体标准,当地的社会经济生活水平,对方当事人经济承受能力和类似案例的判决等。值得一提的是,2012 年修改后的《民事诉讼法》第 162 条规定,基层人民法院和它派出的法庭审理简单的民事案件,标的额为各省、自治区、直辖市上年度就业人员年平均工资 30%以下的,实行一审终审。因此,当事人如果想早日解决纠纷,该条规定也是确定自己诉讼标的额时可以考虑的一个方面。在注意到上述事项后,可根据“符合自己利益及符合法律规定”的双重原则明确自己的诉讼请求,这样才能立于不败之地。

第三节　撰写诉讼文书

诉讼文书是当事人为了维护自己的合法权益,针对案情,根据法律和诉讼程序的规定,向人民法院提出某种诉讼要求或答辩所形成的文字材料。当事人向法院提起诉讼,必须向法院提交诉讼文书作为启动诉讼程序和申请保护自己诉讼利益的根据。从司法实践来看,建设工程合同纠纷当事人在提起诉讼过程中可能涉及的诉讼文书约有十多种,本书出于篇幅所限,主要就此类纠纷当事人应当知晓或熟悉的常用诉讼文书进行简要介绍。

一、民事起诉状

民事起诉状是启动建设工程合同纠纷诉讼程序的首要诉讼文书,是原告为维护自己建设工程合同民事权益,就有关合同权利与义务向人民法院提起诉讼,要求依法处理而提交的、供人民法院审查和受理案件的必备材料。民事起诉状的书写格式比较固定,内容包括:(1)标题:民事起诉状。(2)首部,主要写明民事案件双方当事人的基本情况,必须有明确的被告。(3)正文,包括诉讼请求、事实和理由、证据和证据来源。(4)尾部,主要依次写明受诉人民法院全称、具状人名称、起诉时间以及附项内容。

格式1：

民事起诉状

原告：公司名称，住所地（如系个人应写明：姓名，性别，出生日期，民族，职业，住址，工作单位，联系方式。如系起字号的个体工商户，除以营业执照上登记的字号为当事人外，还应同时注明该字号经营者的基本信息。）（另外，基于法院案件信息录入及法律文书上网的需要，目前不少地方法院还要求当事人列明个人身份证号码，当事人可视当地法院要求增加）。

法定代表人姓名，职务，联系方式。

委托代理人姓名，性别，出生日期，民族，职业，住址，工作单位，联系方式。

被告：公司名称，住所地（如系个人，基本情况格式同原告一样列明）。

法定代表人姓名，职务，联系方式。

委托代理人姓名，性别，出生日期，民族，职业，住址，工作单位，联系方式。

（如有第三人可另起一行增加，并同上格式列明其基本情况）

请求事项

（写明具体的诉讼请求，如请求赔偿，偿还债务，履行合同等）

1. __________；

2. __________；

……

事实与理由

（写明订立和履行建设工程合同的过程、纠纷发生的经过及争议内容，叙述案情时，必须实事求是，如实反映案件事实。事实部分应该详尽具体、重点突出，能使法官对案情有一个明晰的了解。与案件事实关系不大但又必须交代清楚的可以简要概括。理由部分主要是列举证据，说明证据来源，同时根据事实，依照法律有关规定，合理合法地进行分析论证。另外，在写事实和理由过程中，不要使用过激言论和攻击性侮辱性词语。）

此致

__________人民法院

具状人：（签名或盖章）

年　　月　　日

附：（附项是民事起诉状的附加部分，应具体写明民事起诉状副本的份数及证据的种类、名称、数量以及证人的姓名、住址等。）

二、民事答辩状

民事答辩状是指建设工程合同纠纷诉讼的被告或被上诉人针对原告民事起诉状或上诉人的上诉状内容，依据建设工程合同纠纷事实及理由进行应诉和辩驳的诉讼文书。答辩状应在收到起诉状或者上诉状之日起15日内提出。民事诉讼中,被告收到原告的起诉状副本、被上诉人收到上诉状副本后,都有权进行答辩。被告不提出答辩的,不影响人民法院审理。通过答辩状,被告可以充分阐明自己的观点与主张,使人民法院能够全面了解案情,做出公正裁决。

格式2:

民事答辩状

答辩人:公司名称,住所地(如系个人写明:姓名,性别,出生日期,民族,职业,住址,工作单位,联系方式。如系起字号的个体工商户,除以营业执照上登记的字号为当事人外,还应同时注明该字号经营者的基本信息)。

法定代表人姓名,职务,联系方式。

委托代理人姓名,性别,出生日期,民族,职业,住址,工作单位,联系方式。

被答辩人:公司名称,住所地(如系个人,基本情况格式同答辩人一样列明)。

法定代表人姓名,职务,联系方式。

委托代理人姓名,性别,出生日期,民族,职业,住址,工作单位,联系方式。

答辩人就__________诉我公司(我)__________纠纷一案起诉状中的有关问题,现答辩如下:

(写明答辩的理由与事实依据,对原告起诉状或上诉人上诉状中所写的事实是否符合实际情况表示意见。如果所诉事实全部不能成立,就全部予以否定;部分不能成立,就部分予以否定;并提出符合客观真实的事实来加以证明,书写事实时一定要实事求是,绝不能歪曲或隐瞒真相。反驳可从三个方面入手:一是抓住对方在起诉状、上诉状中所陈述的错误事实,所引用的法律上错误,作为反驳的论点;二是列举出客观真实的事实、恰当的证据,作为反驳的论据;三是运用逻辑推理和法律规定进行论证。就理由部分进行论证时,要着重列举出反面的证据来证明原告诉状中所述事实不能成立;同时根据真实的事实,依照法律有关规定,合理合法地进行分析论证。在提出事实、理由和法律方面的答辩之后,对本案的处理依法提出自己的主张,请求法院裁判时予以考虑。同样,在写答辩事实和理由过程中,也不要使用过激言论和攻击性侮辱性词语。)

此致

__________人民法院

答辩人:(签名或者盖章)

年　　月　　日

附:(附项应具体写明答辩状副本的份数及证据的种类、名称、数量以及证人的姓名、住址等。)

三、民事反诉状

民事反诉状，是指建设工程合同纠纷诉讼的被告在诉讼过程中，以本诉原告为被告、就原告起诉的同一事实或法律关系提出自己独立的诉讼请求，并要求人民法院适用同一诉讼程序对反诉请求与原告的本诉请求合并审理及追究原告相应民事责任的诉讼文书。民事反诉状的写作格式、要求与民事起诉状基本相同，只是当事人的称谓有所不同。撰写反诉状时，应当注意以下几点：

(1)反诉应与本诉相对或相反，通常应从与本诉相反或相对立的角度出发，提出独立的诉讼请求，并利用与本诉相反或相对的事实和理由进行论证；(2)反诉的诉讼请求、争议事实和理由应与本诉基于同一法律事实或同一法律关系，且反诉请求只能由本诉被告向本诉原告提出；(3)反诉是在反驳原告本诉的同时，又提出自己独立的诉讼请求，故反诉事实、证据和理由均应围绕反诉请求进行，而不能像答辩状那样完全以辩驳为主；(4)反诉必须在本诉案件受理后至本诉案件一审法庭辩论终结前的诉讼阶段提出，并向受理本诉的法院提交。至于在二审程序中提出的反诉，根据最高人民法院《关于适用〈中华人民共和国民事诉讼法〉的解释》规定，二审人民法院可以根据当事人自愿的原则就反诉进行调解，调解不成的告知当事人另行起诉。

格式3：

民事反诉状

反诉人(本诉被告)：公司名称，住所地(如系个人应写明：姓名，性别，出生日期，民族，职业，住址，工作单位，联系方式。如系起字号的个体工商户，除以营业执照上登记的字号为当事人外，还应同时注明该字号经营者的基本信息)。

法定代表人姓名，职务，联系方式。

委托代理人姓名，性别，出生日期，民族，职业，住址，工作单位，联系方式。

被反诉人(本诉原告)：公司名称，住所地(如系个人，基本情况格式同反诉人一样列明)。

法定代表人姓名，职务，联系方式。

委托代理人姓名，性别，出生日期，民族，职业，住址，工作单位，联系方式。

反诉人就＿＿＿＿＿＿诉我公司(我)＿＿＿＿＿＿一案，对被反诉人提起反诉。

反诉请求：

(写明请求抵销、排斥或吞并本诉请求的具体反诉讼请求，如请求赔偿，偿还债务，履行合同等。)

1. ＿＿＿＿＿＿；

2. ＿＿＿＿＿＿；

……

事实和理由：

（要从事实和法律的角度充分阐述反诉主张的正确性和抵销、排斥和吞并对方诉讼请求的合法性。反诉提出的事实和理由，必须以与本诉同一法律关系或法律事实为依据。如果反诉人在反诉状中所主张的诉讼请求和理由，与本诉在法律关系或法律事实上毫无联系，反诉便不能成立。反诉理由主要是依据建设工程合同纠纷权益争执的事实和证据，从事实理由和法律理由两个层次分析论证反诉请求事项的合法性和合理性。同样，在写反诉状事实和理由过程中，也不要使用过激言论和攻击性侮辱性词语。）

此致

__________人民法院

反诉人：（签名或者盖章）

年　　月　　日

附：（附项应具体写明反诉状副本的份数及证据的种类、名称、数量以及证人的姓名、住址等。）

四、民事上诉状

民事上诉状，是指建设工程合同纠纷诉讼当事人、有独立请求权的第三人和被人民法院判决承担法律责任的无独立请求权的第三人不服第一审判决裁定，在上诉期限内向上一级人民法院提出的请求撤销、变更和发回原审判决或裁定的诉讼文书。从上诉状的定义可以看出，民事上诉状必须是对地方各级人民法院（最高人民法院的裁判一审终审，不能上诉）的第一审裁判不服所提起的，且应在法定上诉期限内（判决上诉期为自判决书送达之日起 15 日，裁定为 10 日）向制作第一审裁判的上一级人民法院提起。民事上诉状的撰写应主要采用反驳法进行，主要针对原裁判可能错误、不当或其他令人不服之处，有的放矢，摆出客观事实和证据，引用正确的法律条款据理论证，并根据论证所得出的结论，明确提出自己对原裁判的主张，请求二审法院查明事实真相和分清是非责任。

另外，撰写上诉状还应当按下列规定将双方当事人的地位在上诉状中列明：1. 诉讼当事人中的一部分人提出上诉的，没有提出上诉的对方当事人为被上诉人，其他当事人依原审诉讼地位列明。2. 双方当事人和第三人都提出上诉的，均为上诉人。3. 必要共同诉讼人中的一人或者部分人提出上诉的，按下列情况处理：（1）该上诉仅对与对方当事人之间权利义务分担有意见，不涉及其他共同诉讼人利益的，对方当事人为被上诉人，未上诉的同一方当事人依原审诉讼地位列明；（2）该上诉仅对共同诉讼人之间权利义务分担有意见，不涉及对方当事人利益的，未上诉的同一方当事人为被上诉人，对方当事人依原审诉讼地位列明；（3）该上诉对双方当事人之间以及共同诉讼人之间权利义务承担有意见的，未提出上诉的其他当事人均为被上诉人。

格式4：

民事上诉状

上诉人（原审×告）：公司名称，住所地（如系个人应写明：姓名，性别，出生日期，民族，职业，住址，工作单位，联系方式。如系起字号的个体工商户，除以营业执照上登记的字号为当事人外，还应同时注明该字号经营者的基本信息）。

法定代表人姓名，职务，联系方式。

委托代理人姓名，性别，出生日期，民族，职业，住址，工作单位，联系方式。

被上诉人（原审×告）：公司名称，住所地（如系个人，基本情况格式同上诉人一样列明）。

法定代表人姓名，职务，联系方式。

委托代理人姓名，性别，出生日期，民族，职业，住址，工作单位，联系方式。

上诉人因__________一案，不服__________法院于____年____月____日作出的（ ）字第____号民事判决，现提出上诉。

上诉请求：

1. 撤销__________人民法院（ ）字第____号民事判决/裁定；
2. 改判……；
3. 两审诉讼费用均由被上诉人负担。

上诉理由：

（根据案件具体情况选择上诉事实和理由，如原裁判适用法律错误、原裁判认定事实错误，或者原判决认定事实不清、证据不足；原裁判违反法定程序或者审判人员收受贿赂，影响案件正确裁判。总之，上诉理由部分实际上是对原审裁判的一段驳论或澄清。）

此致

__________人民法院

上诉人：（签名或者盖章）

年 月 日

附：1. 本上诉状副本____份。

2. 有关证明材料____件。

五、保全申请书

保全申请书是指建设工程合同纠纷诉讼当事人在纠纷诉讼前或者诉讼过程中，为制止或预防他方当事人恶意行为或其他原因造成该方当事人财产减损或争议标的物灭失，进而导致日后生效裁判文书不能执行或难以执行情况的发生，而向人民法院申请对该方当事人的财产或争议的标的物采取限制处分、责令该方当事人作出一定行为或者禁止该方当事人作出一定行为等保全强制措施所制作的一种诉讼文书。保全申请书包括诉前保全申请书和诉讼保全申请书两种。凡是在起诉以前向法院申请保全的是诉前保全，在诉讼过程申请保全的是诉讼保全，两种保全申请书格式相同。

格式5：

保全申请书

申请人：公司名称，住所地（如系个人应写明：姓名，性别，出生日期，民族，职业，住址，工作单位，联系方式。如系起字号的个体工商户，除以营业执照上登记的字号为当事人外，还应同时注明该字号经营者的基本信息）。

法定代表人姓名，职务，联系方式。

委托代理人姓名，性别，出生日期，民族，职业，住址，工作单位，联系方式。

被申请人：公司名称，住所地（如系个人，基本情况格式同申请人一样列明）。

法定代表人姓名，职务，联系方式。

委托代理人姓名，性别，出生日期，民族，职业，住址，工作单位，联系方式。

请求事项：（写明保全的财产及保全方式）

1. 请求查封（冻结、扣押）被申请人位于____的财产____，保全金额____元。

2. 保全费用由被申请人负担。

事实与理由：

（先写明申请人与被申请人之间民事法律关系发生的过程、争议事实及起诉或将要起诉至法院的情况，然后阐明被申请人正在或可能会实施恶意处分其财产或争议标的物的行为，或者可能使标的物毁损、灭失的客观原因，或存在紧急情况的情形；说明采取保全措施的必要性。另外，交代为申请保全所提供的担保情况。）

担保方式：__________

此致

__________人民法院

申请人：（签名或者盖章）

年　　月　　日

附：1. 申请人、担保人身份证明。

2. 被申请人开户行及银行账号或财产位置。

六、证据保全申请书

证据保全申请书是指建设工程合同纠纷诉讼当事人对可能灭失或今后难以取得的证据在纠纷诉讼前或者诉讼过程中向人民法院申请对该证据采取固定或采集措施所制作的一种诉讼文书。证据保全申请书也包括诉前保全申请书和诉讼保全申请书两种，两种保全申请书格式相同。证据保全申请应在诉讼前或诉讼中举证期限届满前以书面形式提交。

格式6:

证据保全申请书

申请人:公司名称,住所地(如系个人应写明:姓名,性别,出生日期,民族,职业,住址,工作单位,联系方式。如系起字号的个体工商户,除以营业执照上登记的字号为当事人外,还应同时注明该字号经营者的基本信息)。

法定代表人姓名,职务,联系方式。

委托代理人姓名,性别,出生日期,民族,职业,住址,工作单位,联系方式。

申请人与__________纠纷一案,现因该案有关证据可能灭失或以后难以查明,故依据《民事诉讼法》第____条的规定,特申请对下列证据给予保全:

证据名称:

证据所在地:

证明内容:

证据持有人及联系方式:

此致

__________人民法院

申请人:(签名或者盖章)

年 月 日

七、撤诉申请书

撤诉申请书是指建设工程合同纠纷诉讼当事人在人民法院受理案件之后,宣告判决之前,向人民法院提出的自愿要求撤回其起诉时所制作的诉讼文书。撤诉申请书格式较为简单,但在申请书中应当写明撤诉原因,并表明撤诉是自愿的。

格式7:

撤诉申请书

申请人(原告):写明姓名或单位名称等身份基本情况,联系电话。

被申请人(被告):写明姓名或单位名称等身份基本情况,联系电话。

申请人于__________年____月____日向你院起诉__________一案,因__________(写明关于撤诉的原因,如与被告和解、证据不足需搜集证据等),现自愿决定撤回起诉。

此致

__________人民法院

申请人:(签名或者盖章)

年 月 日

八、其他常用诉讼文书

格式 8:

法定代表人身份证明书

__________在我单位(名称)担任__________职务,系我单位(名称)的法定代表人。

特此证明。

附:法定代表人联系地址:

联系电话:

年 月 日

(公章)

格式 9:

授权委托书

委托单位(或委托人):公司名称,住所地……。

法定代表人或主要负责人:×××,……(写明职务),联系方式:……。

受委托人:×××,××律师事务所律师,联系方式:……。

受委托人:×××,……(写明受托人所在单位及职务),联系方式:……。

现委托__________在______(写明当事人和案由)一案中,作为我(或单位)参加诉讼的委托诉讼代理人。

委托诉讼代理人×××的代理事项和权限为以下第__________种:

1. 一般代理:参加诉讼活动,进行调查、提供证据,参加法庭辩论,等等。

2. 特别授权代理:代为提出、承认、放弃、变更诉讼请求,进行和解,提出反诉或上诉,等等。

委托单位或委托人:(公章或签名)

受托人:(签名)

年 月 日

格式10：

管辖权异议书

异议人（被告）：×××，男/女，××××年××月××日出生，×族，……（写明工作单位和职务或者职业），住……。联系方式：……。

委托诉讼代理人：×××，……。

（以上写明异议人和其他诉讼参加人的姓名或者名称等基本信息）

请求事项：

请求将你院（__________）__________号______（写明案件当事人和案由）一案移送__________人民法院管辖。

事实和理由：

……（写明提出管辖权异议的事实和理由）。

此致

__________人民法院

异议人：（签名或者盖章）

年　　月　　日

格式11：

追加当事人申请书

申请人：×××，男/女，××××年××月××日出生，×族，……（写明工作单位和职务或者职业），住……。联系方式：……。

委托诉讼代理人：×××，……。

（以上写明申请人和其他诉讼参加人的姓名或者名称等基本信息）

请求事项：

请求追加__________作为你院（__________）__________民初__________号__________（写明当事人和案由）一案共同原告/被告/第三人参加诉讼。

事实和理由：

……（写明申请追加的事实和理由）

此致

__________人民法院

申请人：（签名或者公章）

年　　月　　日

格式12：

调取证据申请书

__________人民法院：

__________诉__________纠纷一案，现因__________（写明原因）无法（或难以）取得以下证据，为查明案件事实，依据《民事诉讼法》第____条的规定，特申请你院调取下列证据：

证据名称：__________。

证据所在地：__________。

证明内容：__________。

证据持有人及联系方式：__________。

特此申请！

申请人：（签名或者盖章）

年　月　日

格式13：

委托鉴定申请书

__________人民法院：

__________诉__________纠纷一案，为查明案件事实，依据《民事诉讼法》第____条的规定，特申请你院委托相关鉴定机构对下列事项进行司法鉴定：

鉴定事项：__________。

鉴定目的：__________。

联系人及联系方式：__________。

特此申请！

申请人：（签名或者盖章）

年　月　日

格式14：

证人出庭作证申请书

__________人民法院：

__________诉__________纠纷一案，为查明案件事实，依据《民事诉讼法》第

____条的规定,特申请你院通知下列证人出庭作证:

证人1:写明姓名等身份基本情况,联系电话。

证明内容:__________

证人2:__________

申请人联系方式:__________

特此申请!

申请人:(签名或者盖章)

年　　月　　日

格式15:

强制执行申请书

申请执行人:公司名称,住所地(如系个人应写明:姓名,性别,出生日期,民族,职业,住址,工作单位,联系方式。如系起字号的个体工商户,除以营业执照上登记的字号为当事人外,还应同时注明该字号经营者的基本信息)。

法定代表人姓名,职务,联系方式。

委托代理人姓名,性别,出生日期,民族,职业,住址,工作单位,联系方式。

被执行人:公司名称,住所地(如系个人,基本情况格式同申请人一样列明)。

法定代表人姓名,职务,联系方式。

委托代理人姓名,性别,出生日期,民族,职业,住址,工作单位,联系方式。

请求事项:(写明被执行人对生效法律文书确定的内容没有履行的情况)

1. 请求执行××(写明生效法律文书及制作机关、案由和案号)生效法律文书第×项确定的由被执行人承担的债务(行为或财产)__________。

2. 请求执行由被执行人承担的迟延履行期间的债务利息__________元(暂计算到______年____月____日,逾期顺延计算至实际履行完毕时止)。

3. 执行费用__________元由被执行人负担。

事实与理由:

申请人与被执行人__________一案,经__________人民法院审理作出__________号民事判决(或调解)书,现该文书已发生法律效力;但被执行人__________未按照法律文书确定的义务履行(或被执行人尚有……部分没有履行)__________。为实现申请人合法利益,特申请贵院对被执行人__________予以强制执行。

此致

__________人民法院

申请执行人:(签名或者盖章)

年　　月　　日

附:1. 申请执行人身份证明或营业执照、法定代表人身份证明。

2. 执行依据的法律文书1份。

3. 被执行人开户行及银行账号或财产线索。

格式16:

再审申请书

申请再审人(原审原告或被告):公司名称,住所地(如系个人应写明:姓名,性别,出生日期,民族,职业,住址,工作单位,联系方式。如系起字号的个体工商户,除以营业执照上登记的字号为当事人外,还应同时注明该字号经营者的基本信息)。

法定代表人姓名,职务,联系方式。

委托代理人姓名,性别,出生日期,民族,职业,住址,工作单位,联系方式。

被申请人(原审原告或被告):公司名称,住所地(如系个人,基本情况格式同申请人一样列明)。

法定代表人姓名,职务,联系方式。

委托代理人姓名,性别,出生日期,民族,职业,住址,工作单位,联系方式。

申请再审人因与被申请人__________纠纷一案,不服__________人民法院于______年____月____日作出的(　)字第____号民事判决(调解、裁定)书,现依据《中华人民共和国民事诉讼法》第____条之规定,向贵院申请再审。

请求事项:

1. 请求依法撤销__________人民法院(　)字第____号民事判决(调解、裁定)书第×项。

2. 改判__________(写明要求的具体内容)。

3. 原审(包括一审、二审)诉讼费用__________元由被申请人负担。

事实与理由:

(写明原审存在认定事实错误、适用法律不当、裁判偏颇或法官违法裁量的情况及依据。)

此致

__________人民法院

申请再审人:(签名或者盖章)

年　　月　　日

附:1. 申请再审人身份证明或营业执照、法定代表人身份证明。

2. 原审生效法律文书1份。

第四节　收集涉诉证据

证据既是当事人证明自己主张的凭据,也是法官认定案件事实的根据。它是诉讼的核心问题,在诉讼中的作用是决定性的,可以说全部诉讼活动实际上都是围绕证据的搜集和运用进行的。我国民事诉讼法律规定,当事人对自己提出的诉讼请求所依据的事实或者反驳对方诉讼请求所依据的事实,应当提供证据加以证明,即法律规定当事人对自己的主张负有法律上的举证责任。故当事人只有收集并向法院提供充分的证据来证明自己的主张,才能使自己的诉讼请求得到法院的支持,否则,将会面临败诉的风险或结果。建设工程合同纠纷往往存在大量的证据,因此,涉诉证据的收集、筛选和向法院提交就显得尤为重要。一般来说,建设工程合同纠纷通常要准备和向法院提交以下证据:

(1)建设工程合同、补充协议、中标文件及材料、修改合同的设计变更文件、洽商记录、会议纪要及资料、图表、备忘录、工程签证单;

(2)建筑规划、用地、施工等许可证,资质证书、营业执照、法人执照等证明其合法主体资格的有关证据;

(3)工程预算、决算书;

(4)拨付、收取工程款凭证、结算凭证;

(5)施工图纸;

(6)施工记录;

(7)发包方供应材料和设备的证明;

(8)承包方采购材料和设备的证明;

(9)开工报告、竣工报告、竣工验收手续;

(10)有关部门的质检报告、审价、审计和鉴定意见;

(11)国家机关的有关文件;

(12)电子数据(是指通过电子邮件、电子数据交换、网上聊天记录、博客、微博客、手机短信、电子签名、域名等形成或者存储在电子介质中的信息。存储在电子介质中的录音资料和影像资料,适用电子数据的规定)等其他证据。

对上述所列证据,当事人可根据个案的不同情况,对证据进行筛选后有目的地进行提交。筛选证据时,可考虑以下几个方面:

(1)证据须对自己有利;(2)证据足以支持自己的诉讼请求,具有充分关联性;(3)证据证明内容具体明确,具有完整性;(4)证据相互之间无冲突,具有一致性;(5)尽量提交经双方认可、证明力大、具有说服效果的证据;(6)如证据数量较多,可通过证据目录形式对证据所需证明的内容予以罗列,方便法官有序审查和自己轻松举证。

值得注意的是,2015 年 2 月 4 日起施行的最高人民法院《关于适用〈中华人民共和国民事诉讼法〉的解释》(以下简称《民事诉讼法解释》)第115条规定,单位向人民法院提出的证明材料,应当由单位负责人及制作证明材料的人员签名或者盖章,并加盖单位印章。人民法院就单位出具的证明材料,可以向单位及制作证明材料的人员进行调查核实。必要时,可以要求制作证明材料的人员出庭作证。如单位及制作证明材料的人员拒绝人民法院调查核实,或者制作证明材料的人员无正当理由拒绝出庭作证的,该证明材料不得作为认定案件事实的根据。因此,当事人在收集证据时,如系单位提交的证明材料,应按上述规定的要求执行,以确保该证据得到法院的依法采信。

另外,根据《民事诉讼法解释》第94条规定,当事人及其诉讼代理人因客观原因不能自行收集的下列证据,可以在举证期限届满前书面申请人民法院调查收集:(1)证据由国家有关部门保存,当事人及其诉讼代理人无权查阅调取的;(2)涉及国家秘密、商业秘密或者个人隐私的;(3)当事人及其诉讼代理人因客观原因不能自行收集的其他证据。

另外,当事人对处于对方当事人控制之下的证据(包括视听资料和电子数据)可以依据2015年《民事诉讼法解释》第112条向法院申请"书证提出命令",由法院责令对方当事人提交该证据。2019年10月14日,最高人民法院审判委员会第1777次会议通过的《关于修改〈关于民事诉讼证据的若干规定〉的决定》,并于同年12月下旬公布修改后的《关于民事诉讼证据的若干规定》(法释〔2019〕19号,2020年5月1日起施行)(以下简称《新证据规定》),又在《民事诉讼法解释》的基础上对"书证提出命令"申请条件、审查程序、书证提出义务范围以及不遵守"书证提出命令"的后果进行规定,完善了"书证提出命令"制度,对于促进案件事实查明和实现裁判结果客观公正,具有积极促进作用。《新证据规定》第46条规定:当事人申请理由成立的,人民法院应当作出裁定,责令对方当事人提交书证。第47条规定:下列情形,控制书证的当事人应当提交书证:(一)控制书证的当事人在诉讼中曾经引用过的书证;(二)为对方当事人的利益制作的书证;(三)对方当事人依照法律规定有权查阅、获取的书证;(四)账簿、记账原始凭证;(五)人民法院认为应当提交书证的其他情形。第48条规定:控制书证的当事人无正当理由拒不提交书证的,人民法院可以认定对方当事人所主张的书证内容为真实;控制书证的当事人存在《最高人民法院关于适用〈中华人民共和国民事诉讼法〉的解释》第113条规定情形的,人民法院可以认定对方当事人主张以该书证证明的事实为真实。

第五节 提出诉前保全

这里所述的诉前保全主要是指诉讼前的财产保全,即利害关系人因情况紧急,不立即申请财产保全将会使其合法权益受到难以弥补的损害的,可以在起诉前向人民法院申请采取财产保全措施。由于建筑市场不规范,建设工程活动中存在着大量的违规操作，一些建设单位和施工单位盲目上马项目、白手起家承接工程和过度扩张开发等行为，造成资金链断裂的情况时有发生，开发商、建筑企业老板恶意逃债、紧急处理财产的情况也屡屡见诸报端。因此，建设工程合同纠纷当事人在诉讼前为制止或预防他方当事人恶意行为或其他原因造成该方当事人财产的减损或争议标的物的灭失，避免自己合法权益受到难以弥补的损害及日后生效裁判文书不能执行或难以执行情况的发生，而向法院申请对该方当事人的财产或争议的标的物采取诉前保全强制措施是十分必要的。

根据《民事诉讼法》第101条及其他相关规定，申请建设工程合同纠纷诉前保全应当具备以下条件：(1)必须是具有给付内容的诉讼；(2)债权、债务关系明确，且有一定的证据证明；(3)情况紧急，不立即采取财产保全措施将会使申请人的合法权益受到难以弥补的损害；(4)必须由利害关系人在诉讼前申请；(5)申请人必须提供担保。

需要注意的是，申请诉前保全，必须提供担保，如不提供担保的，法院将会驳回申请。同时，申请人在人民法院采取保全措施后30日内应当就纠纷提起诉讼，如逾期不起诉的，人民法院将解除财产保全。另外，申请保全的财产限于请求的范围，或者与纠纷有关的财物。如申请有错误的，申请人应当赔偿被申请人因保全所遭受的损失。

第六节　网上预约立案

近几年来，全国各级法院为适应社会生活、科技等发展形势需要和提升法院诉讼服务质量，致力于解决当事人立案难的问题。根据最高人民法院的统一部署，陆续开发并上线了“网上立案”系统，为当事人提供远程、网上立案服务，使当事人可以通过互联网实现在移动终端即能完成立案流程。

通过互联网，当事人可在电脑或手机等移动终端前进入相应法院官方网站首页的“诉讼服务”功能模块链接选择“网上立案”，在完成用户名注册和密码设置后，即可登录系统向法院申请网上预约立案。当事人按照《网上立案流程指引》的提示如实填写相关诉讼信息、上传和提交相关诉讼材料，法院网上立案工作管理人员则根据当事人网上提交的预约立案申请对当事人填写的相关诉讼信息、上传的诉讼资料进行“在线审查”，经审查符合起诉条件的，通过网络、短信或电话方式通知当事人，确定当事人是否需要前往法院或以邮寄方式提交纸质材料的时间等相关事务和注意事项，然后再办理立案登记手续；经审查不符合起诉条件的，也将通过网络、短信或电话方式及时告知当事人相关情况；当事人也可在网上立案系统随时查询立案结果。

由于建设工程合同纠纷提起诉讼的当事人往往是“打一枪，换一个地方”的施工单位，施工单位不停“转场”和“异地施工”的工作特点决定了他们很多时候需要

“异地诉讼”。如果他们“身在外地”,仍须亲自前往受诉法院办理立案手续,必定会增加诉讼成本和讼累。因此,通过法院网上立案系统实现“足不出户”办理了立案登记手续,无疑会大大节省自己的诉讼成本和时间精力,并且少跑路,减少讼累。因此,建设工程合同纠纷当事人在条件允许的情况下,进行网上立案不失为一个较为省时、省力的选择。

第三章　建设工程合同纠纷的立案受理

第一节　法院立案标准

一、诉讼材料的形式审查

立案审查是人民法院根据法律规定，对当事人的起诉进行审查，并将符合受理条件的予以立案受理，不符合受理条件的决定不予立案或裁定不予受理、驳回起诉的活动。立案审查是启动案件审理程序，使案件进入审判流程的第一道工序。当前各国法院对受理案件的做法并不相同：有的国家实行的是登记立案制，如加拿大法院设立案登记处，只履行管理程序，对案件并不进行审查，当事人只要起诉，法院就必须受理。有的国家实行审查立案制，如我国在2014年之前，法院立案庭对当事人递交的诉讼材料从形式和实质两个方面进行立案审查：形式审查，主要审查当事人的起诉是否具备法律所规定的形式要件，着重放在形式是否完备等是否符合法律所要求的诸要素特征上；实质审查，主要审查当事人的诉讼主体、诉权主张、证据提供等实质要件。我国之前之所以采取立案审查制，主要还是基于节约审判资源、防止滥诉和减轻讼累等考虑。但自2014年10月中共中央在《关于全面推进依法治国若干重大问题的决定》中作出"改革法院案件受理制度，变立案审查制为立案登记制"的决定以来，最高人民法院于2014年年底发布的《民事诉讼法解释》便从司法层面确立了我国法院对当事人的诉讼实行立案登记制度，即当事人只要提供符合形式要件的诉状，法院就应当接收，并在规定的期限内依法处理，基本上须做到有案必立、有诉必理。这一改革决定的意图是充分保障当事人的诉权，切实解决过去人民群众长期以来反映强烈的"立案难""告状难"等问题。但立案登记制并非意味着人民法院无所作为，最高人民法院负责人就《关于人民法院推行立案登记制改革的意见》答记者问时明确指出，登记立案针对的主要是"初始案件"，即启动诉讼初始程序的案件，通俗地讲就是一审或者相当于一审的案件，因此，对上诉、申诉、再审等启动诉讼"叠加审核程序"的案件，并不适用立案登记制。同时，由于公诉案件是检察机关代表国家行使公权力，因此，通常不存在立案难问题，故此类案件亦被排除在立案登记制之外。另外，对于法律有特别规定的案件，如民事诉讼法规定的公示催告、宣告失踪、宣告死亡等特别程序案件，由于涉及启动特别程序资格审查问题，也不适用立案登记制。审判实践中还应当注意的是，虽然法律有反诉适用本诉的规定，但由于反诉的立案需要审查是否能构成反诉，故反诉的立案也不适用立案登记制。

由于现行《民事诉讼法解释》确立的立案登记制已经从2015年2月4日起施行，故人民法院收到建设工程合同纠纷当事人递交的诉状及其他诉讼材料后，只应对当事人的起诉材料进行如下形式审查：(1)诉状格式及规格是否符合立案规范及卷宗需求标准；(2)诉状除正本以外是否按对方当事人人数提交了副本；(3)被告是否明确；(4)诉讼请求是否具体明确；(5)诉状内容有无遗漏或文字错误；(6)诉状用语有无谩骂和人身攻击言词；(7)当事人基本情况及联系方式是否齐全；(8)原告身份证明及委托代理手续是否已提交。

二、诉讼管辖的依法确认

人民法院对建设工程合同纠纷诉状及其他诉讼材料进行形式审查后，即应进入对原告提起的诉讼进行诉讼管辖的依法确认。确认诉讼管辖主要分三个方面：一是确认是否属于人民法院受理案件的范围，即职能管辖；二是在确认属于人民法院受案范围后，审查是否属于本院管辖范围，即职权管辖；三是在确认职能管辖、职权管辖均属本院受理后，还须初步审查原告诉讼请求是否明显存在刑民、行民等诉讼法律关系混乱或交叉等不能由同一审判部门一案审理的情形，即职责管辖。

(一)职能管辖

通常情况下当事人在签订、履行、变更、中止、终止和解除建设工程合同过程中所发生的有关权利与义务方面的争议基本上属于人民法院受案范围，但确定职能管辖时，有两种情形也应当排除法院的管辖：一是建设工程合同当事人设定了前置程序(如约定纠纷须先进行仲裁，对仲裁裁决不服的，再提起民事诉讼)，在前置程序尚未终结情况下，法院亦无权受理；二是对判决、裁定已经发生法律效力的建设工程合同纠纷案件，当事人就同一事实又起诉的，违反了“一事不再理原则”，除应告知原告按申诉处理外，人民法院不能再次立案受理。

(二)职权管辖

主要是区分我国民事诉讼法规定的级别管辖和地域管辖两种情况即可。

(1)级别管辖。《民事诉讼法》第17条规定：“基层人民法院管辖第一审民事案件。”第18条规定：“中级人民法院管辖下列第一审民事案件：(一)重大涉外案件；(二)在本辖区有重大影响的案件；(三)最高人民法院确定由中级人民法院管辖的案件。”第19条规定：“高级人民法院管辖在本辖区有重大影响的第一审民事案件。”第20条规定：“最高人民法院管辖下列第一审民事案件：(一)在全国有重大影响的案件；(二)认为应当由本院审理的案件。”

另外，审判实践中对建设工程合同纠纷案件，还存在通过划定诉讼标的受理限额来区分和确定级别管辖的规定，这在2015年4月30日最高人民法院发布的《关于调整高级人民法院和中级人民法院管辖第一审民商事案件标准的通知》(法发〔2015〕7号)文件中可以清楚地看到：

①当事人住所地均在受理法院所处省级行政辖区的第一审民商事案件：北京、上海、江苏、浙江、广东高级人民法院，管辖诉讼标的额 5 亿元以上一审民商事案件，所辖中级人民法院管辖诉讼标的额 1 亿元以上一审民商事案件。天津、河北、山西、内蒙古、辽宁、安徽、福建、山东、河南、湖北、湖南、广西、海南、四川、重庆高级人民法院，管辖诉讼标的额 3 亿元以上一审民商事案件，所辖中级人民法院管辖诉讼标的额 3000 万元以上一审民商事案件。吉林、黑龙江、江西、云南、陕西、新疆高级人民法院和新疆生产建设兵团分院，管辖诉讼标的额 2 亿元以上一审民商事案件，所辖中级人民法院管辖诉讼标的额 1000 万元以上一审民商事案件。贵州、西藏、甘肃、青海、宁夏高级人民法院，管辖诉讼标的额 1 亿元以上一审民商事案件，所辖中级人民法院管辖诉讼标的额 500 万元以上一审民商事案件。

②当事人一方住所地不在受理法院所处省级行政辖区的第一审民商事案件：北京、上海、江苏、浙江、广东高级人民法院，管辖诉讼标的额 3 亿元以上一审民商事案件，所辖中级人民法院管辖诉讼标的额 5000 万元以上一审民商事案件。天津、河北、山西、内蒙古、辽宁、安徽、福建、山东、河南、湖北、湖南、广西、海南、四川、重庆高级人民法院，管辖诉讼标的额 1 亿元以上一审民商事案件，所辖中级人民法院管辖诉讼标的额 2000 万元以上一审民商事案件。吉林、黑龙江、江西、云南、陕西、新疆高级人民法院和新疆生产建设兵团分院，管辖诉讼标的额 5000 万元以上一审民商事案件，所辖中级人民法院管辖诉讼标的额 1000 万元以上一审民商事案件。贵州、西藏、甘肃、青海、宁夏高级人民法院，管辖诉讼标的额 2000 万元以上一审民商事案件，所辖中级人民法院管辖诉讼标的额 500 万元以上一审民商事案件。

③解放军军事法院管辖诉讼标的额 1 亿元以上一审民商事案件，大单位军事法院管辖诉讼标的额 2000 万元以上一审民商事案件。

2018 年 7 月 17 日，最高人民法院颁布的《关于调整部分高级人民法院和中级人民法院管辖第一审民商事案件标准的通知》（法发〔2018〕13 号）又规定：

①当事人住所地均在受理法院所处省级行政辖区的第一审民商事案件。

贵州省、陕西省、新疆维吾尔自治区高级人民法院和新疆维吾尔自治区高级人民法院生产建设兵团分院管辖诉讼标的额 3 亿元以上一审民商事案件，所辖中级人民法院管辖诉讼标的额 3000 万元以上一审民商事案件。甘肃省、青海省、宁夏回族自治区高级人民法院管辖诉讼标的额 2 亿元以上一审民商事案件，所辖中级人民法院管辖诉讼标的额 1000 万元以上一审民商事案件。

②当事人一方住所地不在受理法院所处省级行政辖区的第一审民商事案件。

贵州省、陕西省、新疆维吾尔自治区高级人民法院和新疆维吾尔自治区高级人民法院生产建设兵团分院管辖诉讼标的额 1 亿元以上一审民商事案件，所辖中级人民法院管辖诉讼标的额 2000 万元以上一审民商事案件。甘肃省、青海省、宁夏回族自治区高级人民法院管辖诉讼标的额 5000 万元以上一审民商事案件，所辖中级人民法院管辖诉讼标的额1000万元以上一审民商事案件。

③本通知未作调整的,按照最高人民法院《关于调整高级人民法院和中级人民法院管辖第一审民商事案件标准的通知》(法发〔2015〕7号)执行。

④本通知自2018年8月1日起实施。

(2)地域管辖。根据《民事诉讼法》《民事诉讼法解释》及相关规定,建设工程合同纠纷的地域管辖分两种情形:一是建设工程合同纠纷中的施工合同纠纷按照不动产纠纷确定管辖,即由建设工程所在地人民法院专属管辖。当然,这里的“建设工程施工合同纠纷”除了指常见的工程款、工程质量等施工合同纠纷外,还包括尚未开工建设的建设工程施工合同纠纷、达成结算协议的建设工程施工合同纠纷等具有特殊情形的施工合同纠纷。二是建设工程合同纠纷中的其他合同纠纷适用一般合同纠纷的管辖规定,即由被告住所地或者合同履行地法院进行管辖。而作为一般合同纠纷的地域管辖,当事人还可以在建设工程合同中协议选择由被告住所地、合同履行地、合同签订地、原告住所地、标的物所在地等与争议有实际联系的地点的人民法院管辖。对此,如当事人已经约定管辖法院的,根据约定优先原则,以约定的为准。

需要注意的是,审判实践中还存在一些地方上级法院在对下级法院作出指导性司法意见时,参照《民事诉讼法解释》第28条确定的关于施工合同纠纷专属管辖原则,将建设工程合同纠纷中的其他合同纠纷也纳入了建设工程所在地人民法院专属管辖的情况。因此,建设工程合同纠纷中其他合同纠纷的地域管辖确定,有时还需要结合当地法院的司法意见进行处理。

(三)职责管辖

主要是区分建设工程合同纠纷原告的诉讼请求是否明显夹杂着刑事、行政法律关系所调整的事项,以及非建设工程合同纠纷法律关系所能调整的劳动争议、其他纠纷请求等。由于这些混乱或交叉的法律关系在审判实践中同一审判部门一案无法审理,故在确认诉讼管辖时,应当告知原告,要求予以纠正,从而减少日后审判法官的无谓劳动。

三、诉讼时效的初步判断

诉讼时效是指民事权利受到侵害的权利人,在法定的时效期间内不行使权利,当时效期间届满时,人民法院对权利人的权利不再进行保护的制度。建设工程合同纠纷适用一般合同纠纷的诉讼时效,根据《民事诉讼法》最新规定,即自当事人知道或者应当知道其权利受到侵害之日起3年内行使。人民法院在立案时虽然实行登记立案制,但仍需对建设工程合同纠纷的诉讼时效进行初步的审查判断,如发现纠纷已明显超过诉讼时效,应向当事人进行告知,提示当事人可能存在的诉讼风险。

四、诉讼证据的登记接收

由于实行立案登记制,当事人在立案阶段不再负有立案现场提交相应证据的责任,因此,法院在立案审查阶段对当事人的诉讼主张是否附有相关证据证明不再进行审查,故对建设工程合同纠纷案件当事人提交的证据,法院亦仅根据立案登记制度的相关规定,进行粗放式、概括性的登记接收,至于证据的合法性、真实性、关联性,并不属于立案审查的范畴。

第二节　法院受理程序

一、诉讼材料的收取

人民法院在对建设工程合同纠纷当事人递交的诉状及其他诉讼材料进行立案审查后,发现诉状格式及规格不符合立案规范及卷宗需求标准的,应当要求当事人进行更换,诉状副本份数不足应当要求其补充,诉状内容有遗漏或文字错误的要求其填写或修正,诉讼请求笼统含糊的要求其明确,诉状用语有谩骂和人身攻击言词的要求其删除,当事人基本情况及联系方式不齐全的要求其提供,缺乏必要证据的要求其限期提交等。人民法院对收到的诉状和有关证据等诉讼材料应当进行登记,并向原告出具收据。收据中应当注明证据名称、原件或复制件、收到时间、份数和页数,复印件必须与原件核对无异后,由负责审查起诉的审判人员及原告签名或者盖章,收据归入卷宗。对于不予立案或者原告在立案前撤回起诉的,应当将起诉材料退还,并由当事人签收。

人民法院应当自收到诉状之日起 7 日内作出是否受理的决定。对经审查不符合法定受理条件,原告坚持起诉的,应当裁定不予受理。对经审查认为起诉符合受理条件的,应将诉讼相关信息及时录入法院案件综合信息系统,进行系统内立案程序审批,获取案件编号、生成立案审批表、受理案件通知书等,并将受理通知书向原告发放。

如当事人不服第一审裁判直接向第二审人民法院提起上诉并递交上诉诉讼材料的,二审人民法院应当在 5 日内将上诉状移交原审人民法院。二审人民法院立案庭在收到第一审人民法院移送的上诉卷宗等材料之日起 5 日内决定是否立案。认为符合受理条件的,应及时办理立案相关手续。

二、诉讼费用的交纳

当事人进行民事诉讼,应当按规定交纳案件受理费。现行人民法院收取诉讼费的标准是国务院颁布并自 2007 年 4 月 1 日起施行的《诉讼费用交纳办法》。该办法规定,对财产案件应根据诉讼请求的金额或者价额,按比例分段累计交纳。审判实践中,人民法院对建设工程合同纠纷诉讼通常是按财产案件进行收费的。至于如何计算诉讼费用的收取金额,则可以通过下面的速算表一目了然:

法院诉讼费收取速算简表及收费标准

类 型	额 度	公 式
财产案件	不超过 1 万元	50
	超过 1 万元至 10 万元	2.5%-200
	超过 10 万元至 20 万元	2%+300
	超过 20 万元至 50 万元	1.5%+1300
	超过 50 万元至 100 万元	1%+3800
	超过 100 万元至 200 万元	0.9%+4800
	超过 200 万元至 500 万元	0.8%+6800
	超过 500 万元至 1000 万元	0.7%+11 800
	超过 1000 万元至 2000 万元	0.6%+21 800
	超过 2000 万元	0.5%+41 800
执行案件	1 万元	50
	超过 1 万元至 50 万元	1.5%-100
	超过 50 万元至 500 万元	1%+2400
	超过 500 万元至 1000 万元	0.5%+27 400
	超过 1000 万元	0.1%+67 400

当然,如果建设工程合同纠纷并不涉及财产性给付内容的,如诉讼请求仅要求确认合同效力、变更合同等,即确认之诉或变更之诉,可按非财产案件收费标准每件收取 50 元至 100 元。当事人交纳诉讼费用确有困难的,可以按规定向人民法院申请缓交、减交或者免交。

建设工程合同纠纷诉讼原告自接到人民法院交纳诉讼费用通知次日起 7 日内交纳案件受理费;反诉案件由提起反诉的当事人自提起反诉次日起 7 日内交纳案件受理费。上诉案件的案件受理费由上诉人向人民法院提交上诉状时预交。双方当事人都提起上诉的,分别预交。上诉人在上诉期内未预交诉讼费用的,人民法院应当通知其在 7 日内预交。当事人逾期不交纳诉讼费用又未提出司法救助申请,或者申请司法救助未获批准,在指定期限内仍未交纳诉讼费用的,人民法院可依照有关规定按自动撤回起诉或上诉处理。

三、排期开庭的确定

排期开庭是指立案庭受理案件后,直接排定该案件的开庭日期,然后在规定期限内将案件移送相关审判业务庭按所排开庭日期进行庭审的制度。实行该制度,主要目的,一方面是保证案件的公正审理,避免法官在开庭前因单方面接触当事人而产生先入为主的观念；另一方面是加强审判流程管理和减少法官工作负荷。

目前，从全国各地法院立案实践情况看，绝大多数法院都已建立、装备和使用了人民法院案件信息管理系统，该系统能够使法院的立案、排期开庭、分案、审限跟踪、法律文书引入、案件报结、归档、案件统计与数据生成等一系列审判流程管理和监控活动变得轻而易举和自动化。该系统中专门设置了排期开庭功能模块，立案庭工作人员通过该模块，可以一目了然地掌握法院所有法庭的使用情况，并通过对该模块中的日历点击、法庭选择可以很便捷地确定当前所立案件开庭时间和开庭地点，且不会与其他开庭时间发生冲突；同时，在确定排期开庭后，通过该系统文书套打功能可当即打印出开庭传票向原告送达，而无须原告等待。通过法院综合管理系统的运行，法院实现了办公、办案的无纸化，审判流程监控网络化，极大地提高了审判工作效率和质量。可以说，该法院综合信息管理系统已成为人民法院日常工作不可或缺的一个支柱性平台，也极大地方便了当事人的诉讼。该系统的运用，使各地法院排期开庭成为常态。因此，建设工程合同纠纷诉讼当事人在立案时一定不要忘记向立案庭工作人员申请排期开庭和索要开庭传票，以减少诉讼奔波。

四、应诉材料的送达

人民法院对建设工程合同纠纷案件受理后，除向原告发放受理案件通知书、开庭传票等诉讼文书外，还须在立案后5日内向被告及第三人分别送达《应诉通知书》（附起诉状副本）和《参加诉讼通知书》（附起诉状副本），同时还应向各方当事人送达《举证通知书》《举证期限告知书》《诉讼风险提示书》《当事人诉讼权利和义务告知书》等应诉材料。已确定开庭日期的，人民法院还应同时或于开庭3日前向当事人以及其他诉讼参与人送达开庭传票、合议庭组成人员通知书等。

2012年修改后的《民事诉讼法》规定的送达方式有6种：（1）直接送达。由法院工作人员当面送达受送达人。（2）留置送达。受送达人或者他的同住成年家属拒收诉讼文书的，送达人应当邀请有关基层组织或者所在单位的代表到场，说明情况，在送达回证上记明拒收事由和日期，由送达人、见证人签名或者盖章，把诉讼文书留在受送达人的住所，也可以把诉讼文书留在受送达人的住所，并采用拍照、录像等方式记录送达过程，即视为送达。（3）委托送达。对居住外地的当事人和其他诉讼参与人送交诉讼文书，由受诉人民法院委托应受送达人居住地辖区的法院代为送达。对不在中国居住的当事人送交诉讼文书，分别情况，可以委托中国驻该国使、领馆代为送达，或依协议委托外国法院代为送达，或通过外交途径送达。（4）邮寄送达。直接送达和委托送达有困难的，可以邮寄送达；邮寄送达以挂号回执上注明的收件日期为送达日期。对住在外国的人采取邮寄送达，须以该外国不禁止邮寄送达为限。（5）公告送达。受送达人下落不明，又无代收人，或用其他方式也无法送达的，可采取张贴公告、登报等方式公告送达。自发出公告时起，经过60日,即视为发生送达效力。公告送达,应当在案卷中记明原因和经过。(6)信息送达。修改后的《民事诉讼法》第87条规定:经受送达人同意,人民法院可以采用传真、电子邮件等能够确认其收悉的方式送达诉讼文书,但判决书、裁定书、调解书除外。采用前款方式送达的,以传真、电子邮件等到达受送达人特定系统的日期为送达日期。

送达诉讼文书,应当直接送交受送达人。受送达人是公民,本人不在的,交他的同住成年家属签收;受送达人是军人的,通过其所在部队团以上单位的政治机关转交。受送达人被监禁的,通过其所在监所或者劳动改造单位转交。受送达人被采取强制性教育措施的,通过其所在强制性教育机构转交。受送达人是法人或者其他组织的,应当由法人的法定代表人、其他组织的主要负责人或者该法人、组织负责收件的人签收;受送达人有诉讼代理人的,可以送交其代理人签收;受送达人已向人民法院指定代收人的,送交代收人签收。送达诉讼文书必须有送达回证,由受送达人在送达回证上记明收到日期,签名或者盖章。

当前,由于全国各地法院大多联手邮政快递公司开通了法院专递送达途径,因此,在立案阶段,绝大部分应诉材料的送达是由立案庭通过法院专递方式邮寄送达给受送达人的,这在一定程度上缓解了法院案多人少、送达人员不足的困境,收到了一定的效果。但近年来,由于城乡人口流动日益频繁,加之城镇化建设的快速推进,很多农民、居民因打工、做生意、房屋拆迁、迁居等原因,造成户籍地、住所地与经常居住地严重分离,从而导致邮寄送达在审判实践中产生"高退回率"现象,"送达难"也继"执行难"之后成为人民法院及其法官的又一大烦心之事。为彻底解决"送达难"问题,目前也有一些法院在立案庭专门成立了"直接送达小组",配置车辆和人员,在辖区内利用节假日、中午、晚上等当事人在家概率较高时段进行集约化送达,不仅弥补了邮寄送达的不足,而且保证了绝大部分案件审理流程效率不受影响。

另外,由于送达问题已经普遍成为制约民事审判公正与效率的瓶颈,最高人民法院为保障各级法院依法公正审理民事案件,及时维护守法当事人合法权益,于2017年7月19日印发《关于进一步加强民事送达工作的若干意见》的通知,从司法层面上要求各级人民法院切实改进和加强送达工作,并全面推进当事人送达地址确认制度。根据该意见规定:

(1)当事人在送达地址确认书中确认的送达地址,适用于第一审程序、第二审程序和执行程序。当事人变更送达地址,应当以书面方式告知人民法院。当事人未书面变更的,以其确认的地址为送达地址。

(2)因当事人提供的送达地址不准确、拒不提供送达地址、送达地址变更未书面告知人民法院,导致民事诉讼文书未能被受送达人实际接收的,直接送达的,民事诉讼文书留在该地址之日为送达之日;邮寄送达的,文书被退回之日为送达之日。

(3)当事人拒绝确认送达地址或以拒绝应诉、拒接电话、避而不见送达人员、搬离原住所等躲避、规避送达,人民法院不能或无法要求其确认送达地址的,可以分别下列情形处理:

①当事人在诉讼所涉及的合同、往来函件中对送达地址有明确约定的,以约定的地址为送达地址;

②没有约定的,以当事人在诉讼中提交的书面材料中载明的自己的地址为送达地址;

③没有约定、当事人也未提交书面材料或者书面材料中未载明地址的,以一年内进行其他诉讼、仲裁案件中提供的地址为送达地址;

④无以上情形的,以当事人一年内进行民事活动时经常使用的地址为送达地址。

人民法院按照上述地址进行送达的,可以同时以电话、微信等方式通知受送达人。

(4)依上述规定仍不能确认送达地址的,自然人以其户籍登记的住所或者在经常居住地登记的住址为送达地址,法人或者其他组织以其工商登记或其他依法登记、备案的住所地为送达地址。

(5)在严格遵守民事诉讼法和民事诉讼法司法解释关于电子送达适用条件的前提下,有条件的法院可以建立专门的电子送达平台,或以诉讼服务平台为依托进行电子送达,或者采取与大型门户网站、通信运营商合作的方式,通过专门的电子邮箱、特定的通信号码、信息公众号等方式进行送达。

采用传真、电子邮件方式送达的,送达人员应记录传真发送和接收号码、电子邮件发送和接收邮箱、发送时间、送达诉讼文书名称,并打印传真发送确认单、电子邮件发送成功网页,存卷备查。

采用短信、微信等方式送达的,送达人员应记录收发手机号码、发送时间、送达诉讼文书名称,并将短信、微信等送达内容拍摄照片,存卷备查。

(6)对于移动通信工具能够接通但无法直接送达、邮寄送达的,除判决书、裁定书、调解书外,可以采取电话送达的方式,由送达人员告知当事人诉讼文书内容,并记录拨打、接听电话号码、通话时间、送达诉讼文书内容,通话过程应当录音以存卷备查。

上述意见的实施,不仅在很大程度上有效解决了人民法院"送达难"问题,也在一定层面上有力打击了一些恶意规避法院送达、躲避法律责任的失信当事人,提高了司法送达效率,维护了司法权威。

第四章 建设工程合同纠纷案件的审理流程

第一节 案件审理流程与节点

一、确定案件承办部门及法官

(一)承办部门的定向移交

根据最高人民法院政治部在2000年12月作出的关于法院民事审判第一庭、民事审判第二庭审判业务分工的规定,建设工程合同纠纷案件归口于民事审判第一庭审理。因此,立案庭在对此类纠纷案件立案后,应当通过法院综合信息管理系统将案件定向分配给本院民事审判第一庭进行审理,并将立案形成的卷宗材料在规定时间内移交给该业务庭。

(二)承办法官的随机分案

近年来,随着人民法院科技性的物资装备和办公信息化工作的极大提升,审判管理活动的科技含量也日益提高。案件综合信息系统、科技法庭、法院局域网等在各级法院基本上都已得到了充分配置。省级以下三级法院立案软件统一开发及立案系统联网的建立,一方面,使我国法院的管理者们对内部审判程序和审判活动的运行控制显得得心应手;另一方面,也使人民法院立案工作建构了新的分案模式和运行机制。目前,很多法院立案庭都在通过法院综合信息管理系统分案功能模块实施电脑随机分案制度,即由电脑根据法院综合信息管理系统中审判业务部门所有法官收、结案的审理进度和案件积存态势情况,自动进行分析、比较,并自行确定具体承办法官的制度。这种随机分案制度,一改过去那种由审判业务部门负责人进行人为手工分案方式,直接由电脑随机分案,减少了分案人为因素,有效防止法官挑案、当事人挑法官现象的发生,从源头上堵塞了关系案、人情案的漏洞。电脑随机分案由电脑直接分案到人的立案方式,也使立案工作变得快捷高效,大大缩短了案件由立案庭到审判庭的中转时间,减少案件流转环节,提高了办案效率,也促进了法官审判业绩考评的公平与公正。

二、承办法官的审前工作安排

(一)阅卷

阅卷就是对案件卷宗进行阅读、审查。它是案件审理工作的切入点,也是启动审判活动的第一步。阅卷工作不仅仅是通过审查卷宗材料熟悉案情,更重要的是通过对所办案件需要查明的事实、证据和程序中存在的问题进行初步判断,如发现问题能及时联系当事人进行调整,从而达到完善证据、补足程序、提高办案质量的目的。阅卷的基本内容是审查案件的事实是否清楚、证据是否确实充分、程序是否合法等,以尽量保证案件开庭时能一庭审结。

建设工程合同纠纷案件开庭前,承办人或合议庭成员应当通过阅卷,审查诉讼材料,了解双方当事人争议的焦点、可能适用的有关法律以及相关专业知识。在阅卷时,承办法官应当制作阅卷笔录,内容应当包括:①建设工程合同纠纷当事人的诉讼请求和抗辩理由;②案件争议焦点的初步归纳;③双方当事人无争议事实的初步固定;④是否存在需要追加当事人、庭前调查取证、勘验现场、工程鉴定等可能导致延期开庭的情形;⑤庭审需要调查的方向、范围和重点;⑥庭审中可能遇到的其他问题。

(二)组织证据交换

证据交换是人民法院在审理民事案件过程中,根据当事人的申请或或依职权对证据较多及疑难复杂案件在答辩期满后、开庭审理前,在审判人员的主持下,要求双方当事人将能够证明各自主张的所有证据进行交换,从而固定、限制或撤销部分证据,并明确案件争议焦点的诉讼活动。证据交换是我国民事审判方式吸收了国外民事诉讼中的类似制度(如美国的证据开示制度)后进行改革的产物,属于审前程序。它的开展,有利于双方当事人庭审时彼此了解对方的证据和进行有效的诉讼防御,也便于法官对案件争议焦点和证据问题进行整理,能提高庭审效率,符合民事审判工作的需要。

应当注意的是:首先,证据交换制度不是必经程序,对于是否组织证据交换,可以由当事人申请,也可以由承办法官决定,但对案情比较复杂或者证据数量较多的案件,人民法院应当组织当事人交换证据。其次,证据交换的时间可以由当事人协商确定并经法院准许,也可以由人民法院指定,无论是当事人协商确定还是由人民法院指定,出示或交换证据的时间,必须确定在开庭审理之前,并与举证期限结合起来,确定具体日期。证据交换期间不能长于举证时限期间,通常交换证据之日就是举证期限届满之日。当事人申请延期举证,经法院准许的,证据交换就要相应顺延。当事人收到对方交换的证据后提出反驳并提出新证据的,人民法院应当指定新证据的交换时间并通知当事人在指定的时间内进行交换。证据交换一般不超过两次,法院认为确有必要的,可再次进行证据交换。最后,证据交换须在审判人员的主持下进行,并由审判人员对证据进行整理,没有异议的证据将记录在卷。这些证据在开庭中可免予质证。对有异议的证据,按需要证明的事实分类记录在卷,并记载异议的理由。通过证据交换,确定双方当事人争议的主要问题,并制作证据交换笔录,由双方当事人在笔录上签名或盖章认可。

建设工程合同纠纷案件往往存在案件复杂、证据繁多的情况,因此,为减轻庭审工作负荷,保证庭审工作效率,对建设工程合同纠纷案件组织庭前证据交换是非常必要的。无论是当事人还是承办法官,都应当充分考虑并利用证据交换制度，使案件争议和庭审活动化繁为简，从而确保一庭结案。

（三）勘验现场

勘验是人民法院审判人员及其邀请的相关人员在诉讼过程中为了查明一定的事实，对与案件争议所涉现场、物品或物体进行查验、勘探、测量、绘制、拍照、摄像等一系列现场取证行为和活动。常言说，“百闻不如一见”。当事人之间的争议往往涉及特定的场合或者特殊的物品，鉴于庭审时间、节奏和证据展示技术的限制及当事人利己损人的举证角度和唯利是图举证动机的影响，法官了解和掌握客观真实情况普遍存在一定的障碍；而有些具有证明案件争议事实证据作用的标的物，由于无法移动或者不能携带，其真实信息也很难准确地搬进法庭；至于涉案物体的自然状况、环境等，法官更是难以通过推理的方式得出正确的结论。但通过实地勘验，这些情况就会一目了然，问题也会迎刃而解。

勘验作为审查核实当事人举证的一种有效手段，是法官履行其职责所必需的。它不必以当事人申请为前提，法官可以根据案情需要主动进行。勘验活动主要由法官实施，但勘验活动作为法庭之外的一种实践活动，更多地涉及法律知识之外的各种专业知识，法官作为专职司法的法律人，对其他专业知识无法达到全盘精通，因此，法官可以根据法律的规定，视案件情况邀请一定的熟知建设工程知识的相关专业人员参加勘验活动。人民法院勘验时，当事人是公民的，应当通知当事人或者他的成年家属到场；当事人是法人或者其他组织的，应当通知其法人代表或者其他组织的负责人到场，以便他们了解勘验情况，保护其合法权利。有关单位和个人有义务协助人民法院的勘验工作。接到人民法院的通知后，有关单位和个人应当对勘验现场进行保护，并配合人民法院完成勘验任务。当事人或者其成年家属、法人代表或者有关组织的负责人拒不到场的，不影响人民法院勘验工作的进行。勘验人进行勘验，必须出示人民法院的证件，以表明勘验人的身份和具体执行的勘验任务；同时，应当邀请勘验地的基层组织或者有关单位派员参加，以利勘验工作顺利进行。人民法院勘验时，可以对物证或者现场进行拍照和测量，并制作勘验笔录，记录勘验的时间、地点、勘验人、在场人、勘验的经过、结果，由勘验人、当事人和被邀请参加的有关单位或者个人签名或者盖章。勘验笔录作为证据，开庭审理时应当当庭宣读。

建设工程合同纠纷案件大多是关于建设工程施工方面的争议，施工现场和建筑物都是涉案的物品和证据。但这些证据无法原原本本地在法庭上进行举证和展示，而当事人由于法律意识的参差不齐和对法律认识角度的不同，尽管也提供了一些现场照片或资料证据，但很可能无法满足案件审理的需要。因此，承办建设工程合同纠纷案件的法官，一定要勤于勘验现场，以自己的所见所闻，还原纠纷的客观真实，从而作出准确、公正的裁判。

（四）草拟庭审提纲

庭审是诉讼活动的中心环节，对法官来说就是集语言、逻辑、法律为一体的一门综合艺术。庭审质量的好坏除了需要案件当事人的充分理解和配合外,法官自身庭前准备工作是否充分也对庭审的效果起着重要的决定作用。建设工程合同纠纷案件当事人争议的内容复杂多样,证据材料涉及方方面面,法律关系和法律适用均较为复杂,因此,为审好此类案件,在开庭前草拟庭审提纲、确立庭审调查方向是非常必要的。承办人应当在全面阅卷后,根据阅卷对案件形成的初步印象,针对案件具体情况,制定详细缜密的庭审提纲,归纳出案件无争议事实及争议焦点,并就案件如何审理提出具体思路,使庭审富有计划性和目的性,从而让庭审自始至终在自己掌控的节奏下有条不紊地进行举证、质证、认证,并朝着准确查明案件事实的方向开展。

至于如何具体草拟庭审题纲问题,由于每个案件的案情各有不同,因此,庭审题纲草拟的侧重点也不完全相同,法官应当根据个案具体情况相应灵活地进行确定。但总的来说,建设工程合同纠纷案件除了套用民事案件庭审程序通常的模式性题纲外,大多要确立以下庭审调查重点:

①建设工程合同签订的经过情况;②是否应当或已经招、投标,是否存在黑白合同;③诉讼主体是否适格及是否需要追加;④工程承包方式;⑤工程价款计算、支付方式及已实际支付情况;是否需要进行造价鉴定;⑥工程开工、竣工、验收、交付、使用的节点及日期;⑦工程质量标准及质量是否合格状况,是否需要进行质量鉴定;⑧违约责任的约定内容及是否存在违约行为;⑨有无施工资质及是否存在转包、分包、肢解分包、违法分包、挂靠等现象;⑩原告各项诉讼请求与被告种种抗辩有无事实、证据及法律依据。

(五)诉讼保全

诉讼保全是人民法院根据申请人的申请所采取的一种紧急强制性措施,目的是制止或预防他方当事人基于恶意行为或其他原因造成日后生效裁判文书不能执行或难以执行情况的发生。建设工程合同纠纷案件承办人在开庭前还应当查明当事人是否申请了诉讼保全,如当事人已经申请了诉讼保全,则应及时对当事人的申请进行审查,并决定是否采取诉讼保全措施。审查诉讼保全主要从以下几个方面进行:

(1)保全对象和范围是否明确具体。主要是初步查明保全对象是否属于可保范围、保全对象实际状况及存放位置是否清楚、保全对象权属是否明确、保全金额是否写明及有无显超诉讼标的。《民事诉讼法》第102条规定:“保全限于请求的范围,或者与本案有关的财物。”因此,诉讼保全的范围应限于当事人争议的财产或者被申请人的财产。对被申请人财产的保全,应要求申请人提供反映该财产所有权的相关证据,以防发生保全对象权属争议。同时,案外人财产,已被查封、冻结的财产,军队的战备、军需物资、款项,公益事业和慈善机构办公场所,救灾扶贫专户等一般排除在保全范围之外,保全金额一般也要求以诉讼标的为限。

(2)保全措施是否明确具体。财产保全的措施通常有查封、扣押、冻结、提取、扣留等。当事人申请法院采取哪一种措施必须肯定、具体、明确，不能含糊其词，否则法院可以不予受理。

(3)保全请求符合法律规定。根据《民事诉讼法》第100条及其他相关规定，申请诉讼保全，必须符合以下条件：一是提出诉讼保全的案件是给付之诉或包含给付之诉，并具有给付内容。如仅系单纯的确认之诉、变更之诉，则不能适用诉讼保全。二是必须存在或可能存在因当事人一方行为或者其他原因，使判决不能执行或难以执行，将导致权利人合法权益受到难以弥补的损失情形。

(4)保全申请是否已经提供担保。根据《民事诉讼法》第100条规定，人民法院采取财产保全措施，可以责令申请人提供担保；申请人不提供担保的，驳回申请。因此，应查明申请人是否已经提供担保，如未提供担保，可根据案情需要，决定是否要求其提供担保。如需其提供担保，应限期提供，拒绝提供担保或担保不符合要求的，应及时驳回申请。

对于申请人如何提供担保即担保方式问题，审判实践中各地人民法院的做法并不完全统一，有的法院要求申请人提供财产担保，有的法院要求申请人提供现金担保，有的法院则要求申请人提供财产及与保全金额成一定比例的现金双担保。从审判实践效果看，目前比较方便流行、操作相对简单、法院认可度高的担保方式是按最高人民法院《关于人民法院办理财产保全案件若干问题的规定》(法释〔2016〕22号)第7条的规定，由申请人向保险公司办理"财产保全责任险"，申请人持保险公司出具的"财产保全担保书(函)"作为向人民法院办理诉讼保全的担保。保险公司出具的"财产保全担保书(函)"中应当载明"因申请财产保全错误，由保险人赔偿被保全人因保全所遭受的损失"等内容，并附相关证据材料。

承办法官经审查，当事人的申请符合上述诉讼保全条件的，应及时作出保全裁定；对情况紧急的，必须在四十八小时内作出裁定，并立即开始执行。当事人申请不符合上述诉讼保全条件的，亦应及时裁定驳回申请。对当事人虽未提出申请，但争议财产可能有毁损、灭失或其他危险的，承办法官也可依职权作出裁定并采取保全措施。人民法院采取保全措施后，应立即通知被申请人；被申请人提供担保的，人民法院应当解除财产保全。

三、法官庭审中应当注意的程序问题

(一)诉讼主体的审查与追加

当事人提起诉讼或进行应诉，必须具有合格的诉讼主体资格，而当事人适格则又是法院作出有效判决的前提，法院只有针对适格当事人作出的判决才有法律意义。对此，人民法院在立案阶段虽然已进行了初步审查，但囿于立案审查时仅是浅显的表层审查，对诉讼主体问题并不进行实质性调查或质证，加之建设工程合同纠纷本身诉讼主体就极具复杂性，因此，在此类纠纷诉讼中，承办法官仍然会经常遇到当事人诉讼主体不适格或诉讼主体遗漏问题。由于诉讼主体不适格或诉讼主体遗漏属于审判程序方面的问题，一旦因审查不慎而作出瑕疵判决，在程序正义被日益重视的今天,当事人上诉后,二审法院通常都会因此而毫不姑息地将案件发回重审。所以,建设工程合同纠纷案件的承办法官在庭审时第一步就应着手对诉讼主体进行审查。对诉讼主体的审查包括两个方面:

(1)对已经成为诉讼当事人的主体资格进行审查。根据《民事诉讼法》第 119 条的规定,原告是与本案有直接利害关系的公民、法人和其他组织,被告必须明确。因此,当事人是公民的,应核对其身份证明,与本案是否存在法律上的利害关系;当事人是法人的,应当审核其企业、事业法人营业或从业登记执照情况,查明是否存在注销、歇业、合并、分立、破产清算等主体不适格需要变更的情况;对企业法人合并的,因合并前的民事活动发生的纠纷,以合并后的企业为当事人;企业法人分立的,因分立前的民事活动发生的纠纷,以分立后的企业为共同诉讼人;企业法人未经清算即被撤销,有清算组织的,以该清算组织为当事人;没有清算组织的,以作出撤销决定的机构为当事人;企业歇业、注销或被吊销营业执照的,已成立清算组负责清理债权债务的,清算组为诉讼主体;无清算组的,可以歇业企业和清算主体为共同诉讼主体。

清算主体应依歇业、被撤销、被吊销营业执照、被注销登记的企业之不同性质分别确定:国有企业以企业的上级主管部门为清算主体;集体企业以企业的开办单位、部门或投资人为清算主体;联营企业以各投资主体为清算主体;子公司以母公司为清算主体;有限责任公司以全体股东为清算主体;股份有限公司以公司章程规定负有清算责任的股东或股东大会选定的股东为清算主体;股东大会不能选定清算组的,派员担任董事会成员的股东为清算主体;外商投资企业清算主体为各方股东;中外合资、合作企业外方已不存在的,中方股东为清算主体;对于企业筹备期间的诉讼主体问题,根据《公司法》相关规定,应由发起人作为诉讼主体而不能以拟设立的公司为诉讼主体;对于建设单位内部无法人资格的职能部门或下属机构签订工程合同发生纠纷的,应以该建设单位为诉讼主体。

如在审理中发现原告不是与本案有直接利害关系的公民、法人和其他组织的,承办法官应当向当事人说明情况,告知当事人撤回起诉;当事人坚持不撤诉的,应当裁定驳回起诉。如在审理中发现被告不适格,承办法官应行使释明权,告知当事人变更;当事人坚持不变更的,判决驳回诉讼请求。

(2)对是否应当追加诉讼主体进行审查。所谓民事诉讼主体的追加,是指人民法院发现有必须共同进行诉讼的当事人没有参加诉讼的,应当依当事人申请或依法院自身职权通知其参加诉讼的一种活动。追加当事人的目的是准确查明案件事实和妥善解决纠纷,《民事诉讼法》第 132 条对此作了专门的规定。因此,在审理建设工程合同纠纷案件过程中,除了对诉讼主体是否适格审查外,还应当审核是否存在诉讼主体遗漏。对诉讼主体的追加有两种方式:一种是当事人申请追加,对当事人提出追加申请的,人民法院应进行审查,申请符合追加规定的,由人民法院通知被追加人参加诉讼;对不符合追加规定的,应驳回其申请。另一种是法院依职权追加,人民法院发现有必须共同进行诉讼的当事人没有参加诉讼的,向现有当事人行使应当追加的释明权后,现有当事人不愿提出追加申请的,人民法院可依职权直接通知被追加人参加诉讼。

被追加的当事人有三种:共同原告、共同被告、第三人。建设工程合同纠纷案件中通常需追加当事人的情况主要有:

①建筑施工企业的分支机构(分公司、工程处、工区、项目经理部、建筑队等)签订建设工程合同的,产生纠纷后,一般应以该建筑施工企业作为诉讼主体。如该分支机构具有独立的财产,则可以该分支机构为诉讼主体,并追加建筑施工企业为共同诉讼人。②借用营业执照、资质证书及以他人名义签订建设工程合同或挂靠施工,仅列借用人或挂靠人为诉讼主体的,应追加出借人或被挂靠人为共同诉讼人。③共同承包、联合承包、合作承包、个人合伙的建筑工程项目,仅列一人为诉讼主体的,应追加其他共同承包人、联合承包人、合作承包人、合伙人为共同诉讼人。④实行总、分包的工程发生纠纷后,如分包人与总承包人产生纠纷,则可追加建设单位为第三人。⑤因转包产生的建设工程合同纠纷,如发包人仅起诉承包人或转承包人一人的,可追加转承包人或承包人为共同被告;如因转包合同产生纠纷,承包人和转承包人为诉讼主体进行起诉和应诉,可将发包人追加为第三人;多层次转包的,除诉讼当事人外,可将其他各方追加为第三人。⑥实行内部承包经营的施工企业因建设工程合同产生纠纷后,仅列该企业或企业承包人为诉讼主体进行起诉和应诉的,如果该企业不是法人组织,则应追加企业承包人或该企业为共同当事人参加诉讼。⑦因拖欠工程款引起的纠纷,实际承包人起诉承包人的,可将发包人追加为第三人;实际施工人以发包人为被告主张权利的,应当追加转包人或者违法分包人为本案第三人。⑧因工程质量引起的纠纷,发包人只起诉承包人,如存在转包事实的,则应追加实际施工人为共同被告。⑨代建工程受托人以自己名义与承包人签订并履行建设工程合同,仅列代建人或委托人为诉讼主体的,如建设工程施工合同未明确约定合同义务由受托人或委托人独自承担,则可追加委托人或受托人为共同诉讼主体。

(二)争议焦点的明确与固定

争议焦点是指双方当事人在诉讼过程中就彼此之间民事权利义务所发表的争议意见集中点。民事审判的过程,其实就是明确争点、固定争点、处理争点的过程。依照最高人民法院《关于民事经济审判方式改革问题的若干规定》第 8 条"审判长或者独任审判员归纳本案争议焦点或者法庭调查重点,并征求当事人的意见"的规定,自 1998 年 7 月起,法官在开庭审理民事案件过程中都要归纳当事人争议的焦点。因此,庭审时归纳争议焦点也成为法官庭审的一个必经程序。它是法官确定案件调查方向和庭审所需查明问题的关键,具有提纲挈领的作用,可以说整个庭审活动的始终都是围绕争议焦点进行的。争议焦点归纳得准确,法庭调查就能把握住重点,做到层层展开,正确引导当事人有条不紊地进行举证、质证,从而有效地开展庭审活动；如果归纳得不准确，法庭调查就会失去方向，该调查的没调查，不该查的查了很多，既浪费时间和精力，也会影响案件的定性和庭审效率。因此，争议焦点的归纳既是法官业务能力和庭审水平的集中体现，又对庭审活动具有非常重要的意义。

建设工程合同纠纷案件承办法官，应当在听取了原告诉称和被告答辩后对当事人争议的焦点及时进行归纳。而要准确归纳争议焦点，则须做好当事人争议焦点的明确与固定工作：

（1）争议焦点的明确。审判实务中常遇到一些建设工程合同纠纷案件当事人限于法律知识水平等原因，提出诉讼请求时既不能正确地指明其请求权的法律依据，又往往将自己的诉讼请求写得概括和笼统，甚至事实和理由也只有廖廖数笔；而此类纠纷案件法律关系却又较为复杂，在这样的情况下，如果仅由双方当事人在庭审中简单地根据诉状和答辩状照本宣科，就会产生争议焦点不明朗及无法准确归纳的情况。因此，建设工程合同纠纷案件承办法官应当要求当事人明确、细化和准确表达自己的具体诉讼请求或答辩意见，并对当事人不能准确表达的法律或事实争议方面的知识进行释明（如一方当事人要求对方当事人承担工程违约责任，但并未提及责任方式是承担违约金还是赔偿损失费用，只是笼统地写出要求赔偿的金额，而对方当事人答辩时也只是简单地否决，此时法官就应当进行释明并要求当事人明确，以便准确归纳双方争点是承担违约金还是赔偿损失）。通过这样的要求，使当事人的争议内容完整无遗地展示出来，从而为准确归纳争议焦点做好铺垫。

（2）争议焦点的固定。争议焦点对民事庭审具有指引作用，民事庭审的每个环节都是围绕争议焦点展开的。如果争议焦点摇摆不定，势必影响庭审的有序开展。因此，建设工程合同纠纷案件承办法官在对争议焦点作初步归纳后，应当向各方当事人征求意见，询问当事人对所归纳的争议焦点有无异议或补充，如有异议或补充，承办法官应当要求当事人进行述明，并对异议或补充进行审查，认为异议或补充确实属于双方争议焦点内容的，应予以采纳，并重新归纳争议焦点；如此反复，直至双方当事人对争议焦点无异议后，必须及时对最后无异议的焦点内容进行固定和由当事人确认，从而为建设工程合同纠纷案件法庭调查、法庭辩论等活动指明正确的方向。

应当注意的是，在对争议焦点进行归纳时，不能过于原则、抽象，更不能笼统地将争议焦点归纳成“原告的诉讼请求有无事实和法律依据”这种放之四海而皆准的空洞式说教。同时，还需注意既不要遗漏争议焦点，也不要人为拆分争议焦点。因为有的案件虽然原告只有一个诉讼请求，但可能存在多个争议焦点；而多个诉讼请求，可能实质性争议只有一个焦点。原告的诉讼请求能否得到支持，是围绕争点审理的最终结果，而非争议焦点本身。如果只把原告诉讼请求当作争议焦点，实际上就等于没有归纳争议焦点。因此，建设工程合同纠纷案件承办法官庭审时一定要认真查找法律规定，比对双方当事人主张的法律关系和法律事实之间的异同，弄清楚当事人争议的是事实问题还是法律问题，是实体问题还是程序问题，并以当事人请求权的基础法律关系为支点确立争议焦点的基准，剔除一些对案件处理结果无实质性影响并不应列为争议焦点的细枝末节上争议，突出各方当事人针锋相对的观点，从而客观、全面、真实地反映当事人之间的讼争法律事实或法律关系，准确、具体、有针对性地进行归纳，力求做到纲举目张。

另外，根据最高人民法院《新证据规定》第 53 条规定：诉讼过程中，当事人主张的法律关系性质或者民事行为效力与人民法院根据案件事实作出的认定不一致的，人民法院应当将法律关系性质或者民事行为效力作为焦点问题进行审理。但法律关系性质对裁判理由及结果没有影响，或者有关问题已经当事人充分辩论的除外。存在前款情形，当事人根据法庭审理情况变更诉讼请求的，人民法院应当准许。

（三）法律关系的判断与释明

民事法律关系是指根据民事法律规范确立和调整的、平等主体之间发生的以民事权利义务为内容的社会关系。在民事诉讼中，任何一项诉讼请求都是基于一定的法律关系提出的，人民法院对诉讼请求的审查与保护也是根据特定的法律关系进行法律适用与裁判的；换言之，即诉讼请求应与事实法律关系相匹配。因此，依据正确的法律关系提出主张是当事人请求权得到法院支持的前提与基础。

建设工程合同纠纷案件的司法实践中，由于当事人受法律知识水平所限，对法律关系往往缺乏准确的判断，故承办法官经常会遇到一些当事人在诉讼中所主张的法律关系与法院庭审最终查明的法律关系不相一致，如将事实上的违法分包关系主张为转包关系，将肢解分包关系主张为合法分包关系，将建设工程合同关系理解为承揽合同关系，将无效合同关系理解为有效合同法律关系等。由于不同的法律关系所适用的法律规定和所产生的法律后果通常都存在一定的差异，甚至截然相反，因此，一旦当事人提出的诉讼请求与自己所主张的事实法律关系不匹配，就有可能面临败诉的风险。这就需要承办建设工程合同纠纷案件的法官在庭审调查时，要认真核实、仔细分析并准确判断当事人主张的法律关系是否存在错误或偏差。发现当事人主张的法律关系有误的，应当根据最高人民法院 2019 年修订《关于民事诉讼证据的若干规定》（以下简称《民事证据规定》）第 53 条第 1 款“诉讼过程中，当事人主张的法律关系的性质或者民事行为的效力与人民法院根据案件事实作出的认定不一致的，人民法院应当将法律关系性质或者民事行为效力作为焦点问题进行审理。但法律关系性质对裁判理由及结果没有影响，或者有关问题已经当事人充分辩论的除外”。

另外，根据 2019 年 11 月 8 日最高人民法院发布的第九次《全国法院民商事审判工作会议纪要》（以下简称《九民纪要》）第 36 条关于【合同无效时的释明问题】规定精神，在双务合同中，原告起诉请求确认合同有效并请求继续履行合同，被告主张合同无效的，或者原告起诉请求确认合同无效并返还财产，而被告主张合同有效的，都要防止机械适用“不告不理”原则，仅就当事人的诉讼请求进行审理，而应向原告释明变更或者增加诉讼请求，或者向被告释明提出同时履行抗辩，尽可能一次性解决纠纷。例如，基于合同有给付行为的原告请求确认合同无效，但并未提出返还原物或者折价补偿、赔偿损失等请求的，法官应当向其释明，告知其一并提出相应诉讼请求；原告请求确认合同无效并要求被告返还原物或者赔偿损失，被告基于合同也有给付行为的，法官同样应当向被告释明，告知其也可以提出返还请求；人民法院经审理认定合同无效的，除了要在判决书“本院认为”部分对同时返还作出认定外，还应当在判项中作出明确表述，避免因判令单方返还而出现不公平的结果。第一审人民法院未予释明，第二审人民法院认为应当对合同不成立、无效或者被撤销的法律后果作出判决的，可以直接释明并改判。当然，如果返还财产或者赔偿损失的范围确实难以确定或者双方争议较大的，也可以告知当事人通过另行起诉等方式解决，并在裁判文书中予以明确。当事人按照释明变更诉讼请求或者提出抗辩的，法官应当将其归纳为案件争议焦点，组织当事人充分举证、质证、辩论。

（四）补充举证的容忍与限制

最高人民法院曾在 2002 年 4 月 1 日实施《关于民事诉讼证据的若干规定》（以下简称《旧民事证据规定》）。最高人民法院《旧民事证据规定》第 34 条规定，“当事人应当在举证期限内向人民法院提交证据材料，当事人在举证期限内不提交的，视为放弃举证权利。对于当事人逾期提交的证据材料，人民法院审理时不组织质证。但对方当事人同意质证的除外”。这就是有关举证时限和逾期举证证据失权制度的规定，但上述这些规定在审判实践中实施时，却往往会使法官陷入两难境地：对当事人提供的证据是先审后定还是先定后审？如先审后定，则与举证时限的规定相悖；如先定后审，则又可能导致庭审变成走过场而失去意义。另外，当事人超过举证期限即逾期提供的证据材料能否接受？如果不予接受又如何知道对方当事人是否同意质证呢？“不组织质证”，又如何判断该证据是否为新证据呢？这一系列问题，往往造成法官庭审时对当事人提出要补充举证等问题无所适从。

建设工程合同纠纷案件由于案情复杂，案件所涉证据繁多，加之当事人对举证期限的法律责任与后果预判能力不强，很多当事人在规定的举证期限内并不一定按举证期限的要求去做，从而导致法官庭审时会不时地面对当事人提出补充举证的要求。那么，法官对这些补充举证申请是否应当容忍和接受呢？笔者认为，应当根据具体情况区别对待，不宜“一刀切”地给予证据失权。笔者之所以这样认为，是因为民事诉讼的本质是以查明案件事实为首要任务和目标的，而庭审的主要目的则在于使法庭再现案件的客观真实。再现的事实越逼真，判决结果就能越准确、越公正。如简单地根据举证期限届满即杜绝补充举证，可能导致一些对案件事实认定起决定性影响的证据也不会被采纳。证据失权是一把“双刃剑”，诉讼活动的动态性和复杂性决定了它在提高诉讼程序效率的同时，也可能损害诉讼的实体公正。当这种完全“重程序、轻事实”的偏颇裁判出炉时，当事人当然难以接受，上诉、上访、缠访也就在所难免。这种一味追求举证时限所带来的上述法律效果，明显有悖最高人民法院设立举证时限制度的初衷。

司法公正包含实体公正和程序公正两个方面，它们是相互促进、相得益彰、相辅相成的共同体，两者应当统筹兼顾。举证期限制度是最高人民法院确立的督促当事人早日提交和固定证据的制度，其目的是让法院尽早查明案件事实，提高庭审效率，并不是绝对地将一切超过举证期限的证据拒之门外。它在规定限期举证的同时，又规定了许多法院可以重新确定举证期限、延长举证期限和认定为新证据的情形。最高人民法院在2008年下发的《关于适用〈关于民事诉讼证据的若干规定〉中有关举证时限规定的通知》中也提出了由法院酌情指定部分举证期限及综合考虑认定某些“新证据”范围，进一步加强了举证时限制度的灵活性。2012年修改的《民事诉讼法》在第65条也及时作出了改进性规定，“当事人对自己提出的主张应当及时提供证据。人民法院根据当事人的主张和案件审理情况，确定当事人应当提供的证据及其期限。当事人在该期限内提供证据确有困难的，可以向人民法院申请延长期限，人民法院根据当事人的申请适当延长。当事人逾期提供证据的，人民法院应当责令其说明理由；拒不说明理由或者理由不成立的，人民法院根据不同情形可以不予采纳该证据，或者采纳该证据但予以训诫、罚款”。2015年1月出台的《民事诉讼法解释》在第99条至第102条同样作出了灵活性规定：举证期限届满后，当事人对已经提供的证据，申请提供反驳证据或者对证据来源、形式等方面的瑕疵进行补正的，人民法院可以酌情再次确定举证期限。当事人逾期提供证据的，人民法院应当责令其说明理由，必要时可以要求其提供相应的证据。当事人因客观原因逾期提供证据，或者对方当事人对逾期提供证据未提出异议的，视为未逾期。

值得庆幸的是，2019年12月公布的最高人民法院《民事证据规定》（2020年5月1日起施行）删除了原《旧民事证据规定》第34条，并在第51条第2款作出关于证据失权的变通处理规定：“举证期限届满后，当事人提供反驳证据或者对已经提供的证据的来源、形式等方面的瑕疵进行补正的，人民法院可以酌情再次确定举证期限，该期限不受前款规定的期间限制。”这个规定既极大地提高了法官的自由裁量权，也使原证据失权规定带来的问题迎刃而解。

因此，举证时限并非一个机械的格式，而是一个灵动的制度。审判实践中，我们完全可以灵活运用《民事证据规定》来解决当事人补充举证问题。但“任何权力都应当约束，否则必定会构成权力的滥用”，因此，审判实践中也不能一味地对当事人逾期举证进行无限制的容忍和退让，否则案件会陷入举证永远没完没了的境地。笔者根据《民事诉讼法》《民事诉讼法解释》《民事证据规定》《关于适用〈关于民事诉讼证据的若干规定〉中有关举证时限规定的通知》中相关精神，结合审判实践情况认为，建设工程合同纠纷案件当事人在举证期限届满后仍提出补充举证要求时，承办法官除充分运用好修订后《民事证据规定》第59条关于“人民法院对逾期提供证据的当事人处以罚款的，可以结合当事人逾期提供证据的主观过错程度、导致诉讼迟延的情况、诉讼标的金额等因素，确定罚款数额”这个惩戒措施外，还可以根据以下情形有原则地容忍并接受：

（1）因不可归责于当事人的客观原因而致逾期举证。客观原因是指不依人的意志而存在的原因。如当事人突然生病、交通事故或洪涝、地震等不可抗力致当事人未能在举证期限届满前提供证据。这些逾期举证具有正当理由，如不给这些当事人以补充举证的机会，明显不符合法律规定的精神，故应当容忍并接受补充举证。

（2）因当事人法律知识和水平匮乏而致逾期举证。由于我国正处于新旧秩序和利益保障机制交替转换阶段，群众法律意识、法制观点和法律思维也还呈现出传统与现代不断交锋、震荡和整理状态之中。无论城市抑或乡村，基于传统诉讼理念的惯性，相当多的人们始终恪守着一套自己的法律价值观念和逻辑规则；他们对举证时限的规定并不了解、理解和轻易接受，因此，举证意识普遍不强。同时，在广大农村和偏远的地区，人们的法律知识和水平还比较匮乏，在司法实践中，不懂诉讼程序的当事人也不在少数，更谈不上要他们理解、运用和遵守举证期限和承担逾期举证的法律后果了。如不给这些当事人以补充举证的机会，不利于保护弱势群体的利益，故应当容忍并接受补充举证。

（3）因当事人非故意的一般主观过失而致逾期举证。主观上的过失即指当事人非出于故意而产生的认识上的错误，包括事实上的认识错误和法律上的认识错误。审判实践中因当事人主观上的过失而致逾期举证的情况具有一定的普遍性，如：①当事人误认为自己提供的证据已经足以证明其主张，而无须提供其他证据，但事实上当事人提供的证据尚不足以证明其主张；②当事人对因果关系的认识错误，认为无须提供其他证据；③当事人对可以证明其主张的证据，误认为不是证据或不能证明其主张；④当事人对法律的规定有不正确的理解，认为有法律规定而无须提供其他证据等。这些主观认识上的过失均不具有违反举证时限规定的主观恶意，如不给这些当事人以补充举证的机会，虽坚持了时限规定，但会失去查明案件事实的机会，从而导致上诉、发回和改判案件大量增加、错案频发，最终因小失大，故应当容忍并接受补充举证。

（4）因异地诉讼不便而致逾期举证。我国幅员辽阔、地域广泛，异地诉讼也普遍存在。有的当事人离受诉法院万里之遥，如当事人因举证时限而频繁地亲临受诉法院存在诸多不便，且时间、精力及当事人的经济承受能力均是问题。因此，如不给这些当事人以补充举证的机会，虽坚持了时限规定，但与“人民法官为人民”等“司法为民核心价值观”追求相悖，容易失去民心，故可容忍并接受补充举证。

(5)关键证据的例外。当事人逾期举证虽不符合上述四种情形,但要求补充举证的证据对案件的基本事实或主要事实起决定性和颠覆性作用,或缺少该证据将导致主要案情无法查清的,如不给这些当事人以补充举证的机会,虽坚持了时限规定,但极可能导致裁判结果朝着与事实相反的方向发展,从而造成冤假错案。因此,为了查明案件事实真相,给予其适当的补救机会并无不当,故应容忍并接受补充举证。

上述五种情形,给予补充举证的容忍和接受,具有一定的理由和依据,但任何权利都应受到一定的约束,否则则会造成权利请求的泛滥,这也不利于人民法院审判活动健康有序地开展。审判实践中,某些当事人为了制造证据突袭等不当目的,恶意逾期举证,这不仅使法院的公正审判活动受到人为的妨碍,也给另一方当事人造成了损害,因此必须对补充举证加以限制。根据《民事诉讼法解释》《民事证据规定》《关于适用〈关于民事诉讼证据的若干规定〉中有关举证时限规定的通知》相关精神,当事人未在举证期限或者司法解释规定的其他期限内提供证据,如存在故意或者重大过失的,不作为新证据对待,应当认定为证据失权,不予采纳。故如当事人在举证期限内有能力提交证据而恶意不提交的,理应视为其放弃举证权利,从而否定其要求补充举证的要求,并可根据《民事诉讼法》第65条的规定对该当事人予以训诫、罚款。另外,根据《民事诉讼法解释》第102条规定,当事人一方要求另一方赔偿因逾期提供证据致使其增加的交通、住宿、就餐、误工、证人出庭作证等必要费用的,人民法院可予支持。

(五)工程鉴定的允许与禁止

建筑工程司法鉴定是人民法院在诉讼过程中,为查明案件事实,依职权或根据当事人、其他诉讼参与人的申请,指派或委托具有建筑工程鉴定资质和专业知识的人或单位,运用建筑学理论、技术和标准等,对专门性问题进行检验、鉴别和评定,并提出鉴定意见的活动。建设工程合同纠纷案件由于涉及很多专业性知识,而法官并不是建筑或审计行业方面的专家,因此,很多建设工程合同纠纷案件依赖于工程鉴定来解决当事人之间争议的一些专业性问题。审判实践中,建设工程合同纠纷案件中的司法鉴定主要包括两个方面:一是工程质量鉴定,二是工程造价鉴定。且主要集中在建设工程施工合同纠纷案件中。建筑工程司法鉴定可依以下方式启动:一是依当事人申请,二是依法院的职权。对当事人提出的工程鉴定申请,承办法官应对其必要性进行审查,看是不是必须鉴定,不能只要申请就一概委托鉴定,否则会造成不必要的审理拖延和增加诉讼成本。

从最高人民法院《关于审理建设工程施工合同纠纷案件适用法律问题的解释》(以下简称《施工合同解释(一)》)及其他相关法律规定来看,建设工程合同纠纷案件中如存在以下情形,通常需要申请和允许进行工程鉴定:

(1)发包人认为承包人已竣工的建设工程质量不合格,双方产生争议的;(2)承包人认为发包人提供的建筑材料、建筑构配件和设备不符合强制性标准的;

(3)建设工程施工合同终止或解除后,承、发包双方针对已完工工程的质量是否合格及工程造价多少存在争议的;(4)发包人或承包人认为因对方过错而导致建设工程质量不合格,且否认己方存在过错的;(5)发包人擅自使用未经竣工验收的建设工程,但对工程地基基础或主体结构方面认为在合理使用寿命期内出现质量问题的;(6)因设计变更导致建设工程的工程量或者质量标准发生变化,合同当事人双方对该部分工程价款不能协商一致的;(7)建设工程经竣工验收不合格需对工程进行修复,发包人与承包人对修复后的工程质量是否合格存在争议的;(8)双方当事人对未采用固定价进行结算的工程造价不能协商一致的;(9)停工、窝工、返工、工期延误损失或工程人工、机械费用等因约定不明而产生争议后不能协商一致的。

针对上述情形,在允许建设工程合同纠纷案件当事人申请进行工程鉴定时,承办法官还应当注意以下几点:(1)鉴定事项、范围、目的必须明确、具体;当事人对部分案件事实有争议的,仅对有争议的事实进行鉴定,但争议事实范围不能确定,或者双方当事人请求对全部事实鉴定的除外。(2)因设计变更导致建设工程的工程量或者质量标准发生变化,当事人对该部分工程价款不能协商一致的,鉴定时可要求参照签订建设工程施工合同时当地建设行政主管部门发布的计价方法或者计价标准计算工程价款。(3)对证据的认定,必须由法官来判断,而不能由鉴定人来判断,更不能以鉴定意见代替质证的过程。当事人对于鉴定依据的原始证据材料及鉴定意见本身都可以进行质证,未经质证的鉴定意见不得作为人民法院认定案件事实的依据。(4)当事人对人民法院委托的鉴定部门作出的鉴定意见有异议的,人民法院准许其申请重新鉴定应符合以下条件之一:①鉴定机构或者鉴定人员不具备相关的鉴定资格的;②鉴定程序严重违法的;③鉴定意见明显依据不足的;④经过质证认定不能作为证据使用的其他情形。(5)法官必须正确对待鉴定意见。鉴定意见只不过是帮助法官查明事实的证据之一,法官不能将鉴定意见当作案件事实本身。(6)对鉴定意见进行质证时,应当通过开庭进行,必要时可通知鉴定人出庭接受当事人质询。

另外,审判实务中还应当注意,建设工程合同纠纷案件中如存在以下情形应当禁止进行工程鉴定:(1)合同约定按固定价结算工程价款的,除非工程发生重大设计变更导致工程量大幅增减或质量标准发生变化,可对该变更部分工程进行造价鉴定外,其余情况应不予准许。(2)合同无效但工程经竣工验收合格,工程价款可参照合同约定确定,无须委托鉴定。(3)中标合同履行过程中产生争议,原投标当事人申请对工程成本进行造价鉴定,以期证明投标时是以低于成本报价竞标的,因该鉴定申请与招、投标法律规定精神相悖,应不予准许。(4)当事人在诉讼前已就全部或部分工程款的结算达成有效协议,又申请对达成结算协议部分进行造价鉴定的,除当事人有充分证据证明结算协议有重大漏项,可对有关漏项的造价进行鉴定外,一概不予准许。(5)当事人就争议工程已共同委托第三方或在仲裁过程中进行过造价或质量鉴定,诉讼中一方当事人又申请重新鉴定的,一般不予支持。当事人在诉讼前共同委托有关机构、人员对建设工程造价出具“咨询意见”,诉讼中一方当事人不认可该“咨询意见”,申请鉴定的,人民法院应予准许;但双方当事人明确表示受该“咨询意见”约束又申请鉴定的,人民法院亦应不予准许。(6)对有缺陷的鉴定意见,可以通过补充鉴定、重新质证或者补充质证等方法解决的,不予重新鉴定。

(六)反诉抗辩的区分与准入

审理建设工程施工合同纠纷案件时,针对原告起诉要求支付工程款的诉讼请求,被告往往以工程存在质量问题、原告延误工期等理由拒付工程款。此时,被告的理由属于反诉还是抗辩,经常容易引起争议。从我国民事诉讼法律关于反诉与抗辩的规定来看,反诉是指在本诉程序中,被告以本诉原告为被告,向受诉法院提出的与本诉有牵连的独立的反请求;抗辩则是指对抗原告的诉讼请求并说明理由的诉讼活动;抗辩的目的在于使原告的诉讼请求无法实现,但并非向原告提出独立的反请求。反诉和抗辩的实质区别是:反诉可以在失去本诉的情况下独立存在,即使本诉撤回,反诉也能作为独立的案件由法院审理裁判;抗辩则依赖于本诉,本诉不存在时,抗辩也相应地失去意义。区分反诉和抗辩的关键在于被告是否向原告提出了独立的诉讼请求。笔者认为,建设工程合同纠纷案件是合同纠纷的一种,被告以原告履行合同有瑕疵为由拒绝原告的诉讼请求,是符合我国民事诉讼和合同法关于抗辩的理论的,其拒绝原告要求给付工程款诉讼请求就是一种抗辩,属于合同履行抗辩权。

民事诉讼程序中的反诉与抗辩,都属于被告在诉讼过程中防御和维护自己权益的诉讼权利行使。正确区分和运用好被告的抗辩权和反诉权,有利于当事人诉讼,减轻当事人负担,符合诉讼经济原则,也利于提高诉讼效率。因此,审理建设工程合同纠纷案件的法官应当本着方便诉讼、便利当事人、减少讼累的原则,正确判断和区分反诉与抗辩,并对无须提起反诉的情况依法释明,对符合反诉条件且必须作反诉处理的情况依法予以诉讼程序准入,从而妥善解决当事人的纷争。从此类纠纷案件审判实践情况看,由于司法解释对上述反诉还是抗辩情况没有明确规定,故各地法院处理方式并不统一,以江苏省高级人民法院为例,其在辖区范围内实施的审理指南中曾规定有以下较为妥贴的处理方式:(1)承包人起诉要求发包人支付工程款,发包人就工程质量问题提出异议但未提起反诉的,该异议属于抗辩,在承包人诉讼请求范围内,无须发包人提出反诉或另案起诉;(2)如果发包人提出其因工程质量问题所受到的损失超过承包人要求支付的工程款的,超出部分须由发包人提出反诉才能予以支持;(3)承包人起诉要求发包人支付工程款,发包人以工程质量不符合约定或者不合格为由提起反诉的,应当一并解决,不得要求其另案起诉。

但从目前司法观点的发展情形看,对民事诉讼程序中的反诉与抗辩的区分审理有不断淡化的趋势,并提倡尽量一案审判,从而切实解决当事人纷争,减少当事人讼累真正实现“案结事了”。这个趋势和审判思路在最高人民法院 2019 年 11 月 8 日发布的第九次《全国法院民商事审判工作会议纪要》第 36 条中得到了充分的体现:“在双务合同中,原告起诉请求确认合同有效并请求继续履行合同,被告主张合同无效的,或者原告起诉请求确认合同无效并返还财产,而被告主张合同有效的,都要防止机械适用‘不告不理’原则,仅就当事人的诉讼请求进行审理,而应向原告释明变更或者增加诉讼请求,或者向被告释明提出同时履行抗辩,尽可能一次性解决纠纷。”

四、法官裁判时应当把握的工作方向

(一)审查合同的成立与效力

审查建设工程合同的成立与效力是正确裁判建设工程合同纠纷案件的首要问题。合同成立是指当事人达成协议而建立了合同关系,合同效力则是指当事人达成的协议是否具有法律约束力,故合同成立并不等于具有效力。审判实践中,对于合同成立问题,分两种情况审查:(1)工程系招、投标的,根据《合同法》关于“承诺生效时合同成立”及《中华人民共和国招标投标法》(以下简称《招投标法》)关于“中标通知书对招标人和中标人具有法律效力。中标通知书发出后,招标人改变中标结果的,或者中标人放弃中标项目的,应当依法承担法律责任”的规定,因中标通知书具有承诺性质,故中标通知书发出时,合同即告成立。(2)工程系非招、投标的,双方当事人就建设工程合同的内容协商达成一致意思表示后合同即告成立。

对于合同效力问题,也分两种情况审查:

(1)审查是否符合我国《民法总则》及《合同法》等法律关于合同效力的规定。合同有效规定主要有:合同主体适格;当事人意思表示真实;合同内容合法;不违反法律、行政法规的强制性规定。这里需要特别注意的是:因《民法总则》与《合同法》对合同效力方面的规定存在不一致的情况,因此,在审查合同效力时应当根据刚刚公布的最高人民法院《九民纪要》第 2 条的规定精神来进行处理:民法总则施行前成立的合同发生的纠纷,原则上适用合同法的有关规定处理;民法总则施行后成立的合同发生的纠纷,如果合同法“总则”对此的规定与民法总则的规定不一致的,根据新的规定优于旧的规定的法律适用规则,适用民法总则的规定。关于欺诈、胁迫问题,根据合同法的规定,只有合同当事人之间存在欺诈、胁迫行为的,被欺诈、胁迫一方才享有撤销合同的权利。而依民法总则的规定,第三人实施的欺诈、胁迫行为,被欺诈、胁迫一方也有撤销合同的权利。同时,合同法视欺诈、胁迫行为所损害利益的不同,对合同效力作出了不同规定:损害合同当事人利益的,属于可撤销或者可变更合同;损害国家利益的,则属于无效合同。民法总则则未加区别,规定一律按可撤销合同对待。关于显失公平问题,合同法将显失公平与乘人之危作为两类不同的可撤销或者可变更合同事由,而民法总则则将二者合并

为一类可撤销合同事由;另外,在审理合同纠纷案件时,要依据《民法总则》第153条第1款和《合同法司法解释(二)》第14条的规定慎重判断"强制性规定"的性质,特别是要在考量强制性规定所保护的法益类型、违法行为的法律后果以及交易安全保护等因素的基础上认定其性质。强制性规定一般指涉及金融安全、市场秩序、国家宏观政策等公序良俗的;交易标的禁止买卖的;违反特许经营规定的;交易场所违法的。建设工程领域这方面主要有违反招投标等竞争性缔约方式订立的合同、违反国家关于工程建设强制性标准订立的合同。而关于经营范围、交易时间、交易数量等行政管理性质的强制性规定,一般应当认定为"管理性强制性规定"。另外,违反规章一般情况下不影响合同效力,但该规章的内容涉及金融安全、市场秩序、国家宏观政策等公序良俗的,应当认定合同无效。在认定规章是否涉及公序良俗时,要在考察规范对象基础上,兼顾监管强度、交易安全保护以及社会影响等方面进行慎重考量。合同无效规定主要有:一方以欺诈、胁迫的手段订立合同,损害国家利益;恶意串通,损害国家、集体或者第三人利益;以合法形式掩盖非法目的;损害社会公共利益;违反法律、行政法规的强制性规定。

(2)审查是否符合建设工程相关法律、法规、司法解释等关于合同效力的规定。确认建设工程合同的效力,除应按上述一般民事合同进行效力审查外,基于建设工程合同自身的特殊性,还应根据建设工程相关法律、法规、司法解释等关于合同效力的规定进行审查。审判实务中要注意以下几点:一是审查签订建设工程合同的承包人是否具备相应的资格条件和资质等级,有无超越资质等级、借用或冒用资质、挂靠签订合同情况;二是审查签订合同是否经过了必要的程序,如是否应当招、投标、报批等;三是审查建设工程合同是否采取了书面形式,这是我国《合同法》第270条明确规定的;四是审查签订或变更建设工程施工合同是否办理了备案手续,有无黑白合同情形;五是审查合同工程有无履行规划、用地等审批手续;六是审查转包、分包合同是否存在非法转包、违法分包、肢解分包情形。

值得注意的是,根据相关民事法律和司法政策规定的要求,人民法院在审理和裁判合同纠纷案件包括建设工程合同纠纷时,不论双方当事人对合同效力是否提出异议,都应依法审查合同的效力,并在裁判法律文书中予以确认和说明;同时,由于合同是市场化配置资源的主要方式,人民法院在审理建设工程合同纠纷案件时,要坚持鼓励交易原则,充分尊重当事人的意思自治。要依法审慎认定合同效力。要根据诚实信用原则,合理解释合同条款、确定履行内容,合理确定当事人的权利义务关系,审慎适用合同解除制度,强化对守约者诚信行为的保护力度,提高违法违约成本,促进诚信社会构建。

(二)审查当事人的诉讼请求与抗辩理由

人民法院审理和裁判民商事纠纷案件,应当依据当事人的诉讼请求并在当事人争议范围内进行,对建设工程合同纠纷案件进行审理和裁判时也无一例外。因此,建设工程合同纠纷案件承办法官对案件进行裁判时,应当审查当事人的所有诉讼请求,对每一个诉讼请求根据查明的案件客观事实和相对应的法律规定作出该诉讼请求有无事实和法律依据的认定,并最终作出对每一个诉讼请求表明支持或不予支持的裁判理由和裁判意见。应当注意的是,法院裁判时应根据民事纠纷“不告不理”原则,将裁判审查范围严格控制在当事人的诉讼请求范围内。当事人未主张的诉讼请求,法院不应进行裁判,即不能随意超出诉讼请求范围作出裁判。同时,法院在裁判时也不能遗漏对当事人的诉讼请求进行审查和裁决,从而损害当事人的诉权,并导致当事人上诉和二审法院发回或改判案件。

基于同样的理由,建设工程合同纠纷案件承办法官对案件进行裁判时,还应当审查对方当事人的抗辩理由,并对每一个抗辩理由根据查明的案件客观事实和相对应的法律规定作出该抗辩理由有无事实和法律依据的认定,并最终作出对每一个抗辩理由表明予以采纳或不予采纳的裁判理由和裁判意见。对抗辩理由的审查同样也不能遗漏,承办法官对每一个抗辩理由都必须逐一进行裁判回应。通过审查当事人的诉讼请求与抗辩理由,既使法官裁判案件时能做到判得面面俱到、清清楚楚、说理充分,也使当事人诉讼胜得有理有据、输得明明白白,达到胜败皆服的法律效果。

(三)审查合同条款与内容的规范性

建设工程合同是此类纠纷案件双方当事人产生矛盾和争议的根源,而建设工程合同条款或内容的约定有歧义或不明确,更是双方矛盾的主要集中点。因此,建设工程合同纠纷案件承办人在裁判案件时,应对建设工程合同条款和内容进行全面审查。从合同的条款到合同内容应当逐字逐句地进行推敲和解读,并明确和查清双方当事人的是非和应承担的合同责任,再结合案件事实和法律规定作出准确公正的裁判。对合同条款与内容的审查主要包括以下方面:审查合同关于工程概况、承包范围、承包方式、合同价款、工程款支付方式、开工及竣工工期、质量标准、竣工验收、工程交付、合同文件及解释顺序等基本内容是否约定清楚;审查通用条款与专用条款就同一事项作出的约定内容是否不一致、不明确或产生歧义;审查合同有无工程变更及合同中止、终止、解除的约定;审查结算条款及违约责任条款;审查工期延误、工程质量问题的处理;审查合同约定与招投标备案文件是否相符;审查合同约定是否违反法律规定;审查合同关于争议的解决方法与途径等。

审查时,应侧重审查合同双方的权利和义务是否明确,合同内容与条款的规范性、完整性和严谨性,合同的合法性和有效性等。对合同的审查是整个案件裁判中不可逾越的重要的基础工作,一定要仔细。对审查中发现的问题,应在裁判文书中以简洁的形式和精练的语言表达出来,确保对合同双方当事人的责任认定做到事实清楚,证据确凿。

(四)审查当事人合同义务的履行

建设工程合同纠纷案件中,双方当事人往往相互指责对方当事人未履行合同约定的义务,因此,合同义务的履行问题是此类纠纷中的常见争议焦点,并理所当然地成为法官裁判时必须审查的重点。从审判实践情况看，对合同义务是否履行进行审查应主要做好以下几个方面：(1)审查发包人是否已按合同约定做好施工前准备工作，如提供原材料、施工场地三通和施工资料等；(2)审查发包人是否已按合同约定做好协助或配合承包人保证工程建设顺利进行的辅助工作；(3)审查发包人是否已按合同约定组织工程验收；(4)审查发包人是否已按合同约定支付工程价款；(5)审查承包人是否已按合同约定日期开工、竣工，有无工程延期；(6)审查承包人是否已严格按合同约定、设计文件图纸、施工技术和质量标准施工，有无擅自修改工程设计、偷工减料行为；(7)审查承包人是否已按合同约定接受发包人的必要监督；(8)审查承包人是否已严格按合同约定按期完成和交付合格工程，有无提供竣工验收资料及图纸；(9)审查承包人是否已严格按合同约定履行了保修期内的保修义务。

通过审查，如发现当事人在合同义务履行方面确实存在违约或不符合合同要求的情形的，应严格按合同约定和法律规定，确定责任方或违约方的合同责任和法律责任，并据此作出公平、公正的裁判。

(五)审查违约责任的承担方式及标准

违约责任是指合同当事人不履行、不完全履行或者不适当履行合同约定的义务时，根据法律规定或合同约定应承担的法律责任。一般合同违约责任的承担方式主要有双倍返还定金、支付违约金、赔偿损失、继续履行、采取补救措施等。建设工程合同纠纷案件的违约责任承担方式与一般合同违约责任的承担方式并无多少区别，但由于建设工程合同订立时受自身行业性特点影响，双方当事人在合同中对违约责任的约定及诉讼时提出的要求对方当事人承担违约责任的方式也呈现出建筑行业一些习俗和惯例等特点，如约定工程延期罚款、滞纳金等。因此，审判实践中，承办法官在对此类纠纷案件进行裁判时，除按一般合同违约责任承担方式和标准情况进行审查外，还应当针对此类纠纷案件的特殊性，着重审查以下情况：(1)审查约定的违约责任承担方式或诉讼请求承担的违约责任方式是否符合法律规定；(2)审查约定的违约责任承担方式或诉讼请求承担的违约责任方式能否实现或是否方便执行；(3)审查约定的违约金标准或诉讼请求承担的违约金标准是否存在过高或过低情况；(4)审查合同中是否同时约定了违约金和定金罚则条款。

通过审查，如发现当事人约定的违约责任承担方式或诉讼请求承担的违约责任方式不符合法律规定、无法实现或不方便执行的，应当向当事人进行释明，并要求当事人变更诉讼请求；如发现当事人约定的违约金标准或诉讼请求承担的违约金标准存在过高或过低情况，应当询问对方当事人是否要求法院依法进行调整；如发现当事人既约定了违约金又约定了定金罚则的，应当要求当事人对两者选择其一进行主张。承办法官在完成了上述工作后，如当事人同意变更或选择，按变更或选择后的主张进行裁判；如当事人坚持自己的诉讼请求或意见，则对照相关法律规定依法作出支持或不支持的裁判。

（六）注意案情的请示汇报与讨论工作

案情的请示汇报与讨论制度一直是人民法院解决重大、疑难、复杂案件和提高办案质量行之有效的工作方法。由于建设工程合同纠纷案件具有专业性强、法律关系错综复杂、案件审理难度大、关乎社会稳定的特点，很多建设工程合同纠纷案件成为目前法院民事审判工作的难点和热点。因此，法官在裁判这类案件时，应慎之又慎，并注意案情的请示汇报与讨论工作，不要轻易下判，以免造成错案或引起群体信访、上访等矛盾激化事件，影响办案的法律效果和社会稳定效果。通过案情的请示汇报与讨论工作，既可以充分发挥法官团体的集体智慧达到集思广益，预防个人主观臆断和避免发生错案，保证办案质量；又可以使具有矛盾激化苗头的案件早日引起领导和有关部门的高度重视，从而从多方面、多渠道，用多元工作机制着手对这类案件纠纷进行调解和化解，为建设工程合同纠纷案件的妥善解决提供应有的保障。

第二节　法官判后答疑与告知

一、当事人质疑问题的解答与释明

2005 年 11 月，最高人民法院在全国立案审判工作座谈会上正式提出要在全国法院系统大力推行判后答疑制度，自此，判后答疑制度在全国如火如荼地施行。所谓判后答疑，是指裁判文书送达后，如果当事人或利害关系人对裁判文书存有异议或疑问，作出裁判文书的法院及法官须就裁判的程序适用、证据采信、事实认定、裁判理由和法律依据等问题向来访的当事人进行解释和说明，以使当事人服判息诉。答疑一般由原承办案件的法官采用口头的方式进行。建设工程合同纠纷案件由于法律关系错综复杂，案件纠纷内容繁多，因此，审判实践中往往存在很多裁判上的争议。裁判文书送达后，难免当事人或利害关系人对裁判文书存有异议或疑问；加之很多建设工程合同纠纷案件当事人法律意识不强、举证意识和诉讼风险意识普遍淡薄，在案件败诉后，不思己过，反而把败诉的责任指向法院和法官裁判，认为法官司法不公、裁判错误等，故承办建设工程合同纠纷案件的法官应当做好这类案件的判后答疑工作，对当事人提出的质疑进行耐心和细致的解答与释明，用当事人更容易理解的语言阐述判决理由和依据，引导当事人准确了解法律规定，正确理解裁判内容，促使其服判息诉。

判后答疑的正确定位应是对当事人的心理救济，其目的并不在于强迫当事人接受判决，而在于对当事人判后质疑性心理障碍进行开解和疏导，提示其正视判决结果，引导其通过合法的途径和方式解决问题，从而真正化解社会矛盾。答疑是体现“人民法官为人民”的一项具体司法为民工作，它直接关系到当事人对判决结果的接受程度，并不是政治上的作秀，更不是对判决书或其他裁判文书的一次简单重复或走过场。因此，承办建设工程合同纠纷案件的法官在答疑工作中，要把答疑、释明的过程作为法官与当事人相互沟通的渠道和桥梁，法官要将对案件事实、证据、相关法律的认识诠释给当事人，使当事人了解法官裁判的心证形成过程，从而通过答疑使当事人自内而外地增强对法官、法院的信任度，提升对法律权威的认同感，有效化解社会矛盾，力求案结事了。另外，承办建设工程合同纠纷案件的法官在进行答疑工作时要尽量以自己为主，因为自己对案件的裁判最为熟悉。当然，如发现当事人与自己对立情绪较为激烈，则应考虑请求合议庭其他成员、审判长、部门负责或分管院领导共同参与答疑。对判后答疑范围应当圈定在与裁判文书内容相关的问题。对于当事人提出的与案件无关的问题可以不予回答。

二、法律文书生效执行问题的告知与指引

建设工程合同纠纷案件的法官在向当事人送达裁判文书时，除应当告知当事人如不服判决有权在判决书送达之日起 15 日内、不服裁定有权在裁定书送达之日起 10 日内向上一级人民法院提起上诉外，还应当对法律文书生效执行问题进行告知与指引。主要是提醒当事人，如未在法定上诉期限内提起上诉，该裁判文书即产生法律效力，权利人可以依据该裁判文书申请法院强制执行。关于申请执行问题，主要告知当事人以下内容：(1)申请执行的期限。我国《民事诉讼法》规定为 2 年(这里需要强调的是，尽管《民法总则》第 188 条已将普通诉讼时效修改为 3 年，但对于申请执行的时效仍为 2 年，不能错误告知)，从法律文书规定履行期间的最后一日起计算；法律文书规定分期履行的，从规定的每次履行期间的最后一日起计算；法律文书未规定履行期间的，从法律文书生效之日起计算。(2)申请执行时效。适用法律有关诉讼时效中止、中断的规定。(3)申请执行的管辖法院。由第一审人民法院或者与第一审人民法院同级的被执行财产所在地人民法院执行。(4)提执。人民法院自收到申请执行书之日起超过 6 个月未执行的，申请执行人可以向上一级人民法院申请执行。上一级人民法院经审查，可以责令原人民法院在一定期限内执行，也可以决定由本院执行或者指令其他人民法院执行。(5)申请执行相关手续。告知当事人应提交申请执行书、生效法律文书副本、居民身份证(法人应提交营业执照副本和法定代表人身份证明)、被执行人财产线索等。

三、申诉信访问题的疏导与救济

建设工程合同纠纷案件涉案标的大，动辄几十万元、上百万元甚至千万元，因此双方当事人的利益争夺相当激烈；而法院的裁判不可能让所有当事人均有同样的心理感受，因为原、被告之间总是要有胜诉和败诉一方的。在这种背景下，当事

人收到法院裁判文书后进行申诉、信访、上访的情况便时有发生，并呈逐年上升态势。造成这种申诉、信访、上访上升态势的原因，既有当事人自身不懂法、不信法、不自责、无理缠访等，也有法官工作不细、态度不好、行为失范、业务不精、裁判失当等。此类案件申诉信访问题的存在，既影响了法官、法院的业绩考评和形象，又影响了社会的和谐和稳定。因此，承办建设工程合同纠纷案件法官不仅要能办案，更要培养和提升自己做好息诉罢访工作的能力。

当自己所承办的案件发生申诉、信访、上访情况时，法官应耐心听取当事人的诉求，做到不推不拖、热情接待，让申诉、信访者尽量把话说完，使他们切实感受到理有处讲、苦有处诉、难有人帮。针对当事人的误解、疑惑、偏激等，要灵活运用辩证逻辑、经验归纳、心理救济等方法，深入浅出、情理交融地进行解释，从法律规定、社会伦理、人情道义等多个角度进行沟通疏导，使当事人胜败皆服、息诉罢访，切忌简单、粗暴和推诿。当发现上访人有越级上访的思想苗头时就应立即采取措施，主动与上访人接触，针对其思想症结进行耐心细致的交流，设法稳定上访人的思想，打消其越级上访的念头。对群体上访的，应善于发现组织者或为首分子，采取重点教育、晓之以法、动之以情，力争从思想上分化瓦解组织者或为首分子的锐气。同时，要充分依靠和利用基层组织的影响力，与基层社区组织进行息访工作联动，做相关的思想说服工作，化解信访或上访者的思想症结，平衡其失衡心态，并自觉接受当地党委、人大、上级法院的监督指导，加强与政府有关部门的协调。遇有重大信访问题，及时向上级法院、当地党委、人大汇报，向有关部门通报，积极争取各方面的支持与配合，从而形成息访工作合力，共同推进息访工作，妥善解决矛盾，实现案结、事了、人和。

另外，在今后的工作中，承办建设工程合同纠纷案件的法官，还应当注意严格把好案件质量关、调解工作关、行为规范关，增强裁判文书的说理性和说服力，切实做好判后答疑工作，提高当事人对法院裁判的满意度。在做好法律解释和思想教育的基础上，对当事人的合理诉求应本着客观公正的原则，在政策、法律允许的范围内尽力解决，使受损群众的合法权益及时得到有效救济，最大限度地维护社会的和谐与稳定。

中编

实务解答

第一章　合同订立问题

1. 什么是工程、永久工程、临时工程、单位工程、工程设备、施工设备、施工现场、临时设施？建设工程合同与承揽合同有什么联系和区别？建设工程施工合同与农村建房施工合同如何界定？农业大棚建设签订的合同是否属于建设工程施工合同？

一、工程、永久工程、临时工程、单位工程、工程设备、施工设备、施工现场、临时设施

工程：是指与合同协议书中工程承包范围对应的永久工程和(或)临时工程。

永久工程：是指按合同约定建造并移交给发包人的工程，包括工程设备。

临时工程：是指为完成合同约定的永久工程所修建的各类临时性工程，不包括施工设备。

单位工程：是指在合同协议书中指明的，具备独立施工条件并能形成独立使用功能的永久工程。

工程设备：是指构成永久工程的机电设备、金属结构设备、仪器及其他类似的设备和装置。

施工设备：是指为完成合同约定的各项工作所需的设备、器具和其他物品，但不包括工程设备、临时工程和材料。

施工现场：是指用于工程施工的场所，以及在专用合同条款中指明作为施工场所组成部分的其他场所，包括永久占地和临时占地。

临时设施：是指为完成合同约定的各项工作服务的临时性生产和生活设施。

二、建设工程合同与承揽合同的联系和区别

1. 联系

(1)建设工程合同本源于承揽合同。传统民法中承揽合同包括加工承揽合同和建设工程合同两大类，后由于建设工程合同在发展中形成了许多独特的行业特点，法律便将建设工程合同独立于承揽合同加以规定。1999 年，《合同法》将承揽合同与建设工程合同的法律规定进行分立，但在第 287 条仍规定："本章(建设工程合同)没有规定的，适用承揽合同的有关规定"。这一规定说明了这两种合同之间的关联性，从广义上讲，建设工程合同是一种特殊的承揽合同。(2)合同内容均以完成一定的工作并交付工作成果为标的。在承揽合同中，承揽人必须按定作人的要求，完成一定的工作，并交付工作成果；建设工程合同中，承包人也必须按发

包人的要求,或根据发包人提供的图纸资料,完成一定的工程,并按期交付竣工工程。(3)合同性质均为双务、有偿合同。承揽合同中,承揽人负有完成工作并支付工作成果的义务,而定作人则负有支付报酬的义务;建设工程施工合同中,承包人负有按期保质、保量地完成工程并交付工程的义务。发包人负有支付工程款的义务。两种合同权利、义务都是相互、有偿的。

2. 区别

(1)合同主体要求不同。一般情况下,承揽合同在法律没有明确规定的情况下合同双方为一般主体,而建设工程合同的承包人和发包人均为特殊主体。《建筑法》第26条第1款规定:“承包建筑工程的单位应当持有依法取得的资质证书,并在其资质等级许可的业务范围内承揽工程。”第29条规定:“建筑工程总承包单位可以将承包工程中的部分工程发包给具有相应资质条件的分包单位;……禁止总承包单位将工程分包给不具有相应资质条件的单位。……”《招投标法》第26条规定,“投标人应当具备承担招标项目的能力”等。由此可见,建设工程合同对主体的要求是十分严格的,是特殊主体。(2)合同适用对象不同。建设工程合同标的一般指向作为不动产的建设工程,而承揽合同的标的一般指向作为动产的定作物。(3)合同的要式性不同。根据《合同法》的规定,建设工程合同应当采用书面形式,且大型基础设施、公用事业等关系社会公共利益、公众安全的项目,订立建设工程合同还必须进行招投标;而承揽合同则无此要求,可以是书面形式,亦可以是口头形式,且只要合同双方协商一致即可订立合同。(4)合同内容有所不同。建设工程合同包括勘察、设计、施工等内容,承揽合同包括加工、定作、修理、复制、测试、检验等内容;建设工程合同比承揽合同的内容范围要窄,但专业性更强。(5)合同履行监督方式不同。建设工程合同根据《建筑法》第30条关于“国家推行建筑工程监理制度”的规定,推行监理制度,而承揽合同则无此规定。(6)合同主要工作可否交由第三人完成及第三人责任规定不同。在建设工程合同中,总承包人或者勘察、设计、施工承包人经发包人同意,可以将自己承包的部分工作交由第三人完成,但主体工程必须自己完成;第三人就其完成的工作成果与总承包人或者勘察、设计、施工承包人向发包人承担连带责任。而在承揽合同中,除当事人另有约定外,承揽人应当以自己的设备、技术和劳力,完成主要工作。无论是承揽人经定作人同意将全部工作交由第三人完成,还是将辅助工作交由第三人完成,都是由承揽人向定作人承担责任,第三人不向定作人承担责任。(7)合同解除权的行使条件不同。根据法律规定,承揽合同的定作人享有解除权,可以随时解除合同;而在建设工程合同中,除具备双方约定或者法定的解除条件外,是不允许随意解除合同的。(8)纠纷法律适用不同。建设工程合同发生纠纷,首先适用法律关于建设工程合同的特别规定,在没有特别规定时,才适用承揽合同的法律规定;而承揽合同只适用与承揽合同相关的法律规定,不适用建设工程合同的法律规定。(9)对标的物的处置权不同。根据《合同法》第264条规定,如果定作人没有向承揽人支付报酬或材料费的，承揽人对完成的工作成果享有留置权；而《合同法》第286条规定，承包人在催告发包人在合理期限内支付价款未果时，可以申请人民法院将该工程依法拍卖，并就该价款优先受偿。因此，建设工程合同中，法律赋予承包人的是优先受偿权，而非留置权。

三、建设工程施工合同与农村建房施工合同的界定

建设工程施工合同是指承包人接受发包人的委托，完成建设工程施工任务，发包人支付相应价款的合同。农村建房施工合同是指农村建房户与施工方为建设房屋而签订的明确权利义务的协议。2011年2月8日之前，法学理论界与审判实务中对农村建房合同纠纷的处理究竟适用何种法律关系进行调整均存在争议，有人认为应归属于建设工程合同纠纷，有人认为应归属于承揽合同纠纷。审判实务中原本倾向于适用承揽合同的法律规定进行裁判。但在2011年2月8日，最高人民法院对2008年制发的《民事案件案由规定》进行修改，将农村建房施工合同纠纷单列在建设工程合同纠纷案由项下，这意味着将农村建房施工合同明确界定为建设工程合同，并自2011年4月1日起在审判实务中施行。因此，农村建房施工合同纠纷归属于建设工程合同纠纷已成定论；但农村建房施工合同与同属于建设工程合同种类之一的建设工程施工合同相比，还是有其自身的一些特点。从审判实践情况看，可以从以下方面对两者进行界定：

(1)发包人主体不同。农村建房施工合同的发包人是农村建房户，而建设工程施工合同发包人通常是建设单位或开发商。(2)合同标的不同。农村建房施工合同的标的物通常是农村建房户自用的住宅等小型建筑物，建筑物高度、规模均较小(各地规定不一样，如有的地区规定农村建房不得超过两层等)；而建设工程施工合同标的物通常是具有一定规模的各类建筑物，范围、规模较大。(3)施工方资质等级要求不同。农村建房施工合同施工方资质等级要求较低，而建设工程施工合同施工方资质等级要求较高，且非常严格。(4)合同严格性不同。建设工程施工合同一般都要求形成正式、规范的合同文本，且一些大型基础设施等还必须进行招投标；而农村建房施工合同大多以建房协议形式出现，缺乏正式性和规范性，也无须招投标。

四、农业大棚建设签订的合同是否属于建设工程施工合同问题

农业大棚是指具有保温性能的框架覆膜结构，其作用在于调节或改变种植物的自然生长规律，本质上属于农业设施，一般构架于农业用地上。因土地和大棚本身都是为农业服务，且大棚也非永久性建筑物，故在建设之前及建设过程中并不需要建设部门的审批，目前也无法律、行政法规对农业大棚施工企业资质问题进行明确规定。现实生活中，农业大棚也并不具备建设工程施工的诸多特点。因此，当事人就农业大棚建设签订的合同，不属于建设工程施工合同的范围。就其性质和实际情况而言，归属于承揽合同范畴更为贴切。

【案例】

2014年3月8日,被告红牛建筑公司与原告华东石艺公司签订协议一份,约定由原告为被告正在施工的某公园桥梁建设工程项目定制石板围栏组合件36套,所需石材由被告按原告开具的清单采购后交原告,再由原告按被告的桥梁围栏的设计进行制作,合同总价款8万元,双方约定于2014年5月8日交货。合同签订后,原告便依约履行石板围栏组件制作义务。2014年5月8日,原告将制好的石板围栏组件运送至被告工地进行交货。被告收货后,在施工中损坏3套,遂以原告制作的石板围栏组件存在质量问题而拒付部分货款,并要求原告赔偿3套新的石板围栏组件。原告认为自己的产品质量没有问题,故不同意被告的要求,双方为此发生争议,原告遂向法院提起诉讼,要求被告支付剩余货款3万元。

案件审理期间,法院根据原告申请,委托鉴定单位对原告制作的石板围栏组件质量进行鉴定。经鉴定:原告制作的石板围栏组件质量符合双方约定的标准。后法院庭审中又查明,被告工人在施工过程中,对石板围栏组件进行安装、放置时存在操作失误等造成围栏榫头等部位损坏等情形。

法院经审理认为:原、被告双方之间所签订的协议系承揽合同,该协议是双方当事人的真实意思表示,应当认定协议有效。原告作为承揽人按被告的定作要求完成工作,交付了工作成果,且该成果经鉴定合格,被告作为定作人应当支付报酬。遂判决被告支付原告石板围栏组件尾欠款3万元。

【分析解答】

承揽合同的承揽人必须按定作人的要求完成一定的工作,但定作人的目的不是工作过程,而是工作成果。承揽合同与建设工程合同的区别主要在于建设工程合同标的一般指向作为不动产的建设工程,而承揽合同的标的一般指向作为动产的定作物。本案中,虽然合同标的是用于公园桥梁建设工程的石板围栏组件,但该石板围栏组件并不是建设工程本身。它是原告以自己设备、技术、劳力等满足被告的特殊要求而制作的、不同于市场物品的特定物,因此,原、被告之间的关系是承揽合同关系而非建设工程合同关系。本案原告已按约完成承揽行为并交付了工作成果,且该工作成果并不存在质量问题,故被告依法应当支付承揽费用。

【法律法规链接】

《合同法》第109条、第263条。

2. 家居装饰装修合同与装饰装修合同如何界定？根据最高人民法院现行民事案由分类，农村建房施工合同纠纷归属建设工程合同纠纷类别，家居装饰装修合同纠纷是否亦应归属于建设工程合同纠纷？

一、装饰装修合同与家居装饰装修合同的界定

装饰装修合同是指建筑装饰装修企业与发包方为使建筑物、构筑物内外空间达到一定的环境质量要求，使用装饰装修材料，对建筑物、构筑物外表和内部进行修饰处理工程建筑活动而签订的明确装饰装修过程中双方权利义务的协议。家居装饰装修合同指建筑装饰装修企业或从事建筑装饰装修的个人与家庭住房所有者或使用者为改善家庭居室环境，使用装饰装修材料，对住房外表或内部进行修饰处理活动而签订的明确装饰装修过程中双方权利义务的协议。从上述定义看，家居装饰装修合同纠纷与建设工程合同纠纷案由项下装饰装修合同纠纷并不相同，审判实践中也可以从以下方面对两者进行界定：

(1)发包人主体不同。家居装饰装修合同的发包人是家庭住房所有者或使用者，而装饰装修合同发包人通常是建设单位或开发商。(2)合同标的不同。家居装饰装修合同的标的物通常是家庭居室，范围、规模较小，俗称为“家装”；而建设工程施工合同标的物通常是具有一定规模的各类建筑物，范围、规模较大，俗称为“工装”。(3)施工方资质等级要求不同。家居装饰装修合同施工方资质等级要求较低，施工方既可是建筑装饰装修企业，也可以是从事建筑装饰装修的个人；而装饰装修合同施工方资质等级要求较高，且非常严格，施工方一般为建筑装饰装修企业。(4)合同严格性不同。装饰装修合同一般都要求形成正式、规范的合同文本；而家居装饰装修合同大多以装潢协议形式出现，也可以是口头协议；同时，装饰装修合同通常有规范的验收程序，而家居装饰装修合同一般由房屋业主或房屋使用者认可或满意即可。

二、家居装饰装修合同纠纷是否应归属于建设工程合同纠纷问题

近年来，随着人们物质生活水平的不断提升，对改善家庭居室环境的需求越来越高，由此因家居装饰装修引发的纠纷也逐年攀升。但对家居装饰装修合同纠纷的定性，相关法律、法规缺乏明确的规定。2011 年 2 月 18 日修改后的《民事案件案由规定》虽将农村建房施工合同纠纷单列在建设工程合同纠纷案由项下，但并未将家居装饰装修合同纠纷也予以单列。从最高人民法院编著出版的《〈民事案件案由规定〉的理解与适用》一书中关于“装饰装修合同是指建筑装饰装修企业与发包方……对建筑物、构筑物……进行修饰处理工程建筑活动……协议”的定义内容看，该装饰装修合同纠纷定位于范围、规模较大的建筑工程装饰装修，且该装饰装修是一种工程建筑活动，因此，这里的装饰装修合同纠纷系指“工装”纠纷，并不包含“家装”纠纷在内。再从审判实践中看，不少地区高级人民法院，如江苏、浙江、山东、安徽等，在辖区内出台《关于审理建设工程施工合同纠纷案件若干问

题的意见》时，均将家居装饰装修合同纠纷排除在适用范围之外。综上所述，基于装饰装修合同纠纷与家居装饰装修合同纠纷的区别，在目前法律、法规没有对家居装饰装修合同纠纷作出明确定性的情况下，对此类纠纷不宜纳入《建筑法》的调整范围，应当依据《合同法》有关承揽合同的规定，并参照建设部颁布的《住宅室内装饰装修管理办法》予以处理。但随着“家装”的规模和造价越来越大，审判实务界和理论界也越来越趋向于将“家装”纠纷也纳入建设工程合同纠纷法律关系范畴进行调整。目前，审判实践中也有法院对于此类案件遵循建设工程合同纠纷案件进行审理并适用相关司法解释的趋势、思路和做法。

【案例】

2014年12月6日，被告天姿娱乐会所(甲方)与原告金旺装潢公司(乙方)签订了会所装修协议书一份，约定工程价款暂定500万元，工期二个月，工程总价款在竣工交付时结算并在一个月内付清。协议还约定施工过程中如需变更装潢设计须经双方一致确认。合同签订后，原告即组织人员施工，被告先行支付了工程款200万元。2015年2月6日工程竣工交付后，双方因工程款的结算发生纠纷，原告遂向法院提起诉讼，请求判令被告支付拖欠的工程款390万元。

案件审理期间，因被告不认可原告的工程结算价，法院遂委托相关人员进行工程造价鉴定，经鉴定，工程造价总额为550万元。

法院经审理认为：原、被告签订的装修协议书合法有效，双方当事人之间系装饰装修合同关系。原告按合同约定完成了装修工程，被告应当支付工程价款。因双方当事人订立的协议书中约定的工程价款500万元只是暂定价，并非固定价，故双方结算时应按实论价。原告主张590万元工程价款只是其单方计价，不具有说服力，在被告不认可的情况下，应当依法进行司法鉴定来确定工程价款。经鉴定，工程造价总额实为550万元，扣除被告已付的200万元，被告尚欠350万元，依法应当承担清偿责任。遂判决被告支付原告350万元。

【分析解答】

家居装饰装修合同与装饰装修合同的区别主要在于：家居装饰装修合同的发包人是家庭住房所有者或使用者，合同指向的标的物通常是家庭居室；而装饰装修合同的发包人通常是建设单位或经营单位，合同指向的标的物通常是具有一定规模的各类建筑物。本案中，原、被告签订的装饰工程协议书指向的标的物是天姿娱乐会所这个具有较大规模的经营体，并非家庭居室，故本案原、被告之间系装饰装修合同法律关系。因装饰装修合同纠纷类属于建设工程合同纠纷，故应按建设工程合同法律规定进行调整。在原告所承建的装饰工程竣工验收交付后，被告理应按照司法鉴定的工程实际造价支付剩余工程款。

【法律法规链接】

《合同法》第 109 条、第 269 条、第 279 条、第 286 条。

3. 建设工程施工合同应包括哪些内容？订立合同条款一般应注意哪些问题？

一、建设工程施工合同应包括的内容

建设工程施工主要是指工程的建筑与安装。根据《合同法》规定，建设工程施工合同的内容一般包括工程范围、工程计价、承包方式、建设工期、开工时间、工程进度、竣工时间、中间交工工程的开工和竣工时间、工程质量、技术资料交付时间、材料和设备供应责任、工程变更处理、工程款支付与结算、竣工验收、质量保修范围、质量保证期限、协作条款、违约责任、不可抗力、争议解决等条款和内容。如采用 2013 年 4 月 3 日国家住房城乡建设部、工商总局发布的《建设工程施工合同（示范文本）》（GF-2013-0201），则合同由协议书、通用条款、专用条款及合同附件四个部分组成。

二、订立合同条款一般应注意的问题

建设工程施工合同是承、发包双方为完成商定的建筑安装工程项目，规定建设方与施工方权利与义务的法律文书，对双方都有严格的约束力。合同条款是否合法、完备、严谨、明确、及时，都会对合同的履行、双方利益产生直接、重要的影响。签订严密、合理、合法的工程施工合同，是防范产生合同纠纷的重要一步。为此，必须引起建设方与施工方的高度重视。通常情况下，订立合同条款时须注意以下问题：

（1）了解建设工程相关法律、法规，认真研究和审查合同文本条款内容。签订合同前应对相关法律、法规进行查阅和了解，熟悉法律对合同效力的肯定与否定情形，并仔细阅读和准确理解合同文本内容，厘清“通用条款”与“专用条款”关系。（2）审查合同相对人资质及履约信用情况。对资质不符或无资质、借用资质的，应当拒签合同；对履约信用差的，应当慎签合同或要求提供履约担保。（3）明确工期、质量、造价等合同具体内容，注意条款一致，不留歧义空间。工期、质量、造价是建设工程施工永恒的主题，无论采用何种说法，均应在合同中予以明确和具体。暂定价、暂估价、概算价等约而不定的造价都不宜作为合同价款。（4）厘清监理工程师及双方管理人员的职责和权限。须对工程签证、工程量报告等施工过程中形成的材料签字人员和效力进行明确约定。（5）注意合同变更及价款调整条款内容。应当把合同变更及价款调整、风险费用的计算方法约定清楚。（6）细化违约条款。违约金与赔偿金应约定具体数额和具体计算方法，使其具有可操作性，以防止事后产生争议。（7）量化不可抗力。常见的是风、雨、雪、洪、震等自然灾害，达到什么程度的自然灾害才能被认定为不可抗力,《通用条款》未明确,双方当事人应在合同中对可能发生的风、雨、雪、洪、震等自然灾害的程度及认定为不可抗力的标准予以量化,以免引起不必要的纠纷。(8)校对补充条款的合法性。补充条款必须符合国家现行的法律、法规规定,不能形成“黑白合同”。

【案例】

2013年8月12日,被告四海制药厂与原告天之峰工程公司签订了建设工程施工合同一份。合同内容有:原告承建被告制药厂的厂房,承包方式包工包料,工程开工日期是2013年9月1日,竣工日期是2014年1月1日,工程总价1000万元,开工前预付200万元,工期过半时再付300万元,工程竣工验收合格后结清全部工程款。合同签订后,原告即组织人员施工。合同履行过程中,因当地村民认为制药厂会带来污染等不利当地群众生活的负面影响而阻挠施工,从而造成停工15天。竣工结算时,原告要求被告承担窝工损失赔偿责任,增加工程款支付数额。因双方当事人在合同中未约定这种窝工损失的支付标准,故被告虽同意承担责任,但不同意原告按每天1万元计算要求,且拒付工程欠款。原告遂向法院提起诉讼,要求被告支付工程欠款500万元及窝工损失15万元。

法院经审理认为:双方当事人应当按合同的约定享受权利和承担义务。本案原告因村民闹事导致窝工损失是事实,但由于原、被告双方当事人没有在合同中约定窝工损失的支付标准,故被告只能按原告的实际窝工损失承担赔偿责任。因原告既未能提供损失的充分证据,又不申请窝工损失司法鉴定,故法院根据窝工事实及期限,酌情判决由被告承担窝工损失赔偿2000元/天。

【分析解答】

建设工程施工合同是影响双方当事人权利与义务的决定性文书,对双方都有严格的约束力。合同条款是否完备、严谨、明确,都会对合同的履行、双方利益产生不同的法律效果。本案中,原告由于疏忽未将窝工损失赔偿标准写入合同,加之对损失证据又缺乏保存、固定等法律意识,从而导致法院在其不申请窝工损失司法鉴定情况下,酌情判决被告承担适当赔偿责任。该结果与原告的预期相差甚远,不能不说这是原告在签订合同时存在的漏洞所致。因此,签订严密、合理、合法的工程施工合同,是防范产生合同纠纷和充分保障自己合法权益的关键。

【法律法规链接】

《民事诉讼法》第64条,《合同法》第60条、第107条、第109条、第113条。

4. 什么是通用条款？它能否变更？什么是专用条款？什么是 FIDIC 土木工程施工合同条件？什么是施工合同《示范文本》？

一、通用条款

通用条款，是根据法律、行政法规规定及建设工程施工的需要订立的，通用于建设工程施工的一种比较固定和格式化的合同条款。它是合同当事人根据《中华人民共和国建筑法》《中华人民共和国合同法》等法律法规的规定，就工程建设的实施及相关事项，对合同当事人的权利义务作出的原则性约定。

通用合同条款共计 20 条，分别为：一般约定、发包人、承包人、监理人、工程质量、安全文明施工与环境保护、工期和进度、材料与设备、试验与检验、变更、价格调整、合同价格、计量与支付、验收和工程试车、竣工结算、缺陷责任与保修、违约、不可抗力、保险、索赔和争议解决。

二、通用条款变更

虽然建设工程存在很多共同标准、属性和内容，但每一个具体的建设工程也有其自身的一些特殊性，不可能千篇一律。建设工程合同的订立是双方当事人合意的结果，依据民法意思自治原则，只要不违反法律、法规的强制性规定，合同条款均可由当事人双方商定，并非必须要按标准合同文本订立，故通用条款当然可以增减或变更。通用条款只是对建设工程施工某些共性的内容所进行的提炼，其中有些部分对某一具体的建设工程而言可能不适用，或不能满足需要，故当事人可在专用条款中对通用条款中一些不适当的条款进行修改、补充和完善。

三、专用条款

专用条款，是发包人与承包人根据法律、行政法规规定，结合具体工程实际情况，经协商达成一致意见的、具有特别约定性质的合同条款。它通常的作用是对通用条款原则性约定的一种细化、补充、修改和完善。合同当事人可以根据不同建设工程的特点及具体情况，通过双方的谈判、协商达成关于专用条款的具体内容。

建设工程合同履行中是否适用通用条款要根据专用条款的约定。如专用条款没有对通用条款作出修改，则适用通用条款；如专用条款已对通用条款作出修改，则按专用条款执行。专用合同条款及其附件须经合同当事人签字或盖章。

四、FIDIC 土木工程施工合同条件

FIDIC 土木工程施工合同条件，是指由国际咨询工程师联合会制定并推荐使用的《土木工程施工合同条件》（以下简称 FIDIC 合同条件），由于封皮为红色，又俗称“红皮”。它是国际和国内土木工程在工程招标、投标、签订承包合同以及费用支付、工程变更和索赔等方面具有国际权威的通用标准，是国际工程界长期以来的实践经验总结。它详细地规定了业主、监理工程师和承包商的责任、义务和权利，已成为一种比较完善的、国际上通用的合同条件。它不仅为许多国际建筑施工合同所采用,而且是不少国家或地区起草、制定本国(地区)合同条件时的重要参考文献;而一般的国际工程项目(尤其是大型项目以及世界银行贷款项目)合同更是以它为依据。它是随着世界经济一体化的发展所形成的一个具有国际通用性的施工合同标准,其公正合理、职责分明、程序严谨、易于操作,是一种行之有效的标准合同管理方法,因而也被誉为"土木工程合同的圣经"。

五、建设工程施工合同《示范文本》

《建设工程施工合同(示范文本)》是指由建设部、国家工商总局于1999年联合发布的建设工程施工标准性合同,它是为与国际惯例接轨而在借鉴了FIDIC土木工程施工合同条件的框架结构和部分内容的情况下制定的,被称为FIDIC合同的"简缩版"。合同内容由协议书、通用条款和专用条款三个部分组成。这一由国家机关制定的标准式合同发布后在全国得到了广泛推广,它对规范我国建筑市场起到了巨大作用,基本上成为国内的工程惯例。一些地方法院对建设工程合同纠纷中当事人没有约定或约定不明的一些内容往往参照《示范文本》来确定。如江苏省高级人民法院在《关于审理建设工程施工合同纠纷案件若干问题的意见》第8条中规定:"建设工程合同生效后,当事人对有关内容没有约定或者约定不明确的,可以协议补充;不能达成补充协议的,按合同有关条款或者参照国家建设部和国家工商总局联合推行的《建设工程施工合同(示范文本)》的通用条款确定。"

2013年4月3日,国家住房城乡建设部、工商总局对上述《建设工程施工合同(示范文本)》(GF-1999-0201)进行了修订,制定并发布了《建设工程施工合同(示范文本)》(GF-2013-0201),即2013年版《建设工程施工合同(示范文本)》,该《示范文本》自2013年7月1日起执行,原1999年版《示范文本》同时废止。但从两个文本总体框架来说,虽有所变动,但基本上相差不大,只是2013年版《示范文本》增加了一些新的制度内容。

2017年9月22日,住房城乡建设部、工商总局又对《建设工程施工合同(示范文本)》(GF-2013-0201)进行了修订,发布了《建设工程施工合同(示范文本)》(GF-2017-0201),自2017年10月1日起执行,原《建设工程施工合同(示范文本)》(GF-2013-0201)同时废止。

2017年这次修改内容主要为以下几点:(1)已缴纳履约保证金或提供其他工程质量担保方式的,不得再次扣留质量保证金;(2)增加"退还质量保证金的同时按照中国人民银行发布的同期同类贷款基准利率支付利息";(3)扣留的质量保证金由原来的不得超过工程价款结算总额的5%修改为不得超过工程价款结算总额的3%;(4)明确了发包人返还承包人质量保证金的期限为:接到承包人返还保证金申请后14天内;(5)缺陷责任期的起算时间由"实际竣工日期起"修改为"从工程通过竣工验收之日起";(6)增加规定"因承包人原因导致工程无法按合同约定期限进行竣工验收的,缺陷责任期从实际通过竣工验收之日起计算";(7)将"因发包人原因导致工程无法按合同约定期限进行竣工验收的,缺陷责任期自承包人提交竣工验收申请报告之日起开始计算”修改为“因发包人原因导致工程无法按合同约定期限进行竣工验收的,在承包人提交竣工验收报告90天后,工程自动进入缺陷责任期”;(8)增加了关于“缺陷责任的具体内容”的描述;(9)明确缺陷责任期包含延长部分最长不能超过24个月;(10)增加“由他人原因造成的缺陷,发包人负责组织维修,承包人不承担费用,且发包人不得从保证金中扣除费用”。

本书以下内容所提及或使用的《建设工程施工合同(示范文本)》,除特别说明外,均指2017年版《示范文本》。

【案例】

2010年9月9日,被告和林镇饲料加工厂与原告和林建筑站按《示范文本》(1999)签订了1份建设工程施工合同,约定由原告承建被告加工厂房,工程价款为固定价380万元,承包方式包工包料,工期为总日历天数180天。由于该施工地点处于较为偏僻的地区,电力供应不足,故原告提出在合同专用条款中对合同通用条款中第13.1款关于工期顺延第5项“一周内非承包人原因停水、停电、停气造成停工累计超过8小时”修改为“累计超过4小时工期顺延1天”,被告对此也表示同意。合同签订后,原告按约施工。施工期间,因供电部门进行线路整改,施工用电经常遇到每日短时停电状况,且每周累计均超过4小时,这种状况约持续10周左右。2011年3月16日,工程延期竣工验收后,双方进行结算时,被告以原告延期竣工造成损失、双方约定对通用条款调整行为无效为由拒付工程尾欠款66万元。原告遂向法院起诉要求被告支付工程欠款。

法院经审理认为:根据民法意思自治原则,合同条款可由当事人双方协商确定。只要双方当事人意思表示真实,通用条款也可以通过专用条款进行修改和补充。本案原、被告自愿对通用条款进行调整,且不违反法律规定,根据调整后的条款约定,原告因停电可顺延工期,其竣工日期未超过约定工期,故被告拒付工程款无法律依据,遂判决被告支付原告工程欠款66万元。

【分析解答】

建设工程合同的订立是双方当事人合意的结果,通用条款只是对建设工程施工某些共性内容所进行的归纳和提炼,其作用为示范性,并不是法律、法规的强制性规定。由于实务中每个具体工程均会有其自身的特殊性,不可能千篇一律,故通用条款有些部分对某一具体建设工程而言并不能满足需要,合同双方当事人就此对通用条款进行调整,并不违反法律、法规的强制性规定。故本案原、被告的调整行为应认定有效,被告拒付欠款有违诚实信用,法院据此裁判并无不当。

【法律法规链接】

《合同法》第6条、第44条、第109条。

5. 什么是包工包料、包工不包料？施工合同有哪些合同价格形式？什么是施工合同固定价、按实价、可调价、成本加酬金？什么是甲供材、甲指乙购、甲指甲购？什么是暂估价、暂列金额？两者有什么区别？什么是招标、投标、中标？什么是不平衡报价投标法？

一、包工包料、包工不包料

1. 包工包料

俗称“全包”，是指建设工程施工合同承包人不仅承包工程用工，而且承包工程施工所需全部建筑材料的一种施工承包方式。包工包料可以减少材料供应环节、缩短工期和提高施工效率。

2. 包工不包料

俗称“包清工”，是指建设工程施工合同承包人只负责人工和机械，工程所需建材由发包人负责供应的一种施工承包方式。用这种方式，不利于工程材料的调剂使用和合理组织生产。

二、建设工程施工合同价格形式及常见价格称谓的理解

根据《合同法》《建设工程施工合同（示范文本）》以及建设部的有关规定，工程合同价格形式有三种类型：

（1）单价合同：是指合同当事人约定以工程量清单及其综合单价进行合同价格计算、调整和确认的建设工程施工合同，在约定的范围内合同单价不作调整。

（2）总价合同：是指合同当事人约定以施工图、已标价工程量清单或预算书及有关条件进行合同价格计算、调整和确认的建设工程施工合同，在约定的范围内合同总价不作调整。

（3）其他价格形式：是指合同当事人在专用合同条款中约定其他合同价格形式。包括成本加酬金和按照定额计价的合同类型等。

发包人和承包人应在合同协议书中选择上述其中一种合同价格形式。当事人就同一工程项目只能选择一种合同价格形式。

关于审判实践中经常遇到的价格称谓的理解：审判实践中，法官仍经常会遇到当事人提及“固定合同价”“可调合同价”“成本加酬金的合同价”“成本加酬金的合同价”“按实价”等名词，这些名词是2013年版《建设工程施工合同（示范文本）》实施前理论界和实务界对工程合同价格形式或计价标准的通常划分，2013年版《建设工程施工合同（示范文本）》实施后，以“单价合同”“总价合同”“其他价格形式”的划分标准取代或包容了这些划分标准。例如，“成本加酬金”就包含在“其他价格形式”中。但由于2013年版《建设工程施工合同（示范文本）》仅是国家推荐使用的合同范本模式，并不具有强制适用的法律效力，故工程合同签订的实务中，仍有不少当事人还在使用这些老式价格形式。基于“合同当事人意思自治”规则，这些老式价格形式如经当事人在合同中约定适用后，仍同样具有法律效力。

对这些名词可作以下理解：

(1)固定合同价，俗称“一口价”“包死价”，是指建设工程合同双方当事人在合同中约定工程实行固定金额承包价，且约定该定价在合同工程履行施工期间不变。固定合同价可分为固定合同总价和固定合同单价两种。

(2)可调合同价，是指建设工程合同双方当事人在合同中约定工程价格以施工图纸、施工规定、施工规范或施工标准为基础，按时价计算的、暂定的一种可根据合同履行过程的市场行情、情势变更或工程增减等因素进行调整的合同工程承包价格。它只是一种相对固定的价格，在合同执行过程中，由于通货膨胀等原因而使所使用的工、料成本增加或由于设计变更、工程量增减和其他工程条件变化引起费用变化时，可以按合同约定对合同总价进行相应的调整。实行这种价格的风险通常由发包人承担，它不利于发包人对投资进行控制。

(3)成本加酬金，是指建设工程合同双方当事人在合同中约定工程价格在以发包人向承包人支付工程项目的实际成本的基础上，另行按事先约定的某一种方式或标准支付工程施工酬金的合同价格类型。这种价格合同发包人须承担工程实际发生的一切费用和全部风险，而承包人虽不承担风险，但其报酬也较低。这类合同的缺点是发包人对工程造价不易控制，而承包人也不会刻意降低成本。

(4)按实价。有些建设工程合同双方当事人在合同中约定工程价格结算的方式为“按实结算”，这便是按实价。实行这种价格的工程合同，一旦双方因造价发生争议，则须进行审价或鉴定。

三、甲供材、甲指乙购、甲指甲购

1. 甲供材

甲供材是指建设工程合同双方当事人约定，建筑材料由发包人提供。

2. 甲指乙购

甲指乙购是指建设工程合同双方当事人约定，建筑材料由发包人指定供应商、品牌或质量标准，由承包人采购的行为。

3. 甲指甲购

甲指甲购是指建设工程合同双方当事人约定，建筑材料由发包人指定供应商、品牌或质量标准，并由发包人采购的行为。

四、暂估价、暂列金额

1. 暂估价

暂估价是指发包人在工程量清单或预算书中提供的用于支付必然发生但暂时不能确定价格的材料、工程设备的单价、专业工程以及服务工作的金额。

2. 暂列金额

暂列金额是指发包人在工程量清单或预算书中暂定并包括在合同价格中的一笔款项，用于工程合同签订时尚未确定或者不可预见的所需材料、工程设备、服务的采购，施工中可能发生的工程变更、合同约定调整因素出现时的合同价格调整以及发生的索赔、现场签证确认等的费用。

3. 暂估价与暂列金额的区别

(1)暂估价是必然发生但暂时不能确定的金额,分暂估价工程、暂估价材料设备、暂估价服务三大类。暂估价主要基于两种情形:第一种是发包人不希望该暂估价项目由总承包人来实施,第二种是发包人确实不清楚该类项目的造价,先确定一个暂定价格,待有关具体标准和技术指标确定下来,最终按照暂估价的方式确定相应的合同造价。(2)暂列金额是工程量清单中的预留金,用于工程变更、合同约定调整因素出现时的合同价格调整以及发生的索赔、现场签证确认等的费用,支付后的余额部分归发包人。

五、招标、投标、中标

1. 招标

招标是指建设单位按规定的招标程序,采用一定的招标方式向一定范围内或不特定范围内的有资质的建设工程相关单位、企业发出招标通知,邀请他们投标,然后从中择优选定承担可行性研究、勘察设计、施工以及材料设备供应单位的行为。

2. 投标

投标是指具有招标单位所要求的合法资格和能力,并愿意承包建设工程项目相关业务的单位,按招标者在招标通知或公告中的要求,根据规定的期限、程序和方式,向招标单位递送投标文件,提出标价,供招标单位选择的行为。

3. 中标

中标就是招标单位通过一定程序在投标单位中选定建设工程承包人的结果。中标单位结果出来后,招标单位一般应向其发送中标通知书,中标通知书实质上就是招标人对其选中的投标人的承诺,是招标人同意某投标人的要约的意思表示。

招、投标是订立合同的一种法律程序,是成就一项承包合同的两个方面;从法律性质上看,招标是要约邀请,投标是要约,中标通知书则是承诺。招、投标对于打破垄断,促进竞争,提高企业自身素质,推动市场经济的发展,均有重要作用。

六、不平衡报价法

所谓不平衡报价,是相对常规报价而言,并在常规报价的基础上进行调整得到的,是对常规报价的优化。它是指在总报价不变的前提下,投标人将某些分项工程的单价定得高于常规价,将另一些分项工程的单价定得低于常规价,以保证总报价有竞争力并能获得较好的经济效益。

【案例】

2014年6月8日,被告光明眼科医院(甲方)通过招标与中标单位原告中远建筑公司(乙方)签订了建设工程施工合同一份,约定由原告承建被告住院部大楼工程,承包方式包工包料,价格形式为总价合同2080万元,按工程进度分期付款,竣工验收合格后结清全部工程款;合同还约定,大楼所用的钢材、防火门窗、保温材料由甲方指定品牌、规格后由乙方进行购买。合同签订后,原告按约施工。2015年3月底,竣工大楼经验收合格后交付使用,但被告一直拖欠工程尾欠款560万元。原告在向被告催要未果后遂向法院提起诉讼,要求被告支付工程尾欠款560万元及利息。

法院经审理认为:当事人一方未支付价款或者报酬的,对方可以要求其支付价款或者报酬。当事人对欠付工程价款利息计付标准有约定的,按约定处理;没有约定的,按中国人民银行发布的同期同类贷款基准利率计息。本案中,双方当事人所订立的中标合同合法有效,双方应当按合同约定进行竣工结算。被告未按合同约定结清工程价款属于违约行为,故应从工程竣工验收之日起承担支付工程欠款银行利息的违约责任。遂判决被告给付原告工程款560万元,并自2015年4月1日起按中国人民银行发布的同期同类贷款基准利率承担上述欠款利息至实际给付之日止。

【分析解答】

原、被告双方签订的合同工程系社会公益事业工程,属于依法必须招标的工程项目。本案中,被告通过招标与原告签订了建设工程施工合同,被告即招标人,原告既是投标人,也是最后的中标人,双方签订的合同便是中标合同。合同中采取的施工方式为包工包料,工程价款为合同固定价,合同中关于原告按被告指定使用建材的约定便是甲指乙购。因被告拖欠工程款,故原告有权依法要求其还款并承担工程款自拖欠之日至实际给付之日期间按中国人民银行发布的同期同类贷款基准利率的利息。

【法律法规链接】

《合同法》第109条,《施工合同解释(一)》第17条。

6. 建设工程合同的签订是否必须经过招投标?中标通知发出后一方拒绝签订合同时应如何处理?

一、必须招标的工程建设项目

1. 项目范围

根据《招投标法》规定,在中华人民共和国境内进行下列工程建设项目,包括项目的勘察、设计、施工、监理以及与工程建设有关的重要设备、材料等的采购,必须进行招标:(1)大型基础设施、公用事业等关系社会公共利益、公众安全的项目;(2)全部或者部分使用国有资金投资或者国家融资的项目;(3)使用国际组织或者外国政府贷款、援助资金的项目。

私人投资项目如果符合上述情形,同样必须招标。

2. 规模标准

根据国家发改委公布的于 2018 年 6 月 1 日起实施的《必须招标的工程项目规定》规定,上述各类工程建设项目,包括项目的勘察、设计、施工、监理以及与工程建设有关的重要设备、材料等的采购,达到下列标准之一的,必须进行招标:(1)施工单项合同估算价在 400 万元人民币以上的;(2)重要设备、材料等货物的采购,单项合同估算价在 200 万元人民币以上的;(3)勘察、设计、监理等服务的采购,单项合同估算价在 100 万元人民币以上的。另外,同一项目中可以合并进行的勘察、设计、施工、监理以及与工程建设有关的重要设备、材料等的采购,合同估算价合计达到前款规定标准的,也必须招标。

必须招标的建设工程既要在必须招标的项目范围内,同时还要达到相应的规模标准,缺一不可。

除必须招标的项目外,其他建设工程可以不招标。

二、中标通知发出后一方拒绝签订合同时应如何处理的问题

《招投标法》第 46 条第 1 款规定:"招标人和中标人应当自中标通知书发出之日起三十日内,按照招标文件和中标人的投标文件订立书面合同。招标人和中标人不得再行订立背离合同实质性内容的其他协议。"第 59 条规定:"招标人与中标人不按照招标文件和中标人的投标文件订立合同的,或者招标人、中标人订立背离合同实质性内容的协议的,责令改正;可以处中标项目金额千分之五以上千分之十以下的罚款。"据此,经招标投标程序依法产生中标人后,一方拒绝签订合同而应承担的行政法律责任已有明确规定;但对拒绝签订合同的民事法律责任,该法及其他法律、法规、司法解释均未作出明确规定,这给处理与日俱增的此类纠纷带来了一定困难。

笔者认为,根据民法原理,一方提出要约,另一方作出承诺,当事人意思表示一致,合同即告成立。在招、投标活动中,招标行为的法律性质是要约邀请,投标为要约,发出中标通知书则为承诺。中标通知书对招标人和中标人均具有法律效力,故中标通知发出并到达投标人后即意味着招标人与中标人已就订立建设工程合同达成一致意思表示,此时合同即告成立。只要经招投标所产生的中标结果不属于法律、法规规定的无效情形,应认定建设工程合同已经依法成立并具有法律效力。中标通知发出后一方拒绝签订合同,应认定为合同违约行为,并可根据《合同法》第 113 条关于"当事人一方不履行合同义务或者履行合同义务不符合约定,给对方造成损失的,损失赔偿额应当相当于因违约所造成的损失,包括合同履行后可以获得的利益"的规定,依法要求拒绝签订合同一方承担违约责任。其中,招标人拒签合同的,应当赔偿中标人通过履行承包合同可以获得的利润;中标人拒签合同的,除应向招标人赔偿重新确定承包人所需费用外,如因该拒签行为导致工程建设成本增加的,还应赔偿该增加部分的费用。

【案例】

2014年7月6日，原告某便民服务中心与被告龙华置业公司未经招标即签订了关于“便民服务中心综合楼”项目建设工程施工合同，约定由被告为原告全额垫资建设该综合楼及其附属设施，工程采用2600万元总价合同。合同签订后，被告因其他投资项目失败而致资金链断裂，导致本案工程项目预期筹资化为泡影，最终无法按合同约定进场施工。虽经原告催告，但无奈被告深陷危机而无法自拔，原告遂向法院起诉要求被告承担违约责任和赔偿损失100万元。

法院经审理认为：双方当事人未依法进行招投标所签订的建设工程施工合同无效，双方当事人对此均有过错，由此造成的损失82万元，应由双方按过错责任承担。因合同无效，对双方当事人均没有约束力，原告主张要求被告承担违约责任无法律依据。法院遂判决被告承担原告损失70%即57.4万元，并驳回原告其他诉讼请求。

【分析解答】

根据《招投标法》规定，关系社会公共利益的建设项目必须招投标。本案原、被告双方签订的合同工程系社会公益事业工程，属于依法必须招投标的工程项目，双方当事人未依法进行招投标即签订施工合同，违反了《招投标法》强制性规定，应属无效。对此，双方当事人均有过错，故法院判决由双方按过错责任承担无效合同造成的损失是正确的。因无效合同自始没有约束力，故原告要求被告承担违约责任不能得到支持。

【法律法规链接】

《合同法》第52条第5项、第58条，《招标投标法》第3条，《施工合同解释（一）》第1条。

7. 建设工程合同签订后能否进行变更？

我国《合同法》第77条第1款规定：当事人协商一致，可以变更合同。因此，建设工程合同签订后当然可以进行变更。但《合同法》第77条第2款又规定：法律、行政法规规定变更合同应当办理批准、登记等手续的，依照其规定。因《招投标法》第46条有关于“招标人和中标人不得再行订立背离合同实质性内容的其他协议”的规定，因此，经过招投标程序而签订的中标建设工程合同，在签订后除因设计变更、建设工程规划指标调整等客观原因，发包人与承包人可通过补充协议、会议纪要、签证等对工程进行变更外，一般不能随意进行变更，更不得改变合同实质性内容，否则会形成“黑白合同”。为了从根本上制止“黑白合同”等非法变更行为的发生，维护建筑市场公平竞争秩序，相关行政管理规定要求中标合同的变更必须到建设行政主管部门备案，接受监管。承、发包双方如未经备案变更中标合同实质性条款的，虽然可能是当事人的真实意思表示，但由于变更行为不合法，故不能得到法院的认可。最高人民法院《施工合同解释(一)》第21条也就此作出规定：当事人就同一建设工程另行订立的建设工程施工合同与经过备案的中标合同实质性内容不一致的，应当以备案的中标合同作为结算工程价款的根据。

【案例】

2014年8月1日，被告万家投资公司通过招投标与原告天伟建筑公司签订了建设工程施工合同，约定由原告为被告投资建设的建筑材料会展中心基坑工程进行专业施工，工程采用总价合同，价款380万元。合同签订后，原告按约进场进行基坑施工。施工期间，因地下发现有古建筑遗址，当地政府根据保护文物的规定，要求合同工程涉及古建筑遗址保护范围的部分予以避让调整。于是，被告通过原规划和设计单位对合同工程重新规划和设计，后又与原告通过补充协议对合同工程进行了变更，减少了工程量。2014年12月3日，基坑工程完工验收合格后双方进行结算时，原告认为原合同是固定总价合同，无论工程是否变更，被告均应按合同价款支付工程款，并认为补充协议改变了中标合同实质性内容，应属无效；被告则要求扣除变更所致工程量减少的工程款，双方为此发生争议，原告遂起诉要求被告支付合同价工程尾款120万元。案件审理期间，经法院委托鉴定，工程变更减少工程量的价款为59万元。

法院经审理认为：合同履行期间，如因客观情况进行调整，双方当事人对此进行变更并不违反法律、法规的强制性规定，应当认定变更有效。原告主张仍按原合同价款结算无法律依据，但因合同变更导致工程量减少给原告造成损失的，因双方当事人对该变更均无过错，可从公平原则出发，由被告给予原告适当补偿。法院遂判决被告支付原告工程款61万元，并补偿原告损失12万元。

【分析解答】

协议变更合同是《合同法》赋予当事人的一项基本权利。建设工程的复杂性决定了工程开工后，难免遇到订立合同时所不能全部预见的客观情况，如完全禁止当事人变更合同既不合理也不科学。从目前我国法律、法规规定看，限制合同变更的主要是招投标工程。《招投标法》第46条规定"招标人和中标人不得再行订立背离合同实质性内容的其他协议"。《施工合同解释(一)》)第21条规定：当事人就同一建设工程另行订立的建设工程施工合同与经过备案的中标合同实质性内容不一致的，应当以备案的中标合同作为结算工程价款的根据。但上述规定均是针对当事人违反招投标法律规定进行任意变更作出的，对因设计变更、建设工程规划指标调整等客观原因需要变更中标合同内容的，并不认定为改变中标合同的实质性内容。如变更工程的补充协议也进行了备案，应按变更后的工程价款进行结算。

【法律法规链接】

《合同法》第 8 条、第 77 条,《施工合同解释(一)》第 16 条、第 19 条。

8. 建设工程合同签订后是否需要备案？补充协议是否需要备案？

为加强对建设工程合同的监督管理、维护建筑市场秩序、保护建设工程合同当事人的合法权益,建立合同备案数据资料、为司法诉讼等提供依据及防止利用合同危害国家、社会公共利益,国家推行建设工程合同备案制度,借此加强政府的宏观调控和行政监管力度,从而达到规范建筑市场、提高合同履约率和促进建筑企业健康发展的目的。建设工程合同备案制度主要是各级人民政府及其建设主管部门作出的行政规定,其中建设部发布的《房屋建筑和市政基础设施工程招标投标管理办法》中就有关于要求向工程所在地县级以上地方人民政府建设行政主管部门备案的规定。补充协议作为合同的组成部分,也应按建设部或地方各级人民政府及其建设主管部门要求进行备案。由于建设部所做要求不属于法律、法规强制性规定,因此,建设工程合同备案不是必经程序,未备案并不必然导致合同无效;但最高人民法院在《施工合同解释(一)》第 21 条中对备案合同有如下规定:当事人就同一建设工程另行订立的建设工程施工合同与经过备案的中标合同实质性内容不一致的,应当以备案的中标合同作为结算工程价款的根据。

【案例】

2010 年 8 月 19 日,被告富康公司与原告启明装潢公司签订了 1 份装饰装修合同,合同约定由原告为被告办公楼外墙进行装饰装修,工程价款 83 万元,包工包料,工程结束后付款。合同签订后,双方当事人对该合同进行了备案。原告施工期间,因被告对部分装修工作进行了调整,故双方又订立补充协议 1 份,约定工程价款以最终实际工程量进行结算,但未对该补充协议进行备案。2010 年 10 月 16 日,原告装修工程竣工验收合格后双方进行结算时,被告认为原告提交结算的工程报价偏高,便要求按原合同约定进行结算,并称补充协议未进行备案,因而不具有法律效力。原告索要工程款未果,遂提起诉讼,要求被告据实结算工程款 106 万元。案件审理期间,经法院委托鉴定,实际工程量价款为 98 万元。

法院经审理认为:法律、法规对非招标工程并未作出要求备案的强制性规定。本案中,双方当事人通过补充协议对原合同进行了变更,是双方当事人的真实意思表示,不违反法律规定,应当执行补充协议进行结算。被告辩称补充协议未进行备案不具有法律效力的主张无法律依据,故不予支持。遂判决被告支付原告工程款 98 万元。

【分析解答】

建设工程合同备案是国家建设部门提倡和推行的一项制度，但法律、法规对备案并未作出强制性规定。《施工合同解释(一)》第21条虽作出“以备案的中标合同作为结算工程价款的根据”的规定，但该规定仅是针对中标的工程合同而言的，对非招投标的建设工程合同并不适用。非招投标的建设工程合同双方当事人虽对合同进行了备案，但并不必然产生结算根据的法律效力。如双方当事人协议对合同进行变更，不违反法律规定。本案中，补充协议是双方当事人实际履行的协议，故应执行补充协议的约定进行工程价款结算。

【法律法规链接】

《合同法》第8条、第77条，《施工合同解释(一)》第16条、第19条。

9. 建设工程发包人通常可选择的施工发包模式有哪些？法律、法规对签订建设工程施工合同通常有什么要求？

一、发包人选择的发包模式

建设工程发包人通常可选择的施工发包模式有：(1)施工总承包模式，即将工程总发包给一家施工单位负责施工全部任务；(2)平行发包模式，即将组成同一项工程的各子项目分别包给不同的施工单位负责施工，施工单位之间不存在总分包关系；(3)总承包与指定分包结合模式，即将工程总发包给一家施工单位负责，但对于其中部分专业工程指定分包给专业施工单位施工；(4)施工总承包管理模式，即将整个工程建设活动的管理委托一个施工单位或由多个施工单位组成的施工联合体或施工合作体作为施工总承包管理单位。施工总承包管理模式下施工合同的签订有两种可能，即业主与分包单位直接签订合同或者由施工总承包管理单位与分包单位签订合同。一般情况下，施工总承包管理单位不参与具体工程的施工，但在有需要的情况下也可以通过竞争取得施工任务。

二、签订建设工程施工合同的通常要求

我国《合同法》《建筑法》及司法解释对建设工程合同的签订主要有如下规定：(1)合同应当采用书面形式订立。(2)必须招投标的工程，应通过招投标方式签订合同。(3)禁止承包人将工程分包给不具备相应资质条件的单位。禁止分包单位将其承包的工程再分包。建设工程主体结构的施工必须由承包人自行完成。(4)国家重大建设工程合同，应当按国家规定的程序和国家批准的投资计划、可行性研究报告等文件订立。(5)勘察、设计合同的内容包括提交有关基础资料和文件(包括概预算)的期限、质量要求、费用以及其他协作条件等条款。(6)建筑工程造价应当按国家有关规定，由发包单位与承包单位在合同中约定。公开招标发包的，其造价的约定,须遵守招标投标法律的规定。

【案例】

2014 年 6 月 1 日,原告林峰投资置业公司与被告澄明建筑公司、文化建筑公司、华如建筑公司分别签订了 3 份建设工程施工合同,将该公司投资建设的新区物流仓库项目发包给三被告施工。3 份合同分别约定由澄明建筑公司承建施工化工用品仓库工程、文化建筑公司承建施工文化用品仓库工程、华如置业公司承建建筑材料仓库工程,工程价款分别为 600 万元、430 万元、560 万元。合同签订后,原告口头指定由澄明建筑公司牵头施工。后三被告分别依合同约定施工。2014 年 12 月 16 日,三被告工程先后竣工交付使用。2015 年 3 月,原告发现华如建筑公司承建的仓库工程出现房顶渗漏、基础下沉等质量问题,要求华如建筑公司进行修复未果,遂以当初工程系三被告共同承包施工为由提起诉讼,要求三被告共同承担质量维修责任。

法院经审理认为:原告与三被告分别签订了 3 份建设工程施工合同,虽口头指定由澄明建筑公司牵头施工,但并未签订总包合同,原告、被告之间的施工关系是平行承、发包关系,澄明建筑公司、文化建筑公司没有承担华如建筑公司工程质量的合同义务,遂判决由华如建筑公司在判决生效后三个月内完成质量修复义务,并驳回原告对其他两被告的诉讼请求。

【分析解答】

《建筑法》第 55 条规定:“建筑工程实行总承包的,工程质量由工程总承包单位负责,总承包单位将建筑工程分包给其他单位的,应当对分包工程的质量与分包单位承担连带责任。分包单位应当接受总承包单位的质量管理。”该规定适用于施工总承包后的分包模式,并不适用于平行发包模式。本案中,原告虽口头指定由澄明建筑公司牵头施工,但并未与其签订施工总包合同,而是将仓库项目分别包给三被告负责施工,三被告之间不存在总分包关系,系平行承包关系。因此,没有共同承担其中一方质量责任的法律义务。

【法律法规链接】

《建筑法》第 58 条、第 60 条。

10. 什么是带资承包和垫资承包?什么是现场统一管理协议?什么是资金来源证明?什么是双向担保?

一、带资承包和垫资承包

带资承包,是指建设工程合同双方当事人约定,先由承包人通过投入自有资金、银行贷款或其他资金用于建设工程项目前期施工或全部工程,后再由发包人偿还所垫资金的工程承包形式。带资承包是相对于有预付工程款的发包项目而言的工程承包资金融通方式。

垫资承包,是指建设工程合同双方当事人约定,由承包人利用自有资金为发包人垫资进行工程项目建设,直至工程施工至约定条件或工程完工后再由发包人按合同约定支付工程价款的工程承包形式。

带资、垫资施工实际上是一种企业之间变相拆借资金的行为,其发生的主要原因一是由于当前建筑市场供大于求;二是建设方建设资金未落实或资金不足而强行要求施工方垫资承包以转嫁资金缺口;三是有些建筑施工企业以带资、垫资作为不公平竞争的一个手段。带资、垫资施工的直接后果是造成拖欠工程款的现象突出。

我国现行法律对带资、垫资承包工程行为没有禁止。《施工合同解释(一)》第6条中对垫资情况作如下处理:当事人对垫资和垫资利息有约定,承包人请求按约定返还垫资及其利息的,应予支持,但是约定的利息计算标准高于中国人民银行发布的同期同类贷款利率的部分除外。当事人对垫资没有约定的,按工程欠款处理。当事人对垫资利息没有约定,承包人请求支付利息的,不予支持。

二、现场统一管理协议

现场统一管理协议,是指发包人与承包人、由发包人直接发包的专业工程的承包人签订的,明确施工现场统一管理的各方权利、义务协议。只有在发包人直接发包专业工程的情况下才需要单独订立现场统一管理协议,并且它是针对发包人合法直接分包工程而言的,若发包人肢解发包,则为此而签订的现场统一管理协议应属无效。施工现场统一管理协议应作为专用合同条款的附件。

三、资金来源证明

资金来源证明,是指承包人要求发包人提供的,证明发包人能够按照合同约定支付合同价款的相应资金来源证明。除专用合同条款另有约定外,发包人应在收到承包人要求提供资金来源证明的书面通知后28天内,向承包人提供资金来源证明。

四、双向担保

双向担保,是指发包人和承包人按照权利义务对等原则相互要求对方提供的履约担保和支付担保。除专用合同条款另有约定外,发包人要求承包人提供履约担保的,发包人应当向承包人提供支付担保。

【案例】

2015年1月8日,被告淮水医疗器械厂与原告永康建筑公司签订建设工程承包合同,合同约定由原告负责施工建设被告厂房,被告提供建筑设计图纸,承包方式为包工包料,总价为1180万元,工程款由永康建筑公司全资垫付,竣工验收合格和双方总结算后付清工程款。合同履行期间,被告变更施工规模,建筑面积增加了650平方米。2015年5月1日,工程竣工结算时,双方对变更后增加的工程造价产生异议,原告遂诉至法院,要求被告支付变更工程量的工程款380万元。案件审理期间,原告申请鉴定,经法院委托鉴定,工程量增加导致工程造价增长216万元。

法院经审理认为:原告、被告签订的建设工程承包合同中约定由永康建筑公司全资垫付进行施工,虽具有垫资承包性质,但属于双方当事人真实意思表示,且不违反法律、法规强制性规定,应当认定合同有效。原告已完成合同约定的工程任务,其要求支付工程款理由正当,应予支持。合同签订后,被告变更工程,增加了建筑面积,应当按变更工程履行结算义务。遂判决被告支付原告工程款216万元。

【分析解答】

垫资承包工程虽然是一些政府文件严禁的行为,但由于当前建筑市场供大于求,因此,我国现行法律、法规考虑建筑工程市场现状,并未对带资、垫资承包工程行为进行强制性禁止或作无效处理。因此,本案带资承包工程不影响建设工程合同效力的认定。

【法律法规链接】

《合同法》第44条、第60条、第109条,《施工合同解释(一)》第6条。

第二章 合同主体与转包、分包问题

11. 什么是发包人、承包人、分包人、转包人、转承包人、实际施工人？什么是建设单位、施工单位、监理单位？什么是施工单位三类人员？

一、发包人、承包人、分包人、转包人、转承包人、实际施工人

1. 发包人

发包人是指将建设工程相关的勘察、设计、施工等业务通过签订建设工程合同交给他人完成的，具有工程发包主体资格和支付工程价款能力的当事人以及取得该当事人资格的合法继承人。发包人有时称建设单位、发包单位、项目法人或业主。

2. 承包人

承包人是指与发包人签订建设工程合同并按合同约定为发包人完成合同工程的，具有承包工程施工主体资格的当事人以及取得该当事人资格的合法继承人。承包人有时也称承包单位、施工企业、施工人。

3. 分包人

分包人是指与建设工程承包人签订分包合同，从承包人所承包的建设工程中分包某一部分工程进行承包作业或施工的当事人。

4. 转包人

转包人是指承包建设工程后，不自己履行合同约定的责任和义务，而是将其承包的全部建设工程转给他人或将其承包的全部建设工程肢解以后以分包的名义分别转给其他单位承包的建设工程承包人。

5. 转承包人

转承包人是指与转包人签订转包合同，承接并承包转包人转让出来的全部工程或肢解出来的部分工程的人。

6. 实际施工人

实际施工人是指转包或者违法分包情况下进行工程实际施工的人。它包括转包或违法分包的承包人、未取得施工资质的承包人、超越资质等级的承包人、借用资质的承包人以及应招标而未招标或中标无效的承包人。

二、建设单位、施工单位、监理单位

1. 建设单位

建设单位是指建设工程的投资方。建设单位也称项目法人或业主，如其将工

程发包他人施工，则建设单位就是发包人或发包单位。

2. 施工单位

施工单位是指依法取得建设工程所需相应等级的资质证书，并在其资质等级许可的范围内承揽工程进行工程施工活动的企事业单位。如其与发包人签订建设工程承包合同，则其就是承包人、承包单位或施工人。

3. 监理单位

监理单位是指受工程建设单位委托，依据国家批准的工程项目建设文件、工程建设法律法规和工程建设合同及其他有关的建设工程技术标准，对建设工程施工质量、工期、资金使用等进行监督和管理并收取监理费用，具有建筑工程监理资质的企业单位。

三、施工单位三类人员

施工单位三类人员，是指建筑施工企业主要负责人、项目负责人和专职安全生产管理人员。

【案例】

2010年1月8日，被告远洋机械厂与被告清安建筑公司签订建设工程承包合同，合同约定由清安建筑公司负责施工建设远洋机械厂3个车间厂房，承包方式为包工包料，工程总价为960万元。清安建筑公司签订合同后，又签订分包合同将其中一个车间厂房分包给丁某工程队进行施工。工程竣工验收后，因被告远洋机械厂拖欠工程款，清安建筑公司故也未及时支付丁某工程款。丁某遂起诉要求被告远洋机械厂、清安建筑公司共同支付工程款300万元。

法院经审理认为：清安建筑公司将工程分包给没有资质的原告，违反法律规定，分包合同亦属无效。因原告所承建工程验收合格，其请求按分包合同约定价款结算应予支持。远洋机械厂欠付清安建筑公司工程款260万元，故应在欠付范围内承担责任。法院遂判决由被告清安建筑公司支付原告工程款300万元，被告远洋机械厂对其中的260万元负连带清偿责任。

【分析解答】

本案中，远洋机械厂将工程包给他人承建，故其是发包人，亦即建设单位；清安建筑公司承接工程施工，故其是承包人，亦即施工单位；丁某没有资质分包合同工程施工，其便是实际施工人。

【法律法规链接】

《建筑法》第26条、第29条，《施工合同解释（一）》第26条。

12. 什么是总承包、单项承包、工程分包、工程转包？什么是肢解发包、肢解分包、非法转包、违法分包？什么是分包实名制管理、分包权益转让？承包人能否以劳务分包的名义转包工程？工程分包是否减轻承包人的责任和义务？

一、总承包、单项承包、工程分包、工程转包

1. 总承包

总承包又称为“交钥匙承包”，是指建设工程发包人将合同工程项目相关的勘察、设计、施工等工程建设的全部任务或业务一并发包交由一个具备相应资质条件的承包人独自承包，并由该承包人对工程建设全面负责的工程承包方式。

2. 单项承包

单项承包是指建设工程发包人将建设工程中的勘察、设计、施工等不同类型的工作任务，分别发包给具备相应资质条件的勘察、设计、施工人进行承包，并与其签订相应的承包合同的工程承包方式。

建设工程发包是采取总承包方式还是单项工程承包方式，可由发包人根据建设工程的具体情况确定。

3. 工程分包

工程分包是指建设工程总承包人将其所承包的建设工程中某一部分工程依法分包给具有相应资质的分包人进行承包作业或施工，该总承包人不退出承包合同关系，其与分包人就分包人所完成的工作成果向发包人承担连带责任的一种工程承包施工形式。它包括专业工程分包和劳务作业分包两类。工程分包除总承包合同中已约定的分包外，必须经建设单位认可；但建筑工程主体结构的施工必须由总承包单位自行完成，不能分包。

4. 工程转包

工程转包是指建设工程的承包人承包建设工程后，不自己履行合同约定的责任和义务，而是将其承包的全部建设工程倒手转让给第三人或将其承包的全部建设工程肢解以后以分包的名义分别转让给其他人承包，使该第三人或其他人成为该建设工程的实际承包人的行为。

转包与分包的区别：转包是承包人自己并不实际履行合同，而是将合同工程全部倒手转让给他人履行；分包是承包人将其承包工程的某一部分或几部分分包给其他承包人，但承包人仍要就承包合同义务的履行向发包人负责。工程分包经发包人同意后法律是允许的，但转包是法律所禁止的。

二、肢解发包、肢解分包、非法转包、违法分包

1. 肢解发包

肢解发包是指建设单位将应当由一个承包单位完成的建设工程分解成若干部分发包给不同的承包单位的行为。

2. 肢解分包

肢解分包是指建设工程的承包人将应当由一个承包单位完成的建设工程分解成若干部分再分包给其他承包单位承包施工的行为。

肢解发包、肢解分包都是法律所禁止的。

3. 非法转包

因转包是法律所禁止的行为，故对转包也称为“非法转包”。包括三种情形：(1)自己不履行合同约定的责任和义务，将其承包的全部建设工程倒手转让给第三人；(2)将其承包的全部建设工程肢解以后以分包的名义分别转让给其他人承包，使该第三人或其他人成为该建设工程的实际承包人；(3)《房屋建筑和市政基础设施工程施工分包管理办法》第14条规定，分包工程发包人将工程分包后，未在施工现场设立项目管理机构和派驻相应人员，并未对该工程的施工活动进行组织管理的，视同转包行为。

4. 违法分包

违法分包是指下列行为：(1)总承包单位将建设工程分包给不具备相应资质条件的单位；(2)建设工程总承包合同中未有约定，又未经建设单位认可，承包单位将其承包的部分建设工程交由其他单位完成；(3)施工总承包单位将建设工程主体结构的施工分包给其他单位；(4)分包单位将其承包的建设工程再分包。

《施工合同解释(一)》第4条规定，承包人非法转包、违法分包建设工程签订的建设工程施工合同的行为无效。

5. 肢解分包与违法分包的区别

肢解分包属于转包情形。

三、分包实名制管理、分包权益转让

分包实名制管理：承包人应向监理人提交分包人的主要施工管理人员表，并对分包人的施工人员进行实名制管理。分包权益转让：分包人在分包合同项下的义务持续到缺陷责任期届满以后的，发包人有权在缺陷责任期届满前，要求承包人将其在分包合同项下的权益转让给发包人，承包人应当转让。除转让合同另有约定外，转让合同生效后，由分包人向发包人履行义务。

四、以劳务分包的名义转包及分包中承包人的责任问题

承包人不能以劳务分包的名义转包或违法分包工程。

工程分包不减轻或免除承包人的责任和义务。承包人和分包人就分包工程向发包人承担连带责任。除合同另有约定外，承包人应在分包合同签订后7天内向发包人和监理人提交分包合同副本。

【案例】

2010年4月5日，被告富淮开发公司将自己开发的怡心园工程发包给被告建安建筑公司。建安建筑公司签订合同后将工程项目人为拆分为两个标段，与李

某、张某工程队分别签订分包合同，由两工程队各负责一个标段的施工。工程竣工验收后，因建安建筑公司拖欠工程款，李某、张某便起诉要求建安建筑公司与富淮开发公司共同支付工程款合计680万元。

法院经审理认为：建安建筑公司签订承包合同后，自己不履行合同约定的责任和义务，将其承包的全部建设工程分包给没有资质的原告，且分包后，未在施工现场进行组织管理，其行为应认定为转包行为，分包合同因违反法律规定而无效。因原告所承建工程验收合格，其请求按分包合同约定价款结算应予支持。富淮开发公司未欠付建安建筑公司工程款，故不应承担工程款支付责任。法院遂判决由被告建安建筑公司支付两原告工程款680万元，并驳回原告对富淮开发公司的支付请求。

【分析解答】

《施工合同解释(一)》第4条规定，承包人非法转包、违法分包建设工程签订的建设工程施工合同的行为无效。本案中，建安建筑公司在承包工程后，将其承包的全部建设工程肢解以后以分包的名义分别转让给其他人承包，使该第三人或其他人成为该建设工程的实际承包人，其自己对工程不履行合同约定的责任和义务，也不参与施工管理，符合非法转包行为的法律特征，法院据此按无效建设工程合同进行处理是正确的。

【法律法规链接】

《建筑法》第28条、《施工合同解释(一)》第4条。

13. 承包建设工程是否需要相应资质？农村建房合同施工人是否需要相应资质？

一、承包建设工程是否需要相应资质问题

《建筑法》第26条规定："承包建筑工程的单位应当持有依法取得的资质证书，并在其资质等级许可的业务范围内承揽工程。禁止建筑施工企业超越本企业资质等级许可的业务范围或者以任何形式用其他建筑施工企业的名义承揽工程。禁止建筑施工企业以任何形式允许其他单位或者个人使用本企业的资质证书、营业执照，以本企业的名义承揽工程。"《合同法》第272条规定："禁止承包人将工程分包给不具备相应资质条件的单位。"《施工合同解释(一)》也对承包人未取得建筑施工企业资质或者超越资质等级的及没有资质的实际施工人借用有资质的建筑施工企业名义进行承揽工程的行为认定为无效。因此，从上述规定可以看出，承包建设工程必须具备相应的资质。

二、农村建房合同施工人是否需要相应资质问题

根据国务院《村庄和集镇规划建设管理条例》第23条规定："承担村庄、集镇

规划区内建筑工程施工任务的单位,必须具有相应的施工资质等级证书或者资质审查证书,并按规定的经营范围承担施工任务。在村庄、集镇规划区内从事建筑施工的个体工匠,除承担房屋修缮外,须按有关规定办理施工资质审批手续。"最高人民法院《关于审理人身损害赔偿案件适用法律若干问题的解释》第11条第2款规定:"雇员在从事雇佣活动中因安全生产事故遭受人身损害,发包人、分包人知道或者应当知道接受发包或者分包业务的雇主没有相应资质或者安全生产条件的,应当与雇主承担连带赔偿责任。"由上述规定可以看出,农村建房合同施工人也必须具有相应的资质。

【案例】

2011年3月8日,被告李在勇与被告吕飞签订《建房协议书》1份,协议约定李在勇将自己新建两间四层住宅房屋的工程施工发包给吕飞承建。协议签订后,吕飞便组织人员施工。当房屋建至四层搭建隔热楼板时,其所雇佣的瓦工王云因不慎从尚未搭好的楼板间隙跌落至三层楼板上摔伤,致腰椎骨折。在向吕飞索要赔偿未果后,王云便起诉要求李在勇与吕飞共同赔偿医疗费等各项损失合计2.38万元。

法院经审理认为:吕飞与王云系雇主与雇工关系,王云在从事雇佣活动中受伤,雇主应当承担赔偿责任。李在勇将工程发包给没有施工资质的吕飞施工,其存在一定过错,亦应承担相应的过错责任,并应与雇主吕飞承担连带赔偿责任。王云没有瓦工从业资质,且施工中未尽到安全注意义务,自己亦有一定过错,故应适当减轻被告的赔偿责任。法院综合案情酌定由吕飞、李在勇、王云对法院核定后原告损失1.89万元,按7∶2∶1的比例承担损害赔偿。遂判决由吕飞赔偿1.32万元,李在勇赔偿0.38万元,两被告负连带责任。

【分析解答】

近年来,农村建房施工中事故频发,已成为社会大众广泛关注的一个问题。农村建房施工虽相比大型建筑工程施工要求要低,但房屋质量问题和施工安全同样不可忽视,否则难免引起质量纠纷和安全事故。同时,随着农村经济和社会的快速发展,农村建筑施工不再是停留在过去那种低层建筑的水平,很多房屋建筑规模与一些城市建设工程相比毫不逊色。因此,我国相关法律、法规对从事农村建房的施工单位和个体工匠均作出了须具备从业资质的强制性要求。国务院《村庄和集镇规划建设管理条例》第23条规定,承担村庄、集镇规划区内建筑工程施工任务的单位,必须具有相应的施工资质等级证书或者资质审查证书,并按规定的经营范围承担施工任务。在村庄、集镇规划区内从事建筑施工的个体工匠,除承担房屋修缮外,须按有关规定办理施工资质审批手续。因此,最高人民法院在公布新的民事案由时,将农村建房施工合同纠纷纳入建设工程合同纠纷进行调整是正确的,也是很有必要的。

【法律法规链接】

《侵权责任法》第16条、最高人民法院《关于审理人身损害赔偿案件适用法律若干问题的解释》第11条、《村庄和集镇规划建设管理条例》第23条。

14. 项目经理、工程队、施工作业组、民工队、个人能否签订建设工程合同和作为诉讼主体？包工头是什么意思？其签订的合同效力如何认定？

一、项目经理、项目经理部、工程队、施工作业组、民工队、个人能否签订建设工程合同和作为诉讼主体问题

1. 项目经理

根据建设部《建筑施工企业项目经理资质管理办法》规定："项目经理是指受企业法定代表人委托对工程项目施工过程全面负责的项目管理者，是建筑施工企业法定代表人在工程项目上的代表人。"项目经理本身并没有签订建设工程合同的权利，其所行使的管理权是基于建筑施工企业法定代表人的授权。因此，一般情况下，项目经理不具备诉讼主体资格，也不能独立对外承担责任，诉讼时应以施工企业为诉讼主体。实践中企业法人往往与项目经理签订内部承包合同来确定各自的权利义务，但项目经理与施工企业之间签订的合同无论怎样约定，都不能对合同外的第三人产生法律上的约束力。

审判实践中，原告有时起诉项目经理及建筑施工企业两个被告。项目经理虽不应对外承担责任，但如项目经理自愿承担建设工程责任的，根据债务承担（或债务加入）的法律规定，法院可以据此判决其承担责任。

2. 项目经理部

项目经理部是建设工程施工单位为完成某一项具体的项目施工而专门成立的临时管理职能部门，它随工程的接受而成立，随工程的完工而解散。其不具有独立的民事法律行为能力，在没有明确授权的情况下，不能以自己的名义从事民事法律行为。因此，一般情况下，项目经理部也不具备诉讼主体资格，不能独立对外承担责任，诉讼时应以施工企业为诉讼主体。审判实践中如查明该项目经理部具有独立的财产，则可追加其为共同诉讼人。

3. 工程队

建设工程合同承包方应具有相应的资质，建筑工程队或建筑施工队往往没有资质，因此，依法不能直接与发包人签订施工合同，如果违法签订施工合同应属无效，但其作为实际施工人可以成为诉讼主体。

4. 施工作业组

既无资质也无施工工作独立性，因此依法不能签订施工合同，也不能成为诉讼主体。

5. 民工队、个人

因为没有资质，往往都是挂靠施工企业承揽工程；因此，依法不能直接与发包人签订施工合同，如果违法签订施工合同应属无效，但其作为实际施工人可以成为诉讼主体。

二、包工头及其签订的合同效力认定问题

1. 包工头

有广义和狭义之分。广义的就是指建筑工程承包商；狭义的是指包揽建筑劳务，并牵头招人组成劳务作业队伍进行建筑工程劳务承包的人。人们通常所说的大多是指狭义的包工头。它是特殊历史条件下的特殊“产物”，是在建筑行业内的一种俗称，并非法律名词。当城市发展需要大量外来务工人员而农村剩余劳动力迫切需要进城找工作之时，包工头作为一种满足供求双方需求的角色应运而生。目前，以包工头牵头组成的建筑劳务施工队伍已成为我国建筑行业劳务的主流群体。

2. 包工头签订的合同效力认定

劳务分包企业也属于建筑施工企业，《建筑业企业资质管理规定》第 5 条规定：“建筑业企业资质分为施工总承包资质、专业承包资质、施工劳务资质三个序列”，《建筑法》第 26 条和第 29 条规定，建筑施工企业承包工程时应具备相应的资质。既然劳务分包企业属于建筑施工企业，劳务作业的性质本质上也属于建设工程施工，那么，劳务分包企业承包劳务作业当然也应该具备相应的资质。一般情况下，包工头与施工企业都签订有建设工程劳务分包合同，由于包工头大多数情况下没有劳务分包作业资质，因此，法官在审理此类案件时，对包工头在没有劳务分包作业资质的情况下与施工企业签订的建设工程劳务分包合同，应认定为无效合同。当然，如包工头组建的施工队已具有劳务分包作业资质的，应认定为有效合同。如包工头在没有工程施工资质情况下自行、借用他人资质或挂靠他人与施工企业签订的合同经查实属工程施工承包、转包、违法分包等法律禁止情形的，则一律认定为无效合同。

【案例】

2014 年 5 月 5 日，健良医疗设备制造公司与被告超远建设公司签订建设工程施工合同书，由超远建设公司包工包料承建健良医疗设备制造公司生产厂房，合同采用 3060 万元总价合同。合同签订后，超远建设公司组成健良医疗项目经理部进行管理和施工。2014 年 6 月 20 日，该项目经理部与有劳务作业资质的原告江某施工队签订劳务分包合同，约定由原告施工队对工程项目施工中砌墙劳务进行分包施工，合同价款 80 万元。合同签订后，原告即组织人员从事砌墙劳务工作，并按约完成劳务内容。后因该项目经理部拖欠原告劳务费用，原告遂起诉要求被告超远建设公司及其项目部共同支付上述劳务费。

法院经审理认为：本案中，超远建设公司所组建的项目经理部不具有独立法人资格，也不具有独立的财产，不能独立承担民事责任。项目经理部与江某签订的劳务分包合同已经得到了超远建设公司的确认，故应当认定为有效劳务分包合同，由此产生的合同权利义务，应由超远建设公司承担。遂判决超远建设公司支付原告劳务费80万元。

【分析解答】

建筑实务中，项目经理部是建设工程施工单位为完成某一项具体的项目施工而专门成立的临时管理职能部门，它随工程的接受而成立，随工程的完工而解散，一般不具有独立的民事法律行为能力，在没有明确授权的情况下，不能以自己的名义从事民事法律行为。其是否有权签订合同，主要看其公司有无作出授权。如项目经理部未得到授权，对外签订合同，该合同应是效力待定性质，如得到公司追认，则有效；反之则无效。

【法律法规链接】

《合同法》第44条、第48条、第109条。

15. 村委会能否成为建设工程施工合同主体？

社会主义新农村建设过程中，毫无疑问有一定的建设工程规划和计划，村委会作为在相关法律、法规的规定下成立的，依法享有一定职权，并具有一定财产和独立性的群众自治集体经济组织，其作为建设工程发包人和相应的诉讼主体应当没有任何问题。我国《民事诉讼法解释》第68条也规定：“村民委员会或者村民小组与他人发生民事纠纷的，村民委员会或者有独立财产的村民小组为当事人。”那么，村委会能否作为承包人承揽建设工程呢？答案是否定的，一是因为村委会并没有这方面的工作职能内容，二是村委会不可能有这方面的施工资质。实践中，有些地区村委会发展较好，开办了许多下属的公司或企业，在这种情况下，如该公司或企业具有施工资质的，该公司或企业可以自己的名义承揽工程；但村委会仍不能以自己名义签订建设工程施工合同承揽建设工程。如果自行、借用他人资质或挂靠他人签订合同承揽建设工程的，应认定为无效合同，但其作为实际施工人可以成为诉讼主体。

【案例】

2014年5月8日，原告水中园洗浴中心与被告农艺建筑公司签订建设工程施工合同，由农艺建筑公司包工包料承建水中园洗浴中心扩建工程，合同总价365万元。工程竣工验收交付使用不到一年，该扩建工程出现墙面开裂、屋顶处漏雨等质量问题。原告在与农艺建筑公司交涉未果后，便以农艺建筑公司实际是由宋集村委会投资开办为由，将农艺建筑公司与宋集村委会一并诉至法院，要求两被告承担质量修复责任。

法院经审理认为：农艺建筑公司虽是由宋集村委会投资开办、且该公司法定代表人也是宋集村委会主任兼任，但该公司是经工商合法登记的有限公司类独立法人，具有独立承担民事责任的能力；同时，根据合同相对性原则，原告合同相对人也是农艺建筑公司，因此，原告要求宋集村委会承担责任无法律依据。农艺建筑公司所建工程在质量保修期内出现质量问题，应当承担维修责任。据此，法院判决农艺建筑公司在判决生效后一个月内对上述质量问题予以修复完毕，并驳回原告要求宋集村委会承担责任的诉讼请求。

【分析解答】

根据《中华人民共和国村民委员会组织法》的规定，村民委员会是村民自我管理、自我教育、自我服务的基层群众性自治组织，它负责办理本村的公共事务和公益事业，调解民间纠纷，协助维护社会治安，向人民政府反映村民的意见、要求和提出建议，并不具有从事建设工程施工承包作业的职能，故一般情况下不能成为建设工程施工承包的责任主体。本案中，村委会并不是工程合同的施工方，因此，原告要求其承担责任无法律依据。

【法律法规链接】

《建筑法》第58条、第60条，《村民委员会组织法》第2条。

16. 什么是挂靠、挂靠人、被挂靠人？挂靠关系人之间应承担什么样的法律责任？被挂靠人收取发包人工程款后未转付挂靠人时，挂靠人能否起诉要求被挂靠人支付？

一、挂靠、挂靠人、被挂靠人

1. 挂靠

挂靠是指没有施工资质的实际施工人借用有资质的建筑施工企业名义、资质较低的建筑施工企业借用资质较高的建筑施工企业名义、信誉较差的建筑施工企业借用信誉较好的建筑施工企业名义从事施工活动，承接工程的行为。

2. 挂靠人

挂靠人是指挂靠行为中借用他人资质的没有施工资质的实际施工人或资质较低、信誉较差的建筑施工企业。

3. 被挂靠人

被挂靠人是指挂靠行为中出借施工资质给他人进行承揽工程的人。

二、挂靠关系人之间的法律责任

《施工合同解释（一）》第4条规定："没有资质的实际施工人借用有资质的建

筑施工企业名义与他人签订建设工程施工合同的行为无效”;《建筑法》第66条规定:“对因该项承揽工程不符合规定的质量标准造成的损失,建筑施工企业与使用本企业名义的单位或者个人承担连带赔偿责任。”《民事诉讼法解释》第54条也规定:“以挂靠形式从事民事活动,当事人请求由挂靠人和被挂靠人依法承担民事责任的,该挂靠人和被挂靠人为共同诉讼人。”因此,对于因挂靠行为产生的法律责任和后果,一是认定挂靠协议无效,二是确定由挂靠人与被挂靠人对建设工程合同相对人承担连带责任;至于挂靠关系人相互之间责任分配,应根据《合同法》对无效合同处理过错责任原则,按挂靠关系人各自的过错程度和过错责任大小进行比例分担。

三、被挂靠人收取工程款后未转付问题

被挂靠人收取发包人工程款后未转付挂靠人时,挂靠人可以起诉要求被挂靠人支付该工程款。

【案例】

2014年3月10日,原告现代投资公司拟新建一物流仓库,被告刘某托人情找到原告要求承包施工。因原告认为被告的工程队并无施工资质,工程验收时难以通过,起初便没有同意。后刘某挂靠有资质的伟风建筑公司,并以该公司名义与原告签订了工程施工合同。后工程竣工验收交付使用后不到一年,原告仓库出现墙体开裂、基础下沉等质量问题,原告遂要求刘某进行修复,刘某以合同并非是其个人所签为由予以拒绝。原告又找伟风建筑公司交涉,伟风建筑公司以实际施工人系刘某为由,亦予以推托。原告在交涉未果后,迫于仓库急用,无奈便请其他施工单位进行了修复,花去修复费用38万元。原告遂诉至法院,要求刘某及伟风建筑公司共同承担质量修复费用。

法院经审理认为:刘某自己无施工资质而借用伟风建筑公司资质承揽工程,应当认定为挂靠施工行为,两被告之间应认定为挂靠关系。因刘某系挂靠施工,故其与原告签订的施工合同属无效合同。但合同无效不能免除刘某工程保修期内的质量保修责任,因此,刘某应当承担质量修复责任,伟风建筑公司作为出借资质的被挂靠人,应依法与刘某承担连带责任。原告、被告对合同无效均存在过错,也是导致工程质量纠纷的原因之一,故原告对工程质量问题也应承担相应的过错责任。法院遂酌情判决刘某与伟风建筑公司连带赔偿原告修复费用的80%,即30.4万元。

【分析解答】

刘某没有施工资质借用有资质的伟风建筑公司名义从事施工活动和承接工程的行为,是典型的挂靠施工行为。根据《施工合同解释(一)》第4条关于“没有资质的实际施工人借用有资质的建筑施工企业名义与他人签订建设工程施工合同的行为无效”的规定，本案施工合同应属无效合同；但《建筑法》第66条规定："对因该项承揽工程不符合规定的质量标准造成的损失，建筑施工企业与使用本企业名义的单位或者个人承担连带责任。"因此，法院判决两被告承担连带责任符合法律规定。本案原告明知刘某无资质，仍同意其挂靠施工，主观上存在过错，也为工程质量纠纷埋下了隐患，因此应当承担相应的过错责任。

【法律法规链接】

《建筑法》第58条、第60条、第66条，《施工合同解释(一)》第4条，《合同法》第58条。

17. 挂靠承揽建设工程通常有哪些情形？承包人之间存在挂靠关系如何判断？

一、挂靠关系的情形

1. 以挂靠对象划分

有如下形式：(1)没有资质的实际施工人挂靠有资质的建筑施工企业，并以该施工企业的名义承揽工程；(2)不具备总承包相应资质的施工企业挂靠具备总承包相应资质的施工企业，并以该施工企业的名义承揽工程；(3)资质等级低的施工企业挂靠资质等级较高的施工企业，并以该施工企业的名义承揽工程；(4)信誉较差、负有不良记录或无法进入工程所在地建筑市场的施工企业挂靠信誉较好或其他适格施工企业，并以该施工企业的名义参与投标或承揽工程；(5)实力较弱的施工企业挂靠实力较强的施工企业，并以该施工企业的名义承揽工程；(6)境外未获承揽工程许可的施工企业挂靠境内有权承揽工程的施工企业，并以该施工企业的名义参与投标或承揽工程。

2. 以挂靠手段划分

有如下形式：(1)出租、出借资质证书给挂靠人方式实施挂靠；(2)出借业务介绍信、任职文件、公章或合同专用章给挂靠人方式实施挂靠；(3)通过将挂靠人设为其所属分公司、工程处、工程队、项目部、作业组等形式实施挂靠；(4)通过为挂靠人倒签或补签合同等虚假文件(挂靠人与发包人合谋已实际违法订立了施工合同，并已按该合同进行履行或已履行完毕，但为了使施工过程披上合法外衣，挂靠人寻求被挂靠人与发包人倒签或补签合同等虚假文件，以备工程竣工验收及其他法律程序使用)方式实施挂靠。

3. 以挂靠合同划分

有如下形式：(1)"联营"式挂靠，挂靠双方签订虚假的"联营"合同，但被挂靠人只收取固定的"联营"利润，而不承担"联营"风险；(2)"分包"式挂靠，挂靠双方签订虚假的"分包"合同，但被挂靠人只收取固定的"管理费"，而实际并不参与任何实质性管理;(3)“内部承包”式挂靠,挂靠双方签订虚假的“内部承包”合同,被挂靠人只收取固定的承包费,但挂靠双方实际并不存在劳动、人事、财务等行政管理和隶属关系。

二、挂靠关系的判断

对承包人之间是否存在挂靠关系除从法律规定的有无相应施工资质进行审查外,还可以结合以下情形判断或认定存在挂靠关系:(1)合同约定的施工承包人与现场实际施工人相互间无资产产权归属关系;(2)合同约定的施工承包人与施工现场的项目经理及主要工程管理人员之间无合法的人事调动、任免、聘用关系;(3)合同约定的施工承包人与施工现场的工人之间无合法的建筑劳动用工关系;(4)合同约定的施工承包人与现场实际施工人之间无统一财务管理和行政隶属关系,施工人往往是自筹资金进行工程施工;(5)合同约定的施工承包人与现场实际施工人无工资、福利发放及养老等社会保险统筹关系;(6)存在现场实际施工人就该工程向合同约定的施工承包人交纳管理费,而合同约定的施工承包人并不实际参与管理和施工的情形;(7)存在现场实际施工人独立核算、自主经营、自负盈亏的情形。

【案例】

2010年4月19日,被告新生设备厂拟建仓库工程,代某想承接该工程,因自己无施工资质,便找到二建公司谈妥将自己的工程队作为二建公司项目部,二建公司收取代某一定的管理费,不实际参与施工管理。代某遂以二建公司名义与原告签订了上述仓库工程施工合同。2010年10月9日,工程竣工验收合格后,被告一直拖欠工程尾款130万元。代某催要未果后,遂以二建公司名义诉至法院,要求新生设备厂支付工程尾款130万元,并承担合同约定违约金6.5万元。案件审理期间,被告提出代某系挂靠施工,主张二建公司作原告要求支付工程款主体不适格,请求驳回原告诉讼请求。后二建公司撤回诉讼,并与代某作共同原告提起新的诉讼。代某诉讼中称自己系二建公司内设分支机构,不存在挂靠关系。

法院经审理认为:代某对外虽以自己是二建公司的内设分支机构为名,但其施工过程中,与二建公司既无财产归属关系,又无人事隶属关系,其独立核算、自主经营、自负盈亏,因此被告主张代某与二建公司系挂靠施工关系理由成立。因挂靠施工所签合同无效,故合同约定违约金条款对双方当事人不具有约束力,原告要求被告承担合同约定违约金的请求不予支持。因本案工程经验收合格,根据无效合同可参照合同约定结算工程价款的规定,法院遂判决被告支付代某工程尾款130万元,驳回二建公司及原告其他诉讼请求。

【分析解答】

判断或认定当事人之间是否存在挂靠关系,主要看施工承包人与现场实际施工人相互间有无财产归属、人事管理和行政隶属关系。如有,则为内部机构;反之,则为挂靠关系。本案中,代某与二建公司既无财产归属关系,又无人事隶属关系,其施工资金独立核算、自主经营、自负盈亏,而二建公司只收取代某一定的管理费,而不实际参与施工管理,因此,法院认定双方之间是挂靠关系是正确的。

【法律法规链接】

《合同法》第56条,《施工合同解释(一)》第2条、第4条、第26条。

18. 实际施工人可否为自然人?

实际施工人是最高人民法院在《施工合同解释(一)》中创设的一个法律概念,对目前我国建筑业市场的现状有着积极的现实意义;但《施工合同解释(一)》中却没有对实际施工人的概念、范围等问题作出明确具体的规定。最高人民法院就《施工合同解释(一)》答记者问中对"实际施工人"的阐释是:"承包人与发包人订立建设工程施工合同后,往往又将建设工程转包或者违法分包给第三人,第三人就是实际施工人。"最高人民法院民事审判第一庭编著的《建设工程施工合同解释的理解与适用》一书中对实际施工人作了相对具体的诠释:"实际施工人"的称谓,是指无效合同的承包人,如转承包人、违法分包合同的承包人、没有资质借用有资质的建筑施工企业的名义与他人签订建设工程施工合同的承包人。"从上述情况可以看出,实际施工人的范围就是无效建设工程合同的承包人。由于实践中有很多自然人,如个体老板、个人合伙、工头等,是以个人名义组成施工队伍从事和参与建设工程活动的,他们往往因无施工资质而成为无效建设工程合同的承包人,也就是实际施工人,因此自然人可以是实际施工人。

当然,自然人性质的实际施工人与仅提供劳务的农民工个人是不同的两个概念,自然人性质的实际施工人是从事工程承包活动的人,与提供劳务的劳动者有着本质的区别。

【案例】

同问题17的案例。

【分析解答】

"实际施工人"就是指无效施工合同的工程承包人,他们是真正进行工程施工作业的人或单位。从建筑实务情况看,"实际施工人"很多情况下就是没有施工资质的,由自然人组建的工程队。本案中,代某便是没有资质而借用有资质的二建公司名义的进行工程施工作业的实际施工人。

【法律法规链接】

《合同法》第56条,《施工合同解释(一)》第2条、第4条、第26条。

19. 政府、政府所属部门或单位与开发商合作建设工程项目，但未在合同上署名，是否应列为共同被告？

2002 年，最高人民法院在《关于审理建设工程合同纠纷案件的暂行意见》中规定，两个以上的法人、其他经济组织或个人合作建设工程，并对合作建设工程享有共同权益的，其中合作一方因与工程的承包人签订建设工程合同而发生纠纷的，其他合作建设方应列为共同原被告。此后，最高人民法院发布的司法解释和其他司法意见等，对此并未作出与此不同的新规定。我国《民法通则》第 52 条也规定："企业之间或者企业、事业单位之间联营，共同经营、不具备法人条件的，由联营各方按照出资比例或者协议的约定，以各自所有的或者经营管理的财产承担民事责任。"因此，合作建设工程项目的，无论是不是政府或政府所属部门，也无论其是否在建设工程合同上署名，只要有证据证明或法院经审理查明确实存在合作建设工程项目及对合作建设工程享有共同权益的事实，均应当列为共同被告或追加为共同被告。

【案例】

2010 年 1 月 9 日，被告恒生置业公司与原告浦南建筑公司签订建设工程施工合同 1 份，合同约定，由原告承建生态园工程，总价 1200 万元。合同签订后，原告按约施工，并于 2011 年 3 月 20 日工程竣工验收合格交付使用。由于恒生置业公司一直拖欠工程尾款 360 万元，原告便诉至法院，要求该公司支付工程款。案件审理期间，恒生置业公司辩称，生态园工程系其与当地区政府新城开发管理中心合作建设工程项目，因该中心承诺的资金一直未能全部到位而致拖欠原告工程款。恒生置业公司向法庭出示了其与区政府新城开发管理中心签订的合作开发协议，协议表明，恒生置业公司与新城开发管理中心按 2∶1 的投资比例进行生态园工程合作开发，并约定按投资比例受益。因新城开发管理中心无独立法人资格，恒生置业公司遂申请追加区政府为被告。法院根据申请依法追加区政府为被告参加诉讼。

法院经审理认为：两被告合作开发工程项目，且对工程项目约定按投资比例收益，因此也应当按投资比例承担工程建设费用和支付工程款项。法院遂判决恒生置业公司支付原告工程尾款 240 万元，区政府支付原告工程尾款 120 万元。

【分析解答】

人民法院审理案件，应当以事实为根据，以法律为准绳。本案中，生态园工程经法院查明确属两被告合作开发的建设工程项目，且合作开发各方均对建设工程享有利益，因此，合作方应当依法共同承担责任，故法院追加区政府为被告并判决其承担相应责任是正确的。

【法律法规链接】

《合同法》第 109 条，《民法通则》第 52 条。

20. 勘察单位、设计单位与施工单位能否成为共同被告？

一般情况下，根据《合同法》《建筑法》等相关建设工程的法律、法规规定，建设单位先与勘察单位、设计单位签订建设工程勘察、设计合同，完成建设工程勘察、设计任务后，再与施工单位签订建设工程施工合同，勘察单位、设计单位与施工单位两者之间并没有合同关系，因此，通常建设工程施工合同纠纷中，根据合同相对性原则，不应列或追加勘察单位、设计单位与施工单位为共同被告。但审判实践中，勘察、设计单位与施工单位并不是不可能成为共同被告，因为工程质量出现问题时，并不能排除三方原因共同作用所致。

如建设单位按建设工程合同纠纷提起诉讼，追究该三方责任，则囿于合同相对性原则的羁绊，必须分别提起建设工程施工合同纠纷、建设工程勘察合同纠纷、建设工程设计合同纠纷三个诉讼，才能解决三方的责任。而在与施工单位的建设工程施工合同纠纷中，根据《施工合同解释（一）》第 12 条关于“发包人具有下列情形之一，造成建设工程质量缺陷，应当承担过错责任：（一）提供的设计有缺陷；（二）提供或者指定购买的建筑材料、建筑构配件、设备不符合强制性标准……”的规定，建设单位还必须对设计方造成的工程质量缺陷先行承担过错责任，这样的诉讼必定不是当事人想要的结果。

那么，能否一案中解决三方责任呢？答案是肯定的，因为我国《合同法》第 122 条规定了在发生违约责任和侵权责任竞合情况下，权利人在实施权利救济时享有选择权。建设工程存在质量问题，对于建设单位来说就是一个财产受到损害的侵权责任与违约责任竞合的诉讼，而侵权诉讼中，当事人提起诉讼，可以根据过错责任确定诉讼当事人，并不存在合同相对性原则的束缚。因此，建设单位只要选择侵权之诉，即可将勘察单位、设计单位与施工单位列为共同被告，从而一案解决该三方责任。

【案例】

2013 年 4 月 1 日，原告力帆车床厂与被告安澜勘验技术研究所签订《综合办公楼工程地基勘验合同》，约定由安澜勘验技术研究所对力帆车床厂拟建的综合办公楼进行地基地质勘验。安澜勘验技术研究所按合同约定时间勘验后出具了勘察报告，对综合办公楼的基础埋深、持力层承载力标准值和压缩模量等相关施工所需数据提出了勘验值。原告遂依据该勘验报告委托被告楚天工程设计院对综合办公楼工程进行设计，设计图纸完成后，原告将工程施工发包给了被告瑞安建工公司。2014年6月20日,工程竣工验收交付使用。2015年1月,原告先后发现所建办公楼有墙体开裂、基础下沉、楼体倾斜等现象。原告为工程出现的质量问题与三被告交涉未果后,委托其他单位对住宅楼进行了修复和加固,为此支付修复和加固施工费用263万元。原告后向法院提起房屋质量损害赔偿诉讼,要求三被告共同承担赔偿责任。

法院在审理过程中,因三被告在诉讼过程中相互推诿质量责任,遂依原告申请委托鉴定部门进行工程质量问题及因果关系司法鉴定。经鉴定,造成质量事故的原因为:(1)勘探工作存在失误,勘验报告对地基软土层分布、承载力、压缩模量的建议值存在偏差,是造成楼房质量问题的主要原因;(2)设计工作也存在明显不足,设计文件差错和设计疏漏导致设计不科学是造成质量问题的次要原因;(3)工程施工单位发现软土层分布与勘验数据存在出入及设计文件有差错未及时进行提示告知和提出建议,也是造成质量问题的原因之一。

法院经审理认为:根据鉴定意见,勘探工作失误是造成本案工程质量问题的主要原因,故应负主要责任;设计不当是造成质量问题的次要原因,故应负次要责任;工程施工单位施工时发现问题未及时告知和提出建议,也是造成质量问题的原因之一,故应承担相应的过错责任。综合三被告造成本案工程质量损害问题的原因力大小、过错程度,酌定由安澜勘验技术研究所、楚天工程设计院、瑞安建工公司对原告损失按6∶3∶1的责任比例进行承担。因本案工程质量问题系三被告过错共同作用所致,故应承担连带责任。遂判决:安澜勘验技术研究所赔偿原告157.8万元,楚天工程设计院赔偿原告78.9万元,瑞安建工公司赔偿原告26.3万元,三被告负连带责任。

【分析解答】

根据《物权法》第37条规定,侵害物权,造成权利人损害的,权利人可以请求损害赔偿,也可以请求承担其他民事责任。本案中,三被告在各自的勘察、设计、施工过程中均存在过错,从而导致本案工程质量出现问题,故三被告应当按各自的过错程度和责任大小承担相应的民事赔偿责任。本案原告根据侵权法律关系主张三被告共同进行赔偿,符合物权相关法律规定,故法院受理和判决均是正确的。

【法律法规链接】

《合同法》第122条,《物权法》第37条,《建筑法》第52条、第56条、第58条,《建设工程质量管理条例》第28条。

21. 发包人、承包人、分包人、转包人、实际施工人之间是否可以追偿?

根据《建筑法》等相关法律的规定,建设工程合同中:(1)共同承包工程的各方对承包合同的履行承担连带责任；(2)总承包单位和分包单位就分包工程及工程质量对建设单位承担连带责任；(3)工程监理单位与建设单位或者建筑施工企业串通、弄虚作假、降低工程质量造成损失的，承担连带赔偿责任；(4)建筑施工企业与使用本企业名义的单位或者个人承担连带赔偿责任；(5)承包单位对因转包工程或者违法分包的工程不符合规定质量标准造成的损失，与接受转包或者分包的单位承担连带赔偿责任。因此，发包人、承包人、分包人、转包人、实际施工人之间有很多需要承担连带责任的情形。同时，根据最高人民法院原经济审判庭对吉林省高级人民法院《关于生效判决的连带责任人代偿债务后应以何种诉讼程序向债务人追偿问题的复函》(法经〔1992〕121号)精神，连带责任人代主债务人偿还了债务，或者连带责任人对外承担的责任超过了自己应承担的份额，可以向原审人民法院请求行使追偿权。原审人民法院应当裁定主债务人或其他连带责任人偿还。此裁定不允许上诉，但可复议一次。如果生效法律文书中，对各连带责任人应承担的份额没有确定的，连带责任人对外偿还债务后向其他连带责任人行使追偿权的，应当向人民法院另行起诉。此后关于连带责任追偿的相关法律、法规、司法解释规定基本上也是按上述精神来规定的，因此，发包人、承包人、分包人、转包人、实际施工人之间，在代主债务人偿还了债务，或者对外承担的责任超过了自己应承担的份额的，可以行使追偿权。

【案例】

2014年3月20日，富林公司将三幢职工宿舍楼工程发包给安庆建筑公司总承包，安庆建筑公司承包后，又将其中的一幢宿舍楼工程分包给没有资质的李某工程队施工。后工程竣工验收交付使用后，2015年2月，富林公司发现李某施工的宿舍楼工程出现墙体开裂、渗水等质量问题，遂要求安庆建筑公司、李某进行修复，但安庆建筑公司、李某相互推托。富林公司为不使职工情绪受到影响，遂自行委托其他施工单位进行了修复，花去修复费用56万元。后富林公司向法院起诉，要求安庆建筑公司、李某共同承担质量修复费用。法院后判决由安庆建筑公司、李某连带赔偿修复费用56万元，并从安庆建筑公司账户划拨执行了上述款项。安庆建筑公司赔偿后，向法院提起追偿权诉讼，要求李某偿还其垫付的56万元。

法院经审理认为：李某作为工程实际施工人，应对自己所承建的工程质量承担保修责任；安庆建筑公司赔偿后，可依法取得追偿权。但本案中，安庆建筑公司将其承包的宿舍楼工程分包给没有资质的李某施工，其主观上也存在过错，对工程出现质量问题有一定的责任，应承担30%的相应过错责任。法院遂判决李某偿还安庆建筑公司39.2万元。

【分析解答】

连带责任人代主债务人偿还了债务，或对外承担的责任超过了自己应承担的份额的,依法取得相应的追偿权。根据相关法律规定,安庆建筑公司作为工程承包人,对工程的总体质量负责。其将工程违法分包给没有资质的李某施工,应当与李某对本案发生的工程质量承担连带责任。由于建设工程质量责任实行的是过错责任归责原则,安庆建筑公司违法分包虽有过错,但出现质量问题的工程毕竟是李某施工造成的,因此,工程质量责任应当由李某承担主要责任。基于此,法院在安庆建筑公司提起的追偿诉讼中,按过错比例判决李某返还安庆建筑公司70%工程修复费用是正确的。

【法律法规链接】

《建筑法》第55条,《民法总则》第122条。

22. 建设单位内部不具有法人资格的职能部门或者分支机构能否签订建设工程合同和作为诉讼主体?

建设工程施工合同发包方的主体资格应是具有独立财产,能够对外独立承担民事责任的民事主体。建设单位内部不具有法人资格的职能部门或者分支机构所签的合同主体问题,从社会实践情况看,这些职能部门或者分支机构均不具有独立的财产,也不能独立承担民事责任,没有相应的民事权利能力和行为能力;因此,既没有对外签订建设工程合同的合法主体资格,也不能作为适格的诉讼主体。如这些职能部门或者分支机构已经以自己的名义签订了建设工程合同,按《合同法》关于合同效力待定情形的规定,只有在得到建设单位的追认或者同意,方为有效合同,否则,应认定为无效合同。如因此而产生纠纷,应以该建设单位为诉讼主体进行起诉或应诉。如建设单位以内部职能部门或分支机构的名义起诉的,应告其变更当事人;如坚持起诉的,应裁定驳回起诉。施工单位起诉建设单位的分支机构的,也应告知其更换当事人;如坚持起诉的,应裁定驳回起诉。

但在审判实践中,根据最高人民法院《民事诉讼法解释》第52条规定:民事诉讼法"第48条规定的其他组织是指合法成立、有一定的组织机构和财产,但又不具备法人资格的组织,包括:……(4)依法成立的社会团体的分支机构、代表机构;(5)依法设立并领取营业执照的法人的分支机构;(6)依法设立并领取营业执照的商业银行、政策性银行和非银行金融机构的分支机构",因此,上述三种分支机构类型是作为其他组织这一诉讼主体的例外情况。

【案例】

2009年9月5日,浦南水务公司盐北分公司与江淮工程公司签订工程承包施工合同1份,约定由江淮工程公司为该分公司建设职工餐厅工程。工程竣工验收合格后,因盐北分公司拖欠工程款58万元,江淮工程公司遂以浦南水务公司及其盐北分公司为共同被告提起诉讼,要求支付所拖欠的工程款。

法院经审理认为：盐北分公司系浦南水务公司的分支机构，不具有独立的法人资格和承担民事责任的能力。其所签订的工程合同因事后得到浦南水务公司的追认，故合同应认定为有效合同，但合同权利义务应当由浦南水务公司进行承担。水务分公司没有独立的财产，不是本案适格的责任主体，原告主张其承担责任没有法律依据。遂判决浦南水务公司支付江淮工程公司工程款58万元，驳回原告对水务分公司的诉讼请求。

【分析解答】

最高人民法院《民事诉讼法解释》第53条规定："法人非依法设立的分支机构，或者虽依法设立，但没有领取营业执照的分支机构，以设立该分支机构的法人为当事人。"本案中，水务分公司系浦南水务公司自行设立的分支机构，不具有独立的财产和法人资格，也未单独领取营业执照，不具有独立承担民事责任的能力，因此，它不是本案适格的责任主体，原告主张其承担责任没有法律依据。

【法律法规链接】

《合同法》第48条、第109条，最高人民法院《关于适用〈中华人民共和国民事诉讼法〉的解释》第53条。

23. 筹建处、指挥部等临时性机构能否签订建设工程合同和作为诉讼主体？

实践中，政府部门在开发工程项目时，往往会设立项目筹建处、指挥部，并以项目筹建处、指挥部的名义与施工单位签订施工合同。这些政府或其部门设立的筹建处、指挥部，往往仅是根据其一个内部文件即挂牌成立，既没有经过工商登记，也不具备独立法人资格，且大多是为了完成某项工程建设任务而成立的临时性内设机构，往往随着工程项目的设立而设立，随着工程项目的结束而结束。它虽然有一定的组织形式，但没有自己独立的财产，其所从事的民事活动是基于政府或其部门的授权而临时代行建设单位的部分职责。由于其一般不具备法人资格，没有独立承担责任的财产，没有相应的民事权利能力和行为能力，因此，它通常既没有对外签订建设工程合同的合法主体资格，也不能作为适格的诉讼主体，其行为产生的责任应由其设立单位承担。如果以筹建处、指挥部临时机构的名义发包工程产生纠纷后，若该筹建处、指挥部已经合法批准成立并已具有法人资格，应由其作为诉讼主体起诉或应诉；若仍是临时性机构，尚未办理正式审批手续或被撤销的，由成立或开办该单位的组织作为诉讼主体进行起诉或应诉。

【案例】

2010年5月5日，盐北区政府成立盐北农贸市场筹建处负责该市场的建设工程事务管理。同年8月3日,该筹建处将农贸市场建设工程发包给盐北建筑公司进行承建。2011年2月1日,工程竣工验收合格交付使用。后筹建处一直拖欠工程尾款86万元,盐北建筑公司催要未果,遂向法院提起诉讼,要求筹建处及盐北区政府共同支付工程款。案件审理期间,经法院查明,该筹建处只是盐北区政府为建设盐北农贸市场而成立的临时性内设机构,既未进行法人登记,也没有自己独立的财产。

法院经审理认为:盐北农贸市场筹建处系盐北区政府为建设盐北农贸市场而成立的临时性内设机构,不具有独立的法人资格和承担民事责任的能力。其所签订的工程合同系受政府的指令行事,故合同权利义务应当由盐北区政府进行承担。原告主张筹建处承担责任没有法律依据。遂判决盐北区政府支付原告工程款86万元,并驳回原告对筹建处的诉讼请求。

【分析解答】

政府或其部门设立的筹建处、指挥部,往往仅是根据政府内部文件成立的临时性内设机构,通常都不具备独立法人资格,往往随着工程项目的设立而设立,随着工程项目的结束而结束。因此,不能作为适格的诉讼主体,其行为产生的责任应由其设立单位承担。故本案中,法院判决区政府承担民事责任是正确的。

【法律法规链接】

《合同法》第48条、第109条,最高人民法院《关于适用〈中华人民共和国民事诉讼法〉的解释》第53条。

24. 联合承包、合作开发各方诉讼主体关系及资质如何确定?

联合承包的建筑工程项目,产生纠纷后,应以联合承包人为共同诉讼人进行起诉或应诉,如已组成具有法人资格联营体的,则以该联营体为诉讼主体进行起诉或应诉。合作开发建设工程并对合作建设工程享有共同权益的,其中合作一方因与建设工程合同相对方发生纠纷的,其他合作人应列为共同原告或被告。联合承包、合作开发的建筑工程项目,仅列一人为诉讼主体的,应追加其他联合承包人、合作开发人为共同诉讼人。

两个以上不同资质等级的单位实行联合共同承包的,应当按资质等级低的单位的业务许可范围承揽工程。如联合承包一方有资质、一方无资质,则应认定为联营式挂靠施工。

【案例】

2014年3月15日,原告新淮百货公司将营业大厦建设工程对外招标,被告安淮建筑公司与宁远建筑公司组成联合投标人进行投标。后两被告中标，并与原告签订了中标施工合同进行工程施工。2014年12月1日，工程竣工验收交付使用。2015年5月起，原告发现大厦顶层渗水、漏水严重，并伴有部分墙体裂缝。原告要求两被告维修未果，遂提起诉讼。庭审中，安淮建筑公司辩称质量问题的部位系宁远建筑公司施工区，认为该质量问题应由宁远建筑公司承担，与其无关，因此，不同意承担责任。

法院经审理认为：两被告联合投标并进行共同施工，共同收益，已经形成利益、责任共同体，应当共同对施工工程承担质量保修责任。安淮建筑公司辩称出现质量问题的部位系宁远建筑公司施工部位，因此不同意承担责任的主张，既无法律依据，也违反法律规定，故不予采纳。法院遂判决由两被告于判决生效后一个月内共同完成质量修复，且互负连带责任。

【分析解答】

《招投标法》第31条规定："两个以上法人或者其他组织可以组成一个联合体，以一个投标人的身份共同投标。……联合体中标的，联合体各方应当共同与招标人签订合同，就中标项目向招标人承担连带责任。"因此，联合承包的建筑工程项目，产生纠纷后，应以联合承包人为共同诉讼人，共同承担连带责任。本案安淮建筑公司辩称出现质量问题的部位系宁远建筑公司施工部位，因此不同意承担责任的主张，该主张反映的施工情况，只是其联合承包的内部工作分工，不能对外产生拘束力，因此该主张不能得到法院的支持。

【法律法规链接】

《招投标法》第31条，《建筑法》第58条、第62条。

25. 招投标程序签订建设工程施工合同后，发包人的主体资格能否转让？

我国《招投标法》第46条第1款规定："招标人和中标人应当自中标通知书发出之日起三十日内，按招标文件和中标人的投标文件订立书面合同。招标人和中标人不得再行订立背离合同实质性内容的其他协议。"该规定属于法律的强制性规定，违反该规定的行为无效。在招投标施工合同签订后，如发包人将主体资格转让他人，属于变更施工合同的实质性内容，应为无效。当然，如发包人因分立、合并、解散等发生法定承继主体情形，发包人名称出现变化，不属发包人主体资格转让。故招投标程序签订建设工程施工合同后，发包人的主体资格一般不能转让。

【案例】

2014年4月2日，被告凌都开发公司将福星花苑小区住宅楼建设工程项目对外招标,原告安丰建筑公司中标,双方签订了中标施工合同。同年6月26日,凌都开发公司未经安丰建筑公司同意,便与被告天源投资公司签订转让合同,将该小区住宅楼建设工程施工合同权利义务全部转让给天源投资公司。同年7月10日,原告安丰建筑公司因未收到工程进度款而向凌都开发公司催要时方知合同发包人已经变更,而天源投资公司因资金链断裂而无法按期支付进度款。双方遂发生纠纷,安丰建筑公司诉至法院,要求确认两被告签订的转让合同无效。

法院经审理认为:凌都开发公司未经安丰建筑公司同意,即将建设工程合同转让他人,违反了《招投标法》和《合同法》相关法律规定,应当认定为无效合同。遂判决确认凌都开发公司与天源投资公司签订的转让合同无效。

【分析解答】

招投标建设工程属于国家强制管理的范围,双方当事人在签订中标合同后不得任意进行变更。如发生确需变更的客观原因和法定情形时,必须按招投标程序规定,进行变更登记备案,方可产生变更效力。本案中,凌都开发公司擅自转让中标合同,改变了中标合同主体实质性内容,也未履行备案审批手续,违反了法律的强制性规定和诚实信用原则,该转让行为无效。

【法律法规链接】

《招投标法》第46条,《合同法》第6条、第87条。

26. 违法分包与内部承包如何界定?劳务分包与专业工程分包有什么区别?劳务加辅材分包合同属于劳务分包合同吗?

一、违法分包与内部承包的界定

违法分包,是指下列行为:(1)总承包单位将建设工程分包给不具备相应资质条件单位的;(2)建设工程总承包合同中未有约定,又未经建设单位认可,承包单位将其承包的部分建设工程交由其他单位完成的;(3)施工总承包单位将建设工程主体结构的施工分包给其他单位的;(4)分包单位将其承包的建设工程再分包的。

内部承包是指建设工程施工企业作为发包方与其单位内部的生产职能部门、分支机构或职工之间为实现一定的经济目的,而就特定的生产资料或生产经营管理所达成的,由该生产职能部门、分支机构或职工作为承包方对生产资料或生产经营管理实行包干负责制而明确双方权利义务关系的协议。

违法分包与内部承包的界定可以从以下几个方面进行判断:(1)法律性质不同。违法分包是违反法律、法规规定进行的非法分包形式,而内部承包是法律允许的合法承包经营模式。(2)承包目的不同。违法分包是为达到非法分包施工渔利目的,而实行内部承包是为了达到解决企业内部工作分工、促进工作积极性、提高生产经营效率的目的。(3)经营管理关系不同。违法分包的分承包人与分包合同的发包人之间不存在行政管理隶属关系,分承包人的经营往往是自我管理、自我经营、独立核算、风险自担,与分包合同的发包人之间也不存在人事、劳动、工资、福利、保险、财务等统一管理关系;而内部承包的承包人系施工企业内部的职能部门、分支机构或职工,与作为发包人的施工企业间存在行政管理隶属关系,其人事、劳动、工资、福利、保险、财务等也是由施工企业统一管理和监督。(4)对施工资质要求的态度不同。违法分包大多是规避法律关于分包需施工资质的规定而进行的非法施工;而内部承包是施工企业的内部分工,内部承包人进行施工是施工企业的工作组成部分,只要施工企业本身具备资质,内部承包人则无须另行办理独立的施工资质。

二、劳务分包与专业工程分包的区别

工程分包包括专业工程分包和劳务分包两类。劳务分包是指建设工程施工总承包企业或专业承包企业将其所承包的工程中劳务作业部分发包给以提供劳务为目的、具有劳务作业资质的劳务承包企业完成的活动。专业工程分包是指建设工程总承包人将其所承包的建设工程中某一专业工程依法分包给具有相应资质的分包人进行承包作业或施工,该总承包人不退出承包合同关系,其与分包人就分包人所完成的工作成果向发包人承担连带责任的一种工程承包施工形式。

两者的区别是:(1)分包人的资质要求不同。劳务分包人持有的是劳务作业资质,专业工程分包人持有的是专业工程施工资质。(2)分包合同内容不同。劳务分包合同内容主要分包人向分包合同的发包人提供工程施工的劳务,合同标的是劳务,计取的是人工劳务费,其表现形式为包工不包料,俗称“包清工”;专业工程分包合同内容是分包人向分包合同的发包人承包某一分部分项工程的整个施工过程,合同标的是工程,包括工程施工,也包括劳务施工,其计取的是工程款,其表现形式主要体现为包工包料,俗称“全包”。(3)分包合法成立的条件不同。劳务分包只要分包合同双方当事人达成合意即可,无须事先获得工程发包人的同意;专业工程分包须事先经发包人的同意才能合法有效成立,且工程主体结构的施工不能分包,否则构成违法分包。(4)分包负责指向不同。劳务分包人就劳务作业施工对分包合同的相对方负责,一般不需向工程发包人承担责任;而专业工程分包中分包人就分包工程质量须向分包合同相对方及工程发包人负责,并与分包合同相对方就分包工程质量问题承担连带责任。

三、劳务加辅材分包合同属于劳务分包合同

实践中,劳务分包合同中经常约定劳务分包方既提供劳务又提供辅材的情形,这就是劳务加辅材分包合同。根据建筑行业的相关标准,工程材料一般可以分为主材和辅材,辅材就是指工程中的辅助用料,它只占工程总用料的微小比例,并不直接影响或关系到工程的质量。对劳务加辅材分包合同的性质,通说认为,因包工包料实际上是指包工并包主要材料，包工包辅料并不改变劳务合同的本质特征，所以劳务加辅材分包合同仍然属于劳务分包合同的范畴。如果包工并包主要材料，则不能认定为劳务分包合同。

【案例】

2014 年 6 月 7 日，原告新灵中草药加工厂为建恒温药材存储仓库而与启瑞建设公司签订了建设工程施工合同，将上述工程发包给该公司承包施工。合同签订后，启瑞建设公司擅自将其中 1 座仓库分包给没有施工资质的吴某工程队承建。为使原告不产生怀疑和逃避建设管理部门的监管，其将吴某工程队编入自己的施工作业班组进行施工，并与之订立所谓的“内部承包协议书”1 份。在整个施工过程中，启瑞建设公司只收取吴某管理费，并不实际参与吴某工程的施工管理，也不向吴某及施工工人发放工资报酬。2014 年 12 月 5 日，工程竣工验收交付使用。2015 年 5 月，原告发现吴某承建的仓库不仅不能持久保温，而且仓库地面、墙面有转潮、开裂现象，使存放在仓库内的一些特殊药材因湿气大、温差不稳定而发生霉变。原告遂找启瑞建设公司交涉，启瑞建设公司此时便向原告披露了工程分包给吴某的事实，让原告找吴某解决。原告找吴某解决，吴某则称自己系启瑞建设公司的内部承包施工班组，质量责任主体应是启瑞建设公司，自己依法不应承担对外责任。原告交涉未果，遂将启瑞建设公司与吴某一并告上法庭，要求两被告共同承担质量责任。案件审理期间，经法院委托鉴定，仓库地面、墙面有转潮、开裂现象系吴某使用劣质水泥、劣质保温材料及防潮处理施工偷工减料等原因所致，修复费用需 56 万元。

法院经审理认为：启瑞建设公司虽将吴某工程队编为自己的施工作业组进行施工，并与之订立内部承包协议书，但施工过程中，启瑞建设公司只收取吴某管理费，并不实际参与吴某工程的施工管理；吴某施工资金、人力、物力、工资发放、劳动合同、社会保险均系其自筹、自组，双方未形成管理与被管理的隶属关系，故双方不是实质的内部承包关系。启瑞建设公司将工程以内部承包名义分包给没有施工资质的吴某承建，构成违法分包；双方对违法分包的形成均有过错，也是导致施工质量问题的原因之一。根据施工企业对工程质量负责和质量责任过错归责原则，法院遂判决启瑞建设公司承担 30% 修复费用，即 16.8 万元；吴某承担 70% 修复费用，即 39.2 万元；两被告负连带责任。

【分析解答】

违法分包与内部承包区别主要在于违法分包的分承包人与分包合同的发包人之间不存在行政管理隶属关系，分承包人的经营往往是自我管理、自我经营、独立核算、风险自担，与分包合同的发包人之间也不存在人事、劳动、工资、福利、保险、财务等统一管理关系；而内部承包的承包人系施工企业内部的职能部门、分支机构或职工，与作为发包人的施工企业间存在行政管理隶属关系，其人事、劳动、工资、福利、保险、财务等也是由施工企业统一管理和监督。从本案案情看，启瑞建设公司只收取吴某管理费，不实际参与吴某工程的施工管理，吴某施工资金、人力、物力均系其自筹、自组，不符合内部承包关系的法律特征，因此法院认定启瑞建设公司与吴某之间系违法分包是正确的。

【法律法规链接】

《建筑法》第 29 条、第 55 条、第 58 条、第 62 条。

第三章 合同效力问题

27. 审理建设工程合同纠纷应坚持哪些处理原则？保护和鼓励建设工程交易的规定有哪些？

一、审理建设工程合同纠纷应坚持的原则

1. 依法审查和规范引导市场健康发展原则

人民法院在审理建设工程合同纠纷案件时，要严格按建设工程相关法律、法规和最高人民法院司法解释的规定，认真履行和行使审判职权，依法干预当事人之间的合同关系。建设工程合同效力是审理此类纠纷的首要审查问题，即使双方当事人对合同效力和性质未产生争议，或未提出主张、抗辩，人民法院也应就合同的效力和性质主动进行审查，并在裁判文书中明确载明对合同效力和性质的认定情况，要通过对合同效力的确认、违约行为的认定、工程质量责任的承担，规范和引导建筑市场的健康发展。对非法转包、违法分包、肢解分包、挂靠等违法施工和不规范的市场活动，应依法认定为无效。要注重运用裁判手段，促进建筑市场诚信体系的建立；要注意通过制裁违约行为，提高失信成本，维护建筑市场正常秩序的建立。

2. 坚持质量第一和打击非法揽工并重原则

“百年大计，质量第一”，工程质量是建筑行业的生命线。审理建设工程合同纠纷案件，要树立“质量优先”的观念，始终坚持将工程质量的认定放在首位，紧紧围绕工程质量问题分清各方当事人的是非责任。对于无资质、超资质、挂靠施工造成工程质量问题的，要在认定合同无效的基础上坚决判令过错方承担相应的民事责任。对工程质量不合格且经过修复也达不到国家规定的强制性质量标准的，承包人请求发包人支付工程款的，一律不予支持。坚决严惩和打击非法揽工和偷工减料行为，通过司法手段确保建筑工程质量和建设工程符合国家安全和质量标准，从而维护建筑市场的生命线。

3. 慎用合同无效和维护工程交易安全原则

由于建筑市场竞争激烈，操作不规范，由此引发大量关于合同效力的争议，如建设工程合同一旦被认定无效，将直接影响当事人的合同预期及最终责任承担；同时，建设工程的不动产性质，又使无效合同返还各自财产的原则难以真正实施，如草率处理就可能对社会造成重大影响。在发展经济的时代大背景下，我国《合同法》更加侧重鼓励经济交易、不轻易否定合同效力的立法精神，并对认定无效合同的情形也进行了严格限定。实践中，调整建设工程合同除了法律、法规，还有很多规范性文件，数量内容均十分庞杂，且法律和行政法规中有的强制性规定仅属行政管理规范，如果当事人违反了这些规范应当受到行政处罚，但是不应当影响合同的效力。如果不问青红皂白，只要违反这些规范性文件的规定，就一律作为无效合同处理，不符合我国《合同法》保护交易安全的立法本意，也不利于保护各方当事人的合法权益，更会阻碍建筑市场的健康发展。因此，审判实践中，承办此类纠纷的法官应当充分考虑建设工程投资大、建设周期长、影响社会稳定的特点，尽量维护合同的效力。对合同违反国家法律、法规强制性规定与违反规范性文件的规定区分开来，对合同违反法律、法规强制性规定的效力性规范与管理性规范也甄别出来，以便对建设工程施工合同的效力作出准确判断。对于不违反法律、行政法规的禁止性规定，符合强制性规范的有效合同，应严格按合同确定当事人双方的权利、义务和责任。对于不符合规范性文件规定的合同，因规范性文件不是《合同法》明确认定合同无效的情形，故不能以此轻易认定为无效合同。另外，还需将认定合同无效与按合同约定请求工程价款区分开来，即使建设工程施工合同是无效的，但建设工程竣工验收合格，承包人请求参照合同约定支付工程价款的，法院应予支持。

4. 保护弱势群体利益和确保社会稳定原则

建筑业吸收了大量的农民工就业，但由于建设工程的非法转包和违法分包，造成许多农民工辛苦一年往往还拿不到工资，而他们的工资又是养家糊口的根本，一旦工资没有保障，必将引发社会不安定因素的发生。因此，为了保护农民工等社会弱势群体的利益，实际施工人以转包人、违法分包人为被告起诉的，人民法院应当依法受理。实际施工人以发包人为被告主张权利的，人民法院可以追加转包人或者违法分包人为本案当事人，并依法要求发包人在欠付工程价款范围内对实际施工人承担责任，从而为构建和谐社会、解决民生和确保社会稳定作出应有的贡献。

二、保护和鼓励建设工程交易的规定

《施工合同解释(一)》充分体现了保护和鼓励建设工程交易的法律精神：

1. 第1条

对施工合同的无效认定作出了比《民法总则》《合同法》规定的无效合同情形范围更窄的限定性规定。即通常在下列情形下才认定合同无效：一是承包人未取得建筑施工企业资质或超越资质等级的；二是没有资质的实际施工人借用有资质的建筑施工企业名义的；三是建设工程必须进行招标而未招标或者中标无效的。

2. 第2条、第3条

对建设工程施工合同无效的，仍给予要求支付工程款和进行工程修复的机会。规定：建设工程经竣工验收合格，承包人请求参照合同约定支付工程价款的，应予支持。经竣工验收不合格的，可以进行修复。

3. 第 5 条

对承包人超越资质等级许可的业务范围签订建设工程施工合同，给予效力补正机会。规定：在建设工程竣工前取得相应资质等级，当事人请求按照无效合同处理的，不予支持。

4. 第 6 条

对垫资和垫资利息进行了司法保护。规定：当事人对垫资和垫资利息有约定，承包人请求按照约定返还垫资及其利息的，应予支持。当事人对垫资没有约定的，按照工程欠款处理。

5. 第 7 条

对劳务分包合同作了特别保护规定：具有劳务作业法定资质的承包人与总承包人、分包人签订的劳务分包合同，当事人以转包建设工程违反法律规定为由请求确认无效的，不予支持。

6. 第 21 条

对备案中标合同进行稳定性保护。规定：当事人就同一建设工程另行订立的建设工程施工合同与经过备案的中标合同实质性内容不一致的，应当以备案的中标合同作为结算工程价款的根据。

7. 第 22 条

规定了固定价合同不能轻易改变，保护交易安全：当事人约定按固定价结算工程价款，一方当事人请求对建设工程造价进行鉴定的，不予支持。

此外，《合同法》第 286 条规定的承包人优先受偿权，也在一定程度上起到了保护和鼓励建设工程交易的作用。

【案例】

2014 年 4 月 3 日，被告百胜公司与原告江天工程公司签订了建设工程施工合同，约定由原告为其办公楼进行施工建设。2014 年 10 月 16 日，工程竣工验收合格交付使用，但被告一直拖欠工程款 326 万元。原告催要未果，遂诉至法院，要求被告支付拖欠的工程款，并按合同约定承担日万分之三的逾期付款违约金。庭审中，被告抗辩以原告订立合同承建办公楼时不具备施工总承包资质为由，要求确认双方承包合同无效，从而违约金条款也归于无效。案件审理期间，法院经审理查明，原告施工时虽未取得总承包施工资质，但在该工程竣工前已经取得相应的总承包施工资质。

法院经审理认为：根据《施工合同解释（一）》第 5 条关于“承包人超越资质等级许可的业务范围签订建设工程施工合同，在建设工程竣工前取得相应资质等级，当事人请求按照无效合同处理的，不予支持”的规定，本案原告在工程竣工前已经取得相应的总承包施工资质，故应当认定合同有效，被告依法应当承担合同约定的违约金。因该违约金约定的标准并不违反法律、法规的强制性规定，法院遂判决被告支付原告工程欠款326万元,并按日万分之三的标准承担逾期付款违约金至实际给付时止。

【分析解答】

慎用合同无效和维护工程交易安全是我国《合同法》及建设工程相关法律、法规及司法解释确立的司法原则,目的是保护和鼓励建设工程交易,因此给予瑕疵建设工程合同以效力补正机会。本案便是根据《施工合同解释(一)》第5条规定,对上述司法原则及效力补正的具体体现。

【法律法规链接】

《合同法》第60条、第109条、第114条,《施工合同解释(一)》第5条。

28. 未取得资质或超越资质等级以及借用他人资质签订的建筑工程施工合同效力如何认定?出借资质的一方或者转包人要求按照合同约定支付管理费应当如何处理?

《施工合同解释(一)》第1条规定,建设工程施工合同具有下列情形之一的,应当根据《合同法》第52条第5项的规定,认定无效:"(一)承包人未取得建筑施工企业资质或者超越资质等级的;(二)没有资质的实际施工人借用有资质的建筑施工企业名义的……"故未取得资质或超越资质等级以及借用他人资质签订的建筑工程施工合同应认定为无效合同。

出借资质和转包均是建设工程相关法律、法规、司法解释禁止的行为,据此签订的相关合同亦是无效合同,出借资质人、转包人借此收取的管理费不受法律保护,故出借资质的一方或者转包人要求按照合同约定支付管理费的,根据《施工合同司法解释(一)》第4条的规定,应不予支持。

【案例】

2014年5月5日,被告镇南食品公司与没有施工资质的原告卢某签订了建设工程施工合同,约定由原告为其冷库进行施工建设。同年9月15日,工程竣工并交付使用,但被告一直拖欠工程款36万元。原告催要未果,遂诉至法院,要求被告支付拖欠的工程款。庭审期间,原告申请工程质量鉴定,经鉴定,工程质量符合强制性标准。

法院经审理认为:被告将工程发包给没有施工资质的原告,违反了法律关于资质的强制性规定,双方所签订施工合同应认定为无效合同。根据无效合同工程质量合格,可参照合同约定支付工程价款的规定,遂判决被告支付原告工程欠款36万元。

【分析解答】

《建筑法》第 26 条规定:“承包建筑工程的单位应当持有依法取得的资质证书,并在其资质等级许可的业务范围内承揽工程。禁止建筑施工企业超越本企业资质等级许可的业务范围或者以任何形式用其他建筑施工企业的名义承揽工程。禁止建筑施工企业以任何形式允许其他单位或者个人使用本企业的资质证书、营业执照,以本企业的名义承揽工程。”因此,建设工程施工人必须具有与工程施工相应的资质和资质等级,这是建筑市场准入的法定条件。本案杨某没有资质承揽工程,其所签合同应当认定为无效合同。

【法律法规链接】

《施工合同解释(一)》第 1 条、第 2 条。

29. 未依法进行招、投标所订立的建设工程施工合同是否有效?按约定须履行报批手续方能生效的建筑工程施工合同未依约履行报批义务的是否有效?

一、未依法进行招投标所订立的建设工程施工合同是否有效问题

根据相关法律规定,建设工程施工合同除必须招标的项目外,其他建设工程可以不招标。因此,不是必须进行招投标工程项目,未依法进行招投标所订立的建设工程施工合同,其效力不受招投标程序的影响。对必须进行招投标工程项目,未依法进行招投标所订立的建设工程施工合同效力,《施工合同解释(一)》第 1 条规定的很明确,建设工程施工合同具有下列情形之一的,应当根据《合同法》第 52 条第 5 项的规定,认定无效:“……(三)建设工程必须进行招标而未招标或者中标无效的。”

对于必须招标的工程项目范围和标准,由国务院批准、国家相关委员会公布的规定却经历了一个较大的变化过程。

二、新旧文件变化脉络

1. 旧文件(以下简称“3 号令”):原国家发展计划委员会发布的《工程建设项目招标范围和规模标准规定》(2000 年 5 月 1 日起施行~2018 年 6 月 1 日废止)。

2. 新文件(以下简称“16 号令”):国家发展改革委公布的《必须招标的工程项目规定》(2018 年 6 月 1 日起施行~现行有效)。

3. 新文件(以下简称“843 号文”,系“16 号令”的配套文件):国家发展改革委公布的《必须招标的基础设施和公用事业项目范围规定》(2018 年 6 月 6 日起施行~现行有效)。

三、新旧文件变化内容

1.“16 号令”缩小了“3 号令”规定的必须招标项目的范围。在“3 号令”中,一

切使用国有资金进行的建设项目，无论其在总投资中所占比例大小，都属于依法必须招标的范围；而“16号令”却限缩为“使用预算资金200万元人民币以上，并且该资金占投资额10%以上的项目”，以及“使用国有企事业单位资金，并且该资金占控股或者主导地位的项目”。

2.“16号令”将“3号令”规定的必须招标项目的规模标准提高了一倍。施工的招标限额由人民币220万元提高到400万元；重要设备、材料等货物采购的招标限额由人民币100万元提高到200万元；勘察、设计、监理等服务采购的招标限额由人民币50万元提高到100万元。另外，“16号令”取消了“3号令”中关于“单项合同估算价低于上述规定的标准，但项目总投资在3000万元人民币以上”的规定内容。

3.“16号令”明确全国执行统一的规模标准。“16号令”删除了“3号令”中关于“省、自治区、直辖市人民政府根据实际情况，可以规定本地区必须进行招标的具体范围和规模标准，但不得缩小本规定确定的必须进行招标的范围”的规定，明确全国适用统一规则，各地不得另行调整。

4.“843号文”大幅缩减必须招标的大型基础设施、公用事业项目的范围。“843号文”作为“16号令”的配套文件，它将“3号令”中原来第2条、第3条中规定的13大类必须招标的基础设施和公用事业项目，压缩为能源、交通、通信、水利、城建等5大类，且对保留的这5大类，特别是水利类和城建类项目范围，与“3号令”相比也作了较大缩减。另外，“843号文”还删除了“3号令”中原有的“其他基础设施项目”和“其他公用事业项目”这两个兜底条款，避免这一范围在执行中被任意扩大。

“16号令”及“843号文”的施行，意味着原“3号令”中关于商品住宅项目、科教文卫体项目、旅游项目、市政工程项目、生态环境保护项目等为建筑相关行业、招投标单位及法律事务界所熟知的必须招标项目将不再是必须招标项目。受此影响，原本这些项目由于未招标而签订的无效建设工程施工合同也将不再是无效合同了。当然，根据“新法不溯及既往”的原则，“16号令”及“843号文”施行之前，法院对这些项目由于必须招标而未招标签订的建设工程施工合同通过审理已经作出无效合同认定并审结的，并无不当。

四、按约定须履行报批手续方能生效的建设工程施工合同未依约履行报批的合同是否有效问题及处理

1.此类合同定性。双方当事人特别约定须履行报批手续方能生效的建设工程施工合同，由于未依约履行报批而欠缺约定的特别生效条件，故而属于未生效合同。审判实践中有两种错误倾向：一是把未生效合同认定为无效合同；二是虽认定为未生效，却按无效合同处理。这两种做法都是不对的，因为无效合同从本质上来说是欠缺合同的有效要件，或者具有合同无效的法定事由，自始不发生法律效力；而未生效合同已具备合同的有效要件，对双方具有一定的拘束力，任何一

方不得擅自撤回、解除、变更，但因欠缺当事人约定的特别生效条件，在该生效条件成就前，不能产生请求对方履行合同主要权利义务的法律效力。

2. 此类合同处理。根据最高人民法院《九民纪要》规定精神，须履行批准生效的合同，对报批义务及未履行报批义务的违约责任等相关内容作出专门约定的，该约定独立生效。一方因另一方不履行报批义务，请求解除合同并请求其承担合同约定的相应违约责任的，人民法院依法予以支持。另外，须经批准生效的合同，一方请求另一方履行合同主要权利义务的，人民法院应当向其释明，将诉讼请求变更为请求履行报批义务。一方变更诉讼请求的，人民法院依法予以支持；经释明后当事人拒绝变更的，应当驳回其诉讼请求，但不影响其另行提起诉讼。人民法院判决一方履行报批义务后，该当事人拒绝履行，经人民法院强制执行仍未履行，对方请求其承担合同违约责任的，人民法院依法予以支持。一方依据判决履行报批义务并得到批准后，合同发生完全的法律效力，其请求对方履行合同的，人民法院依法予以支持；未得到批准，合同不具有法律上的可履行性，一方请求解除合同的，人民法院依法予以支持。

【案例】

2018年7月1日，被告淮大双语中学（民办）将拟建教学楼工程未经招投标即发包给原告大疆建工公司施工。2018年10月31日，工程竣工验收合格交付使用，但被告一直拖欠工程款507万元。原告催要未果，遂于2019年1月3日诉至法院，要求被告支付拖欠的工程款并承担合同约定的延期清偿工程款违约金5万元。庭审中，被告虽对所欠工程款无异议，但抗辩本案工程未经招投标所签订的合同系无效合同，违约金约定没有约束力，故不同意支付逾期清偿工程款违约金5万元。

法院经审理认为：被告虽未经招投标即将工程发包给原告施工，但根据国家发展改革委公布并分别于2018年6月1日、6月6日起施行的《必须招标的工程项目规定》及《必须招标的基础设施和公用事业项目范围规定》规定，科教文卫体项目不再是必须招标项目，双方所签订施工合同应认定为有效合同。因此，被告抗辩理由不能成立，遂判决被告支付原告工程欠款507万元并承担逾期清偿工程款违约金5万元。

【分析解答】

《招投标法》第3条规定："（1）大型基础设施、公用事业等关系社会公共利益、公众安全的项目……"必须进行招标。但国家发展改革委公布并分别于2018年6月1日、6月6日起施行的《必须招标的工程项目规定》及《必须招标的基础设施和公用事业项目范围规定》对原《工程建设项目招标范围和规模标准规定》（2018年6月1日废止）进行了修改和取舍，大幅缩减了必须招标的大型基础设施、公用事业项目的范围。根据新规定，科教文卫体项目不再是必须招标项目，因此，本案当事人未经招投标所签订的施工合同并非无效合同。由于该案的裁判发生于“16 号令”及“843 号文”施行之后，故法院的判决也是正确的。

【法律法规链接】

《施工合同解释（一）》第 1 条，《必须招标的工程项目规定》第 2 条，《必须招标的基础设施和公用事业项目范围规定》第 2 条。

30. 违反国家计划的建设工程施工合同是否有效？

《合同法》第 38 条规定，国家根据需要下达指令性任务或者国家订货任务的，有关法人、其他组织之间应当依照有关法律、行政法规规定的权利和义务订立合同，第 273 条规定，国家重大建设工程合同，应当按照国家规定的程序和国家批准的投资计划、可行性研究报告等文件订立。首先从国家重大建设工程的重要性来看，由于国家重大建设工程无论投资规模还是工程进度、工程质量和综合效益，均关系到国计民生，关系到国家的长远发展规划和广大人民群众的切身利益，不能擅自和盲目上马，否则必将造成无可挽回的损失，从而损害国家和人民的利益，因此，国家重大建设工程仍需进行计划审批和宏观调控。其次从《合同法》上述条文中使用的“应当按”法律用语来看，上述条文也属于强制性法律规范，是审判实践中进行法律适用时必须严格遵守的法律规定。故对违反国家计划的建设工程施工合同应认定为无效合同。

【案例】

2008 年 4 月 2 日，被告某防洪工程指挥部与原告中天水利建筑公司签订施工合同，将国家重点工程防洪水闸工程发包给原告施工。2010 年 5 月 2 日，工程竣工验收合格交付使用，但被告一直拖欠工程尾款 513 万元。原告催要未果，遂诉至法院，要求被告支付拖欠的工程款。案件审理期间，法院查明，本案防洪水闸系国家重点工程，由于防洪工程是百年大计，国家相关部门为确保工程质量，就此曾作出指令性批示，要求对与本案同类的工程均须比通常施工资质等级要求提高一级进行发包。而本案中，原告只具有通常水利工程资质等级。

法院经审理认为：原告、被告违反国家指令性计划所签订的施工合同应认定为无效合同。根据无效合同工程质量合格，可参照合同约定支付工程价款的规定，遂判决被告支付原告工程欠款 513 万元。

【分析解答】

《施工合同解释（一）》第 1 条虽未将违反国家计划的建设工程施工合同列为无效合同情形，但由于国家重点建设工程关系到国计民生，所以《合同法》第 38 条规定，国家根据需要下达指令性任务或者国家订货任务的,有关法人、其他组织之间应当依照有关法律、行政法规规定的权利和义务订立合同,第273条规定,国家重大建设工程合同,应当按国家规定的程序和国家批准的投资计划、可行性研究报告等文件订立。因此,对违反国家计划的建设工程施工合同,可根据《合同法》上述规定及第52条关于"损害社会公共利益"的无效合同情形规定,应认定为无效合同。

【法律法规链接】

《合同法》第38条、第52条、第273条,《施工合同解释(一)》第2条。

31. 违法分包、转包的建设工程合同效力如何认定?施工合同无效是否影响结算协议的效力?

《施工合同解释(一)》第4条规定,承包人非法转包、违法分包建设工程或者没有资质的实际施工人借用有资质的建筑施工企业名义与他人签订建设工程施工合同的行为无效。故对违法分包、转包的建设工程合同应认定为无效。

合同履行完毕后当事人达成的结算协议具有独立性,施工合同是否有效不影响结算协议的效力。

【案例】

2014年2月6日,被告安邦置业公司与被告苏通建筑公司通过招、投标签订建设工程施工合同,约定将其开发的玉景园项目工程发包给苏通建筑公司承建。同年3月2日,苏通建筑公司与三星建筑公司签订转包合同,约定苏通建筑公司将其所承包的工程全部转包给三星建筑公司承包施工,但三星建筑公司必须向其缴纳工程总价3%的管理费。工程竣工验收合格后,因工程款拖欠,三星建筑公司起诉,要求两被告支付拖欠的工程款640万元。

法院经审理认为:被告苏通建筑公司将其承包的建设工程全部转包给三星建筑公司施工,违反了法律的禁止性规定,故双方签订的建设工程施工合同无效。合同无效后,因工程质量合格,苏通建筑公司应参照合同约定工程价款支付三星建筑公司工程款。苏通建筑公司要求按合同约定扣除3%的管理费,因双方合同无效,故其主张没有法律依据,依法不予采纳。安邦置业公司亦拖欠苏通建筑公司工程款500万元,故其应在欠付的工程款范围内承担连带责任。遂判决被告苏通建筑公司支付原告工程款640万元,安邦置业公司对其中的500万元承担连带清偿责任。

【分析解答】

本案中,苏通建筑公司承包建设工程后,自己不履行合同约定的责任和义务,而是将其承包的全部建设工程倒手转让给三星建筑公司承包施工，其收取工程结算总价3%的管理费，使三星建筑公司成为该建设工程的实际施工人，其行为符合转包法律特征。因转包系《建筑法》禁止的行为，故应当根据《施工合同解释(一)》第4条的规定认定无效。

【法律法规链接】

《建筑法》第28条，《施工合同解释(一)》第2条、第4条、第26条。

32. 未取得建设用地规划许可证、建设工程规划许可证、土地使用权证的"三无"建设工程合同是否有效？发包人怠于办理规划等审批手续而请求确认建设工程施工合同无效时，人民法院是否予以支持？

一、"三无"建设工程合同是否有效问题

根据我国相关法律、法规的规定，建设工程项目必须具备建设用地规划许可证、建设工程规划许可证、土地使用权证。最高人民法院在《施工合同解释(一)》中并未涉及"三无"工程合同效力问题，但因为实务中，建设工程规划许可手续是确认有关建设工程符合城市规划要求的法律凭证，是否取得该证是区分建筑物是违法抑或合法建筑的标准，意义重大，故最高人民法院在2019年2月1日起施行的最高人民法院《关于审理建设工程施工合同纠纷案件适用法律问题的解释(二)》(以下简称《施工合同解释(二)》)第2条中明确规定："当事人以发包人未取得建设工程规划许可证等规划审批手续为由，请求确认建设工程施工合同无效的，人民法院应予支持"，由此不难看出，如果未取得建设用地规划许可证、建设工程规划许可证的建设工程合同是确定无效的。

建设用地规划许可证是建设单位在向土地管理部门申请征用、划拨土地前，经城乡规划行政主管部门确认建设项目位置和范围符合城乡规划的法定凭证，是建设单位用地和确保土地合法利用的必经程序，没有此证的用地单位属非法用地，房地产商的售房行为也属非法，不能领取房地产权属证件。建设工程规划许可证、乡村建设规划许可证是有关建设工程符合城乡规划要求和建设单位合法进行建设工程的法律凭证，也是申请取得建设工程施工许可的前提条件，未取得建设工程规划许可证、乡村建设规划许可证的建设工程属于违法建筑，无法通过竣工验收，最终导致合同目的无法实现。土地使用证是证明土地使用者合法使用土地的法律凭证。

我国《城乡规划法》第37条规定："建设单位在取得建设用地规划许可证后，方可向县级以上地方人民政府土地主管部门申请用地。"第39条规定："规划条件未纳入国有土地使用权出让合同的，该国有土地使用权出让合同无效；对未取得建设用地规划许可证的建设单位批准用地的，由县级以上人民政府撤销有关批准文件；占用土地的，应当及时退回。”第 40 条规定：“在城市、镇规划区内进行建筑物、构筑物、道路、管线和其他工程建设的，建设单位或者个人应当向城市、县人民政府城乡规划主管部门或者省、自治区、直辖市人民政府确定的镇人民政府申请办理建设工程规划许可证。”第 41 条规定：“在乡、村庄规划区内进行乡镇企业、乡村公共设施和公益事业建设的，建设单位或者个人应当向乡、镇人民政府提出申请，由乡、镇人民政府报城市、县人民政府城乡规划主管部门核发乡村建设规划许可证。”第 64 条规定：“未取得建设工程规划许可证或者未按照建设工程规划许可证的规定进行建设的，由县级以上地方人民政府城乡规划主管部门责令停止建设；尚可采取改正措施消除对规划实施的影响的，限期改正，处建设工程造价百分之五以上百分之十以下的罚款；无法采取改正措施消除影响的，限期拆除，不能拆除的，没收实物或者违法收入，可以并处建设工程造价百分之十以下的罚款”。第 65 条规定：“在乡、村庄规划区内未依法取得乡村建设规划许可证或者未按照乡村建设规划许可证的规定进行建设的，由乡、镇人民政府责令停止建设、限期改正；逾期不改正的，可以拆除。”

从上述规定也可以看出，建筑工程项目实务中一般的办证流程为：建设用地规划许可证的办理在前，办理后到国土部门办理国有土地使用证（土地证），凭此二证到规划局办理总平面及单体方案审查等，然后取得建设工程规划许可证。亦即先有建设用地规划许可证，再有土地使用证、建设工程规划许可证。因此，取得建设用地规划许可证是取得土地使用权的前提，没有取得建设用地规划许可证就不可能合法取得土地使用权，即使通过不正当程序取得了，这种取得也是无效的，占用的土地依法应该收回。而拥有土地使用权和占用该土地是建设工程施工合同履行的基础，直接影响到施工合同能否实现合同目的的根本。同时，没有取得建设用地规划许可证，建设方就不可能合法取得土地使用权，在没有土地使用权的土地上进行工程建设，无疑侵害了国家土地所有权，侵害了国家利益。综上所述，我国法律、法规及司法解释对建设工程市场实行的是严格的法定许可管理制度，建设单位在签订施工合同对项目进行开发建设时应当已经办理了建设用地规划许可证、建设工程规划许可证（乡村建设规划许可证）及土地使用权证，否则项目开发建设即为违法。故“三无”工程合同的标的属于违法建筑，标的违法，施工合同必然无效。

当然，本着尽量维护合同效力的原则，最高人民法院在《施工合同解释（二）》第 2 条中也规定有“发包人在起诉前取得建设工程规划许可证等规划审批手续的除外”这一“合同效力补正”的情形，据此，审判实践中可对在起诉前已补办相关三证手续的“三无”工程合同，确认其有效。在这里要提醒大家注意的是，在该《施工合同解释（二）》施行之前的司法解释（如最高人民法院发布的《关于适用〈中华人民共和国合同法〉若干问题的解释（一）》《关于审理城镇房屋租赁合同纠纷案件具体应用法律若干问题的解释》）均将“合同效力补正”最后期限规定在“一审法庭辩论终结前”,但考虑审判实务中一审法官对一个建设工程合同纠纷案件审理过程中往往多次开庭,这便形成多个“一审法庭辩论终结前”的时间节点,而法律、法规对庭审辩论终结又没有法定时限规定,这不仅会带来对庭审辩论终结这一时间点的争议,又会间接造成法官权力寻租,因此,《施工合同解释(二)》将“合同效力补正”最后期限规定在“一审法庭辩论终结前”,这样一方面可以让当事人、代理人、法官形成明确、稳定的预期;另一方面又能避免诉讼参与人之间产生无谓争议和防止法官徇私舞弊。

二、发包人怠于办理规划等审批手续而请求确认建设工程施工合同无效时,人民法院是否予以支持问题

最高人民法院在《施工合同解释(二)》第 2 条第 2 款规定,发包人能够办理审批手续而未办理,并以未办理审批手续为由请求确认建设工程施工合同无效的,人民法院不予支持。社会实践中,当事人故意不取得建设工程规划审批手续并主张施工合同无效的情形并不多见,因为主张施工合同无效对当事人而言一般并无额外收益;但由于近年来各地陆续出现了因为房价上涨,出卖人恶意利用最高人民法院《关于审理商品房买卖合同纠纷案件适用法律若干问题的解释》第 2 条中关于“出卖人未取得商品房预售许可证明,与买受人订立的商品房预售合同,应当认定无效”的规定,在将房屋出售甚至交付给买受人后,仍以起诉前该房屋尚未取得商品房预售许可证明为由,请求认定商品房预售合同无效,主张买房人返还房屋的个案。同样,在建设工程施工领域,亦存在当事人为了免于承担违约责任,而恶意不办建设工程规划等审批手续,人为制造合同无效的情形。在建设工程施工合同纠纷案件中,则发生有当事人恶意不办理相关审批手续或者登记手续,导致合同不能继续履行,或者以此为由向人民法院起诉请求确认合同无效,企图通过不诚信行为谋取不正当利益。鉴于此,为了防微杜渐,人民法院始终重视在建筑市场弘扬诚实守信的良好风气,故最高人民法院在《施工合同解释(二)》第 2 条最后定稿时,参考《合同法》第 45 条中关于“当事人为自己的利益不当地阻止条件成就的,视为条件已成就”的规定精神,增加了上述第 2 款规定,从而让司法活动对此种不诚信行为作出否定评价和裁判。最高人民法院希望通过这条解释逐步树立一项裁判规则,即任何人不能从其不诚信的行为中获利,以保护善意当事人的合法权益。

【案例】

2014 年 4 月 1 日,被告青浦创业园区公司通过招商引资将现代商城项目工程发包给原告海通建设公司施工,工程采用 8980 万元总价合同,全部由海通建设公司垫资。由于该项目系政府招商引资工程,因此,该项目在未办理建设用地规划许可证、建设工程规划许可证、土地使用权证的情况下即先行上马施工。2015 年 4 月 26 日,工程竣工。因工程相关规划审批手续迟迟不能补办下来,导致工程无法

验收和工程支付资金一时也无法落实。海通建设公司要求结算工程款未果,遂诉至法院,要求被告支付合同约定的工程价款。庭审中,被告以合同无效为由,拒付工程款。案件审理期间,经鉴定,工程符合质量标准。

法院经审理认为:本案工程在未依法定程序办理相关规划、用地等审批手续情况下即擅自进行施工建设,违反了法律的禁止性规定,故原、被告签订的建设工程施工合同无效。但合同无效后,因工程质量合格,被告依法应对原告参照合同约定工程价款支付工程款。遂判决被告青浦创业园区公司支付原告工程欠款8980万元。

【分析解答】

根据我国相关法律、法规的规定,建设工程项目建设必须具备建设用地规划许可证、建设工程规划许可证(乡村建设规划许可证)、土地使用权证,否则项目开发建设即为违法。本案工程未履行任何建设审批手续,属于"三无"工程,合同的标的属于违法建筑,合同订立违反了法律、法规强制性规定,故施工合同应当认定为无效。最高人民法院在《施工合同解释(二)》第2条也明确对此作出无效的认定。

【法律法规链接】

《合同法》第52条,《施工合同解释(一)》第2条、第6条,《施工合同解释(二)》第2条。

33. 未以书面形式订立的建设工程合同如何处理?用项目部章、资料章、财务章、手写项目部(公司)名称加经办人签名方式签订的建设工程合同如何处理?当事人辩称建设工程施工合同上新盖公司印章为假章或与备案公章不一致,要求确认合同无效如何处理?

一、未以书面形式订立的建设工程合同处理

根据《合同法》第270条规定,建设工程应当采用书面形式。《建筑法》第15条也规定建设工程的发包单位与承包单位应当依法订立书面合同,明确双方的权利义务。上述规定均属强制性法律规范,说明建设工程施工合同为法定要式合同。因此,建设工程合同如未以书面形式订立,一般情况下则不能有效成立;但根据《合同法》第36条关于"法律、行政法规规定或者当事人约定采用书面形式订立合同,当事人未采用书面形式但一方已经履行主要义务,对方接受的,该合同成立",以及第37条关于"采用合同书形式订立合同,在签字或者盖章之前,当事人一方已经履行主要义务,对方接受的,该合同成立"的规定,本着尽量维护合同效力的原则,如口头建设工程合同一方已履行了合同主要义务,另一方也予以接受的,可认定合同有效成立;反之合同未成立。

二、用项目部章、资料章、财务章、手写项目部(公司)名称加经办人签名方式签订的建设工程合同处理

企业经营离不开各种各样的印章。根据工商行政管理机关的登记要求,企业在工商行政管理机关登记的印章包括行政章(法人章)、财务章、合同章、业务章等。从法律上讲,上述印章对外均可代表企业,但由于各种印章被赋予或所具备的使用功能各自不同,故使用该印章时所代表的意思表示内涵及对外宣示的法律、社会效果便会有所不同。因此,如果在建设工程活动中,印章未规范使用或错位使用,将会给建设工程合同的效力带来诸多的不确定性。

1. 关于用项目章签订建设工程合同的效力问题

建筑企业由于施工项目众多、分散,且项目所在地常常与建筑企业住所地不在同一个地区,在建筑企业未在项目所在地设立分公司的情况下,为了方便经营,项目部公章便得到了广泛的运用。实践中,有些建筑企业按施工项目分类,有多少个项目就设多少个项目部公章;还有一些建筑企业按施工力量分类,有多少支施工力量就设多少个项目部公章。由于项目部系建筑公司内部机构,不具备法人资格,未办理工商登记,因此,在使用项目部公章的场合,如何认定项目部公章的法律效力及相关合同的效力,对于建筑企业而言具有重要意义,建筑企业需高度重视。

审判实务中,认定建筑企业项目部的公章,应区分不同情形,分别处理:

情形一:建筑企业出具载明委托事项及委托权限的授权委托书,授权项目部公章在委托事项及委托权限内代表建筑企业。

(1)项目部公章未超越委托事项及委托权限范围的,项目部公章应视为建筑企业公章,对建筑企业产生法律效力,不能因项目部不具备法人资格而机械地认定项目部公章没有法律效力。

(2)项目部公章如超越委托事项及委托权限,如建筑企业追认,则项目部公章视为建筑企业公章,对建筑企业产生法律效力;如建筑企业未追认,按下述第四种情形处理。

情形二:建筑企业出具授权委托书,但委托事项及委托权限不明确。此种情况下,建筑企业应对其授权不明确负责,项目部公章应视为建筑企业公章,对建筑企业产生法律效力,但当事人负有举证责任,应提供证据证实建筑企业出具授权委托书的事实。

情形三:建筑企业未出具授权委托书,但事后认可项目部公章。此种情况下,项目部公章视为建筑企业公章,对建筑企业产生法律效力。

情形四:建筑企业未出具授权委托书,事后也不认可项目部公章。此种情况下,项目部公章至少可起到证明的作用。

(1)如对方当事人能够提供证据证实尽管使用的是项目部公章,但合同的实际履行者是建筑企业(如施工合同由建筑企业签订,工程竣工结算由建筑企业与

发包方进行等),或能够提供建筑企业认可项目部公章对外效力的其他证据,则应视为建筑企业追认项目部公章,项目部公章对建筑企业产生法律效力。

(2)上述情形之外,准用民法无权代理相关规定,凡不需法定资质即可进行的行为(如项目部购买某件商品或设备的消费行为),应认定项目部公章具有法律效力,合同相应有效,但因项目部不具备民事主体资格,不能独立承担民事责任,其民事责任由建筑企业承担;如法律、行政法规规定需法定资质方可进行的行为(如建筑施工行为,为他人债务提供保证等),则应认定为项目部主体不合格,以项目部公章签订的合同相应无效,但项目部因合同无效产生的法律责任由建筑企业承担,同时,建筑企业应承担其所属项目部违反资质管理相关规定的法律责任。

情形五:项目部公章被他人盗用或私刻、擅自使用。根据最高人民法院有关司法解释,行为人盗用单位公章签订经济合同,单位对因行为人的犯罪行为造成的损失,不承担民事责任;行为人私刻、擅自使用公章,除非有证据证明单位存在明显过错且该过错与被害人经济损失之间存在因果关系,否则单位不承担民事责任。

在该种情形下,项目部应当注意保存相关证据,如报案记录、用章记录等,以备将来引起纠纷时使用。

综上所述,无论何种情形,建筑企业均应对其项目部公章承担法律责任。因此,建筑企业有必要加强对项目部公章的管理,建立健全项目部公章管理制度。凡使用项目部公章的,应实行严格的审批及登记制度;对违反上述制度的,予以严肃处分,以防范项目部公章使用混乱所致的潜在法律风险。

2. 关于用资料章签订建设工程合同的效力问题

《合同法》第32条规定,当事人采用合同书形式订立合同的,自双方当事人签字或者盖章时合同成立,这里所说的“章”应该是单位公章或者合同专用章。资料章既不是公章,也不是合同专用章,不具有代替合同专用章或公章的使用功能。因此,用它来签订建设工程合同不符合法律规定。同时,根据人们日常经验法则,签订合同时加盖“资料章”也有悖常理。故一般情况下,用资料章签订建设工程合同,不产生法律效力。

另外,根据最高人民法院《关于当前形势下审理民商事合同纠纷案件若干问题的指导意见》第13条规定,表见代理不仅要求客观上形成具有代理权的表象,而且要求相对人在主观上善意且无过失。合同相对人主张构成表见代理的,应当承担举证责任,不仅应当举证证明代理行为存在诸如合同书、公章、印鉴等有权代理的客观表象形式要素,而且应当证明其善意且无过失地相信行为人具有代理权。资料章只能用于技术资料管理或报审施工资料等专用用途,其印文也已经明确该印章特定功能,理性的合同相对人不应相信其能用作缔约。如签订合同时相对人接受此类印章作为合同缔约证明的,不能认定其具有善意无过失,法院在无其他充分证据佐证情况下,一般也不会作出使用该印章签订建设工程合同符合表见代理的认定。

当然，如果使用该印章签订的建设工程合同得到了印章所对应公司主体的追认，合同效力自当别论。

需要注意的是，法官在判断合同相对人主观上是否属于善意且无过失时，应当结合合同缔结与履行过程中的各种因素综合判断合同相对人是否尽到合理注意义务，此外还要考虑合同的缔结时间、以谁的名义签字、是否盖有相关印章及印章真伪、标的物的交付方式与地点、购买的材料、租赁的器材、所借款项的用途、建筑单位是否知道项目经理的行为、是否参与合同履行等各种因素，作出综合分析判断。

3. 关于用财务章签订建设工程合同的效力问题

财务章用于单位或集团内部的现金、银行收付业务（内部借款、往来结算）；单位对外的现金、银行收付业务（预留银行印鉴、支票、汇票、业务委托书等），以及其他外部业务（如工商部门备案等用途）等，与资料章一样，只能专章专用，不能用作签署建设工程合同。如用财务章签订建设工程合同，其效力及法律后果与上述资料章签订建设工程合同类同，不再赘述。

4. 关于用手写项目部（公司）名称加经办人签名方式签订的建设工程合同效力问题

这种情形下，合同效力取决于经办人是否有代理权或追认代理权，如公司授予其代理权或予以追认，合同双方意思表示又真实，则合同有效；反之，则合同无效，由此产生的法律后果由经办人自己承担。

三、合同上公司印章为假章或与备案公章不一致如何处理问题

工程实践中，有些公司有意刻制两套甚至多套公章，有的法定代表人或者代理人甚至私刻公章，订立合同时恶意加盖非备案的公章或者假公章，发生纠纷后法人以加盖的是假公章为由否定合同效力的情形并不鲜见。人民法院在审理案件时，应当主要审查签约人于盖章之时有无代表权或者代理权，从而根据代表或者代理的相关规则来确定合同的效力。

法定代表人或者其授权之人在合同上加盖法人公章的行为，表明其是以法人名义签订合同，除《公司法》第16条等法律对其职权有特别规定的情形外，应当由法人承担相应的法律后果。法人以法定代表人事后已无代表权、加盖的是假章、所盖之章与备案公章不一致等为由否定合同效力的，人民法院不予支持。

代理人以被代理人名义签订合同，要取得合法授权。代理人取得合法授权后，以被代理人名义签订的合同，应当由被代理人承担责任。被代理人以代理人事后已无代理权、加盖的是假章、所盖之章与备案公章不一致等为由否定合同效力的，人民法院不予支持。

【案例】

2010年7月5日，被告宁安齿轮厂拟建一职工浴室，因该厂厂长与原告长丰建工公司老总关系甚好，双方口头达成建设工程施工协议后，在未签订书面合同的情况下即由原告承包浴室工程并进行施工。工程竣工后，双方认可质量合格并交付使用。因被告效益滑坡，无力支付工程尾欠款196万元，原告催要未果后即诉至法院，要求被告支付拖欠的工程款。

法院经审理认为：本案工程虽未签订书面施工合同，但双方当事人已按口头协议约定内容进行工程施工并已施工完毕，故应当认定原、被告口头建设工程施工合同成立并有效。因被告认可工程质量合格，故被告应按口头协议约定支付工程款。遂判决被告支付原告工程欠款196万元。

【分析解答】

我国《合同法》和《建筑法》都作出了建设工程合同应当采用书面形式的强制性规定，因此，建设工程合同如未以书面形式订立，一般情况下则不能有效成立。但建筑实务中，也存在为数不少的口头施工协议，如全部予以否定效力，必将影响社会稳定。故审判实践中，本着维护交易安全和社会稳定的原则，对一些已实际履行完毕的口头施工协议，一般根据《合同法》第36条关于"法律、行政法规规定或者当事人约定采用书面形式订立合同，当事人未采用书面形式但一方已经履行主要义务，对方接受的，该合同成立"的规定，可认定合同有效成立。本案的处理正体现了这一原则。

【法律法规链接】

《合同法》第36条、第109条。

34. 什么是黑白合同？黑白合同效力如何处理？黑合同在白合同之前或之后签订法律后果有什么不同？实质性改变的尺度如何掌握？

一、黑白合同的概念

"黑白合同"又称"阴阳合同"，是指建设工程施工合同的双方当事人就同一建设工程签订的两份或两份以上实质性内容相异的合同，通常把经过招投标并经政府有关部门备案的合同称为"白合同"，把对"白合同"中实质性内容进行变更后实际履行的合同称为"黑合同"。

二、黑白合同的效力处理及黑合同在白合同之前或之后签订的法律后果

黑白合同的效力处理分为两种情况：

1. 必须招标的工程

《施工合同解释(一)》第21条规定，当事人就同一建设工程另行订立的建设

工程施工合同与经过备案的中标合同实质性内容不一致的,应当以备案的中标合同作为结算工程价款的根据。因此,一般情况下,应以“白合同”作为结算依据。但审判实践中还存在以下一些特殊情形:

(1)备案合同符合招投标文件实质性内容时。“黑合同”在“白合同”之后签订,属于通常的“黑白合同”情形,应按《施工合同解释(一)》规定,以“白合同”作为结算依据;但若“黑合同”在“白合同”之前签订,即在中标通知书作出之前就签订合同,如招投标双方存在串标行为,招投标违反了法律的强制性规定,该“白合同”和“黑合同”均无效,即使存在备案的“白合同”,也不能作为结算依据。审判实践中对此不能适用《施工合同解释(一)》第21条规定处理,而应按无效建设工程合同处理原则,以造价鉴定方式辅之以过错责任原则进行结算;但如建设工程已竣工验收合格,可参照当事人实际履行的合同约定工程价款进行结算。

(2)备案合同违背招投标文件实质性内容时。这种情况备案部门依法应不予备案,如因审查不严而备案,则该备案合同也会因背离了招投标的结果而不能作为结算依据。

(3)虚假“白合同”。实践中,有些合同当事人同时签订两份合同,约定其中一份只作为备案使用,实际以另一份未备案的合同进行履行。这种情况下的备案合同并非真正的中标合同,不应以备案合同作为结算的依据。

2. 非必须招标的工程

(1)对于不是必须招标的工程,双方当事人也未自行招投标的,不适用《施工合同解释(一)》第21条规定,应依据《合同法》相关规定,通常根据当事人真实意思表示、后合同优于先合同的原则确认结算的依据。例如,有时间先后的,以后签订的合同为准;没有时间先后或不能证明时间先后或虽有时间先后但双方实际履行的是先签订的合同的,以已实际履行的合同为准;既无时间先后又无法证明实际履行情况的,如有备案合同则以已备案的合同为准。(2)对于不是必须招标的工程,双方当事人自愿进行招投标的,并进行中标合同备案的,表明双方当事人自愿接受《招投标法》的约束,因此,应遵守《招投标法》的规定,不得另行订立与中标合同实质性内容不一致的合同,如违反了该规定,则应根据《施工合同解释(一)》第21条规定,以备案的中标合同作为结算工程价款的根据。这在最高人民法院《施工合同解释(二)》第9条中也作出了明确规定:“发包人将依法不属于必须招标的建设工程进行招标后,与承包人另行订立的建设工程施工合同背离中标合同的实质性内容,当事人请求以中标合同作为结算建设工程价款依据的,人民法院应予支持”,但最高人民法院考虑到非必须招标的建设工程毕竟与必须招标的建设工程性质方面和要求的严格性方面有所不同,故在《施工合同解释(二)》第9条中又以“但书”的方式为它留下了余地:“但发包人与承包人因客观情况发生了在招标投标时难以预见的变化而另行订立建设工程施工合同的除外。”

三、实质性改变的理解与把握

按《合同法》第275条规定，施工合同的内容包括：工程范围、建设工期、中间交工工程的开工和竣工时间、工程质量、工程造价、技术资料交付时间、材料和设备供应责任、拨款和结算、竣工验收、质量保修范围和质量保证期、双方相互协作等条款，但没有提及实质性条款。实质性条款的概念首次出现在《招投标法》中。按理论界通说，所谓合同实质性内容，是指影响或者决定当事人基本权利义务的条款，一般指合同约定的“工程价款、工程质量和工程期限”。如果双方当事人另行签订协议，对上述条款内容进行了变更，则就属于与合同实质性内容不一致的情形。当然，如果双方当事人另行签订的协议改变了“工程项目性质和范围”，也应认定为改变了中标合同实质性内容。值得注意的是，最高人民法院在《施工合同解释(二)》第1条中对此又进行了进一步明确：“招标人和中标人另行签订的建设工程施工合同约定的工程范围、建设工期、工程质量、工程价款等实质性内容，与中标合同不一致，一方当事人请求按照中标合同确定权利义务的，人民法院应予支持。”因此，通常情况下，我们应将建设工程施工合同中关于“工程范围、建设工期、工程质量、工程价款”的条款作为合同“实质性条款”来对待。

作为承办建设工程合同纠纷的法官，在审理此类纠纷时，准确理解与把握认定“黑合同”的标准时还应注意以下几点：

(1)正确区分实质性改变和非实质性改变。施工合同在履行过程中，受施工现场诸多因素的影响，如地质、水文、自然灾害、水电等变化，难免会发生一些变更后才能继续履行，通过招投标形式签订的施工合同也不例外。因此，不能将“白合同”理解为在签约后不能补充、修订、细化，只能一成不变。故对合同履行过程中的一些非实质性内容改变，如增加说明性条款等，不能一概认定当事人签订了“黑合同”。

(2)灵活掌控“实质性”变更的界定。由于法律、法规、司法解释对“实质性内容”变更虽有列举，但往往都附有“等”这一留有余地的后缀(如《施工合同解释(二)》第1条中就有关于工程范围、建设工期、工程质量、工程价款“等”实质性内容的表述样态)，以应对建设工程的复杂性，它给予了法官一定的自由裁量权。由于建筑市场上“黑白合同”呈蔓延态势，如把握标准过严，就意味着大量的施工合同将被认定无效，从而影响建筑市场交易的稳定性；如把握标准过宽，又会放纵违法行为，不利于建筑市场的健康发展。因此，法官应当灵活掌握和运用国家的法律政策，既要严肃执法，又要为国民经济发展大局服务，在审判实践中应当宽严并济，切忌机械执法。对一些尽管是可能涉及工程价款、工程质量和工程期限条款变化但并不影响或者决定当事人基本权利义务的变更，不宜“一刀切”地认定为实质性内容改变的“黑合同”，对一些恶意违反国家法律、法规和强制性标准涉及工程质量的变更，则应当坚决予以打击，进行从严认定。

(3)清晰认识“备案合同”不是衡量“实质性内容”变更的唯一标准。实践中，双方当事人出于避税等目的,可能进行备案的合同与中标通知书并不一致,即备案合同有可能本身就是“黑合同”。因此,判断双方当事人另行签订的协议是否与中标合同相比发生了“实质性内容”变更,还需结合招投标的整个过程来进行判断,不能以偏盖全。

(4)例外情势变更下的“实质性条款”变更。招标投标法虽然规定了不得签订背离合同实质性内容的其他协议,但如果合同成立后的客观情况与招标投标时的条件相比发生了根本性的变化,当时合同所体现的社会公共利益、公众安全和第三人的合法权益也发生了根本性变化,此时如不允许双方当事人对合同实质性内容作出变更,不利于实现合同的目的和有效维护社会公共利益和公众安全。因此,对此种情况下,也不能因合同实质性内容变更而机械地认定为无效。最高人民法院在《施工合同解释(二)》第9条中规定的“但书”,即“但发包人与承包人因客观情况发生了在招标投标时难以预见的变化而另行订立建设工程施工合同的除外”,便是这种例外情势的体现,从而兼顾了招标投标市场秩序和契约自由原则。

【案例】

2010年1月3日,被告如家敬老院将待建生活楼工程对外招标,原告海宁建筑公司进行投标并中标,双方签订了工程价款为500万元的中标合同。为少交税金,在备案时,原、被告重签了一份合同价款为400万元的合同并作为备案合同,进行了备案;但双方权利义务仍按中标合同约定履行。后工程竣工验收交付,双方为工程欠款发生争议,原告催要未果后即诉至法院,要求被告按中标合同支付拖欠的工程款150万元。被告应诉后,要求以备案合同价款进行结算支付50万元。

法院经审理认为:双方当事人备案的合同违背中标合同约定,依法不能认定为有效;而中标合同虽未备案,但未备案不影响中标合同效力,故应当按中标合同结算工程价款。遂判决被告支付原告150万元。

【分析解答】

《施工合同解释(一)》第21条规定,“当事人就同一建设工程另行订立的建设工程施工合同与经过备案的中标合同实质性内容不一致的,应以备案的中标合同作为结算工程价款的根据。”适用该规定有两个前提:一是工程经过了招投标程序;二是中标合同到备案机关备了案。本案中,“备案合同”不是中标合同,故并不属于该司法解释规定的“黑白合同”情形。《招投标法》规定,招标人与中标人在中标后不得另行订立与中标合同实质性内容不一致的合同,故本案中标合同虽未备案,但未备案不影响中标合同效力,仍是双方当事人结算工程价款的依据。

【法律法规链接】

《招投标法》第46条,《合同法》第109条,《施工合同解释(二)》第9条。

35. 非必须招投标工程是否存在黑白合同?

《施工合同解释(一)》第21条规定:"当事人就同一建设工程另行订立的建设工程施工合同与经过备案的中标合同实质性内容不一致的,应当以备案的中标合同作为结算工程价款的根据。"该规定是专门针对必须招标的工程作出的,且是针对"中标备案合同"与"另行签订的合同"而言的,因此,该规定并不适用于非必须招投标工程。而从"黑白合同"的定义看,"黑合同"是相对于经过招投标并经政府有关部门备案的"白合同"而言。故非必须招投标工程虽然可能存在两份或两份以上实质性内容不同的合同,但一般情况下不应作为黑白合同进行处理,也不存在黑白合同。对此,可根据当事人真实意思表示、后合同优于先合同及已实际履行优于未履行的原则确认结算的依据。

针对实践中一些当事人对非必须招投标工程自愿依照招投标法律程序进行招投标并进行中标合同备案的情况,因这是双方当事人的合意行为,表明双方当事人自愿接受《招投标法》的约束,而我国民法又是以尊重当事人意思自治为原则的,故对这种工程双方当事人应当适用并要求其遵守《招投标法》的规定,在中标后不得另行订立与中标合同实质性内容不一致的合同。如违反了该规定,则同样存在黑白合同,并应根据《施工合同解释(一)》规定,以备案的中标合同作为结算工程价款的根据。对此,最高人民法院《施工合同解释(二)》第9条中也作出了明确规定:"发包人将依法不属于必须招标的建设工程进行招标后,与承包人另行订立的建设工程施工合同背离中标合同的实质性内容,当事人请求以中标合同作为结算建设工程价款依据的,人民法院应予支持。"这样做,既有利于维护招投标法律秩序的严肃性,也有利于引导建筑市场活动在健康、良性的轨道上运行。

【案例】

2010年3月10日,被告江南春大酒店与原告新星建筑公司签订工程施工合同,约定由原告为被告扩建酒楼,工程固定价款108万元。合同签订后,双方进行了备案。施工期间,因被告改变工程建材等原因,双方又重签了一份合同,约定工程价款据实结算,但未进行备案。后工程竣工验收交付结算时,双方为工程价款发生争议:原告要求据实结算,被告则要求按备案合同结算。原告催要未果后即诉至法院,要求被告据实结算支付工程款146万元。案件审理期间。经原告申请法院委托工程造价鉴定,经鉴定工程造价为138万元。

法院经审理认为:本案工程不属于必须招标的工程项目,因此,备案合同不是结算的法律依据。双方当事人实际履行的是后一份合同,故应当按后一份合同约定进行结算;故对被告辩称按备案合同结算的主张不予采纳。遂判决被告支付原告工程款138万元。

【分析解答】

《施工合同解释(一)》第21条规定适用的前提:一是工程经过了招投标程序;二是中标合同到备案机关备了案。本案工程不属于必须招标的工程项目,且双方当事人也未自行进行招投标,故本案不存在"黑白合同"情形。因非招投标工程合同备案并不必然产生结算根据的法律效力,当出现与备案合同实质性内容不一致的其他合同时,可根据当事人真实意思表示、后合同优于先合同及已实际履行优于未履行的原则确认结算的依据。如不能判定签订时间先后又均未实际履行的,可执行备案合同约定。

【法律法规链接】

《合同法》第77条、第109条。

36. 建设工程合同低于成本价(中标)而签是否有效?

依据《招投标法》第33条规定:"投标人不得以低于成本的报价竞标",第41条规定:"中标人的投标应当符合下列条件之一:……(二)能够满足招标文件的实质性要求,并且经评审的投标价格最低;但是投标价格低于成本的除外。"由此可见,对必须招标工程,如建设工程合同低于成本价(中标)而签,因违反法律强制性规定而无效。对于非必须招标工程,建设工程合同低于成本价而签的效力问题,法律虽然没有明确规定,但由于建设工程合同成本价事关工程质量大计,如果施工人以低于成本价签订合同承接工程后,受利益驱使,势必会在施工过程中偷工减料,从而给工程质量带来严重隐患,也极易产生工程纠纷;同时,这种低于成本价签订合同承接工程的不正当竞争的做法,也必定扰乱建筑市场的正常秩序,危害建筑市场的健康发展,从而损害国家、集体、第三人利益和社会公共利益。因此,审判实践中,为确保工程质量和建筑市场的健康发展,也应结合《合同法》《反不正当竞争法》相关规定,认定为无效。

【案例】

2013年3月1日,原告启明双语私立学校将学生餐厅楼工程对外招标,确定标底价850万元。被告宜家建筑公司作为一家外地建筑公司,为打开淮安地区的建筑市场,便抱着志在必得的态度积极参加竞争投标。为从众多投标竞争者中脱颖而出并确保中标,其便不惜一切代价压低投标报价。作为民办学校的启明双语学校出于资金紧张的考虑,最终使宜家建筑公司以550万元中标并签订了工程施工合同。工程施工期间,被告为挽回投标报价亏损,便与原告协商要求以工程变更名义增加工程价款,在遭到被告拒绝后,便利用原告急于将工程在新学年开学前交付使用的迫切心理予以停工施压,以图达到增加工程款弥补报价亏损的目的。原告在多次催促复工未果的情况下，遂提起诉讼，要求解除与被告的合同。被告应诉后，请求按合同约定结算工程价款。案件审理期间，法院根据原告申请按合同约定计价方法、标准并结合合同总价情况进行已完工工程质量与工程造价鉴定，结论为质量合格、造价189万元。

法院经审理认为：本案被告低于成本价与原告签订工程施工合同，违反了法律强制性规定，双方所签合同应属无效合同。因无效合同自始就不具有约束力，故原告无须请求解除合同关系。合同确认无效后，因已完工工程质量合格，根据无效合同工程质量合格可参照合同约定结算工程价款的规定，故对被告请求按合同约定结算工程价款的主张予以采纳。经鉴定，被告已完工工程造价为189万元，故法院判决原、被告之间签订的施工合同无效，由原告支付被告已完工工程款189万元。

【分析解答】

《招投标法》第33条规定："投标人不得以低于成本的报价竞标"，该规定属于法律强制性禁止规定。本案中，原告为排挤竞争对手，以明显低于成本价的投标价格中标，违反了上述法律强制性禁止规定，应认定双方所签合同无效。《施工合同解释（一）》第2条关于"建设工程施工合同无效，但建设工程经竣工验收合格，承包人请求参照合同约定支付工程价款的，应予支持"的规定，虽未提及发包人是否可以要求参照合同约定支付工程价款，但根据合同当事人地位平等和权利义务一致性原则，发包人也应当适用该司法解释规定。故法院在确认施工合同无效的情况下，判决按合同约定价款由原告履行付款义务是正确的，这样的处理有利于打击和扼制投标人恶意投标，从而引导建筑市场健康发展。

【法律法规链接】

《招投标法》第33条，《施工合同解释（一）》第2条。

37. 建设工程施工合同订立后尚未履行前即被确认无效后如何处理？

《施工合同解释（一）》规定了建设工程施工合同无效的几种情形，作为专事建设工程活动的当事人在订立合同前对此都是明知的。如发生合同无效情形，双方当事人通常均有过错。我国《合同法》第42条规定："当事人在订立合同过程中有下列情形之一，给对方造成损失的，应当承担损害赔偿责任：（一）假借订立合同，恶意进行磋商；（二）故意隐瞒与订立合同有关的重要事实或者提供虚假情况；（三）有其他违背诚实信用原则的行为。"这便是缔约过失责任。因此，建设工程施工合同订立后尚未履行前即被确认无效的，双方当事人均不得再继续履行。这时，合同无效的处理应当根据《合同法》确定的缔约过失责任，由有过错的一方赔偿另一方因合同无效而造成的损失；双方均有过错的，依照过错大小承担相应的责任。

另外，《施工合同解释(二)》第3条则进一步规定："建设工程施工合同无效，一方当事人请求对方赔偿损失的，应当就对方过错、损失大小、过错与损失之间的因果关系承担举证责任。损失大小无法确定，一方当事人请求参照合同约定的质量标准、建设工期、工程价款支付时间等内容确定损失大小的，人民法院可以结合双方过错程度、过错与损失之间的因果关系等因素作出裁判。"该规定表明，施工合同无效损失赔偿数额的认定，是坚持以赔偿实际损失为原则的，但是由于建设工程施工合同纠纷具有特殊性、复杂性，司法实践中，当事人往往很难证明实际损失的具体数额，导致其难以获得权利救济；因此，在实际损失难以确定的情况下，规定当事人可以请求法院参照合同约定的质量标准、建设工期、工程价款的支付时间等内容，进行衡量、比较、斟酌后确定损失大小。

【案例】

2010年11月12日，被告天龙体育用品公司拟建销售门市，便与原告致远建工公司签订建设工程施工合同，将工程发包给原告施工。合同签订后，原告正准备组织施工，当地城建部门以被告工程未取得行政规划许可等审批手续为由通知原、被告不得进行工程施工。原告为此找被告交涉，被告表示短期内无法取得规划许可。原告要求被告赔偿损失，遭到被告的拒绝。原告遂提起诉讼，要求确认合同无效和赔偿损失。

法院经审理认为：被告未取得建设规划许可即与原告进行工程发包建设，违反了法律的强制性规定，双方所签合同应属无效合同，合同无效工程不再履行。因法律规定工程规划审批手续由建设单位负责办理，故被告对此存在过错，应当承担合同无效给原告造成的损失。法院遂判决被告承担原告工程机械租赁和运输费、人工费等各项损失合计3.2万元。

【分析解答】

《合同法》第42条规定："当事人在订立合同过程中有下列情形之一，给对方造成损失的，应当承担损害赔偿责任：(一)假借订立合同，恶意进行磋商；(二)故意隐瞒与订立合同有关的重要事实或者提供虚假情况；(三)有其他违背诚实信用原则的行为。"这便是缔约过失责任。本案中，被告在订立建设工程合同时，隐瞒了其未取得建设工程规划许可事实，致双方所签合同无效，被告存在缔约过失，应当承担缔约过失责任，即赔偿因合同无效给对方造成的损失。

【法律法规链接】

《合同法》第42条，《施工合同解释(二)》第3条。

38. 建设工程施工合同已经开始履行但尚未履行完毕被确认无效后如何处理？如已经履行完毕后被确认无效后又如何处理？施工合同被确认无效后当事人一方能否请求另一方承担违约责任？

一、尚未履行完毕的无效合同处理

建设工程施工合同已经开始履行但尚未履行完毕(俗称半截子或半拉子工程)被确认无效后,应当终止履行。如已完成部分工程质量合格,发包方应按完成的比例参照合同约定的价款标准结合无效合同过错责任支付工程款;如已完成部分工程质量低劣不合格,且无法补救,已完成部分应拆除,承包方无权要求支付工程款;如已完成部分质量不合格但经修复后可满足质量要求的,由承包人承担修复费用,发包人向承包人按完成的比例参照合同约定的价款标准结合无效合同过错责任支付已完成工程部分的工程款。

二、已履行完毕的无效合同处理

根据《施工合同解释(一)》第 2 条规定:“建设工程施工合同无效,但建设工程经竣工验收合格,承包人请求参照合同约定支付工程价款的,应予支持。”第 3 条规定:“建设工程施工合同无效,且建设工程竣工验收不合格的,按照以下情形分别处理:修复后的建设工程经竣工验收合格,发包人请求承包人承担修复费用的,应予支持;修复后的建设工程经竣工验收不合格的,承包人请求支付工程价款的,不予支持;因建设工程不合格造成的损失,发包人有过错的,也应承担相应的民事责任。”

此外,根据《施工合同解释(二)》第 3 条规定:“建设工程施工合同无效,一方当事人请求对方赔偿损失的,应当就对方过错、损失大小、过错与损失之间的因果关系承担举证责任。损失大小无法确定,一方当事人请求参照合同约定的质量标准、建设工期、工程价款支付时间等内容确定损失大小的,人民法院可以结合双方过错程度、过错与损失之间的因果关系等因素作出裁判。”同时,根据《施工合同解释(一)》第 4 条规定:“承包人非法转包、违法分包建设工程或者没有资质的实际施工人借用有资质的建筑施工企业名义与他人签订建设工程施工合同的行为无效。人民法院可以根据民法通则第一百三十四条规定,收缴当事人已经取得的非法所得。”

三、无效施工合同当事人一方能否请求另一方承担违约责任问题

施工合同被确认无效后,将导致合同自始无效。该合同对当事人不再具有任何约束力,自然也包括合同约定的违约责任条款。因此,当事人一方不得请求另一方承担违约责任。如当事人一方坚持该诉讼请求,人民法院可予驳回。

【案例】

同问题 36 案例。

【分析解答】

本案建设工程施工合同已经开始履行但尚未履行完毕，即被原告申请确认无效并终止履行。因已完成部分工程质量合格，故法院判决发包方对参照合同约定的计价方法、标准并结合合同总价进行鉴定得出的已完工程造价结算工程款是正确的。

【法律法规链接】

《招投标法》第33条，《施工合同解释(一)》第2条，《施工合同解释(二)》第3条。

39. 建设工程施工合同被确认无效后，如果该合同属于损害国家、集体，或者第三人利益的情形的，应如何处理？

《合同法》第59条规定："当事人恶意串通，损害国家、集体或者第三人利益的，因此取得的财产收归国家所有或者返还集体、第三人。"建筑工程施工合同被确认无效后，如果该合同属于损害国家、集体或者第三人利益的情形的，当损害国家利益时，所获得的利益应收缴国家；当损害集体或者第三人利益时，所获得的利益应返还集体和个人。收缴财产的范围一般应该是当事人因订立、履行该无效合同而取得的利益或者利润。

【案例】

2010年8月10日，被告某中学拟建教学楼，为解决学校活动经费问题，便在招标前与原告运河建筑公司达成口头协议，由被告将工程标底透露原告，并确保原告中标，但条件是原告中标后需暗地里另行给付35万元给被告使用。原告后依约进行投标，果然中标，中标后原告便给付被告35万元，随后进行工程施工。工程竣工验收合格交付后，因被告主管部门拨款无法及时到位，故被告一直拖欠工程尾款296万元，原告多次催要未果，双方为此发生争执。原告便提起诉讼，要求被告支付欠款并返还其给付的35万元。

法院经审理认为：原、被告恶意串通进行招投标，违反了法律的强制性规定，双方所签合同应属无效合同。合同无效工程验收合格，可参照合同约定支付工程价款。被告通过串通招、投标手段取得的35万元，属于非法所得，应当予以收缴。法院遂判决被告承担原告工程款296万元，没收被告收取原告的35万元归国家所有。

【分析解答】

《招投标法》第52条规定："依法必须进行招标的项目的招标人向他人透露已获取招标文件的潜在投标人的名称、数量或者可能影响公平竞争的有关招标投标的其他情况的,或者泄露标底的,影响中标结果的,中标无效。”本案中,原、被告恶意串通进行招投标,违反了上述强制性规定,双方所签中标合同应属无效合同。《合同法》第59条规定:“当事人恶意串通,损害国家、集体或者第三人利益的,因此取得的财产收归国家所有或者返还集体、第三人。”故法院判决没收被告因无效合同所取得的非法利益是正确的。

【法律法规链接】

《招投标法》第52条,《合同法》第59条,《民法通则》第134条,《施工合同解释(一)》第2条。

40. 什么是无效合同“有效处理”? 它是否放宽了施工资质管理?

《施工合同解释(一)》第2条规定:“建设工程施工合同无效,但建设工程经竣工验收合格,承包人请求参照合同约定支付工程价款的,应予支持。”该条款确立了施工合同无效但工程质量合格时给予折价补偿的原则,这也就是审判实践中俗称的“无效合同”按“有效处理”。最高人民法院在就《施工合同解释(一)》答记者问中,对无效合同按“有效处理”的制定精神作了解答:《合同法》第58条规定,合同无效或者被撤销后,因该合同取得的财产,应当予以返还;不能返还或者没有必要返还的,应当折价补偿。建设工程施工合同具有特殊性,合同履行的过程,就是将劳动和建筑材料物化在建筑产品的过程。合同被确认无效后,已经履行的内容不能适用返还的方式使合同恢复到签约前的状态,而只能按折价补偿的方式处理。从建设工程施工合同的实际履行情况看,当合同被确认无效后,有两种折价补偿方式,一是以工程定额为标准,通过鉴定确定建设工程价值。考虑到目前我国建筑市场的实际情况,有的发包人签订合同时往往把工程价款压得很低,如果合同被确认无效还按第一方案折价补偿,将会造成无效合同比有效合同的工程价款还高,这超出了当事人签订合同的预期。二是参照合同约定结算工程价款。这种折价补偿的方式不仅符合双方当事人在订立合同时的真实意思,而且还可以节省鉴定费用,提高诉讼效率。因此,通过对以上两种折价补偿方案的比较,根据我国建筑行业的现状,衡平合同各方当事人的利益,在《施工合同解释(一)》第2条规定,建设工程施工合同被确认无效以后,建设工程质量合格的,可以参照合同约定结算工程价款。《施工合同解释(一)》确立了参照合同约定结算工程价款的折价补偿原则。这与《民法通则》以及《合同法》第58条的规定并不矛盾,而是在处理无效的建设工程施工合同纠纷案件中具体体现了《合同法》规定的无效处理原则。

从上述无效合同按“有效处理”规定的制定精神看,它是对《合同法》第58条关于折价补偿规定在处理无效的建设工程施工合同纠纷案件中的具体运用,是折价补偿的一种特殊方式。这样规定是因考虑到建设工程返还财产难以界定和操作,且实践中无效合同中大量合同约定价款低于国家定额情况下作出的;因此,无效合同按有效处理的规定,并不是放宽施工资质管理,其目的是统一司法标准便于人民法院对案件及时作出处理及避免签订无效合同承包人实际所得比签订有效合同的人所得利益更大。它既通过对合同的效力否定,强调了施工资质的法律重要性,加强了对施工资质的法律规范;又通过使用"参照合同约定支付工程价款"的"参照"用语,表明了对无效合同的裁判并不是完全等同于有效合同进行处理,仅是参照处理;法官完全可以据此结合施工资质情况进行有机处理,灵活运用该规定维护资质管理规定,从而从根本上体现法律的公平与公正。

【案例】

同问题39案例。

【分析解答】

对无效合同的处理,通常情况是按《合同法》第58条规定,进行财产返还或折价补偿,但由于建设工程合同施工劳动和建材已物化到建筑产品中,故合同被确认无效后,已经履行的内容不能适用返还的方式使合同恢复到签约前的状态,而只能按折价补偿的方式处理。《施工合同解释(一)》第2条作出的关于"无效合同按有效处理"的规定,是对《合同法》第58条关于折价补偿规定在处理无效的建设工程施工合同纠纷案件中的具体运用,是折价补偿的一种特殊方式,并不是放宽施工资质管理。它仍然通过对合同的效力否定和有限制性的非等同有效合同的"参照"结算方式,加强了对施工资质的法律规范。本案工程合同虽然无效,但由于工程质量合格,故法院判决参照合同价款进行结算是正确的,也有利于纠纷的实际解决。

【法律法规链接】

《招投标法》第52条,《合同法》第59条,《民法通则》第134条,《施工合同解释(一)》第2条。

41. 施工时无资质,完工前或诉讼期间取得资质,能否引起合同效力从无效向有效转化?

《施工合同解释(一)》第5条规定:"承包人超越资质等级许可的业务范围签订建设工程施工合同,在建设工程竣工前取得相应资质等级,当事人请求按照无效合同处理的,不予支持。"从上述司法解释可以看出,施工企业越级承包,但在工程竣工前取得相应资质的,施工合同按有效处理;但该司法解释既未对越级承包在竣工后及诉讼期间取得相应资质情况作出是否有效的规定,同时也未对无资质人在竣工前、竣工后及诉讼期间取得相应资质情况作出是否有效的规定。那么审判实践中,对此如何处理呢?

笔者认为,我国《合同法》司法解释及其他司法解释均确立了尽量维护合同效力、保证交易安全和合同效力补正原则,《施工合同解释(一)》第5条规定的无效合同效力转化情况,也体现了上述原则和精神。但它与《合同法司法解释(一)》针对如建设工程未取得规划、用地许可手续等所规定的"在一审法庭辩论终结前当事人仍未办理批准手续的,或仍未办理批准、登记等手续的,人民法院应当认定该合同未生效"的规定不同,《施工合同解释(一)》第5条之所以仅规定了越级承包一种情况,是基于越级承包人尚具备一定的施工资质,能在一定程度上保证工程质量,故给予其补正合同效力的机会;之所以仅规定合同效力补正期限至工程竣工前,是因为越级承包人在工程竣工前取得相应资质等级,表明其对承揽工程已具备了施工能力,与《建筑法》等相关法律、法规对于资质的管理并不矛盾。如果把补正期限扩展至竣工后或诉讼期间,由于建设工程纠纷具有纠纷复杂多变、诉讼审理周期相对较长的特点,此时取得资质,已与已竣工工程没有技术上的关联,对工程质量也无任何保证,此时如允许补正合同效力,与《建筑法》等相关法律、法规对于资质的管理立法精神相违背,故不应给予补正机会。

至于施工时根本无资质的,表明其不具备工程施工的能力,不能在一定程度上保证工程质量,且法律、法规、司法解释均未对此明确作出可以补正合同效力的规定,如给予其补正合同效力的机会,会在一定程度上助长无资质企业承包工程的现象,这也与《建筑法》等相关法律、法规对于资质的管理立法精神相违背。因此,我们不能随意扩大补正合同效力的适用范围。综上所述,施工时无资质,完工前或诉讼期间取得资质,不能引起合同效力从无效向有效转化,即对这种情形依然应认定合同无效。

【案例】

2014年5月12日,被告林森皮革制品公司与原告无忧建筑公司签订建设工程合同,将其新建的展品馆、办公楼、员工宿舍楼等项目工程总发包给原告施工。合同签订后,经被告同意,原告将展览馆、宿舍楼分包给其他公司施工,但约定工程结算由原告与被告统一结算。施工时,无忧建筑公司尚未取得施工总承包资质。2014年12月10日,工程竣工验收合格交付后,因被告此前筹措的建设资金部分被挪作他用,致工程款无法如期全额支付。原告遂于2015年2月提起诉讼,要求被告支付工程尾欠款468万元及违约金50万元。案件审理期间,无忧建筑公司依法取得了施工总承包资质。

法院经审理认为:原告在无施工总承包资质的情况下,与被告签订总承包施工合同,违反了建筑法律、法规关于资质管理的强制性规定,双方所签合同应属无效合同。合同无效工程合格的,可参照合同约定支付工程价款;但双方合同中约定的违约金条款因合同无效而对双方当事人不具有拘束力,故对原告请求被告承担违约金的主张不予支持。对原告提出的其在诉讼期间已取得相应资质，应当认定合同有效的主张，因不符合法律规定，故不予支持。法院遂判决被告支付原告工程款468万元，并驳回原告其他诉讼请求。

【分析解答】

《施工合同解释(一)》第5条规定对施工企业越级承包可予合同效力补正的时间界限为建设工程竣工前，并非竣工后和诉讼期间。如果施工人在工程施工期间没有相应资质等级，就表明其当时并不具备工程所需相应施工的能力，当然也就无法保证工程质量。工程竣工后取得的相应资质已与工程质量没有关联，故不应给予其补正合同效力的机会。因此，越级承包即使诉讼期间取得资质，也不能引起合同效力从无效向有效转化。故本案法院判决不支持原告提出的合同效力补正主张是正确的。

【法律法规链接】

《建筑法》第26条，《施工合同解释(一)》第2条、第5条。

42. 无施工许可证的建设工程施工合同属于无效合同吗？

施工许可证制度是建设行政主管部门对建设工程项目加强监管的一种行政手段，主要目的是审查建设单位或者承包单位是否具备法律规定的建设或者施工条件，具有行政管理的性质。《建筑法》第7条规定：建设单位在工程开工前应申请领取施工许可证；第64条规定：建设单位未领取施工许可证擅自施工的，责令改正，停止施工，处以罚款。从以上法律条文的规定可以看出，对施工许可证的规定均属于行政管理性规范。《施工合同解释(一)》中关于无效建设工程合同的情形，也无施工许可证的相关规定。从最高人民法院在《施工合同解释(一)》发布时答记者问中关于"法律和行政法规中强制性规定，有的属于行政管理规范，如果当事人违反了这些规范应当受到行政处罚，但是不应当影响民事合同的效力"的司法精神看，对无开工许可证的建设工程施工合同不应认定为无效合同。

【案例】

2010年4月2日，被告金鑫塑料厂取得规划及用地审批后与原告振远建工公司签订建设工程合同，将其厂区扩建工程发包给原告施工。合同签订后，原计划准备领取施工许可证时，因具体办事人员生病，便暂时搁置。后原告在被告的强烈要求下，未取得施工许可证的情况下即行施工。之后，原告虽遭建设部门处以罚款，但也未再补办施工许可证手续。工程竣工交付使用后，因被告资金周转出现问题致工程款无法如期支付。原告遂提起诉讼，要求被告支付工程欠款209万元，并承担合同约定违约金16.6万元。庭审中，被告以工程未领取施工许可证应属无效合同抗辩不承担违约金。

法院经审理认为:未取得施工许可证不属于法律、法规规定的合同无效情形,故被告辩称因未取得施工许可证而致合同无效的主张缺乏法律依据,不予支持。遂判决被告支付原告工程款209万元,并承担合同约定违约金16.6万元。

【分析解答】

我国《建筑法》第7条虽规定建设单位在工程开工前应申请领取施工许可证,但该规定属于行政管理性规范,不属于效力性强制规范。如果当事人违反了这些规范,会产生行政处罚的法律后果,但不应当影响施工合同的效力。故对本案双方当事人签订的合同应当认定为有效合同,并按有效合同的规定进行处理。

【法律法规链接】

《合同法》第44条、第109条、第114条。

43. 农村村民自治组织因"房地产开发"所发包的建设工程合同是否有效?小产权房建设工程施工合同是否有效?

在社会主义新农村建设过程中,农村中心村规划建设是其中的一项重要举措,但由于少数基层村民自治组织在执行中心村规划建设过程中往往搞"搭车收费"动作,致使中心村建设在解决部分农村村民集中居住的同时,也变相搞起了房产开发。村委会签订建设工程合同将工程发包给工头施工,由工头垫资,房屋建成后由工头向外出售,购买者有本村的,也有外村的,而村委从中收取一定的费用。另外,由于近年来城市房价较高,农村城乡结合部所在地的少数农村基层村民自治组织受利益的驱动,便打起了房产开发的主意。但由于搞房产开发涉及很多法律审批程序及房产开发资质等问题,难以上马。于是,他们便以建设农民公寓或农民住宅小区为名行房产开发之实,而城市居民在市区高房价的巨大经济压力下,便也不顾国家规定,争相购买这些廉价房屋。在所谓"开发"过程中,农村基层组织便以发包人的名义也将工程签订合同后发包他人施工。对这些建设工程合同的效力,因农村村民自治组织并无房产开发资质,且涉及农村集体土地违法使用、工程无合法规划审批许可手续,因此,一般情况下应依法认定为无效建设工程合同。

小产权房建设由于未取得合法的建设工程规划审批手续,据此签订的建设工程合同应依法认定为无效建设工程合同;但如果在起诉前取得了建设工程规划许可证等规划审批手续的,可以认定有效。

【案例】

地理位置处于城市郊区的被告某村委会在进行新农村建设过程中,见房产开发利润巨大，便利用国家提出的新农村建设机会将中心村建设用地附近的沟渠、荒地等进行平整，拟建成商品房进行出售。2014 年 3 月 9 日，被告将上述工程发包给原告天元建筑公司进行全额垫资承包施工。工程竣工交付使用后，因该房屋无法办理产权证而致销售不理想，从而导致被告无法按期支付原告垫付的工程款。原告遂提起诉讼，要求被告支付工程欠款 312 万元，并承担合同约定违约金 20 万元。

法院经审理认为：被告无房地产开发和销售资格，且未取得任何规划、用地等审批手续即行房地产开发和销售，其行为违反了法律、法规强制性规定，其与原告所签的建设工程施工合同应认定为无效合同。因工程已交付且被告认可工程质量合格，故被告应当参照合同约定支付工程价款。因合同无效，故对原告主张违约金不予支持。遂判决被告支付原告工程款 312 万元。

【分析解答】

《房地产开发企业资质管理规定》第 3 条规定：未取得房地产开发资质等级证书的企业，不得从事房地产开发经营业务。《土地管理法》第 63 条规定：农民集体所有的土地的使用权不得出让、转让或者出租用于非农业建设。本案中，被告无房地产开发和销售资格，且未取得任何规划、用地等审批手续即行房地产开发和销售，其行为违反了多方面法律、法规强制性规定，故法院认定本案合同无效是正确的。

【法律法规链接】

《合同法》第 52 条，《土地管理法》第 63 条，《施工合同解释(一)》第 2 条。

44. 中标合同没有备案，发包人另行发包是否应当承担责任？

《招投标法》第 45 条规定："中标通知书对招标人和中标人具有法律效力。中标通知书发出后，招标人改变中标结果的，或者中标人放弃中标项目的，应当依法承担法律责任。"第 46 条规定："招标人和中标人应当自中标通知书发出之日起三十日内，按照招标文件和中标人的投标文件订立书面合同。招标人和中标人不得再行订立背离合同实质性内容的其他协议。"从上述规定可以看出，招标人和中标人须受中标通知书的约束，且中标通知书发出后，如招标人改变中标结果的，或者中标人放弃中标项目的，都要负法律责任。因此，无论中标合同是否备案，发包人将中标合同工程另行发包的，就是属于改变中标结果和违反中标合同的毁约行为，应当承担赔偿损失的法律责任。

【案例】

2010 年 3 月 6 日，被告双语小学将教学楼工程对外进行招标，原告海宁建工公司参与投标并中标。双方签订中标合同后,被告要求原告出具让利承诺书进行让利5%,并另行签订合同备案,但遭到原告的拒绝。被告于是未将中标合同备案,却将上述工程另行发包给中兴建筑公司承包并实际施工。原告遂提起诉讼,要求解除中标合同,并由被告赔偿损失。

法院经审理认为:被告在签订中标合同后,又将工程另行发包他人施工,其行为既违背了诚实信用原则,又违反了招投标法律规定,故原告要求与被告解除合同,并由被告赔偿损失的主张应该得到支持。遂判决解除原、被告建设工程合同,由被告承担原告损失23万元。

【分析解答】

《招投标法》规定:中标通知书发出后,招标人和中标人应当按招标文件和中标人的投标文件订立书面合同,并不得再行订立背离合同实质性内容的其他协议。招标人改变中标结果的,或者中标人放弃中标项目的,应当依法承担法律责任。本案中,被告在签订中标合同后,又将工程另行发包他人施工,违反了《招投标法》强制性规定,属于改变中标结果和违反中标合同的毁约行为。故原告要求与被告解除合同,并由被告赔偿损失的主张应该得到支持。

【法律法规链接】

《招投标法》第45条、第46条,《合同法》第94条、第97条。

45. 专用条款与通用条款相矛盾是否影响合同效力?组成合同的各个文件有矛盾时应以哪个为准?解释顺序能否协议调整?

一、专用条款与通用条款相矛盾不影响合同效力

合同条款是合同条件的表现和固定化,是确定合同当事人权利和义务的根据。合同条款应当明确、肯定、完整,且条款之间不能相互矛盾。通用条款是根据法律、行政法规定及建设工程施工的需要订立的,通用于建设工程施工的一种比较固定和格式化的合同条款。专用条款是发包人与承包人根据法律、行政法规规定,结合具体工程实际情况,经协商达成一致意见的、具有特别约定性质的合同条款。它通常的作用是对通用条款的一种补充、修改和完善。建设工程合同履行中是否适用通用条款要根据专用条款的约定。如专用条款没有对通用条款作出修改,则适用通用条款,如专用条款已对通用条款作出修改,则按专用条款执行。通用条款与专用条款不一致时,一般按专用条款处理;但专用条款的效力并非一定优先于通用条款的效力。如果专用条款作出违反法律、行政法规的强制性规定等约定,而通用条款正好是反映法律、行政法规的强制性规定等约定时,则应适用通用条款。因此,总的来说,专用条款与通用条款相矛盾时不影响合同效力。

二、组成合同的文件优先顺序

组成合同的各项文件应互相解释，互为说明。当合同文件出现含糊不清或矛盾时，除合同另有约定外，解释合同文件的优先顺序即效力大小如下：(1)中标通知书(如果有)；(2)投标函及其附录(如果有)；(3)专用合同条款及其附件；(4)通用合同条款；(5)技术标准和要求；(6)图纸；(7)已标价工程量清单或预算书；(8)其他合同文件。

上述各项合同文件包括合同当事人就该项合同文件所作出的补充和修改，属于同一类内容的文件，应以最新签署的为准。其中，"其他合同文件"是指当事人可以根据不同项目的情况约定其他有关文件作为合同文件的组成部分，如招标文件、施工组织设计文件、其他投标文件等。

三、解释顺序能协议调整

上述组成合同的文件优先顺序是在合同没有特别约定，即除专用合同条款另有约定外情况下，按通常惯例进行排列的，如双方当事人在合同专用合同条款中或另行协议中进行特别约定，则应按约定的顺序进行排列解释文件的优先顺序。故解释顺序一般情况下能协议调整。

【案例】

2010年9月9日，被告和林镇饲料加工厂与原告和林建筑站按《示范文本》签订了建设工程施工合同一份，约定由原告承建被告加工厂房，工程价款为380万元，承包方式为包工包料，工期为总日历天数180天。由于该施工地点处于较为偏僻的地区，电力供应不足，故双方在合同专用条款中约定"一周内非承包人原因停电造成停工累计超过4小时工期顺延1天"。合同签订后，原告按约施工。施工期间，因供电部门进行线路整改，施工用电经常遇到每日短时停电状况，且每周累计均超过4小时，这种状况约持续10周左右。2011年3月16日，工程延期竣工验收后，双方进行结算时，被告以原告延期竣工造成损失、双方约定的专用条款与通用条款第13.1款关于工期顺延第5项"一周内非承包人原因停水、停电、停气造成停工累计超过8小时"的规定相矛盾而无效为由拒付工程尾欠款66万元。原告遂向法院起诉要求被告支付工程欠款。

法院经审理认为：根据民法意思自治原则，合同条款可由当事人双方协商确定。只要双方当事人意思表示真实，通用条款也可以通过专用条款进行修改和补充。当两种条款内容相矛盾时，应当以专用条款为准。根据专用条款约定，原告因停电可顺延工期，其竣工日期未超过约定工期，故被告拒付工程款无法律依据，遂判决被告支付原告工程欠款66万元。

【分析解答】

通用条款是对建设工程施工某些共性内容所进行的归纳和提炼，其作用为示范性，并不是法律、法规强制性规定。专用条款是发包人与承包人根据工程实际情况所达成的特别约定条款,对通用条款具有补充、修改和完善作用。因此,如通用条款与专用条款不一致时,应执行专用条款的约定。本案被告以两种条款矛盾为由拒付欠款无法律依据,故得不到法院的支持。

【法律法规链接】

《合同法》第44条、第109条。

46. 项目经理部签订的分包合同效力如何认定?有资质的项目经理与施工企业未订立劳动合同,承包合同效力是否会受到影响?

一、项目经理部签订的分包合同效力认定

实践中,有很多施工企业的项目经理部在对工程进行承包施工过程中,又将工程中某一部分对外进行分包,为此产生了大量纠纷。那么,项目经理部签订的分包合同效力如何呢?这要从项目经理部的职能进行具体问题具体分析。一般来说,项目经理部是建设工程施工单位为完成某一项具体的项目施工而专门成立的临时管理职能部门,它随工程的接受而成立,随工程的完工而解散。其不具有独立的民事法律行为能力,在没有明确授权的情况下,不能以自己的名义从事民事法律行为。认定项目经理部以自己名义对外签订的分包合同是否有效取决于施工企业给项目经理部的授权中是否包括签订分包合同这一内容。如果包括,则项目经理部以自己名义对外签订的分包合同有效;如果不包括,则项目经理部以自己名义对外签订的分包合同效力待定,最终是否有效取决于施工企业是否及时对项目经理部签订分包合同的行为予以追认。从审判实践中看,即使施工企业事先没有给予项目经理部对外签订分包合同的授权,项目经理部对外签订分包合同的行为也很容易被认定为构成表见代理,一旦构成表见代理,则该分包合同有效,对施工企业具有约束力。

二、有资质的项目经理与施工企业未订立劳动合同是否影响承包合同效力问题

根据建设部《建筑施工企业项目经理资质管理办法》规定:项目经理是受建筑施工企业法定代表人委托,对工程项目施工过程全面负责的项目管理者,是建筑施工企业法定代表人在工程项目上的代表人。实践中,施工法人与项目经理往往签订内部承包合同来确定各自的权利义务,而项目经理通常也都与施工企业之间签订有劳动合同,施工企业也为项目经理办理资质、工资、福利、社会保险等。如果有资质的项目经理与施工企业未订立劳动合同的,可以分以下两种情况处理:一是虽未签订劳动合同,但与企业之间确实存在事实上的劳动关系,企业对其人事进行管理并为其发放工资、福利和办理社会保险等,这种情况下,是否签订劳动合同一般不会对承包合同效力产生影响;二是既未签订劳动合同,又无事实上的

劳动关系的,企业对其无人事、工资、福利、社会保险等管理,则往往表明该项目经理并不是该企业的职工,双方签订的所谓内部承包合同实质就是名为内部承包实为挂靠,对承包合同的效力会带来无效的影响。

【案例】

2010 年 3 月 30 日,美源房产发公司与被告浦南市政工程公司签订建设工程施工合同书,由被告浦南市政工程公司承建美源房产发公司开发的健身广场工程,合同总价 820 万元。合同签订后,浦南市政工程公司即派员组成美源健身广场工程项目经理部进行管理和施工。同年 4 月 10 日,该项目经理部经美源房产发公司同意,与有施工资质的原告金达园林建筑公司签订分包合同,约定由原告对广场四周的凉亭进行施工,合同价款 350 万元。工程竣工验收后,因该项目经理部拖欠原告工程款,原告遂起诉要求被告浦南市政工程公司及其项目部共同支付上述工程款。

法院经审理认为:本案中,美源健身广场工程项目经理部不具有独立法人资格,也不具有独立的财产,不能独立承担民事责任和对外签订分包合同;但因浦南市政工程公司在事后对该项目部签订分包合同的行为进行了追认,故应当认定为有效分包合同,由此产生的合同权利义务,应由浦南市政工程公司承担。遂判决浦南市政工程公司支付原告工程款 350 万元。

【分析解答】

项目经理部是施工单位为完成某一项具体的项目施工而专门成立的临时管理职能部门,它随工程的接受而成立,随工程的完工而解散。项目经理部一般不具有独立的民事法律行为能力,在没有明确授权的情况下,不能以自己的名义从事民事法律行为。其是否有权签订合同,主要看其公司有无作出授权。如项目经理部未得到授权,对外签订合同,该合同应是效力待定性质,如得到公司追认,则有效;反之则无效。本案中,美源健身广场工程项目经理部与原告签订分包合同的行为因已得到浦南市政工程公司的追认,故分包合同有效。

【法律法规链接】

《合同法》第 44 条、第 48 条、第 109 条。

47. 工程签证的效力如何认定？承包人、发包人形成的会议纪要性质是什么？它是否具有约束力？

一、工程签证的效力

工程签证是工程建设活动中一项极其重要的法律制度,它是指建设工程合同承、发包双方法定代表人或授权代表等就合同履行过程中关于增减工程量及价款、费用支付、工期顺延、损失承担等责任事件所作工程核定单或业务联系单等进行书面签认证明后形成的文件。它主要包括工程现场签证和工期签证。现场签证是由建设单位代表、监理工程师、施工单位具体负责人共同签署的，用于正式施工活动中某些特殊情况的一种书面手续。它不包含在施工合同和图纸中，也不像设计变更文件有一定的程序和正式手续。它的特点是临时发生，具体内容不同，没有规律性，是施工阶段投资控制的重点，也是影响工程投资的关键因素之一。工期签证包括：停水、停电等非施工单位原因停工造成的工期拖延签证。

工程签证以书面的形式记录了施工过程中发生的特殊情况，它是承、发包双方对建设工程合同所达成的一种意思表示一致的补充协议，直接关系到建设单位和施工单位的切身利益，特别是对一些投标报价包死的工程，工程签证更是记录现场发生情况的第一手资料。《施工合同解释（一）》第19条规定："当事人对工程量有争议的，按照施工过程中形成的签证等书面文件确认。"可见工程签证具有工程结算依据的效力。

二、会议纪要性质及其效力

会议纪要是建设工程承、发包双方在合同履行过程中就工程一些特定事项进行会谈后形成的一种书面文件。它往往都是对某些问题作出如何解决的一致意见决定，其性质可视为是对建设工程合同有关内容的补充或变更协议。会议纪要在诉讼时是重要证据，其证据效力与工程签证一样得到了《施工合同解释（一）》第19条规定的认可。因此，经过承、发包双方签字认可的会议纪要对双方当事人均具有约束力，可以作为工程结算的依据。

【案例】

2014年7月2日，被告东远医药公司与原告通州建工公司签署建设工程施工合同，约定将其药品超市工程发包给原告施工，合同采取1200万元总价合同。施工期间，由于被告对工程有所变更，双方遂签订补充协议，约定将工程结算方式变更为根据工程量按实结算。工程竣工验收交付使用后，双方对工程进行结算，原告提供结算报告报价1380万元。被告审核后认为原告在计算工程造价时，将一些无效签证也纳入工程量进行计价属于虚高报价行为，故对原告送审价不予认可，并要求原告剔除这些无效签证后重新报价。原告不服，认为签证手续虽有瑕疵，但也是按照被告要求进行施工的，遂向法院提起诉讼，要求被告按送审价支付工程款。案件审理期间，经原告申请法院委托进行造价鉴定，鉴定单位出具鉴定报告确认双方当事人无争议部分工程造价为1333.2万元；有争议部分工程造价为46.8万元：(1)工程签证单有现场监理、被告工程师签字确认，但没有被告认可的项目负责人签字，该部分造价为28.6万元；(2)工程签证单仅有现场监理确认，但没有被告工程师和项目负责人签字，该部分造价为10.2万元；(3)工程签证单仅有原告制作签证人的签字，没有现场监理、被告工程师、项目负责人签字确认，签证内容为增加的隐蔽工程，但原告未能提供设计图纸变更文件和施工联系单或会议纪要等证据，该部分估价约为8万元。

法院经审理认为：有效的工程签证可以作为结算根据。本案无争议部分工程造价为1333.2万元应予确认。对鉴定报告所列前两种争议部分，虽然缺乏或没有被告相关人员签字，但有监理方的确认，且该部分工程已实际进行了施工，故应予以确认；对鉴定报告所列第（3）项争议，因仅是原告单方记录，原告又不能提供设计图纸变更文件、施工联系单或会议纪要等证据来佐证发包人同意其施工，且工程现场也无法看出是否实际施工，故不予确认。法院遂判决被告支付工程款1372万元。

【分析解答】

《施工合同解释（一）》第19条规定："当事人对工程量有争议的，按照施工过程中形成的签证等书面文件确认。"因此，工程签证具有工程结算依据的效力。本案中，双方当事人之所以产生争议，就是因为签证不规范所致。由于《施工合同解释（一）》第19条还规定："承包人能够证明发包人同意其施工，但未能提供签证文件证明工程量发生的，可以按照当事人提供的其他证据确认实际发生的工程量。"所以，本案不规范的工程签证最后之所以能得到法院的确认，与其他证据的佐证是分不开的；否则难免不被确认。故建筑实务中，应当注意签证的规范性。

【法律法规链接】

《合同法》第109条，《施工合同解释（一）》第19条。

48. 发包人将在建工程抵押给承包人以外其他人的行为是否有效？

最高人民法院《关于适用〈中华人民共和国担保法〉若干问题的解释》第47条规定："以依法获准尚未建造的或者正在建设中的房屋或者其它建筑物抵押的，当事人办理了抵押物登记，人民法院可以认定抵押有效"，该司法解释确认了在建工程抵押的合法性。因此，发包人将在建工程抵押给承包人以外其他人的行为是合法有效的。对此，承包人就工程欠款可行使优先受偿权对抗抵押权。

【案例】

2010年5月1日，振远建筑公司中标承建被告霞飞开发公司营业大楼，合同总标的870万元。工程建设过程中，被告向当地某银行申请贷款350万元，并以在建工程进行了抵押登记。工程竣工后，某银行闻讯向法院起诉要求被告偿还到期贷款350万元（利息已按月支付）。在法院判决被告还款的判决书生效后，某银行在向法院申请执行期间要求对工程行使抵押权；振远建筑公司闻讯后，因被告一直拖欠工程款535万元，遂也向法院主张对该工程行使优先受偿权。

法院经审查认为：霞飞开发公司以在建工程抵押并办理了抵押登记，应认定抵押有效，原告主张行使抵押权应予支持。振远建筑公司与霞飞开发公司之间工程款债权债务关系明确，优先权申请也未超过法定期限，根据最高人民法院《关于建设工程价款优先受偿权问题的批复》中关于"人民法院在审理房地产纠纷案件和办理执行案件中，应当依照《中华人民共和国合同法》第二百八十六条的规定，认定建筑工程承包人的优先受偿权优于抵押权和其他债权"的规定，遂裁定振远建筑公司可优先于某银行从工程折价中受偿。

【分析解答】

根据《担保法司法解释》第47条关于"以依法获准尚未建造的或者正在建设中的房屋或者其它建筑物抵押的，当事人办理了抵押物登记，人民法院可以认定抵押有效"的规定，本案中，霞飞开发公司以在建工程抵押并办理了抵押登记，符合最高人民法院上述司法解释规定，故应当认定抵押有效。

【法律法规链接】

《合同法》第109条，《担保法司法解释》第47条。

49. 已完工并经验收的工程，由于种种原因，施工合同一直没有签订，施工行为效力如何认定？

根据《合同法》《建筑法》相关规定，建设工程的发包单位与承包单位应当订立书面合同，明确双方的权利义务。因此，建设工程如未订立书面合同，一般情况下施工行为不能合法、有效成立；但根据《合同法》第36条关于"法律、行政法规规定或者当事人约定采用书面形式订立合同，当事人未采用书面形式但一方已经履行主要义务，对方接受的，该合同成立"及第37条关于"采用合同书形式订立合同，在签字或者盖章之前，当事人一方已经履行主要义务，对方接受的，该合同成立"的规定，本着尽量维护合同效力的原则，如建设工程已完工并经验收合格，应当属于《合同法》规定的"一方已经履行主要义务，对方接受"情形，可认定合同有效成立，故施工行为亦当有效。

【案例】

2010年3月15日，被告尚都护栏厂拟建一职工游泳池，因工程规模不大，该厂便与相邻的菲力工程公司口头达成建设工程施工协议，在未签订书面合同的情况下即由菲力工程公司承包施工。工程竣工后，双方认可质量合格并交付使用。

后被告因资金周转出现问题,无力支付工程款153万元,原告催要未果后即诉至法院,要求被告支付拖欠的工程款。

法院经审理认为:本案工程虽未签订书面施工合同,但双方当事人已按口头协议约定内容进行工程施工并已施工完毕,故应当认定原、被告口头建设工程施工合同成立,施工行为合法有效。因被告认可工程质量合格,故被告应按口头协议约定支付工程款。遂判决被告支付原告工程欠款153万元。

【分析解答】

《合同法》和《建筑法》都作出了建设工程应当采用书面形式的强制性规定,因此,建设工程合同如未以书面形式订立,一般情况下则不能有效成立。但建筑实务中,也存在为数不少的口头施工协议,如全部予以否定效力,必将影响社会稳定,故审判实践中,本着维护交易安全和社会稳定的原则,对一些已实际履行完毕的口头施工协议,一般根据《合同法》第36条关于"法律、行政法规规定或者当事人约定采用书面形式订立合同,当事人未采用书面形式但一方已经履行主要义务,对方接受的,该合同成立"的规定,可认定合同有效成立和施工行为合法有效。本案的处理正体现了这一原则。

【法律法规链接】

《合同法》第36条、第109条。

50. 对应当招投标而未经过招投标签订的施工合同,在工程完工验收时进行补办招投标手续及合同文件,是否具有法律效力?

《招投标法》第4条规定:"任何单位和个人不得将依法必须进行招标的项目化整为零或者以其他任何方式规避招标",第5条规定:"招标投标活动应当遵循公开、公平、公正和诚实信用的原则";《建筑法》第16条规定:"建筑工程发包与承包的招标投标活动,应当遵循公开、公正、公平竞争的原则,择优选择承包单位";《施工合同解释(一)》第1条规定:建设工程必须进行招标而未招标或者中标无效的,应当认定无效。从上述规定可以看出,招标投标是我国法律规定的一些重大建设工程项目所必须进行的程序,对法律规定应当按招标投标的方式选定承包人的建设工程项目,没有采用这种方式所签订的建设工程合同,应视为违反了法律规定的强制性生效条件,所签订的施工合同应为无效。

应当招投标而未经过招投标即行施工,在工程完工验收时进行补办招投标手续及合同文件的行为,违背了招标投标活动应当遵循公开、公平、公正、诚实信用、公平竞争、择优选择承包单位的原则和相关法律规定,属于"以其他任何方式规避招标"的行为,同时也是一种虚假招投标、中标行为。《施工合同解释(一)》虽规定了合同效力补正原则，但仅限定于越级承包情形，对先施工后补办招标及中标手续情形没有作出可以补正合同效力的规定；如给予其补正合同效力的机会，会严重破坏招投标法律秩序，也违背《招投标法》等相关法律、法规对于招投标活动管理的立法精神。因此，这种补办招标及中标手续所形成的中标是无效的，不具有法律效力。

【案例】

2018年8月12日，被告新洁燃气公司将拟建的天然气管道及附属设施工程未经招、投标即发包给原告宝安能源建安公司施工。2018年12月12日，工程竣工验收时，为顺利通过验收，被告与原告补办了招投标手续及中标合同文件。后工程合格交付使用后，因被告一直拖欠工程尾款426万元。原告催要未果，遂于2019年1月5日诉至法院，要求被告支付拖欠的工程款并承担约定的逾期付款违约金5万元。

法院经审理认为：被告未经招投标即将工程发包给原告施工，违反了《招投标法》的强制性规定，后双方当事人虽补办招投标手续及中标合同文件，但该补办行为不符合招标投标活动应当遵循公开、公正、公平竞争、择优选择承包单位的原则，故应当认定所签订施工合同及补办招投标行为无效。因合同无效，约定违约金不受法律保护，对于原告主张的工程款，根据无效合同工程质量合格，可参照合同约定支付工程价款的规定，遂判决被告支付原告工程欠款426万元，并驳回了原告违约金请求。

【分析解答】

根据国家发展改革委公布的《必须招标的工程项目规定》及配套文件《必须招标的基础设施和公用事业项目范围规定》规定，天然气管道项目属于关系社会公共利益、公众安全的必须招标工程项目，本案被告未履行招投标程序即将该工程发包，故其所签订的施工合同应当认定为无效合同。后双方当事人虽进行补办招投标手续及中标合同文件，但该补办行为亦违反了《建筑法》及《招投标法》规定的招标投标活动应当遵循公开、公正、公平竞争、择优选择承包单位的原则，故本案当事人补办招投标行为不能产生补正合同效力的法律后果，法院判决认定本案合同无效是正确的。

【法律法规链接】

《招投标法》第4条、第5条，《建筑法》第16条，《施工合同解释（一）》第1条、第2条。

51. 对中标合同备案时,为避税而改变合同实质性内容或另行炮制一份合同,该行为如何定性? 两份合同如何处理?

《招投标法》第46条规定:“招标人和中标人应当自中标通知书发出之日起三十日内,按照招标文件和中标人的投标文件订立书面合同。招标人和中标人不得再行订立背离合同实质性内容的其他协议。”《合同法》也明确规定:恶意串通,损害国家、集体或者第三人利益的合同为无效合同。对中标合同备案时,双方当事人为了达到避税目的,改变合同实质性内容,另行炮制一份合同,并以该份合同办理备案和向国家缴纳税款,达到逃税目的。双方当事人这种行为属恶意串通,损害国家税收利益的行为,也违反了《招投标法》关于“招标人和中标人不得再行订立背离合同实质性内容的其他协议”的规定,属于无效行为。因此,该炮制的合同无法律效力,其性质相当于“黑合同”,对双方当事人的权利义务仍应按实际中标的那份合同进行调整。

【案例】

2014年4月1日,被告高远电器公司将待建电器组装车间工程对外招标,原告华硕建工公司中标,双方签订了工程总价款为900万元的中标总价合同。为少交税金,在备案时,原、被告重签了一份合同价款为500万元的合同进行了备案;但双方约定工程施工权利与义务仍按中标合同约定履行。后工程竣工验收交付,双方为工程欠款发生争议,原告催要未果后即诉至法院,要求被告按中标合同支付工程款900万元。被告应诉后,则辩称要求以备案合同价款进行结算支付500万元。

法院经审理认为:双方当事人备案的合同违背中标合同约定,依法不能认定为有效;而中标合同虽未备案,但未备案不影响中标合同效力,故应当按中标合同结算工程价款。遂判决被告支付原告900万元。

【分析解答】

《合同法》明确规定:恶意串通,损害国家、集体或者第三人利益的合同为无效合同。本案中,双方当事人为达到避税目的而改变中标合同实质性内容,另行炮制一份合同进行备案,其行为损害了国家税收利益,故该备案合同应为无效合同。《施工合同解释(一)》第21条关于“以备案的中标合同作为结算工程价款的根据”规定,是针对中标合同备案情形所作出的,本案中“备案合同”不是中标合同,因此不属于该司法解释规定的“黑白合同”情形;故对双方当事人的权利义务仍应按实际中标的那份合同进行调整。

【法律法规链接】

《招投标法》第46条,《合同法》第52条、第109条。

52. 法定代表人签字是不是施工合同生效的必要条件?

《合同法》第45条规定:“当事人对合同的效力可以约定附条件。附生效条件的合同,自条件成就时生效。”因此,合同生效的方式属于合同双方当事人可以进行约定的内容,如签字生效、盖章生效、公证生效、附条件生效、附期限生效等。在合同中,如未约定必须法定代表人签字生效,则单位盖章、具有特别授权的人签字都可以成为合同生效的条件。实践中,建设工程合同的订立,大多以单位盖章加有权人签字为主要方式。因此,法定代表人签字不是施工合同生效的必要条件。但如当事人特别约定以法定代表人签字生效,则从约定。

【案例】

2010年4月6日,被告康丰纺织厂与原告顺林建筑公司签订了建设工程施工合同。双方在合同中约定,合同须同时具有法定代表人签字与单位盖章才能生效。因签订合同时,被告法定代表人李某在外地考察,故该厂仅在合同上加盖了单位公章。后李某考察回来,认为合同中有关条款不符合公平原则,遂拒绝在合同上签字。原告要求履行合同遭拒后,向法院提起诉讼,要求确认合同有效,并由被告承担继续履行义务。

法院经审理认为:法定代表人签字虽不是施工合同生效的必要条件,但如双方当事人在合同中约定以法定代表人签字为生效条件时,应当按约定处理。本案中,双方当事人已作出以法定代表人签字为合同生效条件之一的约定,现被告法定代表人未签字,双方合同的生效条件未成就,故对原告要求确认合同有效,并由被告承担继续履行义务的主张不予支持。法院遂判决驳回原告的诉讼请求。

【分析解答】

《合同法》第45条规定:“当事人对合同的效力可以约定附条件。附生效条件的合同,自条件成就时生效。”法定代表人签字不是施工合同生效的必要条件,但由于合同生效的方式属于合同双方当事人可以进行约定的内容,故当事人作出以法定代表人签字作为合同生效条件时,根据约定优先原则,如所附该条件未成就,则合同不能生效。本案便是这种情形。

【法律法规链接】

《合同法》第45条。

53. 垫资合同(条款)是否有效?

建设部、国家计委、财政部于1996年曾发布《关于严格禁止在工程建设中带资承包的通知》,因此,审判实践中,法院一度对建设工程合同中垫资、带资条款作无效约定进行处理。《合同法》施行后,明确规定只有违反法律、行政法规强制性规定的合同才无效,因此,《施工合同解释(一)》第6条规定:“当事人对垫资和垫资利息有约定,承包人请求按约定返还垫资及其利息的,应予支持,但是约定的利息计算标准高于中国人民银行发布的同期同类贷款利率的部分除外。当事人对垫资没有约定的,按工程欠款处理。当事人对垫资利息没有约定,承包人请求支付利息的,不予支持。”上述规定表明,垫资条款原则上按有效处理。

【案例】

2014年4月9日,被告安丰针织公司与原告华安建筑公司签订建设工程承包合同,合同约定由原告为被告包工包料建设针织生产车间大楼,合同采用2000万元总价合同,工程款由原告垫资施工,竣工验收合格后结清。2014年12月10日,工程竣工验收合格结算时,因双方对垫资利息在合同中没有明确约定,双方为此产生异议,原告遂诉至法院,要求被告支付工程款2000万元,并按银行贷款利率承担垫资利息。被告应诉后,抗辩称因双方未明确约定承担利息,故应视为无利息,因此不同意付息。

法院经审理认为:双方当事人签订的合同及垫资条款是双方的真实意思表示,且不违反法律、法规的强制性规定,故应当认定为有效合同。根据“当事人对垫资利息没有约定,承包人请求支付利息的,不予支持”的司法解释规定,本案中,原、被告签订建设工程承包合同时虽约定了垫资数额,但对垫资利息没有约定。因此,对原告要求被告承担垫资利息的主张不予支持。原告已完成合同约定的工程任务,其要求支付工程款理由正当,应予支持。遂判决被告支付原告工程款2000万元,并驳回了原告要求被告承担垫资利息的诉讼请求。

【分析解答】

《合同法》规定,违反法律、行政法规强制性规定的合同无效。垫资承包工程虽然是一些政府文件禁止的行为,但由于该政府文件不属于法律、法规,故也不是法院认定合同及合同条款是否有效的法定依据。因此,本案垫资承包工程不影响建设工程合同效力的认定。对于垫资利息问题,因《施工合同解释(一)》第6条有“当事人对垫资利息没有约定,承包人请求支付利息的,不予支持”的明确规定,故法院在原、被告对此没有明确约定的情况下,判决不予支持是正确的。

【法律法规链接】

《合同法》第44条、第109条,《施工合同解释(一)》第6条。

54. 什么是代建制？代建的建设工程合同纠纷责任如何承担？

代建制是指建设单位通过公开招标等方式择定专业项目建设管理单位即代建单位，由该代建单位负责建设工程项目前期阶段和建设实施阶段的组织管理、项目投资控制、质量和工期监督等工作，并在工程竣工验收合格后移交给建设单位的制度。

代建的建设工程合同中，建筑物的所有权人即项目业主为委托人，代建人是建设工程合同发包人，他们之间的法律关系为委托代建关系。根据《合同法》第402条关于"受托人以自己的名义，在委托人的授权范围内与第三人订立的合同，第三人在订立合同时知道受托人与委托人之间的代理关系的，该合同直接约束委托人和第三人，但有确切证据证明该合同只约束受托人和第三人的除外"的规定及《合同法》第403条关于"受托人以自己的名义与第三人订立合同时，第三人不知道受托人与委托人之间的代理关系的，受托人因第三人的原因对委托人不履行义务，受托人应当向委托人披露第三人，委托人因此可以行使受托人对第三人的权利，但第三人与受托人订立合同时如果知道该委托人就不会订立合同的除外。受托人因委托人的原因对第三人不履行义务，受托人应当向第三人披露委托人，第三人因此可以选择受托人或者委托人作为相对人主张其权利，但第三人不得变更选定的相对人"的规定，在建设项目代建制下产生建设工程合同纠纷时，通常无论施工单位是否知晓项目实际业主的存在，项目实际业主均可列施工单位为被告，并直接行使建设工程施工合同项下的归属于代建方的权利，要求施工单位承担相应的合同责任。施工单位作为原告主张权利时，要区分签订建设工程施工合同时知道或不知道项目实际业主存在的情况。如知道，施工单位可以以代建方和项目业主为共同被告，要求他们承担相应的合同责任；如不知道，施工单位在代建方向其披露委托人后，只能对代建方和项目业主择其一主张权利，要求被择定的人承担相应的合同责任；这就是显名代建与隐名代建法律责任承担的主要区别。

【案例】

2014年4月5日，被告飞霞化工厂与被告安淮投资公司签订新厂区代建合同，合同约定由安淮投资公司全权负责新厂区工程项目管理。合同签订后，安淮投资公司以自己名义与原告蓝天建筑公司签订建设工程施工合同，将工程发包给其施工，工程采用5800万元总价合同。2015年3月10日，工程竣工验收合格结算时，因飞霞化工厂后期资金未能及时筹措到位，安淮投资公司无法与蓝天建筑公司结清工程款。蓝天建筑公司遂将安淮投资公司诉至法院，要求其按施工合同支付工程尾欠款820万元。案件审理期间，安淮投资公司向原告披露了其是飞霞化工厂新厂区工程项目代建人，并向法院申请追加委托人飞霞化工厂为被告。法院在原告作出选择飞霞化工厂作为承担责任人后依法进行了追加。

法院经审理认为：飞霞化工厂与安淮投资公司签订新厂区代建合同，故双方系委托代建法律关系。安淮投资公司与原告签订建设工程合同和进行施工管理，系受飞霞化工厂的委托和授权行使的代理行为，由此产生的合同权利义务应由委托人飞霞化工厂承担。安淮投资公司从事代建活动，未违反代理权限规定，原告在案件审理期间已选择飞霞化工厂为承担责任主体，故应由飞霞化工厂承担工程款支付责任，安淮投资公司作为代建人不应承担责任。遂判决被告飞霞化工厂支付原告工程款820万元，驳回原告对安淮投资公司的诉讼请求。

【分析解答】

代建制本质上属于委托代理法律关系，故应当适用委托代理相关法律规定。本案安淮投资公司虽是建设工程的名义发包人，但根据《合同法》第403条关于"受托人因委托人的原因对第三人不履行义务，受托人应当向第三人披露委托人，第三人因此可以选择受托人或者委托人作为相对人主张其权利，但第三人不得变更选定的相对人"的规定，原告在案件审理期间已经选定飞霞化工厂为承担责任主体，故只能要求被择定的飞霞化工厂承担相应的合同责任。

【法律法规链接】

《合同法》第44条、第109条、第403条。

55. 施工合同让利承诺书效力如何认定？中标人作出的以明显高于市场价格购买承建房产、无偿建设住房配套设施、向建设方捐款等承诺是否有效？能否以"显失公平"为由要求返还让利？合同一方当事人以贿赂损害对方权益的，如何处理？

施工合同让利承诺书通常是指施工人对发包人发包给其的工程，承诺在正常工程造价的基础上，按一定比例作出让步，从而为减少工程总造价所出具的书面文件。对让利承诺书的效力应分两种情况对待：(1)必须招投标的工程。根据《招投标法》第46条关于"招标人和中标人应当自中标通知书发出之日起三十日内，按招标文件和中标人的投标文件订立书面合同。招标人和中标人不得再行订立背离合同实质性内容的其他协议"的规定，施工合同承包人的让利行为是在双方当事人按招投标文件签订建设工程合同时或之后作出的，让利的结果是减少了工程价款，而工程价款又是建设工程合同的实质性内容，因此，此时的让利承诺书实质是对工程价款的变更，相当于承、发包双方对工程价款作出的补充协议。它背离了中标合同的实质性内容，违反了法律的强制性规定，类似于"黑合同"，故应认定为无效。(2)非须招投标的工程。由于《招投标法》第46条规定是针对必须招投标的工程所作出的禁止性规定，而对非须招投标的工程，该法及其他相关法律并未作出禁止性规定,而让利承诺又是当事人对自身收益所作出的自愿处分,属于意思自治范畴。在不违反法律、法规的强制性规定情况下,应认定为有效。

中标人作出的以明显高于市场价格购买承建房产、无偿建设住房配套设施、向建设方捐款等承诺,其与让利承诺书属于异曲同工,实质也是对工程价款的一种变更,属于变相降低工程价款,同样背离了中标合同的实质性内容,违反了法律的强制性规定,故也应与让利承诺书一样认定为无效。最高人民法院《施工合同解释(二)》第1条第2款对上述这种种变相降低工程价款的情况也作出了明确规定:“招标人和中标人在中标合同之外就明显高于市场价格购买承建房产、无偿建设住房配套设施、让利、向建设单位捐赠财物等另行签订合同,变相降低工程价款,一方当事人以该合同背离中标合同实质性内容为由请求确认无效的,人民法院应予支持。”

必须招投标的工程,因让利承诺书无效,故当事人可以让利行为无效为由主张返还。对非须招投标的工程,因让利承诺是当事人对自身收益所作出的自愿处分,属于意思自治范畴,基于影响工程成本和工程利润核算的不确定因素繁多,因此实践中很难准确认定一般的让利行为是否构成显失公平,故通常情况下不能以“显失公平”为由要求返还让利。当然,如果让利导致工程价款明显低于工程成本价的,当事人可以请求法院变更或撤销让利。

合同当事人不得以贿赂或变相贿赂的方式,谋取非法利益或损害对方权益。因一方合同当事人的贿赂造成对方损失的,应赔偿损失,并承担相应的法律责任。

【案例】

2010年1月5日,被告仁丰医院对外招标将住院部大楼工程发包,原告汉和建工公司中标,工程总价为980万元。在与被告签订中标施工合同时,被告提出要求原告向其捐款80万元。原告为不使工程泡汤,遂违心出具承诺书答应被告要求。中标合同签订后,原告组织施工。2011年4月3日,工程竣工验收合格结算时,因被告仁丰医院又提出要求原告让利20万元,与捐款一并从工程欠款中扣减,遭到原告的拒绝,被告遂拖欠工程尾款360万元的结算。原告催要未果,遂将被告诉至法院,要求其按施工合同支付全部工程欠款。

法院经审理认为:原、被告按招投标签订的中标合同系双方真实意思表示,应当认定为有效合同。被告在签订中标合同时要求原告进行捐款,变相对工程价款进行变更,属于改变了中标合同的实质性内容,应认定为无效,故对被告要求从工程欠款中扣除捐款的主张不予支持。法院遂判决被告仁丰医院支付原告工程全部尾欠款360万元。

【分析解答】

《招投标法》第46条规定:招标人和中标人应当按招标文件和中标人的投标文件

订立书面合同,不得再行订立背离合同实质性内容的其他协议。原国家发展计划委员会发布的《工程建设项目招标范围和规模标准规定》即“3 号令”(2000 年 5 月 1 日起施行,2018 年 6 月 1 日废止)将科教文卫体项目是作为必须招标的基础设施和公用事业项目范围来规定的,本案纠纷发生于该文件生效期间,因此,本案工程属于关系到社会公共利益的必须招标工程,被告在中标通知发出后,要求原告向其捐款,目的是减少工程价款,而工程价款又是中标合同的实质性内容,承诺捐款实质是对工程价款的变更,它背离了中标合同的实质性内容,违反了法律的强制性规定,故应认定为无效。本案的裁判发生于国家发展改革委公布的《必须招标的工程项目规定》即“16 号令”(2018 年 6 月 1 日起施行,现行有效)及配套文件《必须招标的基础设施和公用事业项目范围规定》即“843 号文”(2018 年 6 月 6 日起施行,现行有效)施行之前,故法院判决认定本案合同无效是正确的。

【法律法规链接】

《招投标法》第 46 条,《合同法》第 44 条、第 52 条、第 109 条,《施工合同解释(二)》第 1 条。

56. 农民工队伍包清工合同效力如何认定?

农民工队伍包清工,就是指进行包工不包料的劳务分包。《建筑业企业资质管理规定》第 3 条规定:“企业应当按照其拥有的资产、主要人员、已完成的工程业绩和技术装备等条件申请建筑业企业资质,经审查合格,取得建筑业企业资质证书后,方可在资质许可的范围内从事建筑施工活动。”第 5 条规定:“建筑业企业资质分为施工总承包资质、专业承包资质、施工劳务资质三个序列。”由此可见,施工劳务分包作业也必须具有作业资质。《施工合同解释(一)》第 7 条也规定:“具有劳务作业法定资质的承包人与总承包人、分包人签订的劳务分包合同,当事人以转包建设工程违反法律规定为由请求确认无效的,不予支持。”因此,农民工队伍包清工,如果具有劳务作业资质,其所签的劳务分包合同具有法律效力。如果不具有劳务作业资质,其所签的劳务分包合同便不具有法律效力,但审判实践中,农民工追索劳动报酬的,不受合同效力的影响。

【案例】

2014 年 6 月 30 日,被告天驰公司将公司员工健身活动中心工程发包给被告南港建筑公司承建。施工合同签订后,南港建筑公司与原告梁某农民工工程队签订劳务分包合同,约定将工程中的钢筋切割、成型、扎笼等劳务以包清工形式分包给原告工程队施工。2015 年 1 月 5 日,工程竣工验收合格并交付使用,因天驰公司未与南港建筑公司结清工程款,南港建筑公司便也拖欠原告劳务费。原告催要未果,遂将两被告诉至法院,要求支付劳务费 76 万元。

法院经审理认为:南港建筑公司与原告梁某农民工工程队签订劳务分包合同,因该工程队没有劳务作业专业资质,故双方签订的劳务分包合同无效,但农民工追索劳动报酬不受合同无效的影响,且所提供的劳务工程质量符合合同约定要求,故原告要求南港建筑公司支付劳务费的主张应予支持。因天驰公司欠付南港建筑公司工程款远超本案劳务欠费金额,故天驰公司依法应在欠付工程款范围内与南港建筑公司承担连带清偿责任。法院遂判决被告南港建筑公司支付原告劳务费76万元,被告天驰公司对此承担连带清偿责任。

【分析解答】

《施工合同解释(一)》第7条规定:"具有劳务作业法定资质的承包人与总承包人、分包人签订的劳务分包合同,当事人以转包建设工程违反法律规定为由请求确认无效的,不予支持。"因此,农民工队伍包清工,如果具有劳务作业资质,其所签的劳务分包合同具有法律效力;反之则无效。本案梁某农民工工程队无作业资质,故其与被告南港建筑公司签订的劳务分包合同应当认定无效。

【法律法规链接】

《合同法》第52条,《施工合同解释(一)》第2条、第7条、第26条。

57. 招标人强行将不属于招标范围的工程订入施工合同的行为是否产生效力?

《招投标法》第46条规定:"招标人和中标人应当自中标通知书发出之日起三十日内,按照招标文件和中标人的投标文件订立书面合同。招标人和中标人不得再行订立背离合同实质性内容的其他协议。"招标人强行将不属于招标范围的工程订入施工合同的行为,是未按招标文件和中标人的投标文件订立书面合同的行为,它变更了招标内容,属于订立背离中标合同实质性内容的其他协议,违反了《招投标法》规定,应属于无效的条款,审判实践中对此可按无效建设工程合同的相关规定进行处理。

【案例】

2010年3月3日,被告光明小学对外招标,拟将教学楼工程对外发包。原告安丰建筑公司投标并中标,双方签订中标建设工程施工合同时,被告要求原告附带施工校园学生超市房屋,并将该施工订入中标合同。原告虽不情愿,但迫于压力便签订了合同。2011年8月1日,工程竣工验收合格结算时,原告要求对校园学生超市房屋另行结算;被告则以该房屋属于中标工程合同内容,主张中标价款已将其包含。双方遂发生纠纷,原告诉至法院,要求支付教学楼工程尾欠款360万元、学生超市房屋工程款232万元。案件审理期间，法院经原告申请对学生超市房屋进行造价鉴定，鉴定工程款229万元。

法院经审理认为：被告强行将不属于招标范围的工程订入施工合同的行为，变更了招标内容，背离了中标合同实质性内容，应属于无效条款。因学生超市房屋质量合格，双方当事人对此没有约定工程价款，故应按实结算。遂判决被告支付原告教学楼工程尾欠款360万元、小卖部房屋工程款229万元。

【分析解答】

《招投标法》第46条规定：招标人和中标人应按招标文件和中标人的投标文件订立书面合同，不得再行订立背离合同实质性内容的其他协议。本案中，被告在签订中标合同时，不按招标文件和中标人的投标文件订立书面合同，强行将不属于招标范围的工程订入施工合同，其行为违反了《招投标法》规定，故应属于无效条款。

【法律法规链接】

《招投标法》第46条，《合同法》第109条，《施工合同解释（一）》第2条。

58. 施工合同无效损失范围如何确定？

一般情况下，在合同被确认无效以后，赔偿损失责任以"尽可能恢复合同签订前的状态"为原则。根据《合同法》等相关法律规定，施工合同被确认无效后，合同当事人的利益受到了损害，因此，造成合同无效的过错方应当赔偿对方的利益损失。利益损失赔偿范围应当包括直接损失和间接损失。从审判实践情况看，直接损失主要包括三个方面：（1）用于缔约的合理费用，如招标、投标费用等；（2）准备履约和已实际履约所支出的合理费用，如为施工运送机械设备或雇工所支出的费用、投资款、建材价款、劳务费、设备租赁费、工程施工费用等；（3）因上述支出费用而失去的利息及因建设工程合同无效而赔偿相关第三人的损失费用，如贷款利息、对第三人赔偿金等。间接损失主要是指因合同无效使受害人失去的各种机会利益。间接损失由于较难确定，通常只有在一定的条件下才予以赔偿。间接损失主要包括：（1）因信赖合同有效成立而放弃获利机会的损失，即丧失与第三人另订合同机会所蒙受的损失；（2）误工收入；（3）其他可得利益损失等。

但值得注意的是，无效合同间接损失赔偿的范围仅限于信赖利益的损失，与合同违约赔偿的是期待利益损失不同。合同被确认无效后，当事人所应获得的信赖利益赔偿数额不应超过合同有效且得到实际履行的情况下所应获得的全部利益。基于此，承包人的间接损失一般应仅限于工程成本和合同约定价款之间的差价；如果合同约定价款低于工程成本的，则不赔偿其利润损失。

另外，最高人民法院《施工合同解释（二）》第3条规定：建设工程施工合同无效，一方当事人请求对方赔偿损失的，应当就对方过错、损失大小、过错与损失之间的因果关系承担举证责任。损失大小无法确定，一方当事人请求参照合同约定的质量标准、建设工期、工程价款支付时间等内容确定损失大小的，人民法院可以结合双方过错程度、过错与损失之间的因果关系等因素作出裁判。同时，根据最高人民法院 2019 年 11 月 8 日发布的《九民纪要》第 32 条、第 35 条等规定精神，在确定损害赔偿范围时，既要根据当事人的过错程度合理确定责任，又要考虑在确定财产返还范围时已经考虑过的财产增值或者贬值因素，避免双重获利或者双重受损的现象发生，更不能使不诚信的当事人因合同无效而获益。

【案例】

2010 年 11 月 12 日，被告天龙体育用品公司拟建销售门市，便与原告致远建工公司签订建设工程施工合同，将工程发包给原告施工。合同签订后，原告正准备组织施工，当地建设部门以被告工程未取得行政规划许可等审批手续为由通知原、被告不得进行工程施工。原告为此找被告交涉，被告表示短期内无法取得规划许可。原告要求被告赔偿损失，遭到被告的拒绝。原告遂提起诉讼，要求确认合同无效和赔偿损失。

法院经审理认为：被告未取得建设规划许可即与原告进行工程发包建设，违反了法律的强制性规定，双方所签合同应属无效合同，合同无效工程不再履行。因法律规定工程规划审批手续由建设单位负责办理，故被告对此存在过错，应当承担合同无效给原告造成的直接损失和间接损失。经核定，原告直接损失有：(1)为订立本案合同支付文件材料复印费用、食宿费、工作人员差旅费计 1260 元；(2)为准备施工运送机械设备至施工现场支出运输费用及人工搬运费用、施工设备租赁费计 3982 元；(3)为施工提取流动资金而失去的利息、及因建设工程合同无效而赔偿劳务分包人损失费用 16700 元。间接损失有：因本案合同而拒绝其他合同损失收入 10058 元。上述各项合计 3.2 万元。法院遂判决被告承担原告各项损失合计 3.2 万元。

【分析解答】

建设工程合同无效赔偿损失责任是以“尽可能恢复合同签订前的状态”为原则。根据《合同法》等相关法律规定，施工合同被确认无效后，合同当事人的利益受到了损害，因此，造成合同无效的过错方应当赔偿对方的利益损失。利益损失赔偿范围应当包括直接损失和间接损失。本案中，被告在订立建设工程合同时，隐瞒了其未取得建设工程规划许可事实，致双方所签合同无效，被告存在缔约过失，应当承担缔约过失责任，即赔偿因合同无效给原告造成的直接损失和间接损失，使原告利益恢复到签订本案合同前的状态。

【法律法规链接】

《合同法》第 42 条,《施工合同解释(二)》第 3 条。

59. 名为分包实为转包的施工合同效力如何认定?

转包与分包具有质的区别:转包是承包人自己并不实际履行合同,而是将合同工程全部倒手或将其合同工程全部肢解以后以分包的名义转让给他人履行;分包是承包人将其承包工程的某一部分或几部分分包给其他承包人,但承包人仍要就承包合同义务的履行向发包人负责。工程分包经发包人同意后法律是允许的,但转包是法律所禁止的。名为分包实为转包的施工合同,双方当事人所签订的所谓分包合同既没有依法经过发包人同意,也不会由原合同承包人实际履行。建设部《房屋建筑和市政基础设施工程施工分包管理办法》第 14 条规定:分包工程发包人将工程分包后,未在施工现场设立项目管理机构和派驻相应人员,并未对该工程的施工活动进行组织管理的,视同转包行为。因此,这种分包合同不符合工程分包的合法条件,属于变相的转包施工行为,违反了《建筑法》第 28 条关于"禁止承包单位将其承包的全部建筑工程转包给他人,禁止承包单位将其承包的全部建筑工程肢解以后以分包的名义分别转包给他人"的规定,根据《施工合同解释(一)》第 4 条关于"承包人非法转包、违法分包建设工程或者没有资质的实际施工人借用有资质的建筑施工企业名义与他人签订建设工程施工合同的行为无效"的规定,对名为分包实为转包的施工合同应认定为无效。

【案例】

2014 年 5 月 12 日,被告康乃馨内衣制品公司将新建 3 座厂房工程发包给天元建筑公司承包施工。天元建筑公司在工程承包合同签订后,未经康乃馨内衣制品公司同意便将所承包的 3 座厂房工程分别分包给林某、方某、杨某三个工程队各施工 1 座,自己则坐收管理费获利,并不参与施工活动和进行管理。工程竣工验收后,因康乃馨内衣制品公司拖欠工程款,天元建筑公司便也拖欠林某、方某、杨某分包工程款。林某、方某、杨某遂起诉要求天元建筑公司与康乃馨内衣制品公司共同支付工程款合计 1680 万元。

法院经审理认为:天元建筑公司签订承包合同后,自己不履行合同约定的责任和义务,将其承包的全部建设工程分包给没有资质的三个原告,且分包后,未在施工现场进行组织管理,其与工程队所签合同名为分包,实为转包,该分包合同因违反法律规定而无效。因原告所承建工程验收合格,其请求按分包合同约定价款结算应予支持。康乃馨内衣制品公司欠付天元建筑公司工程款超过原告诉讼数额,故应承担工程款支付连带责任。法院遂判决由被告天元建筑公司支付三原告工程款1680万元,被告康乃馨内衣制品公司对上述工程款支付负连带清偿责任。

【分析解答】

《施工合同解释(一)》第4条规定:承包人非法转包、违法分包建设工程签订的建设工程施工合同的行为无效。本案中,天元建筑公司在承包工程后,自己不进行施工和管理,而将其承包的全部建设工程以分包的名义分别转让给三原告施工,使三原告成为该建设工程的实际承包人,属于名为分包、实为转包行为,故法院据此按无效建设工程合同进行处理是正确的。

【法律法规链接】

《建筑法》第28条,《施工合同解释(一)》第4条、第26条。

60. 基础工程是否可以分包?如果约定基础工程由承包人自己完成,承包人与其他基础专业施工单位签订的分包合同是否有效?总承包人将包含主体工程的部分工程转包自己的子公司是否构成违法分包?

《建筑法》第29条规定:"施工总承包的,建筑工程主体结构的施工必须由总承包单位自行完成。"由上述规定可以得出,建筑工程主体结构不能分包,但基础工程与主体结构并不是同一概念,因为建筑工程内容通常包括地基与基础工程、土石方工程、结构工程、屋面工程、内外部的装饰装修工程、安装工程等。对照《建筑业企业资质等级标准》,专业承包范围分为地基与基础工程专业承包、土石方工程专业承包、建筑装修装饰工程专业承包等数十种类型,因此,基础工程是可以分包的,特别是桩基础工程是需要专业的公司施工,总承包企业往往并没有这个资质。

如果承、发包双方约定基础工程由承包人自己完成,承包人不应违反合同约定将基础工程交由其他基础专业施工单位施工。因工程分包须经发包人同意,故承包人违反约定将基础工程交由其他基础专业施工单位施工的行为属违法分包,所签订的分包合同无效。

《建筑法》第29条规定:"施工总承包的,建筑工程主体结构的施工必须由总承包单位自行完成。"这是强制性规定,除总承包人自行施工外,建筑工程主体结构的施工不能分包给其他任何单位,即使自己的子公司也不行。如总承包人违反上述法律规定,则构成违法分包。

【案例】

2014年1月4日,原告喜来乐公司将自己投资兴建的物流集散中心大楼建筑工程发包给被告中州建安公司(总承包特级资质)。双方签订施工合同中特别约定：大楼地基基础和主体结构须由中州建安公司自行完成。合同签订后，中州建安公司未经喜来乐公司同意，便擅自将地基基础施工分包给固金汤基础建设工程公司（专业承包二级资质）施工。工程施工期间，原告知悉后，与被告交涉未果，遂起诉要求确认分包合同无效。

法院经审理认为：双方当事人应当按合同约定，全面履行自己的合同义务。本案中，原告喜来乐公司与被告中州建安公司在施工合同中约定大楼地基基础须由中州建安公司自行完成，中州建安公司未按合同执行构成违约行为。同时，由于中州建安公司在未经发包人同意即将工程分包他人，属违法分包行为，依法应当认定分包行为无效。法院遂判决确认被告中州建安公司与固金汤基础建设工程公司签订的基础工程分包合同无效。

【分析解答】

《合同法》第60条规定："当事人应当按约定全面履行自己的义务。"本案中，原告喜来乐公司与被告中州建安公司特别约定基础工程由中州建安公司自行完成，中州建安公司不应违反合同约定将基础工程交由其他基础专业施工单位分包施工，其做法既是违约行为，又因工程分包未经发包人同意而构成违法分包，根据《施工合同解释（一）》第4条关于"承包人非法转包、违法分包建设工程签订的建设工程施工合同的行为无效"的规定，法院判决确认分包合同无效是正确的。

【法律法规链接】

《合同法》第60条，《建筑法》第29条，《施工合同解释（一）》第4条。

61. 总承包人将多少比例工程分包他人即构成违法分包？总承包人将一些施工企业作为项目部编入自己公司名下，这种承包施工是分包还是内部承包？

《建筑法》及其他相关法律、法规、司法解释等并未对违法分包的构成作出比例性规定，只要具有国务院《建设工程质量管理条例》第78条规定如下情形，即构成违法分包：(1)总承包单位将建设工程分包给不具备相应资质条件的单位的；(2)建设工程总承包合同中未有约定，又未经建设单位认可，承包单位将其承包的部分建设工程交由其他单位完成的；(3)施工总承包单位将建设工程主体结构的施工分包给其他单位的；(4)分包单位将其承包的建设工程再分包的。

工程分包、违法分包和内部承包的区分，主要是看施工人与总承包人之间是否真正存在管理与被管理的行政隶属关系，如施工人与总承包人之间具有人事、财务、劳动、工资、福利、保险等真正的管理与被管理的行政隶属关系，则是内部承包；反之，如施工经发包人同意，施工人又有资质的，则是工程分包；除此之外即是名为内部承包实为违法分包或挂靠施工。对总承包人将一些施工企业作为项目部编入自己公司名下进行承包施工的性质问题,可根据上述情况进行判断。

【案例】

2010年3月28日,原告恒友化纤有限公司拟建流水作业车间5个,便与环宇建工公司签订了建设工程施工合同。合同签订后,环宇建工公司将其中1个车间的施工分包给无资质的方某承建。工程竣工验收合格交付使用一年后,原告发现方某承建的车间出现墙体开裂等问题。于是找环宇建工公司交涉,环宇建工公司让原告找方某要求维修,而方某则又将责任推给环宇建工公司。原告遂将环宇建工公司与方某一并起诉,要求两被告共同承担质量修复责任。案件审理期间,经法院委托鉴定,车间出现墙体开裂等问题系方某地基基础施工缺陷等原因所致,修复费用需36万元。庭审中,原告主张环宇建工公司违法分包工程,应当承担主要责任;对此,环宇建工公司辩称,其只是将少部分工程分包给方某,不应认定为违法分包,不应承担责任;而方某则认为自己是以环宇建工公司名义承建工程的,责任应由环宇建工公司承担。

法院经审理认为:建筑施工企业对工程的施工质量负责,并承担质量维修义务。环宇建工公司将其所承包的建设工程分包给不具备相应资质条件的方某承建,构成违法分包,双方所签订的分包合同无效。因法律、法规、司法解释等并未对违法分包的构成作出比例性规定,故环宇建工公司辩称将少部分工程分包不应认定为违法分包的主张于法无据,依法不予采纳。本案工程质量问题发生在工程质量保修期内,故被告应当承担保修责任。环宇建工公司与方某对违法分包的形成均有过错,也是导致施工质量问题的原因之一。根据施工企业对工程质量负责和质量责任过错归责原则,法院遂判决环宇建工公司承担30%修复费用,即10.8万元;方某承担70%修复费用,即25.2万元;两被告负连带责任。

【分析解答】

违法分包是以行为定性的一种事实认定,即只要具有法律、法规规定的违法分包情形,实施了违法分包情形所规定的行为,便构成违法分包;法律、法规、司法解释等并无对违法分包的构成作出比例性或规模性的规定。因此,本案中,环宇建工公司辩称将少部分工程分包不应认定为违法分包的主张于法无据,法院对其主张不予采纳是正确的。

【法律法规链接】

《建筑法》第29条、第55条、第58条、第62条,《建设工程质量管理条例》第78条,《施工合同解释(一)》第4条。

62. 外省施工单位未取得本省建筑市场准入许可所订立的施工合同效力如何?

建设部、国家工商总局曾在《建筑市场管理规定》第15条规定:"跨省、自治区、直辖市承包工程或者分包工程、提供劳务的施工企业,须依照《施工企业资质管理规定》,持单位所在地省、自治区、直辖市人民政府建设行政主管部门或者国务院有关主管部门出具的外出承包工程证明和本规定第14条规定的证件,向工程所在地的省、自治区、直辖市人民政府建设行政主管部门办理核准手续,并到工商行政管理等机关办理有关手续。"但该《建筑市场管理规定》已于2011年1月26日被国家住房和城乡建设部清理和废止;另外,根据《合同法司法解释(一)》第4条关于"合同法实施以后,人民法院确认合同无效,应当以全国人大及其常委会制定的法律和国务院制定的行政法规为依据,不得以地方性法规、行政规章为依据"的规定,因《建筑市场管理规定》系行政规章并被废止,因此,违反该规章签订的建设工程合同不能确认为无效合同。

【案例】

2014年3月1日,被告新淮商业投资公司拟建金天地商业中心,便与原告广东中港建安公司签订了建设工程施工合同,将该工程发包给原告施工。2015年3月30日,工程竣工验收合格交付使用,但被告一直拖欠最后一期应付工程款1500万元,原告催要未果后,遂向法院起诉,要求被告付款并承担违约金50万元。被告应诉后,以原告系外省施工企业,未办理本省建筑市场准入许可手续所订立的施工合同无效为由拒不承担违约金。

法院经审理认为:是否办理本省建筑市场准入许可手续不是法院认定合同效力的判断标准,被告以此主张合同无效无法律依据。本案合同系双方当事人的真实意思表示,内容合法,应认定为有效合同。法院遂判决被告新淮商业投资公司支付原告工程尾款1500万元,并承担约定违约金50万元。

【分析解答】

《合同法司法解释(一)》第4条规定:"合同法实施以后,人民法院确认合同无效,应当以全国人大及其常委会制定的法律和国务院制定的行政法规为依据,不得以地方性法规、行政规章为依据。"外省施工单位跨省承接工程须办理工程所在地本省建筑市场准入许可手续是由政府部门规章等行政管理规范性文件规定的,不是法律、法规的强制性规定,因此,违反该规定,可依法进行行政处罚,但并不必然导致合同无效,故本案合同应当认定为有效合同。

【法律法规链接】

《合同法》第44条、第109条,《合同法司法解释(一)》第4条。

第四章 工程工期问题

63. 审理建设工程施工合同通常应当查明的工期节点有哪些?

审理建设工程施工合同通常应当查明的工期节点有:开工日期、竣工日期、验收日期、交付日期、使用日期。如工程价款实行按工程进度付款的,还应当查明各个进度完工日期,如地基及基础完工、地下主体完工、地上约定层数完工、主体封顶、粗装修及机电安装完工、精装修完工、室外管网完工、室外景观及道路围墙完工等。

64. 开工日期、竣工日期、验收日期、交付日期如何确定? 当事人对开工日期、实际竣工日期有争议的,如何处理? 对2013年版、2017年版《施工合同示范文本》关于“竣工日期”的规定与最高人民法院《施工合同解释(一)》关于“竣工日期”的规定不一致的,如何处理?

一、开工日期、竣工日期、验收日期、交付日期的确定

开工日期、竣工日期是施工进度计划中两大里程碑,是界定施工项目开始起点和完成终点的依据,两者之间的时间段即为工期。

1. 开工日期

包括计划开工日期和实际开工日期。

计划开工日期,是指合同协议书约定的开工日期;

实际开工日期,是指发包人或者监理人按照约定发出的符合法律规定的开工通知中载明的开工日期。

发包人或者监理人应在计划开工日期7日前向承包人发出开工通知,工期自开工通知中载明的开工日期起算。

除专用合同条款另有约定外,因发包人原因造成监理人未能在计划开工日期之日起90日内发出开工通知的,承包人有权提出价格调整要求,或者解除合同。发包人应当承担由此增加的费用和(或)延误的工期,并向承包人支付合理利润。

2. 竣工日期

包括计划竣工日期和实际竣工日期。

计划竣工日期,是指合同协议书约定的竣工日期。

实际竣工日期,是指工程经竣工验收合格的,以承包人提交竣工验收申请报

告之日为实际竣工日期，并在工程接收证书中载明；因发包人原因，未在监理人收到承包人提交的竣工验收申请报告 42 日内完成竣工验收，或完成竣工验收不予签发工程接收证书的，以提交竣工验收申请报告的日期为实际竣工日期；工程未经竣工验收，发包人擅自使用的，以转移占有工程之日为实际竣工日期。

3. 验收日期，是指发包人收到竣工验收报告后组织承包人、设计单位、监理等共同验收工程并签署竣工验收文件或证明的日期。竣工验收日期的确定应与竣工验收证明书载明的竣工验收日期一致。

4. 交付日期，是指承包人向发包人移交建筑物的日期。交付日期通常按双方当事人形成的交接手续确定。

二、审判实践中通常所称的"开工日期"是"计划开工日期"还是"实际开工日期"

审判实践中通常所称的"开工日期"一般情况下指向的是"实际开工日期"。

三、开工日期、实际竣工日期争议的处理

1. 开工日期争议的处理

出现开工日期争议的主要根源在于合同约定的开工时间与实际开工时间不一致。在工程纠纷中可能同时出现几个确定开工时间的书面文件之间记载不一致的情况，对此，审判实践中确定开工时间的基本原则是以事实为根据，即工程实际开工的时间点确定。审判实践中可分三种主要情况进行处理：(1)有开工通知的，以发包人或者监理人发出的开工通知载明的开工日期为实际开工日期；(2)无开工通知，但有其他相关证据证明实际开工日期的，对反映开工时间的其他文件证据的证明力可以按开工报告、会议纪要、施工许可证、合同、竣工验收报告、竣工验收备案表等这样的顺位优先进行确定；(3)无开工通知，亦无其他相关证据证明实际开工日期的，应当综合考虑开工报告、合同、施工许可证、竣工验收报告或者竣工验收备案表等载明的时间，并结合是否具备开工条件的事实，认定实际开工日期。

另外，工程建设实务中还存在"开工迟延""开工不能""开工提前"等特殊情形。对于这些特殊情形，可作如下处理：(1)开工迟延，工程出现开工通知中载明的开工日期开工延误的，如系承包人原因导致开工延误的，则以开工通知中载明的开工时间为实际开工日期；如系发包人或监理人原因导致开工延误的，则以真正开工日期为准；(2)开工不能，开工通知发出后，工程却尚不具备开工条件的，以开工条件具备的时间为实际开工日期；(3)开工提前，工程出现开工通知中载明的开工日期前承包人经发包人同意已经实际进场施工的，以实际进场施工时间为实际开工日期。

最高人民法院在《施工合同解释(二)》第 5 条中对开工日期争议如何处理也作出了较为详细的规定，但审判实践中还需要注意的是，施工前进行的工程地质勘察、平整场地、旧建筑物的拆除、临时建筑、施工用临时道路和水、电等日期不能算作正式的实际开工日期。

2. 实际竣工日期争议的处理

实践中，承、发包双方也经常对竣工时间产生争议，在双方都没有证据证明的情况下，应依据《施工合同解释(一)》第14条关于“当事人对建设工程实际竣工日期有争议的，按照以下情形分别处理：(一)建设工程经竣工验收合格的，以竣工验收合格之日为竣工日期；(二)承包人已经提交竣工验收报告，发包人拖延验收的，以承包人提交验收报告之日为竣工日期；(三)建设工程未经竣工验收，发包人擅自使用的，以转移占有建设工程之日为竣工日期。”

四、对2013年版、2017年版《施工合同示范文本》关于“竣工日期”的规定与最高人民法院《施工合同解释(一)》关于“竣工日期”的规定不一致的处理

2013年版、2017年版《施工合同示范文本》通用条款第13.2.2条规定：“工程经竣工验收合格的，以承包人提交竣工验收申请报告之日为实际竣工日期”；而最高人民法院《施工合同解释(一)》第14条规定：“建设工程经竣工验收合格的，以竣工验收合格之日为竣工日期”，从上面可以看出，两个文件对“竣工日期”的规定确实存在不一致情况。那么，法官裁判案件时到底以哪个规定为准绳呢？笔者认为，2013年版、2017年版《施工合同示范文本》仅是国家提倡采用的规范合同样本，它不具有强制适用的效力，而最高人民法院《施工合同解释(一)》是法院审理案件必须适用的、具有法律效力的司法依据，两者效力层级完全不是一个层面，在双方当事人没有约定适用2013年版、2017年版《施工合同示范文本》通用条款规定的情况下，应当适用《施工合同解释(一)》的规定裁判案件；如双方当事人已明确约定适用2013年版、2017年版《施工合同示范文本》通用条款的规定，则根据“约定优先”和“当事人意思自治原则”，适用2013年版、2017年版《施工合同示范文本》通用条款的规定进行裁判案件；即有约定从约定，无约定时从法定。亦即双方当事人没有约定适用2013年版、2017年版《施工合同示范文本》通用条款时，就不能用该通用条款第13.2.2条规定来对抗《施工合同解释(一)》第14条规定。

【案例】

2010年5月10日，被告万通电器公司与原告康城建筑公司签订了建设工程施工合同，将公司仓库工程发包给原告施工。双方合同约定，工程由原告垫资，工程款待工程竣工后一次结清；如逾期支付，则从竣工之次日起按银行贷款利率承担工程款利息。2010年10月1日，建设工程未经竣工验收，被告急于存放货物，便擅自对工程进行使用。后原告因被告一直拖欠工程款，遂向法院起诉，要求被告支付工程款260万元，并要求按合同约定承担银行利息。庭审中，被告以工程尚未验收无法确定竣工日期为由拒不承担工程款利息。

法院经审理认为：建设工程未经竣工验收，发包人擅自使用的，以转移占有建设工程之日为竣工日期。本案中，被告在工程未经验收合格的情况下，擅自使用了工程，故应当以其使用之日为竣工日期。原、被告签订的施工合同意思表示真

实，内容合法，故被告应当承担支付工程款及逾期付款利息。法院遂判决被告万通电器公司支付原告工程款260万元，并自2010年10月2日起，按中国人民银行同期同类贷款利率承担利息至工程款付清之日止。

【分析解答】

《施工合同解释(一)》第14条规定："当事人对建设工程实际竣工日期有争议的，按以下情形分别处理：……(三)建设工程未经竣工验收，发包人擅自使用的，以转移占有建设工程之日为竣工日期。"故本案法院判决认定的竣工日期是正确的。

【法律法规链接】

《合同法》第44条、第109条、第114条，《施工合同解释(一)》第14条。

65. 什么是工期？合理工期与定额工期关系如何确定？当事人违反工程建设强制性标准，任意压缩合理工期，降低工程质量标准的约定是否有效？

工期是指在合同协议书约定的承包人完成工程所需的期限，包括按照合同约定所作的期限变更。

合理建设工期，是指建设项目在正常的建设条件、合理的施工工艺、有效的人财物资源管理情况下，完成某一工程所应有的经济效益工期。它受在建项目的资源勘探、厂址选择、设备选型与供应、工程质量协作配合、生产准备等各种因素的制约。

定额工期，是指建设行政主管部门根据国家建筑安装工程质量检验评定标准、施工及验收规范等有关规定，按正常施工条件、合理的劳动组织，以施工企业技术装备和管理的平均水平为基础，结合各地区工期情况，在广泛调查研究的基础上制订并在一定时间内发布的工程项目建设所消耗的时间标准。定额工期是编制招标文件的依据，是签订建筑安装工程施工合同、确定合理工期及施工索赔的基础，也是施工企业编制施工组织设计、确定投标工期、安排施工进度的参考，具有一定的法规性，对具体建设项目的建设工期确定具有指导意义。

合理工期主要是根据定额工期进行计算，一般是以计算出来的工期作为施工工期。如果合同约定对工期进行缩短，那必须增加赶工补偿费用。通常情况下合同工期一般比定额工期短。

如当事人在订立合同时违反工程建设强制性标准，任意压缩合理工期，降低工程质量标准的，因该约定违反了建设工程质量第一的原则和国家法律、法规关于工程建设强制性标准的规定，法院应根据《建筑法》第52条"建筑工程勘察、设计、施工的质量必须符合国家有关建筑工程安全标准的要求"和第54条"建设单位不得以任何理由,要求建筑设计单位或者建筑施工企业在工程设计或者施工作业中,违反法律、行政法规和建筑工程质量、安全标准,降低工程质量”以及《建设工程安全生产管理条例》第7条“建设单位不得对勘察、设计、施工、工程监理等单位提出不符合建设工程安全生产法律、法规和强制性标准规定的要求,不得压缩合同约定的工期”的规定,认定此约定为无效。对此,最高人民法院《全国民事审判工作会议纪要》(法办〔2011〕442号)也作出了同上意见。

【案例】

2010年1月2日,被告康城中学将教学楼对外招标,为了赶当年9月新生入学使用,招标时将工期压缩,要求工程于2010年7月31日前竣工。后原告因近期工程业务缺乏急于揽活而参与投标并中标,与被告签订了施工合同。双方合同中约定,如工程延期竣工承担违约金1万元/天。施工期间,虽然原告一再督促赶工,但最终未能如期完工,直至同年11月1日才竣工验收合格交付使用。双方就工程款进行结算时,被告要求原告承担逾期竣工违约金,遭到原告拒绝,故被告也拖延结算工程尾款。后原告向法院起诉,要求被告支付工程尾款369万元。被告应诉后,则坚持要求原告按合同约定承担延期竣工违约金92万元。案件审理期间,原告主张双方约定的合同工期明显不合理,法院根据原告申请委托进行鉴定,测算该工程合理工期为360天,原告通过赶工,其竣工时间在合理工期许可范围。

法院经审理认为:根据《建筑法》规定,建设单位不得以任何理由要求施工企业违反工程质量、安全标准进行施工。本案被告为了早日使用合同工程,不顾施工质量、安全标准,任意压缩工期,以明显不合理的工期进行签订施工合同,违反了法律规定,因此双方合同中对工期的约定无效。原告为完成合同工程施工,已尽力赶工,其竣工时间在合理工期许可范围,不存在竣工延误问题,故对被告要求原告承担延期竣工责任的主张不予支持。法院遂判决被告支付原告工程尾款369万元。

【分析解答】

《建筑法》第52条规定:“建筑工程勘察、设计、施工的质量必须符合国家有关建筑工程安全标准的要求”,第54条规定:“建设单位不得以任何理由,要求建筑设计单位或者建筑施工企业在工程设计或者施工作业中,违反法律、行政法规和建筑工程质量、安全标准,降低工程质量”。《建设工程安全生产管理条例》第7条规定:“建设单位不得对勘察、设计、施工、工程监理等单位提出不符合建设工程安全生产法律、法规和强制性标准规定的要求,不得压缩合同约定的工期。”因此,双方当事人对工期的约定,应当符合建设工程安全生产规范要求,不能任意进行压缩。本案中,被告为早日使用工程,违背工程施工常规,将工期压缩近半,明显不符合安全生产规范要求。因此,该约定应当认定无效。

【法律法规链接】

《合同法》第 44 条、第 56 条、第 109 条,《建筑法》第 52 条、第 54 条。

66. 施工合同无效工期损失如何承担?

施工合同无效工期损失的承担应当区分两种情形:

一、施工合同无效,但建设工程经竣工验收合格或修复后验收合格的处理

可根据《施工合同解释(一)》第 2 条关于"无效合同有效处理"的原则,结合《合同法》第 284 条关于"因发包人的原因致使工程中途停建、缓建的,发包人应当采取措施弥补或者减少损失,赔偿承包人因此造成的停工、窝工、倒运、机械设备调迁、材料和构件积压等损失和实际费用"的规定,对工期损失也可参照合同约定并结合无效合同双方当事人过错责任酌情予以支持(这与无效合同违约金的处理不同)。如施工合同中约定工期损失赔偿标准的,可按约定标准进行处理。当然,如合同约定的赔偿标准明显过高或过低,当事人可以请求法院进行调整。如合同对工期损失赔偿标准没有约定或者约定不明时,工期损失应当以当事人的实际损失为准。从发包人角度来讲,因承包人原因导致工期延误而产生的实际损失主要包括延期向购房者交付房屋而承担的违约赔偿损失、房屋延期交付使用需要承租其他房屋而支付的租金损失、甲供材料价格的上涨而额外支付的费用损失以及其他实际损失等。从承包人角度来讲,因发包人原因导致工期延误而产生的损失主要包括人工费、材料费的涨价而额外支付的费用损失。主张损失的当事人应当就对方过错、损失大小、过错与损失之间的因果关系承担举证责任。

二、施工合同无效,但建设工程经竣工验收不合格的或修复后验收不合格的处理

可根据《施工合同解释(一)》第 3 条关于"修复后的建设工程经竣工验收不合格,承包人请求支付工程价款的,不予支持"的规定,无论当事人合同中是否约定工期损失,均不予支持。

【案例】

2014 年 3 月 3 日,某区政府经招商引资引进天成化工厂投资建设该厂某区分厂工程,为使项目早日建成投产,在区政府一路绿灯的关照下,被告天成化工厂在未取得建设用地规划许可证、建设工程规划许可证等审批手续的情况下便盲目上马,将新厂区建设工程发包给原告安原建安公司,先行进行开工建设。施工期间,经当地群众多次上访和反映,上级建设、规划主管部门便责令被告停工。后被告及区政府通过多方协调与努力,虽仍未取得规划等审批手续,但得以复工,不过此时已造成原告停工达 58 天。在停工期间,原告因被告一再承诺短期内即能解决相

关审批手续,故不敢轻易将机械、人工等转移。2014年8月10日,工程竣工验收交付结算时,原告要求被告承担停工损失,但遭到被告拒绝,双方为此产生纠纷。原告遂诉至法院,要求被告支付工程尾款350万元,并承担停工造成的损失26万元。

法院经审理认为:本案工程未办理相关规划、用地等审批手续即行进行施工,违反了法律的禁止性规定,故原、被告签订的建设工程施工合同无效。合同无效后,因工程质量合格,原告要求被告参照合同约定工程价款支付工程款不违反法律规定,应当予以支持。因被告原因造成合同无效和施工期间停工,根据无效合同过错责任归责原则,被告应当承担原告的停工损失。因合同中对工期损失赔偿标准没有约定,故应当以当事人的实际损失为准。经核定,原告停工期间存在机械设备租金、管理人员及工人的工资、材料仓储费、工程价款的利息损失等计20.3万元。遂判决被告支付原告工程尾款350万元,并承担停工造成的损失20.3万元。

【分析解答】

施工合同无效,但根据《施工合同解释(一)》第2条关于"建设工程施工合同无效,但建设工程经竣工验收合格,承包人请求参照合同约定支付工程价款的,应予支持"的规定,对工期损失也应当参照合同约定或实际损失情况,并结合无效合同双方当事人过错责任酌情予以支持。本案中,因发包人的原因造成合同无效和施工期间停工,根据无效合同过错责任归责原则,被告应当承担原告的停工损失。因合同中对工期损失赔偿标准没有约定,故法院以当事人的实际损失为准进行裁判是正确的。

【法律法规链接】

《合同法》第52条、第58条、第284条,《施工合同解释(一)》第2条,《施工合同解释(二)》第3条。

67. 什么是基准日期?它如何确定?工期延误与工期顺延关系如何?工期延误违约责任如何承担?

一、基准日期及其确定

基准日期,是指作为判定某种风险是否属于承包商在投标阶段所应考虑到的分界日。

基准日期的确定,招标发包的工程以投标截止日前28天的日期为基准日期,直接发包的工程以合同签订日前28天的日期为基准日期。

二、工期延误与工期顺延的关系

工期延误,是指工程施工进度或完工的实际完成日期迟于合同约定的完成日期,从而导致合同工期延长的情况。

工期顺延,是在合同履行过程中,承包人对于非由自己原因造成的工期延误向发包人提出免责请求,经发包人审核同意后,合同约定工程进度或完工日期可以向后延长的情况。

工期延误对合同双方一般都会造成损失,发包人往往因工期延误不能按计划实现投资效果,承包人工期延误往往会增加工程成本。因此,工期延误从本质上讲是属于违约的一种情形。工期顺延则是对工期延误中一些当事人约定或法定对可以免责事由的确定和认可。两者的关系是:工期延误是工期顺延的前提,没有工期延误就没有工期顺延;工期顺延是对工期延误进行审核后形成的结果。工期延误承包人一般要承担责任,而工期顺延因符合当事人双方的约定或法律的规定,承包人可以就该顺延的工期免除向发包人承担违约责任。

三、工期延误违约责任如何承担

根据《合同法》《施工合同解释(一)》等相关法律、法规、司法解释规定:

1. 因发包人原因所致工期延误

(1)发包人延误情形主要有:①发包人未能按合同约定提供图纸或所提供图纸不符合合同约定的;②发包人未能按合同约定提供施工现场、施工条件、基础资料、许可、批准等开工条件的;③发包人提供的测量基准点、基准线和水准点及其书面资料存在错误或疏漏的;④发包人未能在计划开工日期之日起 7 日内同意下达开工通知的;⑤发包人未能按合同约定日期支付工程预付款、进度款或竣工结算款的;⑥监理人未按合同约定发出指示、批准等文件的;⑦专用合同条款中约定的其他情形。

(2)发包人工期延误违约责任承担方式主要有:①在合同履行过程中,因发包人原因导致工期延误和(或)费用增加的,由发包人承担由此延误的工期和(或)增加的费用,且发包人应支付承包人合理的利润;②因发包人原因未按计划开工日期开工的,发包人应按实际开工日期顺延竣工日期,确保实际工期不低于合同约定的工期总日历天数;③发包人应赔偿承包人窝工、停工、机械设备调运、材料和构件积压、人工费用、增加的工程管理费用开支、延期期间工程资金的利息支出等实际损失和费用。如合同有违约金条款的,还应承担违约金责任;如工期延误致使承包人无法施工,且发包人在承包人催告的合理期限内仍未履行相应义务,承包人可解除合同。

2. 因承包人原因所致工期延误

①因承包人原因造成工期延误的,可以在专用合同条款中约定逾期竣工违约金的计算方法和逾期竣工违约金的上限。承包人支付逾期竣工违约金后,不免除承包人继续完成工程及修补缺陷的义务。②承包人应赔偿发包人工程延期交付所造成工程使用营业或收入减少的损失、增加的工程管理费用开支、延期期间工程资金的利息支出等损失。如合同有违约金条款的,还应承担违约金责任;承包

人在发包人催告的合理期限内仍未完工的,发包人可解除合同。

3. 因不可抗力、意外事件导致的工期延误

应当顺延工期,由此导致承包人停工的费用损失由发包人和承包人合理分担,停工期间必须支付的工人工资由发包人承担。

4. 因不利物质条件导致的工期延误

不利物质条件是指有经验的承包人在施工现场遇到的不可预见的自然物质条件、非自然的物质障碍和污染物,包括地表以下物质条件和水文条件以及专用合同条款约定的其他情形,但不包括气候条件。

承包人遇到不利物质条件时,应采取克服不利物质条件的合理措施继续施工,并及时通知发包人和监理人。通知应载明不利物质条件的内容以及承包人认为不可预见的理由。监理人经发包人同意后应当及时发出指示,指示构成变更的,按变更约定执行。承包人因采取合理措施而增加的费用和(或)延误的工期由发包人承担。

5. 因异常恶劣的气候条件导致的工期延误

异常恶劣的气候条件是指在施工过程中遇到的,有经验的承包人在签订合同时不可预见的,对合同履行造成实质性影响的,但尚未构成不可抗力事件的恶劣气候条件。合同当事人可以在专用合同条款中约定异常恶劣的气候条件的具体情形。

承包人应采取克服异常恶劣的气候条件的合理措施继续施工,并及时通知发包人和监理人。监理人经发包人同意后应当及时发出指示,指示构成变更的,按变更约定办理。承包人因采取合理措施而增加的费用和(或)延误的工期由发包人承担。

6. 因法律变化引起的的工期延误

基准日期后,因法律变化造成工期延误时,工期应予以顺延。

因法律变化引起的合同价格和工期调整,合同当事人无法达成一致的,由总监理工程师按商定或确定的约定处理。

因承包人原因造成工期延误,在工期延误期间出现法律变化的,由此增加的费用和(或)延误的工期由承包人承担。

7. 因第三方原因所致工期延误

一般应由承包人先行向发包人承担违约责任后向第三方追偿。

【案例】

2010年4月6日,被告朝霞门窗厂将办公楼工程发包给原告三建公司施工。施工期间,因地下发现古墓,被当地相关文物管理部门要求停工,进行文物价值勘查。经勘查后,该古墓无保护价值,遂复工,不过此时已造成原告停工达12天。后工程竣工时,已超过合同约定竣工时间10天。工程验收交付结算时,原告要求被

告承担停工损失,而被告要求原告承担工期延误责任,双方为此产生纠纷。原告遂诉至法院,要求被告支付工程尾款165万元,并承担停工造成的损失5.6万元。

法院经审理认为:本案工程施工期间,因地下发现古墓,造成停工和工期延误,既非承包人的过错,也非发包人的过错,属于意外事件导致的工期延误,承包人和施工人互不负赔偿对方的责任,工期应当相应顺延。原告已完成工程且质量合格,被告应当支付工程尾款,遂判决驳回被告支付工程尾款165万元,驳回原告的其他诉讼请求。

【分析解答】

本案中,原告因停工而超过合同约定工期10天竣工,这便是工期延误。因原告停工系地下发现古墓这一双方当事人在订立合同时不能预见、不能避免并不能克服的意外事件导致的,符合工期顺延的法律规定,故原告可将自己工期在合同约定工期结束日向后推迟12天,这便是工期顺延。原告通过合法的工期顺延而得以摆脱工期延误的法律责任。

【法律法规链接】

《合同法》第109条、第117条。

68. 常见的工期顺延情形有哪些?承包人提请顺延工期的期限是如何规定的?当事人约定顺延工期应当履行什么样的手续?如未履行工期顺延手续如何处理?当事人约定承包人未在约定期限内提出工期顺延申请视为工期不顺延的,是否应当一律严格按约定执行?工期延长后继续提供履约担保所增加的费用由谁承担?

一、常见的工期顺延情形

双方当事人在合同中预先约定了工期,但在合同履行过程中,由于各种主、客观因素的变化和影响,工期也不可避免地要进行调整。因此,工期并不是绝对不变的,如果在施工过程中确实发生了非施工人原因造成工期需延迟的,应予顺延。工期顺延情形并不限于合同约定可以顺延的条件,一般情况下,以下情形通常均应顺延工期:

(1)发包人未能按合同约定提供图纸或所提供图纸不符合合同约定的;

(2)发包人未能按合同约定提供施工现场、施工条件、基础资料、许可、批准等开工条件的;

(3)发包人提供的测量基准点、基准线和水准点及其书面资料存在错误或疏漏的;

(4)发包人未能在计划开工日期之日起7日内同意下达开工通知的;

（5）发包人未能按合同约定日期支付工程预付款、进度款或竣工结算款的；

（6）监理人未按合同约定发出指示、批准等文件的；

（7）承包人遇到不利物质条件；

（8）承包人遇到异常恶劣的气候条件；

（9）发包人原因引起的暂停施工；

（10）因法律变化造成工期延误；

（11）发包人进行设计变更、重新设计或增加工程量的；

（12）发生不能合理预见的地震、海啸、瘟疫、骚乱、戒严、暴动、战争、自然灾害等不可抗力事件或传染病、现场发现文物需要保护等不以施工人意志为转移的意外事件的；

（13）发包人没有及时履行工程检验或鉴定义务的；

（14）其他非施工人原因导致延误，如政府管制行为、高考期间工程周围 100 米范围内不得施工等；

（15）专用合同条款中约定的其他情形。

二、承包人提请顺延工期的期限

根据 2013 年版、2017 年版《施工合同示范文本》规定，承包人应在知道或应当知道索赔事件发生后 28 日内，向监理人递交索赔意向通知书，并说明发生索赔事件的事由；承包人未在前述 28 日内发出索赔意向通知书的，丧失要求追加付款和（或）延长工期的权利。

三、当事人约定顺延工期应当履行手续问题

最高人民法院《施工合同解释（二）》第 6 条规定：当事人约定顺延工期应当经发包人或者监理人签证等方式确认。

由于建筑市场存在诸多不规范现象，很多施工承包人并没有很强的法律、证据意识，且在工程施工过程中往往与发包人的管理人或者监理人混成熟人，基于彼此关系考虑和不伤和气的简单想法，在约定顺延工期时多停留在口头约定、相互信任的基础上，而事后双方一旦有一方不讲诚信时，往往拿不出有效的证据来制衡对方，从而导致“输了官司赔了钱”的现象屡见不鲜。因此，最高人民法院从司法层面对当事人约定顺延工期作出以“工程签证”方式进行确认的要求是很有必要的，有利于切实减少工期纠纷。

尽管司法已经作出了当事人约定顺延工期应当履行签证确认手续的规定，但鉴于建筑工程市场的复杂性和特殊性，不履行工期顺延签证确认手续的现象不可能在短期内完全杜绝，且工程实务中还存在发包人或监理人出于刁难拒发工程签证的问题，那么，出现这种情况又如何处理呢？最高人民法院为防微杜渐，解决工程领域存在的实际问题，故在《施工合同解释（二）》第 6 条第 1 款中继续规定：“承包人虽未取得工期顺延的确认，但能够证明在合同约定的期限内向发包人或者监理人申请过工期顺延且顺延事由符合合同约定，承包人以此为由主张工期顺延的,人民法院应予支持。”

四、当事人约定承包人未在约定期限内提出工期顺延申请视为工期不顺延的,是否应当一律严格按约定执行

最高人民法院《施工合同解释(二)》第6条第2款规定:“当事人约定承包人未在约定期限内提出工期顺延申请视为工期不顺延的,按照约定处理,但发包人在约定期限后同意工期顺延或者承包人提出合理抗辩的除外。”这意味着,当事人虽约定承包人未在约定期限内提出工期顺延申请视为工期不顺延,但并不是必须一律严格按约定执行,因为最高人民法院鉴于建筑工程市场的复杂性和特殊性规定了“除外”情形,还是为司法留下了应对特殊状况的空间。

五、工期延长后继续提供履约担保所增加的费用由谁承担

《施工合同示范文本》规定:发包人需要承包人提供履约担保的,由合同当事人在专用合同条款中约定履约担保的方式、金额及期限等。履约担保可以采用银行保函或担保公司担保等形式,具体由合同当事人在专用合同条款中约定。

因承包人原因导致工期延长的,继续提供履约担保所增加的费用由承包人承担;非因承包人原因导致工期延长的,继续提供履约担保所增加的费用由发包人承担。

【案例】

同问题67案例。

【分析解答】

本案中,原告因施工现场地下发现古墓而导致工期顺延,这一情形属于双方当事人在订立合同时不能预见、不能避免的意外事件所致工期顺延情形。

【法律法规链接】

《合同法》第109条、第117条。

69. 进行工程质量鉴定是否可以顺延工期?

《施工合同解释(一)》第15条规定:“建设工程竣工前,当事人对工程质量发生争议,工程质量经鉴定合格的,鉴定期间为顺延工期期间。”由此可见,建设工程竣工前,当事人对工程质量发生争议时,如工程质量经鉴定合格的,鉴定期间为顺延工期期间;但如经鉴定不合格的,则工期不应顺延,承包人应承担逾期交工的违约责任。

【案例】

2010年8月1日,被告立新轧钢厂将厂房工程包工包料发包给原告林威建安

公司施工。施工期间,被告以原告用于工程施工中的建筑材料不符合国家强制性标准为由与原告发生争执,并要求原告停工。原告停工后,双方经协商,达成委托相关鉴定机构进行建材和已施工工程质量鉴定的协议。经鉴定,原告所使用的建材及已施工工程质量合格,符合约定,但因鉴定造成原告停工达 32 天。后工程竣工时,已超过合同约定竣工时间 28 天。工程验收交付结算时,原告要求被告承担停工损失,而被告要求原告承担工期延误责任,双方为此产生纠纷。原告遂诉至法院,要求被告支付工程尾款 243 万元,并承担停工造成的损失 11.2 万元。

法院经审理认为:建设工程竣工前,当事人对工程质量发生争议,工程质量经鉴定合格的,鉴定期间为顺延工期期间。因发包人的原因致使工程中途停建、缓建的,发包人应当采取措施弥补或者减少损失,赔偿承包人因此造成的停工、窝工、倒运、机械设备调迁、材料和构件积压等损失和实际费用。本案中,被告以工程建材和已施工工程存在质量问题为由要求原告停工,但后来经鉴定,不存在被告所称的事实,故因被告行为导致原告延误的工期应当顺延,并赔偿由此造成原告的损失。原告已完成工程且质量合格,被告应当支付工程尾款。原告竣工在延期后的竣工期限内,故对被告要求原告承担工期延误责任的主张不予采纳。遂判决被告支付原告工程尾款 243 万元,赔偿原告损失 10.3 万元。

【分析解答】

《施工合同解释(一)》第 15 条规定:“建设工程竣工前,当事人对工程质量发生争议,工程质量经鉴定合格的,鉴定期间为顺延工期期间。”本案中,双方当事人在建设工程竣工前因工程质量争议而进行鉴定,经鉴定质量合格,根据上述司法解释规定,鉴定期间工期可以顺延。

【法律法规链接】

《合同法》第 109 条,《施工合同解释(一)》第 15 条。

70. 竣工后建设单位拖延验收时工期如何计算?被责令停工的施工工程工期如何确定?

通常,工期计算是从工程开工之日计算至工程通过竣工验收之日。根据《施工合同解释(一)》第 14 条规定:“承包人已经提交竣工验收报告,发包人拖延验收的,以承包人提交验收报告之日为竣工日期。”因此,工程是否实际交付,并不影响工期的计算。实践中,应当注意的是,如发包人在拖延验收后又对工程验收并确定工程质量不合格的情况下,经承包人整改,工程重新验收合格后,应以承包人整改后提交重新验收报告之日为竣工日期,但在计算承包人的工期时,应当扣除发包人拖延验收的时间。

被责令停工工程的工期确定，如因发包人原因导致政府管理部门责令停工的，承包人可以顺延工期；如因承包人原因导致政府管理部门责令停工的，承包人不可以顺延工期。

【案例】

2014年3月12日，原告远方建筑公司包工包料承建被告琢玉投资公司开发的国际商城项目工程，工程采用9600万元总价合同，按进度付款，工程竣工验收时结清。2015年1月10日工程完工，同年1月12日，原告向被告提交了竣工验收报告，但被告因公司资金链断裂无法短期内结算，便拖延验收。原告多次催告未果后，便诉至法院，要求被告支付工程尾款620万元，并自2015年1月12日起按银行贷款利率承担逾期付款利息。

法院经审理认为：原、被告双方签订的合同合法有效，双方当事人应按合同约定全面履行自己的义务。本案中，原、被告约定工程竣工验收时结清，但被告故意拖延验收致双方当事人对竣工日期产生争议。根据《施工合同解释（一）》第14条关于"承包人已经提交竣工验收报告，发包人拖延验收的，以承包人提交验收报告之日为竣工日期"的规定，故确定工程竣工日期为2015年1月12日。被告在收到验收报告后未及时验收和结算，应当承担逾期付款的违约责任。遂判决被告支付原告工程尾款620万元，并自2015年1月12日起按中国人民银行同期同类贷款基准利率承担逾期付款利息至工程款结清为止。

【分析解答】

《施工合同解释（一）》第14条规定："承包人已经提交竣工验收报告，发包人拖延验收的，以承包人提交验收报告之日为竣工日期。"本案中，合同约定工程竣工验收时结清，但被告故意拖延验收致双方当事人对竣工日期产生争议。根据上述司法解释规定，应以承包人提交验收报告之日即2015年1月12日为竣工日期。根据《施工合同解释（一）》第17条关于"当事人对欠付工程价款利息计付标准有约定的，按照约定处理；没有约定的，按照中国人民银行发布的同期同类贷款利率计息"及第18条关于"利息从应付工程价款之日计付"的规定，被告应当自2015年1月12日起承担逾期付款银行利息。2013年版、2017年版《施工合同示范文本》对此也在第13.2.2条作出了"发包人不按照约定组织竣工验收、颁发工程接收证书的，每逾期一天，应以签约合同价为基数，按照中国人民银行发布的同期同类贷款基准利率支付违约金"的类似规定。

【法律法规链接】

《合同法》第109条，《施工合同解释（一）》第14条、第17条、第18条。

71. 不可抗力导致的工期延误、人员伤亡、财产损失、费用增加等具体损失如何承担？

因不可抗力导致的工期延误、人员伤亡、财产损失、费用增加等后果，由合同当事人按以下原则承担：

(1)永久工程、已运至施工现场的材料和工程设备的损坏，以及因工程损坏造成的第三人人员伤亡和财产损失由发包人承担。

(2)承包人施工设备的损坏由承包人承担。

(3)发包人和承包人承担各自人员伤亡和财产的损失。

(4)因不可抗力影响承包人履行合同约定的义务，已经引起或将引起工期延误的，应当顺延工期，由此导致承包人停工的费用损失由发包人和承包人合理分担，停工期间必须支付的工人工资由发包人承担。

(5)因不可抗力引起或将引起工期延误，发包人要求赶工的，由此增加的赶工费用由发包人承担。

(6)承包人在停工期间按照发包人要求照管、清理和修复工程的费用由发包人承担。

(7)不可抗力发生后，合同当事人均应采取措施尽量避免和减少损失的扩大，任何一方当事人没有采取有效措施导致损失扩大的，应对扩大的损失承担责任。

(8)因合同一方迟延履行合同义务，在迟延履行期间遭遇不可抗力的，不免除其违约责任。

(9)因不可抗力导致合同无法履行连续超过 84 日或累计超过 140 日的，发包人和承包人均有权解除合同。合同解除后，由双方当事人按照商定或确定程序得出发包人应支付的款项，该款项包括：①合同解除前承包人已完成工作的价款；②承包人为工程订购的并已交付给承包人，或承包人有责任接受交付的材料、工程设备和其他物品的价款；③发包人要求承包人退货或解除订货合同而产生的费用，或因不能退货或解除合同而产生的损失；④承包人撤离施工现场以及遣散承包人人员的费用；⑤按照合同约定在合同解除前应支付给承包人的其他款项；⑥扣减承包人按照合同约定应向发包人支付的款项；⑦双方商定或确定的其他款项。除专用合同条款另有约定外，合同解除后，发包人应在商定或确定上述款项后 28 日内完成上述款项的支付。

【案例】

2014 年 3 月 6 日，被告五环体育用品公司将仓库工程包工包料发包给原告清江建设公司施工，工程采用 510 万元总价合同，按进度付款，2014 年 6 月 30 日工程竣工时结清。施工期间，被告因资金周转困难，无法按期支付工程进度款，造成原告被迫停工 62 天。原告与被告交涉后，被告同意承担停工损失并顺延工期至

2014年8月31日。2010年8月16日,原告施工人员正在施工,因台风影响施工现场刮起大风,将脚手架吹倒并砸伤3名施工工人,另有施工机械及其他施工用具刮倒刮落摔坏。原告为此赔偿受伤人员医疗费用及自己财产损失计62.8万元。工程竣工结算时,原告要求被告承担上述损失,被告则以台风系不可抗力的自然灾害可以免责为由拒赔。原告遂诉至法院,要求被告支付工程尾款146万元,并承担台风造成的人员伤亡和财产损失62.8万元。

法院经审理认为:原、被告双方签订的合同合法有效,合同约定工程竣工时结清工程款,故被告应当支付工程尾欠款。合同履行期间,因被告的原因致工程停工62天,使工程工期向后顺延达两个月。在顺延工期期间,发生不可抗力,不能免除被告的相应责任。遂判决被告支付原告工程尾款146万元,并承担原告在台风期间产生的人员伤亡和财产损失62.8万元。

【分析解答】

《合同法》第117条规定:"因不可抗力不能履行合同的,根据不可抗力的影响,部分或者全部免除责任,但法律另有规定的除外。当事人迟延履行后发生不可抗力的,不能免除责任。"本案合同履行期间,因被告的原因致工程停工两个月,使工程工期向后顺延。如非被告原因导致停工,原告只需按期竣工即可避开台风损失。现原告在顺延工期期间,遭遇不可抗力,与被告导致工程停工存在关联性,因此,不能免除被告的相应的赔偿责任。

【法律法规链接】

《合同法》第109条、第117条。

72. 无开工许可证的在建工程实际开工日期如何确定?

施工许可证是建设主管部门颁发给建设单位的一个准许其施工的凭证,只是表明建设工程符合了开工的条件,建设工程施工许可证上面记载的开工日期一般是与建设工程施工合同里面约定的计划开工日期是一致的,但它并不是确定实际开工日期的凭证。实践中,实际开工日期一般以发包人或监理人按照约定发出的符合法律规定的开工通知中载明的开工日期为准,无开工许可证的在建工程,开工日期可以根据开工通知、开工报告、会议纪要、合同约定、竣工验收报告或者竣工验收备案表等这样的顺位优先进行确定。如没有开工通知,亦无其他相关证据证明实际开工时间,则根据最高人民法院《施工合同解释(二)》第5条的规定,应当综合考虑开工报告、合同、竣工验收报告或者竣工验收备案表等载明的时间,并结合是否具备开工条件的事实,认定开工日期。

【案例】

2010年4月3日，被告金华肉制品厂与原告双慧建筑公司签订施工合同，将其职工餐厅工程包工包料发包给原告施工，合同约定同年4月1日开工，工期180天。合同签订后，双方未办理开工许可证。因被告支付工程预付款迟延，故也未按合同约定的开工日期进行开工。同年4月20日，原告在收到工程预付款后出具开工报告，并让施工机械、施工人员陆续进场。同年10月16日工程竣工验收交付结算时，被告认为原告工期延误，要求扣减工程款；原告予以拒绝并诉至法院，要求被告支付工程尾款106万元。庭审中，被告仍以原告工期延误进行抗辩，而原告则主张4月20日开工报告后并未真实破土动工，直至23日工程建设才正式开始启动，但双方未形成认可的文字材料。

法院经审理认为：原、被告双方签订的合同合法有效，合同约定工程竣工后结清工程款，故被告应当支付工程尾欠款。对于双方当事人主张的工期问题，双方合同约定为180天，因被告支付工程预付款迟延20天，故应将该20天不计算在工期内。原告主张真实破土动工是4月23日，但无双方签字认可的证据证明，故对原告该主张不予采信。原告在收到工程预付款后出具开工报告是双方认可的施工文件，该开工报告记载开工日期为4月20日，故应认定开工日期为4月20日。同年10月16日，工程竣工验收，故原告施工工期为4月20日开工至10月16日竣工，正好180天。因此，原告不存在工期延误。遂判决被告支付原告工程尾款106万元。

【分析解答】

开工日期是工期计算的起点，准确确定开工日期对于衡量工期是否延误有着十分重要的作用。建设工程施工许可证上面记载的开工日期一般是与建设工程施工合同里面约定的开工日期是一致的，但它并不是确定开工日期的凭证。实践中，无开工许可证的在建工程，开工日期可以根据开工报告、会议纪要、合同约定这样的优先顺序进行确定。本案中，因无开工许可证，而合同约定的开工日期又未执行，原告主张的实际开工日期也无证据证明，故应当根据双方认可的开工报告确定工期。

【法律法规链接】

《合同法》第60条、第109条，《施工合同解释(二)》第5条。

73. 先交付使用后验收的工程竣工日期如何认定？甩项工程竣工日期如何认定？工程未经验收或验收不合格，发包人擅自使用的，应在何时向承包人颁发工程接收证书？发包人无正当理由逾期不颁发工程接收证书如何处理？

依据《施工合同解释(一)》第14条关于“建设工程未经竣工验收，发包人擅自使用的,以转移占有建设工程之日为竣工日期”规定,先交付使用后验收的工程竣工日期应以转移占有建设工程之日为竣工日期。

甩项也即部分交工,是指对通过验收的部分工程先行交付使用,甩下未通过验收的部分工程,待符合条件时再验收。甩项一般发生在当工程大部分已经竣工,而个别子项还未完成,但是并不影响整体工程的使用或对整体工程的使用影响不大,而发包方又急需要使用该工程时,可以进行“甩项竣工验收”。甩项竣工验收双方当事人应当另行签订甩项竣工协议,明确双方责任和工程价款的支付方法。双方当事人对甩项工程应另行进行验收,甩项工程竣工验收合格的,以该验收合格之日作为全部工程的竣工日期。如双方当事人对甩项工程竣工日期发生争议,则按《施工合同解释(一)》第 14 条规定的情形进行确定。

工程未经验收或验收不合格,发包人擅自使用的,应在转移占有工程后 7 天内向承包人颁发工程接收证书;发包人无正当理由逾期不颁发工程接收证书的,自转移占有后第 15 日起视为已颁发工程接收证书。

【案例】

2010 年 5 月 1 日,被告淮海商贸公司与原告长安工程公司签订施工合同,将其新商贸大楼包工包料发包给原告施工,工程按进度付款,竣工时付清,逾期付款承担银行贷款利息。2011 年 6 月 20 日,被告在工程完工尚未验收时先行使用工程。9 月 30 日,工程竣工验收合格结算时,原告认为被告拖延结算,要求其承担工程款利息;被告予以拒绝,原告遂诉至法院,要求被告支付工程尾款 332 万元,并自使用工程之日起承担工程款利息。庭审中,被告认为,即使承担利息,也应以竣工验收时起算。

法院经审理认为:原、被告双方签订的合同合法有效,合同约定工程竣工后结清工程款,故被告应当支付工程尾欠款。对于双方当事人争议的竣工日期问题,依据《施工合同解释(一)》第 14 条关于“建设工程未经竣工验收,发包人擅自使用的,以转移占有建设工程之日为竣工日期”规定,本案工程竣工日期应以转移占有建设工程之日即 2011 年 6 月 20 日为竣工日期。遂判决被告支付原告工程尾款 332 万元,并自 2011 年 6 月 20 日起按中国人民银行发布的同期同类贷款利率承担工程欠款利息至工程款付清时止。

【分析解答】

根据《施工合同解释(一)》第 14 条关于“建设工程未经竣工验收,发包人擅自使用的,以转移占有建设工程之日为竣工日期”的规定,本案中,因被告先行使用工程,故依据上述司法解释规定,工程竣工日期应以转移占有建设工程之日即 2011 年 6 月 20 日为竣工日期。这样处理,有利于扼制发包人擅自使用工程行为,引起发包人对工程质量验收的重视。

【法律法规链接】

《合同法》第60条、第109条,《施工合同解释(一)》第14条、第17条。

74. 因监理单位原因导致工程不能如期竣工验收,责任由谁承担?因监理人指示瑕疵而致承包人损失,责任由谁承担?

建设工程监理是受发包人委托,对建设工程施工进行监督和管理的人员,是发包人履行建设工程合同的代表,其权利义务归属于发包人。如监理人员怠于履行监理义务,导致工程不能如期竣工验收,根据《合同法》《民法通则》《民法总则》等关于委托代理责任承担的规定,应当由委托人即发包人承担监理的违约行为后果。承包人可以据此向发包人提出要求工期顺延,也可以据此要求发包人承担违约责任或赔偿损失。

监理人发出的指示应送达承包人项目经理或经项目经理授权接收的人员。因监理人未能按合同约定发出指示、指示延误或发出了错误指示而导致承包人费用增加和(或)工期延误的,由发包人承担相应责任。

【案例】

2010年4月1日,被告盐北标准件厂与原告安丰建筑公司签订施工合同,将其职工餐厅工程包工包料发包给原告施工。合同约定2010年4月10日开工,同年7月31日竣工。合同签订后原告按约开工。施工期间,在原告对隐蔽工程进行隐蔽时,工程监理因个人与施工工头为私事产生矛盾而离开工地不归,原告联系其时,其总以等两天、不着急进行搪塞。原告在催其来对隐蔽工程进行监督未果后,只得与被告联系重新委派监理,不过因隐蔽工程未及时隐蔽,导致原告无法进行下步施工,造成原告停工达一星期之久。同年8月5日工程竣工验收交付结算时,被告以原告工期延误造成其损失为由,要求扣减工程款;原告予以拒绝并主张停工损失,双方为此产生争议。原告遂诉至法院,要求被告支付工程尾款86万元,并赔偿停工损失1.2万元。庭审中,被告仍以原告工期延误进行抗辩。案件审理期间,法院根据原告申请对停工损失进行鉴定,结论为0.98万元。

法院经审理认为:原、被告双方签订的合同合法有效,合同约定工程竣工后结清工程款,故被告应当支付工程尾欠款。对于双方当事人主张的工期延误问题,原告工期延误5天系因监理7天怠于履行监理义务所致,依法应当顺延工期。经顺延工期后,原告完工在合同约定的工期期限内,故原告不承担工期延误责任。因监理怠于履行监理义务另致原告损失,又因其是被告履行建设工程合同的代表,其权利义务归属于被告,故该损失应由被告承担。遂判决被告支付原告工程尾款86万元,并赔偿停工损失0.98万元。

【分析解答】

《合同法》第278条规定:“隐蔽工程在隐蔽以前,承包人应当通知发包人检查。发包人没有及时检查的,承包人可以顺延工程日期,并有权要求赔偿停工、窝工等损失。”建设工程委托监理合同其本质上属于委托合同的范畴,因此监理作为发包人履行建设工程合同的代表,其权利义务归属于发包人。如监理人员怠于履行监理义务,导致工程不能如期竣工验收,应当由委托人即发包人承担监理的违约行为后果。本案原告据此向被告提出工期顺延和赔偿损失要求,应当得到法院支持。

【法律法规链接】

《合同法》第60条、第109条、第278条。

75. 停工、窝工损失如何计算和承担?因承(发)包人提供不合格材料或工程设备,由此造成的损失如何承担?因发包人未按约提供原材料、设备、场地、资金、技术资料造成的损失如何承担?发包人不履行告知变更后的施工方案、施工技术交底、完善施工条件等协作义务造成的损失如何承担?

对停工、窝工损失的计算,如果建设工程合同双方当事人在合同中已约定了停工、窝工损失计算方法,则可按合同约定进行计算;如果双方没有约定计算方法或约定不明的,经调解又未能达成一致意见的,可委托专门机构审价或鉴定以确定损失数额。

对停工、窝工损失的承担,应根据过错责任来进行确定。如因发包人的过错造成停工、窝工损失的,由发包人承担责任;如因承包人自己的过错导致停工、窝工损失的,由承包人自行负担;双方均有过错的,按责任大小比例分担。

承包人提供不合格材料或工程设备的,监理人有权拒绝,并要求承包人立即进行更换。监理人应在更换后再次进行检查和检验,由此增加的费用和(或)延误的工期由承包人承担。

发包人提供不符合合同要求的材料或工程设备的,承包人也有权拒绝,并可要求发包人更换,由此增加的费用和(或)延误的工期由发包人承担,并支付承包人合理的利润。

因发包人未按照约定提供原材料、设备、场地、资金、技术资料等原因致使工程中途停、缓建,发包人应当赔偿因此给承包人造成的停(窝)工损失,包括停(窝)工人员人工费、机械设备窝工费和因窝工造成设备租赁费用等停(窝)工损失。

发包人不履行告知变更后的施工方案、施工技术交底、完善施工条件等协作义务,致使承包人停(窝)工,以致难以完成工程项目建设的,承包人催告在合理期限内履行,发包人逾期仍不履行的,人民法院视违约情节,可以依据《合同法》第259条、第283条规定裁判顺延工期并赔偿停(窝)工损失。

【案例】

同问题74案例。

【分析解答】

《合同法》第278条规定:"隐蔽工程在隐蔽以前,承包人应当通知发包人检查。发包人没有及时检查的,承包人可以顺延工程日期,并有权要求赔偿停工、窝工等损失。"本案中,因监理怠于履行监理义务的过错致原告停工损失,故该损失应由被告承担。原告在监理怠于履行监理义务的情况下及时联系被告更换监理,已采取了合理措施防止损失扩大,其对停工不存在过错,故不应承担责任。由于双方对停工、窝工损失的计算没有约定,故法院委托鉴定,并判决被告承担损失是正确的。

【法律法规链接】

《合同法》第60条、第109条、第278条。

76. 监理合同期满而施工工期因顺延尚未结束时,在此期间工程发生变更或形成签证能否有效?

建设工程监理是发包人为了对建设工程施工活动进行监督和管理而专门设置的,通常情况下监理活动期限应当贯穿于建设工程施工活动的始终,即监理合同工期和施工合同工期应当一致。如因合同履行期间发生工期顺延导致监理合同期满,而施工工期因顺延尚未结束时,发包人可以与监理单位协议对监理期限随着施工工期的顺延而延长。如双方当事人未予延长监理期限,在此期间工程发生变更或形成签证,虽然没有监理人员的签证认可,但只要是已经过发包人同意或签字认可的,同样具有效力。

【案例】

2010年6月1日,被告绿芜涂料厂与原告长河建筑公司签订施工合同,将其厂房工程包工包料发包给原告施工。合同约定2010年6月10日开工,同年10月9日竣工。合同签订后原告按约开工,被告也与明镜工程监理公司签订委托监理合同,合同期限同施工合同。施工期间,因天气原因,经原、被告协商一致工程延期至10月30日竣工。因被告拖欠监理单位监理费用,监理合同10月9日期满后,双方未再展期。10月16日,应被告要求,原告对工程部分后期施工进行了小幅调整,原告制作了工程签证,但由于工地上无监理人员,便由被告工地项目负责人员签字确认。工程竣工验收交付结算时,被告认为原告要求追加结算的工程签证无监理签字,不符合签证效力,故不同意对此进行结算,双方为此产生争议。原告遂诉至法院,要求被告支付工程尾款172万元(含争议工程签证价款16万元)。庭审中,被告仍以签证无效进行抗辩。

法院经审理认为:原、被告双方签订的合同合法有效,合同约定工程竣工后结清工程款,故被告应当支付工程尾欠款。对于双方当事人争议的工程签证问题,因该签证内容发生时,监理合同已期满,被告未予延长监理期限,致工地并无监理人员在场,因此,原告无法满足工程签证规范工作。但原告是按被告要求进行工程变更,且被告项目负责人员已签字认可,故应当认可工程签证中所记载的工程量。法院遂判决被告支付原告工程尾款172万元(含争议工程签证价款16万元)。

【分析解答】

通常情况下监理合同工期和施工合同工期应当一致,而工程签证也应当有监理签字认可,但如因工期顺延导致监理合同期满而施工工期因顺延尚未结束,发包人又未予延长监理期限,在此期间工程发生变更或形成签证,此时不应也不可能苛求监理在工程签证上签字。因此,只要是已经过发包人同意或签字认可的,工程签证应同样具有效力。本案便是这种情形。

【法律法规链接】

《合同法》第60条、第109条、第276条,《施工合同解释(一)》第19条。

77. 违约金高、低的认定与调整尺度,法官应如何掌握?

审判实践中,建设工程合同一方当事人常常为合同中约定的工期延误违约金标准过高或过低而请求人民法院进行调整,但由于各地法院及法官对如何调整认识并不统一,因此往往会造成"同案不同判"现象。对此,笔者认为,从《合同法》关于违约金可申请调整的立法本意看,违约金的过高或过低调整是围绕"弥补损失"这个中心思想进行的,因此,可从以下方面对违约金过高或过低的调整进行统一认识,并作出准确判断和裁决:

一、违约金高、低的认定

根据《合同法》第114条第2款关于"约定的违约金低于造成的损失的,当事人可以请求人民法院或者仲裁机构予以增加;约定的违约金过分高于造成的损失的,当事人可以请求人民法院或者仲裁机构予以适当减少"的文义表述,"违约造成的损失"无疑是法律规定最为明确且最为重要的衡量违约金高低的标准,因此自应以此作为衡量违约金过高或低的基础标准。那么,工期延误违约金的约定超过违约造成的损失多大范围即可认定为过高了呢?《合同法司法解释(二)》第29条第2款规定:“当事人约定的违约金超过造成损失的百分之三十的,一般可以认定为合同法第一百一十四条第二款规定的‘过分高于造成的损失’。”因此,建设工程合同纠纷案件承办法官在裁量时,可依照这个标准和尺度进行违约金过高的认定。那么,工期延误违约金的约定低于违约造成的损失多大范围即可认定为必须调整了呢?从《合同法》第114条关于“约定的违约金低于造成的损失的,当事人可以请求人民法院或者仲裁机构予以增加”的规定可以得出,只要约定的违约金低于造成的损失的,当事人即可要求以实际损失为限予以增加,并未作出低到何种程度性规定。因此,建设工程合同纠纷案件承办法官在裁量时,可直接以实际损失进行约定违约金标准低的认定。

二、违约金高、低调整的裁判

从《合同法》第114条关于“约定的违约金低于造成的损失的……予以增加”的规定中看,约定的违约金低于造成的损失的,人民法院可以依据当事人的请求予以增加即可,在这里法律并未要求法官在予以增加时考虑过多的其他情形或因素,也没有使用如“适当增加”等让法官可自由裁量的用语;而《合同法司法解释(二)》第28条规定:“当事人依照合同法第一百一十四条第二款的规定,请求人民法院增加违约金的,增加后的违约金数额以不超过实际损失额为限。增加违约金以后,当事人又请求对方赔偿损失的,人民法院不予支持。”因此,对于工期延误违约金的约定低于造成的损失的,法官在一般情况下应据此以实际损失为限进行裁判增加。

从《合同法》第114条关于“约定违约金过分高于造成的损失的……予以适当减少”的规定中看,对约定违约金过分高于造成的损失的,采用了予以“适当”减少的措辞,这种带有自由裁量授权性质的规定,就是要求人民法院在依据当事人的请求对过高违约金进行调整时应当综合合同的各种因素,进行有机的适当性调整。《合同法司法解释(二)》第29条关于“当事人主张约定的违约金过高请求予以适当减少的,人民法院应当以实际损失为基础,兼顾合同的履行情况、当事人的过错程度以及预期利益等综合因素,根据公平原则和诚实信用原则予以衡量,并作出裁决”的规定,又对此作出了进一步细化和明确。因此,法官应当依照该条司法解释的规定并结合个案的以下具体情况,进行“适当减少”的衡量与裁判:

1. 合同的履行情况。对一个已经接近履行完毕的合同工期延误与履行刚刚起步的合同工期延误,违约行为造成的损失后果和严重性是明显不同的,故可以在违约金是否减少和减少幅度上予以酌情考虑。

2. 当事人过错程度。违约方是恶意违约还是过失违约,直接决定违约金的补偿性和惩罚性功能的此消彼长;同时,还应当区别工期延误是当事人一方原因还是双方原因,第三人原因抑或不可抗力、意外事件原因,根据当事人的过错程度和工期延误的具体原因适当均衡考虑。

3. 预期利益的额度。当事人进行诉讼，都有预期诉讼利益的考虑。如果当事人起诉仅索要剩余的少量工程尾欠款，而对方要求承担的约定违约金接近应付工程款甚至更多，则明显不当，应当予以适当减少。审判实践中，有不少法院按约定违约金不应超过对方索要的工程欠款30%来掌握。

4. 工程合同的性质。对关乎国计民生、社会公共利益的工程工期延误，由于工期延误造成的损失和影响重大，一般应对约定违约金过高以不调整或少调整为宜；对一些影响农民工、社会弱势群体利益的建设工程合同非主观因素工期延误，违约金调整也应以体现补偿性为主，舍去惩罚性功能为宜。

5. 当事人支付能力。对一些特困企业承建的工程，因非主观因素工期延误，可适当考虑支付能力及扶持其发展等因素，同样应以体现补偿性为主，舍去惩罚性功能为宜。

总之，当事人主张约定的违约金过高请求予以适当减少的，人民法院应当以《合同法》第113规定的损失为基础进行判断，这里的损失包括合同履行后可以获得的利益，综合合同履行情况等各种因素，灵活、准确地把握违约金高、低的认定与调整尺度，并根据公平、信用原则予以利益衡量和衡平，从而作出客观公正的裁判。同时，从最高人民法院《九民纪要》第50条规定精神来看，由于建设工程施工合同工程款支付纠纷并非借款合同项下的还款义务，故不能以受法律保护的民间借贷利率上限作为判断违约金是否过高的标准，而应当兼顾合同履行情况、当事人过错程度以及预期利益等因素综合确定。另外，主张违约金过高的违约方应当对违约金是否过高承担举证责任。

【案例】

2014年10月8日，被告双语初级中学与原告众源建筑公司通过招投标签订中标施工合同，将其新建学生宿舍楼工程发包给原告施工。因被告急于用新建宿舍楼解决扩招的新生住宿问题，故合同订立时被告与原告在合同中特别约定工程须于2015年6月30日竣工，如延期竣工则原告须承担违约金5万元/日。合同签订后，原告虽按约开工，但在施工期间，由于原告公司与劳务分包工程队之间为工程款问题闹纠纷，致工程停工达两月之久。纠纷解决后，原告虽及时找来新的劳务工程队复工并努力赶工，但仍延期竣工39天。工程竣工验收交付结算时，被告认为因原告延期竣工导致其扩招新生入学时无法使用新的宿舍楼而不得不租借邻近的信息学院学生宿舍，故拒绝支付工程尾款406万元，并要求原告按合同约定承担违约金195万元。原告遂诉至法院，要求被告支付工程尾款。庭审中，被告仍以要求原告承担违约金进行抗辩，原告则向法院申请降低违约金。

法院经审理认为：原、被告双方签订的合同合法有效，工程竣工合格后应当结清工程款，故被告应当支付工程尾欠款。对于双方当事人争议的违约金问题，原告因自身原因致工程延期，故应当承担违约责任，但被告在扩招新生入学不能按时使用新宿舍楼时,租赁信息学院学生宿舍安置新生,被告实际损失仅65万元。根据约定违约金不超过实际损失130%的规定,故酌定对合同约定违约金进行调整减少至由原告承担违约金84.5万元。遂判决被告支付原告工程尾款406万元,原告承担被告工期延误违约金84.5万元。

【分析解答】

《合同法》第114条规定:"约定违约金过分高于造成的损失的,当事人可以请求人民法院或者仲裁机构予以适当减少"。《合同法司法解释(二)》第29条第2款规定:"当事人约定的违约金超过造成损失的百分之三十的,一般可以认定为合同法第一百一十四条第二款规定的'过分高于造成的损失'。"本案中,双方当事人约定的违约金高于实际损失达200%,故在当事人申请调整时,应当认定过分高于造成的损失并予以适当减少。

【法律法规链接】

《合同法》第60条、第109条、第114条,《合同法司法解释(二)》第29条。

78. 以索赔目标划分,施工合同索赔通常有哪几种类型?以索赔对象划分,施工合同索赔通常有哪几种类型?承(发)包人的索赔程序和处理有何规定?索赔期限有何规定?

一、施工合同索赔的类型

索赔是建设工程合同纠纷中经常发生的行为,它本身并不是一个法律术语,法律、法规中也无这一概念,只是建设工程领域的习惯表述。它是指对于因对方当事人过错造成自己损失的,而向对方当事人提出经济补偿或顺延工期的要求。以索赔目标划分,施工合同索赔通常可分为工期索赔和费用索赔两种;以索赔对象化分,施工合同索赔通常可分为承包人索赔和发包人索赔两种。

二、承包人的索赔程序和处理

1. 程序:(1)承包人应在知道或应当知道索赔事件发生后28日内,向监理人递交索赔意向通知书,并说明发生索赔事件的事由;承包人未在前述28日内发出索赔意向通知书的,丧失要求追加付款和(或)延长工期的权利;(2)承包人应在发出索赔意向通知书后28日内,向监理人正式递交索赔报告;索赔报告应详细说明索赔理由以及要求追加的付款金额和(或)延长的工期,并附必要的记录和证明材料;(3)索赔事件具有持续影响的,承包人应按合理时间间隔继续递交延续索赔通知,说明持续影响的实际情况和记录,列出累计的追加付款金额和(或)工期延长天数;(4)在索赔事件影响结束后28日内,承包人应向监理人递交最终索赔报告,说明最终要求索赔的追加付款金额和(或)延长的工期,并附必要的记录和证明材料。

2. 处理:(1)监理人应在收到索赔报告后 14 日内完成审查并报送发包人。监理人对索赔报告存在异议的,有权要求承包人提交全部原始记录副本。(2)发包人应在监理人收到索赔报告或有关索赔的进一步证明材料后的 28 日内,由监理人向承包人出具经发包人签认的索赔处理结果。发包人逾期答复的,则视为认可承包人的索赔要求。(3)承包人接受索赔处理结果的,索赔款项在当期进度款中进行支付;承包人不接受索赔处理结果的,按照争议解决约定处理。

三、发包人的索赔程序和处理

1. 程序:发包人应在知道或应当知道索赔事件发生后28 日内通过监理人向承包人提出索赔意向通知书,发包人未在前述 28 日内发出索赔意向通知书的,丧失要求赔付金额和(或)延长缺陷责任期的权利。发包人应在发出索赔意向通知书后 28 日内,通过监理人向承包人正式递交索赔报告。

2. 处理:(1)承包人收到发包人提交的索赔报告后,应及时审查索赔报告的内容、查验发包人证明材料。(2)承包人应在收到索赔报告或有关索赔的进一步证明材料后 28 日内,将索赔处理结果答复发包人。如果承包人未在上述期限内作出答复,则视为对发包人索赔要求的认可。(3)承包人接受索赔处理结果的,发包人可从应支付给承包人的合同价款中扣除赔付的金额或延长缺陷责任期;发包人不接受索赔处理结果的,按争议解决约定处理。

四、提出索赔的期限

(1)承包人接收竣工付款证书后,应被视为已无权再提出在工程接收证书颁发前所发生的任何索赔。(2)承包人提交的最终结清申请单中,只限于提出工程接收证书颁发后发生的索赔。提出索赔的期限自接受最终结清证书时终止。

【案例】

同问题 74 案例。

【分析解答】

本案便是因监理人员怠于履行监理义务,导致的工期索赔。

【法律法规链接】

《合同法》第 60 条、第 109 条、第 278 条。

第五章 工程款问题

第一节 工程款结算与支付

79. 什么是预付款、进度款？什么是履约保证金、质保金？质量保证金比例是多少？什么是总包管理费？什么是总包配合费？

一、预付款

又称预付备料款，是指建设工程施工合同订立后由发包人按合同的约定，在正式开工前预先支付给承包人的工程款。预付款是一种支付手段，其目的是解决合同一方周转资金短缺问题。工程预付款的支付，表明该工程已经实质性启动。

二、进度款

是指在建设工程施工过程中，按月或按工程形象进度、控制界面等完成的工程量进行计算，并通常按工程总价一定比例支付的各项工程价款。

三、履约保证金

是指建设工程合同发包人为防止承包人在执行合同过程中违反合同约定或不履行合同给其造成经济损失，而要求承包人为保证合同的履行提供一数额的金钱作为担保，并在双方合同履行完毕或者依法解除时予以退还的款项。履约保证金的目的是担保承包人保质、保量的完全履行合同，额度通常为合同价格的10%。

四、质保金及比例

质保金，实践中分为两种情况：一种是质量保修金，另一种是质量保证金。质量保修金，是由建设工程合同双方当事人为担保所建工程日后如出现质量问题由承包人负责维修而约定从应付合同价款中预留一定数额的金钱，作为合同工程出现质量问题需要进行修理时，用于支付修理费用的资金。质量保证金，是承包人根据发包人的要求，在建设工程承包合同签订之前，预先交付给发包人的，用以担保施工质量的资金。

质量保证金的扣留比例：住建部在制定2017年版《建设工程施工合同（示范文本）》对2013年版《建设工程施工合同（示范文本）》中关于扣留质量保证金的比例由原来的不得超过工程价款结算总额的5%修改为不得超过工程价款结算总额的3%。

五、总包管理费

是指在总包人合法分包工程的情况下，由发包人直接与分包人结算，再由发包人支付的总包对分包实施管理的费用。如果由总包人直接与分包人结算,因其取得了二者工程款的差价,故不存在总包管理费的概念,或者说工程款差价中包括了总包管理费。

六、总包配合费

又称总包服务费,是指在发包方直接发包给专业承包人,但施工现场需使用总包方提供施工条件(包括但不限于水电、道路、脚手架、垂直运输机械等),按有偿服务的原则,总包方向发包人或专业承包人收取的相关费用。在总承包范围内的分包工程项目不存在所谓的配合费。

【案例】

2014年1月5日,被告金地商贸城与原告信仁工程公司采用8600万元的总价合同,签订了关于金地步行街建设工程施工合同。合同约定2014年3月1日开工,同年10月30日竣工,开工前支付工程预付款500万元,其后工程按形象进度付款:完成基础付15%,完成地上1~3层付20%,完成4~6层付30%,封顶付15%,竣工验收合格按工程总价3%预留质量保证金后结清。合同签订后原告按约开工并按时完成形象进度。但被告却因步行街商铺、店面预售不理想,而在原告于8月30日完成地上1~3层,没有足够资金给付当期20%的进度款致使工程停工。原告遂诉至法院,要求被告支付工程进度款1720万元,并承担工程款逾期支付利息。

法院经审理认为:原、被告双方签订的合同合法有效,被告应当按约定支付工程进度款。因被告逾期付款,应当支付工程款利息。由于双方当事人未在合同中约定工程利息计算标准,故可按同期同档中国人民银行贷款基准利率计算。据此,法院判决由被告支付原告工程进度款1720万元,并以1720万元为基数,按同期同档中国人民银行贷款基准利率标准自8月30日起计算逾期付款利息至实际给付之日止。

【分析解答】

本案中,双方当事人约定付款方式就是先付预付款以便原告启动施工,然后再按工程楼层形象进度和工程总价一定比例支付工程进度款,双方按3%预留的便是质量保证金。

【法律法规链接】

《合同法》第60条、第109条,《施工合同解释(一)》第17条。

80. 发包人逾期支付进度款的，违约责任如何承担？发包人签发进度款支付证书，是否表明发包人已同意接受相应工程？在什么情况下，发包人逾期付款须承担双倍违约金？

一、发包人逾期支付进度款的违约责任承担问题

除专用合同条款另有约定外，发包人应在进度款支付证书或临时进度款支付证书签发后 14 日内完成支付，发包人逾期支付进度款的，应按照中国人民银行发布的同期同类贷款基准利率支付违约金。

二、发包人签发进度款支付证书是否表明发包人已同意接受相应工程问题

发包人签发进度款支付证书或临时进度款支付证书，不表明发包人已同意、批准或接受了承包人完成的相应部分的工作。

三、发包人逾期付款须承担双倍违约金问题

2013 年版、2017 年版《施工合同示范文本》均规定了发包人逾期付款须承担双倍违约金的两种情形：①发包人在签发竣工付款证书后的 14 日内，完成对承包人的竣工付款。发包人逾期支付的，按照中国人民银行发布的同期同类贷款基准利率支付违约金；逾期支付超过 56 日的，按照中国人民银行发布的同期同类贷款基准利率的两倍支付违约金。②发包人应在颁发最终结清证书后 7 日内完成支付。发包人逾期支付的，按照中国人民银行发布的同期同类贷款基准利率支付违约金；逾期支付超过 56 日的，按照中国人民银行发布的同期同类贷款基准利率的两倍支付违约金。

【案例】

同问题 79 案例。

【分析解答】

本案中，发包人因逾期支付进度款，而承担了按照中国人民银行发布的同期同类贷款基准利率支付违约金的法律责任。

【法律法规链接】

《合同法》第 60 条、第 109 条，《施工合同解释（一）》第 17 条。

81. 招投标时约定为固定价，签订合同时能否改为可调价？

根据《招投标法》第 46 条规定："招标人和中标人应当自中标通知书发出之日起三十日内，按照招标文件和中标人的投标文件订立书面合同。招标人和中标人不得再行订立背离合同实质性内容的其他协议。"因合同实质性内容通常包括工程价款、工程质量、工程工期三个主要条款，如招投标时已约定合同为固定价，签

订合同时改为可调价，属于对合同计价方式的变更，也就是工程价款的改变，因此，这种做法背离了中标合同应有的实质性内容，违反了《招投标法》第46条规定的强制性规定，应属无效。故招投标时约定为固定价，签订合同时一般情况下不能改为可调价。

但任何事情都不是一成不变的，建设工程的复杂性和多样性注定要我们考虑一些例外情况，故最高人民法院在《施工合同解释（二）》第9条中就对“依法不属于必须招标的建设工程”进行招标后，发包人与承包人另行订立背离中标合同实质性内容的合同在以往按无效处理的常态原则下又开了个口子：“但发包人与承包人因客观情况发生了在招标投标时难以预见的变化而另行订立建设工程施工合同的除外。”这也是“情势变更”原则在建设工程领域的一个反映。

【案例】

2018年7月1日，被告天安新能源公司将其拟建的太阳能发电装置及相关附属设施建筑安装工程对外进行招标，原告永兴电力设施建筑安装工程公司中标，中标通知书确定中标工程合同固定价650万元，竣工验收时一次付清。后双方签订中标合同时，原、被告又将固定价改为可调价，并进行了备案。2018年11月30日，工程竣工验收合格结算时，原告按可调价提交竣工结算文件报价748万元，被告不认可原告报价，便要求按原固定价结算，原告遂于2019年1月6日诉至法院，要求被告支付工程款748万元。

法院经审理认为：双方合同工程是必须招投标工程，根据《招投标法》关于“招标人和中标人应按招标文件和中标人的投标文件订立书面合同，不得再行订立背离合同实质性内容的其他协议”规定，原中标文件约定工程为固定价，双方当事人不能变更为可调价。双方当事人对此进行变更，背离了中标文件工程价款这一实质性内容，违反了法律强制性规定，不能作为结算依据；故双方仍应按中标文件约定进行结算。遂判决被告支付原告工程款650万元。

【分析解答】

根据国家发展改革委公布的《必须招标的工程项目规定》及配套文件《必须招标的基础设施和公用事业项目范围规定》规定，新能源项目属于关系社会公共利益、公众安全的必须招标工程项目。本案工程中标时已确定合同为固定价，中标通知书发出时，双方合同要约与承诺已经成立，对双方当事人均有约束力。双方当事人在签订中标合同时改为可调价，属于对工程价款的改变，而工程价款又是合同实质性内容，故双方当事人这种做法背离了中标合同应有的实质性内容，违反了《招投标法》强制性规定，故法院在当事人请求以中标合同作为结算建设工程价款依据时给予支持是正确的。

【法律法规链接】

《合同法》第44条、第60条、第109条，《招投标法》第45条、第46条。

82. 什么是按××定额结算？什么是成本价？投标低于成本价如何判定？什么是预算价、决算价、结算价、送审价、监理确定价？

一、建筑工程定额

是指在正常施工条件下，完成单位合格产品所必须消耗的劳动力、材料、机械台班的数量标准。它是由国家指定的机构按一定程序编制的，并按规定的程序审批和颁发执行的建设工程施工计算和衡量标准。在建筑工程中实行定额管理的目的，是为了在施工中力求最少的人力、物力和资金消耗量，生产出更多、更好的建筑产品，取得最好的经济效益。它是在认真研究施工规律的基础上，用科学方法确定出来的施工各项消耗量标准，是大多数企业和职工经过努力能够达到的平均先进水平，具有科学性；定额一经国家或地方主管部门颁发，各地区及有关施工企业单位，都必须严格遵守和执行，不得随意变更定额的内容和水平，具有法令性；定额的拟定，通常采取工人、技术人员和专职定额人员三结合方式，使拟定定额时能够从实际出发，反映建筑安装的实际水平，具有实践性。

建筑工程定额是编制工程计划、组织和管理施工和确定建筑工程造价的重要依据，也是建筑企业实行经济责任制的重要环节。建筑工程定额按其生产要素分类，可分为劳动消耗定额、材料消耗定额和机械台班消耗定额；按其用途分类，可分为施工定额、预算定额、概算定额、工期定额及概算指标等；按其编发单位和适用范围分类，可分为全国统一定额、主管部门定额、地区统一定额及企业定额等；按专业分类，可分为建筑工程定额和设备及安装工程定额。

我国早在1955年劳动部和原建筑工程部联合编制了《全国统一建筑安装工程劳动定额》，这是我国建筑业第一次编制的全国统一劳动定额。随着工程预算制度的建立和发展，工程预算定额也相应产生并不断发展。后国家建委将建筑工程预算定额的编制和管理工作下放到省、市、自治区。各省、市、自治区后来也先后组织编制了本地区的建筑安装工程预算定额。

建设工程合同双方当事人有时会在合同中约定工程按××定额结算，如约定“本工程结算按《××省建筑工程综合定额(2006年)》执行”，就是表明双方约定该工程价款是按××省建筑主管部门于2006年发布的建筑工程综合定额的标准计算和取费的。

二、成本价及投标低于成本价的判定

1. 成本价

是指在一定生产技术和生产阶段花费在建设工程上不含利润的全部费用。

2. 投标低于成本价的判定

《招投标法》第33条规定：“投标人不得以低于成本的报价竞标”，投标低于成本价的判定一般来说，必须针对工程项目自身特点和要求，参考社会平均成本，并根据每个投标人的不同情况(个别成本)分别加以确定:一是对所有投标人的投标报价进行比对分析。通常,在成熟的建筑市场竞争条件下,不同企业之间的报价不应相差悬殊;如果最低报价与其他几个较低的报价比较接近,或者虽然相差较大,但仍在可以接受的幅度范围之内,则该最低报价就有可能是合理的;相反,如果最低报价比次低报价相差巨大,则应对其进行更进一步的技术审核和成本分析。二是结合投标企业的综合实力,包括管理水平、机械设备、技术力量,与投标方案进行评价,重点分析降低成本的具体措施,如采用新工艺、新技术和科学的施工方案,合理的工期安排和劳动力的调配计划以及较为俭省的材料使用和采购等方面,只要这些措施科学、合理、可靠、得力,能够基本上实现降低成本的要求,即可以认为该报价是能够接受的,否则就可能是低于成本价投标。

三、预算价、决算价、结算价、送审价、监理确定价

1. 预算价

是指根据拟建建筑工程的设计图纸、建筑工程预算定额、费用定额、建筑材料预算价格以及与其配套使用的有关规定等,预先计算和确定每个新建、扩建、改建和复建项目所需全部费用后作出建筑工程预算文件所确定的工程预计造价。它是通过货币形式来对工程项目的投入进行评价并反映工程经济效果的结果。它是加强企业管理、实行经济核算、考核工程成本、编制施工计划的依据;也是工程招投标报价和最终确定工程造价的主要依据。

2. 决算价

是指工程完工、交工验收后,由建设单位根据施工图设计、合同及其调整、施工情况对所建工程从立项到投入使用所发生的一切费用进行评估、汇总后形成的工程造价。

3. 结算价

是指施工企业在工程完工并验收合格后,计算完成整个建设项目所有的费用后,向发包单位提出进行结账的工程造价。

4. 送审价

是指施工企业向发包人递交的供发包人审核并答复的竣工结算文件中所确定的工程造价。《施工合同解释(一)》第20条关于“当事人约定,发包人收到竣工结算文件后,在约定期限内不予答复,视为认可竣工结算文件的,按约定处理。承包人请求按竣工结算文件结算工程价款的,应予支持”的规定,即建筑行业内通常所称的“以送审价为准”。

5. 监理确定价

是指建设工程合同双方当事人对工程造价产生争议后不能通过商定达成一致价格的,由总监理工程师按照合同约定通过审慎、公正核算而确定出来的价格。

总监理工程师应将确定以书面形式通知发包人和承包人,并附详细依据。合同当事人对总监理工程师的确定没有异议的,按照总监理工程师的确定执行。任

何一方合同当事人有异议，按照争议解决约定处理。争议解决前，合同当事人暂按总监理工程师的确定执行；争议解决后，争议解决的结果与总监理工程师的确定不一致的，按照争议解决的结果执行，由此造成的损失由责任人承担。

【案例】

2010年4月10日，被告天齐贸易公司将办公楼工程发包给原告逸达建筑公司承建。双方工程施工合同约定：工程预算总价暂定700万元，承包方式包工包料；工程结算时，工程价款取费标准按《江苏省建设工程费用定额》(2009)执行，建材价格按2010年淮安市当地年平均价格数确定，并据实结算。后工程竣工验收合格后，原告向被告提交竣工结算文件报价815万元，而被告自行决算价为735万元。因双方为造价争执不下，原告遂起诉要求被告按结算价815万元支付工程款。案件审理期间，经法院委托造价鉴定，结论为776万元。

法院经审理认为：原、被告签订的合同合法有效，双方当事人应按合同约定履行义务，故被告应当支付合同约定工程价款。因原、被告双方在合同中只约定了工程价款的计算方法与标准，但对工程总价并未进行固定，故在双方对总价计算结果发生争议时，按鉴定意见确定结算总价符合法律规定。遂判决被告支付原告工程款776万元。

【分析解答】

本案中，合同约定工程预算总价暂定700万元，便是预算价；工程价款取费标准按《江苏省建设工程费用定额》(2009)执行，表明双方约定该工程价款取费标准是按江苏省建筑主管部门于2009年发布的建筑工程费用定额的标准计算和取费的；原告向被告提交的竣工结算报价815万元，便是结算价；被告测算的735万元为决算价；鉴定机构作出的总价为工程鉴定造价。

【法律法规链接】

《合同法》第60条、第109条，《施工合同解释(一)》第16条。

83. 什么是基准价格？合同价格调整因素通常包括哪些内容？

、基准价格

是指由发包人在招标文件或专用合同条款中给定的材料、工程设备的价格，该价格原则上应当按照省级或行业建设主管部门或其授权的工程造价管理机构发布的信息价编制。

二、合同价格调整因素及内容

根据《施工合同示范文本》规定，合同价格的调整因素及内容通常包括：

（一）市场价格波动引起的调整

除专用合同条款另有约定外，市场价格波动超过合同当事人约定的范围，合同价格应当调整。合同当事人可以在专用合同条款中约定选择以下一种方式对合同价格进行调整：

第一种方式：采用价格指数进行价格调整。

（1）价格调整公式。因人工、材料和设备等价格波动影响合同价格时，根据专用合同条款中约定的数据，按以下公式计算差额并调整合同价格：

$$\Delta P = P_o\left[A + \left(B_1 \times \frac{F_{t1}}{F_{o1}} + B_2 \times \frac{F_{t2}}{F_{o2}} + B_3 \times \frac{F_{t3}}{F_{o3}} + \cdots + B_n \times \frac{F_{tn}}{F_{on}}\right) - 1\right]$$

公式中：ΔP——需调整的价格差额；

P_o——约定的付款证书中承包人应得到的已完成工程量的金额。此项金额应不包括价格调整、不计质量保证金的扣留和支付、预付款的支付和扣回。约定的变更及其他金额已按现行价格计价的，也不计在内；

A——定值权重（不调部分的权重）；

B_1；B_2；$B_3 \cdots B_n$——各可调因子的变值权重（可调部分的权重），为各可调因子在签约合同价中所占的比例；

F_{t1}；F_{t2}；$F_{t3} \cdots F_{tn}$——各可调因子的现行价格指数，指约定的付款证书相关周期最后一天的前42天的各可调因子的价格指数；

F_{o1}；F_{o2}；$F_{o3} \cdots F_{on}$——各可调因子的基本价格指数，指基准日期的各可调因子的价格指数。

以上价格调整公式中的各可调因子、定值和变值权重，以及基本价格指数及其来源在投标函附录价格指数和权重表中约定，非招标订立的合同，由合同当事人在专用合同条款中约定。价格指数应首先采用工程造价管理机构发布的价格指数，无前述价格指数时，可采用工程造价管理机构发布的价格代替。

（2）暂时确定调整差额。在计算调整差额时无现行价格指数的，合同当事人同意暂用前次价格指数计算。实际价格指数有调整的，合同当事人进行相应调整。

（3）权重的调整。因变更导致合同约定的权重不合理时，按照商定或确定执行。

（4）因承包人原因工期延误后的价格调整。因承包人原因未按期竣工的，对合同约定的竣工日期后继续施工的工程，在使用价格调整公式时，应采用计划竣工日期与实际竣工日期的两个价格指数中较低的一个作为现行价格指数。

第二种方式：采用造价信息进行价格调整。

合同履行期间，因人工、材料、工程设备和机械台班价格波动影响合同价格时，人工、机械使用费按照国家或省、自治区、直辖市建设行政管理部门、行业建设管理部门或其授权的工程造价管理机构发布的人工、机械使用费系数进行调整；需要进行价格调整的材料，其单价和采购数量应由发包人审批，发包人确认需调整的材料单价及数量，作为调整合同价格的依据。

(1)人工单价发生变化且符合省级或行业建设主管部门发布的人工费调整规定,合同当事人应按省级或行业建设主管部门或其授权的工程造价管理机构发布的人工费等文件调整合同价格,但承包人对人工费或人工单价的报价高于发布价格的除外。

(2)材料、工程设备价格变化的价款调整按照发包人提供的基准价格,按以下风险范围规定执行:

①承包人在已标价工程量清单或预算书中载明材料单价低于基准价格的:除专用合同条款另有约定外,合同履行期间材料单价涨幅以基准价格为基础超过5%时,或材料单价跌幅以在已标价工程量清单或预算书中载明材料单价为基础超过5%时,其超过部分据实调整。

②承包人在已标价工程量清单或预算书中载明材料单价高于基准价格的:除专用合同条款另有约定外,合同履行期间材料单价跌幅以基准价格为基础超过5%时,材料单价涨幅以在已标价工程量清单或预算书中载明材料单价为基础超过5%时,其超过部分据实调整。

③承包人在已标价工程量清单或预算书中载明材料单价等于基准价格的:除专用合同条款另有约定外,合同履行期间材料单价涨跌幅以基准价格为基础超过±5%时,其超过部分据实调整。

④承包人应在采购材料前将采购数量和新的材料单价报发包人核对,发包人确认用于工程时,发包人应确认采购材料的数量和单价。发包人在收到承包人报送的确认资料后5日内不予答复的视为认可,作为调整合同价格的依据。未经发包人事先核对,承包人自行采购材料的,发包人有权不予调整合同价格。发包人同意的,可以调整合同价格。

(3)施工机械台班单价或施工机械使用费发生变化超过省级或行业建设主管部门或其授权的工程造价管理机构规定的范围时,按规定调整合同价格。

第三种方式:专用合同条款约定的其他方式。

(二)法律变化引起的调整

基准日期后,法律变化导致承包人在合同履行过程中所需要的费用发生除市场价格波动引起的调整约定以外的增加时,由发包人承担由此增加的费用;减少时,应从合同价格中予以扣减。

因法律变化引起的合同价格调整,合同当事人无法达成一致的,由总监理工程师按商定或确定的约定处理。

因承包人原因造成工期延误,在工期延误期间出现法律变化的,由此增加的费用和(或)延误的工期由承包人承担。

(三)发包人原因导致开工通知迟延引起的调整

因发包人原因造成监理人未能在计划开工日期之日起90日内发出开工通知的,承包人有权提出价格调整要求,或者解除合同。发包人应当承担由此增加的费用和(或)延误的工期,并向承包人支付合理利润。

(四)暂停施工引起的调整

暂停施工持续84日以上不复工的,且不属于承包人原因引起的暂停施工及不可抗力约定的情形,并影响到整个工程以及合同目的实现的,承包人有权提出价格调整要求,或者解除合同。

(五)因工程变更、合理化建议引起的调整

1. 工程变更,除专用合同条款另有约定外,变更估价按照以下原则处理:

(1)已标价工程量清单或预算书有相同项目的,按照相同项目单价认定;

(2)已标价工程量清单或预算书中无相同项目,但有类似项目的,参照类似项目的单价认定;

(3)变更导致实际完成的变更工程量与已标价工程量清单或预算书中列明的该项目工程量的变化幅度超过15%的,或已标价工程量清单或预算书中无相同项目及类似项目单价的,按照合理的成本与利润构成的原则,由合同当事人按照商定或确定程序确定变更工作的单价。

承包人应在收到变更指示后14日内,向监理人提交变更估价申请。监理人应在收到承包人提交的变更估价申请后7日内审查完毕并报送发包人,监理人对变更估价申请有异议,通知承包人修改后重新提交。发包人应在承包人提交变更估价申请后14日内审批完毕。发包人逾期未完成审批或未提出异议的,视为认可承包人提交的变更估价申请。

2. 承包人提出合理化建议,经发包人批准并由监理人发出变更指示的,引起的价格调整按工程变更估价约定执行。因变更引起的价格调整应计入最近一期的进度款中支付。

(六)双方约定的其他因素

【案例】

2014年1月5日,被告罗兰文化用品公司与原告汉和建工公司签订了建设工程施工合同,合同约定由原告为被告建设文化用品大卖场营业楼,同年1月15日开工,7月30日竣工;双方还约定人工、机械台班等费用暂按《江苏省建设工程费用定额》(2013)执行,合同总价暂定2200万元,按进度付款,竣工验收合格时结清;双方另特别约定,如施工期间新的建设部门公布新的定额标准,则对人工、机械台班等费用按新的标准对原合同价格进行价格调整。合同签订后,原告按合同约定进度进行施工。2014年6月5日,大楼主体工程封顶。同年6月18日,江苏省住房和城乡建设厅发布《江苏省建设工程费用定额》(2014),并通知该定额自7月1日起在全省范围内施行,原建设工程各专业费用定额同时停止执行。原告遂向被告提出价格调整,被告表示等工程竣工时再谈。7月30日,大楼工程按时竣工并验收合格交付。双方进行结算时,原告再次向被告提出价格调整,并主张按调整后的价格进行结算;但被告以《江苏省建设工程费用定额》(2014)发布时主体工程已经完成,不应再按此新的定额调整合同价格,即使调整也只能对7月1日以后产生的费用进行调整。对被告的意见,原告无法接受,遂向法院提起了诉讼,并按新定额标准对合同价格调整后,认为被告应付工程总价为2460万元,扣除被告已经支付的工程进度款1800万元,因此,要求法院判令被告再支付工程款660万元。被告应诉后,仍以原抗辩理由拒绝原告的诉讼请求。

法院经审理认为:原、被告签订的合同合法有效,双方当事人应按合同约定全面履行义务。本案中,双方当事人在合同中约定该工程施工期间的人工、机械台班等费用是暂时按《江苏省建设工程费用定额》(2013)执行,而非固定不变的按《江苏省建设工程费用定额》(2013)执行,该合同条款约定的目的就是为合同价格调整留下调整的空间和余地。同时,双方当事人在合同中还特别约定,如施工期间新的建设部门公布新的定额标准,则对人工、机械台班等费用按新的标准对原合同价格进行价格调整;2014年6月5日,本案工程大楼主体虽已封顶,但本案工程并非施工结束,同年6月18日江苏省住房和城乡建设厅发布《江苏省建设工程费用定额》(2014)时,本案工程仍处于施工期间,因此,原告要求对合同价格进行调整符合合同约定的时间、空间、文件等条件,故对原告的主张应予支持。被告辩称主体工程已经完成,不应再按新的定额调整合同价格的主张,与合同约定不符,应不予采纳。对于被告辩称的即使调整也只能对7月1日以后产生的费用进行调整的主张,因本案双方当事人进行合同价格调整约定时,已经明确订立合同时所计价的人工、机械台班等费用标准是暂时按《江苏省建设工程费用定额》(2013)执行,而非固定不变的按《江苏省建设工程费用定额》(2013)执行,故从本案合同订立的价格调整目的看,双方当事人约定的价格调整并非是仅针对《江苏省建设工程费用定额》(2014)7月1日施行后的费用调整,而是针对整个合同期间的费用调整,故对被告该辩称亦不予采纳。综上,法院遂判决被告支付原告工程款660万元。

【分析解答】

人工、机械等费用发生变化属于合同价格调整的因素之一。本案中,双方当事人在合同专用条款中约定了价格调整情形,双方当事人应当按照合同约定进行全面、正确的履行价格调整义务,被告辩称的理由与合同约定的内容不符,不应得到法院的支持。

【法律法规链接】

《合同法》第44条、第109条。

84. 工程款中是否包括税金?工程款发票由谁负责开具?工程保险费用由谁承担?

建筑安装工程价款由直接费、间接费、利润和税金组成,因此,工程款中是包括税金的。根据相关法律规定,承包人在工程款全部结清后,应向发包人开具正式统一的发票,故工程款发票应当由承包人负责开具。

发包人应投保建筑工程一切险或安装工程一切险;发包人委托承包人投保的,因投保产生的保险费和其他相关费用由发包人承担。

发包人应依照法律规定为在施工现场的全部员工办理工伤保险,缴纳工伤保险费,并要求监理人及由发包人为履行合同聘请的第三方依法参加工伤保险。承包人应依照法律规定为其履行合同的全部员工办理工伤保险,缴纳工伤保险费,并要求分包人及由承包人为履行合同聘请的第三方依法参加工伤保险。发包人和承包人可以为其施工现场的全部人员办理意外伤害保险并支付保险费。合同当事人应及时向另一方当事人提交其已投保的各项保险的凭证和保险单复印件。

发包人变更除工伤保险之外的保险合同时,应事先征得承包人同意,并通知监理人;承包人变更除工伤保险之外的保险合同时,应事先征得发包人同意,并通知监理人。

【案例】

2010年4月5日,被告一品汽贸公司与原告华硕建工公司签订了建设工程施工合同,合同约定由原告为被告建设汽车销售展厅,承包方式包工包料,价款550万元,竣工验收合格时结清。后竣工验收合格结算时,被告要求原告先开具收款发票,待发票报账后支付工程款;原告考虑到税金需现金支付问题则要求被告先付款后开发票。双方为此争执不下,原告催要工程款未果,遂起诉要求被告支付工程款。庭审中,被告以先开票后付款是工程实务中的惯例为由抗辩。

法院经审理认为:原、被告签订的合同合法有效,双方当事人应按合同约定履行义务,故被告应当支付合同约定工程价款,原告也应当在收款后开具收款发票。因开具收款发票只是施工人在收到发包人按合同支付的工程款后才产生的合同附随义务或协助义务,如果双方未作特别约定,应当付款在前,开票在后。被告辩称先开票后付款是工程实务中的惯例无法律依据,故不予采纳。本案双方未作这方面特别约定,故被告应当先支付工程款。遂判决被告支付原告550万元,原告在收款后3日内向被告出具与所收款相同金额的正式发票。

【分析解答】

建筑实务中,先开票后付款的现象广泛存在,但开具收款发票只是施工人在收到发包人支付的工程款后才产生的合同附随义务,即《合同法》第60条“当事人应当遵循诚实信用原则,根据合同的性质、目的和交易习惯履行通知、协助、保密等义务”规定中的协助义务。如果双方未作特别约定,应当付款在前,开票在后。先开票后付款并无法律依据,它是发包人利用优势地位形成的不规范操作,因此不应得到法院的支持。

【法律法规链接】

《合同法》第 60 条、第 109 条。

85. 如何确定应付工程款利息的起算点？没有约定工程款延期支付利息标准，承包人能否主张？约定滞纳金能否得到法院支持？当事人约定的逾期支付工程款计息利率过高如何处理？

一、应付工程款利息起算点的确定

《施工合同解释(一)》第 18 条规定："利息从应付工程价款之日计付。当事人对付款时间没有约定或者约定不明的，下列时间视为应付款时间：(1)建设工程已实际交付的，为交付之日；(2)建设工程没有交付的，为提交竣工结算文件之日；(3)建设工程未交付，工程价款也未结算的，为当事人起诉之日。"

但值得注意的是，对于通过司法造价鉴定来最终确定工程款的，利息应从判决生效日开始计算。因为工程款确定后才发生利息支付问题，如工程款数额尚未确定，利息无从支付。

二、关于没有约定工程款延期支付利息标准，承包人能否主张问题

《施工合同解释(一)》第 17 条规定："当事人对欠付工程价款利息计付标准有约定的，按照约定处理；没有约定的，按照中国人民银行发布的同期同类贷款利率计息。"因此，在没有约定工程款延期支付利息标准的情况下，承包人可按中国人民银行发布的同期同类贷款基准利率主张利息。

但值得注意的是，对于垫资承包工程的，《施工合同解释(一)》第 6 条规定："当事人对垫资和垫资利息有约定，承包人请求按照约定返还垫资及其利息的，应予支持，但是约定的利息计算标准高于中国人民银行发布的同期同类贷款基准利率的部分除外。当事人对垫资没有约定的，按照工程欠款处理。当事人对垫资利息没有约定，承包人请求支付利息的，不予支持。"

三、关于约定滞纳金能否得到法院支持问题

滞纳金是行政管理单位或具有相应管理职权的单位，对超过缴款期限而未缴纳应付款的缴款人按欠付款一定比例并采取按日计算方式所课以的一种带有惩罚性质的金钱给付义务。它是一种行政责任形式，常见于税法等经济法规中，与违约金本是两个不同的概念。但由于当事人法律知识的缺乏，不能分清违约金与滞纳金的区别，往往在订立建设工程合同时没有约定违约金而约定了迟延履行付款义务的滞纳金。对这种约定的滞纳金如何处理，审判实践中存在争议，但倾向于认为这种约定是由于双方当事人对违约民事责任形式认识不清造成的。法官在审理此种情形案件时，应调查双方当事人的真实意思表示，若双方所约定滞纳金的意思表示实为违约金时，应向当事人行使释明权，告知主张滞纳金的一方当

事人可以变更主张违约金。当事人同意变更的，则予以支持；不同意变更的，告知双方当事人因无权约定滞纳金而予驳回。

四、当事人约定的逾期支付工程款计息利率过高问题

当事人对欠付工程价款逾期利息计付利率标准有约定的，按照约定处理，但参照最高人民法院《关于审理民间借贷案件适用法律若干问题的规定》第 29 条规定，逾期计付利率标准以不超过年利率 24%为限；对超过年利率 24%的部分，人民法院应不予支持。

【案例】

2010 年 3 月 15 日，被告梅香纸巾厂与原告新安建筑公司签订了建设工程施工合同，合同约定由原告为被告建设生产厂房，承包方式包工包料，工程价款取费标准按《江苏省建设工程费用定额》（2009）执行，建材价格根据施工期间淮安市当地造价信息刊物逐月公布的价格平均数执行，工程总量及总价按实结算，造价确定时结清。后工程竣工验收合格结算时，原告提交结算文件报价 789 万元，而被告测算则为 720 万元。双方为造价争执不下，原告遂起诉要求被告支付工程款，并自原告提交结算文件时起承担工程款利息。案件审理期间，经原告申请，法院委托造价鉴定，结论为 756 万元。

法院经审理认为：原告、被告签订的合同合法有效，双方当事人应按合同约定履行义务，故被告应当支付合同约定工程价款。双方在合同中约定工程造价确定时支付工程款，而原告主张自其提交结算文件时起由被告承担工程款利息，因其时工程价款仅是原告单方报价，并未正式确定，故尚未到工程款支付之时；因此，对原告该主张不予采纳。遂判决被告支付原告工程款 756 万元，并自本判决生效之日起按中国人民银行发布的同期同类银行贷款利率承担工程款利息至付清工程款时止。

【分析解答】

《施工合同解释（一）》第 18 条规定："利息从应付工程价款之日计付。"本案中，双方当事人不是没有约定付款时间，也不是付款时间约定不明，而是约定了"工程款造价确定时结清"。该约定虽然在造价确定前无法固定付款时间，但只要造价一经确定，付款时间也就明朗。由于双方当事人在诉讼前均未能确定工程造价，而诉讼期间法院通过委托鉴定虽暂时确定了工程造价，但因一审判决本身就存在上诉后暂不生效、二审重新鉴定或认定造价等不确定性，故一审法院对本案工程款起息时间确定为判决生效之日是正确的。

【法律法规链接】

《合同法》第 60 条、第 109 条，《施工合同解释（一）》第 18 条。

86. 工程款延期给付利息，能否与违约责任一并主张?

《施工合同解释(一)》第17条规定:“当事人对欠付工程价款利息计付标准有约定的，按照约定处理;没有约定的，按照中国人民银行发布的同期同类贷款利率计息。”对于拖欠工程款利息和违约金能否一并主张问题，法律既没有明确的允诺性规定，但也没有禁止性规定。《合同法》第116条关于“当事人既约定违约金，又约定定金的，一方违约时，对方可以选择适用违约金或者定金条款”的规定，也仅是要求对定金与违约金选择适用，不能同时并用，但对利息和违约金能否一并主张并未提及。

从理论上来看，逾期付款违约金就是合同双方约定当一方不按期履行其付款义务时，应向另一方支付的赔偿金。拖欠工程款利息则是指欠款人因延期给付工程款而应支付给债权人的报酬或资金占用费。违约金具有惩罚和弥补损失的双重属性，这与定金罚则的惩罚功能存在一定的重合，因此法律限制其与违约金并用;而工程款利息是工程款本身就应产生的孳息，与工程款本金之间具有随附性，可以说它本来就应是施工单位的，在欠付工程款前提下它也应是欠款方债务的组成部分。未按约付款行为相当于占用承包人的资金，不仅会造成承包人工程款利息的损失，也会使承包人丧失利用该工程款进行其他工程投资获利的机会，从而带来间接利益损失。《合同法》第114条规定:“当事人就迟延履行约定违约金的，违约方支付违约金后，还应当履行债务。”因此违约金和利息两种责任形式并行主张并不矛盾。审判实践中，当利息和违约金一并主张时，如约定利息高于银行同期同类贷款利率四倍的，超过部分无效;如违约金过分高于实际损失时，法官可根据《合同法》第114条关于“约定违约金过分高于造成的损失的，当事人可以请求人民法院或者仲裁机构予以适当减少”的规定，对其进行适当调整。由于对约定利息标准的司法制约是超过银行同期同类贷款利率四倍时认定超过部分无效，故在约定利息标准不违反规定的前提下，法官裁判时可将两者与实际损失结合起来酌定违约金的调整幅度。

【案例】

2014年4月1日，被告农工机械厂与原告曼城建筑工程公司签订了建设工程施工合同，合同约定由原告为被告建设生产厂房，承包方式包工包料，工程价款860万元，工程竣工验收合格交付后结清，逾期付款按银行贷款利率计息，并承担违约金200元/天。2014年8月10日，工程竣工验收合格交付后，被告却因效益不佳而致资金无法按时支付。原告遂起诉要求被告支付工程款，并自工程竣工验收合格交付时起承担工程款利息及逾期付款违约金。庭审中，被告以工程款利息及逾期付款违约金不能一并主张为由进行抗辩。

法院经审理认为:原、被告签订的合同不违反法律、法规强制性规定,应当认定有效,故双方当事人应按合同约定履行义务。被告未按约付款,应当承担合同约定的工程款利息。被告未按约付款行为相当于占用原告的资金,不仅会造成原告工程款利息的损失,也会使原告丧失利用该工程款进行其他工程投获利的机会,从而带来间接利益损失。因此,原告根据合同约定对工程款利息及逾期付款违约金一并主张不违反法律、法规强制性规定,且双方约定的违约金标准即使加上欠款利息也明显不高于欠付款正常投资效益,故对被告辩称两者不能一并主张的理由不予采纳。遂判决被告支付原告工程款860万元,并自2014年8月11日起按中国人民银行发布的同期同类银行贷款基准利率承担工程欠款利息,同时按200元/天标准承担逾期付款违约金,两者均至工程款实际给付之日止。

【分析解答】

工程款利息是工程款本身就应产生的孳息,与工程款本金之间具有随附性,是欠款方债务的组成部分。《合同法》第114条规定:"当事人就迟延履行约定违约金的,违约方支付违约金后,还应当履行债务。"因此违约金和利息两种责任形式并行主张并不矛盾。本案中,双方当事人约定的利息标准不违反规定,且双方约定的违约金标准即使加上欠款利息也明显不高于欠付款的正常投资效益,故法院判决支持原告两者一并主张是正确的。

【法律法规链接】

《合同法》第60条、第109条、第114条,《施工合同解释(一)》第17条、第18条。

87. 施工合同对地方政府收取的建设工程规费如果没有约定承担者,裁判时应如何处理?

建筑工程规费是指政府或有关建筑管理部门规定建设工程必须缴纳的费用,它属于建筑安装工程费的间接费,一般计入工程造价。通常包括:(1)社会保障费(养老保险、失业保险、医疗保险);(2)住房公积金;(3)工伤保险;(4)工程排污费等四项内容。由于各地方政府对规费的缴纳办法规定并不完全统一,有的是由建设单位先行缴纳,后与施工企业结算;有的是由建设单位在工程造价中计入规费,支付工程款后由施工单位自行缴纳;所以,如施工合同中对地方政府收取的建设工程规费没有约定承担者,裁判时可根据当地政府或有关建筑管理部门对收取这项费用的规定,并结合《合同法》第60条关于合同当事人有"协助"对方的附随义务来确定相应的承担者和处理方式。

【案例】

2009年4月16日,被告天元食品公司与原告淮工建筑公司签订了建设工程施工合同,合同约定由原告为被告建设食品加工厂房,承包方式包工包料,工程价款486万元,工程竣工验收合格交付后结清。后工程竣工验收合格交付后,双方结算时,被告要求从欠付工程尾款186万元中扣减其缴纳的地方政府收取的建设工程社会保障费8.2万元。原告认为被告无权扣减,遂起诉要求被告支付工程款。庭审中,被告仍坚持要求扣减。

法院经审理认为:原告、被告签订的合同不违反法律、法规强制性规定,应当认定有效,故双方当事人应按合同约定履行义务。合同约定工程款竣工验收合格交付后结清,故被告应支付工程尾款。被告主张从工程中扣减其先行缴纳的建设工程社会保障费,因建设工程规费通常是计入工程造价的,而施工合同中对该项费用又没有特别约定承担者,故应根据当地政府或有关建筑管理部门对收取这项费用的规定确定相应的处理。经查,当地政府文件《淮安市建设工程社会保障费统一管理办法》第5条规定:"社会保障费以工程项目为单元计缴,实行统一计费标准,统一由建设单位先行缴纳,统一与企业结算支付。"本案中,因被告已先行缴纳,故结算时可以从工程价款中扣减。遂判决被告支付原告工程款179.8万元。

【分析解答】

建筑工程规费是指政府或有关建筑管理部门规定建设工程必须缴纳的费用,它属于建筑安装工程费的间接费,一般计入工程造价。由于各地方政府对规费的缴纳办法规定并不完全统一,故审判实务中,如施工合同中对这类规费没有约定承担者,裁判时则应根据收取这项费用的当地政府或有关建筑管理部门文件规定来执行。本案中,政府文件明确社会保障费统一由建设单位先行缴纳,并统一与企业结算支付,故被告的主张应得到法院的支持。

【法律法规链接】

《合同法》第60条、第109条。

88. 合同双方能否以补充协议变更中标合同价款?补充协议没有备案是否影响其结算效力?

按照《招投标法》和《施工合同解释(一)》规定,中标合同签订备案后,当事人不得再行订立背离合同实质性内容的其他协议,但这并不是说合同签订以后就不能变更了,建设工程施工合同有其特殊性,在合同履行过程中,有可能因各种客观原因致发生设计变更或者工程量的增减等必须变更情形,这时就涉及到合同实质内容的变更。按《合同法》的规定,合同签订以后可以变更,但由于《招投标法》规定,这种变更不能是当事人双方基于主观故意规避法律、法规的规定或恶意串通损害国家、社会和第三人利益而签订"黑合同"的行为,这种变更必须具有法定事由(如设计变更、建设工程规划指标调整等),同时根据建设主管部门对中标合同备案的特殊要求,补充协议作为施工合同的组成部分也应履行备案的程序,只有进行重新备案后,才能作为合同结算的依据。因此,合同履行过程中如果不可避免地要签定与中标合同实质性内容不一致的补充协议时,就应办理重新备案手续;如果补充协议没有备案,则根据《施工合同解释(一)》第21条关于"当事人就同一建设工程另行订立的建设工程施工合同与经过备案的中标合同实质性内容不一致的,应当以备案的中标合同作为结算工程价款的根据"的规定,不能作为结算依据。

【案例】

2009年9月9日,被告大桥房产公司通过招投标与原告一建公司签订了中标建设工程施工合同1份,合同约定由原告为被告建设办公楼1幢及其附属设施,工程价款固定价850万元。合同签订后,原告按约进场进行地下基础施工期间,因地下发现有古城墙遗址,出于政府保护文物的要求,合同工程涉及古城墙遗址保护范围的部分需进行避让调整。于是,被告通过原设计单位对合同工程重新设计,后又与原告通过补充协议并备案对合同工程进行了变更,减少了工程量。2010年10月6日,工程竣工验收合格后双方进行结算时,原告认为原合同是固定价,无论工程是否变更,被告均应按合同价款支付工程款,并认为补充协议改变了中标合同实质性内容,应属无效;被告则要求扣除变更所致工程量减少的工程款,双方为此发生争议,原告遂起诉要求被告支付合同价工程尾款150万元。案件审理期间,经法院委托鉴定,工程变更减少工程量的价款为46万元。

法院经审理认为:当事人协商一致,可以变更合同。中标合同履行期间,如因客观情况进行调整,双方当事人对此进行变更并进行重新备案,并不违反法律、法规的强制性规定,应当认定变更有效,原告主张仍按原合同价款结算无法律依据;但因合同变更导致工程量减少给原告造成损失的,因双方当事人对该变更均无过错,可从公平原则出发,由被告给予原告适当补偿。法院遂判决被告支付原告工程款104万元,并补偿原告损失12万元。

【分析解答】

协议变更合同是《合同法》赋予当事人的一项基本权利。建设工程的复杂性决定了工程开工后,难免会遇到订立合同时所不能全部预见的客观情况,如完全禁止当事人变更合同既不合理也不科学。从目前我国法律、法规规定看,限制合同变更的主要是招投标工程,《招投标法》第46条规定"招标人和中标人不得再行订立背离合同实质性内容的其他协议",《施工合同解释(一)》第21条规定:当事人就同一建设工程另行订立的建设工程施工合同与经过备案的中标合同实质性内容不一致的,应当以备案的中标合同作为结算工程价款的根据。但上述规定均是针对当事人违反招投标法律规定进行任意或恶意变更所作出的,对如因设计变更、建设工程规划指标调整等客观原因需要进行中标合同内容变更的,并不认定为改变中标合同的实质性内容。如变更工程的补充协议也进行了备案,应当按变更后的工程价款进行结算。

【法律法规链接】

《合同法》第 8 条、第 77 条,《施工合同解释(一)》第 16 条、第 19 条。

89. 施工范围超出了中标合同约定,应如何认定工程价款?

根据《招投标法》和《施工合同解释(一)》规定,中标合同签订备案后,当事人不得再行订立背离合同实质性内容的其他协议。如果施工范围超出了中标合同约定的施工范围,但该施工范围仍属于该中标工程项目范畴,则属于对中标合同内容实质性变更,工程价款一般应按中标合同确定的价款进行结算。如果施工范围超出中标合同约定范围,且该施工范围不属于该中标工程项目范畴,即与中标合同工程施工并无实质性关联时,在该施工系双方当事人合意并确已发生或已实际施工完毕的情况下,若该部分工程亦属必须招标工程,则该部分因未进行招投标而应按无效建设工程合同的规定进行处理,视工程质量是否合格决定是否参照当事人约定价款给付工程款;如该部分工程不属于必须招标工程,可视为双方当事人新要约和承诺,即按新的建设工程合同进行处理。

【案例】

2014 年 6 月 1 日,被告安淮第一中学对外招标,拟将教学楼工程对外发包。原告利鑫建筑公司中标并签订了中标建设工程施工合同,工程价款 2600 万元。施工期间,原告根据被告指示,双方签订补充协议将中标合同之外被告的教职工专用餐厅也一并进行施工。2015 年 2 月 6 日,工程竣工验收合格结算时,原告将教职工专用餐厅工程造价一并纳入工程价款要求被告支付工程款 2860 万元;被告则以中标价款已将该教职工专用餐厅包含在内为由拒绝了原告的支付请求。双方遂发生纠纷,原告诉至法院,要求被告支付工程尾欠款 860 万元(含教职工专用餐厅 260 万元)。案件审理期间,法院经被告申请对教职工专用餐厅进行造价鉴定,鉴定结论工程造价为 236 万元。

法院经审理认为:中标合同签订备案后,当事人不得再行订立背离合同实质性内容的其他协议。如果施工范围超出了中标合同约定的施工范围,属于对中标合同内容实质性变更,工程价款应按中标合同确定的价款进行结算。但本案中,原、被告合意实施的教职工专用餐厅超出了中标合同约定的施工范围,不属于该中标工程项目范畴,故与中标合同工程施工并无关联。由于该工程亦属必补充协议无效。又因该工程已实际施工完毕且质量合格,故应按无效建设工程合同的规定进行处理。因双方补充协议中对该工程价款约定不明,故应当根据鉴定确定造价。

法院遂判决被告支付原告教学楼工程欠款600万元、实验室房屋工程款236万元。

【分析解答】

施工范围超出了中标合同约定的施工范围，如该施工范围属于该中标工程项目范畴，则属于对中标合同内容实质性变更，工程价款一般应按中标合同确定的价款进行结算。但本案中，原、被告合意实施的超出中标合同约定范围的施工，不属于该中标工程项目范畴，与中标合同工程施工并无实质性关联，故就不存在对中标合同内容实质性变更。因此，该超出了中标合同约定的施工范围的施工，本质上属于双方当事人达成的新要约和承诺，即新的建设工程合同；但又由于新合同工程亦属必须招标工程，因双方未依法进行招投标，故双方因该工程施工而签订的所谓“补充协议”无效。法院判决按无效建设工程合同的规定进行处理是正确的。

【法律法规链接】

《招投标法》第3条、第46条，《合同法》第109条，《施工合同解释(一)》第1条、第2条。

90. 未取得施工审批手续，施工方能否停工并要求结算已完工工程款？

《建筑法》第7条规定：建设单位在工程开工前应申请领取施工许可证；第64条规定：建设单位未领取施工许可证擅自施工的，责令改正，停止施工，处以罚款。《施工合同解释(一)》第9条规定：“发包人具有下列情形之一，致使承包人无法施工，且在催告的合理期限内仍未履行相应义务，承包人请求解除建设工程施工合同的，应予支持：……(三)不履行合同约定的协助义务的。”从上述规定可以看出，建设单位办理施工许可手续是其法定义务，其如未取得施工审批手续，且在施工方催告的合理期限内仍未履行相应义务，属于不履行合同约定的协助义务情形，施工方不仅可以停工，也可以请求解除建设工程施工合同。根据《施工合同解释(一)》第10条规定：建设工程施工合同解除后，已经完成的建设工程质量合格的，发包人应当按约定支付相应的工程价款；已经完成的建设工程质量不合格的，由承包人进行修复，修复后合格的，按约定支付相应的工程价款；修复后不合格的，不能要求支付工程款。故因发包人未取得施工审批手续，且在催告的合理期限内仍未履行相应义务的，施工方可以停工，在已完工工程合格的情况下，可以要求结算已完工工程款。

【案例】

2010年5月12日，被告精工机械厂与原告万成建筑公司签订了建设工程施工合同，约定由原告为被告建设厂房，工程价款560万元。施工期间，因被告对该工程一直未申领施工许可证,故原告、被告不久便接到当地建设管理部门的通知,限令在领取施工许可证前,不得再行施工,否则将处以罚款。原告为此向被告催办施工许可手续,但被告仍未能尽快办理。原告遂在停工等候被告办理相关手续未果后诉至法院,要求解除施工合同,并由被告支付已完工工程款及赔偿停工损失。案件审理期间,法院经原告申请参照合同约定对已完工工程及停工损失进行了鉴定,鉴定已完工工程款工程质量合格,造价68.5万元、停工损失3.53万元。

法院经审理认为:被告作为建设单位,不及时办理施工许可手续,且在施工方催告的合理期限内仍未履行相应义务,致原告无法施工,其行为属于不履行合同约定的协助义务情形,原告不仅可以停工,也可以请求解除建设工程施工合同,并要求赔偿损失。法院遂判决被告支付原告已完工工程款68.5万元、赔偿原告停工损失3.53万元。

【分析解答】

建设单位办理施工许可手续既是《建筑法》规定的法定义务,也是建设工程合同发包方对承包方履行合同的协助义务,其未取得施工审批手续,且在施工方催告的合理期限内仍未履行相应义务,属于不履行合同约定的协助义务情形。本案中,被告不履行协助义务已致原告无法继续开工,根据《施工合同解释(一)》第9条关于"发包人具有下列情形之一,致使承包人无法施工,且在催告的合理期限内仍未履行相应义务,承包人请求解除建设工程施工合同的,应予支持:……(三)不履行合同约定的协助义务的"规定,原告的诉讼请求应该得到法律的支持。

【法律法规链接】

《建筑法》第7条,《合同法》第97条、第109条,《施工合同解释(一)》第9条。

91. 施工合同中如约定有仲裁解决争议的条款,对补充协议产生的争端是否有溯及力?

建设工程施工合同中约定了仲裁条款,而双方签订的补充协议中未约定仲裁条款,因补充协议通常是看作为合同的组成部分,故除仲裁条款作出仲裁范围的特别约定,而补充协议又超出该约定范围外,一般情况下,该仲裁条款应当对补充协议具有溯及力,但对经过招投标后签订的中标合同中的仲裁条款,如果补充协议经确认为"黑合同",则根据《施工合同解释(一)》第21条关于"当事人就同一建设工程另行订立的建设工程施工合同与经过备案的中标合同实质性内容不一致的,应当以备案的中标合同作为结算工程价款的根据"的规定,因该补充协议改变了中标合同实质性内容,不能作为该合同的组成部分,故该仲裁条款对补充协议应不具有溯及力。

【案例】

2010年4月18日,被告天益装饰城与原告安邦建筑公司签订了建设工程施工合同,约定由原告为被告包工包料进行装饰精品区扩建工程,工程价款160万元,合同另行约定如双方发生合同争议,须先进行仲裁。施工期间,原、被告双方又签订了补充协议一份,对部分工程进行了变更和调整。后工程竣工合格结算时,双方当事人为补充协议所涉工程变更造价发生争议,原告向法院提起诉讼,要求被告支付全部工程款198万元。庭审中,被告认为双方约定合同发生争议须先进行仲裁,现原告未经仲裁直接起诉,应予驳回为由进行抗辩。

法院经审理认为:原告、被告签订的合同及补充协议不违反法律规定,应当认定为有效合同。双方当事人应当按合同及协议的约定全面履行义务。因合同中约定,如双方发生合同争议须先进行仲裁,双方虽为补充协议所涉工程变更造价发生争议,但因该补充协议是本案建设工程合同的一部分,且原告是以工程全部内容进行主张的,故根据约定优先原则,本案应当由当事人先行申请仲裁。法院遂判决驳回原告的起诉。

【分析解答】

本案中,建设工程施工合同中约定了仲裁条款,双方签订的补充协议中虽未约定仲裁条款,但因该补充协议是合同的组成部分,故合同仲裁条款应当对补充协议具有溯及力。因此,本案双方当事人应先进行仲裁。

【法律法规链接】

《合同法》第128条、第140条。

92. 施工合同无效,原合同约定的奖励款支不支持?当事人就同一建设工程订立的数份施工合同均被认定无效,工程价款如何结算?如根据规定以实际履行的合同结算工程价款,而实际履行的合同难以确定时,工程价款又当如何结算?

一、施工合同无效,原合同约定的奖励款支不支持问题

根据《合同法》规定,无效的合同自始没有法律约束力。施工合同无效,原合同约定的奖励款条款也当然无效,不应具有约束力。《施工合同解释(一)》第2条关于"建设工程施工合同无效,但建设工程经竣工验收合格,承包人请求参照合同约定支付工程价款的,应予支持"的规定,仅是基于工程已经建成的事实、按无效合同双方返还财产或恢复原状不符合经济原则和不利于当事人利益保护的考虑,才对合格工程承包人主张工程价款所作出的特别规定,并不是鼓励双方当事人可

以进行无效合同交易;同时,奖励款也不属于工程价款,故对无效施工合同奖励款并不应适用该规定进行支持。

二、就同一建设工程订立的数份施工合同均无效时的工程价款结算问题

保障建设工程质量、保护人民群众人身和财产安全是最高人民法院制定建设工程司法解释和司法政策、指导下级法院审理建设工程施工合同纠纷案件的首要价值选择,并贯穿于司法规定的始终。最高人民法院在《施工合同解释(二)》第11条第1款规定:当事人就同一建设工程订立的数份建设工程施工合同均无效,但建设工程质量合格,一方当事人请求参照实际履行的合同结算建设工程价款的,人民法院应予支持。因此,数份施工合同均无效时,只有在建设工程质量合格的前提下,一方当事人请求参照实际履行的合同结算建设工程价款的,人民法院才予支持;反言之,如果工程质量不合格,则根据《施工合同解释(一)》第3条规定,经修复后仍不合格的,当事人无权请求结算工程价款。

三、实际履行的合同难以确定时,工程价款又当如何结算问题

最高人民法院在《施工合同解释(二)》第11条第2款规定:实际履行的合同难以确定,当事人请求参照最后签订的合同结算建设工程价款的,人民法院应予支持。这表明,就同一建设工程订立的数份施工合同均无效,而实际履行的合同又难以确定时,工程价款可参照双方当事人最后签订的施工合同约定内容结算。

【案例】

2014年3月2日,被告蓝天日化制品公司与无施工资质的原告付某签订了建设工程施工合同,约定由原告为被告包工包料进行生产车间工程建设,工程价款500万元,3月28日开工,同年8月30日竣工;如提前保质保量完成,每提前一天奖励1500元,工程款竣工后结清。合同签订后,原告依约施工,并督促赶工。同年8月10日,工程竣工交付,被告认可工程质量合格,但因资金周转出现问题而拖欠工程款。原告催要未果后向法院提起诉讼,要求被告支付工程款500万元,并支付奖励款3万元。

法院经审理认为:被告将工程发包给没有相应施工资质的付某承包,违反了建筑法律、法规关于施工资质的强制性要求,双方签订的合同应属无效合同。因工程质量合格,原告请求参照合同约定支付工程价款的主张,应予支持。对原告主张合同约定的工程提前完工奖励款,因该合同无效,故奖励款约定对双方当事人不具有法律约束力,因此,对原告该请求不予支持。法院遂判决被告支付原告工程款500万元,并驳回原告的其他诉讼请求。

【分析解答】

《施工合同解释(一)》第2条关于"无效合同有效处理"的规定,仅是对无效合同但工程质量合格情形下,为便于处理工程价款所作出的特别规定,并不是认可该无效合同

全部条款都可按有效进行处理,否则,就等于变相鼓励双方当事人可以进行无效合同交易。奖励款不属于工程价款,故对无效施工合同奖励款并不应适用该规定进行支持。

【法律法规链接】

《合同法》第52条、第56条,《施工合同解释(一)》第2条。

93. 承包人未提供工程款收取发票,发包人可否拒付工程款或要求返还已付工程款?承包人不履行配合工程档案备案、开具发票等协作义务如何处理?

一、承包人拒开发票,发包人可否拒付工程款或要求返还已付工程款问题

通常,承包人是在收取工程款后才应向发包人开具正式发票。如工程款尚未支付或尚未全部结清,发包人不能以对方未及时开具发票作为拒绝支付工程款的抗辩理由;同时,我国《会计法》也并没有作出未提供发票就可拒付欠款的规定。因此,一般情况下,承包人未提供工程款收取发票,发包人不可以拒付工程款或要求返还已付工程款;除非当事人对此另有特别约定。当然,如承包人在收取全部工程款后仍拒开发票的,发包人可诉请其履行开票义务。

二、承包人拒不履行工程档案备案、开具发票等协作义务如何处理问题

履行配合工程档案备案、开具发票是承包人应当履行的协作义务,也是建设工程施工合同中约定或合同附随的义务,承包人拒不履行这些协作义务将构成违约行为,发包人可诉请其履行协作义务。对此,第八次《全国法院民事商事审判工作会议纪要》中有明确规定:承包人不履行配合工程档案备案、开具发票等协作义务的,人民法院视违约情节,可以依据《合同法》第60条、第107条规定,判令承包人限期履行、赔偿损失等。

【案例】

同问题84案例。

【分析解答】

开具收款发票只是施工人在收到发包人支付的工程款后才产生的合同附随义务,如果双方未作特别约定,应当付款在前,开票在后。如工程款尚未支付或尚未全部结清,发包人不能以对方未及时开具发票作为拒绝支付工程款的抗辩理由。先开票后付款并无法律依据,它是发包人利用优势地位形成的不规范操作,因此不应得到法院的支持。

【法律法规链接】

《合同法》第60条、第109条。

94. 作为合同结算依据的政府文件被撤销，一方当事人可否主张按实结算？

双方当事人在合同中约定以某政府文件确定的计价标准或方法作为合同结算依据，是双方经过利益与风险的权衡后选择的结果，是双方当事人的真实意思表示。该政府文件在这里是作为工程结算的一种计价标准或方法而存在于合同之中的，与该文件将来是否会被撤销并无实质性关联；且当事人以此进行约定亦不违反法律、法规强制性规定。故根据尊重当事人意思自治原则，该文件载明的计价标准或方法，无论该文件是否被撤销，均对双方当事人具有约束力。如一方当事人主张按实结算，属于违反合同约定和违背诚实信用原则的行为，依法应不予支持。

【案例】

2010年3月28日，被告银河实业公司与原告海天建筑公司签订建设工程施工合同，约定由原告为被告包工包料进行办公楼建设工程，工程价款执行某市建委(2006)建1号文件。合同签订后，原告依约施工。施工期间，该某市建委(2006)建1号文件被撤销。后工程竣工验收合格交付结算时，双方当事人为工程款结算产生争议。原告认为，合同原约定的结算文件已被撤销，故应当按实结算；被告则认为，尽管该文件已被撤销，但仍应按原文件规定计价方法和标准结算工程款。双方为此争执不下，原告遂向法院提起诉讼，要求被告按实支付工程款467万元。案件审理期间，法院依据被告申请按某市建委(2006)建1号文件规定的计价标准和方法委托进行造价鉴定，经鉴定，工程造价为415万元。

法院经审理认为：原、被告签订的合同系有效合同，双方当事人应当按合同约定的内容全面履行自己的义务。双方当事人既然已在合同中约定工程价款执行某市建委(2006)建1号文件，则该政府文件在这里是作为工程结算的一种计价标准或方法而存在于合同之中的，与该文件将来是否会被撤销并无实质性关联，因此，双方当事人仍应按此文件执行工程款结算。原告主张按实结算无法律依据，故不予支持。法院遂判决被告支付原告工程款415万元，并驳回原告的其他诉讼请求。

【分析解答】

双方当事人在经过利益与风险的权衡后选择以某政府文件确定的计价标准或方法作为合同结算依据，并不是使用该政府文件的效力，而是在适用包含在该文件中的计价标准或方法，即选择的并不是文件本身，而是选择的文件内容。因此，作为合同约定的工程结算的一种计价标准或方法，与该文件将来是否会被撤销并无实质性关联。因此，无论该文件是否被撤销，对双方当事人均具有约束力。如一方当事人主张按实结算，属于违反合同约定和违背诚实信用原则的行为,依法应不予支持。

【法律法规链接】

《合同法》第60条、第109条。

95. 发包人能否强行代扣施工方应当承担的建设工程相关税负?

《中华人民共和国营业税暂行条例》修订前曾在第11条规定“建筑安装业务实行分包或者转包的,以总承包人为扣缴义务人”,但2008年11月5日修订后的《中华人民共和国营业税暂行条例》已对此进行了取消,该第11条现行规定是:“营业税扣缴义务人:(1)中华人民共和国境外的单位或者个人在境内提供应税劳务、转让无形资产或者销售不动产,在境内未设有经营机构的,以其境内代理人为扣缴义务人;在境内没有代理人的,以受让方或者购买方为扣缴义务人。(2)国务院财政、税务主管部门规定的其他扣缴义务人。”从上述规定可以看出,法规并没有确定建设单位为承包人建设工程税负的扣缴义务人,且该条例已自2009年1月1日起施行。

与此相关的是,《财政部、国家税务总局关于建筑业营业税若干政策问题的通知》(财税〔2006〕177号)也曾规定:“纳税人提供建筑业应税劳务时应按下列规定确定营业税扣缴义务人:(1)建筑业工程实行总承包、分包方式的,以总承包人为扣缴义务人。(2)纳税人提供建筑业应税劳务,符合以下情形之一的,无论工程是否实行分包,税务机关可以建设单位和个人作为营业税的扣缴义务人:①纳税人从事跨地区(包括省、市、县,下同)工程提供建筑业应税劳务的;②纳税人在劳务发生地没有办理税务登记或临时税务登记的。”但此文件也已经在《财政部、国家税务总局关于公布若干废止和失效的营业税规范性文件的通知》(财税〔2009〕61号)中被宣布废止。

故建设单位通常情况下不是负有代扣、代收税款义务的法定扣缴义务人,因此,一般情况下,建设单位不能强行代扣施工方应承担的建设工程相关税负。

【案例】

2010年6月18日,被告天龙制衣公司与原告怀远建筑公司签订了建设工程施工合同,合同约定由原告为被告建设来料加工厂房,承包方式包工包料,工程价款550万元。后工程竣工验收合格交付结算时,被告要求从欠付工程尾款226万元中扣减原告应缴纳的营业税、城市建设维护税、教育费附加等建设工程税负18.92万元。原告认为被告无权扣减,遂起诉要求被告支付工程款。庭审中,被告仍坚持要求扣减。

法院经审理认为:原告、被告签订的合同有效,双方当事人应按合同约定履行义务,被告应支付工程尾款。被告主张从工程中扣减原告应当缴纳的建设工程税负,因被告不是法定税收代扣代缴义务人,故对被告该主张不予采纳。遂判决被告支付原告工程款226万元。

【分析解答】

由于建设单位不是负有代扣、代收税款义务的法定扣缴义务人,因此,其并不具有强行扣缴税负的权利。故本案中,建设单位不能强行代扣施工方建设工程相关税负。

【法律法规链接】

《合同法》第60条、第109条。

96. 固定价施工合同履行期间,因原材料价格、劳务工资等大幅上涨因素,发生工程建筑材料、人工费价格与订立合同时存在价差、合同约定工程价款明显偏离实际等问题,由此带来的后果由谁来承担?能否主张适用"情势变更"原则?实行固定价的建设工程未完工,已完工程造价如何计算?不平衡报价法导致按固定价结算将对承包人利益明显失衡时如何处理?

一、约定工程价款明显偏离实际的调整及"情势变更"原则适用问题

"固定价"建设工程施工合同,俗称"包死价""包干价",包括固定总价和固定单价两种形式。最高人民法院《施工合同司法解释(一)》第22条规定:"当事人约定按照固定价结算工程价款,一方当事人请求对建设工程造价进行鉴定的,不予支持。"由上可知,"固定价"建设工程施工合同没有特殊情况是不予调整的。然而在工程实践中,尽管施工合同已明确约定按照固定价结算,但采用固定价结算的建设工程施工合同履行期间,经常会遇到因原材料价格、劳务工资大幅上涨等因素,发生建材、人工费价格与订立合同时存在价差,导致合同约定的工程价款明显偏离实际等问题。对这个问题的解决,一般应首先考虑合同的约定,如果合同对此有明确的约定,则应按合同约定进行调整。如果合同没有约定,在这种情况下如对原固定价格不进行调整,把材料价格异动的风险和损失全部由施工企业承担显然有违《合同法》公平、诚信的原则;同时,建设工程合同的性质也决定了施工企业往往无法承受材料、人工价格异动带来的亏损;如果仍按原合同履行,将严重危害社会安定和损害农民工等弱势群体的利益,更可能导致原合同目的落空。因此,从审判实践中看,对于这种问题法院通常的做法是引用情势变更原则给予合理调整。

至于如何调整,各地做法并不统一。笔者认为,对此要分两种情形来进行处理:

（一）适用2013年版、2017年版《施工合同示范文本》规定签订建设工程施工合同的

建设工程合同双方当事人适用2013年版、2017年版《施工合同示范文本》规定签订施工合同，由于该文本规定发包人和承包人应在合同协议书中选择的合同价格形式有“单价合同”、“总价合同”和“其他价格形式”，逐渐淡化了固定价结算这一建设工程合同价格形式，故合同履行期间出现人、材、机市场价格涨跌情况的，如价格波动超过合同当事人约定的范围，则按照该《施工合同示范文本》通用条款中关于价格调整的规定进行调整：

1. 采用价格指数进行价格调整：根据价格调整公式、权重等进行计算后调整（略）。

2. 采用造价信息进行价格调整：

（1）人工单价发生变化且符合省级或行业建设主管部门发布的人工费调整规定，合同当事人应按省级或行业建设主管部门或其授权的工程造价管理机构发布的人工费等文件调整合同价格，但承包人对人工费或人工单价的报价高于发布价格的除外。

（2）材料、工程设备价格变化的价款调整按照发包人提供的基准价格，按以下风险范围规定执行：①承包人在已标价工程量清单或预算书中载明材料单价低于基准价格的：除专用合同条款另有约定外，合同履行期间材料单价涨幅以基准价格为基础超过5%时，或材料单价跌幅以在已标价工程量清单或预算书中载明材料单价为基础超过5%时，其超过部分据实调整。②承包人在已标价工程量清单或预算书中载明材料单价高于基准价格的：除专用合同条款另有约定外，合同履行期间材料单价跌幅以基准价格为基础超过5%时，材料单价涨幅以在已标价工程量清单或预算书中载明材料单价为基础超过5%时，其超过部分据实调整。③承包人在已标价工程量清单或预算书中载明材料单价等于基准价格的：除专用合同条款另有约定外，合同履行期间材料单价涨跌幅以基准价格为基础超过±5%时，其超过部分据实调整。④承包人应在采购材料前将采购数量和新的材料单价报发包人核对，发包人确认用于工程时，发包人应确认采购材料的数量和单价。发包人在收到承包人报送的确认资料后5日内不予答复的视为认可，作为调整合同价格的依据。未经发包人事先核对，承包人自行采购材料的，发包人有权不予调整合同价格。发包人同意的，可以调整合同价格。

（3）施工机械台班单价或施工机械使用费发生变化超过省级或行业建设主管部门或其授权的工程造价管理机构规定的范围时，按规定调整合同价格。

（二）未适用2013年版、2017年版《施工合同示范文本》规定签订建设工程施工合同的

建设工程合同双方当事人未适用2013年版、2017年版《施工合同示范文本》规定签订施工合同，而约定采用“固定价”结算的，合同履行期间出现人、材、机市

场价格涨跌波动情况的，综合各地建设行政主管部门出台的指导意见中的规定，倾向于：(1)施工合同约定采用固定价格但未计取相应风险包干费用的工程，当材料价格或人工费用上涨或下降幅度在10%以内(含10%)时，其差价由承包人承担或受益，当上涨或下降幅度超出10%时，其超出部分的差价由发包人承担或受益；(2)施工合同约定采用固定价格并已计取相应风险包干费用的，一般不调整合同价格，但在施工期间，遇材料价格或人工费用波动较大致差价超出风险包干费用的50%时，则在扣除风险费用后按上条执行。

最高人民法院《关于适用〈中华人民共和国合同法〉若干问题的解释(二)》在第26条关于"合同成立以后客观情况发生了当事人在订立合同时无法预见的、非不可抗力造成的不属于商业风险的重大变化，继续履行合同对于一方当事人明显不公平或者不能实现合同目的，当事人请求人民法院变更或者解除合同的，人民法院应当根据公平原则，并结合案件的实际情况确定是否变更或者解除"的规定中引入了情势变更原则，它主要是解决在合同订立后由于社会环境发生重大变化，使一方当事人利益遭受重大的损害，造成显失公平，按实际情况履行不符合合同宗旨情形下，适用情势变更原则对合同进行变更或解除问题。它对解决建设工程施工合同履行过程中出现的价差纠纷有着积极的作用。固定价施工合同履行期间，因原材料价格、劳务工资等大幅上涨等因素致合同约定工程价款明显偏离实际等问题，正属于社会环境发生重大变化，使一方当事人利益遭受重大损害，造成显失公平的情形，故可以主张适用"情势变更"原则。

二、实行固定价的建设工程未完工，已完工程造价如何计算问题

《施工合同解释(一)》第10条规定："建设工程施工合同解除后，已经完成的建设工程质量合格的，发包人应当按照约定支付相应的工程价款；已经完成的建设工程质量不合格的，参照本解释第3条规定处理。"建设工程施工合同约定工程款实行固定价，如建设工程尚未完工但工程质量合格的，当事人对已完工程造价产生争议的，可将争议部分的工程造价委托鉴定，但应以合同约定的固定价为基础，根据已完工工程占合同约定施工范围的比例计算工程款，即采用"按比例折算"的方式。"按比例折算"的方式有两种：一种是按所完工程的工程量占全部工程的工程量的比例进行折算；另一种是所完工程的价款占整个合同工程的总价款比例进行折算。两种折算方式确定好比例后，再按确定后的比例乘以合同约定的固定总价款得出已完工程价款。审判实践中，第二种方式使用较为主流和常见，该方式由鉴定机构在同一取费标准下分别计算出已完工程部分的价款和整个合同约定工程的总价款，两者对比计算出相应比例系数，再用合同约定的固定总价乘以该系数，确定已完工程价款。

当事人一方主张以定额标准作为造价鉴定依据的，人民法院不予支持。

三、不平衡报价法带来的固定价结算利益明显失衡问题

实行固定价的建设工程未完工，如建设工程仅完成一小部分，且合同不能履

行的原因归责于发包人,因“不平衡报价法”导致按照当事人合同约定的固定价结算将对承包人利益“明显”失衡的,可以参照定额标准和市场报价情况据实结算。最高人民法院在公报案例(2014)民一终字第69号民事判决中曾作出类此裁判。

但“不平衡报价法”本身终就是属于施工经营风险的范畴,虽然该报价由投标人操作,但对于投标人和招标人来说,均是具有“双刃剑”的特性。因此,人民法院不宜过度保护承包人的利益或过度平衡承、发包双方利益。如果建设工程已完成大部分(此时低报价分项已经得到了一定程度的高报价分项平衡),或合同不能履行的原因又不能归责于发包人,或即使建设工程仅完成一小部分,但不平衡报价“并未”导致承包人利益“明显失衡”的情况下,法院仍应当判令承包人按合同约定的固定价承受其相应不利结果,而无须参照定额标准和市场报价情况对此进行调整。

【案例】

2009年8月16日,被告金瑞实业公司与原告联盛建工公司签订了建设工程施工合同,合同约定由原告为被告建设办公楼,承包方式包工包料,工程固定价款890万元,按进度付款,工程竣工验收合格交付后结清。施工期间,因水泥价格自9月起持续上涨,原告曾为此向被告提出要求调整合同价款,遭到被告拒绝。后工程竣工验收合格交付后,双方结算时,被告再次提出建材价格上涨因素,要求增加结算工程款,被告以合同是固定价为由仍不同意原告的请求。原告遂起诉要求被告支付合同约定工程尾款348万元,并增加支付因水泥涨价造成的价差款36万元。案件审理期间,根据原告的申请,法院委托鉴定机构进行鉴定,结论为本案工程所用四种水泥产品平均价格比合同签订时期上涨5.22%~5.34%。

法院经审理认为:原、被告签订的合同有效,被告应支付工程尾款。对原告诉称的施工期间因水泥价格持续上涨,造成工程成本增加,要求增加工程价款的主张,因原、被告签订的是固定价合同,双方在签订合同时均已对可能存在的建材价格等合同风险进行了衡量,除因价格巨幅波动导致合同履行显失公平外,一般情况下不能再以建材涨价等合同通常风险主张进行合同价格调整。本案工程施工期间的水泥价格比合同签订时期价格涨幅经鉴定为5.22%~5.34%,并未达到导致合同显失公平而必须调整的程度,属于签订固定价合同应当预见或可能遇到的正常价差风险,故对原告该主张不予支持。遂判决被告支付原告工程款348万元,并驳回原告的其他诉讼请求。

【分析解答】

原材料价格、劳务工资上涨,发生工程建筑材料、人工费价格与订立合同时存在价差等问题,是签订固定价建设工程合同正常面临的风险。对这种情况能否引起合同固定价格的调整,关键在于看这种价差所带来的影响,是否会导致继续履行合同对于一方当事人明显不公平或者不能实现合同目的。如已形成这种后果,则可依法进行调整;反之，则不能任意调整，否则会导致固定价合同成为固而不定，流于形式，不利于交易安全。本案中，建材涨价所形成的价差幅度远低于10%，这种建材价格波动属于市场价格商业风险范围内波动，不属于显失公平范畴，故法院判决不予调整合同价款是正确的。

【法律法规链接】

《合同法》第54条、第60条、第109条。

97. “情势变更”与“商业风险”有何不同？金融危机是否属于“不可预见”？审判实践中法官对情势变更如何把握？

一、情势变更与商业风险区别

(1)性质不同。情势变更属于合同成立的基础环境发生了异常波动，其所带来的风险为订立合同时不可预见的非市场系统固有的意外风险；商业风险是从事商业活动通常能够预见的风险，情况变化未达到异常程度。(2)成因不同。情势变更多为重大经济情势和社会事由的巨大变化所致，商业风险一般为市场供求关系变化和价格正常涨跌等经济情势所致。(3)后果不同。情势变更使合同的基础与目的发生了根本性动摇，如继续履行合同会产生明显不公平或无法实现合同目的；商业风险中合同的基础与目的没有发生根本性动摇，继续履行合同不会产生明显不公平或无法实现合同目的。

二、金融危机不属于“不可预见”

最高人民法院在《关于当前形势下审理民商事合同纠纷案件若干问题的指导意见》中指出：全球性金融危机和国内宏观经济形势变化并非完全是一个令所有市场主体猝不及防的突变过程，而是一个逐步演变的过程。在演变过程中，市场主体应当对于市场风险存在一定程度的预见和判断。因此，一般情况下，不应认定金融危机属于“不可预见”。

三、情势变更的把握

最高人民法院在《关于当前形势下审理民商事合同纠纷案件若干问题的指导意见》中指出：人民法院在判断某种重大客观变化是否属于情势变更时，应当注意衡量风险类型是否属于社会一般观念上的事先无法预见、风险程度是否远远超出正常人的合理预期、风险是否可以防范和控制、交易性质是否属于通常的“高风险高收益”范围等因素，并结合市场的具体情况，在个案中识别情势变更和商业风险。人民法院应当依法把握情势变更原则的适用条件，严格审查当事人提出的“无法预见”的主张，对于涉及石油、焦炭、有色金属等市场属性活泼、长期以来价格波动较大的大宗商品标的物以及股票、期货等风险投资型金融产品标的物的合同，更要慎重适用情势变更原则。

适用情势变更原则并非简单地豁免债务人的义务而使债权人承受不利后果，

而是要充分注意利益均衡,公平合理地调整双方利益关系。在调整尺度的价值取向把握上,法院仍应遵循侧重于保护守约方的原则。在诉讼过程中,法院要积极引导当事人重新协商,改订合同;重新协商不成的,争取调解解决。为防止情势变更原则被滥用而影响市场正常的交易秩序,法院决定适用情势变更原则作出判决的,应当按最高人民法院《关于正确适用〈中华人民共和国合同法〉若干问题的解释(二)服务党和国家工作大局的通知》(法〔2009〕165号)的要求,严格履行适用情势变更的相关审核程序。即法院应当根据公平原则,并结合案件的实际情况确定是否变更或解除;务必正确理解、慎重适用;如果根据案件的特殊情况,确需在个案中适用的,应当由高级人民法院审核;必要时应报请最高人民法院审核。

【案例】

同问题96案例。

【分析解答】

本案建材涨价所形成的价差问题,系市场供求关系变化和价格涨跌等经济情势所致,并非社会环境巨大变化引起的。它没有使合同的基础与目的发生根本性动摇,如继续履行合同不会产生明显不公平或无法实现合同目的。因此,本案价差问题属于商业风险,不适用情势变更原则。

【法律法规链接】

《合同法》第54条、第60条、第109条。

98. 双方当事人为工程造价发生争议,如双方确认的竣工验收报告上填有造价总额,能否据此结算?

最高人民法院《证据规定》第72条规定:"一方当事人提出的证据,另一方当事人认可或者提出的相反证据不足以反驳的,人民法院可以确认其证明力。"由此可见,如建设工程双方当事人为工程造价发生争议,一方当事人举证双方确认的竣工验收报告上填有造价总额,如对方当事人不能提出相反证据或提出的相反证据不足以反驳的,人民法院可以确认该竣工验收报告上造价总额的证明力,并据此进行结算。

【案例】

2010年4月26日,被告康荣建材公司与原告万美建筑公司签订了建设工程施工合同,合同约定由原告为被告建设仓库,承包方式包工包料,工程造价竣工验收合格后据实结算,结清后交付工程。同年7月28日,工程竣工验收合格后,双方为工程造价产生争议,原告遂起诉要求被告支付工程款346万元。被告应诉后,在庭审前向法院申请工程造价鉴定,而原告则认为,双方已对工程造价在工程竣工验收报告上进行了确认,无需再行鉴定,遂拒绝参与选择鉴定机构,并要求法院对被告鉴定申请不予准许。原告为证明自己的主张,向法院举证了该竣工验收报告,经法院查对,该验收报告工程造价栏目上确实填有工程造价总额 346 万元,且验收报告已经原、被告双方及监理等相关人员的签字确认。经质证,被告认可验收报告的真实性,但辩称验收报告上的工程造价总额系原告单方填写。

法院经审理认为:原、被告签订的合同有效,被告应支付工程款。由于合同约定工程款竣工验收合格后按实结算,现原告举证的验收报告又是在该结算时间段形成,且验收报告已经被告签字确认,故即使系原告单方填写,但被告的签字确认行为也表明了其对该工程造价总额是认可的。在被告无充分证据证明其签字行为存在法定无效情形的情况下,应当认定该验收报告中工程造价总额的证明效力。法院遂判决被告支付原告工程款 346 万元。

【分析解答】

最高人民法院《证据规定》第 72 条规定:"一方当事人提出的证据,另一方当事人认可或者提出的相反证据不足以反驳的,人民法院可以确认其证明力。"本案中,被告在载有工程造价总额的验收报告签字,从某种程度上来说,被告的签字确认行为便赋予了该验收报告中工程造价总额的证明效力。故法院判决其按该价款支付原告工程款并无不当。

【法律法规链接】

《合同法》第 60 条、第 109 条,《证据规定》第 72 条。

99. 中标合同与实际履行合同均未备案,工程款计算以哪个合同为准?

根据《招投标法》规定:中标通知书对招标人和中标人具有法律效力,双方当事人在招、投后应当根据招标文件和中标人的投标文件订立书面合同,并不得再行订立背离合同实质性内容的其他协议。因此,只要是招投标建设工程,经过招投标后根据招投标文件签订的中标合同,无论其是否经过备案,均应为有效合同,因为合同备案并非其生效的法定条件。故虽然该合同未经备案,但并不因此而影响其效力。如双方当事人实际履行合同与未备案的中标合同不一致,且改变了中标合同实质性内容的,其因违反了《招投标法》上述规定而不能作为工程款结算的依据。因此,在此种两份合同均未备案情况下,仍应以符合招投标文件的中标合同为计算工程款的依据,并适用《招投标法》的规定进行裁判,而不能适用《施工合同解释(一)》第 21 条关于备案中标合同的规定进行裁判。如双方当事人实际履行合同与未备案的中标合同不一致,但并未改变中标合同实质性内容的,因两份合同均不违反法律规定，故在均未备案情况下，根据“后合同优于先合同”或“实际履行合同优于未履行合同”的原则，应以实际履行合同为结算工程款的依据。

【案例】

2010年7月6日，被告广元中学与原告东湖建筑公司通过招、投标签订了建设工程施工合同，将学生餐厅工程发包给原告施工，承包方式包工包料，工程造价630万元，竣工后结清。中标合同签订后，双方当事人未将中标合同备案，而是就该工程另行签订一份合同，约定工程造价580万元，并以此作为双方实际履行的合同，但也未备案。工程竣工验收合格后，被告因主管部门拨款未能按预期到位而不能及时兑付工程款。原告遂起诉并向法院举证中标合同，要求被告以中标合同约定支付工程款630万元。被告应诉后，辩称双方并未按中标合同履行，要求按实际履行的合同进行结算。

法院经审理认为：《招投标法》规定，招标人与中标人在招、投后应当根据招标文件和中标人的投标文件订立书面合同，并不得再行订立背离合同实质性内容的其他协议。本案中，原告、被告在签订中标合同后，不履行中标合同，却另行签订与中标合同价款不一致的其他合同，背离了中标合同实质性内容，属于违反法律强制性规定的行为，因此，尽管该另行签订的合同系双方实际履行的合同，但因违法而不能作为工程价款的结算依据。中标合同是根据招投标文件订立的合同，无论其是否经过备案，均应为有效合同，双方当事人仍应按中标合同作为工程价款的结算依据。法院遂判决被告支付原告工程款630万元。

【分析解答】

法律赋予了中标通知书对双方当事人具有约束力，故依据中标文件签订的中标合同自然也具有法律效力，而不论其是否经过备案。因《招投标法》规定双方当事人在招、投后不得再行订立背离合同实质性内容的其他协议，故如当事人另行签订改变中标合同实质性内容的其他合同或协议，也无论其是否经过备案，均不能成为工程款结算的依据。本案中，原告、被告另行签订与中标合同价款不一致的其他合同，背离了中标合同实质性内容，属于违反法律强制性规定的行为，无论其是否备案，均不能产生结算工程价款的依据效力。因此，本案仍应以符合招投标文件的中标合同为结算工程款的依据。

【法律法规链接】

《合同法》第60条、第109条，《招投标法》第45条、第46条。

100. 备案中标合同不是双方当事人的真实意思表示，工程款如何结算？

最高人民法院在就《施工合同解释（一）》答记者问中阐明：《施工合同解释

(一)》第21条之所以规定以“白合同”即备案的中标合同作为结算工程价款的依据,是因为法律、行政法规规定中标合同的变更必须经过法定程序,“黑合同”虽然可能是当事人真实意思表示,但由于合同形式不合法,不产生变更“白合同”的法律效力。当事人签订中标合同后,如果出现了变更合同的法定事由,双方协商一致后可以变更合同,但是合同变更的内容,应当及时到有关部门备案,如果未到有关部门备案,就不能成为结算的依据。这样规定的目的,就是要从根本上制止招投标活动中不法行为的发生,从而有利于维护建筑市场公平竞争秩序和招标投标法的贯彻实施。因此,尽管备案中标合同可能不是双方当事人的真实意思表示,但在未确定备案中标合同无效或在未对备案中标合同进行合法变更并重新备案之前,为了制止招投标活动中不法行为的发生、维护建筑市场公平竞争秩序和推动招标投标法的贯彻实施,仍应适用《施工合同解释(一)》第21条规定,以备案的中标合同作为结算工程价款的根据。

【案例】

2014年3月7日,被告花都职业中学与原告宏大建工公司通过招、投标签订了建设工程施工合同,将学校体育馆工程发包给原告施工,合同采取1600万元总价合同。中标合同签订并备案后,原告认为在投标时为确保中标,故报价较低,如按中标合同履行,将无利可图甚至微亏。于是,其便通过关系与被告负责人疏通,谈妥提高工程造价。后双方当事人就该中标工程又重新签订了一份合同,约定工程造价1818万元,并以此作为双方真正履行的合同。工程竣工验收合格后,原告因被告未及时结付工程款,遂起诉至法院,要求被告支付拖欠的工程款518万元。被告应诉后,辩称要求按中标合同进行结算。

法院经审理认为:《招投标法》规定,招标人与中标人不得再行订立背离中标合同实质性内容的其他协议。本案中,原告、被告在签订中标合同后,不履行中标合同,却另行签订与中标合同价款不一致的其他合同,背离了中标合同实质性内容,属于违反法律强制性规定的行为。因此,尽管该另行签订的合同系双方当事人实际履行的合同,但因违法而不能作为工程价款的结算依据。综上,根据《施工合同解释(一)》第21条规定,应当以备案的中标合同作为工程价款的结算依据。法院遂判决被告支付原告工程款300万元。

【分析解答】

《施工合同解释(一)》第21条规定:“当事人就同一建设工程另行订立的建设工程施工合同与经过备案的中标合同实质性内容不一致的,应当以备案的中标合同作为结算工程价款的根据。”该规定的目的就是为了制止招投标活动中不法行为的发生、维护建筑市场公平竞争秩序和推动招标投标法的贯彻实施,从而有效扼制黑白合同现象的蔓延。因此,尽管备案中标合同可能不是双方当事人的真实意思表示,但在未确定备案中标合同无效或在未对备案中标合同进行合法变更并重新备案之前,仍应适用《施工合同解释(一)》第21条规定,以备案的中标合同作为结算工程价款的根据。本案中,法院对本案的处理正体现了《施工合同解释(一)》第21条规定的司法精神。

【法律法规链接】

《合同法》第44条、第109条,《招投标法》第45条、第46条,《施工合同解释(一)》第21条。

101. 监理签字是否可作为签证的依据?驻工地代表签字是否有效?认证人签字不齐全能否发生签证效力?

工程签证是工程承、发包双方在施工过程中按合同约定对支付各种费用、顺延工期、赔偿损失所达成的双方意思表示一致的补充协议。经书面确认的签证,可成为工程结算或最终结算增减工程造价的依据。监理工程师、驻工地代表均是受发包人的委托,代发包人履行建设工程施工合同部分管理职责的人员,是建设单位的代表,他们具体身份和职权是由发包人和承包人在合同中进行约定。因此,监理的签字是否能作为签证的依据及驻工地代表签字是否有效均要看施工合同中的约定,即要看发包方是否授予了监理签证的权利和驻工地代表签字的权利。如果有授权或约定,监理的签字当然可以作为签证的依据,驻工地代表签字也就有效。反之,则对发包人不发生效力。

工程签证一般都需要发包人、监理、承包人三方签字或盖章才能生效,如认证人签字不齐全一般不能发生签证效力。在实践中,由于工程签证活动不规范,导致有的签证只有两方的签字,甚至只有承包人单方签字,由此而引发争议。对这种认证人签字不齐全的工程签证情况,如要产生签证效力可从以下两方面去解决:一是由承包人向发包人、监理申请补签,从而确认签证的效力;二是根据《施工合同解释(一)》第19条关于"当事人对工程量有争议的,按照施工过程中形成的签证等书面文件确认。承包人能够证明发包人同意其施工,但未能提供签证文件证明工程量发生的,可以按照当事人提供的其他证据确认实际发生的工程量"的规定,结合合同履行过程中双方当事人的会议纪要或往来函电等证据,相印互证确认工程签证的效力。

【案例】

2010年6月15日,被告东辰开发公司与原告联发建筑公司签署建设工程施工合同,约定将其开发中心办公楼工程发包给原告施工,合同总价暂定980万元。工程竣工验收后结算时,原告结算价1060万元,并将相关工程变更签证交由被告审核。被告审核后认为其中有2张工程签证只有被告驻工地代表签名,没有监理签证,不符合签证效力,故对该2张签证28.2万元不予认可,其他无异议。原告遂向法院提起诉讼,要求被告按总价1060万元结算,并支付工程尾欠款532万元。案件审理期间,原告向法院举证了双方当事人签字认可的会议纪要及施工方案,并请被告驻工地代表出庭证实,该2张签证工程内容确实系由被告指令变更,只是办理工程签证时,因监理有事外出而临时委托驻工地代表代为监管和签名所致,后来原告也未持该签证即时交监理及被告补签。

法院经审理认为:有效的工程签证可以作为结算根据。本案中,原告提供的工程签证仅有驻工地代表签字,而其虽有监理的临时授权,但未得到被告的授权,因此,仅凭该签证不能进行工程价款结算;但原告后又举证了双方当事人签字认可的会议纪要及施工方案,从会议纪要及施工方案内容看,印证了上述2张签证的施工情况,能够证明发包人同意原告施工和工程量已实际发生。故该2张签证所涉工程价款28.2万元应予结算。法院遂判决被告结算支付原告工程尾欠款532万元。

【分析解答】

《施工合同解释(一)》第19条规定:"当事人对工程量有争议的,按照施工过程中形成的签证等书面文件确认。承包人能够证明发包人同意其施工,但未能提供签证文件证明工程量发生的,可以按照当事人提供的其他证据确认实际发生的工程量。"本案中,双方当事人之所以产生争议,就是因为认证人签字不规范行为所致,最后之所以能得到法院的确认,是与其他证据的佐证分不开的;否则难免不被确认。故建筑实务中,应注意签证的规范性和齐全性。

【法律法规链接】

《合同法》第109条,《施工合同解释(一)》第19条。

102. 竣工补办工程签证是否有效?发包方如拒绝补签工程签证如何救济?

工程竣工验收后,双方当事人进行补签签证,是发包人和承包人对施工过程中发生工程变更情况的一种追认行为。在工程已经实际发生了变更,而补签签证的内容属实的情况下,发包人如在补签以后又以签证程序瑕疵否定签证效力的,违反公平和诚实信用原则,应不予支持。故只要补签签证的内容属实,应当认定有效并作为结算依据。

如承包人要求补签的签证内容属实,说明发包人当时对承包人在施工过程中的实际变更也是默认或许可的。发包方如拒绝补签工程签证,那么工程签证单就不能直接作为索赔的依据,承包人只能根据《施工合同解释(一)》第19条关于"当事人对工程量有争议的,按照施工过程中形成的签证等书面文件确认。承包人能够证明发包人同意其施工,但未能提供签证文件证明工程量发生的,可以按照当事人提供的其他证据确认实际发生的工程量”的规定,提供能够证明发包人同意其施工的其他证据,如会议纪要、往来函电、发包方认可的施工组织实施方案、经变更的工程发包人同意进行竣工验收的文件等,来确认实际发生的工程量。《施工合同解释(二)》第6条对工期顺延签证问题也作出了类似规定:“当事人约定顺延工期应当经发包人或者监理人签证等方式确认,承包人虽未取得工期顺延的确认,但能够证明在合同约定的期限内向发包人或者监理人申请过工期顺延且顺延事由符合合同约定,承包人以此为由主张工期顺延的,人民法院应予支持。”

【案例】

2010年1月1日,被告欧氏商贸公司与原告天虹建工公司签署建设工程施工合同,约定将其商住楼工程包工包料发包给原告施工,合同总价暂定750万元,全部由原告垫资,竣工验收合格后结清。施工期间,因被告提出对工程不少部位的施工进行小幅调整和变更,导致多次增加工程量。原告按签证规范进行操作要求被告进行认证签字时,被告便让押后集中补签认证。工程竣工验收后结算时,原告将施工中被告未予认证签字的工程签证单拿出让被告补签,但遭到被告的拒绝。原告遂诉至法院,要求被告根据合同及工程签证单支付工程款846万元。庭审中,被告以原告结算资料存在无效签证等问题进行抗辩。原告针对被告不予认可的工程签证单,向法院举证了自己的施工日记及有双方签字的会议纪要和竣工验收文件,该纪要反映出了上述工程签证施工内容,而竣工验收文件则显示上述工程签证施工内容已经实际完成。案件审理期间,法院又根据原告申请,对工程签证施工内容的造价进行鉴定,经鉴定为85.8万元。

法院经审理认为:当事人对工程量有争议的,按施工过程中形成的签证等书面文件确认。承包人能够证明发包人同意其施工,但未能提供签证文件证明工程量发生的,可以按当事人提供的其他证据确认实际发生的工程量。本案原告举证的工程签证虽未得到被告补签认证,但从有双方签字的会议纪要和竣工验收文件看,上述签证施工内容属实且已实际完成,故对工程签证所涉工程量予以确认,被告应当追加支付工程价款。法院遂判决被告支付工程款835.8万元。

【分析解答】

从《施工合同解释(一)》第19条关于“当事人对工程量有争议的,按照施工过程中形成的签证等书面文件确认。承包人能够证明发包人同意其施工,但未能提供签证文件证明工程量发生的,可以按照当事人提供的其他证据确认实际发生的工程量”的规定看,工程签证单并不是确认工程量的唯一证据,如在签证内容属实及工程已经实际发生了变更的情况下,即使无法补办工程签证的认证手续,也可以结合其他证据认定作为结算依据。

【法律法规链接】

《合同法》第109条,《施工合同解释(一)》第19条。

103. 工程变更包括哪些方面？有双方的签字确认的工程价款变更事项记录,但没有提交变更专项报告,能否予以认定工程价款已变更？

工程变更包括以下方面:

(1)增加或减少合同中任何工作,或追加额外的工作;

(2)取消合同中任何工作,但转由他人实施的工作除外;

(3)改变合同中任何工作的质量标准或其他特性;

(4)改变工程的基线、标高、位置和尺寸;

(5)改变工程的时间安排或实施顺序。

建设工程合同履行过程中,双方签字确认对工程价款进行变更,这是双方当事人协商一致形成的合意结果,一般情况下,应当认定工程价款已变更。至于是否需要提交工程价款变更专项报告,那要看建设工程合同中有没有这方面的约定(如1999年版《施工合同示范文本》中有关于确定变更价款的条款31.2中约定:承包人在双方确定变更事项后的14日内,不向工程师提出变更工程价款报告时,视为该项变更不涉及合同价款的变更。2013年版、2017年版《施工合同示范文本》则在索赔条款19.1中规定了承包人应在知道或应当知道索赔事件发生后28日内,向监理人递交索赔意向通知书,并说明发生索赔事件的事由;承包人未在前述28日内发出索赔意向通知书的,丧失要求追加付款和(或)延长工期的权利),如双方当事人签订的建设工程施工合同中有这些方面的约定,承包人应按合同的约定及时提出调价申请和变更报告,否则,可能导致项目不能得到结算。

【案例】

2009年4月6日,被告雨田化工厂与原告亿能建筑公司签署建设工程施工合同,约定将其化工厂厂房工程包工包料发包给原告施工,合同总价暂定910万元。施工期间,因被告对工程进行变更,因此,工程价款需要调整,双方为此签署了工程价款变更事项记录。工程竣工验收后结算时,被告以原告未在双方确定变更事项后的14日内,向工程师提出变更工程价款报告,应视为该项变更不涉及合同价款的变更为由拒绝追加工程价款。原告遂诉至法院,要求被告支付合同价尾款319万元及工程变更追加工程款86万元。庭审中,被告仍以上述理由进行抗辩。

法院经审理认为:建设工程合同履行过程中,双方签字确认对工程价款进行变更,这是双方当事人协商一致形成的合意结果,应当认定工程价款已变更。对于被告提出需要提交工程价款变更专项报告的主张,因法律、法规没有相关规定,且双方合同中又没有这方面的约定,故对该主张不予支持。法院遂判决被告支付合同价尾款319万元及工程变更追加工程款86万元。

【分析解答】

《合同法》第77条规定:当事人协商一致,可以变更合同。因此,建设工程合同双方当事人如要变更工程价款,在不违反法律、法规强制性规定的前提下,只要双方当事人就价款变更协商一致,即可认定工程价款已变更。对于是否需要提交工程价款变更专项报告,法律、法规并没有作出强制性要求,而作为1999年版《施工合同示范文本》中关于确定变更价款的31.2中关于"承包人在双方确定变更事项后的14日内,不向工程师提出变更工程价款报告时,视为该项变更不涉及合同价款的变更"的规定,它属于示范作用的通用条款,在双方当事人未加以采用的情况下,并不具有强制适用的法律效力。本案中,双方当事人所签建设工程合同并未采用《示范文本》格式,且合同中也没有这方面的特别约定,故没有提交价款变更专项报告,不影响追加价款的认定。

【法律法规链接】

《合同法》第77条、第109条。

104. 发包人未按约定支付工程进度款,承包人可否停工?

形象进度款指在建设工程施工过程中,按工程形象进度完成的工程量计算并支付的各项工程价款。根据建设工程合同约定,当承包人每完成了一个阶段工程形象进度,发包人就应当支付相应形象阶段的工程进度款。如果发包人未及时支付进度款,对此,1999年版和2013年版、2017年版两种《施工合同示范文本》有不同的规定:1999年版《施工合同示范文本》第26条第4款规定"发包人不按合同约定支付工程进度款,双方又未达成延期付款协议的,承包人可以停止施工,由发包人承担违约责任",该文本赋予了承包人主动停工权;而2013年版、2017年版《施工合同示范文本》仅规定"发包人逾期支付进度款的,应按照中国人民银行发布的同期同类贷款基准利率支付违约金",并未赋予承包人主动停工权。那么审判实践中如何掌握呢?笔者认为,虽然2013年版、2017年版《施工合同示范文本》未直接赋予承包人可以主动停止施工的权利,但该文本在工期延误条款7.5.1中有关于因发包人未按约定支付工程进度款导致工期延误和(或)费用增加的,由发包人承担由此延误的工期和(或)增加的费用,并支付承包人合理的利润的规定,该规定间接认可了承包人被动停工的合理性。同时,《施工合同解释(一)》第9条也有关于"发包人具有下列情形之一,致使承包人无法施工,且在催告的合理期限内仍未履行相应义务,承包人请求解除建设工程施工合同的,应予支持:(一)未按约定支付工程价款的"规定,该规定也确认了承包人被动停工的合法性。但无论是

2013年版、2017年版《施工合同示范文本》还是《施工合同解释(一)》,我们从中不难看出,他们之所以没有确认1999年版《施工合同示范文本》的承包人主动停工权,都是基于尽最大努力来维护建设工程合同交易稳定性的考量,防止因承包人主动停工权的滥用而导致矛盾升级、纠纷恶化、损失扩大。因此,审判实践中,法官应当根据双方当事人订立合同所采用的版本和具体约定内容情况进行相应的判断和处理。如双方当事人所订立的合同对此约定不明,则应依据《施工合同解释(一)》的规定,将对承包人停工权的理解限缩于因发包人未按约定支付工程进度款而导致工程确实无法继续施工的被动停工层次。

【案例】

2014年3月19日,被告今生缘大酒店与原告通达建筑公司通过招投标签订了以2013年版《施工合同示范文本》为模本的中标施工合同,将其在新区的分店大楼工程发包给原告施工。合同约定2014年4月1日开工,同年12月30日竣工,合同采用2800万元总价合同,开工前支付工程预付款500万元,其后工程按进度付款:完成基础付40%,完成地上1~3层付10%,完成3~6层付10%,封顶付10%,竣工验收合格后付清。合同签订后,原告按约开工。施工期间,被告因饭店业务量严重下滑影响,在原告完成基础工程时,即无力支付工程当期全部进度款。原告为此与被告协商,被告表示正在想方设法筹资,要求原告继续施工。原告遂继续施工一段时间后,由于自己也已无力垫资施工,原告只得停工等候。后原告再次向被告催要进度款未果后,遂诉至法院,要求解除合同、由被告支付已完工工程款,并承担停工损失。案件审理期间,法院根据原告申请按合同约定计价标准、方法及合同总价情况对已完工工程价款及停工损失进行了鉴定,结论分别为1206万元、20.3万元,已完工工程质量合格。

法院经审理认为:原告、被告双方签订的合同合法有效,双方当事人应当按合同约定全面履行自己的义务。被告未按约定支付工程进度款,致原告无法继续施工,原告有权停工,并要求赔偿停工损失。因被告在原告催告的合理期限内仍未能支付进度款以促使工程复工,故原告要求解除合同的主张应当得到支持。原告已完工工程质量合格,被告应当支付相应的工程价款。遂判决被告支付原告工程款706万元(1206万元-500万元预付款),赔偿停工损失20.3万元。

【分析解答】

《施工合同解释(一)》第9条规定:"发包人具有下列情形之一,致使承包人无法施工,且在催告的合理期限内仍未履行相应义务,承包人请求解除建设工程施工合同的,应予支持:(一)未按约定支付工程价款的",可见,发包人未按约定支付工程进度款,造成承包人无法施工时,承包人可以停工,并依法请求解除合同。

【法律法规链接】

《合同法》第60条、第109条、第112条、第113条,《施工合同解释(一)》第9条。

105. 发包人未经承包人同意直接将工程款支付给分承包人、转承包人或其他实际施工人,承包人能否要求重付?发包人主张其有"正当理由"才将工程款支付给分承包人、转承包人或其他实际施工人,并主张抵扣承包人相应的工程款的,如何处理?

根据合同相对性原则,建设工程施工合同的权利义务主体是发包人与承包人,因此,发包人履行工程款支付义务时支付的对象应是承包人。分承包人、转承包人或其他实际施工人与发包人之间一般不直接发生合同关系,因此,他们均不是建设工程合同权利义务的相对人,他们与承包人之间虽通过分包合同、转包合同或挂靠关系建立了联系,但在实践中他们的利益并不等同承包人的利益。同时,2013年版、2017年版《施工合同示范文本》也明确规定,分包合同价款由承包人与分包人结算,未经承包人同意,发包人不得向分包人支付分包工程价款。因此,未经承包人同意或授权,发包人直接将工程款支付给分承包人、转承包人或其他实际施工人的,属于履行对象错误。对发包人的错误付款行为,除承包人追认外,对承包人不产生该工程款已结算的效力,发包人应当向承包人承担违约责任。承包人要求发包人重新支付,应予支持。

审判实践中,特别是春节前后,有很多农民工聚集索要工资未果的情况下,即为此向政府或相关部门上访、集访。政府或相关部门为解决农民工工资支付问题及维护地方稳定,在承包人、分承包人、转承包人或其他实际施工人无法联系或无法支付的情况下,便出面通过责令发包人或调解纠纷方法让发包人予以支付农民工工资,发包人为解决纠纷,便按政府或相关部门要求直接将工程款支付给分承包人、转承包人或其他实际施工人。在此情况下,发包人是有正当理由的,其主张抵扣承包人相应的工程款的,应予支持。另外,审判实践中还存在着司法机关责令发包人直接将工程款支付给分承包人、转承包人或其他实际施工人的情况,这种情况下,发包人也是有正当理由的,其主张抵扣承包人相应的工程款的,应予支持。

【案例】

2014年1月6日,被告尼曼达经贸公司与原告亿丰建筑公司签订建设工程施工合同,将其3座公司仓库工程包工包料发包给原告施工,工程总价款1200万元,工程竣工验收合格后结清。合同签订后,经被告同意,原告将其中1座仓库分包给通安建工公司承建,双方约定分包工程价款400万元,待发包人与亿丰建筑公司结清全部工程款后支付。工程施工期间,通安建工公司分包的工程先期完工。因原告工程尚未完工,故尼曼达经贸公司未与原告进行工程总结算。在此期间,在通安建工公司许诺先行结算可以返点的诱惑下,尼曼达经贸公司便在未取得原告同意的情况下,支付了通安建工公司工程款400万元。不久,原告工程亦竣工且全部工程验收合格。双方结算时,原告方知尼曼达经贸公司已将分包工程款直接支付给了通安建工公司。原告遂提起诉讼,要求尼曼达经贸公司按建设工程合同约定支付其总包工程款1200万元。

法院经审理认为:原、被告双方签订的承包合同系有效合同,根据合同相对性原则,被告履行支付工程款义务指向的对象应是本案原告,但被告在未取得原告同意的情况下,违反合同约定,将分包工程款直接支付给了分包人,属于履行对象错误,应当承担违约责任,且原告有权要求其继续履行合同。另外,原告与通安建工公司签订的分包合同虽为有效合同,但由于双方约定"分包工程价款待发包人与亿丰建筑公司结清全部工程款后支付",因此,通安建工公司对原告的债权在被告未向原告结清全部总承包工程款时尚未到履行期限。法院遂判决尼曼达经贸公司按建设工程合同约定支付原告总包工程款1200万元。

【分析解答】

《合同法》第107条规定:"当事人一方不履行合同义务或者履行合同义务不符合约定的,应当承担继续履行、采取补救措施或者赔偿损失等违约责任。"建设工程施工合同的权利义务主体是发包人与承包人,根据合同相对性原则,发包人履行工程款支付义务时支付的对象应是承包人。分承包人、转承包人或其他实际施工人与发包人之间一般不直接发生合同关系。如未经承包人同意或授权,发包人直接将工程款支付给分承包人、转承包人或其他实际施工人的,则属于履行对象错误。对发包人的错误付款行为,除承包人追认外,对承包人不产生该工程款已结算的效力,发包人应当向承包人承担违约责任,并有权要求其继续履行合同。故本案原告要求被告重新支付,应予支持。

【法律法规链接】

《合同法》第60条、第107条、第109条。

106. 当事人约定发包人收到竣工结算文件逾期不予答复视为认可竣工结算文件,承包人请求按竣工结算文件结算工程价款的,应否支持?承包人仅以1999年版《施工合同示范文本》通用条款第33条第3款或2013年版、2017年版《施工合同示范文本》通用条款第14条第2款进行上述主张,能否得到法院支持?怎样理解和把握"在约定期限内不予答复"?

一、关于逾期不予答复视为认可竣工结算文件问题

最高人民法院在就重庆市高级人民法院关于如何理解和适用《施工合同解释

(一)》第20条的请示作出答复时对此进行了明确:适用该司法解释第20条的前提条件是当事人之间约定了发包人收到竣工结算文件后,在约定期限内不予答复,则视为认可竣工结算文件。承包人提交的竣工结算文件可以作为工程款结算的依据。建设部制定的建设工程施工合同格式文本(1999年版《施工合同示范文本》)中的通用条款第33条第3款的规定,不能简单地推论出,双方当事人具有发包人收到竣工结算文件一定期限内不予答复,则视为认可承包人提交的竣工结算文件的一致意思表示,承包人提交的竣工结算文件不能作为工程款结算的依据。

根据最高人民法院上述答复的精神,如果当事人在合同中进行了"发包人收到竣工结算文件后,在约定期限内不予答复,则视为认可竣工结算文件"的特别约定,而不是仅有建设工程施工合同示范文本通用条款规定的情况下,如发包人收到竣工结算文件后,在约定期限内不予答复的,承包人请求按竣工结算文件结算工程价款的,则可根据《施工合同解释(一)》第20条关于"当事人约定,发包人收到竣工结算文件后,在约定期限内不予答复,视为认可竣工结算文件的,按照约定处理。承包人请求按照竣工结算文件结算工程价款的,应予支持"的规定,予以支持;如合同中仅有建设工程施工合同示范文本通用条款第33条相关规定,则尽管发包人收到竣工结算文件后,在约定期限内不予答复的,承包人请求按竣工结算文件结算工程价款的,也不能支持。

上述最高人民法院答复的精神虽是针对1999年版《施工合同示范文本》第33条第3款而言,但2013年版、2017年版《施工合同示范文本》通用条款第14条第2款与1999年版《施工合同示范文本》第33条第3款的规定内容基本上是一脉相承的,因此,上述最高人民法院答复的精神也同样适用于对2013年版、2017年版《施工合同示范文本》通用条款第14条第2款的理解。但从2013年版、2017年版《施工合同示范文本》通用条款第14条规定所反映出来的国家行政部门规范管理用意看,为抑制发包人拖欠工程款行为规定:"发包人在收到承包人提交竣工结算申请书后28天内未完成审批且未提出异议的,视为发包人认可承包人提交的竣工结算申请单,并自发包人收到承包人提交的竣工结算申请单后第29天起视为已签发竣工付款证书。""除专用合同条款另有约定外,发包人应在签发竣工付款证书后的14天内,完成对承包人的竣工付款。发包人逾期支付的,按照中国人民银行发布的同期同类贷款基准利率支付违约金;逾期支付超过56天的,按照中国人民银行发布的同期同类贷款基准利率的两倍支付违约金。"不仅对逾期付款实行双倍赔偿违约金的惩罚制度,而且也有放宽通用条款适用效力的趋势。

二、关于"在约定期限内不予答复"的理解和把握

《施工合同解释(一)》第20条是关于建设工程的工程价款逾期不结算的后果规定,即在建设工程施工合同双方当事人有明确约定的情况下,发包人对承包人送审的工程造价逾期不答复的,工程造价的结算就以承包人送审价为准。该规定对抑制发包人以拖延决算为手段达到拖延支付工程款的目的具有重要意义。审

判实践中对“在约定期限内不予答复”的事实进行认定时,应注意以下几点:

1.“不予答复”是在“约定期限”,而非“规定期限”。《施工合同解释(一)》第20条所规定的不予答复期限系双方当事人通过合同特别约定的期限,而非建设工程施工合同示范文本通用条款中规定的28天,只有超过“约定期限”才能产生视为认可竣工结算文件的法律后果。

2.“不予答复”一般理解为未进行书面答复,即未对承包人提供的送审价及送审资料提出实质性的书面异议。如果发包人复函指出所送结算价有高估、高算等问题要求调整的,应认为发包人已作了答复。

3.如果双方当事人在合同中虽约定了答复期限,但没有约定逾期不答复视为认可竣工结算文件这一法律后果的,则尽管发包人“在约定期限内不予答复”也不能适用《施工合同解释(一)》第20条规定进行处理。

4.对实践中发包人在约定期限内不予答复、期限届满后进行答复并提出核对结算要求的,而承包人又同意与其核算或给予积极配合的情形,应视为承包人放弃适用《施工合同解释(一)》第20条规定要求对方按竣工结算文件支付工程价款的权利。

【案例】

2009年7月8日,被告香水湾旅游发展公司与原告雅园工程公司采用1999年版《建设工程施工合同(示范文本)》签订建设工程施工合同,约定将其度假酒店工程包工包料发包给原告施工,工程价款暂定1220万元;另外,双方当事人还在合同专用条款部分特别注明:“如甲方(被告)收到乙方(原告)提交的竣工结算文件拖延答复的,按通用条款第33条第3款的规定执行”。2010年6月10日,工程竣工验收合格后原告向被告提交了竣工结算文件,送审价为1356万元,扣除已付进度款750万元,原告要求被告再支付工程尾款606万元。被告当日收到了原告的结算报告后一直未予答复,也未支付工程尾款。2010年7月10日,原告以被告逾期不予答复视为认可竣工结算文件为由向法院起诉,要求被告按其提交的结算报告支付工程尾款。庭审中,被告则认为以通用条款的规定不能简单地推论出逾期不予答复视为认可竣工结算文件的结论,因此不同意付款,并要求对工程造价进行鉴定。

法院经审理认为:原、被告双方签订的合同合法有效,双方当事人应当按合同约定全面履行自己的义务。双方当事人所签订的合同虽然是采用的1999年版《建设工程施工合同(示范文本)》,一般情况下确实不能依据合同通用条款第33条第3款的规定,就简单地推论出逾期不予答复视为认可竣工结算文件的结论;但本案双方当事人又在专用条款部分特别注明:“如甲方(被告)收到乙方(原告)提交的竣工结算文件拖延答复的,按通用条款第33条第3款的规定执行”,该专用条款系双方当事人的特别约定,符合《施工合同解释(一)》第20条关于“当事人约定,发包人收到竣工结算文件后,在约定期限内不予答复,视为认可竣工结算文件的,按约定处理。承包人请求按竣工结算文件结算工程价款的,应予支持”的适用条件,故被告在逾期未答复情况下,应当承担逾期不予答复视为认可竣工结算文件的法律后果。遂判决被告再支付原告工程尾款 606 万元。

【分析解答】

最高人民法院在就重庆市高级人民法院关于如何理解和适用《施工合同解释(一)》第 20 条的请示虽作出了“建设部制定的建设工程施工合同格式文本(1999 年版)中的通用条款第 33 条第 3 款的规定,不能简单地推论出,双方当事人具有发包人收到竣工结算文件一定期限内不予答复,则视为认可承包人提交的竣工结算文件的一致意思表示,承包人提交的竣工结算文件不能作为工程款结算的依据”的答复意见,但本案中,原告主张被告承担逾期不予答复视为认可竣工结算文件的根据,并不是仅仅依据建设部制定的建设工程施工合同示范文本中的通用条款第 33 条第 3 款的规定,因为双方当事人在专用条款部分对此又进行了重申,虽然内容相同,但条款性质却完全不同,专用条款中的注明具有特别约定性质。因此,本案符合《施工合同解释(一)》第 20 条的适用条件,法院判决被告承担逾期不予答复视为认可竣工结算文件的后果是正确的。

【法律法规链接】

《合同法》第 60 条、第 109 条,《施工合同解释(一)》第 20 条。

107. 竣工结算资料提交后,因合同没有“在约定期限内不予答复,视为认可竣工结算文件”的约定,发包人不按时进行结算,如何处理?

这种情形属于发包人故意以拖延决算为手段达到拖延支付工程款目的情形,承包人可以对发包人进行催告,如发包人在合理的期限内仍不予结算的,承包人可提起诉讼,通过法院进行工程造价司法鉴定,从而确定发包人应当支付的工程价款。

【案例】

2010 年 3 月 1 日,被告鸿达经贸公司与原告东方工程公司采用《建设工程施工合同(示范文本)》签订建设工程施工合同,约定将其贸易中心裙楼工程包工包料发包给原告施工,工程价款暂定 620 万元。2010 年 11 月 10 日,工程竣工验收合格后原告向被告提交了竣工结算文件,送审价为 712 万元,扣除已付进度款 360 万元,原告要求被告再支付工程尾款 342 万元。被告收到了原告的结算报告后一直未予答复,也未支付工程尾款。2010 年 12 月 21 日,原告以被告逾期不予答复视为认可竣工结算文件为由向法院起诉,要求被告按其提交的结算报告支付工程尾款。庭审中,被告则辩称本案不适用逾期不予答复视为认可竣工结算文件的规定,因此不同意付款,并要求对工程造价进行鉴定。

法院经审理认为:原告、被告双方签订的合同合法有效,双方当事人签订合同时虽采用了《建设工程施工合同(示范文本)》,且该合同通用条款第33条第3款也作出了逾期不予答复视为认可竣工结算文件的规定,但《施工合同解释(一)》第20条关于"当事人约定,发包人收到竣工结算文件后,在约定期限内不予答复,视为认可竣工结算文件的,按照约定处理。承包人请求按竣工结算文件结算工程价款的,应予支持"的适用条件是当事人须对此进行特别约定,如仅就通用条款的规定不能简单地推论出逾期不予答复视为认可竣工结算文件的结论。因此,被告辩称主张成立,应予采纳。经委托鉴定,本案工程实际造价为693.7万元,扣除已付进度款360万元,被告应再支付工程尾款333.7万元。遂据此判决被告还款。

【分析解答】

《施工合同解释(一)》第20条适用的前提条件是当事人须对逾期不予答复视为认可竣工结算文件进行特别约定,如仅有通用条款的规定不能简单地推论出逾期不予答复视为认可竣工结算文件的结论。当承包人如发现发包人故意以此规定拖延决算时,应及时提起诉讼,通过法院进行工程造价司法鉴定来保护自己的合法权益。

【法律法规链接】

《合同法》第60条、第109条,《施工合同解释(一)》第20条。

108. 发包人在合同约定的审核结算期限届满后,又以承包人提交的竣工结算文件不完整为由拒绝结算,承包人要求从该期限届满之日起计算工程价款利息的,人民法院应否支持?

《建设工程价款结算暂行办法》第14条第4项工程竣工价款结算部分规定:发包人收到承包人递交的竣工结算报告及完整的结算资料后,应按本办法规定的期限(合同约定有期限的,从其约定)进行核实,给予确认或者提出修改意见。因此,发包人有及时审查承包人提交的工程竣工结算文件义务。实践中,建设工程合同双方当事人往往也在合同中对此审核义务作出明确约定。如发包人在合同约定的审核结算期限内未履行审核义务,则根据《合同法》第107条关于"当事人一方不履行合同义务或者履行合同义务不符合约定的,应当承担继续履行、采取补救措施或者赔偿损失等违约责任"的规定,承包人有权要求发包人承担延期结算损失。故如发包人在合同约定的审核结算期限届满后,又以承包人提交的竣工结算文件不完整为由拒绝结算,承包人要求从合同约定的审核结算期限届满之日起计算工程价款利息的,人民法院应予支持。对此,江苏省高级人民法院也在《关于审理建设工程施工合同纠纷案件若干问题的意见》第15条中作出了予以支持的明确规定。

【案例】

2009年8月5日，被告天虹车装公司与原告庆丰建工公司签订建设工程施工合同，约定将其车辆组装厂房工程包工包料发包给原告施工，工程价款暂定750万元，竣工结算后付清。合同还约定：甲方（被告）收到乙方（原告）递交的竣工结算资料后，应在15日内核实完毕并给予确认或提出修改意见。2010年3月10日，工程竣工验收合格后原告向被告提交了竣工结算文件等资料，送审价为789万元，扣除已付进度款460万元，原告要求被告再支付工程尾款329万元。被告收到了原告送审的结算资料后一直未予答复，也未支付工程尾款。2010年4月1日，被告以原告提交的竣工结算文件不完整为由通知原告暂不予结算。原告遂向法院起诉，要求被告按其提交的结算报告支付工程尾款，并自合同约定的审核期满次日即2010年3月26日起按银行贷款利率承担工程欠款利息。庭审中，被告则辩称本案不适用逾期不予答复视为认可竣工结算文件的规定，因此不同意付款和承担利息，并要求对工程造价进行鉴定。

法院经审理认为：原、被告双方签订的合同系有效合同。双方当事人在合同中虽约定了“甲方收到乙方递交的竣工结算资料后，应在15日内核实完毕并给予确认或提出修改意见”，但未作出“逾期不予答复视为认可竣工结算文件”的特别约定，故原告主张按其送审价结算无法律依据，故不予支持。由于双方当事人已在合同中约定了“甲方收到乙方递交的竣工结算资料后，应在15日内核实完毕并给予确认或提出修改意见”，而被告未在约定期限内完成审核、确认或提出意见，故其行为已构成违约，应当承担违约责任。因此，原告要求被告自合同约定的审核期满次日起承担欠款利息的主张应予支持。因原告送审价不能作为结算依据，故对被告要求鉴定的主张予以采纳。经委托鉴定，本案工程实际造价为771.4万元，扣除已付进度款460万元，被告应再支付工程尾款311.4万元。遂据此判决被告还款。

【分析解答】

《合同法》第107条规定：“当事人一方不履行合同义务或者履行合同义务不符合约定的，应当承担继续履行、采取补救措施或者赔偿损失等违约责任。”本案被告未在合同约定期限内进行完成审核、确认或提出意见，故其行为已构成违约，应当承担违约责任。因此，对原告要求被告自审核期满次日起承担欠款利息的主张应予支持。

【法律法规链接】

《合同法》第60条、第107条、第109条，《施工合同解释（一）》第18条。

109. 备案中标合同约定的工程款结算方式与招投标文件相悖、施工合同约定的条件与招投标文件确定的条件不一致时,该约定是否有效?施工合同与招、投标文件、中标通知书载明内容不一致时,一方当事人请求将招、投标文件、中标通知书作为结算工程价款的依据人民法院应否支持?

根据《招投标法》规定:中标通知书对招标人和中标人具有法律效力;双方当事人在招、投后应当根据招标文件和中标人的投标文件订立书面合同,并不得再行订立背离合同实质性内容的其他协议。因工程款结算方式、施工条件均系合同的实质性内容,故如备案合同约定的工程款结算方式与招投标文件相悖、施工合同约定的条件与招投标文件确定的条件不一致,则既违反了上述法律规定;又属于背离了合法中标合同应有的实质性内容;按规定这种合同不能进行备案,即使已备案也不能产生结算依据效力。

《施工合同解释(二)》第10条规定:"当事人签订的建设工程施工合同与招标文件、投标文件、中标通知书载明的工程范围、建设工期、工程质量、工程价款不一致,一方当事人请求将招标文件、投标文件、中标通知书作为结算工程价款的依据的,人民法院应予支持。"

建设工程实务中,就同一建设工程项目,当事人之间可能存在招、投标文件及中标通知书、中标合同、备案合同、实际履行的合同等几份文本。招、投标文件和中标通知书属于当事人订立合同过程中的原始文件,且《招标投标法》第46条明确规定,招标人和中标人应当自中标通知书发出之日起30日内,按照招标文件和中标人的投标文件订立书面合同,故如果就合同实质性内容存在多份合同文本时,以招标文件、投标文件、中标通知书作为结算依据符合法律、法规、司法解释的规定精神。

【案例】

2009年4月1日,被告吴江医院将其住院部工程包工包料对外招标,原告沂淮工程公司中标,中标文件确定工程固定价830万元。后双方签订中标合同时,双方以可调价进行了备案。后工程竣工验收合格结算时,原告要求按可调价进行结算,被告要求按原固定价结算,双方为此发生纠纷,原告遂诉至法院,要求被告按可调价支付工程款886万元。

法院经审理认为:招标人和中标人应按招标文件和中标人的投标文件订立书面合同,不得再行订立背离合同实质性内容的其他协议。本案中,原中标文件约定工程实行固定价,双方当事人不能变更为可调价。双方当事人以可调价进行备案,背离了中标工程价款这一实质性内容,违反了法律强制性规定,故不能作为结算依据,双方仍应按中标文件约定进行结算。法院遂判决被告支付原告工程款830万元。

【分析解答】

本案工程中标时已确定合同为固定价,中标通知书发出时,双方合同要约与承诺已经成立,对双方当事人均有约束力。双方当事人在备案时改为可调价,属于对工程价款的改变,而工程价款又是合同实质性内容,故双方当事人这种做法背离了中标合同应有的实质性内容,违反了《招投标法》强制性规定,故法院判决按中标约定进行结算是正确的。

【法律法规链接】

《合同法》第44条、第60条、第109条,《招投标法》第45条、第46条,《施工合同解释(二)》第10条。

110. 招标前即已签订的合同价款与中标后签订的合同价款不一致,应以哪个为准?

招标前即已签订合同,如中标系因双方事前串通招投标所致,则因违反《招投标法》不得串通招投标规定而中标无效,同时,招标前签订的合同因未经招投标程序也无效,对双方已建工程可按无效建设工程合同确定工程价款。

招标前虽已签订合同,但中标系合法投标所致,这种情况下,根据《招投标法》第45条关于"中标通知书对招标人和中标人具有法律效力"及《施工合同解释(一)》第21条"当事人就同一建设工程另行订立的建设工程施工合同与经过备案的中标合同实质性内容不一致的,应当以备案的中标合同作为结算工程价款的根据"的规定,招标前签订的合同本质上也属于当事人就同一建设工程另行订立的合同,如其约定的合同价款与经过备案的中标合同实质性内容不一致的,应以中标备案合同为准。

【案例】

2010年1月1日,被告某中学拟建学生图书馆,其与原告春辉建筑公司签订了施工合同1份,将该工程发包给原告施工,合同价款640万元。合同尚未履行,被告主管部门责令其须进行招标发包,被告遂进行对外招标。在招标时,原告参与投标并中标,被告又与原告签订了一份中标合同,约定工程价款560万元,双方对该合同进行了备案;但双方均同意按招标前签订的合同履行。工程竣工后结算时,被告因资金未能及时筹措到位而拖欠工程款,原告遂诉至法院,要求被告按招标前签订的合同支付工程款640万元。

法院经审理认为:《施工合同解释(一)》第 21 条规定:当事人就同一建设工程另行订立的建设工程施工合同与经过备案的中标合同实质性内容不一致的,应当以备案的中标合同作为结算工程价款的根据。本案双方当事人招标前签订的合同价款与备案的中标合同价款不一致,故应按备案的中标合同价款进行结算。遂判决被告支付原告工程款 560 万元。

【分析解答】

招标前即已签订的合同,也属于当事人就同一建设工程另行订立的合同,如其约定的合同价款与经过备案的中标合同坐价款不一致的,因工程价款是合同的实质性内容,故根据《施工合同解释(一)》第 21 条关于"当事人就同一建设工程另行订立的建设工程施工合同与经过备案的中标合同实质性内容不一致的,应当以备案的中标合同作为结算工程价款的根据"的规定,应以中标备案合同为准。法院判决按中标合同进行结算是正确的。

【法律法规链接】

《合同法》第 44 条、第 109 条,《招投标法》第 45 条、第 46 条,《施工合同解释(一)》第 21 条。

111. 发包人未经有关部门同意擅自变更工程设计并要求承包人作业,工程价款如何认定?

实践中,承包人对于发包人的变更通知往往没有拒绝的权利,因为发包人既是工程的出资人、所有人,也是工程施工的管理者;但国务院《建设工程勘察设计管理条例》第 28 条规定,建设单位、施工单位、监理单位不得修改建设工程勘察、设计文件;确需修改建设工程勘察、设计文件的,应当由原建设工程勘察、设计单位修改。经原建设工程勘察、设计单位书面同意,建设单位也可以委托其他具有相应资质的建设工程勘察、设计单位修改。建设工程勘察、设计文件内容需要作重大修改的,建设单位应当报经原审批机关批准后,方可修改。1999 年版《施工合同示范文本》第 29. 1 条也规定:施工中发包人需对原工程设计变更,应提前 14 天以书面形式向承包人发出变更通知。变更超过原设计标准或批准的建设规模时,发包人应报规划管理部门和其他有关部门重新审查批准,并由原设计单位提供变更的相应图纸和说明。承包人按工程师发出的变更通知及有关要求,进行需要的变更。因变更导致合同价款的增减及造成的承包人损失,由发包人承担,延误的工期相应顺延。2013 年版、2017 年版《施工合同示范文本》第 10. 2 条也规定:涉及设计变更的,应由设计人提供变更后的图纸和说明。如变更超过原设计标准或批准的建设规模时,发包人应及时办理规划、设计变更等审批手续。因此,如发包人未经设计、规划等部门同意自行变更工程规划、设计,承包人按发包人指令施工，由此造成合同价款的增减、承包人损失及发包人自身损失的，由发包人自行承担，工程价款也应按变更后情况进行认定。

【案例】

2014年2月1日，被告凯悦饲料加工有限公司与原告安淮第三建筑公司签订了施工合同1份，约定由原告为其建设饲料加工厂房，合同总价款1000万元。施工期间，被告因得到第三方投资人的加盟，生产建设资金均充足有余，遂动起了扩大生产规模的念头，并认为正在建设的加工厂房原工程设计不能满足自己日后扩大生产规模和使用先进生产设备等的需要，遂在未经原设计单位同意和重新设计的情况下要求原告加大厂房高度、跨度等。原告在提醒被告厂房基础已经建成，如改变地上建设需重新设计遭拒后，只得按被告要求进行施工。原告为此制作了签证并由被告进行了认证。工程竣工后验收时，被告发现厂房墙体、屋顶出现开裂，厂房基础下沉等现象，遂以工程存在质量问题拒绝结算。原告遂诉至法院，要求被告按合同约定支付工程尾款500万元，并承担工程变更价款86万元。庭审中，被告则以工程存在质量问题进行抗辩而拒绝付款。案件审理期间，法院根据原告申请对工程出现的质量问题及工程变更造价进行了鉴定，经鉴定，结论为厂房墙体、屋顶出现开裂，厂房基础出现下沉现象是因为施工厂房高度、跨度与工程设计不符造成厂房基础负荷增大超出设计承载范围所致；工程变更引起工程量增加的造价为78.5万元。

法院经审理认为：被告未经有关部门同意擅自变更工程设计并指令原告进行施工作业，由此产生的质量问题应当被告自行承担。因变更导致合同价款的增加，亦由被告承担。遂判决被告按合同约定支付工程尾款500万元，并承担工程变更价款78.5万元。

【分析解答】

《施工合同解释（一）》第12条规定："发包人具有下列情形之一，造成建设工程质量缺陷，应当承担过错责任：（一）提供的设计有缺陷；……"本案中，被告未经有关部门同意擅自变更工程设计并指令原告进行施工作业，其对工程质量的产生存在过错，由此产生的质量问题及因变更设计导致合同价款的增加，均应当由被告自行承担。故法院判决是正确的。

【法律法规链接】

《合同法》第44条、第109条，《施工合同解释（一）》第12条、第19条。

112. 招标文件确定的工程量有误，承包人能否申请追加工程价款？

实践中，经招投标后双方当事人签订中标合同时，往往对可能存在的招标文件计算工程量有误或漏项的问题都会在施工合同条款中作出如何处理的约定。如果施工合同履行过程中,承包人发现招投标报价工程量计算失误或套用定额有误,通常可在合同约定的答疑时间内向建设单位提出核实,否则视为准确。建筑实务中,建设单位在承包人提出核实要求后,一般情况下都是会进行核实并对确实存在漏算、错算所引起工程量增减进行补正或允许承包人申请追加工程价款。如合同中特别约定漏算、错算问题属于合同约定的招投标风险范围,不可以对合同价格进行调整时,则承包人不能申请追加工程价款。对此,2013 年版、2017 年版《施工合同示范文本》在第 1.13 条工程量清单错误的修正中作出了较为明确的规定:"除专用合同条款另有约定外,发包人提供的工程量清单,应被认为是准确的和完整的。出现下列情形之一时,发包人应予以修正,并相应调整合同价格:①工程量清单存在缺项、漏项的;②工程量清单偏差超出专用合同条款约定的工程量偏差范围的;③未按照国家现行计量规范强制性规定计量的。"

如果合同对招标文件漏算、错算如何处理未作出约定或没有约定工程量偏差范围时,可由当事人一方提出,双方协商确认后作为结算依据;如双方因协商不成而诉讼时,法院可对漏算、错算问题进行核实,如经查属实,且由于招标文件确定的工程量误差引起实际施工工程量与招标文件确定的工程量增减幅度在 15%以上的(2013 年版、2017 年版《施工合同示范文本》新规范已将工程量偏差酌量范围由原来老规范确定的 10%,调整更新为 15%),可根据公平、诚实信用原则及《施工合同解释(一)》第 19 条关于"当事人对工程量有争议的,按照施工过程中形成的签证等书面文件确认。承包人能够证明发包人同意其施工,但未能提供签证文件证明工程量发生的,可以按照当事人提供的其他证据确认实际发生的工程量"的规定,酌定允许承包人申请追加工程价款。

【案例】

2015 年 1 月 1 日,被告炎淮职业技术学院通过招投标与原告唯美建工公司签订了施工合同 1 份,约定由原告包工包料承建其美工艺术展览馆工程施工,合同价款 1000 万元。施工期间,原告发现招标文件确定的工程量在展馆陈列窗台、旋转楼梯、外延飘窗、墙体艺术造型、藏品暗格、移动收藏壁柜等众多部位存在工程量漏算问题。原告遂向被告提出核实和追加工程价款,但被告却以原告应当在投标报价前对招标文件确定的工程量可能存在的出入或错漏进行核对,并及时提出质疑,而原告逾期未提出质疑应视为认可发包人提供的工程量是准确的和完整的,故招标文件确定的工程量可能存在的出入或错漏风险应由投标人自行承担,遂拒绝追加结算。原告为此诉至法院,要求被告按合同约定支付工程尾款 500 万元,并承担漏算工程量经鉴定确认的价款 162 万元。

法院经审理认为:招标文件确定的工程量虽系由招标人提供,但承包人投标时有按施工图纸等文件自行审核并在约定的答疑时间内向建设单位提出核实的义务,否则应视为准确。但本案中,因漏算工程量误差引起实际施工工程量与招标文件确定的工程量增减幅度较大(已超过 15%),且本案合同中既未作出漏算、错算问题属于投标风险范围不可以对合同价格进行调整的约定,也未作出漏算、错算问题限期审核逾期提出无效的约定,如不予调整有失公平,故根据公平、诚实信用原则,应允许承包人申请追加工程价款。但原告未尽到核实义务,亦应承担一定的责任(10%)。遂判决被告按合同约定支付工程尾款 500 万元,并承担漏算工程量价款 145.8 万元。

【分析解答】

《施工合同解释(一)》第 19 条规定:“当事人对工程量有争议的,按施工过程中形成的签证等书面文件确认。承包人能够证明发包人同意其施工,但未能提供签证文件证明工程量发生的,可以按当事人提供的其他证据确认实际发生的工程量。”本案中,招标文件确定的工程量漏算是事实,且工程量增减幅度较大,而原告对漏算的工程量也已实际施工并完成,由于本案合同中既未作出漏算、错算问题属于投标风险范围不可以对合同价格进行调整的约定,也未作出漏算、错算问题限期审核逾期提出无效的约定,故根据公平、诚实信用原则,应允许承包人申请追加工程价款。

【法律法规链接】

《合同法》第 44 条、第 109 条,《施工合同解释(一)》第 19 条。

113. 发包人拒收竣工结算申请及资料,如何处理?

在工程竣工验收合格后,承包人可在 28 日内向发包人报送结算申请书及相关结算资料,但是发包人因考虑到如果签收结算书,就要在规定的时间内进行审核确认,否则构成违约;故实践中有不少发包人故意拒收竣工结算申请报告及资料,以达到拖延支付工程款的目的。对这种情况,承包人可以采取特快专递邮寄送达或公证送达等方式进行提交。另外,在签订建设工程合同时,承包人(双方当事人)也可以要求发包人(对方当事人)出具“送达地址确认书”,为日后向发包人(对方当事人)有效报送结算申请书、相关结算资料等文件,以及后期诉讼做一定的预案,以应对和制约发包人(对方当事人)日后的搪塞、扯皮等规避法律责任的行为和现象,从而使日后的邮寄送达、公证送达和司法送达的有效性提供法律上认可的保障。

【案例】

2009 年 1 月 3 日,被告涟云科技园开发公司与原告东阳建筑总公司通过招投标按《建设工程合同示范文本》签订了施工合同 1 份,约定由原告包工包料承建其科技园工程施工,合同价款暂定2200万元;双方当事人还在合同专用条款中对收到竣工结算文件逾期不予答复视为认可进行了特别约定。2010年3月1日,工程竣工验收后,原告向被告提交竣工结算报告及资料,报价2460万元,扣除已付进度款1650万元,要求支付工程尾款810万元。但被告因另一起重大诉讼而致其主要流动资金被冻结和划拨,短期内无法兑现原告工程款,工程负责人便避而不见,其他工作人员也总以负责人不在,其不清楚工程情况为由进行搪塞和拒收,甚至关门谢客。原告多次递交未果后,在律师的指点下,于同年3月30日邀请当地公证处人员至被告公司负责本案工程财务的部门办公室,将竣工结算报告及资料向被告工作人员当面递交,公证人员现场进行了拍照及签字认证等证明活动,进行了公证送达。之后,被告工作人员只得将相关情况向负责人汇报,该负责人意识到问题的严重性和逾期不予答复可能面临的后果,遂主动组织人员进行审核,并在限期内与原告提出修改意见。后因双方对结算未能达成一致意见,被告短期内又无力还款,原告遂于5月4日诉至法院,要求被告按合同约定支付工程尾款810万元,并自提交竣工结算文件之日起承担欠款银行贷款利息。案件审理期间,原告申请了造价鉴定,经鉴定工程价款为2428.9万元。

法院经审理认为:被告拖欠工程款是事实,应当进行清偿。原告要求其自提交竣工结算文件之日起承担银行贷款利息不违反法律规定,遂判决被告支付工程尾款778.9万元,并自2010年3月30日起按中国人民银行发布的同期同类贷款利率承担欠款利息至付清工程款止。

【分析解答】

建筑实务中,不少发包人故意拒收竣工结算报告及资料,以达到拖延支付工程款的目的,而提交竣工结算报告及资料又是承包人必须完成的事务,因此,在实务中,承包人在无法直接递交的情况下,可以采取特快专递邮寄送达或公证送达等灵活有效且具有证明效力的方式进行提交。本案中,原告通过公证提交方式便有效地解决了一个送达难题。

【法律法规链接】

《合同法》第44条、第109条,《施工合同解释(一)》第17条、第18条。

114. 承包人能否以发包人签认的工程量月报、监理工程师签认的工程量日报累加作为最终结算值?

实践中,建设工程工程量主要是以竣工图以及施工过程中形成的工程签证来确定的,并不是经核准的月报量或工程量日报的简单累加。工程量月报或工程量日报通常只是用于确定工程进度情况,而不具有工程签证性质,也不发生签证法律效力，因此，不能以发包人签认的工程量月报、监理工程师签认的工程量日报累加作为最终结算值。

【案例】

2010年3月5日，被告喜顺汽车配件厂与原告泰峰建筑公司签订了施工合同1份，约定由原告包工包料承建其配件加工车间工程施工，合同价款暂定460万元。施工期间，原告应被告的要求，对工程部分进行变更，增加了工程量，但原告因双方关系较好，未及时办理工程签证。2010年6月1日，工程竣工验收交付后，原告向被告提交竣工结算报告及资料，报价515万元，被告认为报价缺乏依据而不予认可。原告遂诉至法院，要求被告按时支付工程款515万元。庭审中，原告因工程变更未形成签证，便以发包人签认的工程量月报累加作为计算工程量的证据，经质证，被告认为工程量月报不能作为结算依据，故不予认可，并要求进行造价鉴定。

法院经审理认为：工程量月报不具有工程签证性质，不能产生结算效力，因此，不能以发包人签认的工程量月报累加作为工程量计算工程价款的最终结算值，故对原告要求按工程量月报累加作为计算工程量及工程价款的主张不予支持。被告抗辩理由成立，对其要求鉴定的主张予以采纳。经鉴定，本案工程总造价为496.8万元，遂判决被告支付工程款496.8万元。

【分析解答】

《施工合同解释(一)》第19条规定："当事人对工程量有争议的，按照施工过程中形成的签证等书面文件确认。承包人能够证明发包人同意其施工，但未能提供签证文件证明工程量发生的，可以按当事人提供的其他证据确认实际发生的工程量。"这里的其他证据并不是指工程量月报或工程量日报，而是指双方当事人形成的会议纪要、施工方案、会议记录、往来信函等证据。工程量月报或工程量日报通常只是用于确定工程进度情况，而不具有工程签证性质，也不发生签证法律效力，因此，不能以发包人签认的工程量月报、监理工程师签认的工程量日报累加作为最终结算值。本案法院的处理是正确的。

【法律法规链接】

《合同法》第44条、第109条，《施工合同解释(一)》第19条。

115. 约定工程造价明显低于定额如何处理？发包人与承包人约定的"以房抵债"协议效力如何认定？

一、约定工程造价明显低于定额如何处理？

《建筑法》第33条规定了"投标人不得以低于成本的报价竞标"，但未规定不得低于定额签订合同。因此，如约定工程造价明显低于国家定额并不必然导致合同无效。对这种情况的处理，主要看合同中对工程价款的约定，如合同约定工程价款不可调整，则不能调整；反之，承包人可向发包人提出请求调整。

发包人与承包人在工程款已届清偿期，约定以房屋折抵工程价款的，一方要求确认“以房抵债”协议无效或者变更、撤销，经审查抵债协议系当事人真实意思表示，且不存在《合同法》第52条、第54条规定的无效或者变更、撤销情形的，对其主张不予支持。

工程价款确定前，发包人与承包人约定以房屋折抵工程价款的，该协议属于流质契约，应认定为无效。当事人请求继续履行该抵债协议的，不予支持。

二、“以房抵债”协议效力认定问题

（一）工程款支付履行期“届满后”达成的以房抵债协议效力认定

发包人与承包人在工程款支付履行期限届满后达成以房屋抵工程价款协议的，抵债物尚未交付债权人，债权人请求债务人交付的，人民法院要着重审查以物抵债协议是否存在恶意损害第三人合法权益等情形，避免虚假诉讼的发生。经审查，不存在以上情况，且无其他无效事由的，人民法院应认定协议有效，并依法对债权人的请求予以支持。当事人在一审程序中因达成以物抵债协议申请撤回起诉的，人民法院可予准许。当事人在二审程序中申请撤回上诉的，人民法院应当告知其申请撤回起诉。当事人申请撤回起诉，经审查不损害国家利益、社会公共利益、他人合法权益的，人民法院可予准许。当事人不申请撤回起诉，请求人民法院出具调解书对以物抵债协议予以确认的，因债务人完全可以立即履行该协议，没有必要由人民法院出具调解书，故人民法院不应准许，同时应当继续对原债权债务关系进行审理。

（二）工程款支付履行期“届满前”达成的以房抵债协议效力认定

发包人与承包人在工程款支付履行期限届满前达成以房屋抵工程价款协议的，抵债物尚未交付债权人，债权人请求债务人交付的，因此种情况不同于让与担保，人民法院应当向其释明，其应当根据原债权债务关系提起诉讼。经释明后当事人仍拒绝变更诉讼请求的，应当驳回其诉讼请求，但不影响其根据原债权债务关系另行提起诉讼。

【案例】

2009年4月15日，被告运河中心小学将教学楼工程对外招标，并按国家定额编制了招标文件，确定标底价为726万元。原告富淮建工公司投标时，为确保中标而以较低价投标。后原告中标，与被告按中标文件签订了施工合同，约定工程价款为固定价698万元。工程竣工验收交付结算时，原告认为合同约定价款明显低于国家定额，遂向被告提出进行价款调整，被告以合同为固定价不同意调整。原告遂诉至法院，要求被告按国家定额计算支付工程款726万元。

法院经审理认为：原、被告签订的建设工程合同中约定的工程价款虽低于依据国家定额计算的价款，但定额价款也有一定的利润空间，本案合同价款与定额价款相差幅度不大，尚未构成低于成本价中标的情形，故应当认定为有效合同。由于本案合同是固定价合同，非具有法定或约定价款调整情形不得任意调整，故双方当事人应按合同约定价款进行工程结算。遂判决被告支付工程款698万元。

【分析解答】

依据国家定额计算的价款也有一定的利润空间，本案合同价款与定额价款相差幅度不大，尚未构成低于成本价中标的情形，故应当认定为有效合同。由于本案合同是固定价合同，非具有法定或约定价款调整情形不得任意调整，故双方当事人应按合同约定价款进行工程结算。

【法律法规链接】

《合同法》第44条、第109条。

116. 因发包人原因致使验收无法通过，工程款利息如何起算？

《施工合同解释（一）》第18条规定："利息从应付工程价款之日计付。当事人对付款时间没有约定或者约定不明的，下列时间视为应付款时间：（1）建设工程已实际交付的，为交付之日；（2）建设工程没有交付的，为提交竣工结算文件之日；（3）建设工程未交付，工程价款也未结算的，为当事人起诉之日。"建设工程价款未结算、建设工程也未交付的，大多为工程未完工或者完工后未经验收的情形。这种情况下，合同约定的工程价款结算条件尚未成就，无法确定应付工程价款之日，故司法解释规定以起诉之日作为应付款时间。因发包人原因致使验收无法通过时，如合同对工程价款支付日未约定或者约定不明的，承包人应及时提起诉讼，并以起诉之日主张工程款利息起算。

另外，如果建设工程合同当事人如采用2013年版、2017年版《施工合同示范文本》作为合同签订的模本的，则根据2013年版、2017年版《施工合同示范文本》13.2.2竣工验收程序条款规定：承包人向监理人报送竣工验收申请报告，监理人应在收到竣工验收申请报告后14日内完成审查并报送发包人。发包人应在收到经监理人审核的竣工验收申请报告后28日内审批完毕并组织监理人、承包人、设计人等相关单位完成竣工验收。如发包人不按照上述期限组织竣工验收的，每逾期一天，应以签约合同价为基数，按照中国人民银行发布的同期同类贷款基准利率支付违约金。

【案例】

2010年3月1日，被告阳明木地板厂将厂房工程发包给原告华峰建筑公司施工，工程价款660万元。2010年10月3日，工程竣工后，原告提请被告组织验收，但被告因资金周转出现困难，为延迟支付工程款时间，便有意拖延工程验收，并致验收一直无法通过。原告在催告未果后，遂于2010年12月21日诉至法院，要求被告支付工程尾款316万元，并自2010年10月3日起按银行贷款利率承担利息。案件审理期间，原告申请工程质量鉴定，经鉴定工程质量合格。

法院经审理认为：原告、被告签订的建设工程合同为有效合同，双方当事人应当按合同约定履行各自的义务。被告作为工程发包人有及时组织验收工程的义务，其拖延验收违反了合同约定和法律规定，应当承担违约责任。故对原告要求被告承担支付工程款和承担工程款利息的请求予以支持。由于双方当事人未明确约定工程款支付时间，本案工程既未交付，工程价款也未结算，故工程款利息应当自起诉之日起算。遂判决被告支付原告工程尾款316万元，并自2010年12月21日起按中国人民银行发布的同期同类贷款利率承担利息至工程款付清止。

【分析解答】

《合同法》第279条规定："建设工程竣工后，发包人应当根据施工图纸及说明书、国家颁发的施工验收规范和质量检验标准及时进行验收。"本案被告人为拖延验收，违反了法定义务，也无形中延长了工程款支付时间，故应当承担拖延验收的法律责任，即承担工程款利息。由于双方当事人未明确约定工程款支付时间，故根据《施工合同解释(一)》第18条关于"利息从应付工程价款之日计付。当事人对付款时间没有约定或者约定不明的，下列时间视为应付款时间：……(3)建设工程未交付，工程价款也未结算的，为当事人起诉之日"的规定，应由被告自起诉之日承担利息。

【法律法规链接】

《合同法》第44条、第109条、第279条，《施工合同解释(一)》第18条。

117. 竣工结算文件提交后承、发包双方未能达成一致意见，工程款利息如何起算？发包人在工程验收后无正当理由拒不接受工程的，责任如何承担？承包人在工程验收后无正当理由拒不交付工程的，责任又如何承担？

竣工结算文件提交后，承、发包双方如就工程结算未能达成一致意见的，应及时委托有关机构进行审价或提起诉讼进行工程造价司法鉴定，从而确定结算工程款的依据。为督促发包人早日进行竣工结算，防止久拖不决，《施工合同解释(一)》第18条规定："利息从应付工程价款之日计付。当事人对付款时间没有约定或者约定不明的，下列时间视为应付款时间：……(2)建设工程没有交付的，为提交竣工结算文件之日。"故竣工结算文件提交后，在承、发包双方未能达成一致结算意见的情况下,如合同对工程价款支付日未约定或者约定不明的,工程款利息应从提交竣工结算文件之日起算。

发包人无正当理由不接收工程的,发包人自应当接收工程之日起,承担工程照管、成品保护、保管等与工程有关的各项费用,承包人还可以根据专用合同条款中的约定追究发包人逾期接收工程的违约责任。

承包人无正当理由不移交工程的,承包人应承担工程照管、成品保护、保管等与工程有关的各项费用,发包人还可以根据专用合同条款中的约定追究承包人无正当理由不移交工程的违约责任。

【案例】

同问题113案例。

【分析解答】

《施工合同解释(一)》第18条规定:“当事人对付款时间没有约定或者约定不明的,下列时间视为应付款时间:……(2)建设工程没有交付的,为提交竣工结算文件之日。”本案中,原告提交竣工结算文件后,双方未能达成一致结算意见,由于建设工程没有交付,故工程款利息应从提交竣工结算文件之日起算。

【法律法规链接】

《合同法》第44条、第109条,《施工合同解释(一)》第17条、第18条。

118. 合同履行过程中被终止,承包人如何主张工程款?未完工工程项目已完工工程量如何确定?发包人恶意驱逐施工方、强制施工方撤场时,已完工工程量举证责任如何分配?

一、合同履行过程中被终止,承包人如何主张工程款问题

施工合同履行过程中被发包人终止的,承包人有权主张已完工工程价款,包括原合同约定的尚未到付款期限但因合同终止而转化为到期债务的部分。对已完工工程价款的确定,双方当事人可以协商确定,也可以通过委托有关机构进行审价或提起诉讼进行工程造价司法鉴定的方式确定。

二、未完工工程项目已完工工程量如何确定问题

《施工合同司法解释(一)》第19条规定:“当事人对工程量有争议的,按照施工过程中形成的签证等书面文件确认。承包人能够证明发包人同意其施工,但未能提供签证文件证明工程量发生的,可以按照当事人提供的其他证据确认实际发生的工程量。”未施工完毕的工程项目,应当根据双方在撤场交接时签订的会议纪要、交接记录以及监理材料、后续施工资料等文件予以确定工程量。

三、发包人恶意驱逐施工方、强制施工方撤场时，已完工工程量举证责任如何分配问题

发包人恶意驱逐施工方、强制施工方撤场时，已完工工程量首先由承包人举证；如发包人不认可承包方主张的工程量的，由发包人承担举证责任。发包人不提供相应证据，应承担举证不能的不利后果。

【案例】

2015 年 2 月 1 日，被告喜顺糖果制品厂将生产车间新建工程发包给原告柳洲建工公司施工，约定工程总价款 800 万元，竣工交付后结清。施工期间，因当地行政区划合并调整，而项目工程所在方位正处于合并前两区交界处，故合并后的新区政府根据两区重新统一规划的计划，要求被告终止施工合同履行，等待政府新规划安排及相应补偿。被告接到规划和建设部门通知后，与原告经协商决定终止合同履行，但对于已完工工程造价双方未能达成一致意见。原告遂诉至法院，要求被告支付完工工程款。案件审理期间，经原告申请法院委托鉴定，结论为已建工程质量合格，根据合同约定工程计价方法标准结合合同总价情况，鉴定已建工程造价为 86.2 万元。

法院经审理认为：本案施工合同履行过程中经双方协商终止履行，根据《合同法》第 98 条关于“合同的权利义务终止，不影响合同中结算和清理条款的效力”的规定，原告有权要求对已经履行的部分进行结算。遂判决被告支付原告工程款 86.2 万元。

【分析解答】

《合同法》第 98 条规定：合同的权利义务终止，不影响合同中结算和清理条款的效力。本案原、被告因意外原因终止合同，原告有权要求对已经履行的部分进行结算。如双方对已完工工程价款不能协商一致的，可以通过委托有关机构进行审价或提起诉讼进行工程造价司法鉴定的方式确定。

【法律法规链接】

《合同法》第 44 条、第 98 条、第 109 条，《施工合同解释(一)》第 16 条。

119. 工程变更致建筑面积减少，承包方可主张哪些损失？

我国《合同法》第 113 条规定：“当事人一方不履行合同义务或者履行合同义务不符合约定，给对方造成损失的，损失赔偿额应当相当于因违约所造成的损失，包括合同履行后可以获得的利益，但不得超过违反合同一方订立合同时预见到或者应当预见到的因违反合同可能造成的损失。”发包方在合同履行期间进行工程

变更属于履行义务不符合合同约定的行为，因变更致建筑面积减少，从而使承包人本可通过原合同施工内容履行获取的利润丧失，造成了损失，应当进行赔偿。承包方可主张的损失包括实际损失（如机械、人工、材料等损失或额外支出）及按原合同工程履行与履行变更后工程可获利益间的利差。

【案例】

2010年1月1日，被告宝丽制衣公司将职工浴室工程发包给原告起亚建筑公司施工，约定工程价款480万元，2010年5月1日竣工交付后结清。施工期间，被告因资金不足，便将原设计的休闲包间工程规模部分削减。原告只表示反对，但最终仍按被告变更要求进行了施工。2010年4月10日，工程提前竣工。结算时，原告要求被告赔偿因工程变更致建筑面积减少而给自己造成的损失，被告予以拒绝，双方遂起争执。原告遂诉至法院，要求被告支付已建工程款及赔偿损失。案件审理期间，经原告申请法院委托鉴定机构根据合同约定工程计价方法与标准进行鉴定，结论为工程质量合格，变更后所建工程造价为406.2万元，原告因工程变更致利润减少9.3万元。

法院经审理认为：因发包人进行工程变更导致合同价款的减少给承包人造成损失的，发包人应当负责赔偿。本案原、被告签订的合同系有效合同，双方当事人本应按合同约定履行各自的义务。后被告进行工程变更，并实际造成了原告损失，故被告应当进行赔偿。遂判决被告支付原告工程款406.2万元，赔偿原告损失9.3万元。

【分析解答】

《合同法》第113条规定："当事人一方不履行合同义务或者履行合同义务不符合约定，给对方造成损失的，损失赔偿额应当相当于因违约所造成的损失，包括合同履行后可以获得的利益，但不得超过违反合同一方订立合同时预见到或者应当预见到的因违反合同可能造成的损失。"本案中，被告进行工程变更属于履行义务不符合合同约定的行为，因变更致建筑面积减少，从而使原告本可通过原合同施工内容履行获取的利润丧失，故被告应当进行赔偿。因此法院判决正确。

【法律法规链接】

《合同法》第44条、第109条、第113条。

120. 怎样把握发包人在欠付工程价款范围内对实际施工人承担责任？实际施工人以发包人为被告主张权利的，人民法院是“可以追加”还是“应当追加”转包人或者违法分包人为本案当事人？转包人或者违法分包人怠于向发包人行使到期债权，实际施工人是否可以提起代位权诉讼？如何判决发包人在欠付工程款范围内对实际施工人承担责任？

一、怎样把握发包人在欠付工程价款范围内对实际施工人承担责任问题

《施工合同解释(一)》第26条规定：“实际施工人以发包人为被告主张权利的，人民法院可以追加转包人或者违法分包人为本案当事人。发包人只在欠付工程价款范围内对实际施工人承担责任。”该规定是为了更好地解决建筑领域拖欠工程款、农民工工资等问题而作出的突破合同相对性原则的特别规定，但合同相对性的突破并不是无限的，总要受到一定的约束，才能不至于因保护一方当事人利益而损害另一方的利益。因此，为正确、公平、公正的进行裁判，审判实践中在适用该条规定时，还应当把握以下几点：

(1)发包人存在欠付工程款事实是发包人对实际施工人承担责任的前提条件。如果发包人已经将工程价款全部支付给承包人了，发包人就不应再向实际施工人承担责任。所谓欠付工程款，是指发包人依据承包合同应付而未付承包人的工程价款。它在实践中通常表现为以下几种情况：①发包人与承包人之间已进行竣工结算或对合同已终止履行的已完工工程进行了结算，并确定了应付工程款，但尚未支付；②工程结算在双方合同中约定的结算期限内未能完成，但根据承包人或实际施工人提交的结算报告金额与发包人已实际支付的金额之差为正值；③合同已终止履行的已完工工程虽尚未结算，但根据承包人或实际施工人提交的已完工程结算报告金额与发包人已实际支付的金额之差为正值。

(2)欠付工程款范围应当包括：①实际拖欠的工程款及其逾期付款利息；②施工进程中发包人签证确认的价款；③由于发包人的责任导致实际施工人的停工、窝工损失。

(3)发包人欠付工程款必须是支付期限已届满。如果双方约定的付款期限尚未届满，根据合同约定或法律规定，发包人可以拒绝承包人要求提前支付工程价款的请求，那么发包人当然可以对抗实际施工人要求其承担责任的主张。

(4)施工工程经验收合格也是实际施工人向发包人主张承担责任的前提条件。如果工程不合格或经修复后仍不合格的，根据《施工合同解释(一)》第3条的规定，对支付工程价款的请求应不予支持。

(5)预留的质保金不应作为欠付工程款范围用于向实际施工人承担责任。承包人因负有工程质量瑕疵担保责任和工程保修义务，故发包人享有根据合同约定扣留一定比例的工程款作为工程质保金的权利。

二、实际施工人以发包人为被告主张权利的，人民法院是“可以追加”还是“应当追加”转包人或者违法分包人为本案当事人问题

《施工合同解释（一）》第26条原本规定是“可以追加”，但《施工合同解释（二）》第24条则将《施工合同解释（一）》第26条规定中“可以追加”修改为“应当追加”，并自2019年2月1日起施行，施行后尚未审结的一审、二审案件，适用该“应当追加”的规定。

三、转包人或者违法分包人怠于向发包人行使到期债权，实际施工人是否可以提起代位权诉讼问题

对于这个问题，《施工合同解释（二）》第25条已经作出了明确规定：实际施工人根据合同法第73条规定，以转包人或者违法分包人怠于向发包人行使到期债权，对其造成损害为由，提起代位权诉讼的，人民法院应予支持。

四、如何判决发包人在欠付工程款范围内对实际施工人承担责任

鉴于审判实践中有不少法官在判决发包人在欠付工程款范围内对实际施工人承担责任时，只使用笼统、模糊的“×××在欠付工程款范围内对实际施工人×××承担清偿责任”用语，因该判决内容缺乏可操作性，导致执行实施过程中由于发包人是否拖欠工程款及欠多少工程款不明确而让执行机构和执行人员感到无所适从，且执行程序中执行人员又不便查明该欠款事实和作出具有法律效力的追加或补充裁判。基于此，江苏省高级人民法院于2017年11月24日发布《关于执行内容不明确如何执行有关问题的通知》（苏高法电〔2017〕805号），该通知第1条要求辖区法院执行机构在执行实施过程中发现生效法律文书确定的执行内容不明确的，执行人员应通过以下方式，尽可能使执行内容明确后予以执行：（1）由当事人自行协商或者执行人员组织当事人协商，尽可能通过协商一致使执行内容明确；（2）以函询形式征求作出生效法律文书的承办人及其合议庭成员意见，函中应明确15日内对执行内容予以补正或者说明，使执行内容明确；（3）与当事人沟通，力争使当事人达成执行和解并履行。该通知第3条又进一步规定：凡生效法律文书主文内容有下列情形之一的，经采取第1条中的方式仍无法执行的，可以裁定驳回执行申请：“1. 判决被告在欠付工程款范围内承担清偿责任，但是否拖欠工程款及欠多少工程款不明确……”

据此通知，目前在江苏省法院系统范围内，法院或法官在判决发包人在欠付工程款范围内对实际施工人承担责任时，判决中必须明确确定发包人是否拖欠工程款及欠多少工程款，判决主文不能笼统地使用“发包人在欠付工程款范围内对实际施工人承担责任”这一模糊语言进行判决，以方便执行机构进行执行实施操作；否则，则会因“执行内容不明确”而可能使执行申请人被置于执行机构裁定驳回执行申请的境地。再从全国范围看，目前也有不少地方法院作出了与江苏省高级人民法院发布的《关于执行内容不明确如何执行有关问题的通知》类似的司法文件。因此，对此种情况应当引起法院、法官、相关当事人及其他诉讼参与人的高

度重视。

【案例】

2010年6月1日,被告力源液压机械厂将自己2幢厂房工程发包给被告丰年建筑公司承建。丰年建筑公司签订合同后将其中1幢厂房工程分包给没有资质的吴某工程队施工。工程竣工验收合格后,被告力源液压机械厂除预留了质保金66万元外,将全部工程款都支付给了丰年建筑公司;但丰年建筑公司因其他工程投入占用了资金,便一直拖欠吴某工程款465万元。吴某索要工程款未果,便起诉要求被告丰年建筑公司与被告力源液压机械厂共同支付拖欠的工程款合计465万元。

法院经审理认为:丰年建筑公司签订合同并承包合同后,将其承包的部分工程分包给没有资质的原告施工,该分包合同因违反法律规定而无效。因原告所承建工程验收合格,其请求参照分包合同约定价款结算工程款应予支持。丰年建筑公司拖欠原告工程款,应当承担清偿责任;力源液压机械厂未欠付丰年建筑公司工程款,其所预留的质保金性质也不属于工程欠款,故不应对吴某承担工程款支付责任。法院遂判决由被告丰年建筑公司支付原告工程款465万元,并驳回原告对力源液压机械厂的支付请求。

【分析解答】

《施工合同解释(一)》第26条规定:"发包人只在欠付工程价款范围内对实际施工人承担责任。"该规定适用的前提是发包人存在欠付工程款事实。本案中,力源液压机械厂未欠付丰年建筑公司工程款,其所预留的质保金性质也不属于工程欠款,故原告主张适用《施工合同解释(一)》第26条规定由力源液压机械厂也承担支付工程款责任的诉讼请求,不应得到法院支持。

【法律法规链接】

《建筑法》第29条,《施工合同解释(一)》第4条、第26条,《施工合同解释(二)》第24条。

121. 建设工程合同纠纷中对防止损失扩大或扩大的损失如何掌握和认定?

我国《合同法》第119条规定:"当事人一方违约后,对方应当采取适当措施防止损失的扩大;没有采取适当措施致使损失扩大的,不得就扩大的损失要求赔偿。"该条规定的目的在于防止损失的扩大。建设工程合同纠纷审判实践中,对防止损失扩大通常应作如下掌握和认定:(1)当事人一方违反合同可能或已经产生损失的,另一方不能无动于衷,任凭损失的发生或扩大,而应当采取积极防范、止损或补救措施,减少损失。(2)当事人一方已经尽了最大努力,仍不能履行或者不能完全履行合同的,应及时通知对方并向对方说明情况,提醒对方尽量避免或者减少可能造成的损失。(3)当事人一方因另一方违反合同受到损失时,即使未接到违反合同一方的通知,也应及时采取措施防止损失的扩大。(4)采取减损措施的适当性判断,一看采取措施的时机是否适当,二看采取措施的方法、费用是否适当,三看采取措施时的主观心态及行为。措施合理与否应根据行为当时的情况进行判断,不能以事后条件进行衡量。(5)非违约方具备采取适当措施防止损失扩大的客观条件,如果根本没有条件或能力阻止损失扩大,不能认定为未防止损失扩大。

建设工程合同纠纷中,一方违约时,另一方应当采取合理措施使得自己和对方在工程施工中的损失减到最小。例如,发包人因资金链断裂可能造成工程长期停工时,应及时通知施工单位,施工单位可以采取解除与施工工人的劳务合同、停工期间不购买材料和增加设备、减少机械设备闲置等措施减损。如当事人具备采取适当措施防止损失扩大的客观条件和能力而不为之,由此增加的损失就应当认定是扩大了的损失。

【案例】

2015 年 1 月 3 日,被告山风发展公司与原告亿丰建筑公司签订施工合同,将其开发的汽车配件城工程包工包料发包给原告施工。合同约定 2015 年 1 月 30 日开工,同年 9 月 30 日竣工,工程总价款 5060 万元。合同签订后原告按约开工。施工期间,因被告在其他地区投资失败,导致银行诉讼追债而引起资金链断裂,从而连累本案工程进度款无法按时支付并造成工程于 3 月 30 日停工。两个月后,被告见公司深陷资金困境已无法在短期内摆脱,便于同年 6 月 1 日告知原告可要求解除合同和赔偿损失,无须等待复工。原告接到通知后,觉得在目前房地产市场不太景气和经济下行背景下,接到这样的大工程十分不易,解除合同心有不甘,且也了解到被告仍在努力融资,并未放弃项目,故仍继续停工等待被告资金到位以期复工。又一个月后,原告得到被告融资无望,便于同年 7 月 1 日不再停工而与被告解除合同,并就其他损失赔偿达成了协议;但双方在停工损失上却各持己见:原告认为停工期间为 2015 年 3 月 30 日至 6 月 30 日,被告则认为停工期间为 3 月 30 日至 5 月 30 日,6 月 1 日以后的损失属于原告扩大了的损失,应由原告自行承担。原告遂诉至法院,要求被告赔偿 2015 年 3 月 30 日至 6 月 30 日停工损失 68 万元。案件审理期间,经被告申请鉴定,3 月 30 日至 5 月 30 日停工损失确定为 42 万元。

法院经审理认为:当事人一方违约后,对方应当采取适当措施防止损失的扩大;没有采取适当措施致使损失扩大的,不得就扩大的损失要求赔偿。本案中,被告因资金链断裂无法支付工程进度款而导致工程停工后,见短期内资金无法解决,便及时告知原告可要求解除合同和赔偿损失,并无须等待复工;但原告接到通知后,未采取解除合同、消除停工等合理措施止损,而是仍停工等待,并致其又产生了一个月的停工损失，该损失系原告未采取合理措施后形成的扩大了的损失，因此不得就该扩大了的损失请求赔偿。遂判决被告赔偿原告3月30日至5月30日停工损失42万元，驳回原告要求被告赔偿6月1日以后停工损失的诉讼请求。

【分析解答】

本案中，被告见短期内复工无望后，便及时告知原告可要求解除合同和赔偿损失及无须等待复工，其已履行了向对方说明情况、提醒对方避免和减少损失的合理措施，因此，被告已尽到了通知义务。原告接到通知后，本可通过及时解除合同、消除停工等合理措施止损，但其未采取任何合理措施仍进行停工观望，最终致其又产生了一个多月的停工损失。原告有能力和机会及时止损而未止损，由此造成增加了的损失应当认定为扩大了的损失。根据《合同法》第119条关于“当事人一方违约后，对方应当采取适当措施防止损失的扩大；没有采取适当措施致使损失扩大的，不得就扩大的损失要求赔偿”的规定，原告主张该6月1日以后的停工损失显然不会得到法院的支持。

【法律法规链接】

《合同法》第107条、第119条。

122. 合作开发各方在建设工程合同纠纷中应否承担连带责任？名不副实的合作开发建设工程关系中当事人对工程款的责任如何承担？

我国《民法通则》第52条规定：企业之间或者企业、事业单位之间联营，共同经营、不具备法人条件的，由联营各方按照出资比例或者协议的约定，以各自所有的或者经营管理的财产承担民事责任。依照法律的规定或者协议的约定负连带责任的，承担连带责任。第53条规定：企业之间或者企业、事业单位之间联营，按照合同的约定各自独立经营的，它的权利和义务由合同约定，各自承担民事责任。从上述规定可以得出，合作开发各方除按法律规定或者协议约定承担连带责任外，一般不承担连带责任。因此，合作进行建设工程开发的各方原则上不应对工程欠款承担连带责任。

但由于《民法通则》制定的时间较早，而当前建筑行业的形势却日新月异，这样的规定并不利于建筑市场的规范和健康发展。因此，一些地方高级人民法院在辖区内颁布司法政策，主张由合作进行建设工程开发的各方对工程欠款承担连带责任，如江苏省高级人民法院在《关于审理建设工程施工合同纠纷案件若干问题的意见》第24条中规定：“合作开发房地产合同中的一方当事人作为发包人与承包人签订建设工程施工合同，承包人要求合作各方当事人对欠付的工程款承担连带责任的，人民法院应予支持。”故承办此类案件的法官在裁判此类纠纷时，除根据法律的规定外，还应当结合本地区司法意见中对建设工程合同纠纷处理的一些特别要求，本着维护当地建筑行业良性运行的理念，从而作出客观、公正、合理的裁决。

最高人民法院《关于审理涉及国有土地使用权合同纠纷案件适用法律问题的解释》第24条规定：合作开发房地产合同约定提供土地使用权的当事人不承担经营风险，只收取固定利益的，应当认定为土地使用权转让合同。第25条规定：合作开发房地产合同约定提供资金的当事人不承担经营风险，只分配固定数量房屋的，应当认定为房屋买卖合同。第26条规定：合作开发房地产合同约定提供资金的当事人不承担经营风险，只收取固定数额货币的，应当认定为借款合同。第27条规定：合作开发房地产合同约定提供资金的当事人不承担经营风险，只以租赁或者其他形式使用房屋的，应当认定为房屋租赁合同。从上述规定可以得出，司法解释对这种名不副实的合作开发，并不认定为合作开发法律关系，因此，名为合作，实际上并不对工程项目建设承担经营风险的一方，不是工程欠款的责任承担主体。

【案例】

2009年5月9日，被告成明置业公司与原告曙华建筑公司签订建设工程施工合同1份，约定由原告承建被告在市区开发的和风园健身娱乐会所工程，总价800万元。工程竣工验收合格交付使用。由于成明置业公司一直拖欠工程尾款420万元，原告便诉至法院，要求该公司支付工程款。案件审理期间，成明置业公司辩称，和风园健身娱乐会所系其与秦某合作建设工程项目，故申请法院要求追加秦某为共同被告，由秦某与其共同承担支付工程款责任。法院依法追加秦某为共同被告后，秦某向法庭举证其与成明置业公司签订的合作协议，协议表明，成明置业公司负责工程项目的开发审批、土地申请、工程施工及会所经营，秦某不参与和风园健身娱乐会所经营管理，不承担投资与经营风险，也不担任任何职务，只负责提供资金300万元，由成明置业公司无论盈亏均按其投资金额每年固定给付利息20%，并于投资五年期满时一次返还投资本金。

法院经审理认为：合作开发房地产合同约定提供资金的当事人不承担经营风险，只收取固定数额货币的，应当认定为借款合同。本案中，两被告虽签订有合作开发工程项目协议，但从协议内容看，秦某既不参与经营管理，也不承担经营风险，其实质是以投资为名，行借款放利之实。因此，秦某与成明置业公司之间的关系，依法应当认定借款合同关系，故秦某不是工程欠款的责任承担主体。成明置业公司具体实施本案工程，并对本案工程享有投资利益，又是建设工程合同的发包人，故其应当承担工程款支付义务。法院遂判决由成明置业公司支付原告工程尾款420万元。

【分析解答】

最高人民法院《关于审理涉及国有土地使用权合同纠纷案件适用法律问题的解释》第26条规定：合作开发房地产合同约定提供资金的当事人不承担经营风险，只收取固定数额货币的,应当认定为借款合同。本案中,秦某既不参与经营管理,也不承担经营风险,其实质是以投资为名,行借款放利之实。因此,秦某与成明置业公司之间的关系,依法应当认定借款合同关系,故秦某不是工程欠款的责任承担主体。

【法律法规链接】

《合同法》第109条,最高人民法院《关于审理涉及国有土地使用权合同纠纷案件适用法律问题的解释》第26条。

123. 参照结算怎么理解?哪些条款可以参照,哪些条款不可以参照?发包人能否请求参照合同约定结算工程价款?施工合同被确认无效后,如此时工程未完工,当事人一方能否请求参照合同约定继续履行施工?如工程无实用价值,发包人是否可以要求承包人返还工程款?

一、参照结算的理解

《施工合同解释(一)》第2条规定:"建设工程施工合同无效,但建设工程经竣工验收合格,承包人请求参照合同约定支付工程价款的,应予支持。"这里面包含三层意思:(1)建设工程经竣工验收合格是请求参照合同约定支付工程价款的前提条件;(2)建设工程经竣工验收不合格的,但经修复后验收合格的,也同样适用;(3)参照是参考并对照比较、仿照的意思,并不是必须完全按照或依照原合同约定的工程价款执行,法官可以根据个案的具体情况灵活进行掌握和裁量,但参照合同约定裁判支付工程款时必须掌握一个底线,那就是:除非增加了合同之外新的工程项目,一般不应超出合同约定支付工程款。

二、哪些条款可以参照,哪些条款不可以参照

建设工程施工合同无效,但建设工程经竣工验收合格,对于工程造价、工期进度、工程质量、下浮率等与工程结算直接关联的工程款计价方法和计算标准条款可以参照合同约定进行结算,但对于违约责任、奖励措施等惩戒、激励性条款不可以参照合同约定进行处理。

三、发包人请求参照结算问题

《施工合同解释(一)》第2条规定虽是针对承包人而设置的,但根据合同相对人权利对等原则,发包人当然也可以据此主张参照合同约定支付工程价款。

四、当事人请求参照无效合同约定继续履行施工问题

《施工合同解释(一)》第2条规定是针对施工合同无效情形下为便于工程价款结算所设置的特别保护条款,而非确认该合同具有合法的效力。根据《合同法》关于合同被确认无效后,尚未履行的不再履行、正在履行的终止履行规定,建设工程合同被确认无效后,当事人不得请求对该无效合同进行继续履行。因此,当事人请求参照合同约定继续履行施工义务的,应予驳回。

五、无实用价值工程的工程款返还问题

《施工合同解释(一)》第3条规定:“建设工程施工合同无效,且建设工程经竣工验收不合格的,按照以下情形分别处理:……(二)修复后的建设工程经竣工验收不合格,承包人请求支付工程价款的,不予支持。”也就是说,既然工程完工后因质量不合格而没有实用价值,发包人的合同目的根本不能实现,承包人收取工程进度款也就没有合法依据,故发包人有权要求承包人把已收到的进度款退还。

【案例】

2010年5月6日,被告莫游小学将新建教学楼工程未对外招标即包工包料发包给东湖建筑公司承包施工,合同总价609万元。工程竣工验收合格交付使用后,因被告一直拖欠工程款,原告多次催要未果,遂诉至法院,要求被告支付工程款609万元。案件审理期间,被告主张双方工程合同未经过招投标,应为无效合同,但同意按合同约定支付工程价款;对此,原告也认可合同无效,但同时变更诉讼请求,要求对教学楼工程造价按实结算,由被告支付工程款635万元。

法院经审理认为:本案工程属于必须招标的工程施工项目,原、被告未进行招投标即行工程发包施工,违反了法律强制性规定,双方所签合同应属无效合同。因已完工工程质量合格,根据无效合同工程质量合格可参照合同约定结算工程价款的规定,故对被告要求按合同约定支付工程价款请求予以采纳;原告主张无效合同工程价款应据实结算的主张,不符合法律规定,故不予支持。法院遂判决被告支付原告工程款609万元。

【分析解答】

《施工合同解释(一)》第2条关于“建设工程施工合同无效,但建设工程经竣工验收合格,承包人请求参照合同约定支付工程价款的,应予支持”的规定,虽未提及发包人是否可以要求参照合同约定支付工程价款,但根据合同当事人地位平等和权利义务一致性原则,对发包人也应当可以适用该司法解释规定。故法院在发包人请求参照合同约定支付工程价款的情况下,判决按合同约定价款由被告履行付款义务是正确的,这样的处理有利于打击和扼制投标人恶意投标,从而引导建筑市场健康发展。

【法律法规链接】

《招投标法》第33条,《施工合同解释(一)》第2条。

124. 承包人与分包人约定支付分包工程款以发包人付款为前提条件，该约定是否有效？实际施工人与承包人就工程价款结算未作约定或约定不明时如何处理？

工程款支付方式属于当事人意思自治范畴，承包人与分包人约定支付分包工程款以发包人付款为前提条件，该约定不违反法律、法规、司法解释强制性或禁止性规定，双方当事人自主约定，应当有效。

实际施工人与承包人就工程价款结算未作约定或约定不明，实际施工人主张参照定额标准结算，承包人主张参照发包人与承包人签订的建设工程施工合同进行结算时，人民法院应当参照发包人与承包人签订的建设工程施工合同进行结算。

【案例】

2010年3月2日，英华木地板厂与被告通联建筑公司签订建设工程施工合同，将其2个制板车间工程包工包料发包给通联建筑公司施工，工程价款800万元，工程竣工验收合格后结清。合同签订后，经英华木地板厂同意，通联建筑公司将其中1个车间分包给原告山河建工公司承建，分包合同约定：工程价款350万元，待英华木地板厂与被告结清全部工程款后支付。后因英华木地板厂一直拖欠工程款，故通联建筑公司也一直未支付原告分包工程款。原告多次催要未果，遂提起诉讼，要求通联建筑公司支付其工程款350万元。

法院经审理认为：原告、被告双方签订的分包合同已经发包人同意，故合法有效，双方当事人应当受到分包合同的约束。根据分包合同约定，通联建筑公司支付原告分包工程款的条件是待英华木地板厂与其结清全部工程款后支付，因英华木地板厂一直拖欠工程款，故被告对原告支付工程款的条件尚未成就。因此，对原告的诉讼请求不予支持。法院遂判决驳回原告的诉讼请求。

【分析解答】

《合同法》第12条规定："合同的内容由当事人约定。"工程款支付方式作为合同的内容属于当事人意思自治范畴，承包人与分包人约定支付分包工程款以发包人付款为前提条件，该约定不违反法律、法规、司法解释强制性或禁止性规定，应当有效。本案中，分包合同约定，通联建筑公司支付原告分包工程款的条件是待英华木地板厂与其结清全部工程款后支付，因英华木地板厂一直拖欠工程款，故被告对原告支付工程款的条件尚未成就。因此，原告的诉讼请求不能得到法院支持。如本案原告确定被告存在怠于行使对英华木地板厂的到期债权，可依法提起代位权诉讼，以实现自己的债权。

【法律法规链接】

《合同法》第12条、第45条、第60条、第109条。

125. 最终结清申请单的提交和最终结清证书的颁发有哪些要求？工程竣工结算完毕后，能否再追究违约方违约责任？出具欠条确认欠付工程款后又主张无效的，如何处理？

一、最终结清申请单的提交要求

（1）除专用合同条款另有约定外，承包人应在缺陷责任期终止证书颁发后7日内，按专用合同条款约定的份数向发包人提交最终结清申请单，并提供相关证明材料。最终结清申请单应列明质量保证金、应扣除的质量保证金、缺陷责任期内发生的增减费用。（2）发包人对最终结清申请单内容有异议的，有权要求承包人进行修正和提供补充资料，承包人应向发包人提交修正后的最终结清申请单。

二、最终结清证书的颁发和支付要求

（1）除专用合同条款另有约定外，发包人应在收到承包人提交的最终结清申请单后14日内完成审批并向承包人颁发最终结清证书。发包人逾期未完成审批，又未提出修改意见的，视为发包人同意承包人提交的最终结清申请单，且自发包人收到承包人提交的最终结清申请单后15天起视为已颁发最终结清证书。（2）除专用合同条款另有约定外，发包人应在颁发最终结清证书后7天内完成支付。发包人逾期支付的，按照中国人民银行发布的同期同类贷款基准利率支付违约金；逾期支付超过56天的，按照中国人民银行发布的同期同类贷款基准利率的两倍支付违约金。

2013年版、2017年版《施工合同示范文本》规范管理要求，承包人对发包人签认的竣工付款证书有异议的，对于有异议部分应在收到发包人签认的竣工付款证书后7日内提出异议，承包人逾期未提出异议的，视为认可发包人的审批结果。因此，工程竣工结算完毕通常认为是对工程价款支付等方面进行了清偿；但这并不绝对代表双方当事人已结清了所有合同责任，因为很多时候双方当事人在工程竣工结算时，对一些尚未达成一致意见的争议会押后处理。因此，对工程竣工结算完毕后，能否再追究违约方违约责任的问题，首先应当审查竣工结算内容，有没有对违约责任进行了清算，或清算是否已经对纠纷所有责任进行了兜底了结，如已经清算或兜底，则不能再追究违约方违约责任；如未经清算或兜底，则可在诉讼时效内追究违约方违约责任。

三、出具欠条确认欠付工程款后又主张该欠条无效如何处理问题

建设工程施工过程中，发包人与承包人进行结算后，出具欠条确认欠付工程款，承包人依据欠条起诉，发包人主张该欠条中确认数额并非实际的工程款数额，要求确认欠条无效的，一般不予支持。除非发包人能够提供充分证据证明出具欠条时存在重大误解、欺诈、胁迫或显失公平等情形。

【案例】

2010年6月2日,被告龙腾大酒店与原告安宜建筑公司签订建设工程施工合同,将其客房工程包工包料发包给原告施工,工程价款暂定550万元,工程竣工验收合格后结清。2011年1月1日,工程竣工验收合格后,双方进行了结算,被告支付了全部工程款,原告向被告出具了"结算完毕,各不相欠"的证明。后原告以结算时未对被告拖延支付进度款造成其停工损失进行结算为由,要求被告追加结算。被告对此不予理睬,原告遂提起诉讼,要求追加支付停工损失15.3万元。庭审中,被告以原告出具的结清证明进行抗辩。

法院经审理认为:原告、被告对工程价款已进行了结算和支付,原告也已出具了结清证明。从原告出具的证明内容看,双方已各不相欠。现原告又主张有停工损失未予结算,与自己出具的结清证明自相矛盾。因原告诉称的停工损失形成时间在结清证明之前,且原告又提供不出结算清单或该停工损失未列入当时结算范围之内的其他证据,因此,仅凭原告诉称不能推翻结清证明的效力。被告通过举证原告的结清证明已完成了自己的举证责任,原告对自己的主张应当承担证据不足的后果。法院遂判决驳回原告诉讼请求。

【分析解答】

《合同法》第91条规定:合同的权利义务因债务已经按约定履行而终止。本案中,原告与被告就工程价款已经进行了结算,原告又出具了结清证明,表明已经对纠纷所有责任进行了兜底了结。现原告又提出追究违约方违约责任,不能得到法院的支持。

【法律法规链接】

《合同法》第91条,《民事诉讼法》第64条。

126. 履约保证金返还是否受诉讼时效限制?

一般情况下,履约保证金应当在工程竣工验收合格之日返还,当然当事人另有约定除外。履约保证金的返还属于债权,应当适用民事诉讼法关于诉讼时效的规定,应当受诉讼时效的限制。如果超过了时效,承包人也可以要求返还履约保证金,但丧失了胜诉权。

第二节 工程造价审核与鉴定

127. 什么是工程造价审价、审计? 审价与审计有什么区别?

工程审价,是建设工程合同双方当事人在工程竣工验收之后,自行或委托有资质的工程造价咨询机构对工程造价所作的审核、确定工作。

工程审计，是指国家审计机构对以政府投资或政府投资为主的建设项目的预算执行、工程造价及竣工结算等方面所进行的审核和监督。

审价与审计的区别：(1)性质不同。审价是作为平等主体的发包人与承包人之间自行或委托有关机构所进行的自我确定工程造价的民事法律行为，属于当事人意思自治范畴；审计则是由国家审计机构对发包人使用财政资金包括工程造价等情况所作的财务监督行为，属于行政监督范畴，具有一定的强制性，不以当事人意志为转移。(2)主体不同。审价既可双方自行审核工程造价，也可委托有资质的第三方审核；审计的主体则是国家审计机关。(3)内容不同。审价是依据合同约定的结算标准对施工相关资料等进行审核、计算而专门进行的工程造价确定；审计则是依据国家及地方政府的相关规定对工程所用资金、工程造价、竣工决算、投资效益等方面进行审查监督，而核定工程造价仅是审计的一个方面。(4)效力不同。被双方当事人签字认可的审价结论对双方当事人均具有约束力；而审计结论一般仅对发包人产生约束力。

128. 单方委托工程造价审价意见能否作为工程结算依据？双方委托工程造价审价意见能否作为工程结算依据？财政评审中心的审核结论能否作为工程结算依据？国家审计部门的审计结论能否作为工程结算依据？什么是争议评审小组？评审小组的决定能否作为工程结算依据？

一、单方委托审价意见效力

如果工程造价咨询机构系当事人一方单方委托，审价过程中通常都是根据单方提供的资料进行核算，缺乏对方当事人的质证过程，因此，其所作出的审价报告缺乏双方当事人共信的基础。另一方当事人对咨询机构作出的单方审价报告有选择采信或不采信的权利。如采信，则能作为工程结算依据；反之，则不能。

二、双方委托审价意见效力

如果工程造价咨询机构系当事人双方共同委托，审价都是根据双方当事人提供的资料进行核算，具有双方当事人的质证过程，因此，其所作出的审价报告通常应是具有双方当事人共信基础的；但由于审价毕竟是停留在咨询层面，有关机构或人员对建设工程审价后出具的意见或结论，本质上仍属于专业咨询意见，其本身并不具有对双方当事人强制适用或自动适用的效力，且也不属于《民事诉讼法》第63条规定的鉴定意见，不具有司法鉴定意见的效力。其能否作为工程结算依据需取决于双方当事人的态度或共同委托前是否对此审价意见或结论进行过效力约定情况。故《施工合同解释(二)》第13条规定："当事人在诉讼前共同委托有关机构、人员对建设工程造价出具咨询意见，诉讼中一方当事人不认可该咨询意见申请鉴定的，人民法院应予准许，但双方当事人明确表示受该咨询意见约束的除外。”因此，如双方当事人明确表示受该咨询意见约束，则能作为工程结算依据；反之，则不能。

三、财政评审中心审核结论效力

最高人民法院(2008)民一他字第4号在对福建省高级人民法院《关于人民法院在审理建设工程施工合同纠纷案件中如何认定财产评审中心出具的审核结论问题的复函》指出：“财政部门对财政投资的评定审核是国家对建设单位与承建单位基本建设资金的监督管理，不影响建设单位与承建单位的合同效力及履行。但是，建设合同中明确约定以财政投资的审核结论作为结算依据的，审核结论应当作为结算的依据。”

四、审计部门的审计结论效力

最高人民法院在对河南省高级人民法院《关于建设工程承包合同案件中双方当事人已确认的工程决算价款与审计部门审计的工程决算价款不一致时如何适用法律问题的电话答复意见》中指出“审计是国家对建设单位的一种行政监督，不影响建设单位与承建单位的合同效力。建设工程承包合同案件应以当事人的约定作为法院判决的依据。只有在合同明确约定以审计结论作为结算依据或者合同约定不明确、合同约定无效的情况下，才能将审计结论作为判决的依据。”

五、争议评审小组及其决定效力

1. 争议评审小组组成。合同当事人可以共同选择一名或三名争议评审员，组成争议评审小组。除专用合同条款另有约定外，合同当事人应当自合同签订后28日内，或者争议发生后14日内，选定争议评审员。选择一名争议评审员的，由合同当事人共同确定；选择三名争议评审员的，各自选定一名，第三名成员为首席争议评审员，由合同当事人共同确定或由合同当事人委托已选定的争议评审员共同确定，或由专用合同条款约定的评审机构指定第三名首席争议评审员。除专用合同条款另有约定外，评审员报酬由发包人和承包人各承担一半。

2. 争议评审小组的决定。合同当事人可在任何时间将与合同有关的任何争议共同提请争议评审小组进行评审。争议评审小组应秉持客观、公正原则，充分听取合同当事人的意见，依据相关法律、规范、标准、案例经验及商业惯例等，自收到争议评审申请报告后14日内作出书面决定，并说明理由。合同当事人可以在专用合同条款中对本项事项另行约定。

3. 争议评审小组决定的效力。争议评审小组作出的书面决定经合同当事人签字确认后，对双方具有约束力，双方应遵照执行。如未经合同当事人签字确认，则不具有约束力；任何一方当事人不接受或不履行该决定的，双方可选择采用仲裁或诉讼等其他方式解决争议。

【案例】

2010年1月2日,被告安居开发公司与原告淮州建筑公司签订建设工程施工合同,将其阳光洗浴城工程包工包料发包给原告施工,工程价款暂定840万元,工程竣工验收合格后结清。2011年1月15日,工程竣工验收合格后,原告提交了竣工结算报告,报价926万元,扣除已付进度款510万元,要求被告再支付416万元。被告认为原告报价过高,不予认可,并自行委托信仁工程造价咨询事务所(无资质)进行审价,结论为862.8万元。被告遂要求原告按该审价报告进行结算,原告对此不予接受,并向法院提起诉讼,要求被告支付工程尾款416万元。被告应诉后,以审价报告具有法律效力进行抗辩。案件审理期间,原告向法院申请造价司法鉴定。

法院经审理认为:原告、被告签订的施工合同系有效合同,被告应当支付工程价款。由于双方对工程价款结算未能达成一致意见,故原告请求进行造价司法鉴定应予准许。经鉴定工程价款为904.5万元,故被告应当按此进行结算。被告自行委托的无资质造价咨询机构进行的造价审价,因系单方委托,对原告不具有约束力,故不能作为结算依据。法院遂判决被告支付原告394.5万元。

【分析解答】

当事人一方单方委托所作出的审价报告缺乏双方当事人共信的基础,且审价过程中通常都是根据单方提供的资料进行核算,缺乏对方当事人的质证过程,故不能作为工程结算依据。因此,法院对本案被告自行委托进行的审价结论不予采信是正确的。

【法律法规链接】

《合同法》第60条、第109条。

129. 审价机构无资质或超越资质等级,其作出的审价结论能否采用?

建设部《工程造价咨询企业管理办法》第4条明确规定:“工程造价咨询企业应当依法取得工程造价咨询企业资质,并在其资质等级许可的范围内从事工程造价咨询活动。”审价机构无资质或超越资质等级,其作出的审价结论因主体不适格而缺乏法律效力。双方当事人对这种机构作出的审价报告有选择采信或不采信的权利。如双方采信,则能作为工程结算依据;反之,则无。

【案例】

同问题128案例。

【分析解答】

工程造价咨询企业应当依法取得工程造价咨询企业资质，并在其资质等级许可的范围内从事工程造价咨询活动，这是建设部《工程造价咨询企业管理办法》所作出的明确规定，也是审价机构进行执业的准入资格。审价机构无资质或超越资质等级，其作出的审价结论因主体不适格而缺乏法律效力。因此，本案被告自行委托无资质的造价咨询机构所作出的审价结论，当然不会被法院采信。

【法律法规链接】

《合同法》第60条、第109条。

130. 承、发包双方有一方对共同选定的审价机构所作出的审价结论有异议，如何处理？承包人提供证据证明审计机关的审计意见具有不真实、不客观情形，人民法院如何处理？

承、发包双方共同选定的审价机构所作出的审价结论，其性质不同于单方委托，因为双方当事人在共同选定审价机构时通常都会同时作出接受该审价机构所作出的审价结论的约定。因此，在双方当事人明确表示将接受该审价机构所作出的审价结论或咨询意见约束的情况下，一方当事人如对审价结论有异议，应当在审价机构告知的异议期内提出，逾期未提出异议，除能举证证明审价存在：(1)审价机构或者审价人员不具备相关的审价资格的；(2)审价程序严重违法的；(3)审价结论明显依据不足的；(4)经过质证认为不能作为证据使用的其他情形外，则审价结论对双方当事人应具有约束力。当然，如果承、发包双方在共同选定审价机构进行审价前并未明确表示将接受该审价机构所作出的审价结论或咨询意见约束，那么，当事人如对审价结论有异议，既可以向审价机构提出异议，也可以不认可该审价结论或咨询意见而向人民法院起诉并申请司法鉴定。

承包人提供证据证明审计机关的审计意见具有不真实、不客观情形，人民法院可以准许当事人补充鉴定、重新质证或者补充质证等方法纠正审计意见存在的缺陷。上述方法不能解决的，应当准许当事人申请对工程造价进行司法鉴定。

【案例】

2015年1月6日，被告晨旭开发公司与原告丰源建筑公司签订建设工程施工合同，将其家居大卖场工程包工包料发包给原告施工，工程总价款暂定3500万元，工程竣工验收合格后结清。施工期间，原告应被告的要求，对部分工程进行了变更，从而增加了工程量。2015年7月30日，工程竣工验收合格后双方结算时对变更工程所增加的工程造价发生争议，并各执己见。后双方达成协议，约定将变更工程造价共同委托具有资质的万方工程造价咨询公司进行审价，并以该单位作出的审价结论作为结算依据。后万方工程造价咨询公司经审价后作出审价报告，结论为变更工程造价239万元。被告签收审价报告后，认为审价结论偏高，遂拒绝结算。原告遂向法院提起诉讼，要求被告按审价报告支付变更工程款239万元。被告应诉后，以审价报告不是司法鉴定结论，不具有法律效力为由，要求重新进行司法鉴定，并以司法鉴定结论作为付款依据。

法院经审理认为：原告、被告签订的施工合同系有效合同，被告应当支付工程价款。双方在对工程价款结算未能达成一致意见的情况下，共同选择并委托造价咨询机构进行审价，还约定以该审价结论作为结算依据，这是双方当事人意思自治的结果，且造价机构具有法定资质，故该审价结论对双方当事人具有约束力。原告请求按此进行结算应予支持。对被告辩称审价结论不是司法鉴定结论，不具有法律效力为由，要求重新进行司法鉴定的主张，违反双方当事人的约定，故不予采纳。法院遂判决被告支付原告239万元。

【分析解答】

双方共同选择并委托造价咨询机构进行审价，约定以该审价结论作为结算依据，属于双方当事人意思自治的范畴，由此作出的审价结论对双方当事人应均具有约束力。本案中，原、被告共同选择并委托造价咨询机构进行审价，该造价机构又具有法定资质，且审价过程并无违法之处，故该审价结论应当作为结算依据。

【法律法规链接】

《合同法》第60条、第109条，《施工合同解释(二)》第13条。

131. 审价结论经双方签字认可后发现存在差错如何处理？当事人共同选定的行政审计、财政评审部门长期不出具审价结论时，是否允许当事人申请司法鉴定？

双方当事人对审价结论进行签字认可，是以自己的行为表明自愿接受该审价结论的约束，因此该审价结论对双方当事人均具有约束力。如当事人对审价报告有异议或认为存在差错，应该在对审价报告异议期或签字确认前提出并进行纠错。一旦签字确认，则即使发现审价报告存在差错，一般情况下也无权要求纠正。

当事人约定以行政审计、财政评审作为工程款结算依据的，按照约定处理。但当事人共同选定的行政审计、财政评审部门无正当理由长期不出具审价结论、明确拒绝审价或明确表示无法审价的情况下，当事人申请司法鉴定的，可以准许。

【案例】

2009年2月1日，被告沐辉开发公司与原告金牛建筑公司签订建设工程施工合同,将其休闲广场工程包工包料发包给原告施工,约定工程价款暂定1600万元,工程竣工验收合格后由双方共同委托进行审价后,以审价结论进行结算。2010年3月1日,工程竣工验收合格后,双方共同选择并委托具有资质的精工工程造价咨询公司进行审价。后精工工程造价咨询公司经审价后作出审价报告,结论为工程总价1808.5万元。原告、被告签字确认并收取审价报告后进行结算时,原告称发现审价报告存在漏算约8万元的工程量现象,遂要求被告追加结算。被告则以双方已经确认该审价报告,不同意追加。原告遂拒绝结算并向法院提起诉讼,要求法院进行工程造价司法鉴定,并要求被告按司法鉴定意见支付工程款。

法院经审理认为:原告、被告签订的施工合同系有效合同,被告应当支付工程价款。双方共同选择并委托造价咨询机构进行审价,还约定以该审价结论作为结算依据,故应当以该审价结论进行结算。对于原告诉称发现审价报告存在漏算工程量现象,要求进行司法鉴定问题,因审价机构作出审价报告后,双方当事人对审价报告均有一定的异议或质疑期,双方当事人如对审价结论有异议或认为存在差错,应该在规定的异议或质疑期提出。本案原告、被告既未在异议或质疑期提出问题,又对该审价报告结论进行了签字认可,双方当事人的行为表明自愿接受该审价结论的约束,因此该审价结论对双方当事人均具有约束力。故对原告要求进行司法鉴定和按司法鉴定进行结算主张不予支持。经向原告释明后,原告仍坚持要求进行司法鉴定和按司法鉴定进行结算,法院遂判决驳回原告的诉讼请求。

【分析解答】

审价机构作出审价报告后,通常都给予双方当事人对审价报告一定的异议或质疑期,双方当事人如对审价结论有异议或认为存在差错,应该在规定的异议或质疑期提出。如双方当事人既未在异议或质疑期提出问题,又对该审价报告结论进行了签字认可,则表明自愿接受该审价结论的约束,因此,不能再要求推翻该审价结论。

【法律法规链接】

《合同法》第60条、第109条。

132.未经审查批准的施工图纸可否作为审价依据?

建设工程的施工图纸必须经过严格的审查批准程序,未经审查批准的施工图纸不得使用。但通常情况下,审价机构在对工程造价进行审价时并不是以施工图纸作为审价依据的,而是以反映工程量的竣工图作为审价依据的,因此,施工图纸无论是否经过批准,都不是审价的最终依据。

【案例】

2009年4月5日,被告山风发展公司与原告怀丰建筑公司签订建设工程施工合同,将其垂钓中心工程包工包料发包给原告施工,约定工程价款暂定420万元,工程竣工验收合格后由双方共同委托进行审价后,以审价结论进行结算。2009年11月6日,工程竣工验收合格后,双方共同选择并委托具有资质的诚信工程造价咨询公司进行审价。后该造价咨询公司经审价后作出审价报告,结论为工程总价459万元。原告、被告签字确认并收取审价报告后,原告要求以审价结论进行结算时,被告称因施工用的图纸未经审查批准,故审价结论不具有法律效力为由拒绝结算,并要求重新审价。原告交涉未果,遂向法院提起诉讼,要求被告支付工程款459万元。

法院经审理认为:原告、被告签订的施工合同系有效合同,被告应当支付工程价款。双方共同选择并委托造价咨询机构进行审价,还约定以该审价结论作为结算依据,故应当以该审价结论进行结算。对于被告诉称因施工用的图纸未经审查批准,故审价结论不具有法律效力的主张,因审价机构在对工程造价进行审价时是以反映工程量的竣工图作为审价依据的,并不是以施工图纸作为审价依据的,故对被告辩称主张不予采纳。遂判决被告支付工程款459万元。

【分析解答】

审价机构在对工程造价进行审价时通常是以反映工程量的竣工图作为审价依据的,并不是以施工图纸作为审价依据的,因此,施工图纸无论是否经过批准,都不影响审价结论。本案被告辩称无法律依据,故不应采纳。

【法律法规链接】

《合同法》第60条、第109条。

133. 质量保证金的形式有哪些?质量保证金在工程结算时是否应当扣留及扣留比例是多少?扣留质量保证金是否应当进行约定?已经提供履约担保的,是否还要预留质量保证金?

一、质量保证金的形式

承包人提供质量保证金有以下三种方式:(1)质量保证金保函;(2)相应比例的工程款;(3)双方约定的其他方式。

二、质量保证金在工程结算时是否应当扣留及扣留比例问题

1. 质量保证金的扣留有以下三种方式:(1)在支付工程进度款时逐次扣留,在此情形下,质量保证金的计算基数不包括预付款的支付、扣回以及价格调整的金额;(2)工程竣工结算时一次性扣留质量保证金;(3)双方约定的其他扣留方式。

因此,质量保证金在工程结算时是可以扣留的。

2. 质量保证金的扣留比例:2013年版《施工合同示范文本》规定扣留质量保证

金的比例为不得超过工程价款结算总额的5%,2017年版《施工合同示范文本》将此调整为3%。

三、扣留质量保证金是否应当进行约定问题

2017年版《施工合同示范文本》规定,经合同当事人协商一致扣留质量保证金的,应在专用合同条款中予以明确。

四、已经提供履约担保的,是否还要预留质量保证金问题

2017年版《施工合同示范文本》规定,在工程项目竣工前,承包人已经提供履约担保的,发包人不得同时预留工程质量保证金。

【案例】

2010年3月10日,被告志强商贸物流中心与原告都邦建筑公司签订工程施工合同,将其物流中心仓库工程包工包料发包给原告施工。合同约定工程固定总价550万元,竣工验收合格后付清,但按工程总价5%预留质量保证金。合同签订后原告按约开工,并如期通过竣工验收合格交付,但被告却因又投资建设商贸大楼而资金无法周转,故未能结付原告工程款。原告遂诉至法院,要求被告支付工程款550万元。

法院经审理认为:原告、被告双方签订的合同合法有效,工程竣工合格后被告应当按约结清工程款。经调解,双方当事人自愿达成了由被告分期支付原告工程522.5万元(已预留工程质量保证金27.5万元)的调解协议,后法院对此制作调解书进行了确认。

【分析解答】

虽然2017年版《施工合同示范文本》将质量保证金的扣留比例由2013年版《施工合同示范文本》规定的5%调整为3%,但《施工合同示范文本》并非强制适用性规定,且本案发生于2017年版《施工合同示范文本》发布之前,因此,双方当事人约定按5%扣留质量保证金并无不当。本案发包人根据确认的竣工结算报告向承包人支付工程竣工结算价款时,可以扣留或累计扣留不超过结算合同价格5%的质量保证金。本案中,双方当事人在最后结算时已按5%扣留了工程质量保证金。

【法律法规链接】

《合同法》第109条,《民事诉讼法》第97条。

134. 什么是没收非法所得,审判实践中怎样理解适用?

没收非法所得,是指行政机关或司法机关依法对违法行为人因违法所取得的财物予以强制性剥夺的一种处罚方式。《施工合同解释(一)》第4条规定:“承包

人非法转包、违法分包建设工程或者没有资质的实际施工人借用有资质的建筑施工企业名义与他人签订建设工程施工合同的行为无效。人民法院可以根据《民法通则》第134条规定,收缴当事人已经取得的非法所得。"这里的"非法所得"应作狭义的理解,即是指已经实际取得的财产,而不包括当事人进行违法活动时约定取得但实际没有取得的财产。非法所得也不能简单地认定为工程款。在司法实践中,承包人非法所得的认定,一般是把承包人获得的工程价款扣除承包人实际支出的工程成本部分作为承包人的非法所得,简单地说就是利润;当然有些当事人的非法所得则表现为挂靠费、管理费等。这里的"当事人"应作广义的理解,不仅包括非法转包、违法分包的合同双方当事人,也应包括通过非法转包、违法分包而有所获利的发包人等其他当事人。

【案例】

2009年4月10日,原告某医院拟建门诊楼,在招标前与关系较为密切的被告大山建筑公司联系,许诺确保其中标,但条件是被告中标后需在工程合同之外给付50万元作为原告活动经费。被告同意了原告的要求,依约参与投标并果然中标。签订中标时,被告便给付原告50万元,随后进行工程施工,并在施工中偷工减料。工程竣工验收交付使用后不到两年,被告所承建的门诊楼出现墙体开裂和屋顶漏水等质量问题,原告便要求被告进行维修,但被告一直予以推托。原告经委托鉴定质量问题查明系被告偷工减料及使用不合格建材所致,遂请其他施工单位进行了维修,花去修复费用63.5万元、支付鉴定费2.6万元。原告便提起诉讼,要求被告支付承担修复费用及鉴定费。庭审中,被告提出要求用其之前交付原告的50万元充抵修复费用。

法院经审理认为:原告、被告恶意串通进行招投标,违反了法律的强制性规定,双方所签合同应属无效合同。被告通过串通招、投标手段取得的50万元,属于非法所得,应当予以收缴。施工单位应当对工程质量负责,被告所承建的门诊楼出现质量问题,被告应当承担维修责任;但原告恶意串通进行招投标行为也对工程质量出现问题存在过错,应当承担相应的责任。法院遂按70%的比例判决被告承担原告工程款修复费及鉴定费合计46.27万元,没收被告收取原告的50万元归国家所有。

【分析解答】

原国家发展计划委员会发布的《工程建设项目招标范围和规模标准规定》即"3号令"(2000年5月1日起施行,2018年6月1日废止)将科教文卫体项目是作为必须招标的基础设施和公用事业项目范围来规定的,本案纠纷发生于该文件生效期间,因此,本案工程属于依法必须进行招标的项目。《招投标法》第52条规定:依法必须进行招标的项目的招标人向他人透露已获取招标文件的潜在投标人的名称、数量或者可能影响公平竞争的有关招标投标的其他情况的,或者泄露标底的,影响中标结果的,中标无效。本案中,原、被告恶意串通进行招投标,违反了上述强制性规定,双方所签中标合同应属无效合同。《合同法》第59条规定:当事人恶意串通,损害国家、集体或者第三人利益的,因此取得的财产收归国家所有或者返还集体、第三人。故法院判决没收被告因无效合同所取得的非法利益是正确的。

【法律法规链接】

《招投标法》第52条,《合同法》第59条,《民法通则》第134条,《建筑法》第58条、第62条。

135. 违法建筑工程款如何支付?

违法建筑是指违反国家法律、法规、规章的强制性规定而建造的建筑物或构筑物,通常表现为未取得建设工程规划许可证或者违反建设工程规划许可证核定范围建设的建筑。违法建筑因为是违法所建,故双方当事人签订的建设工程施工合同属于无效合同。对违法建筑工程款是否应当支付和如何支付问题,审判实践中存在较大的争议:

第一种意见,认为应当按照《施工合同解释(一)》第2条关于"建设工程施工合同无效,但建设工程经竣工验收合格,承包人请求参照合同约定支付工程价款的,应予支持"的规定精神,即便是违法建筑,如工程质量合格,工程款还是应当支付的,不存在因此而免除发包人工程价款的承担问题。

第二种意见,认为违法建筑工程严重违反了《土地管理法》《城乡规划法》,因此,无论工程质量是否合格,都不应作为支付工程价款的依据,且均应立即拆除和返还所支付的工程款。对于发包人或承包人的损失,按过错责任原则进行归责。

对此,笔者认为,第一种意见更符合我国当前的国情。理由是:(1)违章建筑的认定及是否应当拆除等处置属于行政管理范畴,其行使主体为相应行政主体,不应是法院司法权的行使范畴。对于违章建筑的认定及处置,法院应依据相应行政机关的证明文件,而不能自行判断;法院在审判活动中对涉案房屋径直进行认定或决定,难免有越俎代庖之嫌。(2)违法建筑的认定及处置,涉及方方面面。目前,在我国不少地方,一些当地政府或政府部门出于地方发展目的,在招商引资时往往搞"先上车,后买票""先上马,后立项"等建筑工程项目活动,违法建筑的形成有很大程度上是相关政府或政府主管部门监管不力、"睁一只眼,闭一只眼"或给予"开绿灯"放行造成的。如果法院简单地对无证建筑作违法建筑认定和判令拆除,会涉及方方面面的利益如何平衡问题。(3)建筑是否违法,取决于建设方的行为,向建设行政主管部门申请领取"三证"的义务均与施工方无关。施工者付出了施工成本,不能因为建设方的违法行为而简单地化为乌有。

当然,笔者赞同第一种意见并非是主张对违法建筑就此放任不管,而是主张法院与政府应各司其职,违法建筑应当交由政府或政府相关主管部门依照其职权和职能进行查处和打击。随着我国法治建设和依法行政程度的不断提高,我们有理由相信,违法建筑最终必将退出建设工程的舞台。

【案例】

2010 年 4 月 10 日,金象投资公司投资开发科技创业园工程,其将工程发包给龙华工程公司承建,工程价款 1200 万元,按进度付款,工程验收合格后付清。因该项目系当地政府招商引资工程,故在未办理建设用地规划许可证、建设工程规划许可证、土地使用权证的情况即先行上马施工。2011 年 5 月 1 日,工程竣工,但因政府相关人员变更等多种原因,该项目相关规划审批手续一直未能办理,故导致工程无法验收。龙华工程公司要求结算未果,遂诉至法院,要求金象投资公司支付工程尾款 500 万元。案件审理期间,因被告辩称工程质量无法确定,故法院根据原告申请委托进行工程质量确定,经鉴定,工程符合质量标准。

法院经审理认为:本案工程未办理相关规划、用地等审批手续即行进行施工,违反了法律的禁止性规定,故原告、被告签订的建设工程施工合同无效。合同无效后,因工程质量合格,被告应对原告参照合同约定工程价款支付工程款。遂判决被告金象投资公司支付原告龙华工程公司工程欠款 500 万元。

【分析解答】

本案工程未履行任何建设审批手续,合同工程属于违法建筑。合同内容违反了法律、法规强制性规定,故施工合同应当认定为无效。最高人民法院《关于审理建设工程合同纠纷案件的暂行意见》第 10 条也曾对此作出无效的认定。但由于施工人的劳动与投入已经物化到违法建筑中去了,因此,根据《施工合同解释(一)》第 2 条关于“建设工程施工合同无效,但建设工程经竣工验收合格,承包人请求参照合同约定支付工程价款的,应予支持”的规定,如违法建筑工程质量合格,工程款还是应当支付。

【法律法规链接】

《合同法》第 52 条,《施工合同解释(一)》第 2 条、第 6 条。

136. 什么是工程造价鉴定?审判实践中启动工程造价鉴定程序应注意哪些问题?

工程造价鉴定是指在诉讼过程中,人民法院为查明案件事实,依职权或依当事人及其他诉讼参与人的申请,指派或委托具有工程造价鉴定资质的专业机构或人员,对待裁决的建设工程合同纠纷中所涉工程造价问题进行检验、鉴别和评定的活动。它是人民法院科学认定案件事实的关键证据,同时也是解决争议的重要手段。由于鉴定意见对于案件的判决走向具有举足轻重的作用,直接关系到案件当事人的诉讼成败,因此,启动工程造价鉴定程序就不能任意为之,而应当慎之又慎。

审判实践中,启动工程造价鉴定程序应注意以下问题:(1)鉴定事项、范围、目的必须明确、具体;当事人对部分案件事实有争议的,仅对有争议的事实进行鉴定,但争议事实范围不能确定,或者双方当事人请求对全部事实鉴定的除外。(2)因设计变更导致建设工程的工程量或者质量标准发生变化,当事人对该部分工程价款不能协商一致的,鉴定时可要求参照签订建设工程施工合同时当地建设行政主管部门发布的计价方法或者计价标准计算工程价款。(3)当事人对人民法院委托的鉴定部门作出的鉴定意见有异议,人民法院准许其申请重新鉴定应符合以下条件:①鉴定机构或者鉴定人员不具备相关的鉴定资格的;②鉴定程序严重违法的;③鉴定意见明显依据不足的;④经过质证认定不能作为证据使用的其他情形。(4)合同约定按固定价结算工程价款的,除非工程发生重大设计变更导致工程量大幅增减或质量标准发生变化的,可对该变更部分工程进行造价鉴定外,其余情况应不予准许。(5)合同无效但工程经竣工验收合格,工程价款可参照合同约定确定,无需委托鉴定。(6)中标合同履行过程中产生争议,原投标当事人申请对工程成本进行造价鉴定,以期证明投标时是以低于成本报价竞标的,因该鉴定申请与招、投标法律规定精神相悖,应不予准许。(7)当事人在诉讼前已就全部或部分工程款的结算达成有效协议后又申请对达成结算协议部分进行造价鉴定的,除当事人有充分证据证明结算协议有重大漏项的,可对有关漏项的造价进行鉴定外,其余应一概不予准许。(8)当事人就争议工程已共同委托第三方或在仲裁过程中进行过造价鉴定,诉讼中一方当事人又申请重新鉴定的,一般不予支持。(9)对有缺陷的鉴定意见,可以通过补充鉴定、重新质证或者补充质证等方法解决的,不予重新鉴定。

【案例】

同问题131案例。

【分析解答】

审价机构作出审价报告后,通常都给予双方当事人对审价报告一定的异议或质疑期,双方当事人如对审价结论有异议或认为存在差错,应该在规定的异议或质疑期提出,如双方当事人既未在异议或质疑期提出问题,又对该审价报告结论进行了签字认可,则表明自愿接受该审价结论的约束,因此,不能再要求进行司法鉴定,法院不启动司法鉴定程序是正确的。

【法律法规链接】

《合同法》第60条、第109条。

137. 一方当事人要求鉴定，另一方不同意，法官如何处理？负有举证责任的当事人对需要鉴定才能确定的专门性问题不鉴定或拒绝鉴定，人民法院应当如何处理？负有举证责任的当事人一审程序中未申请鉴定，二审程序中又申请鉴定，是否准许？

一、一方当事人要求鉴定，另一方不同意，法官应如何处理问题

建设工程合同纠纷案件由于涉及很多专业性知识，而法官并不是建筑或审计行业方面的专家，因此，很多建设工程合同纠纷案件依赖于工程鉴定来解决当事人之间争议的一些专业性问题。审判实践中，人民法院通过司法鉴定，指派或委托具有建筑工程鉴定资质和专业知识的人或单位，运用建筑学理论、技术和标准等，对工程造价专门性问题进行检验、鉴别和评定，得出较为科学、权威的结论，有利于查明案件事实和公正裁决纠纷。人民法院启动鉴定程序，一方面是基于案情的需要；另一方面是法律、法规、司法解释赋予了人民法院对司法鉴定申请有审查权和决定权。故审判实践中，如一方当事人要求鉴定，另一方不同意，人民法院完全可以根据查明案件事实的需要及相关法律、法规、司法解释的规定，对鉴定申请进行审查并决定是否允许启动鉴定程序，而无须征得另一方当事人的同意。

二、负有举证责任的当事人对需要鉴定才能确定的专门性问题不鉴定或拒绝鉴定，人民法院应当如何处理问题

《施工合同解释(二)》第14条规定，当事人对工程造价、质量、修复费用等专门性问题有争议，人民法院认为需要鉴定的，应当向负有举证责任的当事人释明。当事人经释明未申请鉴定，虽申请鉴定但未支付鉴定费用或者拒不提供相关材料的，应当承担举证不能的法律后果。

需要注意的是，本条司法解释对"专门性问题"虽列举有工程造价、质量、修复费用三个方面，但司法实践中除此之外还有工期、利润、损失等诸多专门性问题，故司法解释在本条中列举项之后使用了"等"这一开放性用语，因此，审判实践中法官、当事人和诉讼参与人也应当以开放性思维来对该条司法解释进行理解。

三、负有举证责任的当事人一审程序中未申请鉴定，二审程序中又申请鉴定，是否准许问题

《施工合同解释(二)》第14条第2款规定，一审诉讼中负有举证责任的当事人未申请鉴定，虽申请鉴定但未支付鉴定费用或者拒不提供相关材料，二审诉讼中申请鉴定，人民法院认为确有必要的，应当依照《民事诉讼法》第170条第1款第3项关于"原判决认定基本事实不清的，裁定撤销原判决，发回原审人民法院重审，或者查清事实后改判"的规定处理。

对于这里的"确有必要"如何操作司法解释并未作出明确具体的说明，但笔者认为，应从以下几个方面进行理解和把握：

（一）因不可归责的意外或客观原因而致二审鉴定申请人在一审未申请鉴定

意外和客观原因往往是不能预见、不依人意志而存在的一些特殊原因：如当事人突然生病、突发交通事故、人身自由受限等意外事件或洪涝、地震、战争等不可抗力等致当事人未能在一审期间申请鉴定。这些情形具有正当理由，如不给这些当事人以二审鉴定的机会，明显不符合法律规定的精神，故在二审给予鉴定是确有必要的。

（二）因一审法院审判工作或程序存在瑕疵而致二审鉴定申请人在一审未申请鉴定

1. 一审法院的法官没有将诉讼文书依法送达该当事人即缺席开庭和判决的；

2. 一审法院的法官没有就需要鉴定的问题询问该当事人是否申请鉴定，而该当事人法律意识、举证能力和诉讼经验又明显匮乏的；

3. 人民法院认为需要鉴定的，一审诉讼中负有举证责任的当事人未申请鉴定，而一审法官又未给予释明举证不能的后果的。

（三）该二审鉴定申请的鉴定事项和鉴定结论是案件的关键

该二审鉴定申请的鉴定事项和鉴定结论对案件的基本事实或主要事实起决定性和颠覆性作用。如缺少该鉴定结论将导致主要案情无法查清，极可能导致裁判结果朝着与事实相反的方向发展，从而造成冤假错案的。

需要注意的是，《施工合同解释（二）》第 14 条虽规定了一审诉讼中负有举证责任的当事人未对工程价款申请鉴定时，人民法院对其负有释明的义务，但也同时规定："当事人经释明未申请鉴定，虽申请鉴定但未支付鉴定费用或者拒不提供相关材料的，应当承担举证不能的法律后果。"因此，如一审法院在一审中已经履行了释明义务，负有举证责任的当事人拒不申请、不配合鉴定的，这种情况下，该当事人在二审时又提请鉴定的，一般情况下人民法院应不予准许。

【案例】

同问题 131 案例。

【分析解答】

本案中，原告申请进行鉴定，而被告不同意进行鉴定，法院审查后，根据双方已有共同委托并共同签字认可的审价结论的情况，认为无须启动司法鉴定程序并驳回原告鉴定申请是正确的。

【法律法规链接】

《合同法》第 60 条、第 109 条。

138. 建设工程竣工但未经验收，承包人要求发包人支付工程价款，发包人对工程质量提出异议并要求进行鉴定的，人民法院应否支持？如建设工程竣工并经验收合格后，能否再申请对工程质量进行鉴定？

《合同法》第279条规定："建设工程竣工后，……验收合格的，发包人应当按约定支付价款，并接收该建设工程。"建设工程竣工但未经验收，承包人要求发包人支付工程价款，发包人对工程质量提出异议并要求进行鉴定的，因该工程在未经验收情况下，工程质量是否合格处于不确定的状态，故人民法院对发包人鉴定申请应予支持。另外，《施工合同解释(二)》第7条还规定：发包人在承包人提起的建设工程施工合同纠纷案件中，以建设工程质量不符合合同约定或者法律规定为由，就承包人支付违约金或者赔偿修理、返工、改建的合理费用等损失提出反诉的，人民法院可以合并审理。

建设工程竣工并经验收合格后，因双方当事人对该工程质量合格的事实已经进行了确认，故人民法院对发包人鉴定申请应不予支持。对此，江苏省高级人民法院在《关于审理建设工程施工合同纠纷案件若干问题的意见》中第16条作出了明确规定。

【案例】

2010年5月10日，楚雄置业公司将丽景园健身广场项目工程发包给与伟业建筑公司施工，约定工程价款580万元。2010年10月10日，工程竣工。因被告与原告因为工程质量产生争议，导致工程一直未能验收。原告遂诉至法院，要求被告支付工程款。庭审中，被告以工程存在质量问题进行抗辩，并拒绝付款。案件审理期间，被告向法院申请工程质量鉴定。

法院经审理认为：原告、被告签订的施工合同有效，如工程质量合格，被告应当按合同约定支付工程款。现工程质量未经验收合格，原告主张工程价款，应当对工程质量进行确认。因此，对被告申请进行工程质量鉴定予以准许。经鉴定后，工程符合质量标准。法院遂判决被告支付原告工程款580万元。

【分析解答】

《合同法》第279条规定："建设工程竣工后，……验收合格的，发包人应当按约定支付价款，并接收该建设工程。"工程质量合格既是施工人的质量责任，也是发包人支付工程价款的前提。本案建设工程竣工未经验收，工程质量是否合格处于不确定的状态，故人民法院对发包人的质量抗辩及鉴定申请应予支持。

【法律法规链接】

《合同法》第60条、第109条、第279条。

139. 当事人诉前已经共同选定具有相应资质的鉴定机构对建设工程作出了鉴定意见,诉讼中一方当事人要求重新鉴定的,法院应否准许?当事人在诉前已经对建设工程价款结算达成协议,诉讼中一方当事人申请鉴定的,人民法院应否准许?

当事人诉前已经共同选定具有相应资质的鉴定机构对建设工程作出了鉴定意见,因鉴定机构的选择是双方合意的结果,表明双方当事人对该鉴定机构的信任与认可,且鉴定机构又具有合法的鉴定资质,不存在鉴定行为法定无效的情形,故双方当事人应当受到该鉴定机构作出的鉴定意见约束。如诉讼中一方当事人要求重新鉴定的,除非有证据证明鉴定意见具有最高人民法院《证据规定》第27条第1款规定的"(1)鉴定机构或者鉴定人员不具备相关的鉴定资格的;(2)鉴定程序严重违法的;(3)鉴定结论明显依据不足的;(4)经过质证认定不能作为证据使用的其他情形"情形外,人民法院应不予支持。对此,江苏省高级人民法院在《关于审理建设工程施工合同纠纷案件若干问题的意见》中第17条也作出了明确规定。

当事人在诉前已经对建设工程价款结算达成协议,双方之间就建设工程合同关系形成的债权、债务已经明确和固定,诉讼中一方当事人又申请鉴定的,根据《施工合同解释(二)》第12条的规定,应当不予准许。

【案例】

2010年4月1日,被告广泰宾馆与原告开顺建工公司签订建设工程施工合同,将其会议中心工程包工包料发包给原告施工,约定工程价款暂定1260万元。2011年3月12日,工程竣工验收合格后,双方因造价产生争议,后达成共同选择并委托具有资质的造价鉴定机构进行鉴定的协议。同年5月10日,双方委托的造价鉴定机构安淮房屋工程鉴定中心作出鉴定意见,工程总价1469.23万元。鉴定报告发放后,被告一直拖延支付工程尾款。原告遂向法院提起诉讼,要求被告根据鉴定意见扣除已付工程款820万元后,再支付649.23万元。庭审中,被告认为鉴定机构的鉴定人员与原告法定代表人关系密切,该鉴定意见偏向原告,要求法院重新进行工程造价司法鉴定。

法院经审理认为:原告、被告签订的施工合同系有效合同,被告应当支付工程价款。双方当事人诉前共同选择并委托的鉴定机构所作出的鉴定意见,因该鉴定机构具有司法鉴定资质,且鉴定程序合法,其鉴定意见应予采信。被告认为鉴定机构的鉴定人员与原告法定代表人关系密切,可能影响鉴定意见的客观公正;但原告对此否认,而被告又无证据证明自己的主张,其申请重新鉴定不符合相关法律规定,故对被告主张不予采纳。法院遂判决被告支付原告工程尾款649.23万元。

【分析解答】

最高人民法院《证据规定》第27条第1款规定了可以重新鉴定的情形：(1)鉴定机构或者鉴定人员不具备相关的鉴定资格的；(2)鉴定程序严重违法的；(3)鉴定结论明显依据不足的；(4)经过质证认定不能作为证据使用的其他情形。本案中，被告虽主张鉴定机构的鉴定人员与原告法定代表人关系密切，可能影响鉴定意见的客观公正，但被告不能提供证据证明自己的主张，故其申请重新鉴定不符合相关法律规定，应不予准许。

【法律法规链接】

《合同法》第60条、第109条，《证据规定》第27条。

140. 对作为司法鉴定材料的证据效力是由鉴定机构来采信，还是由法官来认定？鉴定机构将当事人有争议且未经质证的材料作为鉴定依据的，人民法院如何处理？

一、作为司法鉴定材料的证据效力由谁认定问题

司法鉴定无论是依当事人申请还是依职权进行，均是由法院以自己的名义委托相关鉴定机构实施的，人民法院准许当事人的鉴定申请后，应当根据当事人申请及查明案件事实的需要，确定委托鉴定的事项、范围、鉴定期限等，并组织双方当事人对争议的鉴定材料进行质证。相关司法鉴定机构只对法院负责并依据法院递交的鉴定材料进行鉴定。对司法鉴定材料的证据效力认定是法院审判权的行使，鉴定机构没有这项职能。鉴定材料证据的采信与否，是由法官通过庭审或质证来进行审查、判断和选择的，也是由法官来认定效力的，而不能由鉴定人来判断，更不能以鉴定意见代替质证的过程。所有鉴材均应经过法院及双方当事人质证、认证，方可送交鉴定机构进行鉴定。

二、鉴定机构将有争议且未经质证的材料作为鉴定依据如何处理问题

《施工合同解释(二)》第16条规定：人民法院应当组织当事人对鉴定意见进行质证。鉴定人将当事人有争议且未经质证的材料作为鉴定依据的，人民法院应当组织当事人就该部分材料进行质证。经质证认为不能作为鉴定依据的，根据该材料作出的鉴定意见不得作为认定案件事实的依据。

【案例】

2009年3月5日，被告德惠商场与原告海森建筑公司签订建设工程施工合同，将其商场附楼工程包工包料发包给原告施工，约定工程价款暂定560万元。工程竣工验收合格后，双方因造价产生争议，原告遂向法院提起诉讼，要求被告支付工程款，并申请工程造价司法鉴定。法院经审查后，认为符合鉴定条件，遂委托某

鉴定机构鉴定。案件鉴定期间,原告向鉴定机构补充提交了鉴定前没有向法庭提交的3份工程签证单。后鉴定机构根据法院移送的鉴定材料及原告自行补交的签证单作出了鉴定报告,结论为工程总价686.5万元。法院将鉴定报告送达双方当事人后,被告当即对鉴定意见提出异议,在鉴定机构答复造价中含有原告自行补交的签证造价后,被告要求鉴定机构进行修正,剔除该3份工程签证造价,鉴定机构未予理睬。被告遂向法院要求对鉴定报告开庭质证,由鉴定人员出庭接受质疑,同时申请重新鉴定。法院依法进行开庭对鉴定报告进行质证,鉴定人员也出庭接受了质询。经庭审查明,原告承认补交的签证没有经过法庭审查及被告质证,鉴定人员也承认因见签证中有被告代表签字,故未将该补交的签证与被告交换意见便径行认定。

法院经审理认为:所有鉴材均应当经过法院及双方当事人质证、认证后,方可送交鉴定机构作为进行鉴定的根据。本案鉴定机构在原告提交的工程签证单未经对方当事人质证的情况下便作为鉴材使用,违反了鉴定规则及正常程序,其所作出的鉴定意见不能作为证据使用。故对被告要求重新鉴定的请求应予支持。法院遂作出重新鉴定的决定。

【分析解答】

最高人民法院《证据规定》第47条规定:"证据应当在法庭上出示,由当事人质证。未经质证的证据,不能作为认定案件事实的依据。"本案中,鉴定机构在原告提交的工程签证单未经对方当事人质证的情况下便作为鉴材使用,违反了鉴定规则及正常程序,本案发生和裁判于《施工合同解释(二)》施行之前,故法院作出重新鉴定的决定是正确的。

【法律法规链接】

《证据规定》第27条、第47条,《施工合同解释(二)》第16条。

141. 鉴定意见进行质证、鉴定人接受质询是否需要开庭?鉴定人接受质询时是以什么身份出庭的?鉴定人拒不出庭会有什么后果?支付鉴定费用的当事人可否要求返还鉴定费用?鉴定人出庭费用如何计算、由谁承担、怎样支付?

一、鉴定意见进行质证、鉴定人接受质询是否需要开庭问题

最高人民法院《证据规定》第47条规定:"证据应当在法庭上出示,由当事人质证。未经质证的证据,不能作为认定案件事实的依据。"第59条规定:"鉴定人应当出庭接受当事人质询。"最高人民法院《民事诉讼法解释》第103条也规定:证据应当在法庭上出示,由当事人互相质证。未经当事人质证的证据,不得作为认定案件事实的根据。鉴定意见作为民事诉讼证据的一种,应公开在法庭上出示,并由当事人质证,接受法庭的审查才能作为认定案件事实的依据。鉴定人出庭作

证,接受诉讼双方的质询和法官的询问,是鉴定人履行法定义务配合法庭质证鉴定意见的活动。由于鉴定人所作出的鉴定意见对于案件的判决走向具有举足轻重的作用,直接关系到案件当事人的诉讼成败,因此,审判实践中为慎重起见,一般各地法院均要求对鉴定意见进行质证和鉴定人接受质询时,均应以开庭方式进行。

二、鉴定人接受质询时的身份、拒不出庭的后果及鉴定费用能否返还问题

《民事诉讼法》第78条规定:当事人对鉴定意见有异议或者人民法院认为鉴定人有必要出庭的,鉴定人应当出庭作证。因此,鉴定人是以"证人"的身份出庭接受质询的。

《民事诉讼法》第78条还规定:经人民法院通知,鉴定人拒不出庭作证的,鉴定意见不得作为认定事实的根据;支付鉴定费用的当事人可以要求返还鉴定费用。

三、鉴定人接受质询时出庭费用如何计算、由谁承担、怎样支付问题

(1)出庭费用的计算:最高人民法院《民事诉讼法解释》第118条规定:证人因履行出庭作证义务而支出的交通、住宿、就餐等必要费用,按照机关事业单位工作人员差旅费用和补贴标准计算;误工损失按照国家上年度职工日平均工资标准计算。

(2)出庭费用的承担:《民事诉讼法》第74条规定:证人因履行出庭作证义务而支出的交通、住宿、就餐等必要费用以及误工损失,由败诉一方当事人负担。

(3)出庭费用的支付:当事人申请证人作证的,由该当事人先行垫付;人民法院准许证人出庭作证申请的,应当通知申请人预缴证人出庭作证费用。当事人没有申请,人民法院通知证人作证的,由人民法院先行垫付。

【案例】

同问题140案例。

【分析解答】

由于鉴定人所作出的鉴定意见对于案件的判决走向具有举足轻重的作用,直接关系到案件当事人的诉讼成败,因此,审判实践中为慎重起见,应当要求对鉴定意见进行质证和鉴定人接受质询时以开庭方式进行。本案通过庭审,鉴定人出庭接受了质询,因而使法官查明了鉴定经过情况,帮助法官对纠纷作出了正确的处理。

【法律法规链接】

《证据规定》第27条、第47条。

142. 因劳务费发生争议是否要进行工程造价鉴定？鉴定意见所涉事项超出了当事人约定范围，能否作为判决依据？

工程造价司法鉴定是通过鉴定确定工程造价的专门性问题，虽然工程造价司法鉴定中可能涉及人工费用的计取与审核，但该人工费并非专指劳务费。如果因劳务费发生争议，需要通过鉴定来解决，只能就劳务费另行申请费用鉴定，而不能通过工程造价鉴定的方式进行。

人民法院依当事人申请进行委托司法鉴定时，应当严格按当事人申请事项和鉴定范围进行委托；鉴定机构也应当严格按当事人申请事项和鉴定范围进行鉴定。如鉴定机构超出当事人申请鉴定的范围作出鉴定意见，属于违反职责的行为，该行为对双方当事人不发生效力，故不能作为判决的依据，除非双方当事人一致同意追认并接受该部分鉴定意见。

审判实践中，人民法院对鉴定机构的鉴定意见也不是全盘照搬，因为根据最高人民法院《证据规定》第 66 条规定："审判人员对案件的全部证据，应当从各证据与案件事实的关联程度、各证据之间的联系等方面进行综合审查判断。"故鉴定意见作为证据的一种，法官通过认证，也有是否采信的权利。

【案例】

2009 年 8 月 1 日，被告丰慧食品公司与原告乐兴建工公司签订建设工程施工合同，将其冷库工程包工包料发包给原告施工，约定工程价款 450 万元。施工期间，被告进行工程部分变更，从而引起工程量增加。工程竣工验收合格后，双方因造价产生争议，原告遂向法院提起诉讼，要求被告支付合同约定工程款 450 万元及工程变更增加的工程款，并申请对工程变更部分增加的工程造价进行司法鉴定。法院经审查后认为符合鉴定条件，遂委托某鉴定机构对工程变更部分增加的工程造价进行鉴定。后鉴定机构作出了鉴定报告，结论为：工程变更部分增加的工程造价为 46.7 万元、工程总价 473.5 万元。法院将鉴定报告送达双方当事人后，原告当即对鉴定意见提出异议，认为其并未申请对工程总价进行鉴定，鉴定机构的鉴定超出了鉴定范围，应当无效。

法院经审理认为：鉴定机构应当严格按法院委托和当事人申请的鉴定事项和鉴定范围进行鉴定。本案鉴定机构超出当事人申请鉴定的范围作出鉴定意见，属于违反职责的行为，故该超出部分对双方当事人不发生效力，不能作为本案工程的结算依据。遂判决被告支付原告合同约定工程款 450 万元及工程变更增加的工程款 46.7 万元。

【分析解答】

人民法院依当事人申请委托进行司法鉴定时，应当严格按当事人申请事项和鉴定范围进行委托；鉴定机构也应当严格按当事人申请事项和鉴定范围进行鉴定。如鉴定机构超出当事人申请鉴定的范围作出鉴定意见，属于违反职责的行为，该行为对双方当事人不发生效力。本案中，原告仅申请对工程变更增加的工程款造价进行鉴定，而鉴定机构又超出申请范围对工程总价进行了不必要的鉴定，易为当事人之间制造纠纷，故不能作为判决的依据。

【法律法规链接】

《合同法》第60条、第109条，《证据规定》第66条。

143. 当事人约定按固定价结算工程价款，一方当事人请求对建设工程造价进行鉴定的，能否支持？当事人对案件事实争议的范围难以明确划分时，如何确定鉴定范围？

《施工合同解释(一)》第22条规定："当事人约定按固定价结算工程价款，一方当事人请求对建设工程造价进行鉴定的，不予支持。"故对上述申请不能支持。当然，如果工程发生重大设计变更导致工程量大幅增减或质量标准发生变化的，可对该变更部分工程作为例外情形进行造价鉴定。

《施工合同解释(一)》第23条规定："当事人对部分案件事实有争议的，仅对有争议的事实进行鉴定，但争议事实范围不能确定，或者双方当事人请求对全部事实鉴定的除外。"故如当事人对案件事实争议的范围难以明确划分时，应以案件全部事实确定鉴定范围。

【案例】

2010年3月2日，被告红日自行车厂与原告一建公司签订建设工程施工合同，将其电动自行车组装车间工程包工包料发包给原告施工，约定工程价款固定价380万元。工程竣工验收合格后，被告认为原告实际施工工程量达不到工程价款相应的程度，要求减少工程价款，双方为此发生争执。原告催要工程款未果后，遂向法院提起诉讼，要求被告支付工程款380万元。庭审中，被告坚持己见，并申请对工程总价进行鉴定。

法院经审理认为：原告、被告签订的合同系有效合同，双方当事人应按合同约定进行履行。因合同约定工程价款为固定价，故被告申请进行鉴定的主张，不符合法律规定，应不予采纳。遂判决被告支付原告合同约定工程款380万元。

【分析解答】

《施工合同解释(一)》第22条规定："当事人约定按固定价结算工程价款，一方当事人请求对建设工程造价进行鉴定的，不予支持。"本案合同实行的是固定价结算，故被告申请鉴定不能得到支持。

【法律法规链接】

《合同法》第 60 条、第 109 条,《施工合同解释(一)》第 22 条。

144. 承包人出具的工程签证单等工程施工资料有瑕疵,鉴定机构未予认定,承包人要求按工程签证单等工程施工资料给付相应工程价款的,法院能否支持?

工程造价司法鉴定中,承包人出具的工程签证单等工程施工资料有瑕疵,鉴定机构未予认定的,承包人要求按工程签证单等工程施工资料给付相应工程价款的,因上述资料缺乏证明力,故人民法院一般不予支持;但如当事人有证据证明工程签证单等工程施工资料载明的工程内容确已完成的,即上述资料得到了其他证据或事实的佐证,则可根据《施工合同解释(一)》第 19 条关于"当事人对工程量有争议的,按照施工过程中形成的签证等书面文件确认。承包人能够证明发包人同意其施工,但未能提供签证文件证明工程量发生的,可以按当事人提供的其他证据确认实际发生的工程量"的规定,以事实为根据,予以支持承包人的工程价款给付请求。对此,江苏省高级人民法院在《关于审理建设工程施工合同纠纷案件若干问题的意见》第 12 条中也作出了明确规定。

【案例】

2009 年 4 月 30 日,被告陶然置业公司与原告一建工程公司签署建设工程施工合同,约定将其开发的新城花苑综合楼工程发包给原告施工,合同总价暂定 880 万元。工程竣工验收后结算时,因双方对工程结算总价发生争议并各不相让,原告遂向法院提起诉讼,要求被告支付工程款。案件审理期间,经原告申请法院委托进行造价鉴定。鉴定单位在审核过程中,对送鉴材料中 2 张仅有承包人一方签字的工程签证单(造价 19.65 万元),认为不符合有效签证条件,故未予认定;后鉴定单位出具鉴定报告确认工程总造价为 945.26 万元。原告因一时无法提供其他证据证明上述签证情况,故未对鉴定意见提出异议。鉴定意见开庭质证时,原告因庭前已找到双方当事人签字认可的关于上述 2 张签证所涉施工会议纪要,遂要求法院对该 2 张签证价款也予以结算。

法院经审理认为:根据《施工合同解释(一)》第 19 条关于"承包人能够证明发包人同意其施工,但未能提供签证文件证明工程量发生的,可以按当事人提供的其他证据确认实际发生的工程量"的规定,本案原告所提交的工程签证虽存在瑕疵,不能单独作为结算依据,但从双方当事人签字认可的关于上述 2 张签证所涉施工会议纪要内容看,签证工程量不仅系根据被告指示施工,且已实际发生,故尽管鉴定机构未予认定,也应当依法予以结算。法院遂判决被告支付原告工程款964.91万元。

【分析解答】

《施工合同解释(一)》第19条规定:“当事人对工程量有争议的,按照施工过程中形成的签证等书面文件确认。承包人能够证明发包人同意其施工,但未能提供签证文件证明工程量发生的,可以按当事人提供的其他证据确认实际发生的工程量。”所以,本案工程签证尽管因存在瑕疵而未被鉴定机构认定,但因有其他证据的佐证而最终得以确认。从本案中可以得到启示的是,法官裁判案件时,对鉴定意见只能作为证据进行审核,而不能作为裁判的唯一依据,更不能以鉴代审。

【法律法规链接】

《合同法》第109条,《施工合同解释(一)》第19条。

第三节 工程价款优先受偿

145. 什么是建设工程价款优先受偿权?它如何行使?它行使期限有无限制?审判实务中对建设工程价款优先受偿权进行裁决时还应当注意什么?

一、建设工程价款优先受偿权的概念

建设工程价款优先受偿权是指建设工程承包人基于建设工程承包法律关系所形成的建设工程价款债权,依据法律的特殊规定而享有优先于建设工程所涉其他法律关系所形成的其他权利而首先获得清偿的民事权利。它主要体现在《合同法》第286条:“发包人未按照约定支付价款的,承包人可以催告发包人在合理期限内支付价款。发包人逾期不支付的,除按照建设工程的性质不宜折价、拍卖的以外,承包人可以与发包人协议将该工程折价,也可以申请人民法院将该工程依法拍卖。建设工程的价款就该工程折价或者拍卖的价款优先受偿。”

二、建设工程价款优先受偿权行使方式、期限及起算点

(一)行使方式

对建筑工程价款优先受偿权有效行使方式在理论和实务中均存在争议和分歧,但归纳起来主要有以下方式:

1. 承包人提起诉讼;

2. 承包人申请仲裁;

3. 承包人自行与发包人协商以该工程折价抵偿欠付工程款;

4. 承包人申请对建设工程拍卖款参与分配;

5. 承包人向发包人以书面发函。

（二）行使期限

对于建设工程价款优先受偿权的行使期限，最高人民法院在对上海市高级人民法院请示所作的《关于建设工程价款优先受偿权问题的批复》（法释〔2002〕16号）中规定的很明确："一、人民法院在审理房地产纠纷案件和办理执行案件中，应当依照《合同法》第286条的规定，认定建筑工程的承包人的优先受偿权优于抵押权和其他债权；二、消费者交付购买商品房的全部或者大部分款项后，承包人就该商品房享有的工程价款优先受偿权不得对抗买受人；三、建筑工程价款包括承包人为建设工程应当支付的工作人员报酬、材料款等实际支出的费用，不包括承包人因发包人违约所造成的损失；四、建设工程承包人行使优先权的期限为六个月，自建设工程竣工之日或者建设工程合同约定的竣工之日起计算。"但最高人民法院在《施工合同解释（二）》第22条对建设工程承包人行使优先权的期限虽仍规定为六个月，却将起算时间修改为"自发包人应当给付建设工程价款之日起算"，且在第26条规定该解释自2019年2月1日起施行，施行后尚未审结的一审、二审案件，适用该解释。

三、审判实务中对建设工程价款优先受偿权裁决时应当注意的问题

审判实务中，对于建设工程价款优先受偿权的裁决还应当注意以下问题：（1）优先权行使期限属于除斥期间，不可中止、中断或延长，即必须在法律规定的六个月期限内行使；（2）建设工程适于折价或拍卖；（3）优先受偿权的工程价款范围，依照国务院有关行政主管部门关于建设工程价款范围的规定确定，不包括逾期支付工程款的利息、违约金、损害赔偿金等因违约或侵权而产生的相关费用；（4）优先受偿权的行使必须以发包人欠付工程款且发包人对承包人主张欠付的工程价款数额没有异议为前提；如果发包人有异议，承包人则应先对工程欠款进行诉讼确定后才能主张工程价款优先受偿权；（5）建设工程价款优先受偿权的行使，无论是竣工的还是未竣工的工程，均必须建立在建设工程质量合格的前提下。

【案例】

2014年7月1日，维科建筑工程公司与金天地开发公司签订建设工程施工合同，约定由维科建筑工程公司承建金天地开发公司开发的银桥商业广场项目工程，工程总价款固定价8500万元，于工程竣工时付清。2014年12月1日工程竣工，但金天地开发公司因商业门面房销售不畅，资金一直难以回笼，遂一直拖欠维科建筑工程公司工程尾款780万元及停工损失26.5万元。同年7月28日，金天地开发公司因拖欠银行贷款而被法院强制执行查封了银桥商业广场部分尚未销售的门面房。维科建筑工程公司闻讯后，于次日也向该法院申请确认其对金天地开发公司的银桥商业广场门面房享有建设工程价款的优先受偿权。

法院经审查认为：维科建筑工程公司承建金天地开发公司开发的银桥商业广场商业门面房，工程于2014年12月1日竣工，其申请建设工程价款优先受偿权已

经超过行使优先权6个月的期限，故不予支持。法院遂裁定驳回维科建筑工程公司建设工程价款优先受偿权的申请。

【分析解答】

建设工程承包人行使优先权的期限为6个月。优先权行使期限属于除斥期间，不可中止、中断或延长，即必须在法律规定的6个月期限内行使。本案维科建筑工程公司申请建设工程价款的优先受偿权已经超过行使优先权期限，故不应得到法院支持。

【法律法规链接】

《合同法》第286条，最高人民法院《关于建设工程价款优先受偿权问题的批复》，《施工合同解释（二）》第22条。

146. 建设工程价款优先受偿权能否在执行过程中提出？

最高人民法院《关于建设工程价款优先受偿权问题的批复》明确指出："一、人民法院在审理房地产纠纷案件和办理执行案件中，应当依照《合同法》第286条的规定，认定建筑工程的承包人的优先受偿权优于抵押权和其他债权……"根据该批复的意见，在执行阶段建筑工程的承包人也可以主张优先受偿权，但也应在法定期限内行使优先权，否则法院就不能得到支持。

【案例】

同问题145案例。

【分析解答】

从最高人民法院《关于建设工程价款优先受偿权问题的批复》的意见来看，在执行阶段建筑工程的承包人也可以主张优先受偿权，但也应在法定期限内行使优先权，否则法院就不能得到支持。本案中，华润建工公司建设工程价款优先受偿权的申请被驳回并不是因为在执行阶段不能申请，而是因为过了申请期限。

【法律法规链接】

《合同法》第286条，最高人民法院《关于建设工程价款优先受偿权问题的批复》。

147. 建设工程价款优先受偿权可否约定予以限制、放弃或转让？

对于建设工程价款优先受偿权可否约定予以限制、放弃问题，理论和实务中曾为此存在正反两个方面的争议，其中主流观点认为建设工程价款优先受偿权是法律赋予承包人的一种民事权利,既然是民事权利,权利人就有权处分,既可以依法行使,当然也可以约定放弃。对此,广东省高级人民法院曾在《关于在审判工作中如何适用〈合同法〉第286条的指导意见》第9条中也作出了"承、发包双方当事人在建设工程承包合同中约定承包人不能行使建设工程价款优先权,事后承包人以建设工程价款优先权是法定权利为由向人民法院主张合同约定无效并要求行使建设工程价款优先权的,人民法院不予支持"的类似规定。但随着最高人民法院《施工合同解释(二)》出台后,对这个问题已经在该司法解释第23条作了"盖棺论定":发包人与承包人约定放弃或者限制建设工程价款优先受偿权,损害建筑工人利益,发包人根据该约定主张承包人不享有建设工程价款优先受偿权的,人民法院不予支持。该条规定实际上有两层含义:一是放弃或限制建设工程价款优先受偿权的约定只是原则上有效,不是当然的有效;二是放弃或限制建设工程价款优先受偿权的约定不能损害建筑工人利益,如损害则无效。

对于建设工程价款优先受偿权可否转让问题,根据《合同法》第79条规定:"债权人可以将合同的权利全部或者部分转让给第三人",由此可见,发包人在法律上具有将在建工程转让的权利,同时承包人也可以通过与发包人协商一致将合同施工权利义务转让第三人。由于建设工程价款优先受偿权是赋于工程价款权利人的一种法定优先权,具有附随性;故如工程价款权利人发生变更,那么建设工程价款优先受偿权的行使主体也应随之变更,由变更后的承包人承继享有。即合同债权合法转让时,建设工程价款优先受偿权自然随工程价款一并移转,而无须当事人另行约定转让;另外,也不能将其与建设工程价款分离或割裂转让。对此,江苏省高级人民法院在《关于审理建设工程施工合同纠纷案件若干问题的意见》中第20条也作出了明确规定:"承包人将建设工程价款债权转让的,建设工程价款的优先受偿权随之转让。"

【案例】

2009年10月3日,明都建筑公司与亚细亚净化设备公司签订建设工程施工合同,约定由明都建筑公司承建亚细亚净化设备公司销售门市工程,工程价款固定价590万元,于工程竣工时付清。2010年3月26日工程竣工,但亚细亚净化设备公司一直拖欠工程款。同年4月28日,明都建筑公司因银行贷款到期,急于清偿贷款,便与亚细亚净化设备公司、银行三方协议,明都建筑公司将债权全部转让于银行。后亚细亚净化设备公司因其他欠款诉讼纠纷被法院强制执行,法院拟将该销售门市进行拍卖清债。银行闻讯后,于同年7月30日向该法院申请确认其对亚细亚净化设备公司销售门市享有建设工程价款的优先受偿权。

法院经审查认为:承包人将建设工程价款债权转让的,建设工程价款优先受偿权应一并随之转移。本案中,银行基于债权转让而享有建设工程价款优先受偿权,其申请在规定期限内,故应当受到保护。遂裁定确认银行对亚细亚净化设备公司销售门市享有建设工程价款的优先受偿权。

【分析解答】

建设工程价款优先受偿权是附随于工程价款权利人的一种法定优先权,如工程价款权利人发生变更,那么该优先受偿权的行使主体也应随之变更,由变更后的承包人享有。即合同债权合法转让时,建设工程价款优先受偿权自然随工程价款一并移转。本案中,银行受让了建设工程价款债权,故应确认其优先受偿权。

【法律法规链接】

《合同法》第 286 条,最高人民法院《关于建设工程价款优先受偿权问题的批复》。

148. 建设工程价款优先受偿的项目范围如何确定?利息、违约金、损害赔偿金等项目是否也可以优先受偿?

一、建设工程价款优先受偿的范围

最高人民法院《施工合同解释(二)》第 21 条第 1 款规定:承包人建设工程价款优先受偿的范围依照国务院有关行政主管部门关于建设工程价款范围的规定确定。而住房和城乡建设部、财政部关于印发《建筑安装工程费用项目组成》的通知(建标〔2013〕44 号)(自 2013 年 7 月 1 日起施行)文中明确规定建筑安装工程费用项目按费用构成要素组成划分为人工费、材料费、施工机具使用费、企业管理费、利润、规费和税金。因此,承包人建设工程价款优先受偿的范围为建设工程的人工费、材料费、施工机具使用费、企业管理费、利润、规费和税金。

二、利息、违约金、损害赔偿金等项目是否可以优先受偿问题

最高人民法院《施工合同解释(二)》第 21 条第 2 款规定:“承包人就逾期支付建设工程价款的利息、违约金、损害赔偿金等主张优先受偿的,人民法院不予支持。”因此,利息、违约金、损害赔偿金等因违约或侵权产生的损失费用是不可以享有优先受偿权的。

【案例】

同问题 145 案例。

【分析解答】

建筑工程价款优先受偿的范围不包括承包人因发包人违约所造成的损失。本案中,停工损失 26.5 万元属于承包人因发包人违约所造成的损失,故不在建设工程价款优先受偿权的范围。

【法律法规链接】

《合同法》第 286 条,最高人民法院《关于建设工程价款优先受偿权问题的批复》,《施工合同解释(二)》第 21 条。

149. 装饰装修工程款是否享有优先受偿权? 它有什么限制?

一、装饰装修工程款是否享有优先受偿权问题

最高人民法院在对福建省高级人民法院请示作出的《关于装修装饰工程款是否享有合同法第 286 条规定的优先受偿权的函复》[(2004)民一他字第 14 号]中明确指出:"装修装饰工程属于建设工程,可以适用《合同法》第 286 条关于优先受偿权的规定。"最高人民法院在《施工合同解释(二)》第 18 条中对此又作了规定(2019 年 2 月 1 日起施行):"装饰装修工程的承包人,请求装饰装修工程价款就该装饰装修工程折价或者拍卖的价款优先受偿的,人民法院应予支持。"因此,装饰装修工程款享有优先受偿权没有疑问。

二、装饰装修工程款优先受偿权的限制

最高人民法院在对福建省高级人民法院请示作出的《关于装修装饰工程款是否享有合同法第 286 条规定的优先受偿权的函复》[(2004)民一他字第 14 号]中并没有对装饰装修工程款优先受偿权赋予完全的优先受偿权,而是采取"但书"作出了一定的限制:"但装修装饰工程的发包人不是该建筑物的所有权人或者承包人。与该建筑物的所有权人之间没有合同关系的除外。享有优先权的承包人只能在建筑物因装修装饰而增加价值的范围内优先受偿。"最高人民法院在《施工合同解释(二)》第 18 条中对此也采取"但书"进行延续并作了更进一步的限缩性规定:"但装饰装修工程的发包人不是该建筑物的所有权人的除外。"因此,装饰装修工程价款优先受偿权只能在发包人是该建筑物"所有权人"的情况下才能行使。

【案例】

2015 年 1 月 5 日,新时代装饰工程公司与福天大酒店签订建设工程装饰施工合同,约定由新时代装饰工程公司为福天大酒店的营业大楼进行装潢,工程款总价 1010 万元。新时代装饰工程公司签订合同后,将其中的客房部分的装潢工程分包给宝庆装潢公司施工,分包工程价款 360 万元。2015 年 5 月 8 日工程竣工,但福天大酒店一直拖欠工程款。同年 5 月 20 日,福天大酒店因欠银行贷款而被诉讼,后银行又向法院申请执行,法院依法查封了福天大酒店的营业大楼并准备拍卖。新时代装饰工程公司及宝庆装潢公司闻讯后,于同年 6 月 30 日一同向该法院申请确认其对福天大酒店营业楼享有建设工程价款优先受偿权。

法院经审查认为:装修装饰工程属于建设工程,可以适用《合同法》第 286 条

关于优先受偿权的规定。本案中,新时代装饰工程公司作为承包人,其在规定期限内申请优先受偿权,符合优先权行使的法律规定,故对其建设工程价款优先受偿权予以确认。宝庆装潢公司作为分包人,与福天大酒店无直接承发包合同法律关系,不能成立优先受偿权,故对其申请不予支持。遂裁定新时代装饰工程公司对福天大酒店营业楼享有建设工程价款的优先受偿权,并驳回宝庆装潢公司优先权申请。

【分析解答】

最高人民法院《关于装修装饰工程款是否享有合同法第286条规定的优先受偿权的函复》明确指出:"装修装饰工程属于建设工程,可以适用《合同法》第286条关于优先受偿权的规定。"故本案中,新时代装饰工程公司对福天大酒店营业楼享有建设工程价款的优先受偿权。

【法律法规链接】

《合同法》第286条,最高人民法院《关于建设工程价款优先受偿权问题的批复》,最高人民法院《关于装修装饰工程款是否享有合同法第286条规定的优先受偿权的函复》,《施工合同解释(二)》第18条。

150. 无效施工合同能否成立优先受偿权?

对无效施工合同能否成立优先受偿权问题,法学理论界和审判实务中均一直存在较大的争议:

第一种意见认为:建设工程施工合同无效,但工程质量合格的,承包人既然可以依照《施工合同解释(一)》第2条的规定主张工程款,那么,其当然亦可以根据《合同法》第286条的规定享有工程价款优先受偿权。安徽省高级人民法院就曾在《关于审理建设工程施工合同纠纷案件适用法律问题的指导意见》第17条规定"建设工程施工合同无效,但工程经竣工验收合格的,承包人主张工程价款优先受偿权,可予支持。"

第二种意见认为:《合同法》第286条的语境是以合同有效为前提的。施工合同无效的情况下,支持承包人或实际施工人主张建设工程价款优先受偿权有违法律精神,故违法建筑或无效施工合同不能成立优先受偿权。江苏省高级人民法院亦曾在《关于建设工程施工合同案件审理指南》第5部分第9项作出规定:"建设工程合同无效,承包人或实际施工人主张建设工程价款优先受偿权的,人民法院不应支持。"

可见,无效施工合同能否成立优先受偿权问题,法院之间是持不同的态度的。这种不同的态度的法律后果就是直接造成"同案不同判"不公平现象:同一施工人,在不同的地区施工,遇到同样的问题,却面临天壤之别的裁判结果。

那么,我们到底应当如何适从呢?

笔者认为,应当从以下几个方面正确把握和处理好这个问题:

一、从司法解释的释法本意来把握

对于法学理论界和审判实务中存在的上述争议,最高人民法院在2019年2月1日起施行的《施工合同解释(二)》中虽没有作出明确具体的相应规定来定分止争,但关于承包人行使建设工程价款优先受偿权的条件,该解释是以保障建设工程质量为首要价值选择,规定承包人行使建设工程价款优先受偿权必须以建设工程质量合格为条件的;同时,鉴于建设工程领域施工合同无效的情况较为常见,故《施工合同解释(二)》第17条至第23条有关建设工程价款优先受偿权的规定中均未将建设工程施工合同有效作为承包人行使建设工程价款优先受偿权的条件,而是以建设工程质量合格为前提条件的,以保护农民工等建筑工人的合法利益。而《施工合同解释(一)》第2条规定:"建设工程施工合同无效,但建设工程经竣工验收合格,承包人请求参照合同约定支付工程价款的,应予支持。"这是对无效合同作出的一种建设工程利益保护性条款。既然司法解释已经认可了合同无效情形下的工程价款请求权,而建设工程价款优先受偿权的基础权利来源于工程款债权,建设工程优先受偿权是保障工程价款请求权得以实现的重要方式,那么司法解释的释法本意便是即使合同无效,但若建设工程质量合格的,优先受偿权也应该得到支持。

二、从最高人民法院的审判指导性意见来把握

最高人民法院民一庭在《民事审判指导与参考》(第63辑)第238~239页中,在回答关于"建设工程优先受偿权的行使是否受合同效力的影响"提问时认为:建设工程施工合同无效,不应影响优先受偿权的行使。建筑工程款优先受偿权的立法目的是保护劳动者的利益。因为在发包人拖欠承包人的工程款中,有相当部分是承包人应当支付给工人的工资和其他劳务费用。……在无效建筑工程合同中,上述有关费用也已实际发生,应当由发包人予以支付。结合其立法目的来看,我们认为,即使合同无效,该笔费用亦应享有优先受偿权。

三、从我国建筑实务情况及国情来把握

我国建筑市场无效建设工程施工合同大量存在。建设工程价款优先受偿权产生的原因是承包人建设工程的行为,而不是建设工程施工合同,合同有效与否与建设工程优先权的成立并无必然联系。它的立法本意是解决劳动者的工资和保障承包人的生存利益,无论是违法建筑或是无效建设工程合同,承包人的实际劳动成果已经物化到违法建筑物或无效建设工程当中去了,因此不能由于是违法建筑物或无效建设工程合同而阻碍承包人建设工程价款优先受偿权的行使。否则,将既不利于社会稳定,也有悖于立法本意。

综上所述,笔者认为,无效施工合同是能够成立优先受偿权的。因为,从《施

工合同解释(二)》第19条关于"建设工程质量合格,承包人请求其承建工程的价款就工程折价或者拍卖的价款优先受偿的,人民法院应予支持"规定中不难看出,无论合同有效还是无效,只要工程质量合格,承包人就能享有建设工程价款优先受偿权。我国建筑市场中无效合同普遍存在。如果将优先受偿权限定于有效合同的范畴,则会导致大量承包人对建设工程价款失去优先受偿权的保护,最终不仅使得承包人的工程债权无法受偿,影响到农民工工资权益的实现,而且会使优先受偿权制度的功能落空或流于形式。因此,承包人在工程质量合格的情况下,可以向发包方请求支付工程款并享有工程价款优先受偿权。

【案例】

2009年6月19日,富通电脑公司与李某签订建设工程施工合同,约定由李某为其销售门市房屋进行装修和装潢,工程价款220万元。2009年9月1日工程竣工后,因富通电脑公司拖欠工程款,李某遂诉至法院,要求富通电脑公司支付工程款。法院经审理后认定李某无资质承包工程施工,双方施工合同无效;但因工程质量合格,遂判决富通电脑公司参照合同约定支付李某工程款220万元。判决生效后,富通电脑公司支付李某20万元后,其余仍拖欠不给。在此期间,富通电脑公司又因拖欠厂家电脑货款而被法院强制执行,拟将该销售门市房屋执行拍卖。李某闻讯后,于2011年1月26日向该法院申请确认其对富通电脑公司销售门市房屋享有建设工程价款优先受偿权。

法院经审查认为:装修装饰工程属于建设工程,可以适用《合同法》第286条关于优先受偿权的规定。本案中,李某与富通电脑公司签订的施工合同虽为无效合同,但因工程质量合格,法院已判决富通电脑公司参照合同约定支付李某工程款。基于建设工程价款优先受偿权的立法本意是保障承包人的生存利益,故对李某申请应予支持。遂裁定李某对富通电脑公司销售门市房屋享有建设工程价款优先受偿权。

【分析解答】

建设工程价款优先受偿权立法本意是解决劳动者工资和保障承包人生存利益,无论建设工程合同是否有效,承包人的实际劳动成果已经物化到建筑物或无效建设工程当中去了,因此不能由于合同无效而阻碍承包人建设工程价款优先受偿权的行使。故本案中,法院给予李某优先受偿权是正确的。

【法律法规链接】

《合同法》第286条,《施工合同解释(一)》第2条,最高人民法院《关于建设工程价款优先受偿权问题的批复》,最高人民法院《关于装修装饰工程款是否享有合同法第286条规定的优先受偿权的函复》。

151. 分包人对建设工程能否行使优先受偿权？实际施工人能否主张优先受偿权？

分包人、实际施工人对建设工程能否行使优先受偿权这个问题在理论界和实务中均存在争议，但实务中倾向于分包人、实际施工人也能有条件地行使优先受偿权。对此，安徽省高级人民法院亦曾在《关于审理建设工程施工合同纠纷案件适用法律问题的指导意见》(2009)第18条规定："分包人或实际施工人完成了合同约定的施工义务且工程质量合格的，在总包人或非法转包人怠于主张工程价款优先受偿权时，就其承建的工程在发包人欠付的工程款范围内主张工程价款优先受偿权，可予支持。"广东省高级人民法院曾在《关于在审判工作中如何适用〈中华人民共和国合同法〉第286条的指导意见》(粤高法发〔2004〕2号)第2条中规定："建设工程合同订立总承包合同后，再由总承包人订立分包合同的，在总承包合同、分包合同均有效的情形下，发包人拖欠工程款的，总承包人可以对工程折价或者拍卖价款主张优先受偿权。分包人对自己承建部分主张享有优先权的，人民法院不予支持。但如因总承包人怠于行使优先权损害分包人利益，分包人可依照《合同法》第73条的规定就其承包工程价款范围内向发包人主张权利。"最高人民法院民事审判第一庭在《民事审判指导与参考》(第65辑)第252页中回答关于"分包人或者实际施工人是否享有优先受偿权"问题时，答道："建设工程施工合同纠纷司法解释第26条规定了分包人和实际施工人完成了其与总包人或转包人之间合同约定的施工义务且工程质量合格的，在总包人或者转包人不主张或者怠于主张工程价款优先受偿权的情况下，应允许分包人或者实际施工人就其承建的工程部分在发包人欠付的工程款范围内向发包人主张工程价款优先受偿权。分包人或者实际施工人有条件地享有优先受偿权。"

笔者赞同上述高级人民法院和最高人民法院民事审判第一庭关于"分包人"可以"有条件地行使优先受偿权"的意见，即因分包人与发包人无直接承发包合同关系，如总承包人已对工程折价或者拍卖价款就总包工程价款主张优先受偿权，那么分包人则不能对自己承建部分与总承包人一同主张享有优先受偿权。如总承包人怠于行使优先权损害分包人利益，分包人可就其所分包工程价款在发包人欠付的工程款范围内主张工程价款优先受偿权。

但对于"实际施工人"行使优先受偿权问题，笔者认为：《施工合同解释(二)》第17条至第23条中有关建设工程价款优先受偿权的所有规定均将享有建设工程价款优先受偿权的主体明确"定位"于"与发包人订立建设工程施工合同"的"承包人"，且还特别强调装饰装修工程的发包人必须是该建筑物的"所有权人"，这些规定已经排除了其他主体能够"直接"请求建设工程价款优先受偿权的情形。《施工合同解释(二)》之所以作出如此严苛地规定，目的是严格遵循《合同法》第286

条和合同相对性原则。承包人与发包人之间存在施工合同关系,就工程价款享有优先受偿权符合法律规定;实际施工人和发包人没有直接的合同关系,对发包人并不当然享有工程价款请求权,也就没有理由赋予其以工程价款为权利基础的优先受偿权。同时,实际施工人的背后往往都是转包、违法分包背景,这些又均是被法律、法规明确禁止的行为,如果再赋予实际施工人以建设工程价款优先受偿权,毫无疑问将对建设工程市场秩序产生负面导向作用,不利于建筑市场合法、依规、良性、有序地健康发展。故笔者认为,实际施工人在"通常情况下"不享有建设工程价款优先受偿权,即不是建设工程价款优先受偿权的主体。

此外,由于我国建筑市场不规范,转包、违法分包现象大量存在,实际施工人往往都是农民工等劳务人员的"工头",如果实际施工人在工程价款优先受偿权方面没有任何救济途径的话,势必也会影响到农民工工资权益的实现,故《施工合同解释(二)》在第25条中又特别构建了"实际施工人代位权诉讼"这一特殊救济途径:"实际施工人根据合同法第七十三条规定,以转包人或者违法分包人怠于向发包人行使到期债权,对其造成损害为由,提起代位权诉讼的,人民法院应予支持。"从该条解释的内容及相关法理解读来看,当转包人或者违法分包人怠于向发包人行使到期债权时,实际施工人有权根据《合同法》第73条的规定行使代位权诉讼;而一旦提起代位权诉讼,实际施工人即能代位承包人主张建设工程价款优先受偿权。

审判实践中,承办此类纠纷案件的法官可根据相关法律、司法解释等规定并结合当地上级法院司法意见对分包人、实际施工人是否享有优先受偿权作出有利于建筑市场健康发展的处理。

【案例】

同问题149案例。

【分析解答】

《合同法》第81条规定:"债权人转让权利的,受让人取得与债权有关的从权利。"优先受偿权作为一种民事权利,应当可以转让;但因分包人与发包人无直接承发包关系,如总承包人已就总包工程价款对工程折价或者拍卖价款主张优先受偿权,那么分包人则不能对自己承建部分与总承包人一同主张享有优先权。如总承包人怠于行使优先权损害分包人利益,分包人可就其分包工程价款在发包人欠付的工程款范围内主张工程价款优先受偿权。本案中,总承包人已就全部工程价款主张优先权,故分包人不能重复主张。

【法律法规链接】

《合同法》第286条,最高人民法院《关于建设工程价款优先受偿权问题的批复》,最高人民法院《关于装修装饰工程款是否享有合同法第286条规定的优先受偿权的函复》。

152. 建筑工程为商品房的,承包人能否行使优先受偿权?

最高人民法院在《关于建设工程价款优先受偿权问题的批复》中指出:"一、人民法院在审理房地产纠纷案件和办理执行案件中,应当依照《中华人民共和国合同法》第二百八十六条的规定,认定建筑工程的承包人的优先受偿权优于抵押权和其他债权。二、消费者交付购买商品房的全部或者大部分款项后,承包人就该商品房享有的工程价款优先受偿权不得对抗买受人。"该规定是基于生存权益高于经营权益的原则而作出的保护买受人生存利益的特别规定,因此,建筑工程为商品房的,承包人只能在消费者交付购买商品房的大部分款项前可行使优先受偿权;如消费者已交付购买商品房的全部或者大部分款项,则不能行使优先受偿权。审判实践中,对解释所提及的消费者,应按《消费者权益保护法》的规定进行确定,即购房者购房是为生活消费需要而非经营需要。对解释所提及的交付购买商品房的大部分款项的认定,实务中一般以超过商品房总价的50%来衡量;如广东省高级人民法院在《关于在审判工作中如何适用〈中华人民共和国合同法〉第286条的指导意见》(粤高法发〔2004〕2号)第1条中就作出了与上述意见相同的规定。

【案例】

2009年9月2日,富达置业公司与通发建工公司签订建设工程施工合同,约定由通发建工公司为其建设逸翠园小区商品房工程,工程价款2200万元。施工期间,富达置业公司对外进行商品房预售。2010年12月1日工程竣工交付后,富达置业公司拖欠工程尾款836万元未付。2011年1月15日,不少商品房购买者因房款交付后富达置业公司未如期交房而至法院进行群体诉讼。法院审理期间还查明富达置业公司因资金链断裂而对不少商品房存在一房二卖现象,引发先购房户强行入住。后法院根据生效判决进行强制执行,查封了其中一幢购房者尚未入住的房屋。通发建工公司闻讯后,遂于2011年4月23日向法院申请对该幢房屋行使建设工程价款优先受偿权。

法院经审查认为:消费者交付购买商品房的全部或者大部分款项后,承包人就该商品房享有的工程价款优先受偿权不得对抗买受人。本案中,该幢商品住宅楼房屋均已由富达置业公司预售贻尽,且购房者通过现金交付房款和按揭贷款均已全部支付了购房款,因此,通发建工公司建设工程价款优先受偿权不能对抗购房户。遂裁定驳回通发建工公司优先受偿权申请。

【分析解答】

最高人民法院在《关于建设工程价款优先受偿权问题的批复》中指出:"消费者交

付购买商品房的全部或者大部分款项后,承包人就该商品房享有的工程价款优先受偿权不得对抗买受人。"这是基于生存权益高于经营权益的原则而作出的保护买受人生存利益的特别规定,因此,建筑工程为商品房的,承包人只能在消费者交付购买商品房的大部分款项前可行使优先受偿权;如消费者已交付购买商品房的全部或者大部分款项,则不能行使优先受偿权。本案正是这种情况。

【法律法规链接】

《合同法》第286条,最高人民法院《关于建设工程价款优先受偿权问题的批复》。

153. 对未竣工的建筑工程是否可以主张优先受偿权?对法院已采取执行措施的建设工程能否主张优先受偿权?

最高人民法院在《施工合同解释(二)》第20条规定:未竣工的建设工程质量合格,承包人请求其承建工程的价款就其承建工程部分折价或者拍卖的价款优先受偿的,人民法院应予支持。

最高人民法院《关于人民法院执行工作若干问题的规定(试行)》第93条规定:"对人民法院查封、扣押或冻结的财产有优先权、担保物权的债权人,可以申请参加参与分配程序,主张优先受偿权。"故承包人对法院已采取执行措施的建设工程可以主张优先受偿权。

【案例】

同问题150案例。

【分析解答】

根据最高人民法院《关于人民法院执行工作若干问题的规定(试行)》第93条关于"对人民法院查封、扣押或冻结的财产有优先权、担保物权的债权人,可以申请参加参与分配程序,主张优先受偿权"的规定,故本案承包人对法院已采取执行措施的建设工程可以主张优先受偿权。

【法律法规链接】

《合同法》第286条,最高人民法院《关于建设工程价款优先受偿权问题的批复》,最高人民法院《关于人民法院执行工作若干问题的规定(试行)》第93条。

154. 建筑工程价款优先受偿权是否需要提起诉讼确认?

对建筑工程价款优先受偿权是否需要提起诉讼确认问题与工程价款优先受

偿权行使方式一样在理论和实务中均存在争议：

如广东高级人民法院《关于审理建设工程合同纠纷案件疑难问题的解答》(2017 年 7 月 19 日)第 17 条认为：建设工程承包人提起诉讼、申请仲裁主张工程价款优先受偿权，自行与发包人协商以该工程折价抵偿欠付工程款，申请法院将该工程拍卖以实现工程款债权，申请对建设工程拍卖款参与分配程序主张优先受偿权，或者向发包人以书面形式明确表示主张优先受偿权的，均属于对建设工程价款依法行使优先受偿权。从该规定看，行使优先受偿权无需专门提起确认之诉。

如江苏高级人民法院在《关于审理建设工程施工合同纠纷案件若干问题的解答》(2018 年 6 月 12 日)第 18 条中就对建筑工程价款优先受偿权行使方式作出了如下规定："承包人通过提起诉讼或申请仲裁的方式，主张建设工程价款优先受偿权的，属于行使建设工程价款优先受偿权的有效方式；承包人通过发函形式主张建设工程价款优先受偿权的，不认可其行使的效力。"从该规定看，强调诉讼和仲裁为行使建设工程价款优先受偿权的有效方式，并否决了发函形式主张优先受偿权的效力。

对此，笔者认为应当具体问题、具体分析，并区别对待：

1. 在工程欠款经双方当事人结算后已经明确或通过出具债务文书、欠据等形式一致确认属实的情况下，优先受偿权行使方式可以像广东高级人民法院那样宽泛理解和掌握，而不应仅局限于诉讼和仲裁方式。理由是：最高人民法院《关于建设工程价款优先受偿权问题的批复》中阐明，人民法院既可在审理房地产纠纷案件中认定承包人的优先受偿权，也可以在办理执行案件中认定承包人的优先受偿权。从该批复精神看，并未明确要求需提起诉讼来行使或确认。

2. 如当事人对工程欠款存在争议，则应当像江苏高级人民法院那样从严理解和掌握，坚持以诉讼或仲裁方式确定欠款数额及行使工程价款优先受偿权。

【案例】

同问题 150 案例。

【分析解答】

根据最高人民法院《关于建设工程价款优先受偿权问题的批复》意见：人民法院既可以在审理房地产纠纷案件中认定承包人的优先受偿权，也可以在办理执行案件中认定承包人的优先受偿权，而执行程序中并不进行确认之诉，故建设工程价款优先受偿权无须专门提起确认之诉。本案便是当事人直接申请的例子。

【法律法规链接】

《合同法》第 286 条，最高人民法院《关于建设工程价款优先受偿权问题的批复》。

第六章　工程量问题

155. 什么是工程量？工程量计算依据有哪些？工程量计算规则有几种？

工程量，是指以自然计量单位或物理计量单位表示的各分项工程或结构构件的工程数量，亦即建设工程施工的实物工作量。在本质上，工程量不是实物量或物理量，尽管它也以实物量的计量单位进行衡量和计算。它是工程计价的基本依据，工程量计算的准确与否，直接影响工程造价的准确性，以及工程建设的投资控制。

工程量计算的依据主要有：(1)施工图纸及配套的标准图集；(2)预算定额、工程量清单计价规范；(3)施工组织设计及施工方案；(4)设计变更、工程签证、会审记录、施工合同等。

工程量计算规则分为清单工程量计算规则和定额工程量计算规则。

清单工程量计算规则，是指根据具体工程的施工图纸和分部分项实物工程量净量计量(一般不包含工程量合理损耗)计算出各个清单项目工程量的方法。

定额工程量计算规则是指以概预算定额、各种费用定额为基础依据，按照规定的计算程序和分部分项工程的实际发生量计量确定工程量的方法。

156. 当事人对工程量产生争议，应按什么标准确定工程量？

《施工合同解释(一)》第19条规定："当事人对工程量有争议的，按照施工过程中形成的签证等书面文件确认。承包人能够证明发包人同意其施工，但未能提供签证文件证明工程量发生的，可以按照当事人提供的其他证据确认实际发生的工程量。"其他证据一般是指施工过程中形成的会议纪要、工程检验记录、来往电报或函件、工程洽商记录、工程通知资料等。

【案例】

2015年1月6日，被告连云开发公司与原告东湖建筑总公司签署建设工程施工合同，约定将其开发的西游大剧场工程发包给原告施工，合同总价3090万元。施工期间，被告对部分工程要求原告进行了变更。同年7月30日，工程竣工验收后结算时，原告、被告双方因变更工程签证不规范而对变更的工程量产生争议，双方为此各不相让。原告遂向法院提起诉讼，要求被告支付工程款合同价款尾欠款500万元及变更工程款197万元。法院经审理查明，原告主张的变更工程量中，被告对其中有双方签字认可的工程签证单的部分(造价102万元)无异议,但对原告主张的没有工程签证单工程量不予认可。案件审理期间,原告向法院补充举证了监理签字的隐蔽工程记录及被告出具的工程联系单,该两项证据证实了原告主张的工程量已实际发生。法院经原告申请委托鉴定,结论为该部分造价为69.5万元。

法院经审理认为:承包人能够证明发包人同意其施工,但未能提供签证文件证明工程量发生的,可以按当事人提供的其他证据确认实际发生的工程量。本案中,原告虽未能提供签证文件证明有争议的变更工程量发生,但其提供的其他证据证实该变更工程量确已发生,故对该部分工程量应予认定,并由被告进行结算支付。法院遂判决被告支付原告合同价尾欠款500万元及变更工程款171.5万元。

【分析解答】

最高人民法院《施工合同解释(一)》第19条规定:"当事人对工程量有争议的,按照施工过程中形成的签证等书面文件确认。承包人能够证明发包人同意其施工,但未能提供签证文件证明工程量发生的,可以按照当事人提供的其他证据确认实际发生的工程量。"因此,工程量的确认应以实际发生情况来进行认定,工程签证并不是唯一的依据。

【法律法规链接】

《合同法》第109条,《施工合同解释(一)》第19条。

157. 什么是工程量清单?什么是已标价工程量清单?工程量清单主要计算规则有哪些?

工程量清单,是指按工程部位、性质以及它们的数量、单价、合价等,将拟建工程的全部项目和内容依据统一的工程量计算规则和子目分项要求,计算分部分项工程实物量,进行列表表示出来,以表现拟建工程全部工程项目和内容,并用于投标报价和中标后计算工程价款依据的工程量明细清单。它是建设工程承包合同的重要组成部分,是编制招标工程标底价、投标报价和工程结算时调整工程量的依据,是关于工程分部分项工程项目、措施项目、其他项目名称和相应数量的明细清单。

已标价工程量清单,是指构成合同的由承包人按照规定的格式和要求填写并标明价格的工程量清单,包括说明和表格。

工程量清单一般计算规则主要有以下几点:(1)平整场地按设计图示尺寸的建筑物首层面积(首层面积按建筑物外墙外边线计算)以 m^2 计算;(2)挖土方按

设计图示尺寸以 m^3 计算;(3)挖基础土方按设计图示尺寸以基础垫层底面积(基础垫层底面积是指垫层与地基相接的底面积)乘以挖土深度以 m^3 计算;(4)人工挖桩孔土方按图示桩的不同断面积乘以设计桩孔中心线深度(含扩大头进入持力层部分)以 m^3 计算;(5)挖淤泥、流砂按设计图示位置、界限以 m^3 计算;(6)管沟土方按设计图示的管道中心线长度以 m 计算;(7)预裂爆破按设计图示的钻孔总长度以 m 计算;(8)石方开挖按设计图示尺寸以 m^3 计算;(9)管沟石方按设计图示的管道中心线长度以 m 计算;(10)土(石)方回填按设计图示尺寸以 m^3 计算。场地回填以回填面积乘以平均回填厚度计算;室内回填以主墙间净面积乘以回填厚度计算;基础回填以挖方体积减去设计室外地坪以下埋设的基础体积(包括基础垫层及其他构筑物)计算。

158. 工程量清单计价与定额计价有什么不同?

工程量清单计价与定额计价区别主要有:(1)性质不同。定额计价反映的是国家通过颁布统一的计价等额或指标,对建筑产品价格进行有计划的管理;清单计价则反映的是一种市场定价、自由竞争模式。(2)编制单位不同。定额计价工程量由招标单位和投标单位分别按图计算;清单计价工程量由招标单位统一计算,各投标单位根据招标人提供的“工程量清单”,结合自身技术装备等情况自主填报单价。(3)编制时间不同。定额计价是在发出招标文件后编制,清单计价必须在发出招标文件前编制。(4)表现形式不同。定额计价一般是总价形式;清单计价采用综合单价形式。(5)编制的依据不同。定额计价依据图纸,人工、材料、机械台班消耗量依据建设行政主管部门颁发的预算定额;人工、材料、机械台班单价依据工程造价管理部门发布的价格信息进行计算。清单计价根据建设部文件规定,标底的编制根据招标文件中的工程量清单和有关要求、施工现场情况、合理的施工方法以及按建设行政主管部门制定的有关工程造价计价办法编制。企业的投标报价则根据企业定额和市场价格信息,或参照建设行政主管部门发布的社会平均消耗量定额编制。(6)费用组成不同。定额计价的工程造价由直接工程费、现场经费、间接费、利润、税金组成;清单计价的工程造价包括分部分项工程费、措施项目费、其他项目费、规费、税金组成。(7)评标办法不同。定额计价采用百分制评分法;清单计价采用合理低报价中标法。(8)调整方式不同。定额计价调整方式有:签证变更、定额解释、政策调整;清单计价调整方式主要是索赔,且单价不能随意调整。

159. 因承包人的原因造成的多做或返工工程量是否纳入工程造价计量?

《合同法》第 281 条规定:“因施工人的原因致使建设工程质量不符合约定的,发包人有权要求施工人在合理期限内无偿修理或者返工、改建。经过修理或者返工、改建后,造成逾期交付的,施工人应当承担违约责任。”财政部、建设部2004年发布的《建设工程价款结算暂行办法》第13条第2项工程量计算第3款也规定:“对承包人超出设计图纸(含设计变更)范围和因承包人原因造成返工的工程量,发包人不予计量。”故因承包人的原因造成的多做或返工工程量不应纳入工程造价计量。

【案例】

2010年1月1日,被告旭阳房地产公司与原告丰源建工公司签订建设工程施工合同,约定将其富丽苑游泳馆工程包工包料发包给原告施工,合同总价890万元。施工期间,被告发现原告使用的水泥标号与设计要求不符,遂要求原告返工,原告只得将已做好的一部分工程拆除重建。工程竣工验收后结算时,原告报价916万元。被告审核后认为原告将返工工程量也计算在工程造价内是错误的,故对送审价不予认可。双方为此发生争执后,原告向法院起诉讼,要求被告支付工程款916万元。

法院经审理认为:原、被告签订的建设工程合同合法有效,双方当事人应当按合同约定进行履行。原告使用不符合工程设计标准的建筑材料,发包人有权要求其返工,由此造成返工的工程量,发包人应不予计量。法院遂判决被告支付原告工程款890万元,并驳回原告对返工工程量计价的请求。

【分析解答】

根据《合同法》第281条关于“因施工人的原因致使建设工程质量不符合约定的,发包人有权要求施工人在合理期限内无偿修理或者返工、改建。经过修理或者返工、改建后,造成逾期交付的,施工人应当承担违约责任”的规定,因承包人的原因造成的多做或返工工程量不应纳入工程造价计量。故本案对原告返工工程量计价的请求予以驳回是正确的。

【法律法规链接】

《合同法》第109条、第281条。

160. 招标提供的工程量清单与施工图纸工程量不符,合同价款能否调整?实际工程量超过招标时清单报价工程量的15%以上,能否再使用清单报价进行结算?

通常情况下,招标文件都会规定投标人在收到招标文件、施工图纸和工程量清单后,应立即进行核对,如有异议,应于投标截止日期15日前以书面形式向招标人提出澄清要求。如投标人未在规定的日期内提出,则视为投标人对施工图纸和工程量清单的一致性无异议。故如未在规定的答疑期限提出调整，尽管招标提供的工程量清单与施工图纸工程量不符，一般情况下也不能调整，仍应以工程量清单为准，除非合同中对此有相关调整的专门约定。

对此，2013 年版、2017 年版《施工合同示范文本》在第 1.13 条工程量清单错误的修正中作出了较为明确的规定："除专用合同条款另有约定外，发包人提供的工程量清单，应被认为是准确的和完整的。出现下列情形之一时，发包人应予以修正，并相应调整合同价格：①工程量清单存在缺项、漏项的；②工程量清单偏差超出专用合同条款约定的工程量偏差范围的；③未按照国家现行计量规范强制性规定计量的。"

当然，如果合同对工程量清单与施工图纸工程量不符如何处理未作出约定或没有约定工程量偏差范围时，如工程量误差引起实际施工工程量与招标工程量清单确定的工程量增减幅度在 15%以上的（2013 年版、2017 年版《施工合同示范文本》新规范已将工程量偏差酌量范围由原来老规范确定的 10%以上，调整更新为 15%以上），则不能再按原清单报价进行结算，发包人应对原工程量清单予以修正，重新确定单价并相应调整合同价格。否则法院可根据公平、诚实信用原则及《施工合同解释（一）》第 19 条关于"当事人对工程量有争议的，按照施工过程中形成的签证等书面文件确认。承包人能够证明发包人同意其施工，但未能提供签证文件证明工程量发生的，可以按照当事人提供的其他证据确认实际发生的工程量"的规定，酌定允许承包人申请追加工程价款。

【案例】

2015 年 1 月 1 日，被告炎淮职业技术学院通过招投标与原告唯美建工公司签订了施工合同 1 份，约定由原告包工包料承建其美工艺术展览馆工程施工，合同价款 1000 万元。施工期间，原告发现招标文件确定的工程量在展馆陈列窗台、旋转楼梯、外延飘窗、墙体艺术造型、藏品暗格、移动收藏壁柜等众多部位存在工程量漏算问题。原告遂向被告提出核实和追加工程价款，但被告却以原告应当在投标报价前对招标文件确定的工程量可能存在的出入或错漏进行核对，并及时提出质疑，而原告逾期未提出质疑应视为认可发包人提供的工程量是准确的和完整的，故招标文件确定的工程量可能存在的出入或错漏风险应由投标人自行承担，遂拒绝追加结算。原告为此诉至法院，要求被告按合同约定支付工程尾款 500 万元，并承担漏算工程量经鉴定确认的价款 162 万元。

法院经审理认为：招标文件确定的工程量虽系由招标人提供，但承包人投标时有按施工图纸等文件自行审核并在约定的答疑时间内向建设单位提出核实的义务，否则应视为准确。但本案中，因漏算工程量误差引起实际施工工程量与招标文件确定的工程量增减幅度较大（已超过 15%），且本案合同中既未作出漏算、错算问题属于投标风险范围不可以对合同价格进行调整的约定，也未作出漏算、错算问题限期审核逾期提出无效的约定,如不予调整有失公平,故根据公平、诚实信用原则,应允许承包人申请追加工程价款。但原告未尽到核实义务,亦应承担一定的责任(10%)。遂判决被告按合同约定支付工程尾款500万元,并承担漏算工程量价款145.8万元。

【分析解答】

《施工合同解释(一)》第19条规定:"当事人对工程量有争议的,按照施工过程中形成的签证等书面文件确认。承包人能够证明发包人同意其施工,但未能提供签证文件证明工程量发生的,可以按照当事人提供的其他证据确认实际发生的工程量。"本案中,招标文件确定的工程量漏算是事实,且工程量增减幅度较大,而原告对漏算的工程量也已实际施工并完成,由于本案合同中既未作出漏算、错算问题属于投标风险范围不可以对合同价格进行调整的约定,也未作出漏算、错算问题限期审核逾期提出无效的约定,故根据公平、诚实信用原则,应允许承包人申请追加工程价款。

【法律法规链接】

《合同法》第44条、第109条,《施工合同解释(一)》第19条。

161. 合同终止履行,已完工工程量如何确定?"烂尾楼"工程量如何确定?

合同中止履行,对已完工如质量合格的工程量双方当事人可以协议委托审价机构进行审价,也可提起诉讼,请求法院进行司法鉴定以确定已完工工程量。

"烂尾楼"又称"半拉子"工程,是指建设工程施工合同在履行过程中因种种原因,承包人未能将承建的工程予以完工,使得承建的工程处于停建或停滞状态中。它通常表现为项目开工建设后投资额已超过25%或已完成2/3工程量,但由于开发商后续资金不继或其它原因等而不能继续进行建设的房地产项目。烂尾楼工程量的确定,如工程质量合格,可行的方法是双方当事人协议委托审价机构进行审价,或提起诉讼,请求法院进行司法鉴定以确定工程量。

【案例】

2010年4月6日,被告春妮羽绒厂将厂房扩建工程发包给原告毕阳建筑公司施工,约定工程价款510万元,竣工交付后结清。施工期间,因该扩建工程施工场地地下发现古墓群,遂被当地文物部门叫停,不久又被规划和建设部门通知,该施工地段划为文物保护区域,不能再行工程建筑,被告损失按拆迁相关政策办理。后原、被告经协商决定终止合同履行,但对于已建工程工程量及价款双方未能达成一致意见。原告遂诉至法院,要求被告支付已建工程尾款。案件审理期间,经原告申请法院委托鉴定,结论为已建工程质量合格,根据合同约定工程计价方法、标准并结合合同总价情况,经鉴定已建工程工程量的造价为 65.35 万元。

法院经审理认为:本案施工合同履行过程中经双方协商终止履行,根据《合同法》第 98 条关于“合同的权利义务终止,不影响合同中结算和清理条款的效力”的规定,原告有权要求对已经履行的部分工程量进行结算。遂判决被告支付原告工程款 65.35 万元。

【分析解答】

《合同法》第 98 条规定:合同的权利义务终止,不影响合同中结算和清理条款的效力。本案原、被告因意外原因终止合同,原告有权要求对已经履行的部分进行结算。如双方对已完工工程价款不能协商一致的,可以通过委托有关机构进行审价或提起诉讼进行已完工工程工程量造价司法鉴定的方式确定。

【法律法规链接】

《合同法》第 44 条、第 98 条、第 109 条,《施工合同解释(一)》第 16 条。

162. 承包方施工日记能否作为工程量的结算依据?

施工日记也叫施工日志,是承包人按日对在建筑工程整个施工阶段的施工活动和现场情况变化等情况所作的综合性记录。它的性质属于承包人的单方记录,对发包人没有约束力,不能作为工程量的结算依据。

【案例】

2009 年 4 月 1 日,被告吴越投资公司与原告方园工程公司签署建设工程施工合同,约定将其开发的荷花池洗浴中心工程包工包料发包给原告施工,合同总价 690 万元,竣工验收合格后结清。施工期间,因被告提出对洗浴房一些部位的施工进行调整而增加了一些工程量。原告对一些较大的调整及时制作了工程签证交由被告认证,但对一些工程量不多的微调则未按签证规范进行操作即未要求被告进行认证。工程竣工验收后结算时,原告便将施工中变更增加的工程量加入结算,被告对无签证的工程量拒绝结算,双方为此产生纠纷,原告遂诉至法院,要求被告支付合同工程款 690 万元及变更工程价款 65.3 万元。庭审中,原告对未进行签证 3 次微调增加的工程量 10.3 万元,仅向法院举证了自己的施工日记,而未能提供其他证据予以证实。

法院经审理认为:当事人对工程量有争议的,按施工过程中形成的签证等书面文件确认。承包人能够证明发包人同意其施工,但未能提供签证文件证明工程量发生的,可以按当事人提供的其他证据确认实际发生的工程量。本案中,被告对合同价款及有签证的工程量价款无异议,被告应当对该部分价款进行结算支付。对原告主张的未进行签证3次微调增加的工程量10.3万元,因其举证的施工日记属于单方记录,对发包人没有约束力,不能作为工程量的结算依据,而其未能提供其他证据予以证实,故对原告该主张不予支持。法院遂判决被告支付原告工程款745万元,驳回原告的其他诉讼请求。

【分析解答】

本案中,原告虽也向法院举证了自己的施工日记,但由于施工日记的性质属于承包人的单方记录,对发包人没有约束力,故不能作为法院认定案件事实和工程量的结算依据。

【法律法规链接】

《合同法》第109条,《施工合同解释(一)》第19条。

163. 因设计变更引起工程量的增减如何处理?约定固定价结算的建设工程发生设计变更等原因导致实际工程量存在增减如何处理?

承包人因项目调整或设计变更增减了工程量,如果调整和变更的项目确已发生,且调整和增加的工程量在原工程总价范围以外,可区分以下情况进行处理:(1)对工程量的增减应由双方当事人进行确认。如双方当事人对是否增减了工程量有争议的,人民法院可依据《施工合同解释(一)》第19条关于"当事人对工程量有争议的,按施工过程中形成的签证等书面文件确认。承包人能够证明发包人同意其施工,但未能提供签证文件证明工程量发生的,可以按当事人提供的其他证据确认实际发生的工程量"的规定,通过双方当事人在履行合同中达成的补充协议、会议纪要、工程对账单、签证单等书面文件予以确认。(2)因设计变更引起工程量的增减,增减幅度在合同约定的范围内,按约定结算工程款。在约定幅度以外或双方当事人虽在合同中没有约定增减幅度范围,但由于变更导致实际完成的变更工程量与已标价工程量清单或预算书中列明的该项目工程量的变化幅度超过15%的,如承包人能举证证明其增加施工行为得到发包人同意或者认可的,应作为工程款结算的依据。(3)如果当事人对增加的工程量无异议,只是对增加工程量的价款无法协商一致,可按以下原则处理:①已标价工程量清单或预算书有相同项目的,按照相同项目单价认定;②已标价工程量清单或预算书中无相同项目,但有类似项目的,参照类似项目的单价认定;③变更导致实际完成的变更工程量与已标价工程量清单或预算书中列明的该项目工程量的变化幅度超过15%的,或已标价工程量清单或预算书中无相同项目及类似项目单价的,按照合理的成本与利润构成的原则,确定变更工作的单价。当然,诉讼阶段,人民法院也可依据《施工合同解释(一)》第16条关于"当事人对建设工程的计价标准或者计价方法有约定的,按照约定结算工程价款。因设计变更导致建设工程的工程量或者质量标准发生变化,当事人对该部分工程价款不能协商一致的,可以参照签订建设工程施工合同时当地建设行政主管部门发布的计价方法或者计价标准结算工程价款”的规定进行处理和结算。(4)如双方当事人就因设计变更引起的工程量增减及价款无法按上述方法进行确定的,人民法院可以通过对工程量及造价司法鉴定来确定工程量的增减及价款。(5)因设计变更导致合同价款的增减及造成的承包人的损失,由发包人承担,延误的工期相应顺延。

建设工程施工合同约定工程款实行固定价,当事人以工程发生设计变更等原因导致实际工程量存在增减为由要求调整的,有约定的按照约定处理。没有约定的,由主张调整的一方当事人对实际工程量增减的原因、数量等承担举证责任。对于确实存在设计变更等原因导致工程量发生增加的,可以参照合同约定标准(固定单价)对工程量增量部分予以单独结算。

【案例】

2010年9月1日,被告福岛开发公司将自己开发的和风泉洗浴城工程发包给原告康珠建筑公司施工,约定工程价款645万元,竣工交付后结清。施工期间,被告因资金不足而削减了工程中的贵宾客房规模。工程竣工结算时,原告要求被告赔偿因工程变更致建筑面积减少而给自己造成的损失,被告予以拒绝,双方遂起争执。原告遂诉至法院,要求被告支付已建工程款及赔偿损失。案件审理期间,经原告申请法院委托鉴定机构根据合同约定工程计价方法与标准进行鉴定,结论为工程质量合格,变更后所建工程造价为587万元,原告因工程变更致利润减少12.4万元。

法院经审理认为:因发包人进行工程变更导致合同价款的减少给承包人造成损失的,发包人应当负责赔偿。本案原、被告签订的合同系有效合同,双方当事人本应按合同约定履行各自的义务。后被告进行工程变更,并实际造成了原告损失,故被告应当进行赔偿。遂判决被告支付原告工程款587万元,赔偿原告损失12.4万元。

【分析解答】

《合同法》第113条规定:“当事人一方不履行合同义务或者履行合同义务不符合约定,给对方造成损失的,损失赔偿额应当相当于因违约所造成的损失,包括合同履行后可以获得的利益。”本案中,被告进行工程变更属于履行义务不符合合同约定的行为,因变更致建筑面积减少,从而使原告本可通过原合同施工内容履行获取的利润丧失,故被告应当进行赔偿。因此法院判决正确。

【法律法规链接】

《合同法》第44条、第109条、第113条。

164. 未经签证但事实上已经完成的工程量是否应当确认？建设方拖延工程量确认时间如何处理？

《施工合同解释(一)》第19条规定："当事人对工程量有争议的，按照施工过程中形成的签证等书面文件确认。承包人能够证明发包人同意其施工，但未能提供签证文件证明工程量发生的，可以按照当事人提供的其他证据确认实际发生的工程量。"故对虽未经签证但事实上已经完成的工程量应当予以确认。

如建设方以拒绝接收承包人的签证文件、接收后不签回执或不办理签证等方式拖延工程量确认的，承包人也可以请求人民法院依照《施工合同解释(一)》第19条的规定进行依法确认。

【案例】

2010年1月5日，被告诚利达服饰公司与原告顺丰建工公司签署建设工程施工合同，约定将其制衣车间工程发包给原告施工，合同总价暂定750万元，工程竣工验收后结清。施工期间，被告又对工程进行了部分变更。原告依被告要求进行了施工，并制作了工程变更签证单，但被告以最后统一补签为由未予及时签证。工程竣工验收后，原告持工程变更时形成的6张工程签证单要求被告补签，被告总是找借口推诿，并不与原告结算工程款。原告遂向法院提起诉讼，并向法院举证了工程变更时双方签字的会议纪要、施工方案及监理验收记录，以证实发生的工程变更情况，要求被告支付工程款。案件审理期间，经原告申请法院委托进行造价鉴定，该工程变更造价为65.78万元。

法院经审理认为：承包人未能提供签证文件证明工程量发生的，但能够提供的其他证据证明发包人同意其施工和实际发生的工程量，应当按实际发生情况确认工程量。本案中，原告虽因被告拖延签证而未能提供签证文件证明变更工程量发生，但其提供的其他证据证实该变更工程量确已发生，故对该部分工程量应予认定，并由被告进行结算支付。法院遂判决被告支付原告工程款815.78万元。

【分析解答】

《施工合同解释(一)》第19条规定："当事人对工程量有争议的，按照施工过程中形成的签证等书面文件确认。承包人能够证明发包人同意其施工，但未能提供签证文件证明工程量发生的，可以按照当事人提供的其他证据确认实际发生的工程量。"因此，工程量的确认应以实际发生情况来进行认定，工程签证并不是唯一的依据，如建设方拖延工程量确认的，承包人可以请求人民法院依照《施工合同解释(一)》第19条的规定进行依法确认。

【法律法规链接】

《合同法》第109条,《施工合同解释(一)》第19条。

165. 工程量的变更及确认规则与工程款的变更及确认规则有何不同?

工程量的变更及确认规则:建设工程实务中,由于设计变更等原因引起工程量变更,一般是双方通过签证的形式对工程量变更予以确认。《施工合同解释(一)》第19条规定:"当事人对工程量有争议的,按照施工过程中形成的签证等书面文件确认。承包人能够证明发包人同意其施工,但未能提供签证文件证明工程量发生的,可以按当事人提供的其他证据确认实际发生的工程量。"按建设工程施工合同示范文本规定:因变更导致合同价款的增减及造成承包人损失的,由发包人承担,延误的工期相应顺延。因此,确立工程量变更的规则一般是签证、举证和索赔。

工程款的变更及确认规则:首先,工程款的变更要通过报告程序进行。按1999年版《施工合同示范文本》规定:承包人在工程变更确定后14日内,提出变更工程价款的报告,经工程师确认后调整合同价款;逾期不提出变更报告的,视为该项变更不涉及合同价款的变更。按2013年版、2017年版《施工合同示范文本》规定:承包人应在收到变更指示后14日内,向监理人提交变更估价申请。监理人应在收到承包人提交的变更估价申请后7日内审查完毕并报送发包人,监理人对变更估价申请有异议,通知承包人修改后重新提交。发包人应在承包人提交变更估价申请后14日内审批完毕。发包人逾期未完成审批或未提出异议的,视为认可承包人提交的变更估价申请。承包人应在知道或应当知道索赔事件发生后28日内,向监理人递交索赔意向通知书,并说明发生索赔事件的事由;承包人未在前述28日内发出索赔意向通知书的,丧失要求追加付款的权利。其次,《施工合同解释(一)》第16条规定:因设计变更导致建设工程的工程量或者质量标准发生变化,当事人对该部分工程价款不能协商一致的,可以参照签订建设工程施工合同时当地建设行政主管部门发布的计价方法或者计价标准结算工程价款。因此,确立工程款变更的规则一般是报告、协商和参照。

166. 工程款已结清情况下对工程量再有争议怎么办?

通常,工程款价款的结算是按工程量来计算并进行结算的,如当事人对工程量有异议,应当在工程款结算前提出进行处理。如工程款已结清,表明双方当事人对已结清工程款所对应的工程量无异议;故工程款已结清情况下对工程量再有争议一般不予支持;除非当事人有充分证据证明工程款结算前,对工程量的确定确实存在最高人民法院《证据规定》第27条中规定的"鉴定机构或者鉴定人员不具备相关的鉴定资格的、鉴定程序严重违法的、鉴定结论明显依据不足”等情形。

【案例】

2010年3月12日,被告文楼鞋帽厂与原告鑫远建筑公司签订建设工程施工合同,将其鞋帽成品车间工程包工包料发包给原告施工,工程价款暂定420万元,工程竣工验收合格后结清。2010年9月10日,工程竣工验收合格后,双方进行了结算,被告支付了全部工程款,原告应被告要求而出具了“所有项目及费用均已结清”的证明。后原告回忆认为,双方结算时可能漏算了一张工程施工变更签证工程量,遂要求被告追加结算。被告则予以否认并以已全部结清为由拒绝追加结算。原告遂提起诉讼,要求被告再支付工程款9.87万元。

法院经审理认为:原告、被告对工程价款已进行了结算和支付,原告也已出具了结清证明,从原告出具的证明内容看,双方所有项目及费用均已结清。现原告主张漏算了一张工程施工变更签证,但又提供不出该签证未列入当时结算范围之内的相关证据,因此,其诉称理由不足以推翻结清证明的效力,故对其诉称应不予支持。法院遂判决驳回原告诉讼请求。

【分析解答】

《合同法》第91条规定:合同的权利义务因债务已经按照约定履行而终止。本案中,原告与被告就工程价款已经进行了结算,原告又出具了结清证明,表明已经对纠纷所有责任进行了兜底了结。现原告又提出追究漏算部分工程量责任,不应得到法院的支持。

【法律法规链接】

《合同法》第91条,《民事诉讼法》第64条。

第七章　工程质量问题

167. 什么是工程质量问题？常见工程质量问题有哪些？

工程质量问题，是指建设工程质量因在施工方法、技术、使用功能、耐久性能、安全及环境保护等方面存在不符合法律规定或合同约定的质量标准而产生的工程缺陷、毛病、隐患或其他后果。

建设工程质量问题通常分为：工程质量缺陷、工程质量通病、工程质量事故等三类。工程质量缺陷是指建筑工程施工质量中不符合规定要求的检验项或检验点，按其程度可分为严重缺陷和一般缺陷。严重缺陷是指对工程质量有决定性影响的缺陷；一般缺陷是指工程质量非决定性影响的缺陷。工程质量通病是指各类影响工程结构、使用功能和外形观感的常见性质量损伤。工程质量事故是指对工程结构安全、使用功能和外形观感造成影响和损失较大的质量损伤；按造成损失严重程度划分为：一般质量事故、严重质量事故和重大质量事故三类。

常见工程质量问题有：(1)基础工程：桩基偏位，离析等；(2)混凝土工程：柱、梁、板出现鼓凸、断裂或翘曲等；(3)砌体工程：墙体出现下沉、裂缝变形等；(4)脚手架，模板工程：脚手架、模板倒塌等；(5)屋面防水工程：渗、漏水等。

168. 承包人应当承担工程质量责任情形有哪些？发包人应当承担质量责任的情形有哪些？

一、承包人应当承担工程质量责任情况

《建筑法》第58条规定：建筑施工企业对工程的施工质量负责，必须按照工程设计图纸和施工技术标准施工，不得偷工减料；工程设计的修改由原设计单位负责，建筑施工企业不得擅自修改工程设计。第59条规定：建筑施工企业必须按照工程设计要求、施工技术标准和合同的约定，对建筑材料、建筑构配件和设备进行检验，不合格的不得使用。《合同法》第281条规定：因施工人的原因致使建设工程质量不符合约定的，发包人有权要求施工人在合理期限内无偿修理或者返工、改建。经过修理或者返工、改建后，造成逾期交付的，施工人应当承担违约责任。《施工合同解释(一)》第11条规定：因承包人的过错造成建设工程质量不符合约定，承包人拒绝修理、返工或者改建，发包人请求减少支付工程价款的，应予支持。

从上述规定可以看，工程质量出现问题一般由承包人承担。实践中，承包人承担工程质量责任的情形主要有：(1)未按工程设计施工图纸和施工技术规范施工造成的工程质量问题;(2)未按工程设计要求、施工技术规范和合同约定,对建筑材料、建筑构配件和设备进行检验,使用不合格的建筑材料、构配件和设备造成的工程质量问题;(3)建筑工程竣工验收时检验出来的屋顶、墙面渗漏、开裂等施工工程质量问题;(4)建筑物在合理使用寿命中,地基基础工程和主体结构出现的质量问题。

二、发包人应当承担工程质量责任情况

《施工合同解释(一)》第12条规定:发包人具有下列情形之一,造成建设工程质量缺陷,应当承担过错责任:(1)提供的设计有缺陷;(2)提供或者指定购买的建筑材料、建筑构配件、设备不符合强制性标准;(3)直接指定分包人分包专业工程。

三、发包人、承包人应当共同承担工程质量责任情况

《施工合同解释(一)》第12条还规定:承包人有过错的,也应当承担相应的过错责任。这里主要是指承、发包双方混合过错造成工程质量问题的,由双方按过错责任比例承担。它通常包括以下情形:(1)承包方明知发包方提供的设计图纸存在问题或在施工过程中发现问题,而没有及时提出意见和建议继续施工的;(2)对发包方提供或者指定购买的建筑材料、建筑构配件、设备不符合强制性标准,没有进行应有的检验或经检验不合格仍然使用的;(3)总承包人对发包人直接指定的分包人施工的工程质量未履行总包人质量管理义务的;(4)对发包方提出的违反法律、法规和建筑工程质量、安全标准,降低工程质量的要求,承包方不予拒绝而进行施工的。

【案例】

2009年4月5日,原告通达彩印厂将1幢办公楼和2幢职工宿舍楼工程施工发包给被告华安建筑公司总承包施工。合同签订后,原告通达彩印厂不顾华安建筑公司的反对,又将其中的1幢宿舍楼指定华安建筑公司分包给被告悦莱工程公司承建。华安建筑公司在原告以解除合同相挟的情况下,为不失去该笔工程业务,只得按原告的指定进行了分包。施工期间,华安建筑公司履行总包管理义务,但悦莱工程公司不予理睬,而原告在听取华安建筑公司汇报后,也不予处理。工程竣工验收交付使用不久,原告即发现悦莱工程公司承建的宿舍楼出现地下自行车库渗水现象,且随着时间的延长,渗水越来越严重。原告便要求华安建筑公司与悦莱工程公司进行维修,但两公司相互推诿。原告在通过鉴定查明地下自行车库渗水系因防渗水施工缺陷造成的情况下,请其他施工单位进行了维修,花去修复费用32万元。后原告将华安建筑公司与悦莱工程公司一并起诉,要求两被告共同承担质量修复费用。

法院经审理认为:发包人直接指定分包人分包专业工程,造成建设工程质量缺陷,应当承担过错责任。本案中,原告作为发包人不顾总承包人华安建筑公司的反对,直接指定被告悦莱工程公司分包部分工程,且不履行协助总承包人对分

包人进行质量管理的义务，现该分包工程发生质量问题，除悦莱工程公司作为施工人应当承担施工质量责任外，原告对此亦应承担过错责任。华安建筑公司在工程分包过程中没有过错，不应承担责任。法院遂判决由悦莱工程公司按70%支付原告修复费用22.4万元，并驳回原告的其他诉讼请求。

【分析解答】

《施工合同解释(一)》第12条规定：发包人具有下列情形之一，造成建设工程质量缺陷，应当承担过错责任：…… (3)直接指定分包人分包专业工程。本案中，原告作为发包人不顾总承包人反对，直接指定他人分包部分工程，且不履行协助总承包人对分包人进行质量管理的义务，其对分包工程发生质量问题存在过错，应当按过错程度承担相应责任，故法院判决由其自担30%质量修复费用符合法律规定。

【法律法规链接】

《建筑法》第58条、第62条，《施工合同解释(一)》第12条。

169. 什么是工程质量保证金？什么是工程质量保修金？两者有何不同？两者何时返还？司法解释与示范文本对质量保证金返还期限规定不同应如何处理？质量保证金返还时是否应当支付利息？质量保证金返还后工程维修义务是否免除？

一、工程质量保证金、工程质量保修金的概念

工程质量保证金，又称建筑工程信誉保证金，是指施工单位根据建设单位的要求，在建设工程承包合同签订之前交付给建设单位用以保证施工质量的资金。

工程质量保修金，是指建设单位与施工单位在建设工程承包合同中约定或施工单位在工程质量保修书中承诺，由建设单位从应付工程款中预留的、用以支付在建筑工程保修期限和保修范围内出现质量问题进行维修所产生的维修费用资金。

二、工程质量保证金与质量保修金区别

两者都是承包人为保证施工合同的履行而进行的一种担保，但质量保证金是在建设工程承包合同履行前即交付给建设单位用以保证施工质量的资金，一般是担保工程竣工验收前出现的质量问题；质量保证金的数额一般由当事人自行协商确定。质量保修金是担保工程竣工验收后保修期限内出现的质量问题；质量保修金一般由建设单位从应付工程款中预留，金额通常为不超过工程价款结算总额的5%（2013年版《施工合同示范文本》）或3%（2017年版《施工合同示范文本》）。

目前，工程实务中，当事人、法务界有时对工程质量保证金与质量保修金区分并不清晰，往往将两者混同，且大部分时候认为工程质量保证金就是质量保修金。

2013年版、2017年版《施工合同示范文本》就是如此。

三、工程质量保证金与质量保修金的返还期限

较早之前，工程质量保证金一般于工程验收合格后进行工程款结算时返还或清算；工程质量保修金返还问题，根据建设部、财政部《建设工程质量保证金管理暂行办法》（建质〔2005〕7号）第2条："本办法所称建设工程质量保证金（保修金）（以下简称保证金）是指发包人与承包人在建设工程承包合同中约定，从应付的工程款中预留，用以保证承包人在缺陷责任期内对建设工程出现的缺陷进行维修的资金。缺陷是指建设工程质量不符合工程建设强制性标准、设计文件，以及承包合同的约定。缺陷责任期一般为6个月、12个月或24个月，具体可由发、承包双方在合同中约定。"第5条："缺陷责任期从工程通过竣（交）工验收之日起计。由于承包人原因导致工程无法按规定期限进行竣（交）工验收的，缺陷责任期从实际通过竣（交）工验收之日起计。由于发包人原因导致工程无法按规定期限进行竣（交）工验收的，在承包人提交竣（交）工验收报告90天后，工程自动进入缺陷责任期。"第9条："缺陷责任期内，承包人认真履行合同约定的责任，到期后，承包人向发包人申请返还保证金。" 第10条："发包人在接到承包人返还保证金申请后，应于14日内会同承包人按照合同约定的内容进行核实。如无异议，发包人应当在核实后14日内将保证金返还给承包人，逾期支付的，从逾期之日起，按同期银行贷款利率计付利息，并承担违约责任。发包人在接到承包人返还保证金申请后14日内不予答复，经催告后14日内仍不予答复，视同认可承包人的返还保证金申请。"由此可见，那时的工程质量保修金一般应在双方当事人合同约定的缺陷责任期终止后进行返还或清算；如无约定返还期限，则应根据《建设工程质量保证金管理暂行办法》规定的期限，最长不应超过24个月，承包人即可申请返还。

但近年来，随着建设工程领域对工程质量保证金与质量保修金区别的日益淡化和混同，相关法律、法规、司法解释及其他司法规范性文件也大多不再提"工程质量保修金"这一叫法，基本上都使用"工程质量保证金"这一个名词来涵盖两者所包含的内容。2017年6月20日，住房和城乡建设部、财政部发布《建设工程质量保证金管理办法》（建质〔2017〕138号），该办法第2条规定："本办法所称建设工程质量保证金（以下简称保证金）是指发包人与承包人在建设工程承包合同中约定，从应付的工程款中预留，用以保证承包人在缺陷责任期内对建设工程出现的缺陷进行维修的资金。缺陷是指建设工程质量不符合工程建设强制性标准、设计文件，以及承包合同的约定。缺陷责任期 般为1年，最长不超过2年，由发、承包双方在合同中约定。" 第7条："发包人应按照合同约定方式预留保证金，保证金总预留比例不得高于工程价款结算总额的3%。合同约定由承包人以银行保函替代预留保证金的，保函金额不得高于工程价款结算总额的3%。"第8条："缺陷责任期从工程通过竣工验收之日起计。由于承包人原因导致工程无法按规定期限进行竣工验收的，缺陷责任期从实际通过竣工验收之日起计。由于发包人原因导

致工程无法按规定期限进行竣工验收的,在承包人提交竣工验收报告 90 天后,工程自动进入缺陷责任期。"住房和城乡建设部在制定 2017 年版《施工合同示范文本》时,又根据上述《建设工程质量保证金管理办法》相关规定对 2013 年版《施工合同示范文本》质量保证金相关内容进行了修改,规定:(1)已缴纳履约保证金或提供其他工程质量担保方式的,不得再次扣留质量保证金;(2)退还质量保证金的同时按照中国人民银行发布的同期同类贷款基准利率支付利息;(3)扣留质量保证金的比例由原来的不得超过工程价款结算总额的 5%修改为不得超过工程价款结算总额的 3%。

另外,2017 年版《施工合同示范文本》还规定:缺陷责任期从工程通过竣工验收之日起计算,合同当事人应在专用合同条款约定缺陷责任期的具体期限,但该期限最长不超过 24 个月;缺陷责任期到期后,承包人可向发包人申请返还保证金。发包人在接到承包人返还保证金申请后,应于 14 日内会同承包人按照合同约定的内容进行核实。如无异议,发包人应当按照约定将保证金返还给承包人。对返还期限没有约定或者约定不明确的,发包人应当在核实后 14 日内将保证金返还承包人,逾期未返还的,依法承担违约责任。发包人在接到承包人返还保证金申请后 14 日内不予答复,经催告后 14 日内仍不予答复,视同认可承包人的返还保证金申请。

最高人民法院在《施工合同解释(二)》第 8 条中也对工程质量保证金如何返还问题从司法层面上作出了较为详细的规定:"有下列情形之一,承包人请求发包人返还工程质量保证金的,人民法院应予支持:(一)当事人约定的工程质量保证金返还期限届满;(二)当事人未约定工程质量保证金返还期限的,自建设工程通过竣工验收之日起满二年;(三)因发包人原因建设工程未按约定期限进行竣工验收的,自承包人提交工程竣工验收报告九十日后起当事人约定的工程质量保证金返还期限届满;当事人未约定工程质量保证金返还期限的,自承包人提交工程竣工验收报告九十日后起满二年。"

因此,目前形势下我们只须按《建设工程质量保证金管理办法》、2017 年版《施工合同示范文本》及《施工合同解释(二)》中规定的"工程质量保证金"返还期限掌握就行了。

四、司法解释与示范文本对质量保证金返还期限规定不同应如何处理

从上述第三部分内容可以看出,最高人民法院在《施工合同解释(二)》第 8 条中关于工程质量保证金返还期限上与《建设工程施工合同(示范文本)》存在一些差异,但由于《施工合同示范文本》不具有强制适用的效力,只是当事人采用该文本签订合同或约定适用该文本处理双方合同纠纷时才能作为依据,故审判实践中应当本着当事人"有约定按约定,无约定按法定"的原则进行取舍。

五、质量保证金返还时是否应当支付利息

2017 年版《施工合同示范文本》在条款 15.3.2 中规定:"发包人在退还质量保证

金的同时按照中国人民银行发布的同期同类贷款基准利率支付利息。”如果双方当事人采用该文本订立施工合同，则质量保证金返还时应当支付利息。

六、质量保证金返还后工程维修义务是否免除

《施工合同解释(二)》第8条第2款规定：发包人返还工程质量保证金后，不影响承包人根据合同约定或者法律规定履行工程保修义务。

【案例】

2010年7月3日，被告鸿杰实业公司与原告健宜工程公司签订施工合同，将其公司招待所工程包工包料发包给原告施工。合同约定工程总价510万元。为保证施工质量，原告应被告的要求交付了工程质量保证金20万元。工程竣工验收结算时，被告要求从工程款中按5%预留原告质量保修金，但原告认为已交纳了质量保证金，不应再预留质量保修金；而被告则坚持两者都要保留。双方为此发生争议，原告遂诉至法院，要求被告支付工程款510万元，并退还20万元质量保证金。

法院经审理认为：原、被告双方签订的合同合法有效，工程竣工合格后被告应当结清工程款。工程竣工验收结算时，被告要求从工程款中按5%预留原告质量保修金，不违反法律规定，应予支持；但原告在签订合同前交付的工程质量保证金20万元，因施工过程中未发生任何质量问题，且工程已经验收合格，故亦应予以退还原告。经调解，双方当事人自愿达成了由被告支付原告工程款490万元(原告用已交付的工程质量保证金20万元充抵工程质量保修金)的调解协议，后法院对此制作调解书进行了确认。

【分析解答】

本案中，原告在签订合同前交付的20万元性质为工程质量保证金，后经原、被告协议，将该20万元转换为工程质量保修金。

【法律法规链接】

《合同法》第109条。

170. 建设工程质量等级如何评定的？工程质量不合格的民事责任如何承担？工程需要试车的，试车中质量不合格的民事责任如何承担？

一、工程质量等级评定

工程质量等级评定分为合格、不合格两个等级。

二、工程质量不合格的民事责任承担

(1)因承包人过错导致质量不合格的，根据《合同法》第281条及《施工合同解释(一)》第11条规定，施工人在合理期限内无偿修理或者返工、改建。经过修理

或者返工、改建后，造成逾期交付的，施工人应当承担违约责任；承包人拒绝修理、返工或者改建，发包人请求减少支付工程价款的，应予支持。根据《施工合同解释（一）》第3条规定："建设工程施工合同无效，且建设工程经竣工验收不合格的，按以下情形分别处理：（一）修复后的建设工程经竣工验收合格，发包人请求承包人承担修复费用的，应予支持；（二）修复后的建设工程经竣工验收不合格，承包人请求支付工程价款的，不予支持。因建设工程不合格造成的损失，发包人有过错的，也应承担相应的民事责任。"（2）因发包人过错导致质量不合格的，根据《施工合同解释（一）》第12条、第13条规定，发包人过错造成质量缺陷的，承担过错责任；擅自使用未经竣工验收合格工程的，工程质量视为合格。

三、试车中的质量责任承担

（1）因设计原因导致试车达不到验收要求，发包人应要求设计人修改设计，承包人按修改后的设计重新安装。发包人承担修改设计、拆除及重新安装的全部费用，工期相应顺延。（2）因承包人原因导致试车达不到验收要求，承包人按监理人要求重新安装和试车，并承担重新安装和试车的费用，工期不予顺延。（3）因工程设备制造原因导致试车达不到验收要求的，由采购该工程设备的合同当事人负责重新购置或修理，承包人负责拆除和重新安装，由此增加的修理、重新购置、拆除及重新安装的费用及延误的工期由采购该工程设备的合同当事人承担。

【案例】

2010年1月1日，被告仕洋化工公司与原告姚某签订施工合同，将其氧化室工程包工包料发包给原告施工，合同固定总价510万元，竣工验收合格后付清。2010年5月10日，工程完工，被告组织竣工验收，经验收工程质量不合格。被告遂要求原告进行修复，原告进行修复后，验收又未能通过。被告遂拒付工程款。原告认为被告有意刁难，遂诉至法院，要求被告支付工程款510万元。案件审理期间，法院根据原告申请进行工程质量鉴定，经鉴定意见为工程质量不合格。

法院经审理认为：工程质量合格是被告支付工程款的前提。本案中，被告将工程发包给不具有相应施工资质的原告承包施工，双方签订的合同为无效合同，原告施工工程质量不合格，且经修复仍不合格，故被告有权拒付工程款。由于被告将工程发包给无资质的原告承包，其对合同无效及工程质量不合格也存在过错，故亦承担适当责任。遂判决驳回原告要求被告支付工程款的诉讼请求，由被告按工程款10%承担原告损失51万元。

【分析解答】

《施工合同解释（一）》第3条规定："建设工程施工合同无效，且建设工程经竣工验收不合格的，按以下情形分别处理：……（二）修复后的建设工程经竣工验收不合格，承包人请求支付工程价款的，不予支持。因建设工程不合格造成的损失，发包人有过错的,也应承担相应的民事责任。”本案中,原告施工工程质量不合格,虽经修复仍不合格,故被告有权拒付工程款。同时,被告将工程发包给无资质的原告承包,其对合同无效及工程质量不合格也存在过错,故亦承担适当责任。

【法律法规链接】

《建筑法》第26条,《施工合同解释(一)》第1条、第3条。

171. 建设工程质量保修期有哪些规定?约定质量保修期低于法定最低保修期,该约定是否有效?保修责任的免除情形有哪些?

一、建设工程质量保修期的规定

根据《建设工程质量管理条例》第40条规定:“在正常使用条件下,建设工程的最低保修期限为:(一)基础设施工程、房屋建筑的地基基础工程和主体结构工程,为设计文件规定的该工程的合理使用年限;(二)屋面防水工程、有防水要求的卫生间、房间和外墙面的防渗漏,为5年;(三)供热与供冷系统,为2个采暖期、供冷期;(四)电气管线、给排水管道、设备安装和装修工程,为2年。其他项目的保修期限由发包方与承包方约定。建设工程的保修期,自竣工验收合格之日起计算。”

二、约定质量保修期低于法定保修期效力问题

《建设工程质量管理条例》第41条规定:“建设工程在保修范围和保修期限内发生质量问题的,施工单位应当履行保修义务,并对造成的损失承担赔偿责任。”《房屋建筑工程质量保修办法》第6条也规定:建设单位和施工单位应当在工程质量保修书中约定保修范围、保修期限和保修责任等,双方约定的保修范围、保修期限必须符合国家有关规定。因此,建设工程合同当事人约定质量保修期不能低于法定最低保修期,否则将因违反了《建设工程质量管理条例》这一行政法规关于施工单位应履行的最低保修期限的强制性规定而无效。

三、保修责任免除的通常情形

(1)因保修期限届满而免除;(2)因非正常使用而免除;(3)因第三方责任造成质量缺陷而免除;(4)因不可抗力造成的破坏而免除。

【案例】

2012年1月3日,原告康元大药房与被告天籁工程公司签订施工合同,将其中草药仓库工程发包给原告施工,合同总价428万元,竣工验收合格后付清。双方当事人对工程质量保修期进行了约定:地基基础工程和主体结构工程为15年;屋面防水、外墙面的防渗漏为3年;电气管线为2年。同年5月30日,工程竣工验收合格后交付,原告支付了全部工程款。2015年7月,原告发现下雨时中草药仓库屋顶出现漏水现象,且越来越严重,导致存放的中草药受潮霉变,遂找被告修理,

被告以过了质保期为由而拒绝修理。原告遂诉至法院，要求被告承担维修责任。庭审中，被告仍以过了质保期进行抗辩。

法院经审理认为：根据《建设工程质量管理条例》第40条的规定，屋面防水工程、有防水要求的卫生间、房间和外墙面的防渗漏法定最低保修期为5年，自工程竣工验收合格之日起计算。本案原、被告在合同中约定为3年，低于法定最低保修期，该约定因违反了法律、法规关于最低保修期限强制性规定而无效。遂判决被告在判决生效后一个月内负责将原告屋面渗漏水质量问题修复完毕。

【分析解答】

法定最低保修期是《建设工程质量管理条例》等法律、法规关于施工单位应履行的工程质量保修最低期限，属于强制性规定，建设单位和施工单位双方约定的保修范围、保修期限可以高于这一期限，但不得低于这一期限。否则，则因违反法规强制性规定而无效。本案原告、被告在合同中约定屋面渗漏水质量保修期为3年，低于法定最低保修期，故约定无效。

【法律法规链接】

《建筑法》第58条、第62条，《建设工程质量管理条例》第40条。

172. 甲供材导致的工程质量问题应由谁担责？

《施工合同解释（一）》第12条规定："发包人具有下列情形之一，造成建设工程质量缺陷，应当承担过错责任：……（二）提供或者指定购买的建筑材料、建筑构配件、设备不符合强制性标准；……承包人有过错的，也应当承担相应的过错责任。"《建筑法》第58条规定："建筑施工企业对工程的施工质量负责。"第59条："建筑施工企业必须按工程设计要求、施工技术标准和合同的约定，对建筑材料、建筑构配件和设备进行检验，不合格的不得使用。"从上述规定可以看出，甲供材因材料本身质量不符合强制性标准而导致工程质量缺陷，发包人应当承担过错责任；但施工单位对于甲供材具有法定检验义务，并对不合格的甲供材不得使用。如施工单位没有履行检验义务或经检验发现甲供材不合格仍然使用的，使本可通过检验和质量把关即能有效避免发生的甲供材所致工程质量问题未能避免，其主观上存在过错，故依法也应当承担相应的过错责任。审判实践中，对这种由承、发包双方混合过错造成的工程质量问题，法官可根据承、发包双方的过错程度大小酌定由双方按一定的责任比例分担工程质量问题所造成的损失。

【案例】

2010年1月9日，被告宇文置业公司（甲方）与原告科威建工公司（乙方）签订了建设工程施工合同一份,将其开发的西游演艺大厅工程发包给原告承建,合同约定,工程所用钢材由被告提供,其余建材及人工由原告承包施工,工程价款990万元,按工程进度分期付款,竣工验收合格后结清全部工程款。合同签订后,原告按约施工。施工期间,原告工人发现被告所提供的钢材与工程设计标准规格不一致,便向施工负责人报告,施工负责人接到报告后认为:反正建材是被告自己提供的,是好是坏与施工方无关,再说钢材规格误差不大,将就使用应该没有什么问题,遂让工人继续施工。2010年12月30日,工程如期竣工。工程验收时,被告发现演艺大厅房顶出现很多裂缝和变形等质量问题,遂要求原告进行整改与修复,原告认为可能系被告所供钢材质量原因造成的,与施工无关,遂拒绝修复,被告也因此拒绝结算付款。原告遂向法院提起诉讼,要求被告支付工程尾欠款410万元。庭审中,被告提出原告施工工程存在质量问题,并以此为由拒绝付款。案件审理期间,法院根据被告申请,对工程质量问题进行委托鉴定,经鉴定,造成质量问题的原因系施工所使用的钢材规格不符合设计标准要求,承重力和承受拉力强度不足导致房顶下陷致房顶出现很多裂缝和变形;修复该质量问题需修复费用165.8万元。被告遂要求原告按质量问题修复费用减少付款的方式承担工程质量责任。

法院经审理认为:发包人提供的建筑材料不符合强制性标准,造成建设工程质量缺陷的,应当承担过错责任;承包人有过错的,也应当承担相应的过错责任。本案中,被告未按工程设计标准要求提供工程所需钢材,从而导致工程出现质量问题,被告应当承担质量问题主要过错责任(70%)。原告作为建筑施工企业,其在发现被告未按工程设计标准要求提供工程所需钢材时,未拒绝使用或向被告提出更换建议,其对工程最终产生质量问题主观上也存在过错,故也应承担相应的次要过错责任(30%)。遂判决被告给付原告工程款360.26万元,并驳回原告的其他诉讼请求。

【分析解答】

本案所产生的工程质量问题既有甲供材不符合强制性标准原因,也有施工人缺乏质量责任意识而对经检验发现甲供材不合格仍然使用的原因。因此,原、被告均存在过错,法院根据承、发包双方的过错程度大小酌定由双方按一定的责任比例分担工程质量问题所造成的损失是正确的。

【法律法规链接】

《合同法》第109条,《施工合同解释(一)》第12条,《建筑法》第58条、第59条。

173. 一方起诉索要工程款,另一方以工程质量问题拒付,审判实践中是作为抗辩处理还是作为反诉处理?

从我国《民事诉讼法》关于反诉与抗辩的规定来看,反诉是指在本诉程序中,被告以本诉原告为被告，向受诉法院提出的与本诉有牵连的独立的反请求；抗辩则是指对抗原告的诉讼请求并说明理由的诉讼活动；抗辩的目的在于使原告的诉讼请求无法实现，但并非向原告提出独立的反请求。区分反诉还是抗辩的关键在于看被告是否向原告提出了独立的诉讼请求。建设工程合同纠纷案件是合同纠纷的一种，被告以原告履行合同有瑕疵为由拒绝原告的诉讼请求，是符合我国《民事诉讼法》和《合同法》关于抗辩的理论的，其拒绝原告要求给付工程款诉讼请求就是一种抗辩，属于合同履行抗辩权。故被告为使原告诉讼请求无法实现而提出的关于工程质量问题理应认定为对该合同纠纷案的正常抗辩。

从早期审判实践中看，江苏省高级人民法院对此问题作出的处理方式较为妥贴：(1)承包人起诉要求发包人支付工程款，发包人就工程质量问题提出异议但未提起反诉的，该异议属于抗辩，在承包人诉讼请求范围内，不需发包人提出反诉或另案起诉；(2)如果发包人提出其因工程质量问题所受到的损失超过承包人要求支付的工程款的，超出部分须由发包人提出反诉才能予以支持；(3)承包人起诉要求发包人支付工程款，发包人以工程质量不符合约定或者不合格为由提起反诉的，应当一并解决，不得要求其另案起诉。

但上述处理方式中(1)、(2)两点做法在审判实务中也带来不少问题，因为发包人以建设工程质量不符合合同约定或者法律规定为由，以抗辩方式来主张不付或少付工程价款时，往往均涉及工程质量是否合格及不合格时违约责任和损失赔偿问题，这些问题的确定往往都构成被告的独立诉求特征，人民法院将此作为发包人抗辩审理起来所做的工作量并不少于被告反诉或另案诉讼，而且还在一定程度上助长了发包人对抗辩权的滥用。

最高人民法院在2019年2月1日施行的《施工合同解释(二)》第7条规定："发包人在承包人提起的建设工程施工合同纠纷案件中，以建设工程质量不符合合同约定或者法律规定为由，就承包人支付违约金或者赔偿修理、返工、改建的合理费用等损失提出反诉的，人民法院可以合并审理。"最高人民法院法官王毓莹、陈亚在解读该条规定时认为："抗辩只能在本诉原告的诉请范围内要求减轻或者免除自己的责任，发包人如果认为工程质量不合格，可以提出违约金请求或者赔偿修理、返工、改建费用等损失主张，但发包人主张并不能直接减轻或者免除其支付工程款的义务。因此，发包人以抗辩的方式主张工程质量不合格请求少付或者不付工程款时，人民法院需释明其应提出反诉或者另行起诉。如果发包人提出反诉的，人民法院可以和承包人的本诉请求合并审理。如果发包人坚持提出抗辩的，人民法院应驳回其抗辩主张。"笔者赞同该观点，因为，这样既有利于在一定程度上减轻法官的审案负担，也有利于在一定程度上扼制发包人对抗辩权的滥用。

【案例】

同问题172案例。

【分析解答】

本案中，原告起诉索要工程款，被告以工程质量问题拒付的主张，目的在于使原告的诉讼请求无法实现，但并非向原告提出独立的反请求，符合我国《民事诉讼法》和《合同法》关于抗辩的理论，其拒绝原告要求给付工程款诉讼请求就是一种抗辩，属于合同履行抗辩权，且其抗辩主张标的在原告诉讼请求范围内，因此不需被告提出反诉或另案起诉，应当作为正常抗辩而一案处理；故法院对此一案解决是妥当的。

【法律法规链接】

《合同法》第 109 条，《施工合同解释（一）》第 12 条，《建筑法》第 58 条、第 59 条。

174. 工程监理单位对工程质量问题是否应当承担责任？如何承担责任？隐蔽工程在隐蔽之前承、发包双方有哪些义务？监理人未按时进行检查，后果如何处理？承包人私自覆盖工程隐蔽部位的，后果如何处理？

《建筑法》第 35 条规定："工程监理单位不按委托监理合同的约定履行监理义务，对应当监督检查的项目不检查或者不按规定检查，给建设单位造成损失的，应当承担相应的赔偿责任。工程监理单位与承包单位串通，为承包单位谋取非法利益，给建设单位造成损失的，应当与承包单位承担连带赔偿责任。"从上述规定可以看出，工程监理单位如在履行监理职责中不按委托监理合同的约定履行监理义务，给建设单位造成包括工程质量问题在内等损失的，应当承担赔偿责任，至于赔偿责任的大小则根据其过错程度确定相应的责任；如其与承包单位串通给建设单位造成包括工程质量问题在内等损失的，也应当承担赔偿责任，但责任方式为与承包单位承担连带赔偿责任。工程监理单位对工程质量问题承担赔偿责任的范围以其所造成的损失大小为衡量标准，并不限于其所取得的监理酬金。

《合同法》第 278 条规定："隐蔽工程在隐蔽以前，承包人应当通知发包人检查。发包人没有及时检查的，承包人可以顺延工程日期，并有权要求赔偿停工、窝工等损失。"由此可见，承包人有通知发包人检查义务，发包人收到通知后有及时检查并做好检验记录的义务。

2013 年版《施工合同示范文本》确立了监理人为中心的质量管理制度。该文本规定：工程隐蔽部位经承包人自检确认具备覆盖条件的，承包人应在共同检查前 48 小时书面通知监理人检查，监理人应按时到场并对隐蔽工程及其施工工艺、材料和工程设备进行检查。经监理人检查确认质量符合隐蔽要求，并在验收记录上签字后，承包人才能进行覆盖。经监理人检查质量不合格的，承包人应在监理人指示的时间内完成修复,并由监理人重新检查,由此增加的费用和(或)延误的工期由承包人承担。

监理人不能按时进行检查的,应在检查前24小时向承包人提交书面延期要求,但延期不能超过48小时,由此导致工期延误的,工期应予以顺延。

监理人未按时进行检查,也未提出延期要求的,视为隐蔽工程检查合格,承包人可自行完成覆盖工作,并作相应记录报送监理人,监理人应签字确认。承包人覆盖工程隐蔽部位后,发包人或监理人对质量有疑问的,可要求承包人对已覆盖的部位进行钻孔探测或揭开重新检查,承包人应遵照执行,并在检查后重新覆盖恢复原状。经检查证明工程质量符合合同要求的,由发包人承担由此增加的费用和(或)延误的工期,并支付承包人合理的利润;经检查证明工程质量不符合合同要求的,由此增加的费用和(或)延误的工期由承包人承担。

承包人未通知监理人到场检查,私自将工程隐蔽部位覆盖的,监理人有权指示承包人钻孔探测或揭开检查,无论工程隐蔽部位质量是否合格,由此增加的费用和(或)延误的工期均由承包人承担。

2017年版《施工合同示范文本》继承了上述这一质量管理制度。

【案例】

2009年8月9日,被告永利药业公司与原告宏运工程公司签订施工合同,将其制药厂房工程以总价790万元包工包料发包给原告施工,并请天益监理公司监理。施工期间,宏运工程公司为谋取高额利润,便买通监理人员方某后,在隐蔽工程中偷工减料和使用劣质建材。监理人员方某因收取好处费后便放松了监理的监督检查工作。工程竣工验收交付使用不到二年,原告便发现厂房墙体倾斜开裂和部分坍塌现象;而在此期间,监理方某因在其他工程中收受贿赂被人告发后获刑入狱,其在受审期间也交代了收取宏运工程公司好处费而放松监理的情况,后宏运工程公司及其主要负责人也因此受到了法律追究。原告在工程质量出现问题后要求宏运工程公司进行维修,遭到了宏运工程公司新任负责人的拒绝。原告遂诉至法院,要求被告宏运工程公司与天益监理公司监理共同承担工程质量维修责任。案件审理期间,法院根据原告申请对工程质量问题及修复费用进行鉴定,结论为工程质量问题系因隐蔽工程中偷工减料和使用劣质建材所致,修复费用需215万元,原告支付鉴定费2万元。

法院经审理认为:施工单位应对工程的质量负责,并履行工程质量保修义务。工程监理单位在施工过程中与承包单位串通,为承包单位谋取非法利益,给建设单位造成损失的,应当与承包单位承担连带赔偿责任。本案中,被告宏运工程公司在隐蔽工程中偷工减料和使用劣质建材,导致本案工程质量的发生,且质量问题在保修期限内,故其应当承担质量维修义务和赔偿因此给原告造成的损失。天益监理公司因其工作人员在履行职务过程中,与施工单位监理串通,为施工单位谋取非法利益，给原告造成的损失，其作为单位应当对工作人员的失职行为后果负责，依法应与被告宏运工程公司承担连带赔偿责任。法院遂判决被告宏运工程公司赔偿原告工程修复费用215万元、鉴定费2万元，合计217万元；被告天益监理公司与被告宏运工程公司负连带赔偿责任。

【分析解答】

《建筑法》第35条规定："工程监理单位不按委托监理合同的约定履行监理义务，对应当监督检查的项目不检查或者不按规定检查，给建设单位造成损失的，应当承担相应的赔偿责任。工程监理单位与承包单位串通，为承包单位谋取非法利益，给建设单位造成损失的，应当与承包单位承担连带赔偿责任。"从上述规定可以看出，工程监理单位如在履行监理职责中不按委托监理合同的约定履行监理义务，给建设单位造成包括工程质量问题在内等损失的，应当承担连带赔偿责任。本案中，天益监理公司因其工作人员在履行职务过程中，与施工单位监理串通，为施工单位谋取非法利益，给原告造成的损失，其作为单位应当对工作人员的失职行为后果负责，故法院判决其与被告宏运工程公司承担连带赔偿责任是正确的。

【法律法规链接】

《建筑法》第35条、第58条、第62条。

175. 工程未经验收合格，发包人擅自使用后，能否再主张由承包人承担工程质量问题？主管部门批准使用能否再主张由承包人承担工程质量问题？

《建筑法》第61条规定："建筑工程竣工经验收合格后，方可交付使用；未经验收或者验收不合格的，不得交付使用。"《施工合同解释(一)》第13条规定："建设工程未经验收，发包人擅自使用后，又以使用部分质量不符合约定为由主张权利的，不予支持，但是承包人应当在建设工程的合理使用寿命内对地基基础工程和主体结构质量承担民事责任。"根据上述规定，工程未经验收合格，发包人擅自使用的，违反了《建筑法》强制性规定，故发包人应对其擅自使用未经验收的建设工程所存在的风险负责；其擅自使用行为应视为其对工程质量合格的认可，故《施工合同解释(一)》为此作出了对发包人擅自使用后再主张工程质量问题不予支持的惩戒性规定。考虑到如因发包人擅自使用的过错行为就完全免除承包人本应承担的工程质量责任，也有违公平原则、过错与责任相适应原则，故《施工合同解释(一)》规定了除外情形，即在建设工程的合理使用寿命内出现的地基基础工程和主体结构质量问题时，因这种质量问题往往属于承包人施工重大过错所致，故承包人仍应承担质量责任。

《合同法》第279条规定:“建设工程竣工后,发包人应当根据施工图纸及说明书、国家颁发的施工验收规范和质量检验标准及时进行验收。验收合格的,发包人应当按约定支付价款,并接收该建设工程。建设工程竣工经验收合格后,方可交付使用;未经验收或者验收不合格的,不得交付使用。”从该条规定可以看出,建设工程应由发包人组织验收,验收合格后才能交付使用;未经验收或验收不合格的,即使有主管部门批准,仍构成擅自使用。因为主管部门批准不是法定验收程序,不能以主管部门批准代替验收,其批准行为只对建设单位具有指示作用,但不能产生竣工验收的法律效果。故发包人尽管是得到主管部门批准后使用,但仍受到《施工合同解释(一)》第13条规定的约束。

【案例】

2014年2月1日,被告宝丽外国语学校与原告古乐建筑公司通过招投标签订施工合同,将其新校区教学楼工程发包给原告施工,约定工程价款3800万元。施工期间,因被告变更工程致工期延长2个月。经原告日夜赶工,2014年8月15日工程基本竣工,但扫尾工程未能在学生开学前施工完毕。被告因新生开学在即,急于使用该教学楼用于安置扩招新生,便与原告商量提前交付使用。原告认为工程未经验收合格提前交付使用违反法律规定,便婉言拒绝。被告遂向上级主管部门请示,该主管部门考虑该学校工程系招商引资项目,出于支持学校建设的考虑,便批示提前使用。被告遂对该教学楼进行提前使用,安置新生入驻该楼上课。2014年10月30日,工程竣工验收时,被告发现该工程存在门窗规格、楼梯踏步不符合约定标准,涂料粉刷起鼓,地砖铺设、外墙贴砖均存在色差等质量问题,遂拒绝结算。原告认为被告擅自提前使用工程应视为质量合格,遂诉至法院,要求被告支付工程尾款650万元。庭审中,被告辩称其使用工程已得到上级主管部门批准,故不存在擅自使用,要求原告承担质量问题,从而使其减少支付工程价款。

法院经审理认为:被告在工程未经验收合格的情况下擅自提前使用工程,使用后又以使用部分质量不符合约定为由主张权利的,应不予支持。对于被告辩称其使用工程已得到上级主管部门批准不构成擅自使用的主张,因主管部门批准不能代替法定验收程序,更不能成为规避法律规定的理由,故对被告主张不予采纳。被告擅自使用工程,应视为工程质量合格。遂判决被告支付原告工程尾款650万元。

【分析解答】

《施工合同解释(一)》第13条规定:“建设工程未经验收,发包人擅自使用后,又以使用部分质量不符合约定为由主张权利的,不予支持,但是承包人应当在建设工程的合理使用寿命内对地基基础工程和主体结构质量承担民事责任”。本案中,被告擅自使用未经验收合格的工程,应当视为工程质量合格。其又以工程存在质量问题进行抗辩,因其抗辩的质量问题均非地基基础工程和主体结构质量问题,故对其质量问题主张应不予支持。同时,主管部门批准不能代替法定验收程序,不能产生竣工验收的法律效果,更不能免除被告擅自使用未经验收合格工程的法律后果。因此,被告尽管是得到主管部门批准后使用,仍构成擅自使用。

【法律法规链接】

《合同法》第 60 条、第 109 条、第 279 条,《建筑法》第 61 条,《施工合同解释(一)》第 13 条。

176. "擅自使用"如何认定与把握?

《施工合同解释(一)》第 13 条规定:"建设工程未经验收,发包人擅自使用后,又以使用部分质量不符合约定为由主张权利的,不予支持。"该条解释明确规定了发包人擅自使用未经竣工验收工程时承包人可被豁免一般工程质量瑕疵责任的法律后果,但却未对"擅自使用"的认定标准进行进一步说明。因此,无论是审判实务中抑或司法理论界对何种情况下可以认定为"擅自使用"、"擅自使用"包不包含"承包人同意使用"情形等问题均存在一定的争议。那么,审判实践中到底如何正确理解和掌握"擅自使用"的认定标准呢?

笔者认为,首先,法官在依据法律作出一项司法活动之前,需要正确确定法律规定的含义;而确定法律规定含义通常方法就是法律解释。从法律解释的相关理论看,根据解释尺度的不同,法律解释可以分为:限制解释、扩充解释与字面解释三种。限制解释是指在法律条文的字面含义显然比立法原意广时,作出比字面含义窄的解释;扩充解释是指在法律条文的字面含义显然比立法原意窄时,作出比字面含义广的解释;字面解释是指严格按法律条文字面的通常含义解释法律,既不缩小,也不扩大。一般情况下,作为法官个体,在适用法律条文进行裁判而非发表个人观点或进行理论探讨时,并无权、且也不能妄自对法律条文规定的含义作限制解释或扩充解释,因为这两种解释方法通常是在由有权的立法机关或司法机关作出的情况下才能适用于司法裁判。因此,审判实践中,法官在适用法律进行裁判时,只能根据法律条文规定的字面通常含义来解释和运用法律,既不能缩小,也不能扩大;而根据汉语通常词义对"擅自使用"的解释是指"未经允许使用或自作主张使用",并不包括"合意交付使用"。因此,在最高人民法院或相关法律、法规对"擅自使用"的认定标准未作出包含"合意交付使用"的说明前,法官应当严格根据"擅自使用"的字面解释含义进行理解、认定和把握。

其次,从最高人民法院制定该条司法解释的本意来看,主要是考虑强化发包人重视工程质量意识,抑制和惩戒发包人利用强势地位进行违规操作,并以此兼顾平衡发包人与承包人之间的关系;但承包人作为专事工程施工作业的单位或人员，对工程未经验收或者验收不合格不得交付使用的法律规定是明知的，其同意发包人使用未经验收合格工程的行为表明其同样存在违反法律规定的故意，即主观上存在过错。由于我国相关法律、法规、司法解释对工程质量责任是实行的过错责任归责原则，故工程出现质量问题时，承包人如有过错，也应当承担相应的过错责任。因此，在这种合意交付双方均有过错的情况下，如与发包人擅自使用情形一样豁免承包人的工程质量瑕疵责任，对发包方来说也是不公平的，也明显有违最高人民法院制定上述司法解释的本意及法律、法规规定的工程质量过错责任归责原则。因为，承包人同意使用这种情形同样也是法律、法规、司法解释必须加以惩戒和抑制的行为。同时，“擅自使用”是一种单方过错行为，而“合意使用”是一种双方过错行为，两者在主观上存在明显质的不同。因此，“合意使用”并不包含于“擅自使用”之中，故对“合意交付使用”不能适用《施工合同解释(一)》第13条规定的作为“发包人擅自使用”情形来认定和对待，更不能因此而豁免承包人的工程质量瑕疵责任。

综上，可以得出，“擅自使用”应当是指发包人未经承包人同意或允许，在工程未经验收或者验收不合格的情况下自行使用工程的行为。审判实践中，应从以下几点加深理解、认定和把握：(1)这种使用行为是发包人的单方行为；(2)使用时工程未经验收或者验收不合格；(3)这种使用应是实际进行了使用，使用行为具有排他性和持续性；(4)擅自使用法律后果的承担应以实际使用工程范围为限。

【案例】

同问题175案例。

【分析解答】

本案便是被告未经原告同意，在工程未经验收或者验收不合格的情况下单方自行使用工程的擅自使用行为情形。

【法律法规链接】

《合同法》第60条、第109条、第279条，《建筑法》第61条，《施工合同解释(一)》第13条。

177. 工程未经验收合格，承、发包双方合意交付使用后，发现工程存在质量问题，责任由谁承担？

《施工合同解释(一)》第13条规定仅适用于发包人擅自使用情形，并未对承、发包双方合意交付使用未经竣工验收的工程质量问题作出规定。从法律适用的通常情况看，一般是遵循“有特别规定适用特别规定、无特别规定适用一般规定”

的原则,因此,对上述问题应当适用《合同法》第279条关于"建设工程竣工经验收合格后,方可交付使用;未经验收或者验收不合格的,不得交付使用"的一般规定,而不能简单地套用发包人擅自使用的司法解释规定进行处理。

承、发包双方合意交付使用未经验收工程的行为,均违反了《合同法》第279条的禁止性规定。由于该未经验收即交付使用行为系双方合意的结果,在这种合意交付双方均有过错的情况下,如与发包人擅自使用单方过错情形一样豁免承包人的工程质量瑕疵责任,对发包方来说也是不公平的,也明显有违工程质量过错责任归责原则。故承、发包双方均应对未经验收即交付使用的后果承担责任。因我国法律、法规对工程质量问题的处理通常是适用过错责任原则,故可对承、发包双方合意交付使用未经验收的工程所发生的工程质量问题,按承、发包双方的过错程度,确定由双方按责任比例分担。

【案例】

2006年1月8日,被告启英中学与原告涟水建筑公司签订《建设工程施工合同》,将该校教学楼及附属工程的土建和水电工程发包给原告施工。合同签订后,原告按合同约定进场施工。同年8月26日,原告制作了竣工报告。9月3日,因学生开学急于用房等原因,原、被告在尚未对工程进行验收合格的情况下,经双方协商后,原告将自己所承建的启英中学1、2、3号教学楼及连廊工程交付被告使用,双方为此签署了房屋交付使用证明书,并在证明书中明确学生开学后,原告将进一步完善整改工程、负责初验,被告负责竣工验收。工程监理人员也在该证明书上签署了抓紧整改、抓紧验收的意见。同年9月23日,原告将自己制作的工程决算书提交给被告。被告对该决算书不予认可,认为原告决算价格有误,并以工程未按图纸施工、质量存在问题等理由拒付其余工程款。之后,原告、被告双方也未对工程进行验收。原告遂诉至法院,要求被告支付拖欠的工程款3368932元。被告应诉后,以工程质量存在问题进行抗辩,要求原告赔偿。

因原告、被告对工程质量及工程造价发生争议,法院根据被告申请,委托鉴定单位分别对原告所承建工程的造价及质量进行鉴定。经鉴定:1.原告所建工程工程总造价为4917988.91元;2.工程存在施工、建材等方面不符合图纸、材料设计要求及不符合验收规范等质量问题(其中部分质量问题通过肉眼表面观察即可发现);3.解决工程质量问题所需工程修复造价839710元。被告遂要求从其所欠原告工程款中扣减上述解决工程质量问题所需工程修复费用。对此,原告以工程系被告擅自使用不应再主张质量问题为由,拒绝承担工程质量责任。

法院经审理认为:原、被告双方对工程未经验收合格即交付使用均有一定的过错,故应共同承担质量责任。遂判决原、被告对质量问题修复费用839710元按4∶6的比例分担。一审判决后,原告不服上诉至市中级人民法院。二审法院经审理认为:原审判决正确,遂驳回上诉,维持原判。

【分析解答】

根据法律规定,建设工程竣工经验收合格后,方可交付使用;未经验收或者验收不合格的,不得交付使用。本案中,从原、被告双方签订的房屋交付使用证明书内容看,房屋交付使用系原、被告双方协商后的合意,并非被告擅自使用;且交付时双方即发现工程存在一些问题,并约定由施工方进一步完善整改。原、被告在明知未经验收合格的工程不得交付使用相关规定的情况下,仍通过协商一致将工程交付使用,双方这种合意交付使用未经验收工程的行为,违反了《合同法》第279条的禁止性规定,双方对此均有一定的过错。因此,不能与发包人擅自使用单方过错情形一样豁免承包人的工程质量瑕疵责任。故原、被告均应按工程质量过错责任归责原则承担相应的责任。法院根据法律规定并结合双方当事人的过错程度,酌定由原告、被告对质量问题修复费用按比例分担是正确的。

【法律法规链接】

《合同法》第279条,《施工合同解释(一)》第11条。

178. 工程未经验收合格,发包方擅自出售建筑物,如出现工程质量问题,责任由谁承担?

发包人擅自出售建筑物是建立在其对工程未经验收合格即擅自使用基础上的行为,其擅自出售建筑物的行为本质上是对建筑物的一种更直接、更有效地使用行为,因此,对发包人的该行为应当视为“擅自使用”情形。如出现工程质量问题,其责任承担可适用《施工合同解释(一)》第13条的规定进行调整。当然,商品房预售与此问题情形不同,自当别论。

【案例】

2008年10月1日,被告福园商贸公司与原告佳能建筑公司签订工程施工合同,将其老城区商贸大楼和新城区商贸大楼工程包工包料一并发包给原告施工。工程完工时,因被告急于偿还到期银行贷款,遂在尚未对工程进行验收合格的情况下,未经原告同意便将老城区商贸大楼出售给乐丰投资公司。乐丰投资公司购买后,发现工程存在门窗规格、内外墙造型等非基础性和主体结构工程部分偷工减料、不符合约定标准等质量问题。遂向被告提出交涉,要求扣减购房款。被告遂找原告要求承担质量责任,并拒绝支付工程尾款。原告遂诉至法院,以被告擅自使用工程,应视为工程质量合格为由,要求被告支付拖欠的工程尾款432万元。被告应诉后,以工程质量存在问题进行抗辩,要求原告赔偿。

法院经审理认为:被告在工程未经验收合格情况下,即擅自出售建筑物,其行为构成擅自使用未经验收合格工程的情形。根据《施工合同解释(一)》第13条关于“建设工程未经验收,发包人擅自使用后,又以使用部分质量不符合约定为由主张权利的,不予支持”的规定,故对被告提出的质量问题主张不予支持。被告擅自使用工程,应当视为工程质量合格,故被告应当支付工程价款。遂判决被告支付原告工程尾款432万元。

【分析解答】

本案被告擅自出售建筑物的行为本质上是对建筑物的一种更直接、更有效地使用行为,其擅自出售建筑物是建立在其对工程未经验收合格即擅自使用基础上的行为,因此,其行为应当视为“擅自使用”情形。因其擅自使用未经验收合格的工程,所出现的工程质量问题又非基础性和主体结构工程质量问题,故其质量问题主张不能得到法院支持。

【法律法规链接】

《合同法》第60条、第109条、第279条,《建筑法》第61条,《施工合同解释(一)》第13条。

179. 工程经验收合格并交付使用后,发现工程存在质量问题由谁承担?如是设计缺陷导致质量问题,怎么处理?

《建筑法》第62条规定:“建筑工程实行质量保修制度。……保修的期限应当按保证建筑物合理寿命年限内正常使用,维护使用者合法权益的原则确定。”第80条:“在建筑物的合理使用寿命内,因建筑工程质量不合格受到损害的,有权向责任者要求赔偿。”《建设工程质量管理条例》第41条规定:“建设工程在保修范围和保修期限内发生质量问题的,施工单位应当履行保修义务,并对造成的损失承担赔偿责任。”因此,工程经验收合格并交付使用后,如发现工程存在质量问题,只要在国家根据建筑物的合理使用寿命确定的建设工程保修范围和保修期限内,施工单位应当承担质量责任,履行保修义务并赔偿损失;如造成工程质量问题责任者另有其人,则由责任者承担相应的质量责任。

如是设计缺陷导致质量问题,则根据《建筑法》第56条关于“建筑工程的勘察、设计单位必须对其勘察、设计的质量负责”的规定,应当由设计单位承担质量责任。建设单位可根据其与设计单位双方之间的委托设计合同提起违约之诉,也可以根据侵权责任提起损害赔偿之诉。如建设单位有证据证明施工单位在施工过程中未履行《建设工程质量管理条例》第28条规定的“施工单位在施工过程中发现设计文件和图纸有差错的,应当及时提出意见和建议”义务,在侵权损害赔偿之诉中可一并向施工单位提出赔偿主张。

【案例】

2009年5月1日，原告苏中置业公司将电子市场及其商住楼工程发包被告泰达建筑公司承包，泰达建筑公司承包后，又将商住楼工程分包给没有资质的陈某工程队施工。后工程竣工验收合格交付使用两年后，苏中置业公司发现商住楼工程出现墙体倾斜和开裂等质量问题，遂要求泰达建筑公司进行维修。泰达建筑公司以该工程系陈某施工进行推托，而陈某则避而不见。苏中置业公司交涉未果，遂委托鉴定单位进行鉴定，查明质量问题系因地基施工缺陷造成，需对楼房进行加固等修复处理。后苏中置业公司委托其他施工单位进行了修复，花去修复费用186万元。苏中置业公司向法院起诉，要求泰达建筑公司、陈某共同承担质量修复费用186万元及鉴定费2万元。

法院经审理认为：根据《建设工程质量管理条例》第41条关于"建设工程在保修范围和保修期限内发生质量问题的，施工单位应当履行保修义务，并对造成的损失承担赔偿责任"的规定，本案工程虽经验收合格并交付使用后，但在建设工程保修范围和法定最低保修期限内，本案工程出现墙体倾斜和开裂等质量问题，陈某作为实际施工人应当承担质量责任，履行保修义务并赔偿损失，泰达建筑公司将工程分包给没有资质的陈某施工，其对工程质量问题亦应承担连带责任。法院遂判决由泰达建筑公司与陈某连带赔偿苏中置业公司修复费用186万元及鉴定费2万元。

【分析解答】

《建设工程质量管理条例》第41条规定："建设工程在保修范围和保修期限内发生质量问题的，施工单位应当履行保修义务，并对造成的损失承担赔偿责任。"因此，工程经验收合格并交付使用后，如发现工程存在质量问题，只要在建设工程保修范围和保修期限内，施工单位仍应当承担质量责任，履行保修义务并赔偿损失。故本案法院判决是正确的。

【法律法规链接】

《建筑法》第62条、第80条，《建设工程质量管理条例》第40条、第41条。

180. 发包人指定分包，分包工程发生质量问题，如何处理？

《施工合同解释（一）》第12条规定："发包人具有下列情形之一，造成建设工程质量缺陷，应当承担过错责任：……（三）直接指定分包人分包专业工程。承包人有过错的，也应当承担相应的过错责任。"故发包人指定分包，分包工程发生质量问题，由发包人承担过错责任；承包人对工程质量问题的发生也有过错的（如承包人对发包人指定分包未提出异议或予以接受的，在施工期间又没有履行或没有完全履行其总包管理职责的），在发包人承担责任的同时，承包人也应当承担相应的过错责任。

【案例】

2008年3月28日，原告威仪投资公司与被告江工建设公司签订建设工程施工合同一份，约定将其投资开发的汽车交易大厦工程包工包料发包给被告施工，但原告在签订合同时明确指定被告江工建设公司须将工程地下车库及屋面防渗漏水工程分包给与其关系密切的大金专业防水工程公司施工。江工建设公司不想得罪原告，遂表示同意。2008年11月19日工程竣工验收合格交付使用后，自2010年12月起，原告即发现地下车库出现渗水且越来越严重，原告要求被告限期修复，被告予以拒绝，原告遂另其他专业公司进行修复，花去修复费用62.36万元。原告遂诉至法院，请求判令被告赔偿因修复造成的费用。

法院经审理认为：根据《施工合同解释（一）》第12条关于“发包人具有下列情形之一，造成建设工程质量缺陷，应当承担过错责任：……（三）直接指定分包人分包专业工程。承包人有过错的，也应当承担相应的过错责任”的规定，本案出现质量问题的工程系原告直接指定分包人所施工的分包工程所出现的质量问题，现分包工程发生质量问题，应由发包人承担过错责任。被告对发包人指定分包未提出异议即予以接受，且在施工期间又没有履行其总包管理职责，其对工程质量问题的发生也有一定过错，亦应当承担相应的过错责任（10%）。遂判决被告承担修复费用6.236万元。

【分析解答】

发包人指定分包极易滋生建筑市场腐败现象，因此，国家对发包人指定分包采取的是扼制态度。《施工合同解释（一）》第12条规定：“发包人具有下列情形之一，造成建设工程质量缺陷，应当承担过错责任：……（三）直接指定分包人分包专业工程。承包人有过错的，也应当承担相应的过错责任”。本案出现质量问题的工程系原告直接指定分包人所施工的分包工程所出现的质量问题，现分包工程发生质量问题，故应由发包人承担过错责任。因被告作为总包人未对发包人指定分包提出异议，且施工期间又没有履行其总包管理职责，故其对工程质量问题的发生也有一定过错，亦应当承担相应的过错责任。

【法律法规链接】

《建筑法》第62条、第80条，《建设工程质量管理条例》第40条，《施工合同解释（一）》第12条。

181. 建设工程竣工验收合格通过的前提条件、原则性标准、通过认可工作有哪些？竣工退场有哪些规定？

一、验收合格通过的前提条件

《建设工程质量管理条例》第16条规定："建设工程竣工验收应当具备下列条件：（一）完成建设工程设计和合同约定的各项内容；（二）有完整的技术档案和施工管理资料；（三）有工程使用的主要建筑材料、建筑构配件和设备的进场试验报告；（四）有勘察、设计、施工、工程监理等单位分别签署的质量合格文件；（五）有施工单位签署的工程保修书。"

二、验收合格通过的原则性标准

竣工验收的工程必须符合下列规定：（1）合同约定的工程质量标准；（2）单位工程质量竣工验收的合格标准；（3）单项工程达到使用条件或满足生产要求；（4）建设项目能满足建成投入使用或生产的各项要求。

其中，单位工程质量竣工验收的合格标准为：①单位（子单位）工程所含分部（子分部）工程的质量均应验收合格。②质量控制资料应完整。③单位（子单位）工程所含分部工程有关安全和功能的检测资料应完整。④主要功能项目的抽查结果应符合相关专业质量验收规范的规定。⑤观感质量验收应符合要求。

三、验收合格通过的认可

《建设工程质量管理条例》第16条规定："建设单位收到建设工程竣工报告后，应当组织设计、施工、工程监理等有关单位进行竣工验收。"第49条规定："建设单位应当自建设工程竣工验收合格之日起15日内，将建设工程竣工验收报告和规划、公安消防、环保等部门出具的认可文件或者准许使用文件报建设行政主管部门或者其他有关部门备案。建设行政主管部门或者其他有关部门发现建设单位在竣工验收过程中有违反国家有关建设工程质量管理规定行为的，责令停止使用，重新组织竣工验收。"2013年11月1日，住房与城乡建设部发布《建筑工程施工质量验收统一标准》（GB50300—2013）（2014年6月1日起实施），还有勘察单位参加单位工程验收的规定。因此，验收合格通过的认可，不仅要建设、勘察、设计、施工、监理方签字，还需规划、公安消防、环保等部门出具认可文件及到建设行政主管部门或者其他有关部门备案。

四、竣工退场规定

颁发工程接收证书后，承包人应按以下要求对施工现场进行清理：（1）施工现场内残留的垃圾已全部清除出场；（2）临时工程已拆除，场地已进行清理、平整或复原；（3）按合同约定应撤离的人员、承包人施工设备和剩余的材料，包括废弃的施工设备和材料，已按计划撤离施工现场；（4）施工现场周边及其附近道路、河道的施工堆积物，已全部清理；（5）施工现场其他场地清理工作已全部完成。

施工现场的竣工退场费用由承包人承担。承包人应在专用合同条款约定的期限内完成竣工退场，逾期未完成的，发包人有权出售或另行处理承包人遗留的物品，由此支出的费用由承包人承担，发包人出售承包人遗留物品所得款项在扣除必要费用后应返还承包人。

承包人应按发包人要求恢复临时占地及清理场地，承包人未按发包人的要求恢复临时占地，或者场地清理未达到合同约定要求的，发包人有权委托其他人恢复或清理，所发生的费用由承包人承担。

【案例】

2009年5月4日，被告国华商务公司与原告悦达建筑公司签订建设工程施工合同，约定将其商务酒店工程包工包料发包给原告施工，工程价款1280万元，于工程竣工验收合格通过备案后付清。2010年4月20日，工程完工，被告组织进行竣工验收。建设、设计、施工、监理单位到场四方验收合格后在验收报告上签署了意见，但尚未报规划、公安消防、环保等部门出具认可文件及办理备案手续。后原告因向被告索要工程尾款遭拒后，遂诉至法院，要求被告支付工程尾款508万元。

法院经审理认为：双方当事人约定工程款于工程竣工验收合格通过备案后付清，现工程虽经验收合格，但未办理规划、公安消防、环保等部门合格通过认可文件及至建设主管部门办理备案手续，因此，双方约定的付款条件尚未成就，故原告尚不能主张由被告结清工程尾款。遂判决驳回了原告的诉讼请求。

【分析解答】

建设工程竣工验收是一个系统工程，不仅需要建设、设计、施工、监理单位签字，还需要将建设工程竣工验收报告和规划、公安消防、环保等部门出具的认可文件或者准许使用文件报建设行政主管部门或者其他有关部门备案。因此，如双方当事人约定竣工验收合格后付清工程款时，有必要进一步明确竣工验收合格的具体阶段。

【法律法规链接】

《合同法》第45条、第109条。

182. 工程质量保修期与工程质量缺陷责任期有何不同？

两者区别主要有：(1)性质不同。质量保修期是指承包人对已交付发包人使用的工程承担质量保修责任的期限；缺陷责任期是指承包人对所承建的工程质量如出现不符合工程建设强制性标准、设计文件规定以及承包合同的约定质量缺陷时须承担维修责任的期限。质量保修期规定在《建筑法》《建设工程质量管理条例》等法律、法规中，缺陷责任期则规定在《建设工程质量保证金管理暂行办法》等规章中。质量保修期是为保证建筑物合理寿命年限内正常使用而设置的，缺陷责任期则为保证所建工程符合工程建设强制性标准、设计文件规定以及承包合同约定的质量而设置的。(2)期限不同。法律、法规对质量保修期的期限规定是按保证建筑物合理寿命年限内正常使用,维护使用者合法权益的原则确定,一般以最低保修期限形式出现,工程性质不同期限也不同,有2年、5年等,如当事人约定保修期限,则不得低于法定最低保修期限。缺陷责任期一般可由当事人在合同中具体约定,住房和城乡建设部、财政部《建设工程质量保证金管理办法》(建质〔2017〕138号)发布(2017年6月20日)之前的《建设工程质量保证金管理暂行办法》通常将它分为6个月、12个月或24个月几种,但最长不超过24个月。《建设工程质量保证金管理办法》公布之后,将缺陷责任期修改为“一般为1年,最长不超过2年”。(3)起算不同。质量保修期自工程竣工验收合格之日起计算。发包人未经竣工验收擅自使用工程的,保修期自转移占有之日起算。缺陷责任期从工程通过竣工验收之日起计。由于承包人原因导致工程无法按规定期限进行竣工验收的,缺陷责任期从实际通过竣工验收之日起计。由于发包人原因导致工程无法按规定期限进行竣工验收的,在承包人提交竣工验收报告90日后,工程自动进入缺陷责任期。单位工程先于全部工程进行验收,经验收合格并交付使用的,该单位工程缺陷责任期自单位工程验收合格之日起算。发包人未经竣工验收擅自使用工程的,缺陷责任期自工程转移占有之日起开始计算。缺陷责任期内,由承包人原因造成的缺陷,承包人应负责维修,并承担鉴定及维修费用;发包人有权要求承包人延长缺陷责任期,并应在原缺陷责任期届满前发出延长通知。但缺陷责任期(含延长部分)最长不能超过24个月。(4)与质量保证金的关联不同。质量保修期一般不与质量保证金返还时间挂钩,质量保证金可先于质量保修期返还;缺陷责任期则与质量保证金返还时间紧密相连,质量保证金一般应于缺陷责任期满后返还。(5)与质量保修义务关系不同。质量保修期满,质量保修义务终结;缺陷责任期满,质量保修义务不一定消灭。即缺陷责任期届满,承包人仍应按合同约定的工程各部位保修年限承担保修义务。

【案例】

2009年7月12日,原告绿色食品公司与被告白马工程公司签订施工合同,将其食品仓库工程包工包料发包给原告施工,合同固定总价420万元,竣工验收合格后付清;合同还约定仓库保修期为1年。同年10月5日,工程竣工验收合格后交付,原告支付了全部工程款。自2011年6月起,原告发现雨季仓库东墙从外面往里渗水越来越严重,使仓库里湿度很大,一部分食品因受潮而霉烂,遂找被告修理,被告以过了质保期而拒绝修理。原告遂诉至法院,要求被告承担维修责任。

法院经审理认为,根据《建设工程质量管理条例》第40条规定:外墙面的防渗漏法定最低保修期为5年,自工程竣工验收合格之日起计算。本案原、被告在合同中约定为仓库保修期为1年,低于法定最低保修期,该约定因违反了法律、法规关于最低保修期限强制性规定而无效。遂判决被告在判决生效后15日内负责将原告仓库东墙面渗漏水质量问题修复完毕。

【分析解答】

本案原、被告在合同中约定仓库保修期为1年,因该约定期限低于法定最低保修期而无效,故法院判决由被告承担保修责任是正确的。

【法律法规链接】

《建筑法》第58条、第62条,《建设工程质量管理条例》第40条。

183. 法官在委托工程质量鉴定前应注意哪些问题?

法官在承办工程质量鉴定案件时应注意的问题:(1)要学习一些工程质量方面的基本知识。建设工程纠纷案件是专业性比较强的一类案件,承办法官如果一点不懂工程质量方面的知识,对于理解当事人的质量争议内容、鉴定方向和鉴定事项的确定、鉴定范围的划分就会发生一定困难,更难以作出准确地判断。因此,法官掌握这方面的基本知识对于准确委托鉴定是很重要的。(2)要区分施工质量验收、质量检测、质量监督与司法鉴定的关系。审判实践中一方当事人申请鉴定,另一方当事人常以已进行过质量验收、检测等进行抗辩,并提供相关机构作出的验收报告、检测书等作为证据。这就需要法官对它们的性质与关系进行准确地定位才能作出是否需要进行司法鉴定的正确意见。从审判实践中反映出来的情况看,通常当事人抗辩所称的施工质量验收往往是施工单位自行组织的质量检查评定形成的自检自验报告;而质量检测则往往是由建设单位委托中介机构进行的一种专业见证取样检测活动;这两种情况一般多为一方当事人的单方行为,对对方当事人通常缺乏约束力。质量监督是建设行政主管部门或其委托的工程质量监督机构(质检站)对工程质量进行检查监督的行政执法行为,其作出的质量监督报告一般只是进行行政处罚等行政执法的依据,且报告结论往往是粗放性的,故通常也不应成为阻却当事人申请司法鉴定的理由。(3)要强化委托鉴定前的调查、质证、认证程序。在委托前,应通过庭审对双方当事人有关争议事项及鉴定所涉证据等进行充分的调查、举证、质证,认证并固定当事人需要鉴定的范围、事项及鉴材,为鉴定工作顺利开展创造条件和减少争议。(4)要积极配合质量鉴定工作。工程鉴定周期比较长,一旦委托鉴定,案件往往处于“休眠”状态,不利于及时保护当事人的合法权益和提高审判工作效率。因此,承办法官应及时了解鉴定的进展情况,协调鉴定工作,督促当事人及时提供鉴定所需资料、帮助解决鉴定障碍,防止鉴定久拖不决。

【案例】

2009年3月5日,被告德惠商场与原告海森建筑公司签订建设工程施工合同,将其商场附楼工程包工包料发包给原告施工,约定工程价款暂定560万元。工程竣工验收合格后,双方因造价产生争议,原告遂向法院提起诉讼,要求被告支付工程款,并申请工程造价司法鉴定。法院经审查后,认为符合鉴定条件,遂委托某鉴定机构鉴定。案件鉴定期间,原告向鉴定机构补充提交了鉴定前没有向法庭提交的3份工程签证单。后鉴定机构根据法院移送的鉴定材料及原告自行补交的签证单作出了鉴定报告,结论为工程总价686.5万元。法院将鉴定报告送达双方当事人后,被告当即对鉴定意见提出异议,在鉴定机构答复造价中含有原告自行补交的签证造价后,被告要求鉴定机构进行修正,剔除该3份工程签证造价,鉴定机构未予理睬。被告遂向法院要求对鉴定报告开庭质证,由鉴定人员出庭接受质疑,同时申请重新鉴定。法院依法进行开庭对鉴定报告进行质证,鉴定人员也出庭接受了质询。经庭审查明,原告承认补交的签证没有经过法庭审查及被告质证,鉴定人员也承认因见签证中有被告代表签字,故未将该补交的签证与被告交换意见便迳行认定。

法院经审理认为:所有鉴材均应当经过法院及双方当事人质证、认证后,方可送交鉴定机构作为进行鉴定的根据。本案鉴定机构在原告提交的工程签证单未经对方当事人质证的情况下便作为鉴材使用,违反了鉴定规则及正常程序,其所作出的鉴定意见不能作为证据使用。故对被告要求重新鉴定的请求应予支持。法院遂作出重新鉴定的决定。

【分析解答】

本案中,鉴定机构在原告提交的工程签证单未经对方当事人质证的情况下便作为鉴材使用,违反了鉴定规则及正常程序,故法院作出重新鉴定的决定虽然是正确的,但从本案中也不难看出,案件承办法官在进行委托鉴定前对当事人提交鉴定材料的程序释明工作、鉴定材料的固定工作及与鉴定机构的交流工作均未完全做到位,致使当事人越过法院而直接向鉴定机构进行提交,因此,法官工作不细也是造成本案重新鉴定的原因之一。审判实践中应对这种情况高度重视,防止因承办法官的工作失误造成不必要的重新鉴定和当事人投诉,同时也能有效避免引起当事人不愿承担鉴定费用之争。

【法律法规链接】

《证据规定》第27条、第47条。

184. 施工方虽有擅自更改设计和材料行为,但工程质量符合国家标准,施工方是否仍需承担责任?

《建筑法》第58条规定:“建筑施工企业对工程的施工质量负责。建筑施工企业必须按工程设计图纸和施工技术标准施工,不得偷工减料。工程设计的修改由原设计单位负责,建筑施工企业不得擅自修改工程设计。”《建设工程质量管理条例》第28条规定："施工单位必须按工程设计图纸和施工技术标准严格施工，不得擅自修改工程设计，不得偷工减料。施工单位在施工过程中发现设计文件和图纸有差错的，应当及时提出意见和建议。"工程实务中，建设工程合同也通常作出与法律规定一致的约定。可见，施工方擅自更改设计和材料行为，属于法律、法规禁止和违反合同的行为；如施工方擅自更改，应当承担法律责任或合同违约责任。如施工方擅自更改设计和材料后，工程质量符合国家标准，即未产生工程质量问题时，可不追究其施工质量责任，但仍可以根据合同约定追究其违约责任。

【案例】

2009年4月12日，被告苏元食品公司与原告万宏建筑公司签订建设工程施工合同，将其食品加工车间工程包工包料发包给原告施工，约定工程价款658万元，工程竣工合格后付清。施工期间，原告认为工程设计使用的通风窗塑钢材质过于高档，便自行降低通风窗塑钢材质进行施工。工程竣工验收时，验收人员发现通风窗塑钢材质与设计不符，但不影响工程质量合格，遂给予验收合格通过。后原、被告双方进行工程价款结算时，被告认为原告违反合同约定更改施工材料，应当承担违约责任，要求减少支付工程价款。原告认为工程质量合格，不存在违约。双方因此产生争议，原告遂诉至法院，要求被告支付工程尾款340万元。

法院经审理认为：原、被告签订的建设工程合同系有效合同，双方当事人应当按协议约定履行各自的义务。本案工程质量合格，被告应当依约给付原告工程款；但原告在施工过程中擅自更改建材，虽未造成质量问题，但其行为已经违反了合同约定，属于违约行为，应当承担违约责任。因双方未约定违约金计算标准，根据原告更改建材节约建材支出2.36万元及更改建材未影响工程质量问题等情况，酌定由原告承担违约责任2.36万元。遂判决由被告支付原告工程尾款337.64万元（340万元-2.36万元）。

【分析解答】

《建筑法》第58条规定："建筑施工企业必须按工程设计图纸和施工技术标准施工，不得偷工减料。工程设计的修改由原设计单位负责，建筑施工企业不得擅自修改工程设计。"因此，施工方擅自更改设计和材料行为，属于法律、法规禁止和违反合同的行为；如施工方擅自更改，应当承担法律责任或合同违约责任。本案中，原告擅自更改建材，虽因工程质量合格而免除其质量责任，但其不按合同约定进行施工的行为毕竟是违约行为，不能因工程质量合格而免除其违约责任。本案法院在双方未约定违约金的情况下，根据原告因违约行为所获得的利益判决其承担违约责任是正确的。

【法律法规链接】

《合同法》第60条、第107条、第109条、第113条，《建筑法》第58条。

185. 未及时履行保修义务导致建筑物毁损或者造成人身、财产损害的，赔偿责任由谁承担？

对此，《施工合同解释(一)》第27条有明确规定："因保修人未及时履行保修义务，导致建筑物毁损或者造成人身、财产损害的，保修人应当承担赔偿责任。保修人与建筑物所有人或者发包人对建筑物毁损均有过错的，各自承担相应的责任。"

【案例】

2009年1月1日，原告华能电器公司与被告荣诚建筑公司签订建设工程施工合同，将其电器产品销售展厅工程包工包料发包给被告施工，约定工程价款650万元。同年10月10日，工程竣工验收交付后，原告支付了被告工程价款，但预留了5%的质量保修金。自2010年5月30日，原告发现展厅屋顶出现渗漏水现象，且因为渗漏水而致屋顶装潢装饰材料下垂及部分施工涂层材料剥落在装饰材料上，随时有坠落的风险。原告遂于同年6月20日通知被告进行维修。被告起初总以生意忙抽不出时间等理由搪塞，后来自7月1日之后干脆不接电话。原告见被告无意维修，便计划自行维修，但也因正值电器销售旺季而一再搁置维修计划。同年10月2日，一顾客李某在该展厅购物时，屋顶装潢材料及剥落的施工涂层材料坠落，砸在李某头上，造成李某脑部受伤。后李某向原告索赔，原告赔偿了李某医疗费、误工费、残疾赔偿金等计42.3万元。之后，原告为此找被告追偿，但被告拒绝支付。原告在自行对屋顶渗漏水进行修复后，遂诉至法院，要求被告承担质量问题修复费用16.4万元及赔偿李某的损失42.3万元。

法院经审理认为：《施工合同解释(一)》第27条有明确规定："因保修人未及时履行保修义务，导致建筑物毁损或者造成人身、财产损害的，保修人应当承担赔偿责任。保修人与建筑物所有人或者发包人对建筑物毁损均有过错的，各自承担相应的责任。"本案中，被告工程存在渗漏水质量问题，该质量问题又发生在保修期内，故被告应当承担保修责任，其拒绝履行义务导致建筑物所附装潢材料及其他物质坠落造成人身损害，其应当承担主要责任(70%)。原告在要求被告履行维修义务遭拒后，应及时使用预留的质量保修金自行或另请他人进行维修，但原告为图不影响自己生意而置之不顾，从而导致渗漏水质量问题因拖延越发严重并最终致附属物脱落致人受伤，其主观上也存在一定的过错，应承担相应的次要责任(30%)。遂判决由被告承担原告质量维修费用16.4万元(从质量保修金扣除)、赔偿原告支付李某的损失29.61万元。

【分析解答】

本案中，被告在原告通知其履行维修义务后，其拒绝履行义务是造成工程附属物脱落致人损害的主要原因,应承担主要责任;但原告在要求被告履行维修义务遭拒后,没有及时使用预留的质量保修金自行或另请他人进行维修,其拖延行为也使本可通过及时维修即可避免的事故最终发生,其主观上也存在一定的过错,应承担相应的责任;故法院根据双方过错程度进行判决是正确的。

【法律法规链接】

《建筑法》第58条、第62条,《施工合同解释(一)》第27条。

186. 建设单位在保修期内自行对工程进行维修,维修费用是否可以从质量保修金中扣付?

《建筑法》第62条规定:"建筑工程实行质量保修制度。"《建设工程质量管理条例》第41条规定:"建设工程在保修范围和保修期限内发生质量问题的,施工单位应当履行保修义务,并对造成的损失承担赔偿责任。"《房屋建筑工程质量保修办法》第9条规定:"房屋建筑工程在保修期限内出现质量缺陷,建设单位或者房屋建筑所有人应当向施工单位发出保修通知。施工单位接到保修通知后,应当到现场核查情况,在保修书约定的时间内予以保修。发生涉及结构安全或者严重影响使用功能的紧急抢修事故,施工单位接到保修通知后,应当立即到达现场抢修。"第12条规定:"施工单位不按工程质量保修书约定保修的,建设单位可以另行委托其他单位保修,由施工单位承担相应责任。"由此可见,建设单位在工程质量保修期内如发现工程出现质量缺陷,应当先履行向施工单位发出保修通知义务,如施工单位在质量保修书约定时间或合理时间内拒绝履行或不履行保修义务的,建设单位才可自行或委托其他单位保修,维修费用可以从质量保修金中扣付。如建设单位未先履行向施工单位发出保修通知义务,擅自对工程进行维修,因该维修行为不符合规定,则维修费用不能从质量保修金中扣付。

【案例】

同问题185案例。

【分析解答】

本案中,被告在原告通知其履行维修义务后,其拒绝履行义务,原告自行保修后,维修费用可以从质量保修金中扣付。

【法律法规链接】

《建筑法》第58条、第62条,《施工合同解释(一)》第27条。

187. 对修复后的无效合同建设工程进行竣工验收是执行原合同约定标准，还是国家标准？施工合同被确认无效后，承包人是否无须再承担保修责任？

一、修复后的无效合同建设工程竣工验收标准

《施工合同解释(一)》第 3 条规定:“建设工程施工合同无效,且建设工程经竣工验收不合格的,按以下情形分别处理:(一)修复后的建设工程经竣工验收合格,发包人请求承包人承担修复费用的,应予支持;(二)修复后的建设工程经竣工验收不合格,承包人请求支付工程价款的,不予支持。”从该条司法解释规定的内容可以看出,它是对无效合同所作出的特别规定,是以确保工程质量符合国家强制性标准为前提的,只有符合国家关于工程质量强制性标准的无效合同工程,才能得到“无效合同按有效处理”这种法律保护。在对修复后工程进行验收,原合同约定标准因合同无效而不能使用,故只能依据国家关于工程质量强制性标准进行验收。因此,对修复后的无效合同建设工程进行竣工验收执行的质量标准应是国家标准,而非原合同约定标准。

二、施工合同被确认无效后承包人的保修责任承担问题

在建设工程施工合同被确认无效后,合同关系不再存在,该合同对当事人不再具有任何拘束力,但承包人仍应在《建设工程质量管理条例》第 40 条规定的最低保修期限内承担法定的保修责任。

在履行保修责任的方式上,如果施工合同不是因为承包人没有相应的资质而被确认无效的,则仍由承包人承担质量瑕疵的维修义务。若施工合同是由于承包人没有相应的资质而被确认无效的,则可由承包人委托具有相应资质的施工队伍来替代履行维修义务,也可由发包人自行维修,修复的费用由承包人承担。

【案例】

2010 年 2 月 3 日,被告三阳投资公司与原告运都水建公司签订建设工程施工合同,将其投资开发的水景园观景桥工程包工包料发包给原告施工,约定工程价款 960 万元,由原告先行垫资,工程竣工验收合格后支付。2010 年 11 月 10 日,工程竣工。经验收,工程因存在严重质量问题而确定为不合格。被告遂要求原告进行修复,后原告虽对工程进行修复,但经验收仍被确认为达不到国家关于工程质量强制性标准而未能通过验收。原告在向被告索要工程款未果后,认为被告系不想支付工程款才以质量问题进行推托,遂诉至法院,要求被告支付工程款 960 万元。庭审中,法院查明原告虽有承接一些小型水利设施工程的资质,但不具有承接如本案规模桥梁工程的建筑资质。案件审理期间,经原告申请,法院委托工程质量鉴定,经鉴定,工程质量不符合国家规定的安全质量标准,属不合格工程。另外,原告后又增加了要求被告赔偿损失的诉讼请求。

法院经审理认为:被告将工程发包给没有相应资质的原告施工,双方签订的建设工程合同无效。本案工程经验收质量不合格,后虽经修复,仍未达到国家关于工程质量强制性标准。由于工程质量合格是发包人给付工程款的前提,而原告施工工程质量不符合国家规定的安全质量标准,因此,其无权主张工程价款。被告将工程发包给没有相应资质的原告施工,且施工期间对工程质量监督不力,其对工程出现质量问题亦存在一定的责任,故亦当承担相应的责任(20%)。遂判决驳回原告要求被告支付工程款的诉讼请求,由被告承担原告损失192万元。

【分析解答】

建设工程合同无效,原合同约定标准因合同无效而不能使用,因此,对修复后的无效合同建设工程进行验收执行的质量标准应是国家标准,而非原合同约定标准。本案中,原告所建工程虽经修复,但仍未达到国家关于工程质量强制性标准,故支付工程款的请求不能得到法院支持。

【法律法规链接】

《建筑法》第58条,《施工合同解释(一)》第3条。

188. 承、发包双方对合同中关于工程质量奖惩的约定发生争议,审判实践中如何处理?

承、发包方对合同中关于工程质量奖惩的约定,通常是为了激励优质施工和处罚劣质施工而设置的,它有利于提高工程质量,应当视为违约金的约定。因此,一般情况下,只要双方当事人的约定不违反法律、法规的强制性规定,法院就应当尊重当事人的意思自治而给予支持。但审判实践中值得注意的是:对于工程质量奖励的约定,如查明系双方当事人恶意串通假借奖励之名行损害国家、社会公共利益或第三人利益之实的,应当认定为无效约定,不予支持;对于工程质量惩罚的约定,其本质上属于违约责任的一种方式,因工程实务中由于承、发包双方的地位、优势、能力、谈判素质等不同,有时会造成双方关于惩罚的合意约定畸高畸低情形发生,对此,法官可依当事人申请,参照《合同法》第114条关于"约定的违约金低于造成的损失的,当事人可以请求人民法院或者仲裁机构予以增加;约定的违约金过分高于造成的损失的,当事人可以请求人民法院或者仲裁机构予以适当减少"的规定进行调整。如当事人未申请调整,必要时,法官可对此进行释明,以供当事人决定是否申请调整。这样,有利于维护建筑市场的健康发展。

【案例】

2009年1月3日,被告天成置业公司与原告新月建筑公司签订建设工程施工合同,将其开发的盛世豪门小区3幢多层商品房工程包工包料发包给原告施工,约定工程价款1860万元,先付60%,其余待工程验收合格交付使用一年后付清。双方在合同中还约定:如工程交付一年内购买商品房的业主无质量投诉的,奖励原告10万元;如有投诉,经查属实的,按10万元/户对原告进行罚款。后工程竣工验收合格交付后一年内,被告共收到并查实了22户的质量投诉,被告在与原告结算时便要求扣付220万元。原告认为无法接受,遂诉至法院,要求被告支付工程尾款744万元。庭审中,被告以质量问题为由要求扣减约定的罚款;而原告则认为投诉问题远超预期,致罚款数额太高无法接受,请求法院予以调整。案件审理期间,法院另查明,上述22户投诉的质量问题大多为渗漏水及门窗规格不符合标准等,被告为解决上述质量问题共支付了修复和更换费用74.8万元。

法院经审理认为:《合同法》第114条规定:"约定的违约金过分高于造成的损失的,当事人可以请求人民法院或者仲裁机构予以适当减少。"本案中,双方当事人对工程质量惩罚的约定,其本质上属于违约责任的一种方式;但双方约定罚款数额达到220万元,达到被告实际损失约300%,应当认定为过分高于造成的损失的,故依法调整为97.24万元。遂判决被告支付原告工程款744万元,原告支付被告违约金97.24万元。

【分析解答】

根据《合同法司法解释(二)》第29条关于"当事人约定的违约金超过造成损失的百分之三十的,一般可以认定为合同法第一百一十四条第二款规定的'过分高于造成的损失'"的规定,本案中,双方当事人对工程质量惩罚的约定,其本质上属于违约责任的一种方式;但双方约定的罚款数额已达到实际损失约300%,因此,法院认定为过分高于造成的损失的并依法调整是正确的。

【法律法规链接】

《合同法》第114条,《合同法司法解释(二)》第29条。

第八章　合同变更、中止、终止、解除问题

189. 发包人可以请求解除建设工程施工合同的情形有哪些？承包人可以请求解除建设工程施工合同的情形有哪些？因承包人或发包人违约，合同解除后的责任如何处理？《施工合同解释（一）》施行前的建设工程施工合同纠纷如何适用法律？《施工合同解释（二）》施行前的建设工程施工合同纠纷如何适用法律？

一、发包人可解除合同的情形

《施工合同解释（一）》第8条规定了发包人可以请求解除建设工程施工合同的情形：（1）承包人明确表示或者以行为表明不履行合同主要义务的；（2）承包人在合同约定的期限内没有完工，且在发包人催告的合理期限内仍未完工的；（3）承包人已经完成的建设工程质量不合格，并拒绝修复的；（4）承包人将承包的建设工程非法转包、违法分包的。

2013年版、2017年版《施工合同示范文本》规定发包人可解除合同的其他情形：（1）监理人发出整改通知后，承包人在指定的合理期限内仍不纠正违约行为并致使合同目的不能实现的，发包人有权解除合同。（2）因不可抗力导致合同无法履行连续超过84日或累计超过140日的，发包人和承包人均有权解除合同。

二、承包人可解除合同的情形

《施工合同解释（一）》第9条规定了承包人因发包人未履行合同义务且在催告的合理期限内仍未履行相应义务致无法施工时，可以请求解除建设工程施工合同的情形：（1）发包人未按约定支付工程价款的；（2）发包人提供的主要建筑材料、建筑构配件和设备不符合强制性标准的；（3）发包人不履行合同约定的协助义务的。

2013年版、2017年版《施工合同示范文本》规定承包人可解除合同的其他情形：（1）因发包人原因造成监理人未能在计划开工日期之日起90日内发出开工通知的，承包人有权提出价格调整要求，或者解除合同。（2）暂停施工持续84日以上不复工的，且不属于承包人原因引起的暂停施工及不可抗力约定的情形，并影响到整个工程以及合同目的实现的，承包人有权提出价格调整要求，或者解除合同。（3）因不可抗力导致合同无法履行连续超过84日或累计超过140日的，发包人和承包人均有权解除合同。

三、合同解除后的责任处理

1. 因发包人违约解除合同

承包人因发包人违约解除合同的,发包人应承担因其违约给承包人增加的费用和(或)延误的工期,并支付承包人合理的利润。发包人应在解除合同后28天内支付下列款项,并解除履约担保:(1)合同解除前所完成工作的价款;(2)承包人为工程施工订购并已付款的材料、工程设备和其他物品的价款;(3)承包人撤离施工现场以及遣散承包人人员的款项;(4)按照合同约定在合同解除前应支付的违约金;(5)按照合同约定应当支付给承包人的其他款项;(6)按照合同约定应退还的质量保证金;(7)因解除合同给承包人造成的损失。

2. 因承包人违约解除合同

发包人因承包人违约解除合同的,承包人应承担因其违约行为而增加的费用和(或)延误的工期。因继续完成工程的需要,发包人有权使用承包人在施工现场的材料、设备、临时工程、承包人文件和由承包人或以其名义编制的其他文件。发包人继续使用的行为不免除或减轻承包人应承担的违约责任。另外,因承包人违约解除合同的,发包人有权暂停对承包人的付款,查清各项付款和已扣款项。承包人与发包人应在合同解除后28日内完成以下情形的估价、付款和清算:(1)商定或确定承包人实际完成工作对应的合同价款,以及承包人已提供的材料、工程设备、施工设备和临时工程等的价值;(2)承包人应支付的违约金;(3)因解除合同给发包人造成的损失;(4)承包人应按照发包人要求和监理人的指示完成现场的清理和撤离;(5)发包人和承包人应在合同解除后进行清算,出具最终结清付款证书,结清全部款项;(6)发包人有权要求承包人将其为实施合同而签订的材料和设备的采购合同的权益转让给发包人,承包人应在收到解除合同通知后14日内,协助发包人与采购合同的供应商达成相关的转让协议。

四、《施工合同解释(一)》施行前纠纷的处理

《施工合同解释(一)》第28条规定:"本解释自二〇〇五年一月一日起施行。施行后受理的第一审案件适用本解释。施行前最高人民法院发布的司法解释与本解释相抵触的,以本解释为准。"该条是对《施工合同解释(一)》的生效日期、是否具有溯及力以及与此前最高人民法院相关司法解释之间关系问题的具体规定,主要说明:2005年1月1日以后人民法院新受理的建设工程施工合同纠纷一审案件都要适用该司法解释进行审理;2005年1月1日之前已经受理但尚未作出裁判,并在2005年1月1日之后继续诉讼的案件,不适用该司法解释进行审理;2005年1月1日前已经审理终结的案件,采取不溯及既往的原则,当事人不得在该司法解释生效施行以后,以违反该司法解释为由申请再审。该司法解释施行后,此前最高人民法院作出的相关司法解释与该解释抵触的,以该解释为准;如与该司法解释并不冲突,又未被明文废止的,仍然有效,人民法院在审理相关案件中可以继续适用。

五、《施工合同解释（二）》施行前纠纷的处理

《施工合同解释（二）》第26条规定："本解释自二〇一九年二月一日起施行。本解释施行后尚未审结的一审、二审案件，适用本解释。本解释施行前已经终审、施行后当事人申请再审或者按照审判监督程序决定再审的案件，不适用本解释。"因此，《施工合同解释（二）》同样不溯及既往，即施行前已经审结的纠纷不受影响，当事人不得在该司法解释施行以后，以违反该司法解释为由申请再审。

【案例】

2009年3月12日，原告华伦纺织厂与被告天隅建筑公司签订了建设工程施工合同，约定由被告为原告建设纺织车间工程，工程价款698万元。合同签订后，被告因长期拖欠巨额银行贷款和工人工资等而陷入诉讼和资金危机之中，而原依附于其的施工工程作业班组及工人，也因其信誉较差而不愿与其再进行合作施工。因此，被告签订合同后一直无法开工。虽经原告催促，但被告仍未能改变状况。原告遂诉至法院，要求解除施工合同，并由被告赔偿损失30万元。

法院经审理认为：因被告以自己行为表明其无法履行合同主要义务，故原告有权依法请求解除建设工程施工合同，并要求赔偿损失。原告损失经核实为19.67万元。法院遂判决解除原、被告所签建设工程施工合同，由被告赔偿原告损失19.67万元。

【分析解答】

《施工合同解释（一）》第8条规定了发包人可以请求解除建设工程施工合同的情形之一就是承包人明确表示或者以行为表明不履行合同主要义务。本案中，被告因自身经营危机而无法履行合同主要义务，故原告在此情形下请求解除合同符合法律规定。

【法律法规链接】

《合同法》第97条，《施工合同解释（一）》第8条。

190. 因建设单位原因致工程一直无法施工，承包方是否可以解除合同并请求索赔？

《合同法》第94条规定："当事人一方迟延履行债务或者有其他违约行为致使不能实现合同目的，当事人可以解除合同。"第107条规定："当事人一方不履行合同义务或者履行合同义务不符合约定的，应当承担继续履行、采取补救措施或者赔偿损失等违约责任。"《施工合同解释（一）》第9条规定："发包人具有下列情形之一，致使承包人无法施工，且在催告的合理期限内仍未履行相应义务，承包人请求解除建设工程施工合同的，应予支持：（一）未按约定支付工程价款的；（二）提供的主要建筑材料、建筑构配件和设备不符合强制性标准的；（三）不履行合同约定的协助义务的。"

故承包方因建设单位原因致工程一直无法施工时,可以解除合同并请求索赔。

【案例】

2010年4月2日,被告木森电子厂与原告花都工程公司签订了建设工程施工合同,约定由原告为被告建设电子元器件组装车间工程,工程价款720万元,工程开工先付300万元,其余工程竣工结清。合同签订后,被告因长期新产品投资销售计划严重受挫等而导致资金危机,准备用于建设工程的资金也因欠银行巨额贷款而被冻结,从而无力支付工程预付款。原告在多次催要未果后,见被告经济状况较长时间内难以改变,遂诉至法院,要求解除施工合同,并由被告赔偿损失12万元。

法院经审理认为:因被告的原因致工程一直无法施工,故原告有权依法请求解除建设工程施工合同,并要求赔偿损失。原告损失经核实为9.89万元。遂判决解除原、被告所签建设工程施工合同,由被告赔偿原告损失9.89万元。

【分析解答】

《施工合同解释(一)》第9条规定了发包人未按约定支付工程款且在催告合理期限内仍未履行致使承包人无法施工的,承包人请求解除建设工程施工合同的,应予支持。本案中,被告情况便是上述情形,故原告请求解除合同符合法律规定。

【法律法规链接】

《合同法》第97条,《施工合同解释(一)》第9条。

191. 承、发包双方同时签订了两份内容不同的建设工程施工合同,如果发包方不支付其中一份合同工程款,承包方能否中止或解除另一份合同?发包人就同一工程与多个承包人签订了多份建设工程施工合同,应履行哪一份?

《合同法》第68条规定:"应当先履行债务的当事人,有确切证据证明对方有下列情形之一的,可以中止履行:(一)经营状况严重恶化;(二)转移财产、抽逃资金,以逃避债务;(三)丧失商业信誉;(四)有丧失或者可能丧失履行债务能力的其他情形。当事人没有确切证据中止履行的,应当承担违约责任。"从上述规定可以看出,如承包方因发包方不支付两份合同中一份合同工程款而中止另一份合同,须有证据证明发包方不支付两份合同中一份合同工程款的原因是因为出现了《合同法》第68条规定的情形,在这种情况下才能中止另一份合同的履行,否则将承担擅自中止履行的违约责任。

承、发包双方同时签订的两份建设工程施工合同内容不同,说明双方当事人在两份合同中所享有的权利和承担的义务也不相同;因此,两份合同都有其各自的相对独立性,两者之间并不能相互代替或等同,故其中一份合同未支付工程款事由不能作为另一份合同的解除事由。承包方要解除另一份合同,必须该另一份合同自身具有法定的解除情形,否则,不能解除。

发包人就同一工程与多个承包人签订了多份建设工程施工合同,可按下列原则确定履行:(1)已经合法占有(进入,控制)施工场地的,优先履行。(2)均为合法占有施工场地的,已经办理登记备案的优先履行。(3)均为合法占有,又未备案的,以合同成立时间在先的优先履行。(4)未能得到履行的当事人,可要求发包方承担赔偿责任。

【案例】

2008年3月9日,被告金天地开发公司与原告倍特力建筑公司签订了两份建设工程施工合同,分别将其投资开发的金天地商城和金天地物流中心两处工程包工包料发包给原告施工,工程价款分别为1260万元(按进度付款,竣工验收合格后付清)、880万元(竣工验收合格后付清)。后金天地物流中心工程先期竣工验收合格,但被告一直拖欠工程未付。原告催要未果后,遂诉至法院,要求被告支付金天地物流中心工程款880万元,并解除双方签订的金天地商城施工合同,由被告支付已完工工程款(具体数额根据鉴定意见确定)。庭审中,被告辩称之所以拖欠金天地物流中心工程款是因为资金周转出现困难,但对金天地商城工程进度款并未拖欠,因此不同意解除合同。

法院经审理认为:原、被告签订的两份合同均为有效合同,双方应按合同约定履行各自的义务。被告在原告已按合同约定完成了金天地物流中心工程并经验收合格后,其应当支付约定工程价款。对于原告因被告拖欠金天地物流中心工程款而要求解除金天地商城施工合同的主张,因两份合同内容不同,且被告在金天地商城施工合同中并不存在违约行为,因此原告解除该合同无法律依据。法院遂判决被告支付原告金天地物流中心工程款880万元,驳回原告要求解除金天地商城施工合同的诉讼请求。

【分析解答】

本案原告、被告同时签订的两份建设工程施工合同虽然当事人相同,但在合同内容上,无论施工工程、工程价款支付等方面均表明是各自独立的合同,两者之间并不能相互代替或等同,故其中一份合同未支付工程款事由不能作为另一份合同的解除事由。本案中,被告在金天地商城施工合同中并不存在违约行为,故原告要求解除该合同不能得到支持。

【法律法规链接】

《合同法》第60条、第68条、第109条。

192. 发包方未经承包方允许擅自将承包人承包的工程中部分分项工程包给他人,承包人能否要求解除整个施工合同?

由于发包人的强势地位,所以工程施工实践中,确实存在很多发包人在施工中未经承包方允许擅自将总包工程中的部分分项工程分包出去的现象。发包人这种擅自分包行为,严重侵犯和损害了承包人的利益,也违反了《合同法》规定的诚实信用原则,属于违约行为。根据《合同法》第94条关于“当事人一方迟延履行债务或者有其他违约行为致使不能实现合同目的,当事人可以解除合同”及第97条“合同解除后,尚未履行的,终止履行;已经履行的,根据履行情况和合同性质,当事人可以要求恢复原状、采取其他补救措施、并有权要求赔偿损失”的规定,承包人有权要求解除整个施工合同,并由发包人赔偿损失。

【案例】

2010年5月9日,被告新时代开发公司与原告维科建筑公司签订建设工程施工合同,将其投资开发的新时代广场工程包工包料发包给原告施工,工程价款为980万元。合同签订后,被告未经原告同意又擅自将其中的广场喷泉工程发包给溢美工艺建筑公司承建。原告得知后找被告交涉未果,遂诉至法院,要求解除双方签订的建设工程施工合同,并由被告赔偿损失32.6万元。

法院经审理认为:原、被告签订的建设工程施工合同为有效合同,双方应按合同约定履行各自的义务。被告在已将新时代广场包括其中的广场喷泉工程总发包给原告施工的情况下,未经原告同意又擅自将其中的广场喷泉工程发包给他人承建,其行为既违反了合同约定,又构成了对原告合同利益的侵犯,使原告进行工程总包施工的合同目的无法实现,故原告有权要求解除合同,并由被告承担因解除合同所造成的损失(经审核,原告存在机械租赁、人工工资、资金筹备占用等损失合计28.65万元)。法院遂判决解除原、被告签订的新时代广场工程施工合同,由被告赔偿原告损失28.65万元。

【分析解答】

本案中,被告利用自己发包人的强势地位,未经原告允许擅自将总包工程中的部分分项工程又发包他人施工,其行为严重侵犯和损害了承包人的利益,违反了合同约定及《合同法》规定的诚实信用原则,并使原告进行工程总包施工的合同目的无法实现,因此其行为已构成根本违约,故原告有权根据《合同法》第94条及第97条的规定,要求解除合同并由被告承担因解除合同所造成的损失。

【法律法规链接】

《合同法》第94条、第97条。

193. 承、发包双方虽签订了施工合同，但后来未实际履行，对双方为此进行的索赔诉讼如何处理？

《合同法》第113条规定，当事人一方不履行合同义务或者履行合同义务不符合约定，给对方造成损失的，损失赔偿额应当相当于因违约所造成的损失，包括合同履行后可以获得的利益，但不得超过违反合同一方订立合同时预见到或者应当预见到的因违反合同可能造成的损失。因此，如果承、发包双方虽签订了施工合同，但后来未实际履行，双方为此进行索赔诉讼时，应根据上述法律规定，结合双方当事人对合同未履行所存在的过错责任或违约责任，确定由过错方或违约方赔偿对方当事人损失，损失包括直接损失和可得利益损失。对于直接损失可按当事人为订立合同和准备履行合同所实际支出或减损的费用确定；对可得利益损失的确定，如合同有约定的从约定，没有约定的，可参照签订建设工程施工合同时当地建设行政主管部门发布的计价方法或者计价标准，并结合工程具体情况酌定。

【案例】

2008年5月9日，被告福天投资公司与原告元泰建安公司签订建设工程施工合同，将其投资开发的金海商城工程包工包料发包给原告施工，约定工程价款为1680万元，同年6月10日开工，工程开工7天前预付20%工程款，其余按进度付款，工程竣工验收合格后结清。合同签订后，原告便着手准备施工机械和组织施工队伍，但被告却因资金链断裂而无力支付工程预付款及进行该项目投资，后原、被告双方达成终止该合同履行的共识，但双方因损失赔偿未能达成一致意见，原告遂诉至法院，要求被告赔偿损失46.7万元。

法院经审理认为：原告、被告签订的建设工程施工合同虽为有效合同，但因被告资金链断裂而丧失履行合同的能力，最终导致双方合同并未实际履行，由此给原告造成的损失应由被告负责赔偿。经核实，原告存在为履行合同而进行的施工前期准备工作所支付的机械租赁、人工工资、资金筹备占用、拒绝其他签约等损失合计41.63万元。法院遂判决被告赔偿原告损失41.63万元。

【分析解答】

《合同法》第113条规定，当事人一方不履行合同义务或者履行合同义务不符合约定，给对方造成损失的，损失赔偿额应当相当于因违约所造成的损失，包括合同履行后可以获得的利益，但不得超过违反合同一方订立合同时预见到或者应当预见到的因违反合同可能造成的损失。本案中，被告因资金链断裂丧失履行合同的能力，导致双方合同并未实际履行，由此给原告造成的损失应由被告负责赔偿。

【法律法规链接】

《合同法》第91条、第113条。

194. 工程开工或竣工逾期，发包人能否解除合同？

《合同法》第94条规定，当事人一方迟延履行债务或者有其他违约行为致使不能实现合同目的，当事人可以解除合同。《施工合同解释(一)》第8条规定了发包人可以请求解除建设工程施工合同的情形：(1)承包人明确表示或者以行为表明不履行合同主要义务的；(2)承包人在合同约定的期限内没有完工，且在发包人催告的合理期限内仍未完工的……工程开工或竣工逾期，如确因承包人的原因所致，属于承包人违约行为，承包人应当承担责任；但对于工程开工延期，如未达到《合同法》第94条所规定的"致使不能实现合同目的"的严重后果的，即未达到根本违约程度的(如仅延期一天开工，对合同目的实现无明显影响等)，发包人不能行使合同解除权，只能要求承包人承担违约责任。对于竣工逾期，因《施工合同解释(一)》第8条已明确将"承包人在合同约定的期限内没有完工，且在发包人催告的合理期限内仍未完工的"作为发包人解除合同的情形进行了规定，故发包人在合理催告未果后可以解除合同。

【案例】

2009年3月1日，原告千缘汽车配件厂与被告南裕建安公司签订建设工程施工合同，将其新厂房工程包工包料发包给被告施工，约定工程价款为550万元，工程竣工验收合格后结清，同年3月10日开工、7月30日竣工，工程延期开、竣工承担违约金6000元/天。合同签订后，被告所雇佣的施工工人因以前其他工程施工工资拖欠问题与被告发生纠纷而拒绝按时至本案工程工地进场开工，后被告虽与工人达成了和解协议，但最终导致开工延期5天。原告遂诉至法院，要求解除与被告签订的建设工程合同，并由被告承担违约责任。庭审中，被告同意承担违约责任，但不同意解除合同。

法院经审理认为：原、被告签订的建设工程施工合同为有效合同，双方当事人均应按协议履行各自的义务。本案中，被告因自身原因导致延期开工，违反了合同约定，应当承担违约责任。被告虽延期开工5天，但仍可通过赶工等方式保证合同工程按期竣工，并不必然导致本案合同目的不能实现，故被告延期开工行为未构成根本违约。原告可以根据合同约定追究被告的违约责任，但原告以此为由要求解除合同无法律依据。法院遂判决驳回原告要求解除合同的诉讼请求，由被告承担原告违约金3万元。

【分析解答】

最高人民法院在《施工合同解释(一)》第8条中虽对于竣工逾期作出了发包人可以解除合同的规定,但对于逾期开工发包人是否可以解除合同并未作出类似规定。因此,对于逾期开工问题,发包人如要解除合同,只能适用《合同法》第94条关于"当事人一方迟延履行债务或者有其他违约行为致使不能实现合同目的,当事人可以解除合同"的规定;但由于该规定适用的前提须是因违约行为致使不能实现合同目的,即违约行为必须是根本违约,故如逾期开工所造成的后果未达到《合同法》第94条所规定的"致使不能实现合同目的"的严重后果的,即未达到根本违约程度时,发包人不能任意行使合同解除权,只能要求承包人承担违约责任。本案被告虽延期开工5天,但仍可通过赶工等方式保证合同工程按期竣工,并不必然导致本案合同目的不能实现,未构成根本违约,故原告解除合同的请求不能予以支持。

【法律法规链接】

《合同法》第94条、第107条、第114条。

195. 未取得规划和施工审批手续,能否作为承包方解除合同的理由?

《施工合同解释(一)》第8条规定了承包人因发包人未履行合同义务且在催告的合理期限内仍未履行相应义务致无法施工时,可以请求解除建设工程施工合同的情形:…… (3)发包人不履行合同约定的协助义务的。实践中,建设工程合同双方当事人通常都会在合同中约定由发包方办理和提供规划和施工审批手续,《建筑法》等相关法律、法规也明确要求发包方办理规划和施工审批手续。因此,取得规划和施工审批手续既是发包人应当按合同约定履行配合承包人施工的协助义务,也是相关法律、法规规定的法定义务。如未取得规划审批手续,建设工程属于违法建筑,双方当事人所签订的建设工程属于无效合同,不存在解除问题。如未取得施工审批手续,因要求取得该审批手续的法律、法规规定不属于效力型强制性规范,故是否取得施工许可证不影响建设工程施工合同的效力。如经承包人合理催告后仍未取施工审批手续的,一般应认定属于发包人不履行合同约定协助义务的情形,可以作为承包方解除合同的理由。

【案例】

同问题190案例。

【分析解答】

同问题190解析。

【法律法规链接】

同问题 190。

196. 施工单位施工期间资质等级下降，能否成为发包方解除合同的条件?

《建筑法》第 26 条规定：承包建筑工程的单位应当在其资质等级许可的业务范围内承揽工程，禁止建筑施工企业超越本企业资质等级许可的业务范围承揽工程。"承揽"的内涵不仅是指签订建设工程合同揽活，也包括承担工程施工。如施工单位施工期间资质等级下降，则表明其已不符合所正在承建的工程资质要求，也不能确保所建工程质量达到原有资质水准；因此，该企业不再具备继续履行合同的能力和资格，故此情形下，发包人可以解除施工合同。

【案例】

2009 年 4 月 6 日，原告天之蓝大酒店与被告华文建安公司签订建设工程施工合同，将其商务酒店(18 层)大楼工程发包给被告施工。施工期间，被告因之前其他工程施工中发生的质量事故，被建设行政主管部门给予降低资质等级处罚，将其建筑企业资质由总承包二级降到三级并进行了通报。原告得知后，认为被告因工程质量事故被降级，恐难以胜任目前施工和确保工程质量，遂诉至法院，要求解除与被告签订的建设工程合同。

法院经审理认为：承包建筑工程的单位应当在其资质等级许可的业务范围内承揽工程，禁止建筑施工企业超越本企业资质等级许可的业务范围承揽工程。本案中，被告签订合同时虽具有二级施工总承包资质，可以承接本案工程；但施工期间，因其之前施工工程出现质量事故而被降低资质为三级总承包资质，而根据房屋建筑工程施工总承包企业资质等级标准相关规定，三级资质一般只能承接 14 层及以下房屋建筑工程，故被告如再行对本案 18 层商务酒店大楼工程进行施工即已超越其施工资质，从而违反法律的强制性规定。因此，对原告要求解除施工合同的诉讼请求应予支持。据此，法院进行调解，后双方当事人自愿达成了同意解除合同、由原告补偿被告损失 86 万元的协议，法院根据协议制作调解书后本案调解结案。

【分析解答】

《建筑法》第 26 条规定：承包建筑工程的单位应当在其资质等级许可的业务范围内承揽工程，禁止建筑施工企业超越本企业资质等级许可的业务范围承揽工程。本案中，被告施工期间资质等级下降，且是因施工质量事故而被降级，根据现有资质等级标准，表明其已不符合所正在承建的工程资质要求，即不再具备继续履行本案合同的能力和资格,如其再行对本案工程继续施工即已超越其施工资质,从而违反法律的强制性规定,故此情形下,原告要求解除施工合同应予支持。

【法律法规链接】

《建筑法》第26条,《合同法》第94条、第97条。

197. 承、发包双方在诉讼中均表示要求解除施工合同,是否能认定双方施工合同已经解除?当事人单方通知解除施工合同是否必然产生解除合同的法律效力?施工合同约定的解除条件成就时是否必然支持解除合同的诉讼请求?施工合同双方当事人形成僵局时如何处理?

一、当事人有诉讼中口头表达的解决合同意向的效力问题

《合同法》第93条规定:"当事人协商一致,可以解除合同。"第96条规定:当事人一方主张解除合同的,应当通知对方。合同自通知到达对方时解除;对方有异议的,可以请求人民法院或者仲裁机构确认解除合同的效力。承、发包双方在诉讼中虽均表示要求解除合同,但双方当事人并未就解除合同的要求与对方进行协商一致后协议解除合同,也未以单方行使解除权的方式履行解除通知义务,故不能简单地仅凭承、发包双方在诉讼中所表示的解除合同要求即认定双方合同已经解除。

二、一方当事人单方通知解除合同的效力问题

审判实践中,部分人民法院对《合同法司法解释(二)》第24条的理解存在偏差,认为不论发出解除通知的一方有无解除权,只要另一方未在异议期限内以起诉方式提出异议,就判令解除合同,这不符合《合同法》关于合同解除权行使的有关规定。对该条的准确理解是,只有享有法定或者约定解除权的当事人才能以通知方式解除合同。不享有解除权的一方向另一方发出解除通知,另一方即便未在异议期限内提起诉讼,也不发生合同解除的效果。人民法院在审理案件时,应当审查发出解除通知的一方是否享有约定或者法定的解除权来决定合同应否解除,不能仅以受通知一方在约定或者法定的异议期限届满内未起诉这一事实就认定合同已经解除。

三、约定解除条件成就时合同能否必然解除问题

合同约定的解除条件成就时,守约方以此为由请求解除合同的,人民法院应当审查违约方的违约程度是否显著轻微,是否影响守约方合同目的实现,根据诚实信用原则,确定合同应否解除。违约方的违约程度显著轻微,不影响守约方合同目的的实现,守约方请求解除合同的,人民法院不予支持;反之,则依法予以支持。

四、合同僵局的处理问题

违约方不享有单方解除合同的权利。但是,在一些长期性合同履行过程中,

双方形成合同僵局,一概不允许违约方通过起诉的方式解除合同,有时对双方都不利。在此前提下,符合下列条件,违约方起诉请求解除合同的,人民法院依法予以支持:

(1)违约方不存在恶意违约的情形;

(2)违约方继续履行合同,对其显失公平;

(3)守约方拒绝解除合同,违反诚实信用原则。

人民法院判决解除合同的,违约方本应当承担的违约责任不能因解除合同而减少或者免除。

【案例】

2010年3月8日,被告业峰投资公司与原告佳美建安公司签订建设工程施工合同,将其投资开发的国华商务楼工程发包给原告施工,工程价款1270万元,按进度付款,竣工验收合格后结清。施工期间,原告因被告一直拖欠工程进度款,致其无法进行施工而遂诉至法院,要求解除与被告签订的建设工程合同,并赔偿损失。庭审中,被告辩称原告施工质量差,经常导致返工,也要求解除合同,并认为既然双方都要求解除合同,说明合同已经解除,原告不应再要求赔偿损失。

法院经审理认为:本案中,原、被告虽均作出了要求解除合同的意思表示,但双方并未就解除合同及解除合同后果问题等相关情况进行磋商和达成一致的处理协议,因此,不能认定双方合同已经解除。被告一直拖欠工程进度款,致原告无法进行施工,给原告造成了一定的停工损失,仍应依法进行赔偿。据此,法院进行调解,后双方当事人自愿达成了同意解除合同、由被告补偿原告损失65万元的协议,法院根据协议制作调解书后本案调解结案。

【分析解答】

《合同法》第93条规定:“当事人协商一致,可以解除合同。”本案中,调解协议签订前,承、发包双方在诉讼中虽均作出要求解除合同的意思表示,但缺少双方协商一致的过程,即尚未达成解除合同的合意,故不能简单地认定双方合同已经解除。

【法律法规链接】

《合同法》第93条、第94条、第97条。

198. 建设工程合同中止、终止、解除有何区别?中止、终止或解除合同的责任如何承担?损失范围如何确定?

建设工程合同中止一般是指在建设工程合同有效期内由于特殊情况致合同无法履行时,暂时停止履行。合同中止后可能出现两种结果:一是特殊情况消失,合同继续履行;二是特殊情况没有消失,合同中止可能变成终止。《合同法》第68条规定:"应当先履行债务的当事人,有确切证据证明对方有下列情形之一的,可以中止履行:(一)经营状况严重恶化;(二)转移财产、抽逃资金,以逃避债务;(三)丧失商业信誉;(四)有丧失或者可能丧失履行债务能力的其他情形。"

建设工程合同终止一般是指已经合法成立的合同,因法定原因或由于一定的法律事实的发生,使合同所设定的权利义务在客观上已不再存在,而终止合同的法律效力,合同规定的当事人的权利义务关系归于消灭。《合同法》第91条对合同终止有明确规定:(1)债务已经按约定履行;(2)合同解除;(3)债务相互抵销;(4)债务人依法将标的物提存;(5)债权人免除债务;(6)债权债务同归于一人;(7)法律规定或者当事人约定终止的其他情形。

建设工程合同解除是指合同有效成立后,因一方或双方的意思表示,使基于合同发生的债权债务关系归于消灭的行为。它与终止的区别主要在于:(1)合同解除既能向过去发生效力,使合同关系溯及既往地消灭,能产生恢复原状的效果;也能向将来发生效力,即不发生溯及既往的效果。合同的终止使合同关系消灭时,只能向将来发生效力,不产生恢复原状效果。(2)合同解除通常适用于违约场合;合同终止虽也可以适用于一方违约情形,但主要适用于非违约情形,适用范围要比合同解除为广。

建设工程合同中止、终止或解除合同的责任如何承担及损失范围确定问题,通常根据双方当事人对合同中止、终止或解除所存在的过错责任或违约责任,确定由过错方或违约方赔偿对方当事人损失。损失范围包括因中止、终止或解除合同所造成的直接损失和可得利益损失。

【案例】

同问题192案例。

【分析解答】

本案中,被告利用自己发包人的强势地位,未经原告允许擅自将总包工程中的部分分项工程又发包他人施工,其行为严重侵犯和损害了承包人的利益,违反了合同约定及《合同法》规定的诚实信用原则,并使原告进行工程总包施工的合同目的无法实现,因此其行为已构成根本违约,故原告有权要求解除合同并由被告承担因解除合同所造成的机械租赁、人工工资、资金筹备占用等直接损失和可得利益损失。

【法律法规链接】

《合同法》第94条、第97条。

下编

附　录

一、相关法律、行政法规、部门规章

1.《中华人民共和国民事诉讼法》(节录)

(1991 年 4 月 9 日第七届全国人民代表大会第四次会议通过
2017 年 6 月 27 日第十二届
全国人民代表大会常务委员会第二十八次会议第三次修正)

第二十三条 因合同纠纷提起的诉讼,由被告住所地或者合同履行地人民法院管辖。

第三十四条 合同的双方当事人可以在书面合同中协议选择被告住所地、合同履行地、合同签订地、原告住所地、标的物所在地等与争议有实际联系的地点的人民法院管辖,但不得违反本法对级别管辖和专属管辖的规定。

第六十四条第一款 当事人对自己提出的主张,有责任提供证据。

2.《中华人民共和国合同法》(节录)

(第九届全国人民代表大会第二次会议于 1999 年 3 月 15 日通过
自 1999 年 10 月 1 日起施行)

第三章 合同的效力

第四十四条 依法成立的合同,自成立时生效。

法律、行政法规规定应当办理批准、登记等手续生效的,依照其规定。

第五十二条 有下列情形之一的,合同无效:

(一)一方以欺诈、胁迫的手段订立合同,损害国家利益;

(二)恶意串通,损害国家、集体或者第三人利益;

(三)以合法形式掩盖非法目的;

(四)损害社会公共利益;

(五)违反法律、行政法规的强制性规定。

第五十四条 下列合同,当事人一方有权请求人民法院或者仲裁机构变更或者撤销:

(一)因重大误解订立的;

（二）在订立合同时显失公平的。

一方以欺诈、胁迫的手段或者乘人之危，使对方在违背真实意思的情况下订立的合同，受损害方有权请求人民法院或者仲裁机构变更或者撤销。

当事人请求变更的，人民法院或者仲裁机构不得撤销。

第五十六条 无效的合同或者被撤销的合同自始没有法律约束力。合同部分无效，不影响其他部分效力的，其他部分仍然有效。

第五十八条 合同无效或者被撤销后，因该合同取得的财产，应当予以返还；不能返还或者没有必要返还的，应当折价补偿。有过错的一方应当赔偿对方因此所受到的损失，双方都有过错的，应当各自承担相应的责任。

第四章 合同的履行

第六十条 当事人应当按约定全面履行自己的义务。

当事人应当遵循诚实信用原则，根据合同的性质、目的和交易习惯履行通知、协助、保密等义务。

第六十一条 合同生效后，当事人就质量、价款或者报酬、履行地点等内容没有约定或者约定不明确的，可以协议补充；不能达成补充协议的，按合同有关条款或者交易习惯确定。

第六十八条 应当先履行债务的当事人，有确切证据证明对方有下列情形之一的，可以中止履行：

（一）经营状况严重恶化；

（二）转移财产、抽逃资金，以逃避债务；

（三）丧失商业信誉；

（四）有丧失或者可能丧失履行债务能力的其他情形。

当事人没有确切证据中止履行的，应当承担违约责任。

第六章 合同的权利义务终止

第九十一条 有下列情形之一的，合同的权利义务终止：

（一）债务已经按照约定履行；

（二）合同解除；

（三）债务相互抵销；

（四）债务人依法将标的物提存；

（五）债权人免除债务；

（六）债权债务同归于一人；

（七）法律规定或者当事人约定终止的其他情形。

第九十二条 合同的权利义务终止后，当事人应当遵循诚实信用原则，根据交易习惯履行通知、协助、保密等义务。

第九十三条 当事人协商一致，可以解除合同。

当事人可以约定一方解除合同的条件。解除合同的条件成就时，解除权人可以解除合同。

第九十四条 有下列情形之一的,当事人可以解除合同:

(一)因不可抗力致使不能实现合同目的;

(二)在履行期限届满之前,当事人一方明确表示或者以自己的行为表明不履行主要债务;

(三)当事人一方迟延履行主要债务,经催告后在合理期限内仍未履行;

(四)当事人一方迟延履行债务或者有其他违约行为致使不能实现合同目的;

(五)法律规定的其他情形。

第七章 违约责任

第一百一十二条 当事人一方不履行合同义务或者履行合同义务不符合约定的,在履行义务或者采取补救措施后,对方还有其他损失的,应当赔偿损失。

第一百一十三条 当事人一方不履行合同义务或者履行合同义务不符合约定,给对方造成损失的,损失赔偿额应当相当于因违约所造成的损失,包括合同履行后可以获得的利益,但不得超过违反合同一方订立合同时预见到或者应当预见到的因违反合同可能造成的损失。

第一百一十四条 当事人可以约定一方违约时应当根据违约情况向对方支付一定数额的违约金,也可以约定因违约产生的损失赔偿额的计算方法。

约定的违约金低于造成的损失的,当事人可以请求人民法院或者仲裁机构予以增加;约定的违约金过分高于造成的损失的,当事人可以请求人民法院或者仲裁机构予以适当减少。

当事人就迟延履行约定违约金的,违约方支付违约金后,还应当履行债务。

第一百一十七条 因不可抗力不能履行合同的,根据不可抗力的影响,部分或者全部免除责任,但法律另有规定的除外。当事人迟延履行后发生不可抗力的,不能免除责任。

第一百一十八条 当事人一方因不可抗力不能履行合同的,应当及时通知对方,以减轻可能给对方造成的损失,并应当在合理期限内提供证明。

第一百一十九条 当事人一方违约后,对方应当采取适当措施防止损失的扩大;没有采取适当措施致使损失扩大的,不得就扩大的损失要求赔偿。

当事人因防止损失扩大而支出的合理费用,由违约方承担。

第一百二十条 当事人双方都违反合同的,应当各自承担相应的责任。

第一百二十二条 因当事人一方的违约行为,侵害对方人身、财产权益的,受损害方有权选择依照本法要求其承担违约责任或者依照其他法律要求其承担侵权责任。

第十六章 建设工程合同

第二百六十九条 建设工程合同是承包人进行工程建设,发包人支付价款的合同。

建设工程合同包括工程勘察、设计、施工合同。

第二百七十条 建设工程合同应当采用书面形式。

第二百七十一条 建设工程的招标投标活动,应当依照有关法律的规定公开、公平、公正进行。

第二百七十二条 发包人可以与总承包人订立建设工程合同,也可以分别与勘察人、设计人、施工人订立勘察、设计、施工承包合同。发包人不得将应当由一个承包人完成的建设工程肢解成若干部分发包给几个承包人。

总承包人或者勘察、设计、施工承包人经发包人同意,可以将自己承包的部分工作交由第三人完成。第三人就其完成的工作成果与总承包人或者勘察、设计、施工承包人向发包人承担连带责任。承包人不得将其承包的全部建设工程转包给第三人或者将其承包的全部建设工程肢解以后以分包的名义分别转包给第三人。

禁止承包人将工程分包给不具备相应资质条件的单位。禁止分包单位将其承包的工程再分包。建设工程主体结构的施工必须由承包人自行完成。

第二百七十三条 国家重大建设工程合同,应当按国家规定的程序和国家批准的投资计划、可行性研究报告等文件订立。

第二百七十四条 勘察、设计合同的内容包括提交有关基础资料和文件(包括概预算)的期限、质量要求、费用以及其他协作条件等条款。

第二百七十五条 施工合同的内容包括工程范围、建设工期、中间交工工程的开工和竣工时间、工程质量、工程造价、技术资料交付时间、材料和设备供应责任、拨款和结算、竣工验收、质量保修范围和质量保证期、双方相互协作等条款。

第二百七十六条 建设工程实行监理的,发包人应当与监理人采用书面形式订立委托监理合同。发包人与监理人的权利和义务以及法律责任,应当依照本法委托合同以及其他有关法律、行政法规的规定。

第二百七十七条 发包人在不妨碍承包人正常作业的情况下,可以随时对作业进度、质量进行检查。

第二百七十八条 隐蔽工程在隐蔽以前,承包人应当通知发包人检查。发包人没有及时检查的,承包人可以顺延工程日期,并有权要求赔偿停工、窝工等损失。

第二百七十九条 建设工程竣工后,发包人应当根据施工图纸及说明书、国家颁发的施工验收规范和质量检验标准及时进行验收。验收合格的,发包人应当按约定支付价款,并接收该建设工程。建设工程竣工经验收合格后,方可交付使用;未经验收或者验收不合格的,不得交付使用。

第二百八十条 勘察、设计的质量不符合要求或者未按期限提交勘察、设计文件拖延工期,造成发包人损失的,勘察人、设计人应当继续完善勘察、设计,减收或者免收勘察、设计费并赔偿损失。

第二百八十一条 因施工人的原因致使建设工程质量不符合约定的,发包人有权要求施工人在合理期限内无偿修理或者返工、改建。经过修理或者返工、改建后,造成逾期交付的,施工人应当承担违约责任。

第二百八十二条 因承包人的原因致使建设工程在合理使用期限内造成人身和财产损害的,承包人应当承担损害赔偿责任。

第二百八十三条 发包人未按约定的时间和要求提供原材料、设备、场地、资金、技术资料的,承包人可以顺延工程日期,并有权要求赔偿停工、窝工等损失。

第二百八十四条 因发包人的原因致使工程中途停建、缓建的,发包人应当采取措施弥补或者减少损失,赔偿承包人因此造成的停工、窝工、倒运、机械设备调迁、材料和构件积压等损失和实际费用。

第二百八十五条 因发包人变更计划,提供的资料不准确,或者未按期限提供必需的勘察、设计工作条件而造成勘察、设计的返工、停工或者修改设计,发包人应当按勘察人、设计人实际消耗的工作量增付费用。

第二百八十六条 发包人未按约定支付价款的,承包人可以催告发包人在合理期限内支付价款。发包人逾期不支付的,除按建设工程的性质不宜折价、拍卖的以外,承包人可以与发包人协议将该工程折价,也可以申请人民法院将该工程依法拍卖。建设工程的价款就该工程折价或者拍卖的价款优先受偿。

第二百八十七条 本章没有规定的,适用承揽合同的有关规定。

3.《中华人民共和国建筑法》(节录)

(1997 年 11 月 1 日第八届全国人民代表大会常务委员会第二十八次会议通过
2019 年 4 月 23 日第十三届全国人民代表大会常务委员会第十次会议修正)

第一章 总 则

第二条 在中华人民共和国境内从事建筑活动,实施对建筑活动的监督管理,应当遵守本法。

本法所称建筑活动,是指各类房屋建筑及其附属设施的建造和与其配套的线路、管道、设备的安装活动。

第三条 建筑活动应当确保建筑工程质量和安全,符合国家的建筑工程安全标准。

第二章 建筑许可

第一节 建设工程施工许可

第七条 建筑工程开工前,建设单位应当按国家有关规定向工程所在地县级以上人民政府建设行政主管部门申请领取施工许可证;但是,国务院建设行政主管部门确定的限额以下的小型工程除外。

按国务院规定的权限和程序批准开工报告的建筑工程,不再领取施工许可证。

第九条 建设单位应当自领取施工许可证之日起三个月内开工。因故不能按期开工的,应当向发证机关申请延期;延期以两次为限,每次不超过三个月。既不开工又不申请延期或者超过延期时限的,施工许可证自行废止。

第十条 在建的建筑工程因故中止施工的,建设单位应当自中止施工之日起一个月内,向发证机关报告,并按规定做好建筑工程的维护管理工作。

建筑工程恢复施工时，应当向发证机关报告；中止施工满一年的工程恢复施工前，建设单位应当报发证机关核验施工许可证。

第十一条 按国务院有关规定批准开工报告的建筑工程，因故不能按期开工或者中止施工的，应当及时向批准机关报告情况。因故不能按期开工超过六个月的，应当重新办理开工报告的批准手续。

第二节 从业资格

第十二条 从事建筑活动的建筑施工企业、勘察单位、设计单位和工程监理单位，应当具备下列条件：

（一）有符合国家规定的注册资本；

（二）有与其从事的建筑活动相适应的具有法定执业资格的专业技术人员；

（三）有从事相关建筑活动所应有的技术装备；

（四）法律、行政法规规定的其他条件。

第十三条 从事建筑活动的建筑施工企业、勘察单位、设计单位和工程监理单位，按其拥有的注册资本、专业技术人员、技术装备和已完成的建筑工程业绩等资质条件，划分为不同的资质等级，经资质审查合格，取得相应等级的资质证书后，方可在其资质等级许可的范围内从事建筑活动。

第十四条 从事建筑活动的专业技术人员，应当依法取得相应的执业资格证书，并在执业资格证书许可的范围内从事建筑活动。

第三章 建筑工程发包与承包

第一节 一般规定

第十五条 建筑工程的发包单位与承包单位应当依法订立书面合同，明确双方的权利和义务。

发包单位和承包单位应当全面履行合同约定的义务。不按合同约定履行义务的，依法承担违约责任。

第十六条 建筑工程发包与承包的招标投标活动，应当遵循公开、公正、平等竞争的原则，择优选择承包单位。

建筑工程的招标投标，本法没有规定的，适用有关招标投标法律的规定。

第十七条 发包单位及其工作人员在建筑工程发包中不得收受贿赂、回扣或者索取其他好处。

承包单位及其工作人员不得利用向发包单位及其工作人员行贿、提供回扣或者给予其他好处等不正当手段承揽工程。

第十八条 建筑工程造价应当按国家有关规定，由发包单位与承包单位在合同中约定。公开招标发包的，其造价的约定，须遵守招标投标法律的规定。

发包单位应当按合同的约定，及时拨付工程款项。

第二节 发 包

第十九条 建筑工程依法实行招标发包，对不适于招标发包的可以直接发包。

第二十条 建筑工程实行公开招标的，发包单位应当依照法定程序和方式，发布招标公告，提供载有招标工程的主要技术要求、主要的合同条款、评标的标准和方法以及开标、评标、定标的程序等内容的招标文件。

开标应当在招标文件规定的时间、地点公开进行。开标后应当按招标文件规定的评标标准和程序对标书进行评价、比较，在具备相应资质条件的投标者中，择优选定中标者。

第二十一条 建筑工程招标的开标、评标、定标由建设单位依法组织实施，并接受有关行政主管部门的监督。

第二十二条 建筑工程实行招标发包的，发包单位应当将建筑工程发包给依法中标的承包单位。建筑工程实行直接发包的，发包单位应当将建筑工程发包给具有相应资质条件的承包单位。

第二十三条 政府及其所属部门不得滥用行政权力，限定发包单位将招标发包的建筑工程发包给指定的承包单位。

第二十四条 提倡对建筑工程实行总承包，禁止将建筑工程肢解发包。

建筑工程的发包单位可以将建筑工程的勘察、设计、施工、设备采购一并发包给一个工程总承包单位，也可以将建筑工程勘察、设计、施工、设备采购的一项或者多项发包给一个工程总承包单位；但是，不得将应当由一个承包单位完成的建筑工程肢解成若干部分发包给几个承包单位。

第二十五条 按合同约定，建筑材料、建筑构配件和设备由工程承包单位采购的，发包单位不得指定承包单位购入用于工程的建筑材料、建筑构配件和设备或者指定生产厂、供应商。

第三节　承　　包

第二十六条 承包建筑工程的单位应当持有依法取得的资质证书，并在其资质等级许可的业务范围内承揽工程。

禁止建筑施工企业超越本企业资质等级许可的业务范围或者以任何形式用其他建筑施工企业的名义承揽工程。禁止建筑施工企业以任何形式允许其他单位或者个人使用本企业的资质证书、营业执照，以本企业的名义承揽工程。

第二十七条 大型建筑工程或者结构复杂的建筑工程，可以由两个以上的承包单位联合共同承包。共同承包的各方对承包合同的履行承担连带责任。

两个以上不同资质等级的单位实行联合共同承包的，应当按资质等级低的单位的业务许可范围承揽工程。

第二十八条 禁止承包单位将其承包的全部建筑工程转包给他人，禁止承包单位将其承包的全部建筑工程肢解以后以分包的名义分别转包给他人。

第二十九条 建筑工程总承包单位可以将承包工程中的部分工程发包给具有相应资质条件的分包单位；但是，除总承包合同中约定的分包外，必须经建设单位认可。施工总承包的，建筑工程主体结构的施工必须由总承包单位自行完成。

建筑工程总承包单位按总承包合同的约定对建设单位负责；分包单位按分包合同的约定对总承包单位负责。总承包单位和分包单位就分包工程对建设单位承担连带责任。

禁止总承包单位将工程分包给不具备相应资质条件的单位。禁止分包单位将其承包的工程再分包。

第四章　建筑工程监理

第三十条　国家推行建筑工程监理制度。

国务院可以规定实行强制监理的建筑工程的范围。

第三十一条　实行监理的建筑工程，由建设单位委托具有相应资质条件的工程监理单位监理。建设单位与其委托的工程监理单位应当订立书面委托监理合同。

第三十二条　建筑工程监理应当依照法律、行政法规及有关的技术标准、设计文件和建筑工程承包合同，对承包单位在施工质量、建设工期和建设资金使用等方面，代表建设单位实施监督。

工程监理人员认为工程施工不符合工程设计要求、施工技术标准和合同约定的，有权要求建筑施工企业改正。

工程监理人员发现工程设计不符合建筑工程质量标准或者合同约定的质量要求的，应当报告建设单位要求设计单位改正。

第三十三条　实施建筑工程监理前，建设单位应当将委托的工程监理单位、监理的内容及监理权限，书面通知被监理的建筑施工企业。

第三十四条　工程监理单位应当在其资质等级许可的监理范围内，承担工程监理业务。

工程监理单位应当根据建设单位的委托，客观、公正地执行监理任务。

工程监理单位与被监理工程的承包单位以及建筑材料、建筑构配件和设备供应单位不得有隶属关系或者其他利害关系。

工程监理单位不得转让工程监理业务。

第三十五条　工程监理单位不按委托监理合同的约定履行监理义务，对应当监督检查的项目不检查或者不按规定检查，给建设单位造成损失的，应当承担相应的赔偿责任。

工程监理单位与承包单位串通，为承包单位谋取非法利益，给建设单位造成损失的，应当与承包单位承担连带赔偿责任。

第五章　建筑安全生产管理

第三十六条　建筑工程安全生产管理必须坚持安全第一、预防为主的方针，建立健全安全生产的责任制度和群防群治制度。

第三十七条　建筑工程设计应当符合按国家规定制定的建筑安全规程和技术规范，保证工程的安全性能。

第三十八条　建筑施工企业在编制施工组织设计时，应当根据建筑工程的特点制定相应的安全技术措施；对专业性较强的工程项目，应当编制专项安全施工组织设计，并采取安全技术措施。

第三十九条　建筑施工企业应当在施工现场采取维护安全、防范危险、预防火灾等措施；有条件的，应当对施工现场实行封闭管理。

施工现场对毗邻的建筑物、构筑物和特殊作业环境可能造成损害的，建筑施工企业应当采取安全防护措施。

第四十条 建设单位应当向建筑施工企业提供与施工现场相关的地下管线资料，建筑施工企业应当采取措施加以保护。

第四十一条 建筑施工企业应当遵守有关环境保护和安全生产的法律、法规的规定，采取控制和处理施工现场的各种粉尘、废气、废水、固体废物以及噪声、振动对环境的污染和危害的措施。

第四十五条 施工现场安全由建筑施工企业负责。实行施工总承包的，由总承包单位负责。分包单位向总承包单位负责，服从总承包单位对施工现场的安全生产管理。

第四十九条 涉及建筑主体和承重结构变动的装修工程，建设单位应当在施工前委托原设计单位或者具有相应资质条件的设计单位提出设计方案；没有设计方案的，不得施工。

第五十条 房屋拆除应当由具备保证安全条件的建筑施工单位承担，由建筑施工单位负责人对安全负责。

第六章 建筑工程质量管理

第五十二条 建筑工程勘察、设计、施工的质量必须符合国家有关建筑工程安全标准的要求，具体管理办法由国务院规定。

有关建筑工程安全的国家标准不能适应确保建筑安全的要求时，应当及时修订。

第五十四条 建设单位不得以任何理由，要求建筑设计单位或者建筑施工企业在工程设计或者施工作业中，违反法律、行政法规和建筑工程质量、安全标准，降低工程质量。

建筑设计单位和建筑施工企业对建设单位违反前款规定提出的降低工程质量的要求，应当予以拒绝。

第五十五条 建筑工程实行总承包的，工程质量由工程总承包单位负责，总承包单位将建筑工程分包给其他单位的，应当对分包工程的质量与分包单位承担连带责任。分包单位应当接受总承包单位的质量管理。

第五十六条 建筑工程的勘察、设计单位必须对其勘察、设计的质量负责。勘察、设计文件应当符合有关法律、行政法规的规定和建筑工程质量、安全标准、建筑工程勘察、设计技术规范以及合同的约定。设计文件选用的建筑材料、建筑构配件和设备，应当注明其规格、型号、性能等技术指标，其质量要求必须符合国家规定的标准。

第五十七条 建筑设计单位对设计文件选用的建筑材料、建筑构配件和设备，不得指定生产厂、供应商。

第五十八条 建筑施工企业对工程的施工质量负责。

建筑施工企业必须按工程设计图纸和施工技术标准施工，不得偷工减料。工程设计的修改由原设计单位负责，建筑施工企业不得擅自修改工程设计。

第五十九条 建筑施工企业必须按工程设计要求、施工技术标准和合同的约定，对建筑材料、建筑构配件和设备进行检验，不合格的不得使用。

第六十条 建筑物在合理使用寿命内，必须确保地基基础工程和主体结构的质量。

建筑工程竣工时，屋顶、墙面不得留有渗漏、开裂等质量缺陷；对已发现的质量缺陷，建筑施工企业应当修复。

第六十一条 交付竣工验收的建筑工程,必须符合规定的建筑工程质量标准,有完整的工程技术经济资料和经签署的工程保修书,并具备国家规定的其他竣工条件。

建筑工程竣工经验收合格后,方可交付使用;未经验收或者验收不合格的,不得交付使用。

第六十二条 建筑工程实行质量保修制度。

建筑工程的保修范围应当包括地基基础工程、主体结构工程、屋面防水工程和其他土建工程,以及电气管线、上下水管线的安装工程,供热、供冷系统工程等项目;保修的期限应当按保证建筑物合理寿命年限内正常使用,维护使用者合法权益的原则确定。具体的保修范围和最低保修期限由国务院规定。

第七章 法律责任

第六十四条 违反本法规定,未取得施工许可证或者开工报告未经批准擅自施工的,责令改正,对不符合开工条件的责令停止施工,可以处以罚款。

第六十五条 发包单位将工程发包给不具有相应资质条件的承包单位的,或者违反本法规定将建筑工程肢解发包的,责令改正,处以罚款。

超越本单位资质等级承揽工程的,责令停止违法行为,处以罚款,可以责令停业整顿,降低资质等级;情节严重的,吊销资质证书;有违法所得的,予以没收。

未取得资质证书承揽工程的,予以取缔,并处罚款;有违法所得的,予以没收。

以欺骗手段取得资质证书的,吊销资质证书,处以罚款;构成犯罪的,依法追究刑事责任。

第六十六条 建筑施工企业转让、出借资质证书或者以其他方式允许他人以本企业的名义承揽工程的,责令改正,没收违法所得,并处罚款,可以责令停业整顿,降低资质等级;情节严重的,吊销资质证书。对因该项承揽工程不符合规定的质量标准造成的损失,建筑施工企业与使用本企业名义的单位或者个人承担连带赔偿责任。

第六十七条 承包单位将承包的工程转包的,或者违反本法规定进行分包的,责令改正,没收违法所得,并处罚款,可以责令停业整顿,降低资质等级;情节严重的,吊销资质证书。

承包单位有前款规定的违法行为的,对因转包工程或者违法分包的工程不符合规定的质量标准造成的损失,与接受转包或者分包的单位承担连带赔偿责任。

第六十八条 在工程发包与承包中索贿、受贿、行贿,构成犯罪的,依法追究刑事责任;不构成犯罪的,分别处以罚款,没收贿赂的财物,对直接负责的主管人员和其他直接责任人员给予处分。

对在工程承包中行贿的承包单位,除依照前款规定处罚外,可以责令停业整顿,降低资质等级或者吊销资质证书。

第六十九条 工程监理单位与建设单位或者建筑施工企业串通,弄虚作假、降低工程质量的,责令改正,处以罚款,降低资质等级或者吊销资质证书;有违法所得的,予以没收;造成损失的,承担连带赔偿责任;构成犯罪的,依法追究刑事责任。

工程监理单位转让监理业务的，责令改正，没收违法所得，可以责令停业整顿，降低资质等级；情节严重的，吊销资质证书。

第七十条　违反本法规定，涉及建筑主体或者承重结构变动的装修工程擅自施工的，责令改正，处以罚款；造成损失的，承担赔偿责任；构成犯罪的，依法追究刑事责任。

第七十一条　建筑施工企业违反本法规定，对建筑安全事故隐患不采取措施予以消除的，责令改正，可以处以罚款；情节严重的，责令停业整顿，降低资质等级或者吊销资质证书；构成犯罪的，依法追究刑事责任。

建筑施工企业的管理人员违章指挥、强令职工冒险作业，因而发生重大伤亡事故或者造成其他严重后果的，依法追究刑事责任。

第七十二条　建设单位违反本法规定，要求建筑设计单位或者建筑施工企业违反建筑工程质量、安全标准，降低工程质量的，责令改正，可以处以罚款；构成犯罪的，依法追究刑事责任。

第七十三条　建筑设计单位不按建筑工程质量、安全标准进行设计的，责令改正，处以罚款；造成工程质量事故的，责令停业整顿，降低资质等级或者吊销资质证书，没收违法所得，并处罚款；造成损失的，承担赔偿责任；构成犯罪的，依法追究刑事责任。

第七十四条　建筑施工企业在施工中偷工减料的，使用不合格的建筑材料、建筑构配件和设备的，或者有其他不按工程设计图纸或者施工技术标准施工的行为的，责令改正，处以罚款；情节严重的，责令停业整顿，降低资质等级或者吊销资质证书；造成建筑工程质量不符合规定的质量标准的，负责返工、修理，并赔偿因此造成的损失；构成犯罪的，依法追究刑事责任。

第七十五条　建筑施工企业违反本法规定，不履行保修义务或者拖延履行保修义务的，责令改正，可以处以罚款，并对在保修期内因屋顶、墙面渗漏、开裂等质量缺陷造成的损失，承担赔偿责任。

第八十条　在建筑物的合理使用寿命内，因建筑工程质量不合格受到损害的，有权向责任者要求赔偿。

第八章　附　　则

第八十　条　本法关于施工许可、建筑施工企业资质审查和建筑工程发包、承包、禁止转包，以及建筑工程监理、建筑工程安全和质量管理的规定，适用于其他专业建筑工程的建筑活动，具体办法由国务院规定。

第八十三条　省、自治区、直辖市人民政府确定的小型房屋建筑工程的建筑活动，参照本法执行。

依法核定作为文物保护的纪念建筑物和古建筑等的修缮，依照文物保护的有关法律规定执行。

抢险救灾及其他临时性房屋建筑和农民自建低层住宅的建筑活动，不适用本法。

4.《中华人民共和国招标投标法》(节录)

(1999年8月30日第九届全国人民代表大会常务委员会第十一次会议通过
自2000年1月1日起施行 2017年12月27日第十二届
全国人民代表大会常务委员会第三十一次会议修正)

第一章 总 则

第三条 在中华人民共和国境内进行下列工程建设项目包括项目的勘察、设计、施工、监理以及与工程建设有关的重要设备、材料等的采购,必须进行招标:

(一)大型基础设施、公用事业等关系社会公共利益、公众安全的项目;

(二)全部或者部分使用国有资金投资或者国家融资的项目;

(三)使用国际组织或者外国政府贷款、援助资金的项目。

前款所列项目的具体范围和规模标准,由国务院发展计划部门会同国务院有关部门制订,报国务院批准。

法律或者国务院对必须进行招标的其他项目的范围有规定的,依照其规定。

第六条 依法必须进行招标的项目,其招标投标活动不受地区或者部门的限制。任何单位和个人不得违法限制或者排斥本地区、本系统以外的法人或者其他组织参加投标,不得以任何方式非法干涉招标投标活动。

第二章 招 标

第十九条 招标人应当根据招标项目的特点和需要编制招标文件。招标文件应当包括招标项目的技术要求、对投标人资格审查的标准、投标报价要求和评标标准等所有实质性要求和条件以及拟签订合同的主要条款。

国家对招标项目的技术、标准有规定的,招标人应当按其规定在招标文件中提出相应要求。

招标项目需要划分标段、确定工期的,招标人应当合理划分标段、确定工期,并在招标文件中载明。

第三章 投 标

第二十六条 投标人应当具备承担招标项目的能力;国家有关规定对投标人资格条件或者招标文件对投标人资格条件有规定的,投标人应当具备规定的资格条件。

第二十七条 投标人应当按招标文件的要求编制投标文件。投标文件应当对招标文件提出的实质性要求和条件作出响应。

招标项目属于建设施工的,投标文件的内容应当包括拟派出的项目负责人与主要技术人员的简历、业绩和拟用于完成招标项目的机械设备等。

第三十条 投标人根据招标文件载明的项目实际情况,拟在中标后将中标项目的部分非主体、非关键性工作进行分包的，应当在投标文件中载明。

第三十三条 投标人不得以低于成本的报价竞标，也不得以他人名义投标或者以其他方式弄虚作假，骗取中标。

第四章 开标、评标和中标

第四十六条 招标人和中标人应当自中标通知书发出之日起三十日内，按招标文件和中标人的投标文件订立书面合同。招标人和中标人不得再行订立背离合同实质性内容的其他协议。

招标文件要求中标人提交履约保证金的，中标人应当提交。

第四十八条 中标人应当按合同约定履行义务，完成中标项目。中标人不得向他人转让中标项目，也不得将中标项目肢解后分别向他人转让。

中标人按合同约定或者经招标人同意，可以将中标项目的部分非主体、非关键性工作分包给他人完成。接受分包的人应当具备相应的资格条件，并不得再次分包。

中标人应当就分包项目向招标人负责，接受分包的人就分包项目承担连带责任。

第五章 法律责任

第五十条 招标代理机构违反本法规定，泄露应当保密的与招标投标活动有关的情况和资料的，或者与招标人、投标人串通损害国家利益、社会公共利益或者他人合法权益的，处五万元以上二十五万元以下的罚款，对单位直接负责的主管人员和其他直接责任人员处单位罚款数额百分之五以上百分之十以下的罚款；有违法所得的，并处没收违法所得；情节严重的，禁止其一年至二年内代理依法必须进行招标的项目并予以公告，直至由工商行政管理机关吊销营业执照；构成犯罪的，依法追究刑事责任。给他人造成损失的，依法承担赔偿责任。

前款所列行为影响中标结果的，中标无效。

第五十二条 依法必须进行招标的项目的招标人向他人透露已获取招标文件的潜在投标人的名称、数量或者可能影响公平竞争的有关招标投标的其他情况的，或者泄露标底的，给予警告，可以并处一万元以上十万元以下的罚款；对单位直接负责的主管人员和其他直接责任人员依法给予处分；构成犯罪的，依法追究刑事责任。

前款所列行为影响中标结果的，中标无效。

第五十三条 投标人相互串通投标或者与招标人串通投标的，投标人以向招标人或者评标委员会成员行贿的手段谋取中标的，中标无效，处中标项目金额千分之五以上千分之十以下的罚款，对单位直接负责的主管人员和其他直接责任人员处单位罚款数额百分之五以上百分之十以下的罚款；有违法所得的，并处没收违法所得；情节严重的，取消其一年至二年内参加依法必须进行招标的项目的投标资格并予以公告，直至由工商行政管理机关吊销营业执照；构成犯罪的，依法追究刑事责任。给他人造成损失的，依法承担赔偿责任。

第五十四条 投标人以他人名义投标或者以其他方式弄虚作假，骗取中标的，中标无效，给招标人造成损失的，依法承担赔偿责任；构成犯罪的，依法追究刑事责任。

依法必须进行招标的项目的投标人有前款所列行为尚未构成犯罪的，处中标项目金额千分之五以上千分之十以下的罚款,对单位直接负责的主管人员和其他直接责任人员处单位罚款数额百分之五以上百分之十以下的罚款;有违法所得的,并处没收违法所得;情节严重的,取消其一年至三年内参加依法必须进行招标的项目的投标资格并予以公告,直至由工商行政管理机关吊销营业执照。

第五十五条 依法必须进行招标的项目,招标人违反本法规定,与投标人就投标价格、投标方案等实质性内容进行谈判的,给予警告,对单位直接负责的主管人员和其他直接责任人员依法给予处分。

前款所列行为影响中标结果的,中标无效。

第六十四条 依法必须进行招标的项目违反本法规定,中标无效的,应当依照本法规定的中标条件从其余投标人中重新确定中标人或者依照本法重新进行招标。

5.《中华人民共和国土地管理法》(节录)

(1986年6月25日第六届全国人民代表大会常务委员会第十六次会议通过
1988年12月29日第七届全国人民代表大会常务委员会第五次会议第一次修正
1998年8月29日第九届全国人民代表大会常务委员会第四次会议修订
2004年8月28日第十届全国人民代表大会常务委员会第十一次会议第二次修正)

第五章 建设用地

第四十三条 任何单位和个人进行建设,需要使用土地的,必须依法申请使用国有土地;但是,兴办乡镇企业和村民建设住宅经依法批准使用本集体经济组织农民集体所有的土地的,或者乡(镇)村公共设施和公益事业建设经依法批准使用农民集体所有的土地的除外。

前款所称依法申请使用的国有土地包括国家所有的土地和国家征收的原属于农民集体所有的土地。

第四十四条 建设占用土地,涉及农用地转为建设用地的,应当办理农用地转用审批手续。

省、自治区、直辖市人民政府批准的道路、管线工程和大型基础设施建设项目、国务院批准的建设项目占用土地,涉及农用地转为建设用地的,由国务院批准。

在土地利用总体规划确定的城市和村庄、集镇建设用地规模范围内,为实施该规划而将农用地转为建设用地的,按土地利用年度计划分批次由原批准土地利用总体规划的机关批准。在已批准的农用地转用范围内,具体建设项目用地可以由市、县人民政府批准。

第五十三条 经批准的建设项目需要使用国有建设用地的,建设单位应当持法律、行政法规规定的有关文件,向有批准权的县级以上人民政府土地行政主管部门提出建设用地申请,经土地行政主管部门审查,报本级人民政府批准。

6.《中华人民共和国城乡规划法》(节录)

(2007年10月28日第十届全国人民代表大会常务委员会第三十次会议通过
自2008年1月1日起施行 2015年4月24日第十二届全国人民
代表大会常务委员会第十四次会议修正 2019年4月23日
第十三届全国人民代表大会常务委员会第十次会议修正)

第三章 城乡规划的实施

第三十七条 在城市、镇规划区内以划拨方式提供国有土地使用权的建设项目,经有关部门批准、核准、备案后,建设单位应当向城市、县人民政府城乡规划主管部门提出建设用地规划许可申请,由城市、县人民政府城乡规划主管部门依据控制性详细规划核定建设用地的位置、面积、允许建设的范围,核发建设用地规划许可证。

建设单位在取得建设用地规划许可证后,方可向县级以上地方人民政府土地主管部门申请用地,经县级以上人民政府审批后,由土地主管部门划拨土地。

第三十九条 规划条件未纳入国有土地使用权出让合同的,该国有土地使用权出让合同无效;对未取得建设用地规划许可证的建设单位批准用地的,由县级以上人民政府撤销有关批准文件;占用土地的,应当及时退回;给当事人造成损失的,应当依法给予赔偿。

第四十条 在城市、镇规划区内进行建筑物、构筑物、道路、管线和其他工程建设的,建设单位或者个人应当向城市、县人民政府城乡规划主管部门或者省、自治区、直辖市人民政府确定的镇人民政府申请办理建设工程规划许可证。

申请办理建设工程规划许可证,应当提交使用土地的有关证明文件、建设工程设计方案等材料。需要建设单位编制修建性详细规划的建设项目,还应当提交修建性详细规划。对符合控制性详细规划和规划条件的,由城市、县人民政府城乡规划主管部门或者省、自治区、直辖市人民政府确定的镇人民政府核发建设工程规划许可证。

城市、县人民政府城乡规划主管部门或者省、自治区、直辖市人民政府确定的镇人民政府应当依法将经审定的修建性详细规划、建设工程设计方案的总平面图予以公布。

第四十一条 在乡、村庄规划区内进行乡镇企业、乡村公共设施和公益事业建设的,建设单位或者个人应当向乡、镇人民政府提出申请,由乡、镇人民政府报城市、县人民政府城乡规划主管部门核发乡村建设规划许可证。

在乡、村庄规划区内使用原有宅基地进行农村村民住宅建设的规划管理办法,由省、自治区、直辖市制定。

在乡、村庄规划区内进行乡镇企业、乡村公共设施和公益事业建设以及农村村民住宅建设,不得占用农用地;确需占用农用地的,应当依照《中华人民共和国土地管理法》有关规定办理农用地转用审批手续后,由城市、县人民政府城乡规划主管部门核发乡村建设规划许可证。

建设单位或者个人在取得乡村建设规划许可证后,方可办理用地审批手续。

第四十三条 建设单位应当按规划条件进行建设;确需变更的,必须向城市、县人民政府城乡规划主管部门提出申请。变更内容不符合控制性详细规划的,城乡规划主管部门不得批准。城市、县人民政府城乡规划主管部门应当及时将依法变更后的规划条件通报同级土地主管部门并公示。

建设单位应当及时将依法变更后的规划条件报有关人民政府土地主管部门备案。

第四十五条 县级以上地方人民政府城乡规划主管部门按国务院规定对建设工程是否符合规划条件予以核实。未经核实或者经核实不符合规划条件的,建设单位不得组织竣工验收。

建设单位应当在竣工验收后六个月内向城乡规划主管部门报送有关竣工验收资料。

第六章 法律责任

第六十四条 未取得建设工程规划许可证或者未按建设工程规划许可证的规定进行建设的,由县级以上地方人民政府城乡规划主管部门责令停止建设;尚可采取改正措施消除对规划实施的影响的,限期改正,处建设工程造价百分之五以上百分之十以下的罚款;无法采取改正措施消除影响的,限期拆除,不能拆除的,没收实物或者违法收入,可以并处建设工程造价百分之十以下的罚款。

第六十七条 建设单位未在建设工程竣工验收后六个月内向城乡规划主管部门报送有关竣工验收资料的,由所在地城市、县人民政府城乡规划主管部门责令限期补报;逾期不补报的,处一万元以上五万元以下的罚款。

第六十八条 城乡规划主管部门作出责令停止建设或者限期拆除的决定后,当事人不停止建设或者逾期不拆除的,建设工程所在地县级以上地方人民政府可以责成有关部门采取查封施工现场、强制拆除等措施。

7.《建设工程质量管理条例》(节录)

(2000年1月10日国务院第25次常务会议通过
2000年1月30日起施行 2017年10月7日
《国务院关于修改部分行政法规的决定》修订)

第一章 总 则

第二条 凡在中华人民共和国境内从事建设工程的新建、扩建、改建等有关活动及实施对建设工程质量监督管理的,必须遵守本条例。

本条例所称建设工程,是指土木工程、建筑工程、线路管道和设备安装工程及装修工程。

第三条 建设单位、勘察单位、设计单位、施工单位、工程监理单位依法对建设工程质量负责。

第五条 从事建设工程活动,必须严格执行基本建设程序,坚持先勘察、后设计、再施工的原则。

县级以上人民政府及其有关部门不得超越权限审批建设项目或者擅自简化基本建设程序。

第二章 建设单位的质量责任和义务

第七条 建设单位应当将工程发包给具有相应资质等级的单位。

建设单位不得将建设工程肢解发包。

第八条 建设单位应当依法对工程建设项目的勘察、设计、施工、监理以及与工程建设有关的重要设备、材料等的采购进行招标。

第九条 建设单位必须向有关的勘察、设计、施工、工程监理等单位提供与建设工程有关的原始资料。

原始资料必须真实、准确、齐全。

第十条 建设工程发包单位不得迫使承包方以低于成本的价格竞标，不得任意压缩合理工期。

建设单位不得明示或者暗示设计单位或者施工单位违反工程建设强制性标准，降低建设工程质量。

第十一条 施工图设计文件审查的具体办法，由国务院建设行政主管部门、国务院其他有关部门制定。

施工图设计文件未经审查批准的，不得使用。

第十二条 实行监理的建设工程，建设单位应当委托具有相应资质等级的工程监理单位进行监理，也可以委托具有工程监理相应资质等级并与被监理工程的施工承包单位没有隶属关系或者其他利害关系的该工程的设计单位进行监理。

下列建设工程必须实行监理：

（一）国家重点建设工程；

（二）大中型公用事业工程；

（三）成片开发建设的住宅小区工程；

（四）利用外国政府或者国际组织贷款、援助资金的工程；

（五）国家规定必须实行监理的其他工程。

第十三条 建设单位在领取施工许可证或者开工报告前，应当按国家有关规定办理工程质量监督手续。

第十四条 按合同约定，由建设单位采购建筑材料、建筑构配件和设备的，建设单位应当保证建筑材料、建筑构配件和设备符合设计文件和合同要求。

建设单位不得明示或者暗示施工单位使用不合格的建筑材料、建筑构配件和设备。

第十五条 涉及建筑主体和承重结构变动的装修工程，建设单位应当在施工前委托原设计单位或者具有相应资质等级的设计单位提出设计方案；没有设计方案的，不得施工。

房屋建筑使用者在装修过程中，不得擅自变动房屋建筑主体和承重结构。

第十六条 建设单位收到建设工程竣工报告后，应当组织设计、施工、工程监理等有关单位进行竣工验收。

建设工程竣工验收应当具备下列条件:

(一)完成建设工程设计和合同约定的各项内容;

(二)有完整的技术档案和施工管理资料;

(三)有工程使用的主要建筑材料、建筑构配件和设备的进场试验报告;

(四)有勘察、设计、施工、工程监理等单位分别签署的质量合格文件;

(五)有施工单位签署的工程保修书。

建设工程经验收合格的,方可交付使用。

第十七条 建设单位应当严格按国家有关档案管理的规定,及时收集、整理建设项目各环节的文件资料,建立、健全建设项目档案,并在建设工程竣工验收后,及时向建设行政主管部门或者其他有关部门移交建设项目档案。

第三章 勘察、设计单位的质量责任和义务

第十八条 从事建设工程勘察、设计的单位应当依法取得相应等级的资质证书,并在其资质等级许可的范围内承揽工程。

禁止勘察、设计单位超越其资质等级许可的范围或者以其他勘察、设计单位的名义承揽工程。禁止勘察、设计单位允许其他单位或者个人以本单位的名义承揽工程。

勘察、设计单位不得转包或者违法分包所承揽的工程。

第十九条 勘察、设计单位必须按工程建设强制性标准进行勘察、设计,并对其勘察、设计的质量负责。

注册建筑师、注册结构工程师等注册执业人员应当在设计文件上签字,对设计文件负责。

第二十条 勘察单位提供的地质、测量、水文等勘察成果必须真实、准确。

第二十一条 设计单位应当根据勘察成果文件进行建设工程设计。

设计文件应当符合国家规定的设计深度要求,注明工程合理使用年限。

第二十二条 设计单位在设计文件中选用的建筑材料、建筑构配件和设备,应当注明规格、型号、性能等技术指标,其质量要求必须符合国家规定的标准。

除有特殊要求的建筑材料、专用设备、工艺生产线等外,设计单位不得指定生产厂、供应商。

第二十三条 设计单位应当就审查合格的施工图设计文件向施工单位作出详细说明。

第二十四条 设计单位应当参与建设工程质量事故分析,并对因设计造成的质量事故,提出相应的技术处理方案。

第四章 施工单位的质量责任和义务

第二十五条 施工单位应当依法取得相应等级的资质证书,并在其资质等级许可的范围内承揽工程。

禁止施工单位超越本单位资质等级许可的业务范围或者以其他施工单位的名义承揽工程。禁止施工单位允许其他单位或者个人以本单位的名义承揽工程。

施工单位不得转包或者违法分包工程。

第二十六条 施工单位对建设工程的施工质量负责。

施工单位应当建立质量责任制,确定工程项目的项目经理、技术负责人和施工管理负

责人。

建设工程实行总承包的，总承包单位应当对全部建设工程质量负责；建设工程勘察、设计、施工、设备采购的一项或者多项实行总承包的，总承包单位应当对其承包的建设工程或者采购的设备的质量负责。

第二十七条　总承包单位依法将建设工程分包给其他单位的，分包单位应当按分包合同的约定对其分包工程的质量向总承包单位负责，总承包单位与分包单位对分包工程的质量承担连带责任。

第二十八条　施工单位必须按工程设计图纸和施工技术标准施工，不得擅自修改工程设计，不得偷工减料。

施工单位在施工过程中发现设计文件和图纸有差错的，应当及时提出意见和建议。

第二十九条　施工单位必须按工程设计要求、施工技术标准和合同约定，对建筑材料、建筑构配件、设备和商品混凝土进行检验，检验应当有书面记录和专人签字；未经检验或者检验不合格的，不得使用。

第三十条　施工单位必须建立、健全施工质量的检验制度，严格工序管理，作好隐蔽工程的质量检查和记录。隐蔽工程在隐蔽前，施工单位应当通知建设单位和建设工程质量监督机构。

第三十一条　施工人员对涉及结构安全的试块、试件以及有关材料，应当在建设单位或者工程监理单位监督下现场取样，并送具有相应资质等级的质量检测单位进行检测。

第三十二条　施工单位对施工中出现质量问题的建设工程或者竣工验收不合格的建设工程，应当负责返修。

第三十三条　施工单位应当建立、健全教育培训制度，加强对职工的教育培训；未经教育培训或者考核不合格的人员，不得上岗作业。

第五章　工程监理单位的质量责任和义务

第三十四条　工程监理单位应当依法取得相应等级的资质证书，并在其资质等级许可的范围内承担工程监理业务。

禁止工程监理单位超越本单位资质等级许可的范围或者以其他工程监理单位的名义承担工程监理业务。禁止工程监理单位允许其他单位或者个人以本单位的名义承担工程监理业务。

工程监理单位不得转让工程监理业务。

第三十五条　工程监理单位与被监理工程的施工承包单位以及建筑材料、建筑构配件和设备供应单位有隶属关系或者其他利害关系的，不得承担该项建设工程的监理业务。

第三十六条　工程监理单位应当依照法律、法规以及有关技术标准、设计文件和建设工程承包合同，代表建设单位对施工质量实施监理，并对施工质量承担监理责任。

第三十七条　工程监理单位应当选派具备相应资格的总监理工程师和监理工程师进驻施工现场。

未经监理工程师签字，建筑材料、建筑构配件和设备不得在工程上使用或者安装，施工单位不得进行下一道工序的施工。未经总监理工程师签字，建设单位不拨付工程款，不进行竣工验收。

第三十八条 监理工程师应当按工程监理规范的要求，采取旁站、巡视和平行检验等形式，对建设工程实施监理。

第六章 建设工程质量保修

第三十九条 建设工程实行质量保修制度。

建设工程承包单位在向建设单位提交工程竣工验收报告时，应当向建设单位出具质量保修书。质量保修书中应当明确建设工程的保修范围、保修期限和保修责任等。

第四十条 在正常使用条件下，建设工程的最低保修期限为：

（一）基础设施工程、房屋建筑的地基基础工程和主体结构工程，为设计文件规定的该工程的合理使用年限；

（二）屋面防水工程、有防水要求的卫生间、房间和外墙面的防渗漏，为 5 年；

（三）供热与供冷系统，为 2 个采暖期、供冷期；

（四）电气管线、给排水管道、设备安装和装修工程，为 2 年。

其他项目的保修期限由发包方与承包方约定。

建设工程的保修期，自竣工验收合格之日起计算。

第四十一条 建设工程在保修范围和保修期限内发生质量问题的，施工单位应当履行保修义务，并对造成的损失承担赔偿责任。

第四十二条 建设工程在超过合理使用年限后需要继续使用的，产权所有人应当委托具有相应资质等级的勘察、设计单位鉴定，并根据鉴定结果采取加固、维修等措施，重新界定使用期。

第九章 附 则

第七十八条 本条例所称肢解发包，是指建设单位将应当由一个承包单位完成的建设工程分解成若干部分发包给不同的承包单位的行为。

本条例所称违法分包，是指下列行为：

（一）总承包单位将建设工程分包给不具备相应资质条件的单位的；

（二）建设工程总承包合同中未有约定，又未经建设单位认可，承包单位将其承包的部分建设工程交由其他单位完成的；

（三）施工总承包单位将建设工程主体结构的施工分包给其他单位的；

（四）分包单位将其承包的建设工程再分包的。

本条例所称转包，是指承包单位承包建设工程后，不履行合同约定的责任和义务，将其承包的全部建设工程转给他人或者将其承包的全部建设工程肢解以后以分包的名义分别转给其他单位承包的行为。

第七十九条 本条例规定的罚款和没收的违法所得，必须全部上缴国库。

第八十条 抢险救灾及其他临时性房屋建筑和农民自建低层住宅的建设活动，不适用本条例。

第八十一条 军事建设工程的管理，按中央军事委员会的有关规定执行。

8.《建设工程安全生产管理条例》(节录)

(2003年11月12日国务院第28次常务会议通过　自2004年2月1日起施行)

第一章　总　　则

第三条　建设工程安全生产管理,坚持安全第一、预防为主的方针。

第四条　建设单位、勘察单位、设计单位、施工单位、工程监理单位及其他与建设工程安全生产有关的单位,必须遵守安全生产法律、法规的规定,保证建设工程安全生产,依法承担建设工程安全生产责任。

第二章　建设单位的安全责任

第六条　建设单位应当向施工单位提供施工现场及毗邻区域内供水、排水、供电、供气、供热、通信、广播电视等地下管线资料,气象和水文观测资料,相邻建筑物和构筑物、地下工程的有关资料,并保证资料的真实、准确、完整。

第七条　建设单位不得对勘察、设计、施工、工程监理等单位提出不符合建设工程安全生产法律、法规和强制性标准规定的要求,不得压缩合同约定的工期。

第八条　建设单位在编制工程概算时,应当确定建设工程安全作业环境及安全施工措施所需费用。

第九条　建设单位不得明示或者暗示施工单位购买、租赁、使用不符合安全施工要求的安全防护用具、机械设备、施工机具及配件、消防设施和器材。

第十条　建设单位在申请领取施工许可证时,应当提供建设工程有关安全施工措施的资料。

依法批准开工报告的建设工程,建设单位应当自开工报告批准之日起15日内,将保证安全施工的措施报送建设工程所在地的县级以上地方人民政府建设行政主管部门或者其他有关部门备案。

9.《建设工程勘察设计管理条例》(节录)

(2000年9月20日国务院第31次常务会议通过　自2000年9月25日起施行
根据2015年6月12日《国务院关于修改〈建设工程勘察设计管理条例〉的决定》
第一次修订　根据2017年10月7日《国务院关于修改部分行政法规的决定》
第二次修订)

第一章　总　　则

第二条　从事建设工程勘察、设计活动,必须遵守本条例。

本条例所称建设工程勘察,是指根据建设工程的要求,查明、分析、评价建设场地的地质地理环境特征和岩土工程条件,编制建设工程勘察文件的活动。

本条例所称建设工程设计,是指根据建设工程的要求,对建设工程所需的技术、经济、资源、环境等条件进行综合分析、论证,编制建设工程设计文件的活动。

第三条 建设工程勘察、设计应当与社会、经济发展水平相适应,做到经济效益、社会效益和环境效益相统一。

第四条 从事建设工程勘察、设计活动,应当坚持先勘察、后设计、再施工的原则。

第二章 资质资格管理

第七条 国家对从事建设工程勘察、设计活动的单位,实行资质管理制度。具体办法由国务院建设行政主管部门商国务院有关部门制定。

第八条 建设工程勘察、设计单位应当在其资质等级许可的范围内承揽建设工程勘察、设计业务。

禁止建设工程勘察、设计单位超越其资质等级许可的范围或者以其他建设工程勘察、设计单位的名义承揽建设工程勘察、设计业务。禁止建设工程勘察、设计单位允许其他单位或者个人以本单位的名义承揽建设工程勘察、设计业务。

第九条 国家对从事建设工程勘察、设计活动的专业技术人员,实行执业资格注册管理制度。

未经注册的建设工程勘察、设计人员,不得以注册执业人员的名义从事建设工程勘察、设计活动。

第十条 建设工程勘察、设计注册执业人员和其他专业技术人员只能受聘于一个建设工程勘察、设计单位;未受聘于建设工程勘察、设计单位的,不得从事建设工程的勘察、设计活动。

第三章 建设工程勘察设计发包与承包

第十二条 建设工程勘察、设计发包依法实行招标发包或者直接发包。

第十三条 建设工程勘察、设计应当依照《中华人民共和国招标投标法》的规定,实行招标发包。

第十六条 下列建设工程的勘察、设计,经有关主管部门批准,可以直接发包:

(一)采用特定的专利或者专有技术的;

(二)建筑艺术造型有特殊要求的;

(三)国务院规定的其他建设工程的勘察、设计。

第十七条 发包方不得将建设工程勘察、设计业务发包给不具有相应勘察、设计资质等级的建设工程勘察、设计单位。

第十八条 发包方可以将整个建设工程的勘察、设计发包给一个勘察、设计单位;也可以将建设工程的勘察、设计分别发包给几个勘察、设计单位。

第十九条 除建设工程主体部分的勘察、设计外,经发包方书面同意,承包方可以将建设工程其他部分的勘察、设计再分包给其他具有相应资质等级的建设工程勘察、设计单位。

第二十条 建设工程勘察、设计单位不得将所承揽的建设工程勘察、设计转包。

第二十一条 承包方必须在建设工程勘察、设计资质证书规定的资质等级和业务范围内承揽建设工程的勘察、设计业务。

第二十三条 建设工程勘察、设计的发包方与承包方应当签订建设工程勘察、设计合同。

第四章 建设工程勘察设计文件的编制与实施

第二十五条 编制建设工程勘察、设计文件,应当以下列规定为依据:

(一)项目批准文件;

(二)城市规划;

(三)工程建设强制性标准;

(四)国家规定的建设工程勘察、设计深度要求。

铁路、交通、水利等专业建设工程,还应当以专业规划的要求为依据。

第二十六条 编制建设工程勘察文件,应当真实、准确,满足建设工程规划、选址、设计、岩土治理和施工的需要。编制方案设计文件,应当满足编制初步设计文件和控制概算的需要。编制初步设计文件,应当满足编制施工招标文件、主要设备材料订货和编制施工图设计文件的需要。编制施工图设计文件,应当满足设备材料采购、非标准设备制作和施工的需要,并注明建设工程合理使用年限。

第二十七条 设计文件中选用的材料、构配件、设备,应当注明其规格、型号、性能等技术指标,其质量要求必须符合国家规定的标准。除有特殊要求的建筑材料、专用设备和工艺生产线等外,设计单位不得指定生产厂、供应商。

第二十八条 建设单位、施工单位、监理单位不得修改建设工程勘察、设计文件;确需修改建设工程勘察、设计文件的,应当由原建设工程勘察、设计单位修改。经原建设工程勘察、设计单位书面同意,建设单位也可以委托其他具有相应资质的建设工程勘察、设计单位修改。修改单位对修改的勘察、设计文件承担相应责任。

施工单位、监理单位发现建设工程勘察、设计文件不符合工程建设强制性标准、合同约定的质量要求的,应当报告建设单位,建设单位有权要求建设工程勘察、设计单位对建设工程勘察、设计文件进行补充、修改。

建设工程勘察、设计文件内容需要作重大修改的,建设单位应当报经原审批机关批准后,方可修改。

第二十九条 建设工程勘察、设计文件中规定采用的新技术、新材料,可能影响建设工程质量和安全,又没有国家技术标准的,应当由国家认可的检测机构进行试验、论证,出具检测报告,并经国务院有关部门或者省、自治区、直辖市人民政府有关部门组织的建设工程技术专家委员会审定后,方可使用。

第三十条 建设工程勘察、设计单位应当在建设工程施工前,向施工单位和监理单位说明建设工程勘察、设计意图,解释建设工程勘察、设计文件。

建设工程勘察、设计单位应当及时解决施工中出现的勘察、设计问题。

第五章 监督管理

第三十三条 施工图设计文件审查机构应当对房屋建筑工程、市政基础设施工程施工图设计文件中涉及公共利益、公众安全、工程建设强制性标准的内容进行审查。县级以上人民政府交通运输等有关部门应当按照职责对施工图设计文件中涉及公共利益、公众安全、工程建设强制性标准的内容进行审查。

施工图设计文件未经审查批准的,不得使用。

10.《房屋建筑工程质量保修办法》(节录)

(2000年6月26日经第24次部常务会议讨论通过
自2000年6月30日起施行)

第三条 本办法所称房屋建筑工程质量保修,是指对房屋建筑工程竣工验收后在保修期限内出现的质量缺陷,予以修复。

本办法所称质量缺陷,是指房屋建筑工程的质量不符合工程建设强制性标准以及合同的约定。

第四条 房屋建筑工程在保修范围和保修期限内出现质量缺陷,施工单位应当履行保修义务。

第六条 建设单位和施工单位应当在工程质量保修书中约定保修范围、保修期限和保修责任等,双方约定的保修范围、保修期限必须符合国家有关规定。

第七条 在正常使用条件下,房屋建筑工程的最低保修期限为:

(一)地基基础工程和主体结构工程,为设计文件规定的该工程的合理使用年限;

(二)屋面防水工程、有防水要求的卫生间、房间和外墙面的防渗漏,为5年;

(三)供热与供冷系统,为2个采暖期、供冷期;

(四)电气管线、给排水管道、设备安装为2年;

(五)装修工程为2年。

其他项目的保修期限由建设单位和施工单位约定。

第八条 房屋建筑工程保修期从工程竣工验收合格之日起计算。

第九条 房屋建筑工程在保修期限内出现质量缺陷,建设单位或者房屋建筑所有人应当向施工单位发出保修通知。施工单位接到保修通知后,应当到现场核查情况,在保修书约定的时间内予以保修。发生涉及结构安全或者严重影响使用功能的紧急抢修事故,施工单位接到保修通知后,应当立即到达现场抢修。

第十条 发生涉及结构安全的质量缺陷,建设单位或者房屋建筑所有人应当立即向当地建设行政主管部门报告,采取安全防范措施;由原设计单位或者具有相应资质等级的设计单位提出保修方案,施工单位实施保修,原工程质量监督机构负责监督。

第十一条 保修完成后,由建设单位或者房屋建筑所有人组织验收。涉及结构安全的,应当报当地建设行政主管部门备案。

第十二条 施工单位不按工程质量保修书约定保修的,建设单位可以另行委托其他单位保修,由原施工单位承担相应责任。

第十三条 保修费用由质量缺陷的责任方承担。

第十四条 在保修期限内,因房屋建筑工程质量缺陷造成房屋所有人、使用人或者第三方人身、财产损害的,房屋所有人、使用人或者第三方可以向建设单位提出赔偿要求。建设单位向造成房屋建筑工程质量缺陷的责任方追偿。

第十五条 因保修不及时造成新的人身、财产损害,由造成拖延的责任方承担赔偿责任。

第十六条 房地产开发企业售出的商品房保修,还应当执行《城市房地产开发经营管理条例》和其他有关规定。

第十七条 下列情况不属于本办法规定的保修范围:

(一)因使用不当或者第三方造成的质量缺陷;

(二)不可抗力造成的质量缺陷。

11.《必须招标的工程项目规定》

(2018 年 3 月 27 日国家发改委第 16 号令公布 自 2018 年 6 月 1 日起施行)

第一条 为了确定必须招标的工程项目,规范招标投标活动,提高工作效率、降低企业成本、预防腐败,根据《中华人民共和国招标投标法》第三条的规定,制定本规定。

第二条 全部或者部分使用国有资金投资或者国家融资的项目包括:

(一)使用预算资金 200 万元人民币以上,并且该资金占投资额 10%以上的项目;

(二)使用国有企业事业单位资金,并且该资金占控股或者主导地位的项目。

第三条 使用国际组织或者外国政府贷款、援助资金的项目包括:

(一)使用世界银行、亚洲开发银行等国际组织贷款、援助资金的项目;

(二)使用外国政府及其机构贷款、援助资金的项目。

第四条 不属于本规定第二条、第三条规定情形的大型基础设施、公用事业等关系社会公共利益、公众安全的项目,必须招标的具体范围由国务院发展改革部门会同国务院有关部门按照确有必要、严格限定的原则制订,报国务院批准。

第五条 本规定第二条至第四条规定范围内的项目,其勘察、设计、施工、监理以及与工程建设有关的重要设备、材料等的采购达到下列标准之一的,必须招标:

(一)施工单项合同估算价在 400 万元人民币以上;

(二)重要设备、材料等货物的采购,单项合同估算价在 200 万元人民币以上;

(三)勘察、设计、监理等服务的采购,单项合同估算价在 100 万元人民币以上。

同一项目中可以合并进行的勘察、设计、施工、监理以及与工程建设有关的重要设备、材料等的采购,合同估算价合计达到前款规定标准的,必须招标。

第六条 本规定自 2018 年 6 月 1 日起施行。

12.《必须招标的基础设施和公用事业项目范围规定》

（2018 年 6 月 6 日国家发改委第 843 号号文件公布　自 2018 年 6 月 6 日起施行）

第一条　为明确必须招标的大型基础设施和公用事业项目范围，根据《中华人民共和国招标投标法》和《必须招标的工程项目规定》，制定本规定。

第二条　不属于《必须招标的工程项目规定》第二条、第三条规定情形的大型基础设施、公用事业等关系社会公共利益、公众安全的项目，必须招标的具体范围包括：

（一）煤炭、石油、天然气、电力、新能源等能源基础设施项目；

（二）铁路、公路、管道、水运，以及公共航空和 A1 级通用机场等交通运输基础设施项目；

（三）电信枢纽、通信信息网络等通信基础设施项目；

（四）防洪、灌溉、排涝、引（供）水等水利基础设施项目；

（五）城市轨道交通等城建项目。

第三条　本规定自 2018 年 6 月 6 日起施行。

13.《建筑工程施工许可管理办法》（节录）

（住房和城乡建设部令第 18 号确定　自 2014 年 10 月 25 日起施行
2018 年 9 月 19 日第 4 次部常务会议修改　于 2018 年 9 月 28 日起施行）

第二条　在中华人民共和国境内从事各类房屋建筑及其附属设施的建造、装修装饰和与其配套的线路、管道、设备的安装，以及城镇市政基础设施工程的施工，建设单位在开工前应当依照本办法的规定，向工程所在地的县级以上地方人民政府住房城乡建设主管部门（以下简称发证机关）申请领取施工许可证。

工程投资额在 30 万元以下或者建筑面积在 300 平方米以下的建筑工程，可以不申请办理施工许可证。省、自治区、直辖市人民政府住房城乡建设主管部门可以根据当地的实际情况，对限额进行调整，并报国务院住房城乡建设主管部门备案。

按照国务院规定的权限和程序批准开工报告的建筑工程，不再领取施工许可证。

第三条　本办法规定应当申请领取施工许可证的建筑工程未取得施工许可证的，一律不得开工。

任何单位和个人不得将应当申请领取施工许可证的工程项目分解为若干限额以下的工程项目，规避申请领取施工许可证。

第四条　建设单位申请领取施工许可证，应当具备下列条件，并提交相应的证明文件：

(一)依法应当办理用地批准手续的,已经办理该建筑工程用地批准手续。

(二)在城市、镇规划区的建筑工程,已经取得建设工程规划许可证。

(三)施工场地已经基本具备施工条件,需要征收房屋的,其进度符合施工要求。

(四)已经确定施工企业。按照规定应当招标的工程没有招标,应当公开招标的工程没有公开招标,或者肢解发包工程,以及将工程发包给不具备相应资质条件的企业的,所确定的施工企业无效。

(五)有满足施工需要的技术资料,施工图设计文件已按规定审查合格。

(六)有保证工程质量和安全的具体措施。施工企业编制的施工组织设计中有根据建筑工程特点制定的相应质量、安全技术措施。建立工程质量安全责任制并落实到人。专业性较强的工程项目编制了专项质量、安全施工组织设计,并按照规定办理了工程质量、安全监督手续。

(七)建设资金已经落实。建设单位应当提供建设资金已经落实承诺书。

(八)法律、行政法规规定的其他条件。

县级以上地方人民政府住房城乡建设主管部门不得违反法律法规规定,增设办理施工许可证的其他条件。

第五条 申请办理施工许可证,应当按照下列程序进行:

(一)建设单位向发证机关领取《建筑工程施工许可证申请表》。

(二)建设单位持加盖单位及法定代表人印鉴的《建筑工程施工许可证申请表》,并附本办法第四条规定的证明文件,向发证机关提出申请。

(三)发证机关在收到建设单位报送的《建筑工程施工许可证申请表》和所附证明文件后,对于符合条件的,应当自收到申请之日起七日内颁发施工许可证;对于证明文件不齐全或者失效的,应当当场或者五日内一次告知建设单位需要补正的全部内容,审批时间可以自证明文件补正齐全后作相应顺延;对于不符合条件的,应当自收到申请之日起七日内书面通知建设单位,并说明理由。

建筑工程在施工过程中,建设单位或者施工单位发生变更的,应当重新申请领取施工许可证。

14.《建筑业企业资质管理规定》(节录)

(2015 年 1 月 22 日住房城乡建设部令第 22 号发布　自 2015 年 3 月 1 日起施行
2016 年 9 月 13 日第一次修订　2018 年 12 月 22 日第二次修订)

第一章　总　　则

第三条 企业应当按照其拥有的资产、主要人员、已完成的工程业绩和技术装备等条件申请建筑业企业资质,经审查合格,取得建筑业企业资质证书后,方可在资质许可的范围内从事建筑施工活动。

第四条 国务院住房城乡建设主管部门负责全国建筑业企业资质的统一监督管理。国务院交通运输、水利、工业信息化等有关部门配合国务院住房城乡建设主管部门实施相关资质类别建筑业企业资质的管理工作。

省、自治区、直辖市人民政府住房城乡建设主管部门负责本行政区域内建筑业企业资质的统一监督管理。省、自治区、直辖市人民政府交通运输、水利、通信等有关部门配合同级住房城乡建设主管部门实施本行政区域内相关资质类别建筑业企业资质的管理工作。

第五条 建筑业企业资质分为施工总承包资质、专业承包资质、施工劳务资质三个序列。

施工总承包资质、专业承包资质按照工程性质和技术特点分别划分为若干资质类别，各资质类别按照规定的条件划分为若干资质等级。施工劳务资质不分类别与等级。

第二章 申请与许可

第八条 企业可以申请一项或多项建筑业企业资质。

企业首次申请或增项申请资质，应当申请最低等级资质。

第九条 下列建筑业企业资质，由国务院住房城乡建设主管部门许可：

（一）施工总承包资质序列特级资质、一级资质及铁路工程施工总承包二级资质；

（二）专业承包资质序列公路、水运、水利、铁路、民航方面的专业承包一级资质及铁路、民航方面的专业承包二级资质；涉及多个专业的专业承包一级资质。

第十条 下列建筑业企业资质，由企业工商注册所在地省、自治区、直辖市人民政府住房城乡建设主管部门许可：

（一）施工总承包资质序列二级资质及铁路、通信工程施工总承包三级资质；

（二）专业承包资质序列一级资质（不含公路、水运、水利、铁路、民航方面的专业承包一级资质及涉及多个专业的专业承包一级资质）；

（三）专业承包资质序列二级资质（不含铁路、民航方面的专业承包二级资质）；铁路方面专业承包三级资质；特种工程专业承包资质。

第十一条 下列建筑业企业资质，由企业工商注册所在地设区的市人民政府住房城乡建设主管部门许可：

（一）施工总承包资质序列三级资质（不含铁路、通信工程施工总承包三级资质）；

（二）专业承包资质序列三级资质（不含铁路方面专业承包资质）及预拌混凝土、模板脚手架专业承包资质；

（三）施工劳务资质；

（四）燃气燃烧器具安装、维修企业资质。

第十二条 申请本规定第九条所列资质的，应当向企业工商注册所在地省、自治区、直辖市人民政府住房城乡建设主管部门提出申请。其中，国务院国有资产管理部门直接监管的建筑企业及其下属一层级的企业，可以由国务院国有资产管理部门直接监管的建筑企业向国务院住房城乡建设主管部门提出申请。

第十四条 企业申请建筑业企业资质，在资质许可机关的网站或审批平台提出申请事项，提交资金、专业技术人员、技术装备和已完成业绩等电子材料。

第三章　延续与变更

第十八条　建筑业企业资质证书有效期届满，企业继续从事建筑施工活动的，应当于资质证书有效期届满3个月前，向原资质许可机关提出延续申请。

资质许可机关应当在建筑业企业资质证书有效期届满前做出是否准予延续的决定；逾期未做出决定的，视为准予延续。

第十九条　企业在建筑业企业资质证书有效期内名称、地址、注册资本、法定代表人等发生变更的，应当在工商部门办理变更手续后1个月内办理资质证书变更手续。

第二十一条　企业发生合并、分立、重组以及改制等事项，需承继原建筑业企业资质的，应当申请重新核定建筑业企业资质等级。

附：《建筑业企业资质等级标准》（节录）

（建市〔2014〕159号　自2015年1月1日起施行）

建筑工程施工总承包资质分为特级、一级、二级 、三级。

特级资质：可承担各类建筑工程的施工。

一级资质：可承担单项合同额3000万元以上的下列建筑工程的施工：

（1）高度200米以下的工业、民用建筑工程；

（2）高度240米以下的构筑物工程。

二级资质：可承担下列建筑工程的施工：

（1）高度100米以下的工业、民用建筑工程；

（2）高度120米以下的构筑物工程；

（3）建筑面积4万平方米以下的单体工业、民用建筑工程；

（4 ）单跨跨度39米以下的建筑工程。

三级资质：可承担下列建筑工程的施工 ：

（1）高度50米以下的工业、民用建筑工程；

（2）高度70米以下的构筑物工程 ；

（3）建筑面积1.2万平方米以下的单体工业、民用建筑工程；

（4）单跨跨度27米以下的建筑工程。

15.《建设工程价款结算暂行办法》(节录)

(财建〔2004〕369号 自2004年10月20日起施行)

第二章 工程合同价款的约定与调整

第七条 发包人、承包人应当在合同条款中对涉及工程价款结算的下列事项进行约定:

(一)预付工程款的数额、支付时限及抵扣方式;

(二)工程进度款的支付方式、数额及时限;

(三)工程施工中发生变更时,工程价款的调整方法、索赔方式、时限要求及金额支付方式;

(四)发生工程价款纠纷的解决方法;

(五)约定承担风险的范围及幅度以及超出约定范围和幅度的调整办法;

(六)工程竣工价款的结算与支付方式、数额及时限;

(七)工程质量保证(保修)金的数额、预扣方式及时限;

(八)安全措施和意外伤害保险费用;

(九)工期及工期提前或延后的奖惩办法;

(十)与履行合同、支付价款相关的担保事项。

第八条 发、承包人在签订合同时对于工程价款的约定,可选用下列一种约定方式:

(一)固定总价。合同工期较短且工程合同总价较低的工程,可以采用固定总价合同方式。

(二)固定单价。双方在合同中约定综合单价包含的风险范围和风险费用的计算方法,在约定的风险范围内综合单价不再调整。风险范围以外的综合单价调整方法,应当在合同中约定。

(三)可调价格。可调价格包括可调综合单价和措施费等,双方应在合同中约定综合单价和措施费的调整方法,调整因素包括:

1. 法律、行政法规和国家有关政策变化影响合同价款;

2. 工程造价管理机构的价格调整;

3. 经批准的设计变更;

4. 发包人更改经审定批准的施工组织设计(修正错误除外)造成费用增加;

5. 双方约定的其他因素。

第九条 承包人应当在合同规定的调整情况发生后14天内,将调整原因、金额以书面形式通知发包人,发包人确认调整金额后将其作为追加合同价款,与工程进度款同期支付。发包人收到承包人通知后14天内不予确认也不提出修改意见,视为已经同意该项调整。

当合同规定的调整合同价款的调整情况发生后,承包人未在规定时间内通知发包人,或者未在规定时间内提出调整报告,发包人可以根据有关资料,决定是否调整和调整的金额,并书面通知承包人。

第十条　工程设计变更价款调整

（一）施工中发生工程变更，承包人按经发包人认可的变更设计文件，进行变更施工，其中，政府投资项目重大变更，需按基本建设程序报批后方可施工。

（二）在工程设计变更确定后 14 天内，设计变更涉及工程价款调整的，由承包人向发包人提出，经发包人审核同意后调整合同价款。变更合同价款按下列方法进行：

1. 合同中已有适用于变更工程的价格，按合同已有的价格变更合同价款；

2. 合同中只有类似于变更工程的价格，可以参照类似价格变更合同价款；

3. 合同中没有适用或类似于变更工程的价格，由承包人或发包人提出适当的变更价格，经对方确认后执行。如双方不能达成一致的，双方可提请工程所在地工程造价管理机构进行咨询或按合同约定的争议或纠纷解决程序办理。

（三）工程设计变更确定后 14 天内，如承包人未提出变更工程价款报告，则发包人可根据所掌握的资料决定是否调整合同价款和调整的具体金额。重大工程变更涉及工程价款变更报告和确认的时限由发承包双方协商确定。收到变更工程价款报告一方，应在收到之日起 14 天内予以确认或提出协商意见，自变更工程价款报告送达之日起 14 天内，对方未确认也未提出协商意见时，视为变更工程价款报告已被确认。确认增（减）的工程变更价款作为追加（减）合同价款与工程进度款同期支付。

第三章　工程价款结算

第十一条　工程价款结算应按合同约定办理，合同未作约定或约定不明的，发、承包双方应依照下列规定与文件协商处理：

（一）国家有关法律、法规和规章制度；

（二）国务院建设行政主管部门、省、自治区、直辖市或有关部门发布的工程造价计价标准、计价办法等有关规定；

（三）建设项目的合同、补充协议、变更签证和现场签证，以及经发、承包人认可的其他有效文件；

（四）其他可依据的材料。

第十二条　工程预付款结算应符合下列规定：

（一）包工包料工程的预付款按合同约定拨付，原则上预付比例不低于合同金额的 10%，不高于合同金额的 30%，对重大工程项目，按年度工程计划逐年预付。计价执行《建设工程工程量清单计价规范》（GB50500—2003）的工程，实体性消耗和非实体性消耗部分应在合同中分别约定预付款比例。

（二）在具备施工条件的前提下，发包人应在双方签订合同后的一个月内或不迟于约定的开工日期前的 7 天内预付工程款，发包人不按约定预付，承包人应在预付时间到期后 10 天内向发包人发出要求预付的通知，发包人收到通知后仍不按要求预付，承包人可在发出通知 14 天后停止施工，发包人应从约定应付之日起向承包人支付应付款的利息（利率按同期银行贷款利率计），并承担违约责任。

（三）预付的工程款必须在合同中约定抵扣方式，并在工程进度款中进行抵扣。

（四）凡是没有签订合同或不具备施工条件的工程，发包人不得预付工程款，不得以预付款为名转移资金。

第十三条 工程进度款结算与支付应当符合下列规定：

（一）工程进度款结算方式

1. 按月结算与支付。即实行按月支付进度款，竣工后清算的办法。合同工期在两个年度以上的工程，在年终进行工程盘点，办理年度结算。

2. 分段结算与支付。即当年开工、当年不能竣工的工程按工程形象进度，划分不同阶段支付工程进度款。具体划分在合同中明确。

（二）工程量计算

1. 承包人应当按合同约定的方法和时间，向发包人提交已完工程量的报告。发包人接到报告后 14 天内核实已完工程量，并在核实前 1 天通知承包人，承包人应提供条件并派人参加核实，承包人收到通知后不参加核实，以发包人核实的工程量作为工程价款支付的依据。发包人不按约定时间通知承包人，致使承包人未能参加核实，核实结果无效。

2. 发包人收到承包人报告后 14 天内未核实完工程量，从第 15 天起，承包人报告的工程量即视为被确认，作为工程价款支付的依据，双方合同另有约定的，按合同执行。

3. 对承包人超出设计图纸（含设计变更）范围和因承包人原因造成返工的工程量，发包人不予计量。

（三）工程进度款支付

1. 根据确定的工程计量结果，承包人向发包人提出支付工程进度款申请，14 天内，发包人应按不低于工程价款的 60%，不高于工程价款的 90% 向承包人支付工程进度款。按约定时间发包人应扣回的预付款，与工程进度款同期结算抵扣。

2. 发包人超过约定的支付时间不支付工程进度款，承包人应及时向发包人发出要求付款的通知，发包人收到承包人通知后仍不能按要求付款，可与承包人协商签订延期付款协议，经承包人同意后可延期支付，协议应明确延期支付的时间和从工程计量结果确认后第 15 天起计算应付款的利息（利率按同期银行贷款利率计）。

3. 发包人不按合同约定支付工程进度款，双方又未达成延期付款协议，导致施工无法进行，承包人可停止施工，由发包人承担违约责任。

第十四条 工程完工后，双方应按约定的合同价款及合同价款调整内容以及索赔事项，进行工程竣工结算。

（一）工程竣工结算方式

工程竣工结算分为单位工程竣工结算、单项工程竣工结算和建设项目竣工总结算。

（二）工程竣工结算编审

1. 单位工程竣工结算由承包人编制，发包人审查；实行总承包的工程，由具体承包人编制，在总包人审查的基础上，发包人审查。

2. 单项工程竣工结算或建设项目竣工总结算由总（承）包人编制，发包人可直接进行审查，也可以委托具有相应资质的工程造价咨询机构进行审查。政府投资项目，由同级财政部门审查。单项工程竣工结算或建设项目竣工总结算经发、承包人签字盖章后有效。

承包人应在合同约定期限内完成项目竣工结算编制工作，未在规定期限内完成的并且提不出正当理由延期的，责任自负。

(三)工程竣工结算审查期限

单项工程竣工后,承包人应在提交竣工验收报告的同时,向发包人递交竣工结算报告及完整的结算资料,发包人应按以下规定时限进行核对(审查)并提出审查意见。

序号	工程竣工结算报告金额	审查时间
1	500 万元以下	从接到竣工结算报告和完整的竣工结算资料之日起 20 天
2	500 万~2000 万元	从接到竣工结算报告和完整的竣工结算资料之日起 30 天
3	2000 万~5000 万元	从接到竣工结算报告和完整的竣工结算资料之日起 45 天
4	5000 万元以上	从接到竣工结算报告和完整的竣工结算资料之日起 60 天

建设项目竣工总结算在最后一个单项工程竣工结算审查确认后 15 天内汇总,送发包人后 30 天内审查完成。

(四)工程竣工价款结算

发包人收到承包人递交的竣工结算报告及完整的结算资料后,应按本办法规定的期限(合同约定有期限的,从其约定)进行核实,给予确认或者提出修改意见。发包人根据确认的竣工结算报告向承包人支付工程竣工结算价款,保留 5%左右的质量保证(保修)金,待工程交付使用一年质保期到期后清算(合同另有约定的,从其约定),质保期内如有返修,发生费用应在质量保证(保修)金内扣除。

(五)索赔价款结算

发承包人未能按合同约定履行自己的各项义务或发生错误,给另一方造成经济损失的,由受损方按合同约定提出索赔,索赔金额按合同约定支付。

(六)合同以外零星项目工程价款结算

发包人要求承包人完成合同以外零星项目,承包人应在接受发包人要求的 7 天内就用工数量和单价、机械台班数量和单价、使用材料和金额等向发包人提出施工签证,发包人签证后施工,如发包人未签证,承包人施工后发生争议的,责任由承包人自负。

第十六条 发包人收到竣工结算报告及完整的结算资料后,在本办法规定或合同约定期限内,对结算报告及资料没有提出意见,则视同认可。

承包人如未在规定时间内提供完整的工程竣工结算资料,经发包人催促后 14 天内仍未提供或没有明确答复,发包人有权根据已有资料进行审查,责任由承包人自负。

根据确认的竣工结算报告,承包人向发包人申请支付工程竣工结算款。发包人应在收到申请后 15 天内支付结算款,到期没有支付的应承担违约责任。承包人可以催告发包人支付结算价款,如达成延期支付协议,承包人应按同期银行贷款利率支付拖欠工程价款的利息。如未达成延期支付协议,承包人可以与发包人协商将该工程折价,或申请人民法院将该工程依法拍卖,承包人就该工程折价或者拍卖的价款优先受偿。

第十七条 工程竣工结算以合同工期为准,实际施工工期比合同工期提前或延后,发、承包双方应按合同约定的奖惩办法执行。

第四章　工程价款结算争议处理

第十八条　工程造价咨询机构接受发包人或承包人委托，编审工程竣工结算，应按合同约定和实际履约事项认真办理，出具的竣工结算报告经发、承包双方签字后生效。当事人一方对报告有异议的，可对工程结算中有异议部分，向有关部门申请咨询后协商处理，若不能达成一致的，双方可按合同约定的争议或纠纷解决程序办理。

第十九条　发包人对工程质量有异议，已竣工验收或已竣工未验收但实际投入使用的工程，其质量争议按该工程保修合同执行；已竣工未验收且未实际投入使用的工程以及停工、停建工程的质量争议，应当就有争议部分的竣工结算暂缓办理，双方可就有争议的工程委托有资质的的检测鉴定机构进行检测，根据检测结果确定解决方案，或按工程质量监督机构的处理决定执行，其余部分的竣工结算依照约定办理。

第五章　工程价款结算管理

第二十一条　工程竣工后，发、承包双方应及时办清工程竣工结算，否则，工程不得交付使用，有关部门不予办理权属登记。

第二十二条　发包人与中标的承包人不按招标文件和中标的承包人的投标文件订立合同的，或者发包人、中标的承包人背离合同实质性内容另行订立协议，造成工程价款结算纠纷的，另行订立的协议无效，由建设行政主管部门责令改正，并按《中华人民共和国招标投标法》第五十九条进行处罚。

第二十三条　接受委托承接有关工程结算咨询业务的工程造价咨询机构应具有工程造价咨询单位资质，其出具的办理拨付工程价款和工程结算的文件，应当由造价工程师签字，并应加盖执业专用章和单位公章。

第六章　附　　则

第二十四条　建设工程施工专业分包或劳务分包，总(承)包人与分包人必须依法订立专业分包或劳务分包合同，按本办法的规定在合同中约定工程价款及其结算办法。

第二十五条　政府投资项目除执行本办法有关规定外，地方政府或地方政府财政部门对政府投资项目合同价款约定与调整、工程价款结算、工程价款结算争议处理等事项，如另有特殊规定的，从其规定。

第二十六条　凡实行监理的工程项目，工程价款结算过程中涉及监理工程师签证事项，应按工程监理合同约定执行。

第二十八条　合同示范文本内容如与本办法不一致，以本办法为准。

二、相关司法解释及司法意见

16. 最高人民法院《关于适用〈中华人民共和国民事诉讼法〉若干问题的解释》(节录)

(法释〔2015〕5 号 2014 年 12 月 18 日最高人民法院审判委员会第 1636 次会议通过 自 2015 年 2 月 4 日起施行)

一、管　　辖

第三条 公民的住所地是指公民的户籍所在地,法人或者其他组织的住所地是指法人或者其他组织的主要办事机构所在地。

法人或者其他组织的主要办事机构所在地不能确定的,法人或者其他组织的注册地或者登记地为住所地。

第四条 公民的经常居住地是指公民离开住所地至起诉时已连续居住一年以上的地方,但公民住院就医的地方除外。

第五条 对没有办事机构的个人合伙、合伙型联营体提起的诉讼,由被告注册登记地人民法院管辖。没有注册登记,几个被告又不在同一辖区的,被告住所地的人民法院都有管辖权。

第六条 被告被注销户籍的,依照民事诉讼法第二十二条规定确定管辖;原告、被告均被注销户籍的,由被告居住地人民法院管辖。

第七条 当事人的户籍迁出后尚未落户,有经常居住地的,由该地人民法院管辖;没有经常居住地的,由其原户籍所在地人民法院管辖。

第八条 双方当事人都被监禁或者被采取强制性教育措施的,由被告原住所地人民法院管辖。被告被监禁或者被采取强制性教育措施一年以上的,由被告被监禁地或者被采取强制性教育措施地人民法院管辖。

第十一条 双方当事人均为军人或者军队单位的民事案件由军事法院管辖。

第十八条 合同约定履行地点的,以约定的履行地点为合同履行地。

合同对履行地点没有约定或者约定不明确,争议标的为给付货币的,接收货币一方所在地为合同履行地;交付不动产的,不动产所在地为合同履行地;其他标的,履行义务一方所在地为合同履行地。即时结清的合同,交易行为地为合同履行地。

合同没有实际履行,当事人双方住所地都不在合同约定的履行地的,由被告住所地人民法院管辖。

第二十八条 民事诉讼法第三十三条第一项规定的不动产纠纷是指因不动产的权利确认、分割、相邻关系等引起的物权纠纷。

农村土地承包经营合同纠纷、房屋租赁合同纠纷、建设工程施工合同纠纷、政策性房屋买卖合同纠纷,按照不动产纠纷确定管辖。

不动产已登记的,以不动产登记簿记载的所在地为不动产所在地;不动产未登记的,以不动产实际所在地为不动产所在地。

第二十九条 民事诉讼法第三十四条规定的书面协议,包括书面合同中的协议管辖条款或者诉讼前以书面形式达成的选择管辖的协议。

第三十条 根据管辖协议,起诉时能够确定管辖法院的,从其约定;不能确定的,依照民事诉讼法的相关规定确定管辖。

管辖协议约定两个以上与争议有实际联系的地点的人民法院管辖,原告可以向其中一个人民法院起诉。

第三十二条 管辖协议约定由一方当事人住所地人民法院管辖,协议签订后当事人住所地变更的,由签订管辖协议时的住所地人民法院管辖,但当事人另有约定的除外。

第三十三条 合同转让的,合同的管辖协议对合同受让人有效,但转让时受让人不知道有管辖协议,或者转让协议另有约定且原合同相对人同意的除外。

三、诉讼参与人

第五十条 法人的法定代表人以依法登记的为准,但法律另有规定的除外。依法不需要办理登记的法人,以其正职负责人为法定代表人;没有正职负责人的,以其主持工作的副职负责人为法定代表人。

法定代表人已经变更,但未完成登记,变更后的法定代表人要求代表法人参加诉讼的,人民法院可以准许。

其他组织,以其主要负责人为代表人。

第五十一条 在诉讼中,法人的法定代表人变更的,由新的法定代表人继续进行诉讼,并应向人民法院提交新的法定代表人身份证明书。原法定代表人进行的诉讼行为有效。

前款规定,适用于其他组织参加的诉讼。

第五十二条 民事诉讼法第四十八条规定的其他组织是指合法成立、有一定的组织机构和财产,但又不具备法人资格的组织,包括:

(一)依法登记领取营业执照的个人独资企业;

(二)依法登记领取营业执照的合伙企业;

(三)依法登记领取我国营业执照的中外合作经营企业、外资企业;

(四)依法成立的社会团体的分支机构、代表机构;

(五)依法设立并领取营业执照的法人的分支机构;

(六)依法设立并领取营业执照的商业银行、政策性银行和非银行金融机构的分支机构;

(七)经依法登记领取营业执照的乡镇企业、街道企业;

（八）其他符合本条规定条件的组织。

第五十三条 法人非依法设立的分支机构，或者虽依法设立，但没有领取营业执照的分支机构，以设立该分支机构的法人为当事人。

第五十四条 以挂靠形式从事民事活动，当事人请求由挂靠人和被挂靠人依法承担民事责任的，该挂靠人和被挂靠人为共同诉讼人。

第五十六条 法人或者其他组织的工作人员执行工作任务造成他人损害的，该法人或者其他组织为当事人。

第五十七条 提供劳务一方因劳务造成他人损害，受害人提起诉讼的，以接受劳务一方为被告。

第五十八条 在劳务派遣期间，被派遣的工作人员因执行工作任务造成他人损害的，以接受劳务派遣的用工单位为当事人。当事人主张劳务派遣单位承担责任的，该劳务派遣单位为共同被告。

第五十九条 在诉讼中，个体工商户以营业执照上登记的经营者为当事人。有字号的，以营业执照上登记的字号为当事人，但应同时注明该字号经营者的基本信息。

营业执照上登记的经营者与实际经营者不一致的，以登记的经营者和实际经营者为共同诉讼人。

第六十条 在诉讼中，未依法登记领取营业执照的个人合伙的全体合伙人为共同诉讼人。个人合伙有依法核准登记的字号的，应在法律文书中注明登记的字号。全体合伙人可以推选代表人；被推选的代表人，应由全体合伙人出具推选书。

第六十二条 下列情形，以行为人为当事人：

（一）法人或者其他组织应登记而未登记，行为人即以该法人或者其他组织名义进行民事活动的；

（二）行为人没有代理权、超越代理权或者代理权终止后以被代理人名义进行民事活动的，但相对人有理由相信行为人有代理权的除外；

（三）法人或者其他组织依法终止后，行为人仍以其名义进行民事活动的。

第六十三条 企业法人合并的，因合并前的民事活动发生的纠纷，以合并后的企业为当事人；企业法人分立的，因分立前的民事活动发生的纠纷，以分立后的企业为共同诉讼人。

第六十四条 企业法人解散的，依法清算并注销前，以该企业法人为当事人；未依法清算即被注销的，以该企业法人的股东、发起人或者出资人为当事人。

第六十五条 借用业务介绍信、合同专用章、盖章的空白合同书或者银行账户的，出借单位和借用人为共同诉讼人。

第六十八条 村民委员会或者村民小组与他人发生民事纠纷的，村民委员会或者有独立财产的村民小组为当事人。

第八十八条 诉讼代理人除根据民事诉讼法第五十九条规定提交授权委托书外，还应当按照下列规定向人民法院提交相关材料：

（一）律师应当提交律师执业证、律师事务所证明材料；

（二）基层法律服务工作者应当提交法律服务工作者执业证、基层法律服务所出具的介绍信以及当事人一方位于本辖区内的证明材料；

（三）当事人的近亲属应当提交身份证件和与委托人有近亲属关系的证明材料；

（四）当事人的工作人员应当提交身份证件和与当事人有合法劳动人事关系的证明材料；

（五）当事人所在社区、单位推荐的公民应当提交身份证件、推荐材料和当事人属于该社区、单位的证明材料；

（六）有关社会团体推荐的公民应当提交身份证件和符合本解释第八十七条规定条件的证明材料。

第八十九条 当事人向人民法院提交的授权委托书，应当在开庭审理前送交人民法院。授权委托书仅写“全权代理”而无具体授权的，诉讼代理人无权代为承认、放弃、变更诉讼请求，进行和解，提出反诉或者提起上诉。

17. 最高人民法院《关于适用〈中华人民共和国合同法〉若干问题的解释（一）》（节录）

（法释〔1999〕19号 1999年12月1日最高人民法院审判委员会第1090次会议通过 自1999年12月29日起施行）

一、法律适用范围

第四条 合同法实施以后，人民法院确认合同无效，应当以全国人大及其常委会制定的法律和国务院制定的行政法规为依据，不得以地方性法规、行政规章为依据。

三、合同效力

第九条 依照合同法第四十四条第二款的规定，法律、行政法规规定合同应当办理批准手续，或者办理批准、登记等手续才生效，在一审法庭辩论终结前当事人仍未办理批准手续的，或者仍未办理批准、登记等手续的，人民法院应当认定该合同未生效；法律、行政法规规定合同应当办理登记手续，但未规定登记后生效的，当事人未办理登记手续不影响合同的效力，合同标的物所有权及其他物权不能转移。

合同法第七十七条第二款、第八十七条、第九十六条第二款所列合同变更、转让、解除等情形，依照前款规定处理。

第十条 当事人超越经营范围订立合同，人民法院不因此认定合同无效。但违反国家限制经营、特许经营以及法律、行政法规禁止经营规定的除外。

六、合同转让中的第三人

第二十七条 债权人转让合同权利后，债务人与受让人之间因履行合同发生纠纷诉至人民法院,债务人对债权人的权利提出抗辩的,可以将债权人列为第三人。

第二十八条　经债权人同意,债务人转移合同义务后,受让人与债权人之间因履行合同发生纠纷诉至人民法院,受让人就债务人对债权人的权利提出抗辩的,可以将债务人列为第三人。

第二十九条　合同当事人一方经对方同意将其在合同中的权利义务一并转让给受让人,对方与受让人因履行合同发生纠纷诉至人民法院,对方就合同权利义务提出抗辩的,可以将出让方列为第三人。

七、请求权竞合

第三十条　债权人依照合同法第一百二十二条的规定向人民法院起诉时作出选择后,在一审开庭以前又变更诉讼请求的,人民法院应当准许。

18. 最高人民法院《关于适用〈中华人民共和国合同法〉若干问题的解释(二)》(节录)

(法释〔2009〕5号　2009年2月9日由最高人民法院审判委员会第1462次会议通过　自2009年5月13日起施行)

二、合同的效力

第十一条　根据合同法第四十七条、第四十八条的规定,追认的意思表示自到达相对人时生效,合同自订立时起生效。

第十二条　无权代理人以被代理人的名义订立合同,被代理人已经开始履行合同义务的,视为对合同的追认。

第十四条　合同法第五十二条第(五)项规定的“强制性规定”,是指效力性强制性规定。

三、合同的履行

第十九条　对于合同法第七十四条规定的“明显不合理的低价”,人民法院应当以交易当地一般经营者的判断,并参考交易当时交易地的物价部门指导价或者市场交易价,结合其他相关因素综合考虑予以确认。

转让价格达不到交易时交易地的指导价或者市场交易价百分之七十的,一般可以视为明显不合理的低价;对转让价格高于当地指导价或者市场交易价百分之三十的,一般可以视为明显不合理的高价。

债务人以明显不合理的高价收购他人财产,人民法院可以根据债权人的申请,参照合同法第七十四条的规定予以撤销。

四、合同的权利义务终止

第二十二条 当事人一方违反合同法第九十二条规定的义务,给对方当事人造成损失,对方当事人请求赔偿实际损失的,人民法院应当支持。

第二十六条 合同成立以后客观情况发生了当事人在订立合同时无法预见的、非不可抗力造成的不属于商业风险的重大变化,继续履行合同对于一方当事人明显不公平或者不能实现合同目的,当事人请求人民法院变更或者解除合同的,人民法院应当根据公平原则,并结合案件的实际情况确定是否变更或者解除。

五、违 约 责 任

第二十七条 当事人通过反诉或者抗辩的方式,请求人民法院依照合同法第一百一十四条第二款的规定调整违约金的,人民法院应予支持。

第二十八条 当事人依照合同法第一百一十四条第二款的规定,请求人民法院增加违约金的,增加后的违约金数额以不超过实际损失额为限。增加违约金以后,当事人又请求对方赔偿损失的,人民法院不予支持。

第二十九条 当事人主张约定的违约金过高请求予以适当减少的,人民法院应当以实际损失为基础,兼顾合同的履行情况、当事人的过错程度以及预期利益等综合因素,根据公平原则和诚实信用原则予以衡量,并作出裁决。

当事人约定的违约金超过造成损失的百分之三十的,一般可以认定为合同法第一百一十四条第二款规定的"过分高于造成的损失"。

19.最高人民法院《关于审理建设工程施工合同纠纷案件适用法律问题的解释》

(法释〔2004〕14号 2004年9月29日由最高人民法院审判委员会第1327次会议通过 自2005年1月1日起施行)

根据《中华人民共和国民法通则》《中华人民共和国合同法》《中华人民共和国招标投标法》《中华人民共和国民事诉讼法》等法律规定,结合民事审判实际,就审理建设工程施工合同纠纷案件适用法律的问题,制定本解释。

第一条 建设工程施工合同具有下列情形之一的,应当根据合同法第五十二条第(五)项的规定,认定无效:

(一)承包人未取得建筑施工企业资质或者超越资质等级的;

(二)没有资质的实际施工人借用有资质的建筑施工企业名义的;

(三)建设工程必须进行招标而未招标或者中标无效的。

第二条 建设工程施工合同无效,但建设工程经竣工验收合格,承包人请求参照合同约定支付工程价款的,应予支持。

第三条　建设工程施工合同无效,且建设工程经竣工验收不合格的,按以下情形分别处理:

(一)修复后的建设工程经竣工验收合格,发包人请求承包人承担修复费用的,应予支持;

(二)修复后的建设工程经竣工验收不合格,承包人请求支付工程价款的,不予支持。

因建设工程不合格造成的损失,发包人有过错的,也应承担相应的民事责任。

第四条　承包人非法转包、违法分包建设工程或者没有资质的实际施工人借用有资质的建筑施工企业名义与他人签订建设工程施工合同的行为无效。人民法院可以根据民法通则第一百三十四条规定,收缴当事人已经取得的非法所得。

第五条　承包人超越资质等级许可的业务范围签订建设工程施工合同,在建设工程竣工前取得相应资质等级,当事人请求按无效合同处理的,不予支持。

第六条　当事人对垫资和垫资利息有约定,承包人请求按约定返还垫资及其利息的,应予支持,但是约定的利息计算标准高于中国人民银行发布的同期同类贷款利率的部分除外。

当事人对垫资没有约定的,按工程欠款处理。

当事人对垫资利息没有约定,承包人请求支付利息的,不予支持。

第七条　具有劳务作业法定资质的承包人与总承包人、分包人签订的劳务分包合同,当事人以转包建设工程违反法律规定为由请求确认无效的,不予支持。

第八条　承包人具有下列情形之一,发包人请求解除建设工程施工合同的,应予支持:

(一)明确表示或者以行为表明不履行合同主要义务的;

(二)合同约定的期限内没有完工,且在发包人催告的合理期限内仍未完工的;

(三)已经完成的建设工程质量不合格,并拒绝修复的;

(四)将承包的建设工程非法转包、违法分包的。

第九条　发包人具有下列情形之一,致使承包人无法施工,且在催告的合理期限内仍未履行相应义务,承包人请求解除建设工程施工合同的,应予支持:

(一)未按约定支付工程价款的;

(二)提供的主要建筑材料、建筑构配件和设备不符合强制性标准的。

第十条　建设工程施工合同解除后,已经完成的建设工程质量合格的,发包人应当按约定支付相应的工程价款;已经完成的建设工程质量不合格的,参照本解释第三条规定处理。

因一方违约导致合同解除的,违约方应当赔偿因此而给对方造成的损失。

第十一条　因承包人的过错造成建设工程质量不符合约定,承包人拒绝修理、返工或者改建,发包人请求减少支付工程价款的,应予支持。

第十二条　发包人具有下列情形之一,造成建设工程质量缺陷,应当承担过错责任:

(一)提供的设计有缺陷;

(二)提供或者指定购买的建筑材料、建筑构配件、设备不符合强制性标准;

(三)直接指定分包人分包专业工程。

承包人有过错的，也应当承担相应的过错责任。

第十三条 建设工程未经竣工验收，发包人擅自使用后，又以使用部分质量不符合约定为由主张权利的，不予支持；但是承包人应当在建设工程的合理使用寿命内对地基基础工程和主体结构质量承担民事责任。

第十四条 当事人对建设工程实际竣工日期有争议的，按以下情形分别处理：

（一）建设工程经竣工验收合格的，以竣工验收合格之日为竣工日期；

（二）承包人已经提交竣工验收报告，发包人拖延验收的，以承包人提交验收报告之日为竣工日期；

（三）建设工程未经竣工验收，发包人擅自使用的，以转移占有建设工程之日为竣工日期。

第十五条 建设工程竣工前，当事人对工程质量发生争议，工程质量经鉴定合格的，鉴定期间为顺延工期期间。

第十六条 当事人对建设工程的计价标准或者计价方法有约定的，按约定结算工程价款。

因设计变更导致建设工程的工程量或者质量标准发生变化，当事人对该部分工程价款不能协商一致的，可以参照签订建设工程施工合同时当地建设行政主管部门发布的计价方法或者计价标准结算工程价款。

建设工程施工合同有效，但建设工程经竣工验收不合格的，工程价款结算参照本解释第三条规定处理。

第十七条 当事人对欠付工程价款利息计付标准有约定的，按约定处理；没有约定的，按中国人民银行发布的同期同类贷款利率计息。

第十八条 利息从应付工程价款之日计付。当事人对付款时间没有约定或者约定不明的，下列时间视为应付款时间：

（一）建设工程已实际交付的，为交付之日；

（二）建设工程没有交付的，为提交竣工结算文件之日；

（三）建设工程未交付，工程价款也未结算的，为当事人起诉之日。

第十九条 当事人对工程量有争议的，按施工过程中形成的签证等书面文件确认。承包人能够证明发包人同意其施工，但未能提供签证文件证明工程量发生的，可以按当事人提供的其他证据确认实际发生的工程量。

第二十条 当事人约定，发包人收到竣工结算文件后，在约定期限内不予答复，视为认可竣工结算文件的，按约定处理。承包人请求按竣工结算文件结算工程价款的，应予支持。

第二十一条 当事人就同一建设工程另行订立的建设工程施工合同与经过备案的中标合同实质性内容不一致的，应当以备案的中标合同作为结算工程价款的根据。

第二十二条 当事人约定按固定价结算工程价款，一方当事人请求对建设工程造价进行鉴定的，不予支持。

第二十三条 当事人对部分案件事实有争议的，仅对有争议的事实进行鉴定，但争议事实范围不能确定，或者双方当事人请求对全部事实鉴定的除外。

第二十四条 建设工程施工合同纠纷以施工行为地为合同履行地。

第二十五条 因建设工程质量发生争议的，发包人可以以总承包人、分包人和实际施工人为共同被告提起诉讼。

第二十六条 实际施工人以转包人、违法分包人为被告起诉的，人民法院应当依法受理。

实际施工人以发包人为被告主张权利的，人民法院可以追加转包人或者违法分包人为本案当事人。发包人只在欠付工程价款范围内对实际施工人承担责任。

第二十七条 因保修人未及时履行保修义务，导致建筑物毁损或者造成人身、财产损害的，保修人应当承担赔偿责任。

保修人与建筑物所有人或者发包人对建筑物毁损均有过错的，各自承担相应的责任。

第二十八条 本解释自二〇〇五年一月一日起施行。

施行后受理的第一审案件适用本解释。

施行前最高人民法院发布的司法解释与本解释相抵触的，以本解释为准。

20. 最高人民法院《就〈关于审理建设工程施工合同纠纷案件适用法律问题的解释〉答记者问》（节录）

一、司法解释出台的背景

问：请您介绍一下最高人民法院为什么要制定这个司法解释，这个司法解释的公布有何重要意义？

答：最高人民法院做出这个司法解释主要是基于以下两个方面的考虑，一是为了给国家关于清理工程拖欠款和农民工工资重大部署的实施提供司法保障。因为，近年来我国的建筑业发展很快，建筑业吸纳了大量的农民工就业，并拉动了诸多相关行业的发展，建筑业已经成为我国国民经济发展的新的增长点。在建筑业快速发展的同时，也出现了一些问题，如：建设工程质量问题、建筑市场行为不规范问题、投资不足问题，特别是投资不足问题造成了大量拖欠工程款和农民工工资的现象，已经严重侵害了建筑企业和进城务工人员的合法权益。这既是一个经济问题，又是一个社会问题，更是一个法律问题，引起了党中央和国务院领导的高度重视，国家已经采取专项措施予以治理，本《解释》主要是从法律上提供更加明确、有力的保障。二是由于有些法律规定还比较原则，人民法院在审理建设工程施工合同纠纷案件时，对某些法律问题在具体适用上认识不统一，如无效合同处理原则，合同解除条件，质量不合格工程、未完工程的工程价款结算问题，工程质量缺陷的责任，工程欠款利息的起算时间等，不解决这些法律适用问题，不仅影响到人民法院司法的公正性、统一性和审判的效率，而且也不利于尽快解决拖欠工程款和农民工工资问题。因此，为了配合国家专项措施的实施，统一人民法院执法尺度，公平保护各方当事人的合法权益，维护建筑市场的正常秩序，促进建筑行业的健康发展，最高人民法院决定制定这个司法解释。

根据最高人民法院工作部署，自 2002 年 3 月起，最高人民法院民事审判第一庭开始着手《解释》的起草工作。在起草过程中召开了各种类型的座谈会，反复听取了立法部门、国务院主管部门、建筑施工企业、房地产开发企业、执业律师、专家学者、工程造价和工程质量鉴定中介机构等有关方面意见，于2003年11月形成了司法解释稿。为了确保司法解释能够集中民智，体现民意，更好地维护公平与正义，依法保护各方当事人的合法权益，2003年12月15日将起草的司法解释在《人民法院报》和人民法院网上公布，公开向社会征询意见。这个司法解释受到了社会各界的广泛关注，社会各界以不同的形式提出修改意见近千条，我们在对相关意见进行整理归纳、认真研究后，形成了《解释》的送审稿，并经最高人民法院审判委员会第1327次会议讨论通过。我相信，它的公布和实施，对规范建筑市场行为，促进我国建筑行业的发展，确保建设工程质量，维护人民生命财产的安全，公平保护建设工程施工合同各方当事人的合法权益，都将起到积极作用。

二、尽量维护合同的效力

问：调整建设工程施工合同纠纷案件的法律中，强制性条款很多，为何只列举5种合同无效的情形？

答：建设工程施工合同受到不同领域的多部法律及其他规范性文件调整。法律、行政法规和部颁规章中调整建设工程施工合同的强制性规范就有六十多条，如果违反这些规范都以违反法律强制性规定为由而认定合同无效，不符合《合同法》的立法本意，不利于维护合同稳定性，也不利于保护各方当事人的合法权益，同时也会破坏建筑市场的正常秩序。我们认为，法律和行政法规中的强制性规定，有的属于行政管理规范，如果当事人违反了这些规范应当受到行政处罚，但是不应当影响民事合同的效力。从相关法律、行政法规的强制性规范内容看，可分为两类：一是保障建设工程质量的规范，二是维护建筑市场公平竞争秩序的规范。《解释》第1条和第4条将这两大类分为以下五种情形：一是承包人未取得建筑施工企业资质或者超越资质等级的；二是没有资质的实际施工人借用有资质的建筑施工企业名义的；三是建设工程必须进行招标而未招标或者中标无效的；四是承包人非法转包建设工程的；五是承包人违法分包建设工程的。当然，《民法通则》和《合同法》等基本法律规定的合同无效的情形，也应当适用于建设工程施工合同。

三、合同无效但建设工程质量合格的，也可参照合同约定结算工程价款

问：按《解释》规定，合同被确认无效，如果建设工程经竣工验收合格的，可以参照合同约定结算工程价款，这是否违反《民法通则》和《合同法》关于无效合同的处理原则？

答：《合同法》第58条规定，合同无效或者被撤销后，因该合同取得的财产，应当予以返还；不能返还或者没有必要返还的，应当折价补偿。建设工程施工合同具有特殊性，合同履行的过程，就是将劳动和建筑材料物化在建筑产品的过程。合同被确认无效后，已经履行的内容不能适用返还的方式使合同恢复到签约前的状态，而只能按折价补偿的方式处理。从建设工程施工合同的实际履行情况看，当合同被确认无效后，有两种折价补偿方式，一是以工程定额为标准，通过鉴定确定建设工程价值，考虑到目前我国建筑市场的实际情况，有的发包人签订合同时往往把工程价款压得很低，如果合同被确认无效还按第一方案折价补偿，将会造成无效合同比有效合同的工程价款还高，这超出了当事人签订合同的预期。二是参照合同约定结算工程价款。这种折价补偿的方式不仅符合双方当事人在订立合同时的真实意思，而且还可以节省鉴定费用，提高诉讼效率。因此，通过对以上两种折价补偿方案的比较，根据我国建筑行业的现状，衡平合同各方当事人的利益，在《解释》第2条规定，建设工程施工合同被确认无效以后，建设工程质量合格的，可以参照合同约定结算工程价款。《解释》确立了参照合同约定结算工程价款的折价补偿原则。这与《民法通则》、《合同法》第58条的规定并不矛盾，而是在处理无效的建设工程施工合同纠纷案件中具体体现了《合同法》规定的无效处理原则。

《解释》第2条规定适用的无效合同仅指合同标的物为质量合格的建设工程，不包括质量不合格的建设工程。建设工程质量合格，包括两方面的意思，一是建设工程经竣工验收合格，二是建设工程经竣工验收不合格，但是经过承包人修复后，再验收合格。总之，只要建设工程经过验收合格，即使确认合同无效，也可以按合同约定结算工程价款。

四、对质量不合格又不能修复的工程可以不支付工程价款

问：如果建设工程经竣工验收不合格的，不支付工程价款是否公平，承包人因此受到的损失，有过错的发包人是否也应当承担赔偿责任？

答：《解释》第3条第1款第2项规定：合同无效，修复后的建设工程经竣工验收不合格，承包人请求支付工程价款的，不予支持。制定此项规定我们是这样考虑的：

一是建设工程施工合同属于特殊形式的承揽合同，法律规定承包人的主要合同义务就是按合同约定向发包人交付合格的建设工程，如果承包人交付的建设工程质量不合格，发包人订立合同的目的就无法实现，发包人不仅可以拒绝受领该工程，而且也可以不支付工程价款。这是民事法律调整加工承揽关系的原则。

二是根据《解释》规定，承包人对经验收不合格的建设工程可以进行修复，经过修复建设工程质量合格的，发包人应当按约定支付工程价款；如果经修复建设工程仍不合格的，该工程就没有利用价值，在这样的情况下让发包人支付工程价款是不公平的。

三是不能按合同约定支付工程价款，当然会给承包人造成损失，但承包人是建设工程的建设者，对工程质量不合格应当承担主要责任，因此，一般说来，造成的损失也应当由承包人承担。但是，如果发包人对造成工程质量不合格也有过错的，也应当承担与过错相适应的责任。也就是说，在发包人有过错的情况下，发包人虽然可以不承担按合同约定支付工程价款的给付义务，但是应当对承包人不能得到工程价款的损失按过错承担赔偿责任。《解释》第3条第2款规定：因建设工程不合格造成的损失，发包人有过错的，也应承担相应的民事责任。《合同法》第58条规定，合同无效后，有过错的一方应当赔偿对方因此受到的损失，双方都有过错的，应当各自承担相应的责任。承、发包双方当事人按过错分别承担相应的责任，这样规定不仅符合建筑市场的实际情况和民法原则，同时也有利于承包人重视建设工程质量，加强对工程质量的监督和管理。

必须指出的是，关于建设工程经验收不合格，发包人可以不支付工程价款的规定，除合同无效情形外，也适用于有效合同。《解释》第10条、第16条规定，建设工程施工合同履行中承包人交付的工程质量不合格或者合同因解除而停止履行时，建设工程经验收质量不合格的，参照《解释》第3条规定处理。

五、对垫资条款不作无效处理

问：根据《解释》第6条规定，可否认为垫资是合法的？这是否与以往法院对垫资条款无效的处理原则相矛盾？《解释》认定垫资有效是出于什么考虑？

答：以前，人民法院认为建设工程施工合同中的垫资、带资条款或者当事人另行签订的垫资合同的性质为企业法人间违规拆借资金，这种行为违反了原国家计划委员会、建设部和财政部联合发布的《关于严格禁止在工程建设中带资承包的通知》的规定,但对于是否应当认定垫资条款无效,却有不同认识。

在司法解释起草过程中,我们考虑到,一是建筑市场垫资比较普遍,发包人要求承包人垫资,如果承包人不带资、垫资也难以承揽到工程,如果不承认垫资有效,不利于保护承包人的合法权益。二是我国已经加入 WTO,建筑市场是开放的,建筑市场的主体可能是本国的企业,也可能是外国的企业,而国际建筑市场是允许垫资的,如果我们认定垫资一律无效,违反国际惯例,与国际建筑市场的发展潮流相悖。三是根据《合同法》第 52 条规定,必须是违反法律、行政法规的强制性规定,才能认定合同无效。但是从法律规定的层次看,《关于严格禁止在工程建设中带资承包的通知》不属于法律、行政法规,至多归为部颁规章,不能成为人民法院认定合同条款无效的法律依据。

基于以上考虑,《解释》规定当事人对垫资及其利息有约定,请求按合同约定返还垫资款和利息的,应当予以支持。从而确立了垫资合同有效的处理原则。根据《解释》规定,当事人对垫资利息计算标准的约定不能超过国家法定基准利率;如超出,对超出部分不予保护。

六、解除合同的条件更加明确

问:从司法解释的规定看,似乎对合同的解除规定了较严格的条件,出于什么考虑?

答:根据《合同法》规定,合同解除分为约定解除和法定解除两种。从《合同法》的规定看,法定解除主要是适用于当事人不履行合同的主要义务,致使合同的目的无法实现的情形,《解释》第 8 条和第 9 条的规定,主要是对合同法第九十四条关于合同解除权规定适用于建设工程施工合同的具体化,其目的是通过明确解除合同的条件,防止合同随意被解除,从而保证建设工程施工合同全面实际履行。

《解释》第 8 条是规定了发包人的解除权,该条规定:承包人具有下列情形之一,发包人请求解除建设工程施工合同的,应予支持:(一)明确表示或者以行为表明不履行合同主要义务的;(二)合同约定的期限内没有完工,且在发包人催告的合理期限内仍未完工的;(三)已经完成的建设工程质量不合格,并拒绝修复的;(四)将承包的建设工程非法转包、违法分包的。承包人的上述行为都属不履行合同主要义务的行为,并且会导致发包人按质按期获得建设工程的合同目的难以实现,依法应当准许发包人解除合同。

第 9 条规定了承包人的解除权。该条规定:发包人具有下列情形之一,致使承包人无法施工,且在催告的合理期限内仍未履行相应义务,承包人请求解除建设工程施工合同的,应予支持:一是未按约定支付工程价款的;二是提供的主要建筑材料、建筑构配件和设备不符合强制性标准的;三是不履行合同约定的协助义务的。

七、发包人对工程质量缺陷有过错的,也应承担责任

问:建设工程质量的缺陷应当由承包人负责,为什么还要发包人对工程质量缺陷承担责任?

答:建设工程的质量关系到公共安全,为了确保建设工程质量,《合同法》《建筑法》等法律、行政法规或者部颁规章都作出了许多具体规定,如有关承包人施工资质、工程分包、工程验收、工程保修、工程监理、建材供应等方面的规定,这些规定的核心都是为了保证工程质量。一般来讲,承包人的主要合同义务就是按合同约定和国家标准施工,将合格的建设工程交付发包人，如果工程质量有缺陷，应由承包人承担责任。但在特殊情况下，建设工程质量缺陷与发包人的过错有关，如果发包人不承担相应的责任，都让承包人承担责任是不公平的。因此，《解释》第12条规定，发包人提供的设计有缺陷，提供或指定购买的建筑材料、建筑构配件、设备不符合强制性标准，直接指定分包人分包专业工程的，应当承担责任。

八、发包人收到结算报告后逾期不答复的视为认可

问：从法律上讲工程价款结算是当事人的行为，结算报告是承包人单方作出的，未经发包人认可不能作为结算依据。司法解释规定按结算报告结算工程价款有何依据？

答：一般情况下，应当按合同约定结算工程价款，工程经竣工验收合格后，双方就应当结算。结算中，一般先由承包人提交竣工结算报告，由发包人审核。而有的发包人收到承包人提交的工程结算文件后迟迟不予答复或者根本不予答复，以达到拖欠或者不支付工程价款的目的。这种行为严重侵害了承包人的合法权益。为了制止这种不法行为，建设部发布的《建筑工程施工发包与承包计价管理办法》第16条规定，发包人应当在收到竣工结算文件后的约定期限内予以答复。逾期未答复的，竣工结算文件视为已被认可。合同对答复期限没有明确约定的，可认为约定期限均为28天。这条规定对制止发包人无正当理由拖欠工程款的不法行为，保护承包人的合法权益发挥了很大作用。为了更好地约束双方当事人，使建设部的这条规定更具有可操作性，《解释》第20条明确规定，当事人约定，发包人收到竣工结算文件后，在约定期限内不予答复，视为认可竣工结算文件的，按约定处理。承包人请求按竣工结算文件结算工程价款的，应予支持，体现了充分尊重合同当事人约定的原则。

九、拖欠工程价款，应当支付利息

问：拖欠工程价款就应当支付利息，司法解释为何专门对此问题作出规定？

答：从法理上讲，利息属于法定孳息，应当自工程欠款发生时起算，但由于建设工程是按形象进度付款的，许多案件难以确定工程欠款发生之日，因此，各级法院对拖欠工程款的利息应当从何时计付，认识不一，掌握的标准也不统一。有的从一审法庭辩论终结前起算，有的从一审举证期限届满前起算，还有的从终审判决确定工程价款给付之日起算。为了统一拖欠工程价款的利息计付时间，维护合同双方的合法权益，《解释》第18条规定，利息从应付工程价款之日计付。当事人对付款时间没有约定或者约定不明的，下列时间视为应付款时间：（一）建设工程已实际交付的，为交付之日；（二）建设工程没有交付的，为提交竣工结算文件之日；（三）建设工程未交付，工程价款也未结算的，为当事人起诉之日。这是根据建设工程施工合同的不同履行情况，把工程欠款利息的起算时间分为三种情况。建设工程是一种特殊的商品，建设工程的交付也是一种交易行为，一方交付商品，对方就应当付款，该款就产生利息；建设工程因结算不下来而未交付的，为了促使发包人积极履行给付工程价款的主要义务，把承包人提交结算报告的时间作为工程价款利息的起算时间具有一定的合理性。当事人因结算纠纷起诉到法院，承包人起诉之日就是以法律手段向发包人要求履行付款义务之时，人民法院对其合法权益应予以保护。

十、"黑白合同"应以备案的中标合同为准

问：在建设工程招投标中，有的当事人为了获取不正当利益，在签订中标合同前后，往往就同一工程项目再签订一份或者多份与中标合同的工程价款等主要内容不一致的合同，如果出现“黑白合同”，应当按哪一份合同结算？

答：在招投标的工程价款结算纠纷案件中，一方当事人主张按“黑合同”结算，对方当事人则主张按“白合同”结算的，《解释》第21条明确规定：应当以“白合同”即备案的中标合同作为结算工程价款的依据。为什么不能以“黑合同”作为结算依据呢？这是因为法律、行政法规规定中标合同的变更必须经过法定程序，“黑合同”虽然可能是当事人真实意思表示，但由于合同形式不合法，不产生变更“白合同”的法律效力。当事人签订中标合同后，如果出现了变更合同的法定事由，双方协商一致后可以变更合同；但是合同变更的内容，应当及时到有关部门备案，如果未到有关部门备案，就不能成为结算的依据。这样，就能从根本上制止不法行为的发生，有利于维护建筑市场公平竞争秩序，也有利于招标投标法的贯彻实施。

十一、加强了对农民工合法权益的保护

问：《解释》第26条第2款规定是否存在突破合同相对性的问题？作出这样的规定是否会损害发包人利益？

答：《解释》第26条规定是为保护农民工的合法权益作出的规定。因为建筑业吸收了大量的农民工就业，但由于建设工程的非法转包和违法分包，造成许多农民工辛苦一年往往还拿不到工资。为了有利地保护农民工合法权益，《解释》第26条规定，实际施工人以发包人为被告主张权利的，人民法院可以追加转包人或者违法分包人为本案当事人，发包人只在欠付工程价款的范围内对实际施工人承担责任。从该条的规定看：

一是实际施工人可以发包人为被告起诉。从建筑市场的情况看，承包人与发包人订立建设工程施工合同后，往往又将建设工程转包或者违法分包给第三人，第三人就是实际施工人。按合同的相对性来讲，实际施工人应当向与其有合同关系的承包人主张权利，而不应当向发包人主张权利。但是从实际情况看，有的承包人将工程转包收取一定的管理费用后，没有进行工程结算或者对工程结算不主张权利，由于实际施工人与发包人没有合同关系，这样导致实际施工人没有办法取得工程款，而实际施工人不能得到工程款则直接影响到农民工工资的发放。因此，如果不允许实际施工人向发包人主张权利，不利于对农民工利益的保护。

二是承包人将建设工程非法转包、违法分包后，建设工程施工合同的义务都是由实际施工人履行的。实际施工人与发包人已经全面实际履行了发包人与承包人之间的合同并形成了事实上的权利义务关系。在这种情况下，如果不允许实际施工人向发包人主张权利，不利于对实际施工人利益的保护。基于此种考虑，《解释》第26条规定实际施工人可以向发包人主张权利，但发包人仅在欠付工程款的范围内对实际施工人承担责任，如果发包人已经将工程价款全部支付给承包人的，发包人就不应当再承担支付工程价款的责任。因此，发包人只在欠付工程价款范围内对实际施工人承担责任，并不会损害发包人的权益。

三是为了方便案件审理，《解释》第26条还规定，人民法院可以追加转包人或者违法分包人为本案当事人，考虑到案件的审理涉及两个合同法律关系，如果转包人或者违法分包人不参加到诉讼的过程中来，许多案件的事实没有办法查清，所以人民法院可以根据案件的实际情况追加转包人或者违法分包人为共同被告或者案件的第三人；实际施工人可以发包人、承包人为共同被告主张权利。这样规定，既能够方便查清案件的事实，分清当事人的责任，也便于实际施工人实现自己的权利。

21. 最高人民法院《关于审理建设工程施工合同纠纷案件适用法律问题的解释(二)》

(法释〔2018〕20号　2018年10月29日最高人民法院审判委员会第1751次会议通过　自2019年2月1日起施行)

为正确审理建设工程施工合同纠纷案件，依法保护当事人合法权益，维护建筑市场秩序，促进建筑市场健康发展，根据《中华人民共和国民法总则》《中华人民共和国合同法》《中华人民共和国建筑法》《中华人民共和国招标投标法》《中华人民共和国民事诉讼法》等法律规定，结合审判实践，制定本解释。

第一条　招标人和中标人另行签订的建设工程施工合同约定的工程范围、建设工期、工程质量、工程价款等实质性内容，与中标合同不一致，一方当事人请求按照中标合同确定权利义务的，人民法院应予支持。

招标人和中标人在中标合同之外就明显高于市场价格购买承建房产、无偿建设住房配套设施、让利、向建设单位捐赠财物等另行签订合同，变相降低工程价款，一方当事人以该合同背离中标合同实质性内容为由请求确认无效的，人民法院应予支持。

第二条　当事人以发包人未取得建设工程规划许可证等规划审批手续为由，请求确认建设工程施工合同无效的，人民法院应予支持，但发包人在起诉前取得建设工程规划许可证等规划审批手续的除外。

发包人能够办理审批手续而未办理，并以未办理审批手续为由请求确认建设工程施工合同无效的，人民法院不予支持。

第三条　建设工程施工合同无效，一方当事人请求对方赔偿损失的，应当就对方过错、损失大小、过错与损失之间的因果关系承担举证责任。

损失大小无法确定，一方当事人请求参照合同约定的质量标准、建设工期、工程价款支付时间等内容确定损失大小的，人民法院可以结合双方过错程度、过错与损失之间的因果关系等因素作出裁判。

第四条　缺乏资质的单位或者个人借用有资质的建筑施工企业名义签订建设工程施工合同，发包人请求出借方与借用方对建设工程质量不合格等因出借资质造成的损失承担连带赔偿责任的，人民法院应予支持。

第五条　当事人对建设工程开工日期有争议的，人民法院应当分别按照以下情形予以认定：

(一)开工日期为发包人或者监理人发出的开工通知载明的开工日期；开工通知发出后，尚不具备开工条件的，以开工条件具备的时间为开工日期；因承包人原因导致开工时间推迟的，以开工通知载明的时间为开工日期。

（二）承包人经发包人同意已经实际进场施工的，以实际进场施工时间为开工日期。

（三）发包人或者监理人未发出开工通知，亦无相关证据证明实际开工日期的，应当综合考虑开工报告、合同、施工许可证、竣工验收报告或者竣工验收备案表等载明的时间，并结合是否具备开工条件的事实，认定开工日期。

第六条 当事人约定顺延工期应当经发包人或者监理人签证等方式确认，承包人虽未取得工期顺延的确认，但能够证明在合同约定的期限内向发包人或者监理人申请过工期顺延且顺延事由符合合同约定，承包人以此为由主张工期顺延的，人民法院应予支持。

当事人约定承包人未在约定期限内提出工期顺延申请视为工期不顺延的，按照约定处理，但发包人在约定期限后同意工期顺延或者承包人提出合理抗辩的除外。

第七条 发包人在承包人提起的建设工程施工合同纠纷案件中，以建设工程质量不符合合同约定或者法律规定为由，就承包人支付违约金或者赔偿修理、返工、改建的合理费用等损失提出反诉的，人民法院可以合并审理。

第八条 有下列情形之一，承包人请求发包人返还工程质量保证金的，人民法院应予支持：

（一）当事人约定的工程质量保证金返还期限届满。

（二）当事人未约定工程质量保证金返还期限的，自建设工程通过竣工验收之日起满二年。

（三）因发包人原因建设工程未按约定期限进行竣工验收的，自承包人提交工程竣工验收报告九十日后起当事人约定的工程质量保证金返还期限届满；当事人未约定工程质量保证金返还期限的，自承包人提交工程竣工验收报告九十日后起满二年。

发包人返还工程质量保证金后，不影响承包人根据合同约定或者法律规定履行工程保修义务。

第九条 发包人将依法不属于必须招标的建设工程进行招标后，与承包人另行订立的建设工程施工合同背离中标合同的实质性内容，当事人请求以中标合同作为结算建设工程价款依据的，人民法院应予支持，但发包人与承包人因客观情况发生了在招标投标时难以预见的变化而另行订立建设工程施工合同的除外。

第十条 当事人签订的建设工程施工合同与招标文件、投标文件、中标通知书载明的工程范围、建设工期、工程质量、工程价款不一致，一方当事人请求将招标文件、投标文件、中标通知书作为结算工程价款的依据的，人民法院应予支持。

第十一条 当事人就同一建设工程订立的数份建设工程施工合同均无效，但建设工程质量合格，一方当事人请求参照实际履行的合同结算建设工程价款的，人民法院应予支持。

实际履行的合同难以确定，当事人请求参照最后签订的合同结算建设工程价款的，人民法院应予支持。

第十二条 当事人在诉讼前已经对建设工程价款结算达成协议，诉讼中一方当事人申请对工程造价进行鉴定的，人民法院不予准许。

第十三条 当事人在诉讼前共同委托有关机构、人员对建设工程造价出具咨询意见，诉讼中一方当事人不认可该咨询意见申请鉴定的，人民法院应予准许，但双方当事人明确表示受该咨询意见约束的除外。

第十四条 当事人对工程造价、质量、修复费用等专门性问题有争议，人民法院认为需要鉴定的，应当向负有举证责任的当事人释明。当事人经释明未申请鉴定，虽申请鉴定但未支付鉴定费用或者拒不提供相关材料的，应当承担举证不能的法律后果。

一审诉讼中负有举证责任的当事人未申请鉴定，虽申请鉴定但未支付鉴定费用或者拒不提供相关材料，二审诉讼中申请鉴定，人民法院认为确有必要的，应当依照民事诉讼法第一百七十条第一款第三项的规定处理。

第十五条 人民法院准许当事人的鉴定申请后，应当根据当事人申请及查明案件事实的需要，确定委托鉴定的事项、范围、鉴定期限等，并组织双方当事人对争议的鉴定材料进行质证。

第十六条 人民法院应当组织当事人对鉴定意见进行质证。鉴定人将当事人有争议且未经质证的材料作为鉴定依据的，人民法院应当组织当事人就该部分材料进行质证。经质证认为不能作为鉴定依据的，根据该材料作出的鉴定意见不得作为认定案件事实的依据。

第十七条 与发包人订立建设工程施工合同的承包人，根据合同法第二百八十六条规定请求其承建工程的价款就工程折价或者拍卖的价款优先受偿的，人民法院应予支持。

第十八条 装饰装修工程的承包人，请求装饰装修工程价款就该装饰装修工程折价或者拍卖的价款优先受偿的，人民法院应予支持，但装饰装修工程的发包人不是该建筑物的所有权人的除外。

第十九条 建设工程质量合格，承包人请求其承建工程的价款就工程折价或者拍卖的价款优先受偿的，人民法院应予支持。

第二十条 未竣工的建设工程质量合格，承包人请求其承建工程的价款就其承建工程部分折价或者拍卖的价款优先受偿的，人民法院应予支持。

第二十一条 承包人建设工程价款优先受偿的范围依照国务院有关行政主管部门关于建设工程价款范围的规定确定。

承包人就逾期支付建设工程价款的利息、违约金、损害赔偿金等主张优先受偿的，人民法院不予支持。

第二十二条 承包人行使建设工程价款优先受偿权的期限为六个月，自发包人应当给付建设工程价款之日起算。

第二十三条 发包人与承包人约定放弃或者限制建设工程价款优先受偿权，损害建筑工人利益，发包人根据该约定主张承包人不享有建设工程价款优先受偿权的，人民法院不予支持。

第二十四条 实际施工人以发包人为被告主张权利的，人民法院应当追加转包人或者违法分包人为本案第三人，在查明发包人欠付转包人或者违法分包人建设工程价款的数额后，判决发包人在欠付建设工程价款范围内对实际施工人承担责任。

第二十五条 实际施工人根据合同法第七十三条规定，以转包人或者违法分包人怠于向发包人行使到期债权，对其造成损害为由，提起代位权诉讼的，人民法院应予支持。

第二十六条 本解释自二〇一九年二月一日起施行。

本解释施行后尚未审结的一审、二审案件,适用本解释。

本解释施行前已经终审、施行后当事人申请再审或者按照审判监督程序决定再审的案件,不适用本解释。

最高人民法院以前发布的司法解释与本解释不一致的,不再适用。

22. 最高人民法院《就〈关于审理建设工程施工合同纠纷案件适用法律问题的解释(二)〉答记者问》(节录)

记者:请介绍一下《解释》出台的背景。

答:长期以来,最高人民法院高度重视建设工程施工合同纠纷案件审判工作,指导各级人民法院审理了大量建设工程施工合同纠纷案件,针对司法实践中带有普遍性的问题出台了一系列司法解释和司法政策。2004 年,最高人民法院制定了《关于审理建设工程施工合同纠纷案件适用法律问题的解释》(以下简称《建设工程司法解释(一)》),于 2005 年 1 月 1 日起施行。《建设工程司法解释(一)》对统一法律适用、保障工程质量、规范建筑市场、保护各类主体尤其是农民工等弱势群体合法权益发挥了重要作用。自《建设工程司法解释(一)》施行十四年来,建筑市场发生了新变化、司法实践出现了新问题、管理政策有了新突破,进一步制定和完善建设工程施工合同纠纷领域的司法解释,指导全国法院加强建设工程施工合同纠纷案件审判工作,具有重要的现实意义。

制定《解释》是贯彻中央方针政策,促进建筑业持续健康发展的重要抓手。建筑业是国民经济支柱产业,对吸纳农村转移劳动力、带动关联产业、促进经济社会发展、推动城乡建设和民生改善的作用愈加突显。改革开放以来,我国建筑业取得了长足发展。据统计,1978 年,我国建筑业增加值为 139 亿元,占 GDP 的比重为 3. 8%。到 2017 年,我国建筑业增加值达到 55689 亿元,年均增速为 16. 6%,占 GDP 的比重达到 6. 7%。我国推进城市化进程、实施“乡村振兴战略”和“一带一路”倡仪、开展供给侧结构性改革、促进经济提质增效都离不开建筑业的健康发展。

制定《解释》是适应建筑业投资经营方式和监管政策变化的客观需要。我国正在开展工程建设项目审批制度改革试点工作,加快推进工程总承包模式,在基础设施和公共服务领域推进政府与社会资本合作。2017 年,国务院办公厅下发《关于促进建筑业持续健康发展的意见》,优化、放宽资质资格管理。2018 年 3 月,国家发改委颁布《必须招标的工程项目规定》,大幅度提高必须招标工程的金额。2018 年 5 月,国务院办公厅下发《关于开展工程建设项目审批制度改革试点的通知》,试点取消建设工程施工合同备案制度,对民间投资的房屋建筑工程试行由建设单位自主决定发包方式。2018 年 9 月,住房与城乡建设部作出《关于修改〈房屋建筑和市政基础设施工程施工招标投标管理办法〉的决定》,决定删除该办法第 47 条第 1 款中的“订立书面合同后 7 日内,中标人应当将合同送工程所在地的县级以上地方人民政府建设行政主管部门备案”的规定。在经营方式和管理政策不断发展变化的同时,《合同法》《建筑法》《招标投标法》等法律法规并无变化,如何做好二者衔接,需要进一步发挥司法智慧,提出司法方案。

制定《解释》是应对建设工程施工纠纷案件司法审判面临挑战的客观要求。《建设工程司法解释(一)》施行十四年来,建设工程施工合同纠纷案件数量和涉案标的额双双大幅上升,新类型案件、新问题不断涌现,为统一建设工程施工合同纠纷裁判标准提出了新的挑战。2017 年,全国法院审理一审建设工程施工合同纠纷案件 10.29 万件。2018 年,全国法院审理一审建设工程施工合同纠纷案件 11.32 万件。建设工程施工合同履行期间长,影响因素多,涉及的管理性规定多,实践中违法建筑、明招暗定、“黑白合同”、非法转包、违法分包等问题突出,认定事实与适用法律难度很大。诉讼中的合同效力问题、鉴定问题、损失赔偿问题、优先权行使条件问题、实际施工人权利保护问题等缺乏统一裁判规则。建设工程施工合同纠纷与商品房买卖合同纠纷、民间借贷纠纷、劳动争议纠纷、执行异议之诉纠纷等相互交织,处理难度增大。一些带有普遍性的问题,亟需统一裁判标准。

记者:请介绍一下《解释》制定的过程。

答:最高人民法院高度重视《解释》起草工作,早在 2012 年就启动了《解释》立项,于当年拟出征求意见稿,征求各高院意见,并先后到北京、河北、云南、江苏等地调研。2017 年 6 月,最高人民法院书面征求全国人大常委会法工委、原国务院法制办、住建部、国家发改委等单位意见,并通过住建部、中国建筑业协会向有关专业人士征求意见,共收到反馈意见 1000 余条。对有关单位和社会各界提出的意见建议,最高人民法院认真研究、积极采纳,在征求意见稿的基础上对《解释》条文作了修改完善。

在起草《解释》的过程中,最高人民法院坚持了以下原则:一是尊重立法精神与坚持问题导向相统一。《解释》在现有法律规定的基础上,对建设工程施工合同纠纷案件审判实践中的突出问题作了规定。二是重视弱者权利保护与注重各方利益平衡相统一。《解释》加强对农民工等弱势群体的保护,同时坚持对各类民事主体予以平等保护,做好各方当事人之间的利益平衡。三是着力解决当前问题与着眼行业长远发展相统一。《解释》在着重解决“黑白合同”、实际施工人权利保护等当前司法实践中的突出问题的同时,着力加强对建筑企业建设工程价款债权、建设工程价款优先受偿权的保护,促进建筑业健康发展。四是专业性与通俗性相统一。《解释》注重提高解释条文的针对性,强化专业用语规范性,同时又注重提高文字表述的通俗性,使整个《解释》通俗易懂好用。

记者:《解释》对保障建设工程质量方面有什么举措?

答:建设工程施工合同纠纷的特殊性在于,建设工程的最终所有人或者使用人往往不是发包人、承包人等建设工程施工合同的当事人,而是购房人或者其他不特定的社会主体。建设工程具有显著的公共性。这使建设工程施工合同涉及到公共利益和第三人利益保护问题。司法对公共利益和第三人利益的保护,主要通过保障建设工程质量安全来实现。

在制定《解释》过程中,考虑了多重价值取向,包括保障建设工程质量、保护农民工等弱势群体利益、维护建筑市场秩序、促进建筑业健康发展、平衡各方当事人利益等。其中,保障建设工程质量、保护人民群众人身和财产安全始终位居第一。这是最高人民法院制定建设工程司法解释和司法政策、指导下级法院审理建设工程施工合同纠纷案件的首要价值选择。因此,保障建设工程质量这一精神贯穿于整个《解释》的始终。例如,《解释》坚决维护招标投标市场秩序,明确规定建设工程质量是建设工程施工合同的实质性内容,不允许招标人和中标人任意变更中标合同的相关约定;规定建设工程质量合格是承包人行使优先受偿权的先决条件;规定在借用资质签订建设工程施工合同的情况下,出借方与借用方对建设工程质量不合格等因出借资质造成的损失承担连带赔偿责任,等等。我相信,《解释》的发布和施行,对于保障建设工程质量、保护广大人民群众的人身和财产安全将发挥重要作用!

记者:《解释》在保护农民工合法权益方面有什么举措?

答:建筑业是劳动密集型行业,是吸纳农村剩余劳动力最多的行业之一。据统计,2017年,全国农民工的总量为2.8652亿人。其中,建筑业吸纳的农民工占全部农民工的比例为18.9%,位居前列。但是建筑市场"两个不规范"和社会信用机制缺失,导致农民工权益保护问题较为突出,农民工"讨薪难"问题尚未得到根本解决。建筑市场中存在的第一个不规范体现为,实践中存在转包工程、违法分包工程、借用资质承包工程等违法现象。这导致建设工程施工合同关系中出现多个施工主体,产生多份施工合同,法律关系复杂。有的情况下,实际干活的人拿不到工程价款,拿到工程价款的人并不实际干活。建筑市场中存在的第二个不规范体现为,实际施工人内部管理不规范,部分建筑工人尤其是大量农民工与实际施工人之间没有签订劳动合同,没有固定的劳动关系。农民工辛苦打工却拿不到工钱的问题仍然存在。社会信用机制缺失进一步加剧了这一问题。农民工工资权益不仅依赖于施工人的诚实守信,之前任何一个环节出现问题,农民工的工资权益都会受到损害。

《解释》在特定情况下突破合同相对性原则,目的就是要打通保护农民工等建筑工人权益的通道,对处于弱势地位的广大农民工的权益提供强有力的司法保护,实现实质意义上的社会公平。《解释》对农民工的权益保护体现在多个方面,主要包括,规定发包人与承包人约定放弃或者限制建设工程价款优先受偿权,不得损害建筑工人利益;继续加强对实际施工人权益保护,规定发包人在欠付建设工程价款范围内对实际施工人承担责任,实际施工人有权向发包人提起代位权诉讼等。

记者:《解释》的施行对我国建筑业发展和保护建筑领域的民营企业有何重要意义?

答:建筑业是我国的支柱产业,也是我国民营经济较为集中的行业。据统计,2017年,我国的建筑企业中,私营企业49645个,占全部企业的比重达56.4%;股份制企业32894个,占全部企业的比重达37.3%,其中大部分企业有私营经济持股;国有企业2187个,占全部企业的比重为2.5%;外商投资企业为218个,占全部企业的比重为0.2%。建筑业吸纳了大量劳动力。据统计,2017年在私营建筑企业和股份制建筑企业中的从业人员就达到了5168万人,占全部建筑企业比重为93.4%。《解释》促进建筑业健康发展,保护广大民营建筑企业的权益主要体现在以下几方面。

实践中,有的发包人拖延支付建设工程价款,承包人起诉请求发包人支付建设工程价款后,发包人又以质量不符合约定等为由,企图继续拖欠工程价款。《解释》第7条规定,在此情况下,发包人就承包人支付违约金或者赔偿修理、返工、改建的合理费用等损失提出反诉的,人民法院可以合并审理。换言之,发包人仅提出抗辩、未提出反诉的,人民法院不应支持,应告知其提出反诉或者另诉解决,以保障承包人及时获得建设工程价款。

建设工程价款优先受偿权对保护建筑施工企业意义重大。司法实践中,对承包人的利润是否可优先受偿的问题存在争议。考虑到建筑行业是薄利行业,为了建筑行业的长远发展,保护建筑企业的利益,《解释》第21条规定将承包人的利润纳入了优先受偿的范围。

建筑市场上,很多民营建筑企业由于资质管理等原因不能直接承包工程,但又是实际进行建设工程施工的人。他们的权利缺乏合同保障。《解释》在《建设工程司法解释(一)》的基础上进一步完善了实际施工人权益保护的规定,要求人民法院在查明发包人欠付转包人或者违法分包人建设工程价款的数额的基础上,判决发包人在欠付建设工程价款范围内对实际施工人承担责任,克服了司法实践中有的涉及发包人向实际施工人承担责任的判决无法执行的问题。

此外,《解释》还对承包人工程质量保证金返还请求权、实际施工人对发包人的代位诉讼权等问题作了规定,积极为建筑业长远发展营造良好的司法环境,为民营建筑企业权益提供全方位的司法保护。

记者:《解释》对维护建筑市场秩序作了哪些规定?

答:建设工程领域关于招标投标等方面的规定较为严格。为规避这些规定,建筑市场上存在围标串标、明招暗定、"黑白合同"等违法违规行为,扰乱建筑市场秩序,也会影响建设工程质量。《解释》坚决维护建设工程招标投标市场秩序。《解释》第 1 条就规定,招标人和中标人另行签订的建设工程施工合同约定的工程范围、建设工期、工程质量、工程价款等实质性内容,与中标合同不一致,应当按照中标合同确定当事人的权利义务。招标人和中标人在中标合同之外就明显高于市场价格购买承建房产、无偿建设住房配套设施等方式变相降低工程价款的行为,属于背离中标合同实质性内容订立合同的行为,该行为无效。第 9 条规定,发包人将依法不属于必须招标的建设工程进行招标后,又与承包人另行订立背离中标合同实质性内容的建设工程施工合同的,仍应以中标合同作为结算建设工程价款的依据,除非客观情况发生了在招标投标时难以预见的变化。最重要的是,第 10 条确定了一项基本原则,即当事人签订的建设工程施工合同的实质性内容只要与招标文件、投标文件、中标通知书的记载不一致,就应当以招标文件、投标文件、中标通知书作为结算建设工程价款的依据,以彻底杜绝"黑白合同"、明招暗定现象。

记者:《解释》对保护市场诚信有什么针对性的举措?

答:当前我国社会诚信建设取得了较大的成绩,但仍存在不足。在建设工程施工合同纠纷案件中,有的当事人恶意不办理相关审批手续或者登记手续,导致合同不能继续履行,或者以此为由向人民法院起诉请求确认合同无效,企图通过不诚信行为谋取不正当利益。人民法院始终重视在建筑市场弘扬诚实守信的良好风气。《解释》第 2 条第 1 款规定,发包人未取得建设工程规划许可证等规划审批手续的,其与承包人签订的建设工程施工合同无效,但发包人在起诉前取得建设工程规划许可证等规划审批手续的除外。同时,该条第 2 款又规定,发包人能够办理审批手续而未办理,并以未办理审批手续为由请求确认建设工程施工合同无效的,人民法院不予支持。最高人民法院希望通过这条解释逐步树立一项裁判规则,即任何人不能从其不诚信的行为中获利。人民法院将始终高举诚实信用这面旗帜,保护善意当事人的合法权益,绝不允许当事人从不诚信行为中谋取不当利益!

23. 最高人民法院《关于审理商品房买卖合同纠纷案件适用法律若干问题的解释》(节录)

(法释〔2003〕7 号　2003 年 3 月 24 日由最高人民法院审判委员会第 1267 次会议通过　自 2003 年 6 月 1 日起施行)

第十六条　当事人以约定的违约金过高为由请求减少的,应当以违约金超过造成的损失 30%为标准适当减少;当事人以约定的违约金低于造成的损失为由请求增加的,应当以违约造成的损失确定违约金数额。

第十七条　商品房买卖合同没有约定违约金数额或者损失赔偿额计算方法,违约金数额或者损失赔偿额可以参照以下标准确定:

逾期付款的,按未付购房款总额,参照中国人民银行规定的金融机构计收逾期贷款利息的标准计算。

逾期交付使用房屋的,按逾期交付使用房屋期间有关主管部门公布或者有资格的房地产评估机构评定的同地段同类房屋租金标准确定。

24. 最高人民法院《关于发包人收到承包人竣工结算文件后,在约定期限内不予答复,是否视为认可竣工结算文件的复函》

(〔2005〕民一他字第 23 号　2006 年 4 月 25 日发布)

重庆市高级人民法院:

你院渝高法〔2005〕154 号《关于如何理解和适用最高人民法院〈关于审理建设工程施工合同纠纷案件适用法律问题的解释〉第二十条的请示》收悉。经研究,答复如下:

同意你院审委会的第二种意见,即:适用该司法解释第二十条的前提条件是当事人之间约定了发包人收到竣工结算文件后,在约定期限内不予答复,则视为认可竣工结算文件。承包人提交的竣工结算文件可以作为工程款结算的依据。建设部制定的建设工程施工合同格式文本中的通用条款第 33 条第 3 款的规定,不能简单地推论出,双方当事人具有发包人收到竣工结算文件一定期限内不予答复,则视为认可承包人提交的竣工结算文件的一致意思表示,承包人提交的竣工结算文件不能作为工程款结算的依据。

25. 最高人民法院《关于建设工程价款优先受偿权问题的批复》

（法释〔2002〕16号　2002年6月11日最高人民法院审判委员会第1225次会议通过　自2002年6月27日起施行）

上海市高级人民法院：

你院沪高法〔2001〕14号《关于合同法第286条理解与适用问题的请示》收悉。经研究，答复如下：

一、人民法院在审理房地产纠纷案件和办理执行案件中，应当依照《中华人民共和国合同法》第二百八十六条的规定，认定建筑工程的承包人的优先受偿权优于抵押权和其他债权。

二、消费者交付购买商品房的全部或者大部分款项后，承包人就该商品房享有的工程价款优先受偿权不得对抗买受人。

三、建筑工程价款包括承包人为建设工程应当支付的工作人员报酬、材料款等实际支出的费用，不包括承包人因发包人违约所造成的损失。

四、建设工程承包人行使优先权的期限为六个月，自建设工程竣工之日或者建设工程合同约定的竣工之日起计算。

五、本批复第一条至第三条自公布之日起施行，第四条自公布之日起六个月后施行。

此复。

26. 最高人民法院《关于装修装饰工程款是否享有合同法第二百八十六条规定的优先受偿权的函复》

（〔2004〕民一他字第14号　2004年12月8日发布）

福建省高级人民法院：

你院闽高法〔2004〕143号《关于福州市康辉装修工程有限公司与福州天胜房地产开发有限公司、福州绿叶房产代理有限公司装修工程承包合同纠纷一案的请示》收悉。经研究，答复如下：

装修装饰工程属于建设工程，可以适用《中华人民共和国合同法》第二百八十六条关于优先受偿权的规定，但装修装饰工程的发包人不是该建筑的所有权人或者承包人与该建筑物的所有权人之间没有合同关系的除外。享有优先权的承包人只能在建筑物因装修装饰而增加价值的范围内优先受偿。

此复。

27. 最高人民法院《关于当前形势下审理民商事合同纠纷案件若干问题的指导意见》(节录)

(法发〔2009〕40号　2009年7月7日发布)

当前,因全球金融危机蔓延所引发的矛盾和纠纷在司法领域已经出现明显反映,民商事案件尤其是与企业经营相关的民商事合同纠纷案件呈大幅增长的态势;同时出现了诸多由宏观经济形势变化所引发的新的审判实务问题。人民法院围绕国家经济发展战略和“保增长、保民生、保稳定”要求,坚持“立足审判、胸怀大局、同舟共济、共克时艰”的指导方针,牢固树立为大局服务、为人民司法的理念,认真研究并及时解决这些民商事审判实务中与宏观经济形势变化密切相关的普遍性问题、重点问题,有效化解矛盾和纠纷,不仅是民商事审判部门应对金融危机工作的重要任务,而且对于维护诚信的市场交易秩序,保障公平法治的投资环境,公平解决纠纷、提振市场信心等具有重要意义。现就人民法院在当前形势下审理民商事合同纠纷案件中的若干问题,提出以下意见。

一、慎重适用情势变更原则,合理调整双方利益关系

1. 当前市场主体之间的产品交易、资金流转因原料价格剧烈波动、市场需求关系的变化、流动资金不足等诸多因素的影响而产生大量纠纷,对于部分当事人在诉讼中提出适用情势变更原则变更或者解除合同的请求,人民法院应当依据公平原则和情势变更原则严格审查。

2. 人民法院在适用情势变更原则时,应当充分注意到全球性金融危机和国内宏观经济形势变化并非完全是一个令所有市场主体猝不及防的突变过程,而是一个逐步演变的过程。在演变过程中,市场主体应当对于市场风险存在一定程度的预见和判断。人民法院应当依法把握情势变更原则的适用条件,严格审查当事人提出的“无法预见”的主张,对于涉及石油、焦炭、有色金属等市场属性活泼、长期以来价格波动较大的大宗商品标的物以及股票、期货等风险投资型金融产品标的物的合同,更要慎重适用情势变更原则。

3. 人民法院要合理区分情势变更与商业风险。商业风险属于从事商业活动的固有风险,诸如尚未达到异常变动程度的供求关系变化、价格涨跌等。情势变更是当事人在缔约时无法预见的非市场系统固有的风险。人民法院在判断某种重大客观变化是否属于情势变更时,应当注意衡量风险类型是否属于社会一般观念上的事先无法预见、风险程度是否远远超出正常人的合理预期、风险是否可以防范和控制、交易性质是否属于通常的“高风险高收益”范围等因素,并结合市场的具体情况,在个案中识别情势变更和商业风险。

4. 在调整尺度的价值取向把握上,人民法院仍应遵循侧重于保护守约方的原则。适用情势变更原则并非简单地豁免债务人的义务而使债权人承受不利后果,而是要充分注意利益均衡,公平合理地调整双方利益关系。在诉讼过程中,人民法院要积极引导当事人重新协商,改订合同;重新协商不成的,争取调解解决。为防止情势变更原则被滥用而影响市场正常的交易秩序，人民法院决定适用情势变更原则作出判决的，应当按最高人民法院《关于正确适用〈中华人民共和国合同法〉若干问题的解释（二）服务党和国家工作大局的通知》（法〔2009〕165号）的要求，严格履行适用情势变更的相关审核程序。

二、依法合理调整违约金数额，公平解决违约责任问题

5. 现阶段由于国内宏观经济环境的变化和影响，民商事合同履行过程中违约现象比较突出。对于双方当事人在合同中所约定的过分高于违约造成损失的违约金或者极具惩罚性的违约金条款，人民法院应根据合同法第一百一十四条第二款和最高人民法院《关于适用中华人民共和国合同法若干问题的解释（二）》（以下简称《合同法解释（二）》）第二十九条等关于调整过高违约金的规定内容和精神，合理调整违约金数额，公平解决违约责任问题。

6. 在当前企业经营状况普遍较为困难的情况下，对于违约金数额过分高于违约造成损失的，应当根据合同法规定的诚实信用原则、公平原则，坚持以补偿性为主、以惩罚性为辅的违约金性质，合理调整裁量幅度，切实防止以意思自治为由而完全放任当事人约定过高的违约金。

7. 人民法院根据合同法第一百一十四条第二款调整过高违约金时，应当根据案件的具体情形，以违约造成的损失为基准，综合衡量合同履行程度、当事人的过错、预期利益、当事人缔约地位强弱、是否适用格式合同或条款等多项因素，根据公平原则和诚实信用原则予以综合权衡，避免简单地采用固定比例等"一刀切"的做法，防止机械司法而可能造成的实质不公平。

8. 为减轻当事人诉累，妥当解决违约金纠纷，违约方以合同不成立、合同未生效、合同无效或者不构成违约进行免责抗辩而未提出违约金调整请求的，人民法院可以就当事人是否需要主张违约金过高问题进行释明。人民法院要正确确定举证责任，违约方对于违约金约定过高的主张承担举证责任，非违约方主张违约金约定合理的，亦应提供相应的证据。合同解除后，当事人主张违约金条款继续有效的，人民法院可以根据合同法第九十八条的规定进行处理。

三、区分可得利益损失类型，妥善认定可得利益损失

9. 在当前市场主体违约情形比较突出的情况下，违约行为通常导致可得利益损失。根据交易的性质、合同的目的等因素，可得利益损失主要分为生产利润损失、经营利润损失和转售利润损失等类型。生产设备和原材料等买卖合同违约中，因出卖人违约而造成买受人的可得利益损失通常属于生产利润损失。承包经营、租赁经营合同以及提供服务或劳务的合同中，因一方违约造成的可得利益损失通常属于经营利润损失。先后系列买卖合同中，因原合同出卖方违约而造成其后的转售合同出售方的可得利益损失通常属于转售利润损失。

10. 人民法院在计算和认定可得利益损失时，应当综合运用可预见规则、减损规则、损益相抵规则以及过失相抵规则等，从非违约方主张的可得利益赔偿总额中扣除违约方不可预见的损失、非违约方不当扩大的损失、非违约方因违约获得的利益、非违约方亦有过失所造成的损失以及必要的交易成本。存在合同法第一百一十三条第二款规定的欺诈经营、合同法第一百一十四条第一款规定的当事人约定损害赔偿的计算方法以及因违约导致人身伤亡、精神损害等情形的，不宜适用可得利益损失赔偿规则。

11. 人民法院认定可得利益损失时应当合理分配举证责任。违约方一般应当承担非违约方没有采取合理减损措施而导致损失扩大、非违约方因违约而获得利益以及非违约方亦有过失的举证责任；非违约方应当承担其遭受的可得利益损失总额、必要的交易成本的举证责任。对于可以预见的损失，既可以由非违约方举证，也可以由人民法院根据具体情况予以裁量。

四、正确把握法律构成要件，稳妥认定表见代理行为

12. 当前在国家重大项目和承包租赁行业等受到全球性金融危机冲击和国内宏观经济形势变化影响比较明显的行业领域，由于合同当事人采用转包、分包、转租方式，出现了大量以单位部门、项目经理乃至个人名义签订或实际履行合同的情形，并因合同主体和效力认定问题引发表见代理纠纷案件。对此，人民法院应当正确适用合同法第四十九条关于表见代理制度的规定，严格认定表见代理行为。

13. 合同法第四十九条规定的表见代理制度不仅要求代理人的无权代理行为在客观上形成具有代理权的表象，而且要求相对人在主观上善意且无过失地相信行为人有代理权。合同相对人主张构成表见代理的，应当承担举证责任，不仅应当举证证明代理行为存在诸如合同书、公章、印鉴等有权代理的客观表象形式要素，而且应当证明其善意且无过失地相信行为人具有代理权。

14. 人民法院在判断合同相对人主观上是否属于善意且无过失时，应当结合合同缔结与履行过程中的各种因素综合判断合同相对人是否尽到合理注意义务，此外还要考虑合同的缔结时间、以谁的名义签字、是否盖有相关印章及印章真伪、标的物的交付方式与地点、购买的材料、租赁的器材、所借款项的用途、建筑单位是否知道项目经理的行为、是否参与合同履行等各种因素，作出综合分析判断。

五、正确适用强制性规定，稳妥认定民商事合同效力

15. 正确理解、识别和适用合同法第五十二条第（五）项中的“违反法律、行政法规的强制性规定”，关系到民商事合同的效力维护以及市场交易的安全和稳定。人民法院应当注意根据《合同法解释（二）》第十四条之规定，注意区分效力性强制规定和管理性强制规定。违反效力性强制规定的，人民法院应当认定合同无效；违反管理性强制规定的，人民法院应当根据具体情形认定其效力。

16. 人民法院应当综合法律法规的意旨，权衡相互冲突的权益，诸如权益的种类、交易安全以及其所规制的对象等，综合认定强制性规定的类型。如果强制性规范规制的是合同行为本身即只要该合同行为发生即绝对地损害国家利益或者社会公共利益的，人民法院应当认定合同无效。如果强制性规定规制的是当事人的“市场准入”资格而非某种类型的合同行为，或者规制的是某种合同的履行行为而非某类合同行为，人民法院对于此类合同效力的认定，应当慎重把握，必要时应当征求相关立法部门的意见或者请示上级人民法院。

六、合理适用不安抗辩权规则，维护权利人合法权益

17. 在当前情势下，为敦促诚信的合同一方当事人及时保全证据、有效保护权利人的正当合法权益，对于一方当事人已经履行全部交付义务，虽然约定的价款期限尚未到期，但其诉请付款方支付未到期价款的，如果有确切证据证明付款方明确表示不履行给付价款义务,或者付款方被吊销营业执照、被注销、被有关部门撤销、处于歇业状态,或者付款方转移财产、抽逃资金以逃避债务,或者付款方丧失商业信誉,以及付款方以自己的行为表明不履行给付价款义务的其他情形的,除非付款方已经提供适当的担保,人民法院可以根据合同法第六十八条第一款、第六十九条、第九十四条第(二)项、第一百零八条、第一百六十七条等规定精神,判令付款期限已到期或者加速到期。

28. 最高人民法院《关于正确适用〈中华人民共和国合同法〉若干问题的解释(二)服务党和国家工作大局的通知》

(法〔2009〕165号　2009年4月27日发布)

各省、自治区、直辖市高级人民法院,解放军军事法院,新疆维吾尔自治区高级人民法院生产建设兵团分院:

《最高人民法院关于适用〈中华人民共和国〉若干问题的解释(二)》(法释〔2009〕5号)业经最高人民法院审判委员会第1462次会议讨论通过,现已公布。为保证各级人民法院严格适用该司法解释第二十六条的程序,特别是在当前正处于国际金融危机的情况下,充分发挥其在统一司法标准、保障和服务金融业健康稳定运行、保持经济平稳较快发展方面的积极作用,特通知如下:

一、进一步增强为大局服务的针对性和有效性

保持经济平稳较快发展是当前党和国家的工作大局。当前,国际金融危机的冲击还在蔓延,而且对实体经济的影响还可能进一步加深,保持经济平稳较快发展的任务异常艰巨。受国际金融危机快速蔓延和世界经济增长明显减速的影响,我国经济运行中出现的问题和合同履行困难都可能转化为各类案件进入司法领域,并给人民法院的审判工作尤其是合同纠纷案件的审判工作带来新的挑战。各级人民法院要紧紧围绕工作大局,充分发挥审判职能作用,在审判各种类型合同纠纷案件过程中,正确适用合同法及其司法解释,促进合同交易顺利进行,更加重视增强为大局服务的针对性和有效性,积极维护国际金融安全,增强司法服务的效果。越是在企业遇到困难的时候,越要重视发挥诉讼调解的作用。要着眼于从根本上化解合同纠纷,多做调解工作,在依法、自愿的前提下,努力争取案结事了,力求从源头上化解矛盾,为促进经济平稳较快发展创造良好司法环境。

二、严格适用《中华人民共和国合同法》若干问题的解释(二)第二十六条

为了因应经济形势的发展变化,使审判工作达到法律效果与社会效果的统一,根据民法通则、合同法规定的原则和精神,解释第二十六条规定:合同成立以后客观情况发生了当事人在订立合同时无法预见的、非不可抗力造成的不属于商业风险的重大变化,继续履行合同对于一方当事人明显不公平或者不能实现合同目的,当事人请求人民法院变更或者解除合同的,人民法院应当根据公平原则,并结合案件的实际情况确定是否变更或解除。

对于上述解释条文,各级人民法院务必正确理解、慎重适用。如果根据案件的特殊情况，确需在个案中适用的，应当由高级人民法院审核。必要时应报请最高人民法院审核。

特此通知。

29. 最高人民法院《关于建设工程承包合同案件中双方当事人已确认的工程决算价款与审计部门审计的工程决算价款不一致时如何适用法律问题的电话答复意见》

（〔2001〕民一他字第2号　2001年4月2日发布）

河南省高级人民法院：

你院“关于建设工程承包合同案件中双方当事人已确认的工程决算价款与审计部门审计的工程决算价款不一致时如何适用法律问题的请示”收悉。经研究认为，审计是国家对建设单位的一种行政监督，不影响建设单位与承建单位的合同效力。建设工程承包合同案件应以当事人的约定作为法院判决的依据。只有在合同明确约定以审计结论作为结算依据或者合同约定不明确、合同约定无效的情况下，才能将审计结论作为判决的依据。

30. 最高人民法院《关于审理涉及国有土地使用权合同纠纷案件适用法律问题的解释》（节录）

（法释〔2005〕5号　2004年11月23日由最高人民法院审判委员会第1334次会议通过　自2005年8月1日起施行）

第十四条　本解释所称的合作开发房地产合同，是指当事人订立的以提供出让土地使用权、资金等作为共同投资，共享利润、共担风险合作开发房地产为基本内容的协议。

第十五条　合作开发房地产合同的当事人一方具备房地产开发经营资质的，应当认定合同有效。

当事人双方均不具备房地产开发经营资质的，应当认定合同无效。但起诉前当事人一方已经取得房地产开发经营资质或者已依法合作成立具有房地产开发经营资质的房地产开发企业的，应当认定合同有效。

第十六条　土地使用权人未经有批准权的人民政府批准，以划拨土地使用权作为投资与他人订立合同合作开发房地产的，应当认定合同无效。但起诉前已经办理批准手续的，应当认定合同有效。

第二十四条　合作开发房地产合同约定提供土地使用权的当事人不承担经营风险，只收取固定利益的，应当认定为土地使用权转让合同。

第二十五条　合作开发房地产合同约定提供资金的当事人不承担经营风险，只分配固定数量房屋的，应当认定为房屋买卖合同。

第二十六条 合作开发房地产合同约定提供资金的当事人不承担经营风险，只收取固定数额货币的，应当认定为借款合同。

第二十七条 合作开发房地产合同约定提供资金的当事人不承担经营风险，只以租赁或者其他形式使用房屋的，应当认定为房屋租赁合同。

31. 最高人民法院《全国民事审判工作会议纪要》（节录）

（法办〔2011〕442号　2011年10月9日发布）

四、关于建设工程合同纠纷案件

23. 招标人和中标人另行签订的改变工期、工程价款、工程项目性质等中标结果的约定，应当认定为变更中标合同实质性内容；中标人作出的以明显高于市场价格购买承建房产、无偿建设住房配套设施、让利、向建设方捐款等承诺，亦应认定为变更中标合同的实质性内容。

建设工程开工后，发包方与承包方因设计变更、建设工程规划指标调整等原因，通过补充协议、会谈纪要、往来函件、签证等形式变更工期、工程价款、工程项目性质的，不应认定为变更中标合同的实质性内容。

24. 对按照"最低价中标"等违规招标形式，以低于工程建设成本的工程项目标底订立的施工合同，应当依据招标投标法第四十一条第（二）项的规定认定无效。

对建设工程施工合同中有关违反工程建设强制性标准，任意压缩合理工期、降低工程质量标准的约定内容，应认定为无效。该约定被认定为无效后，依据《关于审理建设工程施工合同纠纷案件适用法律问题的解释》相关规定处理。

25. 当事人以审计机关作出的审计报告、财政评审机构作出的评审结论，主张变更有效的建设工程施工合同约定的工程价款数额的，不予支持。

26. 非因承包人的原因，建设工程未能在约定期间内竣工，承包人依据合同法第二百八十六条规定享有的优先受偿权不受影响；承包人行使优先受偿权的期限为六个月，自建设工程合同约定的竣工之日起计算；建设工程合同未约定竣工日期，或者由于发包人的原因，合同解除或终止履行时已经超出合同约定的竣工日期的，承包人行使优先受偿权的期限自合同解除或终止履行之日起计算。

27. 当事人以《关于审理建设工程施工合同纠纷案件适用法律问题的解释》第十四条第（二）、（三）项规定的竣工日期作为承包人行使建设工程价款优先受偿权期间起算点的，不予支持。

28. 人民法院在受理建设工程施工合同纠纷时，不能随意扩大《关于审理建设工程施工合同纠纷案件适用法律问题的解释》第二十六条第二款的适用范围，要严格控制实际施工人向与其没有合同关系的转包人、违法分包人、总承包人、发包人提起的民事诉讼，且发包人只在欠付工程价款范围内对实际施工人承担责任。

29. 因违法分包、转包等导致建设工程合同无效的，实际施工人请求依据合同法第二百八十六条规定对建设工程行使优先受偿权的，不予支持。

30. 在审理建设工程施工合同纠纷案件时，应当准许并鼓励合同当事人就与诉争焦点密切相关的工程管理、质量标准、工程技术、计价方法和计价标准等专业性问题，聘请专家证人参加庭审、邀请鉴定人出庭接受质询或者出具专业性书面意见。

32.《第八次全国法院民事商事审判工作会议（民事部分）纪要》（节录）

（2016年11月30日发布）

七、关于建设工程施工合同纠纷案件的审理

经济新常态形势下，因建设方资金缺口增大，导致工程欠款、质量缺陷等纠纷案件数量持续上升。人民法院要准确把握法律、法规、司法解释规定，调整建筑活动中个体利益与社会利益冲突，维护社会公共利益和建筑市场经济秩序。

（一）关于合同效力问题

30. 要依法维护通过招投标所签订的中标合同的法律效力。当事人违反工程建设强制性标准，任意压缩合理工期、降低工程质量标准的约定，应认定无效。对于约定无效后的工程价款结算，应依据建设工程施工合同司法解释的相关规定处理。

（二）关于工程价款问题

31. 招标人和中标人另行签订改变工期、工程价款、工程项目性质等影响中标结果实质性内容的协议，导致合同双方当事人就实质性内容享有的权利义务发生较大变化的，应认定为变更中标合同实质性内容。

（三）关于承包人停（窝）工损失的赔偿问题

32. 因发包人未按照约定提供原材料、设备、场地、资金、技术资料的，隐蔽工程在隐蔽之前，承包人已通知发包人检查，发包人未及时检查等原因致使工程中途停、缓建，发包人应当赔偿因此给承包人造成的停（窝）工损失，包括停（窝）工人员人工费、机械设备窝工费和因窝工造成设备租赁费用等停（窝）工损失。

（四）关于不履行协作义务的责任问题

33. 发包人不履行告知变更后的施工方案、施工技术交底、完善施工条件等协作义务，致使承包人停（窝）工，以至难以完成工程项目建设的，承包人催告在合理期限内履行，发包人逾期仍不履行的，人民法院视违约情节，可以依据合同法第二百五十九条、第二百八十三条规定裁判顺延工期，并有权要求赔偿停（窝）工损失。

34. 承包人不履行配合工程档案备案、开具发票等协作义务的，人民法院视违约情节，可以依据合同法第六十条、第一百零七条规定，判令承包人限期履行、赔偿损失等。

33. 最高人民法院《关于进一步加强民事送达工作的若干意见》(节录)

(法发〔2017〕19号　2017年7月19日发布)

一、送达地址确认书是当事人送达地址确认制度的基础。送达地址确认书应当包括当事人提供的送达地址、人民法院告知事项、当事人对送达地址的确认、送达地址确认书的适用范围和变更方式等内容。

二、当事人提供的送达地址应当包括邮政编码、详细地址以及受送达人的联系电话等。同意电子送达的,应当提供并确认接收民事诉讼文书的传真号、电子信箱、微信号等电子送达地址。当事人委托诉讼代理人的,诉讼代理人确认的送达地址视为当事人的送达地址。

三、为保障当事人的诉讼权利,人民法院应当告知送达地址确认书的填写要求和注意事项以及拒绝提供送达地址、提供虚假地址或者提供地址不准确的法律后果。

四、人民法院应当要求当事人对其填写的送达地址及法律后果等事项进行确认。当事人确认的内容应当包括当事人已知晓人民法院告知的事项及送达地址确认书的法律后果,保证送达地址准确、有效,同意人民法院通过其确认的地址送达诉讼文书等,并由当事人或者诉讼代理人签名、盖章或者捺印。

五、人民法院应当在登记立案时要求当事人确认送达地址。当事人拒绝确认送达地址的,依照《最高人民法院关于登记立案若干问题的规定》第七条的规定处理。

六、当事人在送达地址确认书中确认的送达地址,适用于第一审程序、第二审程序和执行程序。当事人变更送达地址,应当以书面方式告知人民法院。当事人未书面变更的,以其确认的地址为送达地址。

七、因当事人提供的送达地址不准确、拒不提供送达地址、送达地址变更未书面告知人民法院,导致民事诉讼文书未能被受送达人实际接收的,直接送达的,民事诉讼文书留在该地址之日为送达之日;邮寄送达的,文书被退回之日为送达之日。

八、当事人拒绝确认送达地址或以拒绝应诉、拒接电话、避而不见送达人员、搬离原住所等躲避、规避送达,人民法院不能或无法要求其确认送达地址的,可以分别以下列情形处理:

(一)当事人在诉讼所涉及的合同、往来函件中对送达地址有明确约定的,以约定的地址为送达地址;

(二)没有约定的,以当事人在诉讼中提交的书面材料中载明的自己的地址为送达地址;

(三)没有约定、当事人也未提交书面材料或者书面材料中未载明地址的,以一年内进行其他诉讼、仲裁案件中提供的地址为送达地址;

(四)无以上情形的,以当事人一年内进行民事活动时经常使用的地址为送达地址。人民法院按照上述地址进行送达的,可以同时以电话、微信等方式通知受送达人。

九、依第八条规定仍不能确认送达地址的,自然人以其户籍登记的住所或者在经常居住地登记的住址为送达地址,法人或者其他组织以其工商登记或其他依法登记、备案的住所地为送达地址。

十、在严格遵守民事诉讼法和民事诉讼法司法解释关于电子送达适用条件的前提下,积极主动探索电子送达及送达凭证保全的有效方式、方法。有条件的法院可以建立专门的电子送达平台,或以诉讼服务平台为依托进行电子送达,或者采取与大型门户网站、通信运营商合作的方式,通过专门的电子邮箱、特定的通信号码、信息公众号等方式进行送达。

十一、采用传真、电子邮件方式送达的,送达人员应记录传真发送和接收号码、电子邮件发送和接收邮箱、发送时间、送达诉讼文书名称,并打印传真发送确认单、电子邮件发送成功网页,存卷备查。

十二、采用短信、微信等方式送达的,送达人员应记录收发手机号码、发送时间、送达诉讼文书名称,并将短信、微信等送达内容拍摄照片,存卷备查。

十三、可以根据实际情况,有针对性地探索提高送达质量和效率的工作机制,确定由专门的送达机构或者由各审判、执行部门进行送达。在不违反法律、司法解释规定的前提下,可以积极探索创新行之有效的工作方法。

十四、对于移动通信工具能够接通但无法直接送达、邮寄送达的,除判决书、裁定书、调解书外,可以采取电话送达的方式,由送达人员告知当事人诉讼文书内容,并记录拨打、接听电话号码、通话时间、送达诉讼文书内容,通话过程应当录音以存卷备查。

十五、要严格适用民事诉讼法关于公告送达的规定,加强对公告送达的管理,充分保障当事人的诉讼权利。只有在受送达人下落不明,或者用民事诉讼法第一编第七章第二节规定的其他方式无法送达的,才能适用公告送达。

34. 最高人民法院《民事案件案由规定》(节录)

(法〔2001〕42号　2007年10月29日最高人民法院审判委员会第1438次会议通过 2011年2月18日第一次修正)

第四部分　合同、无因管理、不当得利纠纷

100. 建设工程合同纠纷

(1)建设工程勘察合同纠纷

(2)建设工程设计合同纠纷

(3)建设工程施工合同纠纷

(4)建设工程价款优先受偿权纠纷

(5)建设工程分包合同纠纷

(6)建设工程监理合同纠纷

(7)装饰装修合同纠纷

(8)铁路修建合同纠纷

(9)农村建房施工合同纠纷

35. 最高人民法院第九次《全国民事审判工作会议纪要》(节录)

(法[2019]254 号,2019 年 11 月 8 日公布)

一、关于民法总则适用的法律衔接

会议认为,民法总则施行后至民法典施行前,拟编入民法典但尚未完成修订的物权法、合同法等民商事基本法,以及不编入民法典的公司法、证券法、信托法、保险法、票据法等民商事特别法,均可能存在与民法总则规定不一致的情形。人民法院应当依照《立法法》第 92 条、《民法总则》第 11 条等规定,综合考虑新的规定优于旧的规定、特别规定优于一般规定等法律适用规则,依法处理好民法总则与相关法律的衔接问题,主要是处理好与民法通则、合同法、公司法的关系。

1.【民法总则与民法通则的关系及其适用】民法通则既规定了民法的一些基本制度和一般性规则,也规定了合同、所有权及其他财产权、知识产权、民事责任、涉外民事法律关系适用等具体内容。民法总则基本吸收了民法通则规定的基本制度和一般性规则,同时作了补充、完善和发展。民法通则规定的合同、所有权及其他财产权、民事责任等具体内容还需要在编撰民法典各分编时作进一步统筹,系统整合。因民法总则施行后暂不废止民法通则,在此之前,民法总则与民法通则规定不一致的,根据新的规定优于旧的规定的法律适用规则,适用民法总则的规定。最高人民法院已依据民法总则制定了关于诉讼时效问题的司法解释,而原依据民法通则制定的关于诉讼时效的司法解释,只要与民法总则不冲突,仍可适用。

2.【民法总则与合同法的关系及其适用】根据民法典编撰工作"两步走"的安排,民法总则施行后,目前正在进行民法典的合同编、物权编等各分编的编撰工作。民法典施行后,合同法不再保留。在这之前,因民法总则施行前成立的合同发生的纠纷,原则上适用合同法的有关规定处理。因民法总则施行后成立的合同发生的纠纷,如果合同法"总则"对此的规定与民法总则的规定不一致的,根据新的规定优于旧的规定的法律适用规则,适用民法总则的规定。例如,关于欺诈、胁迫问题,根据合同法的规定,只有合同当事人之间存在欺诈、胁迫行为的,被欺诈、胁迫一方才享有撤销合同的权利。而依民法总则的规定,第三人实施的欺诈、胁迫行为,被欺诈、胁迫一方也有撤销合同的权利。另外,合同法视欺诈、胁迫行为所损害利益的不同,对合同效力作出了不同规定:损害合同当事人利益的,属于可撤销或者可变更合同;损害国家利益的,则属于无效合同。民法总则则未加区别,规定一律按可撤销合同对待。再如,关于显失公平问题,合同法将显失公平与乘人之危作为两类不同的可撤销或者可变更合同事由,而民法总则则将二者合并为一类可撤销合同事由。

民法总则施行后发生的纠纷,在民法典施行前,如果合同法"分则"对此的规定与民法总则不一致的,根据特别规定优于一般规定的法律适用规则,适用合同法"分则"的规定。例如,民法总则仅规定了显名代理,没有规定《合同法》第 402 条的隐名代理和第 403 条的间接代理。在民法典施行前,这两条规定应当继续适用。

4.【民法总则的时间效力】根据“法不溯及既往”的原则,民法总则原则上没有溯及力,故只能适用于施行后发生的法律事实;民法总则施行前发生的法律事实,适用当时的法律;某一法律事实发生在民法总则施行前,其行为延续至民法总则施行后的,适用民法总则的规定。但要注意有例外情形,如虽然法律事实发生在民法总则施行前,但当时的法律对此没有规定而民法总则有规定的,例如,对于虚伪意思表示、第三人实施欺诈行为,合同法均无规定,发生纠纷后,基于“法官不得拒绝裁判”规则,可以将民法总则的相关规定作为裁判依据。又如,民法总则施行前成立的合同,根据当时的法律应当认定无效,而根据民法总则应当认定有效或者可撤销的,应当适用民法总则的规定。

在民法总则无溯及力的场合,人民法院应当依据法律事实发生时的法律进行裁判,但如果法律事实发生时的法律虽有规定,但内容不具体、不明确的,如关于无权代理在被代理人不予追认时的法律后果,民法通则和合同法均规定由行为人承担民事责任,但对民事责任的性质和方式没有规定,而民法总则对此有明确且详细的规定,人民法院在审理案件时,就可以在裁判文书的说理部分将民法总则规定的内容作为解释法律事实发生时法律规定的参考。

三、关于合同纠纷案件的审理

会议认为,合同是市场化配置资源的主要方式,合同纠纷也是民商事纠纷的主要类型。人民法院在审理合同纠纷案件时,要坚持鼓励交易原则,充分尊重当事人的意思自治。要依法审慎认定合同效力。要根据诚实信用原则,合理解释合同条款、确定履行内容,合理确定当事人的权利义务关系,审慎适用合同解除制度,依法调整过高的违约金,强化对守约者诚信行为的保护力度,提高违法违约成本,促进诚信社会构建。

(一)关于合同效力

人民法院在审理合同纠纷案件过程中,要依职权审查合同是否存在无效的情形,注意无效与可撤销、未生效、效力待定等合同效力形态之间的区别,准确认定合同效力,并根据效力的不同情形,结合当事人的诉讼请求,确定相应的民事责任。

30.【强制性规定的识别】合同法施行后,针对一些人民法院动辄以违反法律、行政法规的强制性规定为由认定合同无效,不当扩大无效合同范围的情形,合同法司法解释(二)第14条将《合同法》第52条第5项规定的“强制性规定”明确限于“效力性强制性规定”。此后,《最高人民法院关于当前形势下审理民商事合同纠纷案件若干问题的指导意见》进一步提出了“管理性强制性规定”的概念,指出违反管理性强制性规定的,人民法院应当根据具体情形认定合同效力。随着这一概念的提出,审判实践中又出现了另一种倾向,有的人民法院认为凡是行政管理性质的强制性规定都属于“管理性强制性规定”,不影响合同效力。这种望文生义的认定方法,应予纠正。

人民法院在审理合同纠纷案件时,要依据《民法总则》第153条第1款和合同法司法解释(二)第14条的规定慎重判断“强制性规定”的性质,特别是要在考量强制性规定所保护的法益类型、违法行为的法律后果以及交易安全保护等因素的基础上认定其性质,并在裁判文书中充分说明理由。下列强制性规定,应当认定为“效力性强制性规定”:强制性规定涉及金融安全、市场秩序、国家宏观政策等公序良俗的;交易标的禁止买卖的,如禁止人体器官、毒品、枪支等买卖;违反特许经营规定的,如场外配资合同;交易方式严重违法的,如违反招投标等竞争性缔约方式订立的合同;交易场所违法的,如在批准的交易场所之外进行期货交易。关于经营范围、交易时间、交易数量等行政管理性质的强制性规定,一般应当认定为"管理性强制性规定"。

31.【违反规章的合同效力】违反规章一般情况下不影响合同效力,但该规章的内容涉及金融安全、市场秩序、国家宏观政策等公序良俗的,应当认定合同无效。人民法院在认定规章是否涉及公序良俗时,要在考察规范对象基础上,兼顾监管强度、交易安全保护以及社会影响等方面进行慎重考量,并在裁判文书中进行充分说理。

32.【合同不成立、无效或者被撤销的法律后果】《合同法》第 58 条就合同无效或者被撤销时的财产返还责任和损害赔偿责任作了规定,但未规定合同不成立的法律后果。考虑到合同不成立时也可能发生财产返还和损害赔偿责任问题,故应当参照适用该条的规定。

在确定合同不成立、无效或者被撤销后财产返还或者折价补偿范围时,要根据诚实信用原则的要求,在当事人之间合理分配,不能使不诚信的当事人因合同不成立、无效或者被撤销而获益。合同不成立、无效或者被撤销情况下,当事人所承担的缔约过失责任不应超过合同履行利益。比如,依据《最高人民法院关于审理建设工程施工合同纠纷案件适用法律问题的解释》第 2 条规定,建设工程施工合同无效,在建设工程经竣工验收合格情况下,可以参照合同约定支付工程款,但除非增加了合同约定之外新的工程项目,一般不应超出合同约定支付工程款。

33.【财产返还与折价补偿】合同不成立、无效或者被撤销后,在确定财产返还时,要充分考虑财产增值或者贬值的因素。双务合同不成立、无效或者被撤销后,双方因该合同取得财产的,应当相互返还。应予返还的股权、房屋等财产相对于合同约定价款出现增值或者贬值的,人民法院要综合考虑市场因素、受让人的经营或者添附等行为与财产增值或者贬值之间的关联性,在当事人之间合理分配或者分担,避免一方因合同不成立、无效或者被撤销而获益。在标的物已经灭失、转售他人或者其他无法返还的情况下,当事人主张返还原物的,人民法院不予支持,但其主张折价补偿的,人民法院依法予以支持。折价时,应当以当事人交易时约定的价款为基础,同时考虑当事人在标的物灭失或者转售时的获益情况综合确定补偿标准。标的物灭失时当事人获得的保险金或者其他赔偿金,转售时取得的对价,均属于当事人因标的物而获得的利益。对获益高于或者低于价款的部分,也应当在当事人之间合理分配或者分担。

34.【价款返还】双务合同不成立、无效或者被撤销时,标的物返还与价款返还互为对待给付,双方应当同时返还。关于应否支付利息问题,只要一方对标的物有使用情形的,一般应当支付使用费,该费用可与占有价款一方应当支付的资金占用费相互抵销,故在一方返还原物前,另一方仅须支付本金,而无须支付利息。

35.【损害赔偿】合同不成立、无效或者被撤销时,仅返还财产或者折价补偿不足以弥补损失,一方还可以向有过错的另一方请求损害赔偿。在确定损害赔偿范围时,既要根据当事人的过错程度合理确定责任,又要考虑在确定财产返还范围时已经考虑过的财产增值或者贬值因素,避免双重获利或者双重受损的现象发生。

36.【合同无效时的释明问题】在双务合同中,原告起诉请求确认合同有效并请求继续履行合同,被告主张合同无效的,或者原告起诉请求确认合同无效并返还财产,而被告主张合同有效的,都要防止机械适用“不告不理”原则,仅就当事人的诉讼请求进行审理,而应向原告释明变更或者增加诉讼请求,或者向被告释明提出同时履行抗辩,尽可能一次性解决纠纷。例如,基于合同有给付行为的原告请求确认合同无效,但并未提出返还原物或者折价补偿、赔偿损失等请求的,人民法院应当向其释明,告知其一并提出相应诉讼请求;原告请求确认合同无效并要求被告返还原物或者赔偿损失,被告基于合同也有给付行为的,人民法院同样应当向被告释明,告知其也可以提出返还请求;人民法院经审理认定合同无效的,除了要在判决书“本院认为”部分对同时返还作出认定外,还应当在判项中作出明确表述,避免因判令单方返还而出现不公平的结果。

第一审人民法院未予释明,第二审人民法院认为应当对合同不成立、无效或者被撤销的法律后果作出判决的,可以直接释明并改判。当然,如果返还财产或者赔偿损失的范围确实难以确定或者双方争议较大的,也可以告知当事人通过另行起诉等方式解决,并在裁判文书中予以明确。

当事人按照释明变更诉讼请求或者提出抗辩的,人民法院应当将其归纳为案件争议焦点,组织当事人充分举证、质证、辩论。

37.【未经批准合同的效力】法律、行政法规规定某类合同应当办理批准手续生效的,如商业银行法、证券法、保险法等法律规定购买商业银行、证券公司、保险公司5%以上股权须经相关主管部门批准,依据《合同法》第44条第2款的规定,批准是合同的法定生效条件,未经批准的合同因欠缺法律规定的特别生效条件而未生效。实践中的一个突出问题是,把未生效合同认定为无效合同,或者虽认定为未生效,却按无效合同处理。无效合同从本质上来说是欠缺合同的有效要件,或者具有合同无效的法定事由,自始不发生法律效力。而未生效合同已具备合同的有效要件,对双方具有一定的拘束力,任何一方不得擅自撤回、解除、变更,但因欠缺法律、行政法规规定或当事人约定的特别生效条件,在该生效条件成就前,不能产生请求对方履行合同主要权利义务的法律效力。

38.【报批义务及相关违约条款独立生效】须经行政机关批准生效的合同,对报批义务及未履行报批义务的违约责任等相关内容作出专门约定的,该约定独立生效。一方因另一方不履行报批义务,请求解除合同并请求其承担合同约定的相应违约责任的,人民法院依法予以支持。

39.【报批义务的释明】须经行政机关批准生效的合同,一方请求另一方履行合同主要权利义务的,人民法院应当向其释明,将诉讼请求变更为请求履行报批义务。一方变更诉讼请求的,人民法院依法予以支持;经释明后当事人拒绝变更的,应当驳回其诉讼请求,但不影响其另行提起诉讼。

40.【判决履行报批义务后的处理】人民法院判决一方履行报批义务后,该当事人拒绝履行,经人民法院强制执行仍未履行,对方请求其承担合同违约责任的,人民法院依法予以支持。一方依据判决履行报批义务,行政机关予以批准,合同发生完全的法律效力,其请求对方履行合同的,人民法院依法予以支持;行政机关没有批准,合同不具有法律上的可履行性,一方请求解除合同的,人民法院依法予以支持。

41.【盖章行为的法律效力】司法实践中,有些公司有意刻制两套甚至多套公章,有的法定代表人或者代理人甚至私刻公章，订立合同时恶意加盖非备案的公章或者假公章，发生纠纷后法人以加盖的是假公章为由否定合同效力的情形并不鲜见。人民法院在审理案件时，应当主要审查签约人于盖章之时有无代表权或者代理权，从而根据代表或者代理的相关规则来确定合同的效力。

法定代表人或者其授权之人在合同上加盖法人公章的行为，表明其是以法人名义签订合同，除《公司法》第16条等法律对其职权有特别规定的情形外，应当由法人承担相应的法律后果。法人以法定代表人事后已无代表权、加盖的是假章、所盖之章与备案公章不一致等为由否定合同效力的，人民法院不予支持。

代理人以被代理人名义签订合同，要取得合法授权。代理人取得合法授权后，以被代理人名义签订的合同，应当由被代理人承担责任。被代理人以代理人事后已无代理权、加盖的是假章、所盖之章与备案公章不一致等为由否定合同效力的，人民法院不予支持。

42.【撤销权的行使】撤销权应当由当事人行使。当事人未请求撤销的，人民法院不应当依职权撤销合同。一方请求另一方履行合同，另一方以合同具有可撤销事由提出抗辩的，人民法院应当在审查合同是否具有可撤销事由以及是否超过法定期间等事实的基础上，对合同是否可撤销作出判断，不能仅以当事人未提起诉讼或者反诉为由不予审查或者不予支持。一方主张合同无效，依据的却是可撤销事由，此时人民法院应当全面审查合同是否具有无效事由以及当事人主张的可撤销事由。当事人关于合同无效的事由成立的，人民法院应当认定合同无效。当事人主张合同无效的理由不成立，而可撤销的事由成立的，因合同无效和可撤销的后果相同，人民法院也可以结合当事人的诉讼请求，直接判决撤销合同。

（二）关于合同履行与救济

在认定以物抵债协议的性质和效力时，要根据订立协议时履行期限是否已经届满予以区别对待。合同解除、违约责任都是非违约方寻求救济的主要方式，人民法院在认定合同应否解除时，要根据当事人有无解除权、是约定解除还是法定解除等不同情形，分别予以处理。在确定违约责任时，尤其要注意依法适用违约金调整的相关规则，避免简单地以民间借贷利率的司法保护上限作为调整依据。

43.【抵销】抵销权既可以通知的方式行使，也可以提出抗辩或者提起反诉的方式行使。抵销的意思表示自到达对方时生效，抵销一经生效，其效力溯及自抵销条件成就之时，双方互负的债务在同等数额内消灭。双方互负的债务数额，是截至抵销条件成就之时各自负有的包括主债务、利息、违约金、赔偿金等在内的全部债务数额。行使抵销权一方享有的债权不足以抵销全部债务数额，当事人对抵销顺序又没有特别约定的，应当根据实现债权的费用、利息、主债务的顺序进行抵销。

44.【履行期届满后达成的以物抵债协议】当事人在债务履行期限届满后达成以物抵债协议，抵债物尚未交付债权人，债权人请求债务人交付的，人民法院要着重审查以物抵债协议是否存在恶意损害第三人合法权益等情形，避免虚假诉讼的发生。经审查，不存在以上情况，且无其他无效事由的，人民法院依法予以支持。

当事人在一审程序中因达成以物抵债协议申请撤回起诉的，人民法院可予准许。当事人在二审程序中申请撤回上诉的，人民法院应当告知其申请撤回起诉。当事人申请撤回起诉,经审查不损害国家利益、社会公共利益、他人合法权益的,人民法院可予准许。当事人不申请撤回起诉,请求人民法院出具调解书对以物抵债协议予以确认的,因债务人完全可以立即履行该协议,没有必要由人民法院出具调解书,故人民法院不应准许,同时应当继续对原债权债务关系进行审理。

45.【履行期届满前达成的以物抵债协议】当事人在债务履行期届满前达成以物抵债协议,抵债物尚未交付债权人,债权人请求债务人交付的,因此种情况不同于本纪要第 71 条规定的让与担保,人民法院应当向其释明,其应当根据原债权债务关系提起诉讼。经释明后当事人仍拒绝变更诉讼请求的,应当驳回其诉讼请求,但不影响其根据原债权债务关系另行提起诉讼。

46.【通知解除的条件】审判实践中,部分人民法院对合同法司法解释(二)第 24 条的理解存在偏差,认为不论发出解除通知的一方有无解除权,只要另一方未在异议期限内以起诉方式提出异议,就判令解除合同,这不符合合同法关于合同解除权行使的有关规定。对该条的准确理解是,只有享有法定或者约定解除权的当事人才能以通知方式解除合同。不享有解除权的一方向另一方发出解除通知,另一方即便未在异议期限内提起诉讼,也不发生合同解除的效果。人民法院在审理案件时,应当审查发出解除通知的一方是否享有约定或者法定的解除权来决定合同应否解除,不能仅以受通知一方在约定或者法定的异议期限届满内未起诉这一事实就认定合同已经解除。

47.【约定解除条件】合同约定的解除条件成就时,守约方以此为由请求解除合同的,人民法院应当审查违约方的违约程度是否显著轻微,是否影响守约方合同目的实现,根据诚实信用原则,确定合同应否解除。违约方的违约程度显著轻微,不影响守约方合同目的实现,守约方请求解除合同的,人民法院不予支持;反之,则依法予以支持。

48.【违约方起诉解除】违约方不享有单方解除合同的权利。但是,在一些长期性合同如房屋租赁合同履行过程中,双方形成合同僵局,一概不允许违约方通过起诉的方式解除合同,有时对双方都不利。在此前提下,符合下列条件,违约方起诉请求解除合同的,人民法院依法予以支持:

(1)违约方不存在恶意违约的情形;

(2)违约方继续履行合同,对其显失公平;

(3)守约方拒绝解除合同,违反诚实信用原则。

人民法院判决解除合同的,违约方本应当承担的违约责任不能因解除合同而减少或者免除。

49.【合同解除的法律后果】合同解除时,一方依据合同中有关违约金、约定损害赔偿的计算方法、定金责任等违约责任条款的约定,请求另一方承担违约责任的,人民法院依法予以支持。

双务合同解除时人民法院的释明问题,参照本纪要第 36 条的相关规定处理。

50.【违约金过高标准及举证责任】认定约定违约金是否过高,一般应当以《合同法》第 113 条规定的损失为基础进行判断,这里的损失包括合同履行后可以获得的利益。除借款合同外的双务合同,作为对价的价款或者报酬给付之债,并非借款合同项下的还款义务,不能以受法律保护的民间借贷利率上限作为判断违约金是否过高的标准,而应当兼顾合同履行情况、当事人过错程度以及预期利益等因素综合确定。主张违约金过高的违约方应当对违约金是否过高承担举证责任。

36. 最高人民法院《关于民事诉讼证据的若干规定》(节录)

(2001年12月6日最高人民法院审判委员会第1201次会议通过　根据2019年10月14日最高人民法院审判委员会第1777次会议《关于修改〈关于民事诉讼证据的若干规定〉的决定》修正)

一、当事人举证

第一条　原告向人民法院起诉或者被告提出反诉,应当提供符合起诉条件的相应的证据。

第二条　人民法院应当向当事人说明举证的要求及法律后果,促使当事人在合理期限内积极、全面、正确、诚实地完成举证。

当事人因客观原因不能自行收集的证据,可申请人民法院调查收集。

第三条　在诉讼过程中,一方当事人陈述的于己不利的事实,或者对于己不利的事实明确表示承认的,另一方当事人无需举证证明。

在证据交换、询问、调查过程中,或者在起诉状、答辩状、代理词等书面材料中,当事人明确承认于己不利的事实的,适用前款规定。

第四条　一方当事人对于另一方当事人主张的于己不利的事实既不承认也不否认,经审判人员说明并询问后,其仍然不明确表示肯定或者否定的,视为对该事实的承认。

第五条　当事人委托诉讼代理人参加诉讼的,除授权委托书明确排除的事项外,诉讼代理人的自认视为当事人的自认。

当事人在场对诉讼代理人的自认明确否认的,不视为自认。

第六条　普通共同诉讼中,共同诉讼人中一人或者数人作出的自认,对作出自认的当事人发生效力。

必要共同诉讼中,共同诉讼人中一人或者数人作出自认而其他共同诉讼人予以否认的,不发生自认的效力。其他共同诉讼人既不承认也不否认,经审判人员说明并询问后仍然不明确表示意见的,视为全体共同诉讼人的自认。

第七条　一方当事人对于另一方当事人主张的于己不利的事实有所限制或者附加条件予以承认的,由人民法院综合案件情况决定是否构成自认。

第八条　《最高人民法院关于适用〈中华人民共和国民事诉讼法〉的解释》第九十六条第一款规定的事实,不适用有关自认的规定。

自认的事实与已经查明的事实不符的,人民法院不予确认。

第九条　有下列情形之一,当事人在法庭辩论终结前撤销自认的,人民法院应当准许:

(一)经对方当事人同意的;

(二)自认是在受胁迫或者重大误解情况下作出的。

人民法院准许当事人撤销自认的,应当作出口头或者书面裁定。

第十条 下列事实,当事人无须举证证明:

(一)自然规律以及定理、定律;

(二)众所周知的事实;

(三)根据法律规定推定的事实;

(四)根据已知的事实和日常生活经验法则推定出的另一事实;

(五)已为仲裁机构的生效裁决所确认的事实;

(六)已为人民法院发生法律效力的裁判所确认的基本事实;

(七)已为有效公证文书所证明的事实。

前款第二项至第五项事实,当事人有相反证据足以反驳的除外;第六项、第七项事实,当事人有相反证据足以推翻的除外。

第十一条 当事人向人民法院提供证据,应当提供原件或者原物。如需自己保存证据原件、原物或者提供原件、原物确有困难的,可以提供经人民法院核对无异的复制件或者复制品。

第十二条 以动产作为证据的,应当将原物提交人民法院。原物不宜搬移或者不宜保存的,当事人可以提供复制品、影像资料或者其他替代品。

人民法院在收到当事人提交的动产或者替代品后,应当及时通知双方当事人到人民法院或者保存现场查验。

第十三条 当事人以不动产作为证据的,应当向人民法院提供该不动产的影像资料。

人民法院认为有必要的,应当通知双方当事人到场进行查验。

第十四条 电子数据包括下列信息、电子文件:

(一)网页、博客、微博客等网络平台发布的信息;

(二)手机短信、电子邮件、即时通信、通讯群组等网络应用服务的通信信息;

(三)用户注册信息、身份认证信息、电子交易记录、通信记录、登录日志等信息;

(四)文档、图片、音频、视频、数字证书、计算机程序等电子文件;

(五)其他以数字化形式存储、处理、传输的能够证明案件事实的信息。

第十五条 当事人以视听资料作为证据的,应当提供存储该视听资料的原始载体。

当事人以电子数据作为证据的,应当提供原件。电子数据的制作者制作的与原件一致的副本,或者直接来源于电子数据的打印件或其他可以显示、识别的输出介质,视为电子数据的原件。

第十六条 当事人提供的公文书证系在中华人民共和国领域外形成的,该证据应当经所在国公证机关证明,或者履行中华人民共和国与该所在国订立的有关条约中规定的证明手续。

中华人民共和国领域外形成的涉及身份关系的证据,应当经所在国公证机关证明并经中华人民共和国驻该国使领馆认证,或者履行中华人民共和国与该所在国订立的有关条约中规定的证明手续。

当事人向人民法院提供的证据是在香港、澳门、台湾地区形成的,应当履行相关的证明手续。

第十七条 当事人向人民法院提供外文书证或者外文说明资料，应当附有中文译本。

第十八条 双方当事人无争议的事实符合《最高人民法院关于适用〈中华人民共和国民事诉讼法〉的解释》第九十六条第一款规定情形的，人民法院可以责令当事人提供有关证据。

第十九条 当事人应当对其提交的证据材料逐一分类编号，对证据材料的来源、证明对象和内容作简要说明，签名盖章，注明提交日期，并依照对方当事人人数提出副本。

人民法院收到当事人提交的证据材料，应当出具收据，注明证据的名称、份数和页数以及收到的时间，由经办人员签名或者盖章。

二、证据的调查收集和保全

第二十条 当事人及其诉讼代理人申请人民法院调查收集证据，应当在举证期限届满前提交书面申请。

申请书应当载明被调查人的姓名或者单位名称、住所地等基本情况、所要调查收集的证据名称或者内容、需要由人民法院调查收集证据的原因及其要证明的事实以及明确的线索。

第二十一条 人民法院调查收集的书证，可以是原件，也可以是经核对无误的副本或者复制件。是副本或者复制件的，应当在调查笔录中说明来源和取证情况。

第二十二条 人民法院调查收集的物证应当是原物。被调查人提供原物确有困难的，可以提供复制品或者影像资料。提供复制品或者影像资料的，应当在调查笔录中说明取证情况。

第二十三条 人民法院调查收集视听资料、电子数据，应当要求被调查人提供原始载体。

提供原始载体确有困难的，可以提供复制件。提供复制件的，人民法院应当在调查笔录中说明其来源和制作经过。

人民法院对视听资料、电子数据采取证据保全措施的，适用前款规定。

第二十四条 人民法院调查收集可能需要鉴定的证据，应当遵守相关技术规范，确保证据不被污染。

第二十五条 当事人或者利害关系人根据民事诉讼法第八十一条的规定申请证据保全的，申请书应当载明需要保全的证据的基本情况、申请保全的理由以及采取何种保全措施等内容。

当事人根据民事诉讼法第八十一条第一款的规定申请证据保全的，应当在举证期限届满前向人民法院提出。

法律、司法解释对诉前证据保全有规定的，依照其规定办理。

第二十六条 当事人或者利害关系人申请采取查封、扣押等限制保全标的物使用、流通等保全措施，或者保全可能对证据持有人造成损失的，人民法院应当责令申请人提供相应的担保。

担保方式或者数额由人民法院根据保全措施对证据持有人的影响、保全标的物的价值、当事人或者利害关系人争议的诉讼标的金额等因素综合确定。

第二十七条 人民法院进行证据保全,可以要求当事人或者诉讼代理人到场。根据当事人的申请和具体情况,人民法院可以采取查封、扣押、录音、录像、复制、鉴定、勘验等方法进行证据保全,并制作笔录。

在符合证据保全目的的情况下,人民法院应当选择对证据持有人利益影响最小的保全措施。

第二十八条 申请证据保全错误造成财产损失,当事人请求申请人承担赔偿责任的,人民法院应予支持。

第二十九条 人民法院采取诉前证据保全措施后,当事人向其他有管辖权的人民法院提起诉讼的,采取保全措施的人民法院应当根据当事人的申请,将保全的证据及时移交受理案件的人民法院。

第三十条 人民法院在审理案件过程中认为待证事实需要通过鉴定意见证明的,应当向当事人释明,并指定提出鉴定申请的期间。

符合《最高人民法院关于适用〈中华人民共和国民事诉讼法〉的解释》第九十六条第一款规定情形的,人民法院应当依职权委托鉴定。

第三十一条 当事人申请鉴定,应当在人民法院指定期间内提出,并预交鉴定费用。逾期不提出申请或者不预交鉴定费用的,视为放弃申请。

对需要鉴定的待证事实负有举证责任的当事人,在人民法院指定期间内无正当理由不提出鉴定申请或者不预交鉴定费用,或者拒不提供相关材料,致使待证事实无法查明的,应当承担举证不能的法律后果。

第三十二条 人民法院准许鉴定申请的,应当组织双方当事人协商确定具备相应资格的鉴定人。当事人协商不成的,由人民法院指定。

人民法院依职权委托鉴定的,可以在询问当事人的意见后,指定具备相应资格的鉴定人。

人民法院在确定鉴定人后应当出具委托书,委托书中应当载明鉴定事项、鉴定范围、鉴定目的和鉴定期限。

第三十三条 鉴定开始之前,人民法院应当要求鉴定人签署承诺书。承诺书中应当载明鉴定人保证客观、公正、诚实地进行鉴定,保证出庭作证,如作虚假鉴定应当承担法律责任等内容。

鉴定人故意作虚假鉴定的,人民法院应当责令其退还鉴定费用,并根据情节,依照民事诉讼法第一百一十一条的规定进行处罚。

第三十四条 人民法院应当组织当事人对鉴定材料进行质证。未经质证的材料,不得作为鉴定的根据。

经人民法院准许,鉴定人可以调取证据、勘验物证和现场、询问当事人或者证人。

第三十五条 鉴定人应当在人民法院确定的期限内完成鉴定,并提交鉴定书。鉴定人无正当理由未按期提交鉴定书的,当事人可以申请人民法院另行委托鉴定人进行鉴定。人民法院准许的,原鉴定人已经收取的鉴定费用应当退还;拒不退还的,依照本规定第八十一条第二款的规定处理。

第三十六条 人民法院对鉴定人出具的鉴定书,应当审查是否具有下列内容:

（一）委托法院的名称；
（二）委托鉴定的内容、要求；
（三）鉴定材料；
（四）鉴定所依据的原理、方法；
（五）对鉴定过程的说明；
（六）鉴定意见；
（七）承诺书。

鉴定书应当由鉴定人签名或者盖章，并附鉴定人的相应资格证明。委托机构鉴定的，鉴定书应当由鉴定机构盖章，并由从事鉴定的人员签名。

第三十七条 人民法院收到鉴定书后，应当及时将副本送交当事人。

当事人对鉴定书的内容有异议的，应当在人民法院指定期间内以书面方式提出。对于当事人的异议，人民法院应当要求鉴定人作出解释、说明或者补充。人民法院认为有必要的，可以要求鉴定人对当事人未提出异议的内容进行解释、说明或者补充。

第三十八条 当事人在收到鉴定人的书面答复后仍有异议的，人民法院应当根据《诉讼费用交纳办法》第十一条的规定，通知有异议的当事人预交鉴定人出庭费用，并通知鉴定人出庭。有异议的当事人不预交鉴定人出庭费用的，视为放弃异议。双方当事人对鉴定意见均有异议的，分摊预交鉴定人出庭费用。

第三十九条 鉴定人出庭费用按照证人出庭作证费用的标准计算，由败诉的当事人负担。因鉴定意见不明确或者有瑕疵需要鉴定人出庭的，出庭费用由其自行负担。人民法院委托鉴定时已经确定鉴定人出庭费用包含在鉴定费用中的，不再通知当事人预交。

第四十条 当事人申请重新鉴定，存在下列情形之一的，人民法院应当准许：
（一）鉴定人不具备相应资格的；
（二）鉴定程序严重违法的；
（三）鉴定意见明显依据不足的；
（四）鉴定意见不能作为证据使用的其他情形。

存在前款第一项至第三项情形的，鉴定人已经收取的鉴定费用应当退还。拒不退还的，依照本规定第八十一条第二款的规定处理。

对鉴定意见的瑕疵，可以通过补正、补充鉴定或者补充质证、重新质证等方法解决的，人民法院不予准许重新鉴定的申请。

重新鉴定的，原鉴定意见不得作为认定案件事实的根据。

第四十一条 对于一方当事人就专门性问题自行委托有关机构或者人员出具的意见，另一方当事人有证据或者理由足以反驳并申请鉴定的，人民法院应予准许。

第四十二条 鉴定意见被采信后，鉴定人无正当理由撤销鉴定意见的，人民法院应当责令其退还鉴定费用，并可以根据情节，依照民事诉讼法第一百一十一条的规定对鉴定人进行处罚。当事人主张鉴定人负担由此增加的合理费用的，人民法院应予支持。人民法院采信鉴定意见后准许鉴定人撤销的，应当责令其退还鉴定费用。

第四十三条 人民法院应当在勘验前将勘验的时间和地点通知当事人。当事人不参加的，不影响勘验进行。

当事人可以就勘验事项向人民法院进行解释和说明，可以请求人民法院注意勘验中的重要事项。

人民法院勘验物证或者现场，应当制作笔录，记录勘验的时间、地点、勘验人、在场人、勘验的经过、结果，由勘验人、在场人签名或者盖章。对于绘制的现场图应当注明绘制的时间、方位、测绘人姓名、身份等内容。

第四十四条 摘录有关单位制作的与案件事实相关的文件、材料，应当注明出处，并加盖制作单位或者保管单位的印章，摘录人和其他调查人员应当在摘录件上签名或者盖章。

摘录文件、材料应当保持内容相应的完整性。

第四十五条 当事人根据《最高人民法院关于适用〈中华人民共和国民事诉讼法〉的解释》第一百一十二条的规定申请人民法院责令对方当事人提交书证的，申请书应当载明所申请提交的书证名称或者内容、需要以该书证证明的事实及事实的重要性、对方当事人控制该书证的根据以及应当提交该书证的理由。

对方当事人否认控制书证的，人民法院应当根据法律规定、习惯等因素，结合案件的事实、证据，对于书证是否在对方当事人控制之下的事实作出综合判断。

第四十六条 人民法院对当事人提交书证的申请进行审查时，应当听取对方当事人的意见，必要时可以要求双方当事人提供证据、进行辩论。

当事人申请提交的书证不明确、书证对于待证事实的证明无必要、待证事实对于裁判结果无实质性影响、书证未在对方当事人控制之下或者不符合本规定第四十七条情形的，人民法院不予准许。

当事人申请理由成立的，人民法院应当作出裁定，责令对方当事人提交书证；理由不成立的，通知申请人。

第四十七条 下列情形，控制书证的当事人应当提交书证：

（一）控制书证的当事人在诉讼中曾经引用过的书证；

（二）为对方当事人的利益制作的书证；

（三）对方当事人依照法律规定有权查阅、获取的书证；

（四）账簿、记账原始凭证；

（五）人民法院认为应当提交书证的其他情形。

前款所列书证，涉及国家秘密、商业秘密、当事人或第三人的隐私，或者存在法律规定应当保密的情形的，提交后不得公开质证。

第四十八条 控制书证的当事人无正当理由拒不提交书证的，人民法院可以认定对方当事人所主张的书证内容为真实。

控制书证的当事人存在《最高人民法院关于适用〈中华人民共和国民事诉讼法〉的解释》第一百一十三条规定情形的，人民法院可以认定对方当事人主张以该书证证明的事实为真实。

三、举证时限与证据交换

第四十九条 被告应当在答辩期届满前提出书面答辩，阐明其对原告诉讼请求及所依据的事实和理由的意见。

第五十条 人民法院应当在审理前的准备阶段向当事人送达举证通知书。举证通知书应当载明举证责任的分配原则和要求、可以向人民法院申请调查收集证据的情形、人民法院根据案件情况指定的举证期限以及逾期提供证据的法律后果等内容。

第五十一条 举证期限可以由当事人协商,并经人民法院准许。

人民法院指定举证期限的,适用第一审普通程序审理的案件不得少于十五日,当事人提供新的证据的第二审案件不得少于十日。适用简易程序审理的案件不得超过十五日,小额诉讼案件的举证期限一般不得超过七日。

举证期限届满后,当事人提供反驳证据或者对已经提供的证据的来源、形式等方面的瑕疵进行补正的,人民法院可以酌情再次确定举证期限,该期限不受前款规定的期间限制。

第五十二条 当事人在举证期限内提供证据存在客观障碍,属于民事诉讼法第六十五条第二款规定的“当事人在该期限内提供证据确有困难”的情形。

前款情形,人民法院应当根据当事人的举证能力、不能在举证期限内提供证据的原因等因素综合判断。必要时,可以听取对方当事人的意见。

第五十三条 诉讼过程中,当事人主张的法律关系性质或者民事行为效力与人民法院根据案件事实作出的认定不一致的,人民法院应当将法律关系性质或者民事行为效力作为焦点问题进行审理。但法律关系性质对裁判理由及结果没有影响,或者有关问题已经当事人充分辩论的除外。

存在前款情形,当事人根据法庭审理情况变更诉讼请求的,人民法院应当准许并可以根据案件的具体情况重新指定举证期限。

第五十四条 当事人申请延长举证期限的,应当在举证期限届满前向人民法院提出书面申请。

申请理由成立的,人民法院应当准许,适当延长举证期限,并通知其他当事人。延长的举证期限适用于其他当事人。

申请理由不成立的,人民法院不予准许,并通知申请人。

第五十五条 存在下列情形的,举证期限按照如下方式确定:

(一)当事人依照民事诉讼法第一百二十七条规定提出管辖权异议的,举证期限中止,自驳回管辖权异议的裁定生效之日起恢复计算;

(二)追加当事人、有独立请求权的第三人参加诉讼或者无独立请求权的第三人经人民法院通知参加诉讼的,人民法院应当依照本规定第五十一条的规定为新参加诉讼的当事人确定举证期限,该举证期限适用于其他当事人;

(三)发回重审的案件,第一审人民法院可以结合案件具体情况和发回重审的原因,酌情确定举证期限;

(四)当事人增加、变更诉讼请求或者提出反诉的,人民法院应当根据案件具体情况重新确定举证期限;

(五)公告送达的,举证期限自公告期届满之次日起计算。

第五十六条 人民法院依照民事诉讼法第一百三十三条第四项的规定,通过组织证据交换进行审理前准备的,证据交换之日举证期限届满。

证据交换的时间可以由当事人协商一致并经人民法院认可,也可以由人民法院指定。当事人申请延期举证经人民法院准许的,证据交换日相应顺延。

第五十七条 证据交换应当在审判人员的主持下进行。

在证据交换的过程中,审判人员对当事人无异议的事实、证据应当记录在卷;对有异议的证据,按照需要证明的事实分类记录在卷,并记载异议的理由。通过证据交换,确定双方当事人争议的主要问题。

第五十八条 当事人收到对方的证据后有反驳证据需要提交的,人民法院应当再次组织证据交换。

第五十九条 人民法院对逾期提供证据的当事人处以罚款的,可以结合当事人逾期提供证据的主观过错程度、导致诉讼迟延的情况、诉讼标的金额等因素,确定罚款数额。

五、证据的审核认定

第八十五条 人民法院应当以证据能够证明的案件事实为根据依法作出裁判。审判人员应当依照法定程序,全面、客观地审核证据,依据法律的规定,遵循法官职业道德,运用逻辑推理和日常生活经验,对证据有无证明力和证明力大小独立进行判断,并公开判断的理由和结果。

第八十六条 当事人对于欺诈、胁迫、恶意串通事实的证明,以及对于口头遗嘱或赠与事实的证明,人民法院确信该待证事实存在的可能性能够排除合理怀疑的,应当认定该事实存在。

诉讼保全、回避等程序事项有关的事实,人民法院结合当事人的说明及相关证据,认为有关事实存在的可能性较大的,可以认定该事实存在。

第九十条 下列证据不能单独作为认定案件事实的根据:

(一)当事人的陈述;

(二)无民事行为能力人或者限制民事行为能力人所作的与其年龄、智力状况或者精神健康状况不相当的证言;

(三)与一方当事人或者其代理人有利害关系的证人陈述的证言;

(四)存有疑点的视听资料、电子数据;

(五)无法与原件、原物核对的复制件、复制品。

第九十一条 公文书证的制作者根据文书原件制作的载有部分或者全部内容的副本,与正本具有相同的证明力。

在国家机关存档的文件,其复制件、副本、节录本经档案部门或者制作原本的机关证明其内容与原本一致的,该复制件、副本、节录本具有与原本相同的证明力。

第九十二条 私文书证的真实性,由主张以私文书证证明案件事实的当事人承担举证责任。

私文书证由制作者或者其代理人签名、盖章或捺印的,推定为真实。

私文书证上有删除、涂改、增添或者其他形式瑕疵的,人民法院应当综合案件的具体情况判断其证明力。

第九十三条 人民法院对于电子数据的真实性,应当结合下列因素综合判断:

(一)电子数据的生成、存储、传输所依赖的计算机系统的硬件、软件环境是否完整、可靠;

(二)电子数据的生成、存储、传输所依赖的计算机系统的硬件、软件环境是否处于正常

运行状态,或者不处于正常运行状态时对电子数据的生成、存储、传输是否有影响;

(三)电子数据的生成、存储、传输所依赖的计算机系统的硬件、软件环境是否具备有效的防止出错的监测、核查手段;

(四)电子数据是否被完整地保存、传输、提取,保存、传输、提取的方法是否可靠;

(五)电子数据是否在正常的往来活动中形成和存储;

(六)保存、传输、提取电子数据的主体是否适当;

(七)影响电子数据完整性和可靠性的其他因素。

人民法院认为有必要的,可以通过鉴定或者勘验等方法,审查判断电子数据的真实性。

第九十四条 电子数据存在下列情形的,人民法院可以确认其真实性,但有足以反驳的相反证据的除外:

(一)由当事人提交或者保管的于己不利的电子数据;

(二)由记录和保存电子数据的中立第三方平台提供或者确认的;

(三)在正常业务活动中形成的;

(四)以档案管理方式保管的;

(五)以当事人约定的方式保存、传输、提取的。

电子数据的内容经公证机关公证的,人民法院应当确认其真实性,但有相反证据足以推翻的除外。

第九十五条 一方当事人控制证据无正当理由拒不提交,对待证事实负有举证责任的当事人主张该证据的内容不利于控制人的,人民法院可以认定该主张成立。

第九十六条 人民法院认定证人证言,可以通过对证人的智力状况、品德、知识、经验、法律意识和专业技能等的综合分析作出判断。

第九十七条 人民法院应当在裁判文书中阐明证据是否采纳的理由。对当事人无争议的证据,是否采纳的理由可以不在裁判文书中表述。

六、其他

第九十九条 本规定对证据保全没有规定的,参照适用法律、司法解释关于财产保全的规定。

除法律、司法解释另有规定外,对当事人、鉴定人、有专门知识的人的询问参照适用本规定中关于询问证人的规定;关于书证的规定适用于视听资料、电子数据;存储在电子计算机等电子介质中的视听资料,适用电子数据的规定。

第一百条 本规定自 2020 年 5 月 1 日起施行。

本规定公布施行后,最高人民法院以前发布的司法解释与本规定不一致的,不再适用。

三、建设工程施工合同国家示范文本

37. 住房城乡建设部　工商总局《关于印发〈建设工程施工合同(示范文本)〉(GF-2013-0201)的通知》

各省、自治区住房城乡建设厅、工商行政管理局,直辖市建委(建交委)、工商行政管理局,新疆生产建设兵团建设局,国务院有关部门建设司,有关中央企业:

为规范建筑市场秩序,维护建设工程施工合同当事人的合法权益,住房城乡建设部、工商总局对《建设工程施工合同(示范文本)》(GF-1999-0201)进行了修订,制定了《建设工程施工合同(示范文本)》(GF-2013-0201),现印发给你们。在执行过程中有何问题,请与住房城乡建设部建筑市场监管司、工商总局市场规范管理司联系。

本合同自2013年7月1日起执行,原《建设工程施工合同(示范文本)》(GF-1999-0201)同时废止。

住房城乡建设部　工商总局

2013年4月3日

38. 住房城乡建设部　工商总局《关于印发〈建设工程施工合同(示范文本)〉(GF-2017-0201)的通知》

各省、自治区住房城乡建设厅、工商行政管理局,直辖市建委、工商行政管理局(市场监督管理部门),新疆生产建设兵团建设局,国务院有关部门建设司,有关中央企业:

为规范建筑市场秩序,维护建设工程施工合同当事人的合法权益,住房城乡建设部、工商总局对《建设工程施工合同(示范文本)》(GF-2013-0201)进行了修订,制定了《建设工程施工合同(示范文本)》(GF-2017-0201),现印发给你们。在执行过程中有何问题,请与住房城乡建设部建筑市场监管司、工商总局市场规范管理司联系。

本合同示范文本自 2017 年 10 月 1 日起执行，原《建设工程施工合同（示范文本）》（GF-2013-0201）同时废止。

住房城乡建设部　工商总局

2017 年 9 月 22 日

备注：示范文本具体内容参见中华人民共和国住房和城乡建设部官网网站，网址：http://www.mohurd.gov.cn/wjfb/201710/t20171030_233757.html。

四、建设工程合同纠纷诉讼指引流程图

建设工程合同纠纷诉讼指引流程图(1)

- 当事人提起诉讼
  - 起诉提交材料
    - 诉状(见范本)
    - 建设工程合同的相关证据
      - (1)当事人主体适格的证据
        - 当事人为自然人的,应提交身份证明资料,如身份证或户口本等
        - 当事人为法人或其他经济组织的,应提交主体登记资料、资质证书
      - (2)建设工程合同法律关系成立的证据(建设工程合同、招投标文件、合同备案资料等)
      - (3)建设工程合同履行情况的证据(施工许可证、工程签证单、开竣工报告、施工记录、工程款支付凭证、验收报告等)
      - (4)请求金额的计算清单及计算依据等(如相关标准、依据等)
  - 起诉地点
    - 有约定的到当事人约定的法院起诉(合同或者其他财产权益纠纷当事人可以书面协议选择被告住所地、合同履行地、合同签订地、原告住所地、标的物所在地等与争议有实际联系的地点的人民法院管辖,但不得违反民事诉讼法关于级别管辖和专属管辖的规定)
    - 没有约定的由被告住所地或者合同履行地人民法院管辖;被告住所地与经常居住地不一致的,由经常居住地人民法院管辖
  - 法院审查
    - 诉讼材料审查登记
    - 诉讼风险提示
    - 是否符合起诉条件
      - (1)原告具备主体资格
      - (2)被告具体明确
      - (3)有具体的诉讼请求、事实和理由
      - (4)属于人民法院的受案范围
      - (5)属于受案人民法院管辖
      - 符合立案条件立案受理
        - 原告缴纳诉讼费
        - 申请诉讼保全的,缴纳诉讼保全费
          - 案件移交相关业务庭
      - 不符合立案条件的裁定不予受理

建设工程合同纠纷诉讼指引流程图(2)

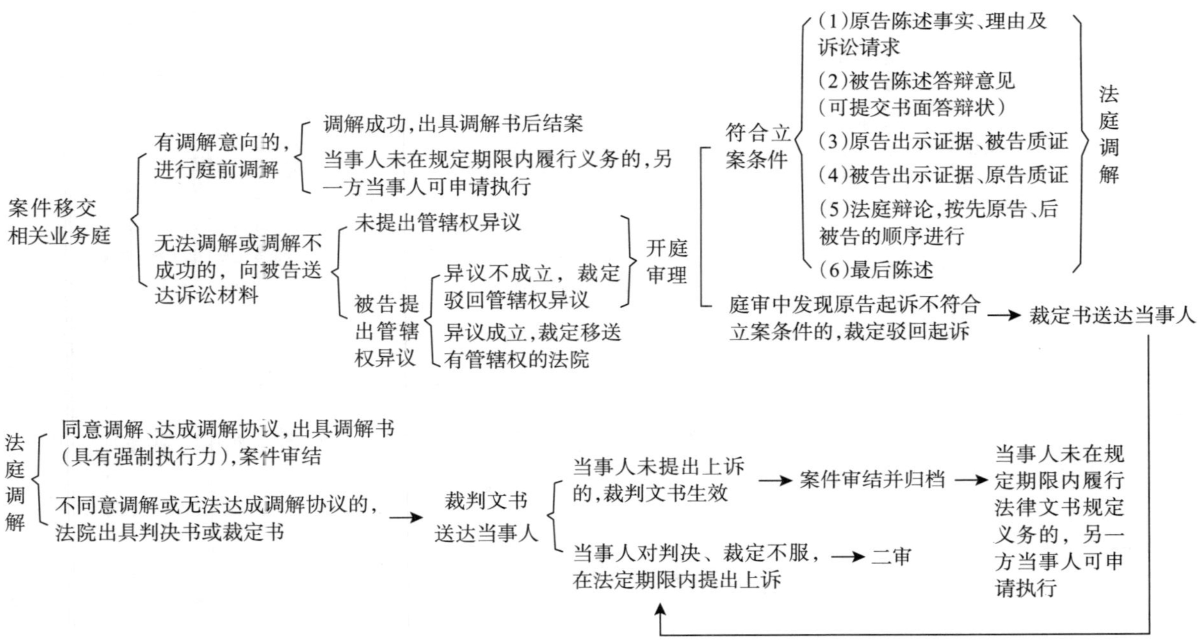

建设工程合同纠纷诉讼指引流程图(3)

- 二审
  - 提交材料
    - 提交上诉状(按照对方当事人或者代表人的人数提交副本,通过原审法院提交;当事人直接向第二审人民法院上诉的,第二审人民法院应当在 5 日内将上诉状移交原审人民法院)
      - 上诉人的身份证明
      - 原审人民法院名称、案件的编号和案由
      - 上诉的具体请求和理由
    - 应当在接到人民法院预交诉讼费的通知后 7 日内交纳诉讼费,逾期按自动撤回上诉处理
    - 新证据(应当在二审开庭前或者开庭审理时提出;二审不需要开庭审理的,应当在人民法院指定的期限内提出)
  - 受理法院(原审法院的上一级法院)
  - 法院审查
    - (1)提起上诉必须是享有上诉权或者可以依法行使上诉权的公民、法人和其他组织
      - 原、被告
      - 有独立请求权的第三人
      - 判决承担责任的无独立请求权的第三人
    - (2)提起上诉的对象必须是依法允许上诉的判决或裁定
    - (3)必须在法定期限内提起(判决书送达之日起 15 日内;裁定书送达之日起 10 日内)
    - 符合立案条件
      - 开庭审理。二审法院对上诉案件,应当组成合议庭,开庭审理,庭审程序与一审相同
      - 经过阅卷、调查和询问当事人,对没有提出新的事实、证据或者理由,合议庭认为不需要开庭审理的,可以不开庭审理
      - 判决
        - 维持原判决
        - 改判
        - 发回重审
      - 裁定
        - 维持原裁定
        - 指令审理
        - 驳回起诉
        - 其他处理
    - 不符合立案条件,不按上诉处理,一审判决或者裁定生效
  - 调解(二审法院审理上诉案件,在整个诉讼过程中都可以进行调解。当事人达成调解协议后,经法院认可,调解生效,诉讼终结,原审人民法院的判决视为撤销;调解不成功的,按诉讼流程继续进行审理)

图书在版编目(CIP)数据

建设工程合同纠纷诉讼实务与案例精解 / 张广兄编著. -- 北京 : 法律出版社, 2020
ISBN 978-7-5197-3550-0

Ⅰ. ①建… Ⅱ. ①张… Ⅲ. ①建筑工程-合同纠纷-民事诉讼-案例-中国 Ⅳ. ①D925.105

中国版本图书馆 CIP 数据核字(2019)第 112011 号

建设工程合同纠纷诉讼实务与案例精解
JIANSHE GONGCHENG HETONG JIUFEN SUSONG SHIWU YU ANLI JINGJIE

张广兄 编著

策划编辑 朱海波
责任编辑 朱海波
装帧设计 汪奇峰

出版 法律出版社
总发行 中国法律图书有限公司
经销 新华书店
印刷 三河市兴达印务有限公司
责任校对 王晓萍
责任印制 吕亚莉

编辑统筹 法律应用出版分社
开本 710 毫米×1000 毫米 1/16
印张 29.5
字数 520 千
版本 2020 年 4 月第 1 版
印次 2020 年 4 月第 1 次印刷

法律出版社 / 北京市丰台区莲花池西里 7 号(100073)
网址 / www.lawpress.com.cn
投稿邮箱 / info@lawpress.com.cn
举报维权邮箱 / jbwq@lawpress.com.cn
销售热线 / 400-660-8393
咨询电话 / 010-63939796

中国法律图书有限公司 / 北京市丰台区莲花池西里 7 号(100073)
全国各地中法图分、子公司销售电话:
统一销售客服 / 400-660-8393/6393
第一法律书店 / 010-83938432/8433 西安分公司 / 029-85330678 重庆分公司 / 023-67453036
上海分公司 / 021-62071639/1636 深圳分公司 / 0755-83072995

书号: ISBN 978-7-5197-3550-0
定价: 98.00 元